Hermann Wartmann

Der Hof Widnau-Haslach

Hermann Wartmann

Der Hof Widnau-Haslach

ISBN/EAN: 9783744606189

Hergestellt in Europa, USA, Kanada, Australien, Japan

Cover: Foto ©ninafisch / pixelio.de

Weitere Bücher finden Sie auf **www.hansebooks.com**

DER
HOF WIDNAU-HASLACH.

Bearbeitet

von

Hermann Wartmann.

ST. GALLEN.

In Commission bei Huber & Co. (E. Fehr).

1887.

Herrn

ABRAHAM SCHAWALDER

Alt-Lehrer in Widnau

gewidmet.

Ueber Veranlassung, Plan und Anlage der nachstehenden Veröffentlichung könnten wir einfach wiederholen, was wir der Ausgabe des ersten st. gallischen Gemeinde-Archivs, des Hofs Kriessern, vorausgeschickt haben. Wir anerkannten schon damals ausdrücklich, dass wir mit unserer Bearbeitung des vorliegenden Stoffes über die engere Aufgabe des Historikers hinausgegangen, und dass nur die Rücksicht auf praktische Interessen zu der Verwerthung des gesammten Materials geführt habe. Die Beibehaltung dieses Systems für die Bearbeitung weiterer Gemeinde-Archive sollte von dem Entscheide der subventionirenden Behörde, d. h. des h. Regierungsrathes des Kantons St. Gallen abhängig gemacht werden. Der h. Regierungsrath aber erklärte, die Art und Weise der Weiterführung des Unternehmens auch fernerhin gänzlich unserm Gutdünken überlassen zu wollen.

So haben wir uns bei der Bearbeitung des Urkundenmaterials von Widnau-Haslach um so eher zur unverkürzten Wiedergabe seines ganzen stofflichen Inhalts entschlossen, als Hr. Abraham Schawalder, Lehrer in Widnau, aus reiner Freude an der geschichtlichen Vergangenheit und den frühern Zuständen seiner engern Heimat deren Documente schon längst in mustergiltigen Abschriften zusammengestellt hatte und in seiner Sammlung eine höchst brauchbare Vorarbeit, in Hrn. Schawalder selbst ein getreuer und kundiger Mitarbeiter zur Verfügung stand.

Diesem mehr zufälligen Umstand ist es auch zunächst zuzuschreiben, dass gerade Widnau-Haslach oder der linksrheinische Theil des Hofs Lustnau für die zweite Veröffentlichung st. gallischer Gemeinde-Archive ausgewählt wurde. Mitbestimmend war dabei aber auch die Erwägung, dass in dem königlichen Hofe Lustnau das richtige und ergänzende Seitenstück zu dem zuerst behandelten königlichen Hofe Kriessern geboten werde, und auch der Reiz, bei diesem Anlasse der Geschichte des so bedeutenden Geschlechtes der Herren von Ems und spätern Grafen von Hohenems etwas näher zu treten. Eigentümlich mag es freilich Manchem erscheinen, dass auf diese Weise gerade zwei abseits gelegene Rheingemeinden, von denen sonst nicht viel die Rede ist, zum Ausgangspunkte unserer breit angelegten Arbeiten für die st. gallische Gemeindegeschichte geworden sind. Allein aus diesen Arbeiten dürfte wohl hervorgehen, dass die geschichtliche Grundlage und Entwicklung dieser zwei ziemlich unbeachteten Höfe in der Rheinebene zum mindesten ebenso lehrreich und interessant ist, als diejenige manches stolzen neuern Industriedorfs, dessen Name durch die Etiquetten eines grossen Fabricationshauses in der halben oder ganzen Welt bekannt geworden ist.

Neben den von Hrn. Schawalder ausgebeuteten und uns, so weit nöthig, auch in den Originalien zur Benutzung eingesandten Ortsarchiven Widnau-Au-Schmitter kamen in erster Linie wieder das Stifts- und das Stadt-Archiv in St. Gallen für die Beibringung des Materials in Betracht. Von ganz besonderer Wichtigkeit wäre daneben die planmässige Durcharbeitung des reichen gräflichen Archivs zu Hohenems gewesen. Daran war indessen schon deswegen nicht zu denken, weil es sich leider seit langem in einem vollständig ungeordneten Zustande befindet. Wir suchten uns daher aus den schweizerischen Archiven wenigstens über die Beziehungen des Hauses Hohenems zu den im Rheinthal regierenden Orten gründlich zu unterrichten und erhielten hierüber durch die Gefälligkeit der HH. Staatsarchivare von Zürich und Luzern, der HH. Dr. Strickler, Schweizer und v. Liebenau, ein fast überreiches Material. Erst gegen den Schluss unserer Arbeit wurde Hr. Graf Hugo von Walderdorff in Feldkirch durch Zufall auf dieselbe aufmerksam und hatte sofort, ganz aus eignem Antrieb, die grosse Güte, aus dem ihm durch freundschaftliche Beziehungen zu dem Besitzer, dem Hrn. Grafen von Waldburg-Zeil, zu freiester Benutzung zugänglichen Hohenemser Archiv uns zu übersenden, was er über das linksrheinische Lustnau irgendwie ausfindig machen konnte. Das theilweise sehr werthvolle Material, welches uns aus den drei Archiven Zürich, Luzern und Hohenems zugekommen ist, hat seine Verwerthung hauptsächlich in den Anmerkungen und Beilagen zu der historischen Einleitung gefunden. Sollte man da und dort der Ansicht sein, es sei darin des Guten zu viel geschehen, so würden wir dies gar nicht unbegreiflich finden, kam es uns doch öfter selbst so vor. Allein die mühselige Ausbeute des weitschichtigen Materials, das uns manchen Seufzer ausgepresst hatte, grösstentheils unbenutzt zur Seite zu werfen, dazu konnten wir uns doch nicht entschliessen. Man macht solche Arbeiten bekanntlich nur einmal und würde sie wohl in der Regel gar nicht machen, wenn man von Anfang an wüsste, durch welche schier endlose Irrgärten sie führen. Dankbar sind sie wahrlich nicht. Der Schaden geht aber auf unsere alleinige Rechnung.

Den Verwaltungen der genannten Archive und ganz besonders der freiwilligen, so liebenswürdigen Mithülfe des Hrn. Grafen von Walderdorff sei hiemit unser aufrichtigster Dank ausgesprochen. Hrn. Abraham Schawalder ist die Arbeit wohlverdient gewidmet; bei ihm mögen sich die Hofleute von Widnau-Haslach in erster Linie für dieses Werklein bedanken, wenn es ihnen überhaupt dankenswert erscheint.

St. Gallen, den 2. März 1887.

H. W.

Inhalts-Verzeichniss.

Geschichtliche Einleitung.

Zwei königliche Höfe haben den grössten Theil der weiten Ebene des st. gallisch-vorarlbergischen Rheinthals, vom Blattenberge bei Oberriet bis zum Heldsberg oder Monstein bei Au, in ihre Marken gezogen [1]. Der obere dieser Höfe, Kriessern, lag auf jetzt schweizerischem Boden und blieb Königsgut bis zum Jahre 1229, wo ihn, schon zum Dorfe herangewachsen, der Hohenstaufe Heinrich (VII.) zum ersten Male aus der Hand gab [2]; der untere, Lustnau, war auf dem rechten, jetzt österreichischen Ufer des Rheins angelegt und schon von König Arnolf kurz vor dem Jahre 890 dem damaligen Grafen der schwäbischen Bodenseegegend zu eigen ertheilt worden, noch als wirklicher Hof, im engern, ursprünglichen Sinne des Wortes [3].

Das Gebiet beider Höfe erstreckte sich quer über das Thal. Der Rhein strömte in regellosem Laufe mitten hindurch. Weit entfernt zu scheiden, wurde sein offenes Bett im Waldesdickicht und Sumpfland vielmehr als Verbindungsstrasse betrachtet und benutzt. Für eine genaue Abgrenzung mit den am Saume der beidseitigen Vorberge liegenden Höfen war noch kein Bedürfniss. Das grosse Isenriet wurde fast bis in unsere Zeit von sämmtlichen Anstössern mit ihrer Viehhabe befahren; die Auen gegen Bernang, die Rieter gegen Dorenbüren dienten noch lange den Angehörigen dieser Höfe und denjenigen von Lustnau gleicherweise zu [4].

Wo sich aber jetzt stundenweit offenes Riet und Feld ausbreitet, müssen im neunten Jahrhundert noch grosse Eichenwälder gestanden haben; sonst hätte sich das mitten im Tannwald gelegene Kloster St. Gallen in dem erwähnten Jahre 890 gewiss nicht so eifrig bemüht, gegen den neuen Besitzer des Hofes Lustnau sein Anrecht zu beweisen, aus den Wäldern des Rheingaus nach Bedürfniss Holz zu holen für Wasserleitungen, für die Bedachung der Klostergebäude und für den Schiffbau auf dem Bodensee; ferner sein Anrecht, die klösterliche Schweineheerde in diese Wälder zur Mast zu treiben [5].

* * *

Vier Jahrhunderte vergehen, ohne dass ein einziges, uns zugängliches geschichtliches Denkmal weitere Nachricht gäbe über den Hof Lustnau und sein Gebiet oder ihrer nur erwähnte. Durch Erbschaft gieng er während dieser Zeit von den alten Grafen des Linz- und Argengau's über an die Grafen von Montfort und von diesen durch Theilung

ihres grossen Besitzes an Land und Leuten an die Grafen von Werdenberg-Rheinegg. Diese Grafen übten die hohe und niedere Gerichtsbarkeit
über die seither entstandene Gemeinde der Hofleute; sie setzten ihr den
Vorsteher oder Ammann, unter dessen Leitung die halbfreie Genossenschaft das unvertheilte Hofgebiet nutzte und Ordnung und Frieden innerhalb der Hofmarken aufrecht erhielt.

Ueber ihren Privatbesitz verfügten die Hofleute frei und vererbten
und verkauften ihn ungehindert nach Hofrecht. Die Erinnerung daran aber,
dass ihre Hofstätten und Güter ursprünglich kein volles, freies Eigen
waren, sondern von Rechtes wegen dem Grundherrn, — d. h. zuerst dem
Könige, dann den Grafen, — zugehörten und ihnen nur aus Gnade zur
Ansidelung und zum Anbau überlassen wurden, erhielt sich darin, dass
dem Landes- und Grundherrn neben der jährlichen Reichssteuer ein be-
stimmter Hofzins von allem Grundbesitz bezahlt, dass ihm von jeder
Haushaltung das Fasnachthuhn gebracht werden musste, dass er bei
jedem Todesfall das beste Haupt oder das beste Gewand an sich nahm;
auch auf Frohndienste hatte er Anspruch. — Der Kirchensatz lag ebenfalls in der Hand des Landesherrn. Als Inhaber desselben bezog er den
grossen und kleinen Zehnten von Allem, was auf dem Hofe geerntet
wurde, soweit nicht einzelne, abgelegene Theile einem andern Kirchen-
verbande zugeschieden waren [6]).

In solchen Verhältnissen lebten die Leute von Lustnau zu den Zeiten,
in welchen auf dem linksrheinischen Hofgebiete zuerst die Namen derjenigen Oertlichkeiten auftreten, deren Schicksale uns hier vorzüglich
beschäftigen sollen.

.   *   *   *

Nicht vor dem Jahre 1303 wird des Hofes W i d n a u Erwähnung
gethan und auch dann nur ganz gelegentlich als eines Spitalguts nahe
beim Rhein ausserhalb Herbrugg, früher Eigenthum des Herrn Ulrich
von Hausen [7]). Klar, dass es sich dabei um ein einzelnes Gehöfte oder
einen Weiler handelte, wie noch viel später von einem Hofe Fridau, einem
Hofe Sturzenhard u. s. w. die Rede ist; nicht um ein Gemeinwesen, wie
es damals die schon längst aus ähnlichen Anfängen zu Dorfschaften und
Kirchspielen erwachsenen, alt-rheinthalischen Höfe Bernang, Marbach,
Altstätten, oder die zwei königlichen Höfe Kriessern und Lustnau selbst
waren, welch letzterem Widnau zugehörte.

Zweiundvierzig Jahre später, im Jahre 1345, werden in unsern
Urkunden die Weingärten von H a s l a c h zuerst genannt [8]). Auch hier
ist noch keine Andeutung von einer geschlossenen Ortschaft; obschon
die viel begehrten Rebhalden gewiss weit früher besiedelt und in Anbau

genommen worden waren, als das spärliche, dem Sumpf und Wald abgewonnene Ackerland, die Auen und Rieter der Ebene.

Beide Namen, Widnau und Haslach, sind deutsch: der erste bedeutet die mit Weiden bestandene Aue oder feuchte Wiese; der zweite findet sich über das ganze alamannische Sprachgebiet ziemlich häufig und bezeichnet ein Gebüsch von Haselstauden [9].

Auch ein festes Haus oder eine Burg stand damals auf einem freistehenden Hügel der Terrasse zwischen den Weingärten von Haslach und Monstein, an der einzigen hiefür passenden Stelle, die in dem ganzen Hofgebiete zu finden war: die Burg Zwingenstein. Es ist wohl anzunehmen, dass die Herren des Hofs sie angelegt und einen ihrer Dienstmannen darauf gesetzt haben, welcher sich dann nach dem Sitze nannte [10].

Als ansehnliche Grundeigenthümer auf dem herwärtigen Theile des Hofes Lustnau erscheinen schon im 14. Jahrhundert das Kloster St. Gallen und der Spital der Stadt St. Gallen. Was diese hier durch Schenkung und Kauf erwarben, das gaben sie wieder zu Lehen aus. Herrschaftliche Rechte besassen sie in keiner Weise. Die lagen alle vereinigt in den Händen der Grafen von Werdenberg-Rheinegg.

*   *   *

Dieses Geschlecht nun erschöpfte zuerst Besitz und Kräfte in häufigen Fehden gegen seine Vettern von Montfort. Dann gerieth es in grosse Gefährde, als sich die österreichischen Habsburger im Vorarlberg festsetzten und zu beiden Seiten des Rheins immer weiter um sich griffen [11]. Endlich begann ein förmlicher Vernichtungskrieg gegen dasselbe, als sich im letzten Jahrzehnt des 14. Jahrhunderts das Haus Werdenberg-Sargans wegen Erbstreitigkeiten auch gegen die stammverwandten Rheinegger wandte und sich in kurzsichtiger Verblendung mit dem gemeinsamen Feinde, den österreichischen Herzogen, gegen sie verbündete. Den Bedrängnissen dieses Kampfes ist es ohne Zweifel zuzuschreiben, wenn die Grafen Albrecht (IV) von Werdenberg der Jüngere und seine Neffen Rudolf, Hug und Heinrich am 20. April 1395 ihren alten Hausbesitz: den Hof Lustnau sammt der Feste Zwingenstein und den Leuten zu Widnau, „die dazu und darein gehören", mit allen Einkünften, dem Kirchensatze zu Lustnau und dem grossen und kleinen Zehnten, gegen ein Darleihen von 5300 Pfund Heller an den Ritter Ulrich den Ältern von Ems verpfändeten, nicht wieder lösbar für die nächsten drei Jahre, nachher beidseitig kündbar jeweilen auf Lichtmess [12].

Es war weit gekommen mit dem stolzen Grafengeschlechte, dass es in seiner Geldnoth Hülfe suchen musste bei einem reichen Rittersmann, dessen Ahnherr nach aller Wahrscheinlichkeit von den ersten Montfortern aus dem Bündnerland herbeigerufen und als Dienstmann ihres Hauses auf die hochragende Burg über dem nach ihr benannten, im Anschluss an ihren Vorhof entstandenen Flecken Hohenems gesetzt worden war [12]). Aber gerade aus dem Streit der Grafen erwuchs den klugen und gewandten Burgherren von Ems die beste Gelegenheit zur Mehrung von Vermögen und Ansehn. Zwischen den kämpfenden Parteien arbeiteten sie sich herauf und schufen sich eine sichere, selbständige Stellung. Die bleibende Erwerbung des zu Füssen ihrer „hohen Ems" weithin ausgebreiteten Hofes Lustnau mochte ihnen höchst begehrenswerth erscheinen.

Schon streckte sich jedoch die Hand Oesterreichs auch nach dem neuen Pfandbesitze aus [14]). Da brach ein Sturm über das Rheinthal herein, welcher die österreichischen Herzoge und die Herren von Ems in gleiche Bedrängniss brachte.

Seit längerer Zeit wetterleuchtete es über den appenzellischen Höhen und fuhr zuweilen ein unsanfter Windstoss herunter in die Niederung des Rheines. Der Rechtsstreit der Bergleute mit dem Abt von St. Gallen über gegenseitige, unvereinbare Ansprüche war seit dem Jahre 1401 in Thätlichkeiten ausgebrochen. Auch die Gotteshausleute der äbtischen Höfe im Rheinthal wurden durch kleinere Ueberfälle und Beutezüge ihrer aufgeregten Nachbarn heimgesucht und bei solchen Zügen gelegentlich kein Unterschied gemacht zwischen emsischen und st. gallischen Angehörigen. Beide erfuhren gleichermassen Plünderung und Schädigung — besonders war das Viehwegtreiben und Häuseranzünden beliebt —, und beide übten auch gleichermassen Vergeltung, wo sich Gelegenheit dazu zeigte. Dadurch wurden die Herren von Ems schon frühe in den Streit verwickelt. Ihre zwei hochgelegenen Burgen, die ursprüngliche vordere und die später erbaute hintere in der Emser Rüti [15]), standen den Feinden der Appenzeller offen. Dorthin brachte man erbeutete Heerden und abgefangene Landleute in Sicherheit; von dort aus streiften Soldknechte und von Haus und Hof vertriebene Unterthanen über den Rhein weit in das äbtische Gebiet, in welchem die Appenzeller die Herren spielten [16]).

Eine ernstere Gestalt gewann der Kampf, als sich nach dem Treffen bei Vögelinsegg einerseits die Stadt St. Gallen dem Lande Appenzell anschloss, anderseits das Haus Oesterreich sich aufmachte, um die Bergleute in ihrem eigenen Lande heimzusuchen und die dem Adel ringsum immer gefährlicher werdende Bewegung in ihrem Keime zu ersticken. Am Stoss fiel die Entscheidung (17. Juni 1405). wo auch ein Herr von Ems sein Leben liess [17]). Und nun ergossen sich die kriegerischen Haufen der Appenzeller und St. Galler mit unaufhaltsamer Wucht in das Rheinthal, verbrannten und zerstörten, was ihnen Widerstand leistete, und vereinigten die Stadt- und Landgemeinden diesseits und jenseits des Rheins zu dem grossen Bunde ob dem See. Schon im October 1405 wird der Hof Lustnau unter seinen Gliedern aufgeführt. Die Feste Zwingenstein wurde von appenzellischen Knechten zu Handen genommen, von diesen ihrem früheren Besitzer, dem mit Appenzell verbündeten Grafen Rudolf von Werdenberg, verkauft und von Graf Rudolf dem st. gallischen Kriegshauptmann Hainz Sidler versetzt [18]). Der Flecken Ems gieng 1406 in Flammen auf; 1407 sanken die vordere und die hintere Burg in Trümmern vor den st. gallischen Donnerbüchsen, wobei das Vorarlberg sehr wahrscheinlich zum ersten Male mit dem Knalle und den Wirkungen des Schiesspulvers Bekanntschaft gemacht hat [19]).

Allein schon im Januar 1408 erlitten die Appenzeller und St. Galler die Niederlage bei Bregenz, welche sie bleibend in ihr Land zurückwarf. Das lose Gefüge des grossen Bundes zerfiel noch rascher, als es entstanden war. Der Hof Lustnau wurde wieder emsisch; die Burg Zwingenstein dagegen kam nicht mehr an die Pfandherren des Hofes zurück, sondern wurde von dieser Zeit an offenbar als ein Bestandtheil der Herrschaft Rheinegg betrachtet und mit dieser zunächst wieder von den Herzogen von Oesterreich zu Handen genommen; dann, ebenfalls mit Rheinegg, von Einem an den Andern verpfändet, bis die Appenzeller sie 1447 mitten im Frieden verbrannten, als Herzog Sigmund von Oesterreich noch einmal über Zwingenstein verfügen wollte. Dreizehn Jahre später (1460) fiel der Burgstall mit den dazu gehörigen Liegenschaften — meist Weingärten — durch den Ankauf der rheinthalischen Pfandschaft an das Land Appenzell [20]).

Die Herren von Ems hatten nach dem Appenzeller Kriege für längere Zeit genug zu thun, um ihren niedergebrannten Flecken und ihre zerstörten Burgen wieder aufzubauen, überhaupt die Folgen der Verwüstung, die über ihr Eigenthum ergangen war, so gut wie möglich zu verwischen. Daneben benutzten sie aber die noch unfertigen Uebergangsverhältnisse im Vorarlberg und die gespannte Stellung König Sigmunds zu dem Hause Oesterreich sehr klug, um ihre ursprünglich von den Montfortern erhaltenen und seither dazu erworbenen Besitzungen unmittelbar vom Reiche zu Lehen zu nehmen und sich mit dem Blutbann zu Ems und Dorenbüren belehnen zu lassen; während sie gleichzeitig sich mit den Herzogen von Oesterreich als den neuen Herren des Vorarlbergs auf guten Fuss zu setzen und die Vortheile hoher Stellungen in deren Dienste — als Vögte zu Bregenz, Feldkirch und Bludenz — mit den Vortheilen der neu erworbenen Reichsunmittelbarkeit zu vereinigen verstanden [21]).

Auch die Hofleute von Lustnau suchten sich wenigstens vor einer weitern Verschlechterung ihrer Stellung zu wahren. Als König Friedrich III. im Jahre 1442 in die oberen Lande kam und auf seiner Rückreise den Weg durch das Vorarlberg einschlug, schickten sie ihre Botschaft nach Feldkirch zu ihm und liessen sich mit Berufung auf Briefe „etlicher seiner Vorfahren am Reiche" in des Königs und des Reiches besonderen Schirm aufnehmen und sich die Versicherung geben, dass sie künftig niemandem mehr Pfand sein und von niemandem gepfändet werden sollen, es wäre denn für die jährliche Reichssteuer [27]).

Von dem linksrheinischen Theile des Hofes Lustnau insbesondere erfahren wir seit der Verpfändung von 1395 durch ein volles Jahrhundert nichts, als was einzelne Kauf- und Lehenbriefe und andere Privaturkunden melden. Für uns ist aus denselben nur zu bemerken, dass sich die Ansidelungen um den Hof Widnau im Laufe dieses Jahrhunderts offenbar ganz wesentlich vermehrt haben.

* * *

Da trat im Jahre 1490 ein Ereigniss ein, das für diesen kleinen Fleck Erde von grösster Bedeutung werden sollte.

Am 28. Juli 1489 hatten ungeordnete Haufen von St. Gallern, Appenzellern und Rheinthalern das im Bau begriffene Kloster zu Rorschach zerstört, in welches Abt Ulrich VIII. das alte Kloster St. Gallen zu verlegen gedachte, um den fortwährenden Conflicten mit der Stadt auszuweichen. Dieser sogenannte Rorschacher Klosterbruch führte im folgenden Januar sieben eidgenössische Orte als Verbündete des Abts gegen Appenzell und die Stadt St. Gallen ins Feld; und da ein ernstlicher Widerstand gegen solche Uebermacht aussichtslos war, mussten sich unsere Stadt und ihre appenzellischen Nachbarn alsbald zu einem höchst ungünstigen Friedensschlusse verstehen. Dem Land Appenzell wurde unter anderem die Abtretung seiner Landvogtei Rheinthal an die sieben Orte auferlegt. Das Rheinthal wurde damit eine gemeine Herrschaft von Zürich, Luzern, Uri, Schwiz, Unterwalden, Zug und Glarus. Der Vertreter der damals dem höchsten Punkte ihrer Macht und ihres Ansehens zueilenden, ringsum gefürchteten Eidgenossenschaft erschien als oberster Herr des Landes in Rheinegg. Er betrachtete sofort den Rhein als die natürliche Grenze der eidgenössischen Landeshoheit und beanspruchte deren Befugnisse, voraus die hohe Gerichtsbarkeit und das Mannschaftsrecht, auch für denjenigen Theil des Hofs Lustnau, der herwärts des Rheins oder, wie man sich jetzt zu sagen gewöhnte, auf schweizerischem Gebiete lag. Die Bewohner des linksrheinischen Hoftheils sollten in diesen Dingen eidgenössische Unterthanen sein, im übrigen aber allerdings in den bisherigen Beziehungen zu Lustnau und den Herren von Ems verbleiben [28]).

Wie ernst es die neuen Gebieter des Rheinthals damit nahmen und wie entschieden. sie über ihnen selbst keine höhere Macht in dem ganzen Rheinthale anzuerkennen gedachten, das erfuhren die emsischen Inhaber des Hofes schon im Jahre 1497, als sie Ansprüche an ihre eigenen Hofleute im Haslach nach einem ungünstigen Entscheide des Landvogts vor das Reichskammergericht ziehen wollten. „Die regierenden Orte seien die einzige Appellationsinstanz in diesem Handel", beschloss die Tagsatzung auf den Bericht des Landvogts, und wies ihn an, die herwärtigen Güter der Herren von Ems in Haft zu legen, wenn sie auf der Anrufung fremder Gerichte beharren [24]).

Das geschah am Vorabend des Schwabenkrieges, der ja gerade hauptsächlich um die Befreiung der Eidgenossenschaft von allen, auch den höchsten, auswärtigen Gerichten geführt wurde und mit der thatsächlichen Anerkennung dieser Befreiung seinen Abschluss fand. Wir sehen nicht, dass die Herren von Ems nachher jemals einen ernsthaften Versuch gemacht hätten, den eidgenössischen Ansprüchen auf die Oberhoheit über ihren linksrheinischen Besitz entgegen zu treten. Dagegen begannen sie — und dies ist ihnen kaum zu verdenken — die ihrem unmittelbaren Einflusse theilweise entzogenen, niedergerichtlichen Unterthanen jenseits des Rheins vor den ihnen allein untergebenen rechtsrheinischen Hofleuten zurückzusetzen, indem sie verfügten, dass bei der alljährlichen Gerichtsbesetzung in Lustnau kein Linksrheinischer mehr zum Ammann vorgeschlagen werden dürfe. Auch wurde den Linksrheinischen unter Strafandrohung verboten, sich bei dem Landvogt in Rheinegg über irgend etwas zu beklagen oder in Nothfällen seinen Rath einzuholen [25]).

Es ist sehr begreiflich, dass dadurch in den um Widnau ansässigen Hofleuten allmälig der Wunsch lebendig wurde, ein Gemeinwesen für sich zu bilden, das seinen Schwer- und Mittelpunkt auf ihrem engern Gebiete hätte. Der Rhein, der vor Zeiten verbunden, begann seine trennende Kraft geltend zu machen.

Zunächst kam dieser Wunsch auf kirchlichem Gebiete zur Aeusserung und zur Befriedigung. Im Jahre 1504 erlaubten die Vettern Michel und Märk Sittich von Ems, als Patronatsherrn von Lustnau, der „Gemeind und Nachbarschaft" zu Widnau auf ihr Ansuchen und auf Fürsprache der Pfarrer zu Bregenz, Bernang und St. Margreten, auch mit Einwilligung des Leutpriesters zu Lustnau, eine eigene Kirche und ein eigenes Pfarrhaus zu bauen. Der Priester sollte jeweilen aus einem Doppelvorschlag der neuen Gemeinde durch die Herren von Ems gesetzt werden; aber die Mittel für den Bau von Kirche und Pfarrhaus, sowie für die Besoldung des Priesters hatte Widnau ganz allein aufzubringen. Seine Zehnten mussten nach wie vor an den Lehnsherrn der Lustnauer Kirche nach Ems bezahlt werden, und der Pfrund zu Lustnau waren alle ihre Einkünfte auch diesseits des Rheins vorbehalten; sogar die Opfer und „Seelgeräthe", welche in der neuen Kirche Widnau fallen würden, sollten bis zu allfälliger Auslösung dem Pfarrer der Mutterkirche zukommen, und dem Messmer von Lustnau eine Entschädigung nach Erkenntniss des Bischofs von Constanz ausbezahlt werden. — Man mag sich denken, wie bescheiden unter solchen Verhältnissen die neue Pfarrei ausgestattet werden konnte. Auf nicht wohl achtzig Gulden nach den Einen, auf nicht wohl neunzig nach den Andern wurde noch 100 Jahre später das Einkommen des Pfarrers von Widnau berechnet [26]). — Von grosser Bedeutung war es deswegen gleichwohl, dass sich der linksrheinische Hoftheil wenigstens in kirchlicher Beziehung einmal vollständig von Lustnau abgelöst hatte und seine Angelegenheiten selbst besorgte.

Dieser kirchlichen Scheidung folgte das Bestreben nach gänzlicher Trennung von der weltlichen emsischen Herrschaft auf dem Fusse. Immer noch lebte in den Hofleuten eine Erinnerung daran fort, das sie eigentlich nur als Pfand in die Hände der Herren von Ems gekommen waren. Man glaubte daher, in der Rücklösung dieser Verpfändung durch die im Rheinthal regierenden Orte den einfachsten Weg zur Erreichung des ersehnten Zieles zu finden. Felix Grebel von Zürich war es, der im Jahre 1522 als Landvogt im Rheinthal zum ersten Male diese Idee aussprach, an der nun lange Zeit mit Hartnäckigkeit festgehalten wurde. Grebel bezeigte sogar Lust, die Vogtei über die „armen Leute von Widnau" selbst an sich zu lösen, wenn die Eidgenossen „gemeinlich" dazu keine Lust hätten [27]).

So einfach lag freilich die Sache nicht, und auch über die Summe, für welche der Hof verpfändet war, zeigte sich der Landvogt sehr schlecht unterrichtet. Dass aber die unter schweizerischer Oberhoheit stehenden emsischen Unterthanen sich keiner besondern Sympathien ihres Herrn, Märk Sittich von Ems, zu erfreuen hatten und mit ihren überrheinischen Hofgenossen auf gespanntem Fusse lebten, darf wohl als unbedingt richtig angenommen werden, wenn man bedenkt, wie jener rauhe Kriegsmann als Führer deutscher, vorzugsweise vorarlbergischer Landsknechthaufen — das „Landsknechtslandel" nannte man damals das Vorarlberg — bald hier, bald dort auf den Schlachtfeldern Italiens den schweizerischen Hülfsvölkern in blutigem Kampf auf Leben und Tod gegenüberstand [28]). Eben hatte er mit Georg von Frundsberg die Schlacht von Pavia am 24. Februar 1525 durch die Niederwerfung der im französischen Dienste kämpfenden Schweizer zu Gunsten des Kaisers entschieden, als er nach Hause kam, um sich an der erbarmungslosesten Niedermetzelung der aufständischen Bauern jenseits des Bodensees zu betheiligen, und nun ohne Zweifel von den Auslösungsgelüsten seiner linksrheinischen Hofleute vernahm. Um sich ein für alle Mal vor solchen Gelüsten zu sichern, kündigte Märk Sittich kurzer Hand den Grafen Christoph und Felix von Werdenberg die Pfandsumme von 5300 Pfunden — nach den Bestimmungen des Briefes von 1395 — auf Lichtmess 1526. Wie vorauszusehen, waren die beiden Herren auf eine Rückzahlung dieser Summe in keiner Weise gerüstet, hatten überdies wohl auch kein starkes Verlangen, noch einmal in den wirklichen Besitz des für sie so abgelegenen Hofes zu kommen, und liessen sich daher leicht bereit finden, die bisherige Pfandschaft in aller Form in einen Kauf umzuwandeln und für die Zukunft ausdrücklich auf jede Lösung zu verzichten[20]). Der ganze Hof Lustnau war von da an freies und unanfechtbares Hausgut der Herren von Ems.

* * *

Das geschah in dem Momente, als auch das Rheinthal ernstlich von der Bewegung ergriffen wurde, welche Luther und Zwingli auf religiöskirchlichem Gebiete erweckt hatten. Es wird uns nicht überraschen, dass sich Widnau der Reformation zuwandte und sich offen für dieselbe erklärte, sobald den rheinthalischen Gemeinden durch das von Zürich unterstützte, kräftige Auftreten des Ammanns Vogler von Altstätten die Möglichkeit gegeben war, sich frei für den neuen Glauben zu entscheiden. Gehörte doch sein Patronats- und Gerichtsherr, Märk Sittich von Ems, von dem die Hofleute loszukommen strebten, zu den eifrigsten Vorkämpfern der alten Ordnung. Begreiflich genug, dass sie schon deswegen den Schutz der neugläubigen, schweizerischen Nachbarn suchten und sich an diese anschlossen, als um die Jahreswende 1528/29 die Bewegung in der ganzen Ostschweiz siegreich wurde und auch bleibende politische Neugestaltungen für diese Gegenden in Aussicht stellte. Wir wollen gar nicht bestreiten, dass auch idealere Beweggründe die junge Kirchgemeinde bestimmten, die neue evangelische Lehre anzunehmen. Bezeichnend aber ist es doch, dass der erste Wunsch, den die Leute von Widnau, Haslach und die aus der Dickenau in einer Zusammenstellung der Beschwerden aller rheinthalischen Gemeinden aussprechen, auf Erlangung eines eigenen Gerichtes geht, doch ohne Verkürzung der ihnen jetzt theilweise vorenthaltenen Nutzungen an dem Gemeindelande des ganzen Hofes Lustnau. Es folgt eine längere Reihe von Klagen über materielle Beeinträchtigungen, und dann erst wird vorgebracht, wie die Widnauer für ihre Kirche, die sie mit grossen Nöthen erbaut und gestiftet, und für ihren Pfarrer, „den sie mit ihrem blutigen Schweiss und Arbeit erhalten und ernähren", von den Herren von Ems keine Hülfe bekommen, und wie dem Pfarrer zu Widnau, wenn er ihnen jetzt das Wort Gottes nach dem heitern Evangelium verkünde, gedroht werde, dass man ihn von der Pfrund stosse. Die in der Dickenau, „wo noch vor kurzen Jahren kein Haus gestanden" — wir bitten sich das zu merken —, wünschen kirchlich wieder der Pfarrei Bernang zugetheilt zu werden, wohin sie gehört haben, bis sie wegen eines Streites, den ein Unterthan mit dem Pfarrer von Bernang hatte, der Pfarrkirche Lustnau zugewiesen wurden, zu welcher sie aber öfters aus Wassersnoth nicht kommen mögen[30]).

Während nun im Sommer des Jahres 1529 die alt- und neugläubigen Orte der Eidgenossenschaft sich bei Kappel und im Argau bewaffnet gegenüber lagen und Zürich das Rheinthal durch den Kiburger Landvogt Lavater besetzen liess, brachte Märk Sittich einen Haufen umherstreifender Knechte zusammen, um mit diesen einen Einfall über den Rhein in das Gebiet des vertriebenen, auf Schloss Wolfurt hinter Bregenz sitzenden Abts von St. Gallen zu machen. Auf den von Rheineck aus durch das ganze Land ergehenden Sturm strömte indess die schweizerische Bevölkerung so eifrig von allen Seiten zur Abwehr herbei, dass das Vorhaben nicht zur Ausführung kam[31]). Und als hierauf der erste Landfriede das Uebergewicht der evangelischen Partei in der ganzen Schweiz und vor allem in den gemeinen Herrschaften unwiderruflich festzustellen schien, in Widnau aber gleichzeitig neue Auslösungsprojecte auftauchten, da hielt wohl auch Märk Sittich das Spiel für verloren und zeigte sich nicht abgeneigt, seine Rechtsame auf dem linken Rheinufer den seit etlichen Jahren ohnehin ungehorsamen Unterthanen zu verkaufen. Gegen ein Auslösungsrecht verwahrte er sich freilich gleichzeitig des entschiedensten und ersuchte Zürich, die Widnauer zum Gehorsam gegen ihn und den Hof Lustnau anzuhalten, wenn die Gemeinde auf den von ihm angebotenen Kauf nicht eingehen wolle[32]).

Sie scheint wirklich keine Lust dazu an den Tag gelegt zu haben und glaubte ohne Zweifel in der allgemeinen Umwälzung auf wohlfeilere Weise von Ems weg zu kommen. Man vernimmt wenigstens nichts von weiteren Kaufsverhandlungen. Dafür traten in der kurzen Frist zwischen dem ersten und zweiten Kappeler Kriege neue, noch kräftigere Zerwürfnisse zwischen hüben und drüben ein.

Nach der Beseitigung der äbtischen Herrschaft hatten sich die st. gallischen Höfe im Rheinthal zur eigenen gemeinsamen Ausübung der bisherigen obrigkeitlichen Befugnisse der Abtei auf ihrem Gebiete vereinigt und unter anderem ein Mandat erlassen, durch welches das Tanzen gänzlich untersagt wurde[33]). Am 6. Februar 1530 nun — es

war der Sonntag nach Lichtmess — kam der Ammann von Lustnau,
Ulrich Zoller, genannt Herzog, mit einigen andern Lustnauern in die
Taferne in der Au herüber. Da trafen sie auch Leute ab dem Hirsch-
berg, von Haslach und anderswoher. Ein Jörg Benzinger ab dem Berg
bat den Ammann um die Erlaubniss zu tanzen, da sie hier auf seinem,
d. h. Lustnauer Gebiet seien: „der Grund und Boden ist üwer, Stumpen
und Storzen". Da sprach der Ammann: „wir hand kain Spil". Da sprach
aber Jörg Benzinger: „wir hand ein guot Spil, das wir üch liben und
Lib und Guot zuo üch setzen wend". Da sprach der Ammann: „so wend
wir tanzen", und erliess in seines Herren Namen das übliche Gebot:
dass bei 10 Pfund Strafe jedermann Frieden halte und niemand Streit
anfange. Die benachbarten Bernanger aber erblickten in dem Tanz zu
dem Lärm der appenzellischen Trommeln und Pfeifen eine freche Verhöhnung ihres obrigkeitlichen Mandats und stellten den Ammann darüber
zur Rede. Der Streit der Worte gieng schliesslich in Thätlichkeiten über
und endigte damit, dass ein überlegener Haufe über die Lustnauer herfiel,
als sie sich zu ihrem Schiffe zurückzogen, und dass in dem nun ent-
stehenden Handgemenge ein Jörg Dierauer tödtlich verwundet, der Ammann von Lustnau mit einem seiner Gefährten, Konrad Jäger, gefangen
und nach Bernang gebracht wurde. Die Appenzeller, die den ganzen
Handel angestiftet, standen dabei zur Seite und sahen zu, obschon sie
hätten scheiden können, „irem alten Bruch nach"; so erzählt wenigstens
Vadian, der überhaupt nicht gut auf sie zu sprechen ist [34]).

Es war vorauszusehen, dass dieser unglückliche Handel zu weitern
schlimmen Folgen führen würde. Die Bernanger sandten daher unverzüglich einen Boten nach St. Gallen, um den Hauptmann Jakob Frei,
den damaligen zürcherischen Regenten der äbtischen Lande, von dem
Geschehenen in Kenntniss zu setzen und seinen Rath einzuholen über
das, was nun zu thun wäre. Hauptmann Frei ritt noch in der Nacht
nach Bernang hinaus und liess die zwei Gefangenen nach Altstätten in
den Thurm unter die Obhut des Ammanns Vogler bringen. Kaum waren
sie dort, so verlangte Märk Sittich von Ems ihre Auslieferung mit dem
Anerbieten, im Hof Lustnau oder zu Ems, wohin der Hof gehörig, Recht
über sie ergehen zu lassen, das Gericht mit vollkommen unparteiischen
Richtern zu besetzen und alle emsischen Einkünfte und Güter auf rheinthalischem Boden hiefür als Unterpfand darzugeben [35]). Ammann Vogler
und Hauptmann Frei wollten aber nichts davon wissen, und so kam
die Angelegenheit an die regierenden Orte, unter welche nach dem
Schwabenkrieg auch Appenzell aufgenommen worden war. Wie zu erwarten, stellten sich von diesen die fünf katholischen mehr auf die Seite
von Hohenems; Zürich mit Glarus und Appenzell deckte den Verordneten

der vier rheinthalischen Höfe den Rücken, die durchaus verlangten, dass Ammann Zoller vor das Hochgericht des Landvogts zu Rheinegg gestellt werde. Auch eine erste eidgenössische Abordnung nach Altstätten brachte sie nicht von diesem Verlangen ab, sondern führte nur zur Versetzung der Gefangenen aus dem Thurm in eine Stube. Unter diesen Verhältnissen traten die Gegensätze immer schärfer hervor. Die katholischen Orte verboten dem Landvogt, den Fall vor das Hochgericht zu ziehen. Zürich erklärte dagegen, dass seine besondere Botschaft, zusammen mit derjenigen von Glarus und Appenzell oder nöthigenfalls allein, das vom Landvogt verweigerte Hochgericht abhalten werde. Auf der andern Seite hatte sich die österreichische Regierung zu Innsbruck unverzüglich des Auslieferungsbegehrens von Märk Sittich angenommen und war ein heftiges Schreiben zu dessen Gunsten von den Grafen und der Ritterschaft in Schwaben bei der Tagsatzung eingelaufen.

So nahmen die Dinge nachgerade eine sehr bedrohliche Gestalt an, und es schien beinahe, als ob sich aus dem Schlaghandel in der Au ein gefährlicher Krieg entspinnen sollte. Da gelang es endlich einer neuen eidgenössischen Gesandtschaft von Zürich, Schwiz, Glarus und Appenzell, nach grosser Mühe und Arbeit sämmtliche Parteien zur Annahme ihres gütlichen Spruches zu bewegen. Er ergieng zu Altstätten am 2. Mai 1530 und lautete dahin: dass die zwei Gefangenen gemeinsam mit einem Thomas Müller von Lustnau **), der sich bei dem Handgemenge vom 6. Februar auch hervorgethan hatte, der Familie des getödteten Jörg Dierauer 58 Gulden entrichten sollten und für sich allein den vier Höfen 45 Gulden als Ersatz für die aufgelaufenen Kosten, diejenigen der Zehrung nicht inbegriffen, welche noch besonders zu vergüten waren [37]).

Kaum war dieser Handel nothdürftig beigelegt, so entstand ein neuer, nicht weniger gefährlicher; indem die Leute von Widnau und Haslach bei Zürich und Glarus nicht bloss abermals um Auslösung von der emsischen Herrschaft einkamen, weil ihnen aus der Unterwerfung unter zweierlei Herrschaften stets neue Unruhe und Irrung erwachse, sondern auch um Hülfe für ihren Prädicanten baten, der Mangel leiden müsse, während Märk Sittich von Ems als Lehenherr der Pfarrei den grossen und kleinen Zehnten beziehe.

Zu der verlangten Auslösung zeigte Glarus nicht übel Lust, falls sich die geeigneten Wege hiezu finden liessen; und um dem Widnauer Prädicanten den nöthigen Unterhalt zu sichern, griffen die Zürcher einfach auf den hohenemsischen Zehnten im Rheinthal; denn alle Verkünder des Gottesworts seien aus den an ihrem Ort fälligen Zehnten zu erhalten. Sie giengen noch weiter und verhefteten überhaupt alle hohenemsischen Einkünfte diesseits des Rheins, weil Märk Sittich die Einkünfte des Klosters St. Gallen in seinen Gerichten jenseits des Flusses nicht mehr nach St. Gallen abzuliefern gestattete, seit dort das Regiment des Abts aufgehört und Zürich durch seinen Hauptmann unter dem Titel eines Schirmherrn die Gewalt in seine Hände genommen hatte.

Darüber verlor Märk Sittich die Geduld gänzlich. Er berief sich mit vollstem formalen Recht auf das Verabkommniss von 1504, durch welches sich die Widnauer unbedingt zum Unterhalt des ihnen gewährten Priesters auf ihre alleinige Kosten verpflichtet hatten, und verklagte die Zürcher wegen ihres Vorgehens nicht bloss bei der Tagsatzung, sondern auch auf dem Reichstag zu Augsburg. Hier verlangte er ungestüm, dass ihm der Kaiser wieder zu dem Seinigen verhelfe oder doch freie Hand gegen Zürich gewähre. Auch dieser Handel schien demnach eine recht bedrohliche Wendung zu nehmen, so dass sich Bern veranlasst sah, sehr eindringlich zur Mässigung bei gegenwärtiger Theurung und andern schwierigen Zeitumständen zu mahnen. Und dieser mit freundlichsten Worten angebrachten Mahnung wird es wohl wesentlich zuzuschreiben sein, wenn Zürich auf die Intervention König Ferdinands zu Gunsten von Hohenems Ende September die Weisung gab, die zurückgehaltenen Einkünfte an Märk Sittich zu verabfolgen [38]).

Die ganze Situation im Rheinthal änderte sich indess mit einem Schlage durch den zweiten Kappeler Krieg und den zweiten Landfrieden (vom 20. November 1531), der diesem Kriege ein Ende machte; denn nicht anders, als der erste Landfriede die gemeinen Herrschaften dem evangelischen Einflusse preisgegeben hatte, nicht anders überlieferte sie der zweite dem katholischen. Der von den Rheinthalern verjagte Landvogt Kretz von Unterwalden kehrte nach Rheinegg zurück [39]); der Prädicant in Widnau verschwindet; der alte Märk Sittich schickte seinen Sohn auf einen am 15. December 1531 abgehaltenen Tag der acht regierenden Orte in's Rheinthal hinüber und erhielt all sein Eigenthum diesseits des Rheins wieder zu freier Verfügung. Damit noch nicht zufrieden, zog er auf einem zweiten Tage der regierenden Orte, im Juli 1532, die Bernanger nachträglich wegen des Handels in der Dickenau und der im Hof Lustnau — natürlich dem linksrheinischen Theile desselben — unbefugter Weise erlassenen Bote und Verbote zur Verantwortung. Nach demüthigster Entschuldigung mussten die Verklagten froh sein, dass die Angelegenheit den eidgenössischen Boten zu freundlichem Entscheide überlassen wurde und mit einer allgemeinen Anweisung zu künftiger guter Freundschaft und Nachbarschaft, sowie mit der Erklärung ihren Abschluss fand, dass das, was damals von Seite Bernangs und der vier Höfe gegen die emsischen Güter und Unterthanen geschehen, den Herren von Ems an ihrer gerichtlichen Obrigkeit und alten Bräuchen unschädlich sein solle [40]).

Im folgenden Jahre ist Märk Sittich von Ems gestorben. Einen „blutgirigen, übelschwerenden, ungotzforchtigen, winsüchtigen Mann von siner Jugend har" nennt ihn Vadian [41]). Ein roher und gewaltthätiger Kriegsmann ist er ohne Zweifel gewesen, und auch einer der gefährlichsten und schlimmsten Feinde der evangelischen Schweiz. Was jedoch insbesondere die Widnauer Händel anbetrifft, muss wohl gerne oder ungerne anerkannt werden, dass sein Benehmen in keiner Weise incorrect erscheint, sobald nur seiner Stellung die gebührende Rechnung getragen wird.

So viel ist jedenfalls sicher, dass er zumeist durch seine lebhafte und hervorragende Theilnahme an den grossen Kriegshändeln seiner Zeit dem Hause Ems die Bahn geöffnet hat, auf welcher es nun rasch zu hohen Ehren, zu Ansehn und Reichthum emporstieg. Von den Enkeln Märk Sittichs wurde der eine, Jakob Hannibal I., im Dienste König Philipps II. Grand von Spanien und Gemahl von Hortensia Borromea, der Schwester des später heilig gesprochenen Cardinals Karl Borromeo; der andere, Märk Sittich II., nach langer militärischer Laufbahn selbst Cardinal. Zu den Zeiten dieser Brüder erhoben sich in Hohenems die neue Kirche und neben ihr der weitläufige Palast, wurde am 27. April 1560 von Kaiser Ferdinand I. das ganze Geschlecht in den erblichen Reichsgrafenstand erhoben, erhielt 1578 Jakob Hannibal vom spanischen Könige die Grafschaft Gallarate im Herzogthum Mailand. Sein ältester Sohn Kaspar erkaufte 1613 die Herrschaften Vaduz und Schellenberg; der zweite, Märk Sittich IV., wurde Erzbischof zu Salzburg, ein Fürst des deutschen Reichs, und zwar keiner der geringsten. Das war die Blüthezeit des Hauses Hohenems [42]).

* * *

Das gute Verhältniss der gräflichen und landvögtlichen Regierung scheint in dieser Zeit nur selten durch kleinere Competenz- und andere Conflicte gestört worden zu sein. Was man derartiges vernimmt, beschränkt sich auf Anstände, die sich erhoben über die Bestrafung eines Ehebruchs in Widnau, oder einer Lästerung, die sich ein Linksrheinischer in Lustnau erlaubt hatte; auch über die Anlage von Wuhren, durch welche sich Lustnau davor schützen wollte, dass ihm der Rhein nicht zum dritten Male die Kirche und Häuser fortreisse, nachdem er sie schon zwei Mal von da weggeschwemmt, wo jetzt rheinthalisches Gebiet war [43]).

Dagegen machten beide Regierungen im Jahre 1588/89 den Bestrebungen der evangelisch gebliebenen Widnauer nach einem eigenen Prädicanten sehr einträchtig ein rasches Ende. Ein lutherischer Thurgauer, Junker Gabriel Rugg von Tannegg, der auf dem Schlösschen Buchholz bei Bernang sass und dem man die Anstiftung zu diesem Be-

gebren zuschrieb, wurde aus der Landvogtei Rheinthal ausgewiesen, und
ein Ulrich Hensel von Widnau, der sich dieser Umtriebe besonders eifrig
angenommen hatte, mit einer Busse von 25 Gulden und mit Gefängniss
bestraft [44]).

Ein ernstlicher wunder Punkt blieb aber das Verhältniss des linksrheinischen Hoftheils zu dem rechtsrheinischen. Die Hofleute von Widnau-
Haslach beschwerten sich, dass die von Lustnau hinter ihrem Rücken
Gemeinden abhalten, von dem Gemeindeland verkaufen „und ihnen
andere Eingriffe thun“. Auch über einseitige Verfügungen des Gerichtsherrn beklagten sie sich. Man fand sich daher von Zeit zu Zeit immer
wieder veranlasst, dem Pfandverhältnisse des Hofes zum Hause Ems näher
nachzuforschen, um die Auslösung des linksrheinischen Theils betreiben
zu können. Sogar bei den regierenden Grafen selbst wurde Auskunft
darüber verlangt, doch nicht erhalten. Erst im Jahre 1563 sah sich
der Landvogt zu Rheinegg im Falle, wenigstens über die Verpfändung
von 1395 genauen Aufschluss zu geben. Darauf wurde noch einmal
über Ablösung gegen den jährlichen Ertrag gesprochen. Dann verschwindet dieser Gedanke für lange [45]). An seine Stelle trat gegen das
Ende des Jahrhunderts derjenige der gänzlichen gerichtlichen und ad-
ministrativen Trennung Widnaus von Lustnau ohne Veränderung seiner
Stellung zu dem gräflichen Hause. Es sollte also, um ein kleines Verhältniss
durch grosse Worte zu erläutern, die bisherige Realunion der beiden Hof-
theile durch eine Personalunion zweier unter sich gleich stehender Höfe
ersetzt werden. Eigenes Gericht und eigenen Ammann, genaue Ausscheidung des Gemeindelandes und der Nutzungen an demselben: das verlangte
Widnau-Haslach immer nachdrücklicher.

Im Jahre 1590 begann die Bewegung, welche endlich zu dem gewünschten Ziele führte.

Zuerst wurde von einigen ungenannten Hofleuten heimlich beim
Landvogt zu Rheinegg über die grossen Kosten geklagt, welche die Zu-
gehörigkeit zu dem Gericht Lustnau den Linksrheinischen verursache,
und das Begehren nach der Abtrennung von Lustnau auch damit begründet, dass doch in der ganzen Landschaft Rheinthal jede Stadt,
jeder Flecken, ja jedes Dorf sein eigen Gericht und Recht habe.

Als dann diese Klagen und Vorstellungen günstige Aufnahme fanden,
schickten „die beiden Gemeinden“ eine förmliche Abordnung an die
regierenden Orte mit einer ausführlichen Beschwerdeschrift über alle
Unzuträglichkeiten, welche der bisherige Zustand mit sich bringe. Die
Orte aber nahmen sich mit allem Eifer der Angelegenheit an und liessen
es sich nicht verdriessen, verschiedene Gesandtschaften von Landammän-
nern und Landvögten zu dem in Hohenems residirenden Grafen Johann

Christoph zu schicken, bis er sich bereit erklärte, in die Hoftheilung zu willigen; unter dem natürlichen Vorbehalte, dass dadurch dem gräflichen Hause an allen seinen Rechten und Einkünften keinerlei Eintrag oder Schmälerung geschehe [46]).

Die erste Besetzung des neuen Gerichts erfolgte am 5. Juni 1593. Der erste Ammann des neuen Hofs war Jakob Frei. Die schwierige Ausscheidung der Gemeindenutzungen geschah durch ein eigens dafür niedergesetztes Schiedsgericht, welchem jede Partei ihre besondern Vertrauensmänner beigab. Es will uns scheinen, dass Widnau-Haslach dabei nicht zu kurz gekommen sei.

Aus einem gütlichen Spruchbriefe von 1518 ersehen wir, dass schon damals die Nutzung des grossen Isenriets gemeinsam mit den andern rheinthalischen Höfen den linksrheinischen Angehörigen von Lustnau allein überlassen war [47]). Nun wurden ihnen, d. h. eben dem neuen Hofe Widnau-Haslach, auch bestimmt abgegrenzte Antheile an dem Gemeindeland über dem Rheine zugeschieden, die sogenannten „Schweizerrieter", welche später Anlass zu bitterem Streite geben sollten. Wirklich unvertheiltes Gemeingut oder wenigstens im gemeinsamen Tratt blieben die Auen und der Strandboden an beiden Ufern längs des Rheins. Die Steuern, die von Fremden in den beiden Höfen Lustnau und Widnau-Haslach erhoben wurden, sollten bis auf weiteres, gütliches Verabkommniss jedem Hofe zur Hälfte zufallen, eine Bestimmung, die offenbar Lustnau zu Gute kam, da der Hauptertrag dieser Fremdensteuer ohne Zweifel von den Rebhalden zu Haslach und am Monstein herrührte. Die sogenannte Schirmsteuer von 39 Pfund jährlich an die Herrschaft und eine jährliche Abgabe von 2 Pfund an den Pfarrer von Lustnau musste von beiden Höfen zu gleichen Theilen übernommen werden; doch hielt sich die Herrschaft für die Schirmsteuer nur an den Ammann von Lustnau. Dem Pfarrer und Messmer zu Lustnau hatten die Hofleute von Widnau-Haslach den Fenchel-, Aepfel- und Rübenzehnten wie bisher zu entrichten [48]).

Im Jahre 1601 erhielt Widnau-Haslach von dem Grafen Johann Christoph auch sein eigenes Hofbuch nach dem Muster des bisher für den ganzen Hof Lustnau geltenden Hofrechts [49]).

Damit besass das neue Gemeinwesen seine volle, sichere Grundlage zur längst ersehnten selbständigen Verwaltung in derjenigen Form, welche die gegebenen Verhältnisse einzig erlaubten, und strebte nun kräftig nach möglichster Gleichstellung mit den übrigen Höfen des Rheinthals, wobei es sich der wohlwollenden Förderung der regierenden Orte erfreute.

Wie jenen Höfen schon im Jahre 1551 der sogenannte ewige Verspruch zugesichert worden war, d. h. das unbeschränkte Zugrecht der eingesessenen Hofleute auf jedes in den Hofmarken zum Verkauf an Auswärtige gelangende Grundstück, so wurde jetzt (1600) auch Widnau-Haslach mit diesem Rechte begabt, welches vor dem fortschreitenden Uebergange von Grund und Boden in fremde, besonders in todte Hand schützen sollte, eine Gefährde, die bei den allseits eifrig umworbenen Rebhalden des Rheinthals immer nahe lag. Sehr sonderbar berührte es indess, als nun auch der hochgestellte Graf von Hohenems die Eigenschaft eines einfachen Hofmanns von Widnau-Haslach für sich in Anspruch nahm, um das Zugrecht auf einen an die gräflichen Reben beim Monstein anstossenden Weingarten, den Junker Kaspar Schobinger in St. Gallen angekauft hatte, geltend zu machen und diesen ihm wohl gelegenen Besitz an sich zu bringen. Solche Herablassung eines ihnen allen weit überlegenen Concurrenten verstanden die Hofleute nicht zu würdigen. Sie waren daher dem reichen und angesehenen Käufer sehr dankbar, dass er ihre und seine eigene Sache mit allem Nachdruck vor dem Landvogte verfocht und ihnen Brief und Sigel über die unbedingte Abweisung des gräflichen Begehrens auswirkte [50]).

Um seine bösen Strassen dem Rheine nach, besonders am Monstein, zu bessern, wurde dem Hofe die Erhebung eines Weggelds von einem guten Batzen von jeder Last Kaufmannsgüter bewilligt (1603) [51]). — Die regierenden Orte schützten ihn bei dem von Rheinegg bestrittenen Rechte, von bündnerischen Flössen, die den Rhein hinab kamen und keine zollpflichtigen Waaren führten, nach Bedarf Holz zum Brennen, Bauen und Wuhren zu kaufen (1606) [52]). — Sie bewilligten „Denen von Haslach" den Gebrauch eigener Trommeln und Pfeifen bei Aufzügen und andern festlichen Anlässen (1607) [53]).

Der übermässigen Armuth der Kirche Widnau wurde durch eigene Anstrengung der Hofleute und bescheidene Beihülfe des Grafen geholfen und durch die Vermittlung des damaligen Landvogts Muheim auch an die katholischen Orte die Bitte um milde Handreichung zur Aufbesserung der Pfründe gerichtet; denn es sollte „ein wohl qualificirter Priester angestellt werden, der sonderlich mit Predigen viel Frucht schaffen könnte"(1607) [54]).

Einen Streit des Landvogts zu Rheinegg mit dem Grafen Kaspar zu Hohenems benutzten die regierenden Orte, um des Grafen richterliche Befugnisse in dem herwärtigen Hofe zu Gunsten ihrer eigenen Hoheitsrechte empfindlich zu beschränken; indem sie die Bestrafung für Uebertretung der Feiertage, für wiederholten Friedbruch mit Worten oder mit Werken, für Ehebruch und Blutschande und sogenannte „unbeharrliche Zureden" endgültig dem Landvogt als Vertreter der hohen Gerichtsbarkeit zuwiesen. Der Fall aus dem Nachlasse hingerichteter Maleficanten, den der Graf für sich in Anspruch genommen, wurde ihm verweigert und überdies bestimmt, dass der Landvogt und seine Amtleute

dem gräflichen Bussengericht, wenn es im Hof Widnau-Haslach gehalten
werde, beiwohnen sollen, gewissermassen zur Controle und als Ober-
aufseher (1608/9) [55]).

Graf Kaspar liess sich Solches gefallen. Er war überhaupt fried-
fertiger Natur und sein Sinnen und Trachten gieng nicht auf kriegerischen Ruhm und hohe politische oder kirchliche Stellung, sondern auf die
ökonomische Hebung und Sicherung des Hauses Hohenems. Unter ihm
wurde, wie beiläufig schon erwähnt, Schellenberg und Vaduz käuflich erworben. Sein Besitz allein an liegendem Gute wurde auf 528,468 Gulden
angeschlagen [56]).

Um das im Laufe der Zeit Zusammengebrachte auch in Zukunft
bei einander zu halten und unvermindert auf seine Nachkommen zu bringen, errichtete Kaspar bei Eingehung seiner zweiten Ehe im Jahre 1614
vorsorglich ein testamentarisches Fideicommiss, nach dessen Bestimmungen sämmtliche Besitzungen des Hauses Hohenems gegen gewisse Leistungen an die übrigen Erbberechtigten jeweilen auf den ältesten Sohn
übergehen und nie verkauft, versetzt, vertauscht oder sonst entfremdet
werden sollten. Sowohl die ausdrückliche Anerkennung dieses Fideicommisses durch die im Rheinthal regierenden Orte, als auch die förmliche Bestätigung desselben durch den Kaiser wusste der Graf zu erlangen (1525/26). Damit schien denn Alles auf's Beste geordnet und die
Zukunft des gräflichen Hauses fester als je begründet. Statt dessen stand
der Wendepunkt von hoher Blüthe zu raschem Verfalle nahe bevor [57]).

* * *

Den äussern Anlass dazu gab der schreckliche Religionskrieg, der
schon damals im Reiche wüthete und während seiner dreissigjährigen
Dauer nach und nach alle Landschaften desselben wie ein fressendes
Feuer ergriff und verheerte. Ein wirkliches Verhängniss aber war es für
das bis anhin so kräftige und verständige Geschlecht, dass eben jetzt
persönliche Tüchtigkeit das Haus Hohenems fast gänzlich verliess und un-
zeitige Todesfälle es vollends verwirrten. Jakob Hannibal II., der älteste
Sohn des Grafen Kaspar und der einzige, der es zu reifem, männlichem
Alter brachte, hatte sich schon frühe in das wilde Kriegsleben gestürzt,
doch ohne wirkliche Begabung für diesen Beruf und darum auch ohne
Erfolg. Mit einem auf spanische Kosten geworbenen Regimente behütete
er die durch Verhaue und Verschanzungen gesicherten Zugänge zu dem
Vorarlberg, als im Frühjahr 1632, noch bei Lebzeiten des alten Grafen,
die Schweden im benachbarten Allgäu erschienen. In einem ersten
Treffen gelang es, die fremden Schaaren abzuwehren. Als sich nun aber
das hohenemsische Kriegsvolk mit seinem Führer bei Scheidegg am nörd-

lichen Ende des **Pfänder** einem sorglosen Lagerleben hingab, wurde es hier am 11. Juni 1632 durch Herzog Bernhart von Weimar nächtlicherweile überfallen und Jakob Hannibal sammt seiner Gemahlin Francisca von Hohenzollern-Hechingen und einem Söhnchen in seinem Zelte gefangen. Mit schwerem Gelde ausgelöst, erschien er bald wieder im Felde, ohne dass rühmliche Thaten von ihm zu berichten wären ⁵⁸). Am 10. April 1645, nicht fünf Jahre nach seinem Vater, starb er mit Hinterlassung vieler Schulden und zweier jugendlichen Söhne ⁵⁹).

Schon längst wurde drunten in Westfalen über den Frieden unterhandelt. Da führte beinahe die letzte Sturmfluth des grossen Krieges die verwilderten schwedischen Kriegsvölker noch einmal nach Oberdeutschland herauf und erreichte sogar das so abseits gelegene Vorarlberg, welches sich durch das feste Bregenz hinreichend gesichert glaubte. In diesen Platz hatten die reichen schwäbischen Klöster und die begüterten Geschlechter der Umgegend — unter ihnen auch die jungen Grafen von Hohenems — beim Herannahen der Schweden ihr bewegliches Vermögen geflüchtet. Eben dadurch wurde die Begier des Feldmarschalls Wrangel und seiner Schaaren auf das heftigste gereizt, und am 4. Januar 1647 fiel Stadt und Festung Bregenz durch Sturm in ihre Hände. Vom gleichen Augenblicke an stand ihnen das ganze Vorarlberg offen.

Zum Glücke für das Land war es den Schweden nur darum zu thun, noch eine möglichst grosse Brandschatzung aus demselben zu ziehen. Sie streiften daher wohl bis nach dem Schlosse Gutenberg hinauf, ohne irgendwo auf Widerstand zu stossen; liessen sich aber von der Herrschaft Vaduz mit einer Summe von 8000 Gulden, von den „Städten und Gerichten" des Vorarlbergs mit einer Auslösung von 18 Gulden für jedes Haus abfinden und verschwanden wieder, wie sie gekommen ⁶⁰).

Im Spätherbst 1648 machte endlich ein bleibender Friede der allgemeinen Unsicherheit ein Ende. Erst jetzt gieng für das Haus Hohenems und seine Unterthanen die ganze schlimme Saat aus den Zuständen auf, welche die schlechte Wirthschaft Jakob Hannibals II. und der Schwedeneinfall ihnen hinterlassen.

Der erste Streit erwuchs zwischen dem rechtsrheinischen Hof Lustnau und dem linksrheinischen Widnau-Haslach. Wohl um die Brandschatzung wieder beizubringen, die im Januar 1647 von der österreichischen oder kaiserlichen Regierung im Vorarlberg auch für Lustnau bezahlt worden war, jedenfalls „wegen des leidigen Einfalls der schwedischen Armada", wurde im Frühjahr 1649 dieser Gemeinde eine „Extraordinari-Contribution oder Steuer" auferlegt. Es ist den Lustnauern nicht zu verdenken, wenn sie auch die auf ihrem Gebiete liegenden widnauischen Gemeindegüter, die sogenannten „Schweizerrieter", zu dieser Contribution heranziehen wollten. Dem widersetzte sich aber der Hof Widnau-Haslach mit Unterstützung seiner eidgenössischen hohen Obrigkeit auf das entschiedenste. Er glaubte über die bei der Hoftheilung von 1593 vorbehaltenen und damals üblichen Leistungen hinaus nichts schuldig zu sein und wies jede Zumuthung zur Betheiligung an neuen Lasten durchaus zurück. Nach längern Unterhandlungen verstanden sich endlich die linksrheinischen Hofleute zu einer einmaligen Zahlung von 1200 Gulden an Lustnau gegen die ausdrückliche Anerkennung der vollständigen Abgabenfreiheit ihrer rechtsrheinischen Gemeinderieter für die Zukunft. Am 22. December 1649 bestätigte der Graf Karl Friedrich von Hohenems diesen Vergleich, mit welchem man den letzten Gegenstand des Streits zwischen hüben und drüben glücklich beseitigt zu haben glaubte. Gerade in diesen Tagen entwickelten sich aber aus der Zerrüttung der gräflichen Finanzen neue Irrungen, die in ihrem weitern Verlaufe den Hof Widnau-Haslach in grössten Schaden und Noth brachten [61]).

Karl Friedrich, der ältere Sohn Jakob Hannibals II., hatte nach dem Tode seines Vaters für sich und als Vormund seines Bruders Franz Wilhelm das Erbe ohne jeden Vorbehalt angetreten. Dann theilten sich die Brüder ohne Rücksicht auf das Hausgesetz oder Fideicommiss von 1525/26, wohl auch ohne Kenntniss desselben, in die Herrschaft so, dass der ältere Bruder das alt-hohenemsische Gebiet übernahm, der jüngere die später dazu gekaufte Grafschaft Vaduz mit Schellenberg [62]).

Als nun nach der furchtbaren Schädigung durch den Schwedeneinfall und nach Abschluss des Friedens die gräflichen Finanzen geordnet werden sollten und dabei immer grössere und zahlreichere Schulden zum Vorschein kamen, gerieth Karl Friedrich auf den Gedanken, für sich und seinen Bruder nachträglich beim Kaiser die sogenannte „Restitutio in integrum" oder die Wiederherstellung des früheren Zustandes vor dem Antritt des Erbes zu verlangen, um zunächst ein „Beneficium inventarii" über den Nachlass ihres Vaters an Guthaben und Schulden ergehen zu lassen und sodann auf Grund desselben mit den Gläubigern ein Abkommen zu treffen, ohne Beeinträchtigung des Fideicommisses.

Der Kaiser überwies im December 1649 das Gesuch einer besondern Commission, bestehend aus dem Bischof von Constanz, dem Grafen Hugo zu Montfort und Bürgermeister und Rath der Stadt Ueberlingen und bewilligte auf deren Bericht im Juni 1653, acht volle Jahre nach Jakob Hannibals II. Tode, den beiden gräflichen Brüdern das verlangt Beneficium inventarii nach des Reiches Satzungen, als ob der in ihrer Minderjährigkeit und aus Irrthum erfolgte Antritt des Erbes nicht statt gefunden hätte [63]).

Inzwischen aber lag Karl Friedrich schon längst in einem heftigen
Streit mit einigen Bündner Creditoren, deren Ansprüche zum Theil bis
in das Jahr 1621, also in die Zeit vor der Bestätigung des Fideicommisses durch die Eidgenossen und den Kaiser, zurückgiengen, zum Theil
nach Jakob Hannibals II. Tode von dessen Wittwe und von Karl Friedrich
selbst nicht bloss durch den Antritt des Erbes überhaupt, sondern durch
ausdrückliche Specialverschreibung noch einmal anerkannt worden waren,
und zwar mit Verpfändung des jährlichen Erträgnisses der rheinthalischen
Besitzungen des Hauses Hohenems, wenn Zins und Abzahlung nicht nach
Vertrag geleistet würden. Diese Gläubiger waren nicht gesonnen, ihr
Recht vor auswärtigen Gerichten zu suchen; und als sie von dem Grafen
mit ihren immer nachdrücklicher erhobenen Forderungen lediglich auf
die in Aussicht stehende Restitutio in integrum verwiesen wurden, nach
deren Bewilligung jene Forderungen vor den Reichsgerichten anhängig zu
machen seien, und auf das Fideicommiss, welches die nicht wegzuleug-
nende Specialverschreibung der rheinthalischen Einkünfte ungültig mache,
da wandten sie sich, lebhaft empfohlen von den Häuptern der drei Bünde,
an den Landvogt zu Rheinegg und die im Rheinthal regierenden Orte mit
dem Begehren auf Bezahlung aus dem linksrheinischen hohenemsischen
Besitz und auf Verheftung der Einkünfte aus diesem Besitze zu ihren
Gunsten.

Nicht sofort entsprachen die acht Orte dem Begehren. Sie versuchten zuerst den Grafen durch sehr eindringliche Vorstellungen zur Erfüllung seiner Verpflichtungen zu bringen. Sie mahnten ihn an sein eigenes
verbrieftes Wort, an die Ehre und das Ansehen des väterlichen und grossväterlichen Andenkens. Allein wie sollte dies Eindruck machen auf einen
Mann, der seiner eigenen Grossmutter, der alternden Wittwe des Grafen
Kaspar, seit vielen Jahren nichts mehr von dem ihr verschriebenen Witt-
weneinkommen ausbezahlte, so dass sie ihr Leben durch den Verkauf von
Kleidern und Kleinodien kümmerlich fristen musste und ebenfalls die Hülfe
der Eidgenossen gegen ihren Enkel anrief [44]).

So entschlossen sich denn nach vielfachem Hin- und Widerreden
und nach Ablehnung ihres Vorschlags zu einer gütlichen Conferenz die
regierenden Orte im Herbste 1653, den Landvogt zur Verheftung der
gräflichen Einkünfte auf Schweizergebiet anzuweisen. Vor allem sollte
er die in der gräflichen Scheune zu Widnau liegende, noch ungedroschene
Frucht mit Beschlag belegen; was nach nochmaligem langem Besinnen
und vergeblichem Mahnen und Warnen im December wirklich geschah.

Darauf kam von Hohenems die Drohung zurück, dass Graf Friedrich Karl, damals österreichischer Vogt zu Feldkirch, allen überrheinischen Besitz von Widnau-Haslach mit Gegenarrest verheften und alle in

seiner Vogtei gelegenen appenzellischen, st. gallischen und rheinthalischen Güter angreifen werde; dass er als freier Reichsgraf überhaupt nicht unter dem Dominium und der Jurisdiction der Eidgenossen stehe und dass die Verheftung zu Widnau schon mit Rücksicht auf das grossväterliche Fideicommiss unstatthaft sei. Die Bündner seien an den Kaiser und dessen Commissarien zu weisen, die sich der Ordnung seiner Verhältnisse annehmen. Alles mit Mehrerem und in sehr kräftigem Stile, der bei den regierenden Orten gerechten Unwillen erregte. Noch viel grösser jedoch wurde die Entrüstung, als ein paar Wochen nachher die hohenemsischen Amtleute spät Abends mit 10—12 Wagen auf dem gräflichen Fahr über den Rhein kamen, mit Beseitigung der im Wege stehenden Hagung querfeldein nach der gräflichen Zehntscheuer fuhren und die dort in Verhaft liegende Frucht — ca. 1600 Viertel — mit sich über den Rhein zurücknahmen [66]).

Auch die Entrüstung über diese „Frevelthat" führte indess zu keinem kräftigen, einheitlichen Schritte der regierenden Orte gegen ihren übermüthigen Nachbarn, der sich von Innsbruck aus in einem neuen, langen und scharfen Schreiben wiederholt gegen jede Unterstellung seiner Person unter schweizerische Gerichtsbarkeit verwahrte. Dennoch sah er sich veranlasst, sowohl auf der Jahrrechnungs-Tagsatzung zu Baden (Juli 1654) zu erscheinen, um den Tagherren persönlich auseinander zu setzen, wie in Folge des Fideicommisses von 1625 seine Güter im Rheinthal nicht angegriffen werden dürfen, als auch eine Conferenz zu besuchen, welche an jener Tagsatzung auf den 31. August nach Rheinegg angeordnet wurde, um dort womöglich zwischen dem Grafen und seinen bündnerischen Creditoren einen gütlichen Vergleich zu vermitteln. Für den Fall, dass mit der Güte nichts erzielt würde, waren die vier eidgenössischen Abgeordneten angewiesen, dem Landvogt die nöthigen Befehle zu ertheilen.

Die Verhandlungen der Rheinegger Conferenz leitete der Bürgermeister Waser von Zürich. An derselben erschienen neben den bündnerischen auch noch andere schweizerische Creditoren Karl Friedrichs, um ihre Forderungen geltend zu machen. Bei genauer Untersuchung stellte es sich nun heraus, dass die Ansprachen der zwei vornehmsten bündnerischen Gläubiger, von Salis und Pestalutz, in der That aus der Zeit vor Errichtung des Fideicommisses datirten und überdies durch Nachlass von Zinsen und Streichung am Capitale schon wesentlich ermässigt waren; dass ferner Karl Friedrich selbst trotz des Fideicommisses die Gefälle der rheinthalischen Güter nicht bloss im Jahre 1646 dem Oberst Brügger für seine Forderung von 4375 Gulden, sondern vorher im Jahre 1642 auch dem Marx Zollikofer von St. Gallen für eine Schuld von 1676 Gulden und seither wieder im Jahre 1648 dem Stadtammann Bärlocher in Rheinegg für eine Schuld von 3000 Gulden verschrieben und endlich die nachher zu Gunsten der Frau Brügger mit Arrest belegten und dann gewaltsam nach Hohenems geführten Gefälle des Jahres 1653 dem Hofschreiber Dieraner von Bernang im voraus um 850 Gulden verkauft hatte.

Diese sehr bedenklichen Thatsachen, aus welchen sich eine ganz muthwillige und absichtliche Schädigung der schweizerischen Creditoren durch den Grafen ergab, veranlasste die eidgenössischen Abgeordneten, den verwirrten Knoten ohne weitere Rücksicht gewaltsam zu durchhauen. Sie griffen nicht mehr bloss auf die ausdrücklich verpfändeten Gefälle von den hohenemsischen Gütern im Rheinthale, sondern auf diese Güter selbst sammt allen hohenemsischen Rechten und Einkünften im Hof Widnau-Haslach, und überlieferten unter dem 5. September 1654 dies Alles den vereinigten Creditoren auf drei Jahre als Pfand für ihre von 45,259 Gulden auf 33,502 Gulden reducirte Gesammtforderung. Dem Grafen blieb das Recht vorbehalten, innerhalb dieser drei Jahre sein Eigenthum gegen Bezahlung der genannten Summe wieder an sich zu ziehen. Geschieht es nicht, so verfügen die Creditoren nach Ablauf der gestellten Frist frei über dasselbe. Die Verwaltung des Hofes und der Güter wurde den Herren von Salis und Pestalutz als den grössten Gläubigern übergeben unter der Verpflichtung, den andern Mitcreditoren ihren Antheil an Zins auszurichten. Der Landvogt zu Rheinegg sollte die Creditoren bei der ihnen zugewiesenen Pfandschaft schützen **).

Es lässt sich denken, dass Karl Friedrich nicht gesonnen war, sich einem solchen Entscheide zu fügen. Er war wohl „den Herren zu Ehren" am 1. September nach Rheinegg gekommen und hatte dort „umständlichen Bericht" gegeben, aber das Ende der Verhandlungen nicht abgewartet, sondern sich sofort von Rheinegg nach Ravensburg an eine „gräfliche Collegialversammlung" verfügt. Dorthin muss ihm der Spruch vom 5. September gemeldet worden sein; denn nur drei Tage später gieng schon eine Verwahrung jener gräflichen Versammlung zum Schutze ihres Standesgenossen „gegen solche Anmassung" an die acht Orte ab; ein paar Wochen nachher folgte in höflicherer Form ein ähnliches Schreiben der „Räthe, Botschaften und Gesandten des schwäbischen Kreises". Graf Karl Friedrich selbst beantwortete die Verfügungen der vier Abgeordneten damit, dass er unverzüglich auf alles schweizerische Eigenthum in seiner Gerichtsbarkeit jenseits des Rheins, dasjenige des Abts von St. Gallen und seiner Geistlichkeit ausgenommen, Beschlag legen liess und Wachen aufstellte, damit nichts über den Rhein hinweg geführt werde. An die Hofleute von Widnau und Haslach richtete er ein strenges Verbot, irgend jemanden an seiner Statt als Gerichtsherrn anzuerkennen. Bei den acht Orten protestirte er gegen die Berechtigung der Vermittler zu einem Urtheil. Die Hofleute aber schickten ihrer hohen Obrigkeit eine bewegliche Bitte ein, den Frieden mit dem Grafen wieder herzustellen, auf dass ihnen ihre Nutzungen auf Lustnauer Gebiet ungestört erhalten bleiben, „ohne welche etliche Familien dem heiligen Almosen nachgehen müssten" [87]).

Zu der vorläufigen, bedingten Einstellung des verfügten „Gegenarrests" liess sich Karl Friedrich durch Unterhandlungen mit dem Landvogte zwar bewegen. Etwas Entscheidendes jedoch geschah trotz aller Aufregung nicht. Vielmehr blieben die Dinge über das Jahr 1655 in diesem Zustande liegen. Der Graf war landesabwesend und in der Eidgenossenschaft drängten die neu entbrannten confessionellen Gegensätze alles Uebrige in den Hintergrund. Im Januar 1656 brach der erste Vilmerger Krieg aus und führte nach der Niederlage der Evangelischen schon im März zu einem nothdürftigen Friedensschluss, der wohl den offenen Feindseligkeiten, nicht aber der gegenseitigen Verbitterung ein Ende machte. Die siegreiche katholische Eidgenossenschaft unter der Führung von Luzern und die unterlegene evangelische mit dem Vororte Zürich standen sich noch lange entfremdet und feindlich gegenüber und giengen jede ihren eigenen Weg, wie die Gewässer zweier im gleichen Bette vereinigten Ströme oft weithin unvermischt neben einander laufen. Auch in den Angelegenheiten der gemeinen Herrschaften hörte vorläufig jedes gemeinsame Vorgehen nach allgemein eidgenössischen Gesichtspunkten auf; auch hier wurde für Alles der confessionelle Gegensatz massgebend.

Es ist im höchsten Grade bezeichnend, wie die Veränderung in der allgemeinen Situation auf die Verhältnisse in Widnau-Haslach und zu dem Grafen von Hohenems zurückwirkte. Nicht mehr dahin geht nun die Hauptsorge der katholischen Mehrheit der regierenden Orte, dass die reformirten Gläubiger und Pfandinhaber zu ihrem Rechte kommen, sondern dahin, dass das katholische Widnau nicht bleibend in evangelische Hände gerathe. Darüber beriethen sie unter sich und mit den katholischen Landvögten, die sich damals im Rheinthale folgten [88]). Sehr geschickt verstand auch Karl Friedrich die neue Lage zu benutzen und diejenige Gruppe seiner getrennten Gegner für sich zu gewinnen, welcher bis auf weiteres die Uebermacht zugefallen und welche ihm und seinem Hause in confessionellen Dingen von jeher wahlverwandt gewesen war.

Schon bei Ausbruch des Krieges hatte er unterm 9. Januar 1656 seine „Unterthanen unkatholischer Religion des Reichshofs Widnau und Haslach" ernstlich angewiesen, dass sich keiner gelüsten lasse, denen von Zürich, ihren Anhängern oder Religionsverwandten zuzuziehen oder irgendwie weder mit Rath, noch mit That beizuspringen, unter Androhung der Confiscation aller auf seinem rechtsrheinischen Territorium liegenden Güter und Rechte ungehorsamer Hofleute. Nun, da die Zeit heranrückte, wo

nach dem Ablaufe der unbenutzten dreijährigen Rücklösungsfrist der Hof
in die freie Verfügung der Creditoren übergehen sollte, begann der Graf,
den Rheinegger Spruch und diejenigen, die ihn erlassen, rücksichtsloser
als je in Wort und Schrift anzufechten und zu verunglimpfen, und er-
mangelte nicht, dabei in besonderen Schreiben an die katholischen Orte
hervorzuheben, wie er und sein Bruder zu Vaduz bereit gewesen und noch
seien, ihnen nötigenfalls mit bewaffneter Macht zu Hülfe zu kommen; wie
sehr von ihm und seinen Vorfahren die liebe, wahre katholische Religion
in Widnau-Haslach immer gepflanzt und erhalten worden; während sie
durch längere Ueberlassung des Hofs an die Bündner geschwächt, ja
endlich ganz und gar unterdrückt und ausgetilgt würde.

Solche Worte wirkten in jenen verhetzten Zeiten. Am 23. März
1657 erhielt Karl Friedrich von Luzern im Namen der fünf katholischen
Orte die Zusicherung, dass ihm eine Revision des Rheinegger Spruchs auf
die nächste Jahrrechnungs-Tagsatzung zu Baden bewilligt sei. Der Landvogt im Rheinthal aber wurde — ebenfalls im Namen der fünf Orte —
angewiesen, den Bündnern auch nach Ablauf der drei Jahre „keinerlei
Veränderung, Verkauf und Alienirung" der beiden Höfe zu gestatten,
sintemalen sich unter ihnen niemand zu erinnern wisse, dass seiner Zeit
den vier Abgeordneten in das Rheinthal die Vollmacht zu einem rechtlichen Spruche ertheilt, vielmehr den bündnerischen Creditoren nach ihrer
Ansicht nur die „Abnutzung der Höfe zuerkannt worden sei" [69]).

Wer indess weder auf dem Tage zu Baden, noch auf einem zweiten
zur Verhandlung in seiner Sache angesetzten Tage erschien, war der Graf
von Hohenems. Dafür liess er nacheinander drei „Libelle" gegen die
Rheinegger Conferenz — wahre Schmähschriften für die dabei Betheiligten — im Drucke ausgehen und besuchte persönlich die regierenden
katholischen Orte, um sich mit ihnen hinter dem Rücken der evangelischen
zu verständigen. Es wurde ihm neuerdings die Revision des Rheinegger
Spruches zugesichert. Was er aber bei dieser Schweizerreise noch weiter
erfuhr und beobachtete, hinterliess offenbar den Eindruck bei ihm, dass
er sich überhaupt keinem rechtlichen Verfahren mehr zu unterziehen
brauche, sondern angesichts der traurigen Zerfahrenheit in der Eidgenossenschaft, bei den Sympathien der katholischen Orte und ihrem augenblick-
lichen Uebergewichte über die evangelischen ungestraft jede Rücksicht bei
Seite werfen dürfe und dadurch, trotz der doch immer wieder auftauchenden
Bedenken der katholischen Orte gegen ein einseitiges Vorgehen, am besten
zu seinem Ziele kommen werde. Allen Einladungen zu neuen Verhandlungen stellte er lediglich Ausflüchte und die Erklärung entgegen, dass er
an seinem Rechte festhalte und bei dem Fideicommiss, der Collatur und
der Religion von den Eidgenossen geschützt zu werden erwarte [70]).

Daneben hatte Karl Friedrich sich noch ein anderes Mittel ausge-
sonnen, um den Entscheid in seinem Sinne zu fördern und seine Sache am
wirksamsten durch seine linksrheinischen Unterthauen führen zu lassen.

Im Sommer 1658 begann er unter dem Titel einer Grundsteuer
schwere Geldforderungen an die Hofleute von Widnau und Haslach zu
stellen. Er gab zu, dass seine Unterthanen zu Lustnau das Holz der
Widnauer in den rechtsrheinischen Holzauen schlugen, um damit bei dem
niedrigen Wasserstande Dämme und Wuhren anzulegen, welche den Rhein
gänzlich auf die schweizerische Seite hinüber drängten. Er verwehrte den
Linksrheinischen, mit ihrem Vieh herüber zu kommen und den für die Erhaltung ihrer Viehhabe geradezu unentbehrlichen Nutzen von den grossen
Schweizerrietern abzuführen, wenn sie die verlangten Summen nicht bezahlten. Mit einem Worte: was man ihm an Einkünften auf dem linken
Ufer vorenthielt, das wurde aus seinen dortigen Unterthanen von Widnau
und Haslach herausgepresst. Und immer schärfer wurde der Druck, je
lauter der Jammer der Geschädigten bei dem Landvogte und den regierenden Orten ertönte, je dringendere Mahnungen und je drohendere Schreiben
aus der Eidgenossenschaft und sogar aus der Wiener Hofburg in dem Palast
zu Hohenems eingiengen. Wusste doch Karl Friedrich aus langer Erfahrung nur zu gut, dass dies Alles blosse Worte waren, denen keine Thaten
folgten [11]).

Die seinen Bedrückungen hülflos preisgegebenen Widnauer sprachen
schon davon, ihr Land zu verlassen und sich anderswo eine neue Heimath
zu suchen. Da kam es gegen Ende des Jahres 1660 ziemlich unerwartet
zu einer Entscheidung.

Mit Jakob Bosshart von Zug war auf den 1. Juli ein neuer Landvogt
in Rheinegg aufgezogen, der entschlossen war, der aussichtslos verfahrenen
Lage so oder so ein Ende zu machen und den bedrängten Hofleuten nöthigenfalls auf Kosten der Bündner und anderer Gläubiger Ruhe zu verschaffen. Ob ihn auch confessionelle Sympathien zu seinem Vorgeben veranlassten und die Erwägung, dass mit ihm die Reihe der fünf katholischen
Landvögte abgeschlossen sei und diejenige der drei protestantischen beginne, mag dahin gestellt bleiben. Thatsache ist, dass Landvogt Bosshart
kurze Zeit nach seinem Aufzug durch Vermittlung des Alt-Stadtschreibers
Laurenz Bärlocher von Rheinegg beide Parteien zu einer nochmaligen gütlichen Verhandlung in Vaduz bewog (7. September), an welcher er selbst
und sein Landschreiber ebenfalls Theil nahmen; dass er nach dem erfolg-
losen Verlauf dieser Verhandlung vollständig zu Gunsten des Grafen an die
acht regierenden Orte berichtete (unterm 17. September) und dabei zum
ersten Male unverhohlen den Vorschlag machte: den Grafen „in seine alte
Possession einzusetzen“, um die armen Leute von Widnau von ihren Drang-

salen zu befreien. Den gleichen Vorschlag wiederholte er unterm 13. October zu Handen der fünf katholischen Orte allein; und um demselben
den gehörigen Nachdruck zu geben, erhob gleichzeitig Karl Friedrich eine
neue Anforderung von 217 Ducaten an die schon halb ruinirte Gemeinde,
erklärte, ihr auf die Schweizerrieter aufgetriebenes Vieh nicht über den
Rhein zurück zu lassen, citirte den Hofammann und den Landvogtsammann
— den Vertreter des eidgenössischen Landvogts in Widnau-Haslach! —
nach Hohenems, setzte dort beide gefangen und verschwor sich, dass sie
eher im Arrest verfaulen, als vor Erlegung der verlangten Summe frei-
gegeben werden sollten [72]).

So weit war es in diesen Tagen confessionellen Haders und Hasses
mit der Eidgenossenschaft gekommen; das musste sie sich bieten lassen
von einem verschuldeten kleinen Machthaber, dessen Auftreten gegen seine
unter eidgenössischer Oberhoheit stehenden Gerichtsangehörigen wahrlich
an die Zeiten der habsburgischen Vögte mahnte. Und die katholische
Mehrheit der fünf Orte wusste hierauf nichts Besseres zu thun, als hinter
dem Rücken der mitregierenden Evangelischen an Jakob Bosshart den gewünschten Befehl zur Wiedereinsetzung des Grafen in den unbeschränkten
Besitz der verhefteten hohenemsischen Güter, Einkünfte und Rechte im
Gebiete der Landvogtei Rheinthal zu ertheilen. Am 27. December 1660
fand diese Wiedereinsetzung in ganz besonders feierlicher Weise statt.
Der Landvogt versammelte die Hofleute und wies sie an, dem Grafen
gegen alles Herkommen als Inhaber der niedern Gerichtsbarkeit förmlich
zu huldigen und Gehorsam zu schwören; allerdings „mit dem lautern Beding, dass die widnauischen Unterthanen inskünftig und zu allen Zeiten
auch mögen ruhig, unbeschwert und unbekümmert verbleiben", aber in
einer Form, die selbst Uri noch vier Jahre später als „zu nicht geringem
Nachtheil" der regierenden Orte erachtete, „inmassen wohl zu verspüren,
dass das Immissionsschreiben vom Herrn Grafen aufgesetzt und dem Landvogt nur zur Ausfertigung gegeben worden ist; weswegen bei erster Gelegenheit über dessen Verbesserung zu reden sein wird!" Die Gläubiger
waren schon längst einfach bei Seite geschoben, als sich Zürich erst nach
Monaten beinahe schüchtern erkundigte, was an dem Gerüchte sei, dass
etliche der mitregierenden Orte dem Landvogt befohlen haben, den Grafen
wieder in Possess zu setzen [73])?

Wir werden den Hofleuten von Widnau-Haslach den Ausdruck
„unaussprechlicher Freude und Frohlockens für die Erledigung von sieben-
jähriger Drangsal" nicht verdenken [74]); aber ebensowenig uns noch heute
der peinlichsten Gefühle über die Selbsterniedrigung der Eidgenossenschaft durch den Verlauf und Ausgang dieses traurigen Handels erwehren
können.

Wenn indess die Widnauer glaubten, durch die Wiedereinsetzung des Grafen in seine früheren Rechte wirklich „wieder in ihr altes Ruhewesen gesetzt zu sein", so wurden sie darüber bald genug enttäuscht. Das gewaltthätige Vorgehen des Grafen gegen zwei Hofgenossen brachte sofort neue Unruhe und Aufregung.

Der siebzigjährige Ammann Jakob Wider von Schmitter hatte sich über dem Rheine gegen die „starke Schwächung" seines dortigen Holzes durch gräfliche Unterthanen unwillig geäussert und sich die Bemerkung erlaubt, dass er im Nothfalle sein Recht anderswo suchen müsse; dafür wurde er in eine Busse von 50 Reichsthalern verfällt. Der Schmied Ulrich Hensel von Widnau war wegen einer ähnlichen Aeusserung vor den Grafen nach Ems citirt und als er der Citation keine Folge leistete, um 10 Pfund Pfennige gebüsst, dann wieder und wieder citirt und jedesmal um neue 10 Pfund gebüsst worden, bis die Busse auf die Summe von 180 Pfund oder 300 Gulden angewachsen war. Wider und Hensel suchten Schutz bei den regierenden Orten gegen den Grafen und forderten dadurch erst recht seinen Zorn heraus. Beide waren evangelisch und hatten deswegen wohl mit den bündnerischen Gläubigern während der Zeit, da diese den Hof verwalteten, auf besonders gutem Fusse gestanden; Schmied Hensel sollte ihnen immer nachgelaufen sein. Eben darum hielt man es am Platze und ungestraft erlaubt, um so rücksichtsloser mit ihnen zu verfahren. Karl Friedrich wollte ein Beispiel statuiren, um Allen auf das deutlichste vor Augen zu führen, wer wieder unbeschränkter Herr und Meister wäre im Hofe Widnau und Haslach. Er liess dem ruhelos umherstreifenden Hensel aufpassen, und als ihm am 27. September berichtet wurde, dass der Schmied in einer Wirthschaft zu Widnau sitze, wohin ihn Ammann Gugger verlockt hatte, schickte der Graf Bewaffnete über den Rhein, um Hensel in der Wirthschaft zu überfallen. Sie nahmen ihn dort fest, banden ihn über die Nacht an die „Ofensaul", holten am andern Morgen auch den Ammann Wider aus dem Bette und brachten beide Gefangene gefesselt auf das hohe Schloss nach Ems, und dies nicht bloss mit Wissen, sondern sogar unter Mitwirkung des Landvogts Bosshart [75]).

Solch freche Verletzung des eidgenössischen Gebiets und eine solche Verhöhnung ihrer Oberhoheit, unter Handreichung ihres eigenen Vertreters, erweckte denn doch den höchsten Unwillen sämmtlicher regierenden Orte, auch der katholischen. Auf die Kunde von dem Geschehenen wurde eine Conferenz nach Bremgarten (16. November) ausgeschrieben, um den Bericht und die Verantwortung des Landvogts entgegenzunehmen. Jakob Bosshart hielt es aber nicht für nöthig, der Citation von Zürich Folge zu geben. Die Gesandten, die bis an Appenzell I.-R. vollzählig in Bremgarten eingetroffen waren, ordneten unverzüglich eine neue Conferenz

auf den 4. December an, zu welcher auch der Graf von Hohenems geladen
wurde. Dem Landvogt gieng der gemessene Befehl zu, sich auf den genannten Termin in Bremgarten einzufinden, den Hensel, der inzwischen
nach Auslieferung seiner Viehhabe an den Grafen und Vergantung seines
beweglichen und unbeweglichen Gutes nach Rheinegg ausgeliefert worden
war, freizulassen und gegen Ammann Wider, mit dessen Hab und Gut auf
Verlangen Karl Friedrichs ebenso verfahren werden sollte, nicht weiter zu
exequiren. Appenzell A.-R. und I.-R., als die dem Rheinthal zunächst gelegenen Orte, wurden mit dem Einzug näherer Erkundigungen an Ort und
Stelle beauftragt und mit der Abordnung zweier ehrlichen Rheinthaler an
die bevorstehende Conferenz.

So war diese zu einer gründlichen Behandlung der ganzen Angelegenheit gerüstet; obschon statt des Grafen von Hohenems nur dessen
grobe Protestation gegen die an ihn ergangene Einladung eintraf. Der
Landvogt hatte zwar dem Befehl zu der Freilassung Hensels noch immer
keine Folge gegeben; der zweiten, im Namen der acht Orte an ihn ergangenen Citation nicht nachzukommen, wagte er doch nicht. Gegen ihn
ergieng denn auch hauptsächlich der Spruch der Conferenz. Abermals
wurde er angewiesen, den Schmied Hensel der Gefangenschaft zu entlassen; ihm wurden die Zehrungskosten der Gesandten auferlegt, weil er,
statt „den beiden Männern" nach Anweisung der Orte Schutz zu gewähren,
sie vielmehr dem Grafen ausgeliefert hatte — wie er sagte, auf den Rath
des Fürstabts von St. Gallen — und weil er auf den 16. November nicht in
Bremgarten erschienen war. Dem Grafen wurde das Missfallen über seine
neuesten Zuschriften und die Erwartung ausgesprochen, dass er den Ammann Wider nicht bloss mit der Busse verschone, sondern auch für die
lange Gefangenschaft entschädige, und dass er die jenseitigen Ueberwuh-
rungen einschränke [16]).

Wie es im einzelnen mit Wider und Hensel weiter ergangen,
ersehen wir nicht aus dem uns zur Verfügung stehenden Materiale; aber
so viel ergibt sich aus demselben, dass dieser Handel sehr unange-
nehme Nachwehen für die Gemeinde Widnau mit sich brachte. Noch im
Januar 1664 musste der damalige Landvogt Zwicki über die Vertheilung
der dabei aufgelaufenen Kosten einen ausführlichen Spruch erlassen, durch
welchen auch „alle Zureden und Widerwillen, so in diesem ganzen Handel
erlaufen", von Obrigkeitswegen aufgehoben, und diejenigen, die „noch
irgendwie mit Worten oder Werken dagegen handeln, in die höchste Ungnade der hohen Obrigkeit erkannt" wurden [17]).

Erst jetzt scheinen endlich für Widnau und Haslach wieder normale
Verhältnisse zurückgekehrt und von da an die Hofleute mit ernstlichen
Qualereien von Seiten Karl Friedrichs verschont geblieben zu sein. Immer-

hin sahen sie sich im Jahre 1672, drei Jahre vor des Grafen Tode, noch einmal veranlasst, durch besondere Ausschüsse bei den regierenden Orten Klage
zu führen: dass sie härter von ihm gehalten werden, als Briefe und Sigel
zugeben[78]).

Man darf wohl mit Sicherheit annehmen, dass die später zu Tage
tretende grosse Verschuldung des Hofes Widnau-Haslach in allererster
Linie auf die Zeit der Bedrängung durch den Grafen Karl Friedrich
schlimmen Angedenkens zurückzuführen ist. Aber auch nachher wiederholte sich Aehnliches und erlitt die Gemeinde von Zeit zu Zeit schwere
Beeinträchtigung an ihren überrheinischen Nutzungen, sei es nun, dass
die Hofleute von Lustnau, durch Auflagen während der Reichskriege gegen
Frankreich fast erdrückt und durch die schlechte Wirthschaft des zer-
fallenden Hauses Hohenems fast zum Aufruhr getrieben, Beschlag auf
das rechtsrheinische Eigenthum ihrer ehemaligen Hofgenossen legten,
wenn sich diese nicht auch zu Kriegssteuern herbei lassen wollten; sei
es, dass die bündnerischen Creditoren neue Verheftungen der linksrheinischen gräflichen Einkünfte auswirkten und die Grafen oder deren Verwalter sich an dem auf ihrem Territorium gelegenen Gemeindebesitz von
Widnau-Haslach schadlos zu halten suchten, wie es unter anderm von
1726—1733 noch einmal durch volle sieben Jahre geschah. Immerhin
fand bei diesen spätern Conflicten der Hof einen kräftigeren Rückhalt
bei seiner eidgenössischen hohen Obrigkeit, als in den traurigen Zeiten
von 1653—1660. Die Hauptkosten bezahlten nunmehr die Grafen, aus
deren Einkünften auf Schweizergebiet den Hofleuten so weit wie möglich
ersetzt wurde, was Lustnau oder Hohenems ihnen auf dem rechten Rheinufer entzog oder vorenthielt. Schliesslich gelang es auch bei jeder Anfechtung, die Anerkennung der 1649 durch ein rechtzeitiges und verhältnissmässig geringes Opfer erlangten Steuerfreiheit der Schweizerrieter
durchzusetzen[79]).

*   *   *

Inzwischen war um die Wende des Jahrhunderts die förmliche
Katastrophe über das Haus Hohenems hereingebrochen. In Vaduz und
in Hohenems herrschten Persönlichkeiten und Zustände, welche an die
schlimmsten Erscheinungen der duodezfürstlichen Willkür und Verlotte-
rung erinnern. Die Verwirrung und Verwilderung gedieh so weit, dass
hier und dort regierende Herren abgesetzt werden mussten und kaiserliche Commissarien im Lande erschienen, um wieder nothdürftige Ordnung
herzustellen. Die Herrschaft Gallarate bei Mailand war schon von Karl
Friedrich veräussert worden; 1699 wurde die Herrschaft Schellenberg,
1712 die Reichsgrafschaft Vaduz verkauft, beide an den Fürsten Johann
Adam Andreas von Liechtenstein und Vaduz in theilweisem Tausche

an die böhmische Herrschaft Bistrau, auf welche nun das hohenemsische Fideicommiss übertragen wurde. Damit lösten sich die Grafen zu ihrem eigenen Besten fast gänzlich von dem Boden, auf dem ihr Geschlecht erwachsen und gross geworden war, aber nicht mehr gedeihen konnte. Sie traten in kaiserliche Dienste und gewannen ihrem erlöschenden Hause in hohen militärischen Stellungen noch einmal Ehre und Ansehen, die sie als Landesherren verscherzt hatten. Die Verwaltung ihrer abgelegenen Stammländer blieb in der Hauptsache den gräflichen Oberamtmännern zu Hohenems überlassen. Am 5. November 1759 starb der letzte männliche Sprosse der Herren von Ems zu Gratz als k. k. General-Major. Die Grafschaft Hohenems fiel als Reichslehen an den Kaiser zurück, welcher sie sechs Jahre später dem Hause Oesterreich, d. h. sich selber übertrug. Der Hof Lustnau dagegen mit allen Rechten und Gütern auf schweizerischem Boden wurde als Hausbesitz anerkannt und gelangte mit dem sogenannten Palast und dem übrigen Hausgut zu Ems nach längern Unterhandlungen zwischen den beiden noch lebenden weiblichen Familiengliedern im Jahre 1766 an die Gräfin Maria Rebecca Josepha, Gemahlin des böhmischen Grafen von Harrach [80]).

Die ferne weilende, neue Besitzerin scheint eine sehr glückliche Hand in der Wahl ihrer Beamten gehabt zu haben. So weit wir wenigstens sehen, kann der gräflich Harrach'schen Verwaltung über die Höfe Lustnau und Widnau nur Gutes nachgesagt werden. Im besten Einverständniss mit gleichgesinnten, verständigen und wohlmeinenden Landvögten bestrebte sich ihr Oberamtmann, alle Verhältnisse zu ordnen und die materielle Wohlfahrt der Hofleute nach besten Kräften zu fördern. Auch hier machte sich die landesväterliche Fürsorge des Zeitalters der Aufklärung wohlthätig fühlbar: sie wandte sich dem Wuhr- und Strassenwesen, dem Hypothekarwesen und den Nutzungen der Gemeindetheile zu; ein wohlerwogenes Project für die Schuldentilgung und die Beseitigung alt eingewurzelter Missbräuche wurde für den Hof Widnau-Haslach ausgearbeitet und von der hohen und niedern Obrigkeit genehmigt [81]).

Aber an der längern Beibehaltung der abgelegenen kleinen Herrschaft konnte das böhmische Grafenhaus doch kein Interesse haben. Es musste fast naturgemäss suchen, diesen Besitz möglichst vortheilhaft zu veräussern, besonders so weit er unter schweizerischer Oberhoheit stand und durch den Rhein von Hohenems und Lustnau abgetrennt war. Schon im Jahre 1769 trug die Gräfin die Höfe Widnau und Haslach mit aller Zubehörde den regierenden Orten zum Kaufe an. Auch jetzt, wie in frühern Zeiten, leuchtete die Zweckmässigkeit des Ankaufs ausserordentlich ein; jedoch eine Einigung, um ihn zu verwirklichen, war wieder nicht zu erzielen [82]).

Da fassten fünf Hofbewohner: der Hofammann Hans Jakob Hensel, der Alt-Stabhalter Leonhart Spirig, Joseph Anton Rohner des Gerichts, Hans Ulrich Schawalder, Hofweibel, und Alt-Landvogtsammann Abraham Fehr den kühnen Entschluss, den Ankauf auf ihre Rechnung auszuführen. Nach längern Unterhandlungen wurden wirklich am 16. August 1774 alle herrschaftlichen Rechte und Einkünfte, sowie aller Privatbesitz, den das Haus Hohenems auf dem linksrheinischen Theile des einst einheitlichen Hofes Lustnau besessen hatte und der von ihm auf die Gräfin Harrach gekommen war, um die Summe von 63,000 Gulden und „100 Ducaten für die gnädige Comtesse“ den fünf genannten Männern verschrieben. Die 100 Ducaten sollten gleich nach der Ratification des Kaufs durch die Gräfin, die eigentliche Kaufsumme in zwei gleichen Raten auf Georgi und Martini 1775 ausbezahlt werden [83]).

Ein etwas eigenthümlicher Handel, dieser Versuch von fünf Hofgenossen, sich gewissermassen zu Herren über die andern zu machen, wenn er in der wirklichen Absicht auf Ausführung und Bestand abgeschlossen worden war. Es ist indess mit voller Sicherheit anzunehmen, dass jene Absicht nie vorhanden war, sondern dass die Käufer das Verfügungsrecht über den Hof nur deswegen zu erwerben wünschten, um endlich das Band, welches ihn an das überrheinische Hohenems-Lustnau fesselte, gänzlich zu lösen und einen eigenen Uebernehmer zu finden; wobei die Nebenabsicht, für sich in irgend welcher Form eine hübsche Provisionsgebühr zu verdienen, gewiss nicht ausgeschlossen war. Es entspricht dieser Annahme, wenn Landvogt Bernold seinem Bericht über den Kauf die Bemerkung beifügt: dass ihn die Käufer nicht auf sich zu behalten willens seien, sondern die Herrschaft noch vor dem ersten Zahlungstermin in andere Hand zu bringen suchen und sie zu allernächst in unterthänigster Demuth den neun Ständen antragen. Die fünf Hofleute hatten auch alle Ursache, für ihre Erwerbung sich möglichst rasch nach einem weitern Käufer umzusehen; denn, wie sich erwarten und leicht voraussehen liess, besassen sie die Mittel gar nicht, um die ausbedungenen Zahlungen zu leisten [84]).

Auf die regierenden Orte rechneten sie freilich vergebens. So wenig als vorher oder nachher vermochten sich diese jetzt über den Kauf zu einigen; obgleich sie die höchste Wünschbarkeit der Erwerbung wenigstens der niederen Gerichts- und Herrschaftsrechte neuerdings anerkannten. Blieb doch die Gefährde des Uebergangs dieser Rechte auf das Haus Oesterreich immer noch bestehen, da sich das Haus Harrach deren Rückkauf um die Summe von 15,000 Gulden vorbehalten hatte für den Fall, dass von den widnauischen Käufern die „Herrschaft“ nicht als Ganzes, sondern nur der mit ihr verbundene Güterbesitz stückweise weiter verkauft würde [85]).

So hielt sich der Handel für einmal gewissermassen in der Schwebe. Statt der vollen Kaufsumme, wie ausbedungen, wurden im Jahre 1775 ganze 3600 Gulden abbezahlt; von der wirklichen Fertigung des Kaufs, d. h. von der rechtskräftigen, förmlichen Abtretung der Kaufsobjecte, war unter solchen Umständen vorläufig auch keine Rede [86]).

Eben in diesem Zeitpunkte der Ungewissheit über die nächste Zukunft des Hofes gewann eine allmälig und unmerklich vor sich gegangene innere Entwicklung und Umgestaltung desselben äussere Erscheinung und möglichst scharf ausgeprägte Form. Von den zwei Niederlassungen auf dem linksrheinischen Theil des ursprünglichen Hofs Lustnau, die als die ältesten hervortraten und diesem Hoftheil auch als selbständigem Gemeinwesen innerhalb des ganzen Hofes ihren Namen gaben, hatte allerdings Widnau seine erste Stelle unverändert behauptet; zu Füssen der zerstreuten Häusergruppen von Haslach aber war auf der ehemaligen Dickenau im Laufe der letzten Jahrhunderte das zusammenhängende Dorf Au herangewachsen; und ganz am obern Ende des Hofgebiets, unmittelbar an das benachbarte Diepoldsau angrenzend und fast in dasselbe übergehend, hatte sich Schmitter zu einer eigenen Dorfschaft entwickelt. In der Bevölkerung dieser beider Ortschaften entstand mit dem zunehmenden Selbstbewusstsein und durch ihre abgesonderte Lage der Wunsch voller administrativer Selbständigkeit und der Abtrennung von Widnau, wie sich dieses einst von Lustnau abgetrennt hatte. So kam es denn im Jahre 1775 zu einer wirklichen neuen Hoftheilung, durch welche die drei „Roden" Widnau, Au (-Haslach) und Schmitter jede ihren eigenen Ammann, Gericht und Rath und nicht weniger ihren genau ausgeschiedenen eigenen Antheil von dem bisherigen Gemeindebesitz erhielten, nach der Zahl der vorhandenen Haushaltungen berechnet. Auf der gleichen Grundlage wurden die bisher gemeinsamen Einkünfte, Schulden und Lasten vertheilt und die künftigen Verhältnisse der drei Roden zu einander überhaupt nach jeder Richtung geordnet; Alles in bestem Einverständniss der Hofleute, wenn auch Zerwürfnisse vorangegangen sein mögen. Der damalige Landvogt Bernold befürwortete das Verabkommniss als ein „kräftigeres Mittel", der drückenden Schuldenlast los zu werden, „erspriessliche Ruhe und Eintracht zwischen den Roden herzustellen und bessere Aeufnung des Grund und Bodens zu erzwecken", und die regierenden Orte nahmen keinen Anstand, es zu bestätigen. So zerfiel der bisherige einheitliche Hof für die innere Verwaltung in drei gleichberechtigt neben einander stehende Theile, von denen nun jeder für sich den wohlfeilen Titel „Reichshof" beanspruchte; gegen aussen aber blieb für das Ganze der alte Name „Widnau-Haslach" gebräuchlich, nur dass die bescheidenere Bezeichnung „Hof" meist durch die vornehmere „Herrschaft" ersetzt wurde [87]).

Inzwischen hatte sich auch ein ernstlicher Kaufliebhaber für den
zur Herrschaft vorgerückten Hof gefunden, in der Person eines schwäbischen Freiherrn, des Herrn Johann Ernst von Landsee. Am 1. Juni 1776
wurde ihm Widnau-Haslach um die Kaufsumme von 55,000 Gulden und
500 Gulden „Schlüsselgeld" verschrieben, am folgenden Tag aber jene
Summe auf 60,000 Gulden erhöht, abzutragen innerhalb eines Jahres und
vier Wochen. Nach Ablauf dieser Frist waren indess erst 20,000 Gulden
bezahlt und das Kaufobject noch nicht auf den Käufer übertragen; denn
die Gräfin Maria Rebecca Josepha hielt sich ihrerseits lediglich an die
fünf widnauischen Käufer und war nicht gesonnen, den Cessionsschein
auszustellen und auszuhändigen, bevor diese ihren Verpflichtungen vollständig nachgekommen; die fünf Widnauer jedoch vermochten ihre Kauf-
schuld an die Gräfin nur in dem Masse abzutragen, in welchem sie selbst
von ihrem Käufer bezahlt wurden, und der Herr Baron von Landsee hatte
mit der Bezahlung der 20,000 Gulden seine eigenen Mittel gänzlich
erschöpft. Unter solchen Umständen blieb ihm, um in den vollen rechtlichen Besitz seiner neu angekauften Herrschaft zu gelangen, nichts übrig,
als sich die weiter erforderlichen Zahlungsmittel durch ein Anlehen
auf dieselbe zu verschaffen.

Die Herren von Salis-Soglio in Chur liessen sich bereit finden,
45,000 Gulden vorzuschiessen gegen Verpfändung der „Herrschaft Widnau-
Haslach" mit allen Rechten, wie sie erkauft worden. Weitaus der grösste
Theil dieser Summe — 41,000 Gulden — wurde von dem Baron unmittelbar an seine Verkäufer, von diesen an das Harrach'sche Rentamt
angewiesen und damit endlich die gänzliche Ablösung Widnau-Haslachs
von der überrheinischen Herrschaft durch Ausfertigung der gräflichen
Hauptquittung und Abtretungsurkunde zur vollendeten Thatsache [38]).

Der Baron von Landsee scheint übrigens an seinem rheinthalischen
Besitz wenig Freude erlebt zu haben. Wir finden ihn alsbald in heftigem
Streite mit den Verkäufern, welche, wie er klagte, die Verkaufsbedingungen
nicht erfüllten und ihm bedeutende Hofschulden überbinden wollten, von
denen bei Abschluss des Kaufes nichts erwähnt worden war. Auch seinen
Verwalter musste er wegen Betrügereien schleunigst entlassen. Man erhält den Eindruck, als ob der fremde Herr von seinen rheinthalischen
Unterthanen in mehr als einer Beziehung nicht ganz reell bedient worden
sei. Die Schuldenlast, die auf dem Hofe lag, stellte sich schliesslich auf
64,151 Gulden 50 Kreuzer, und schon im Jahre 1780 erklärte sich der
Freiherr bereit, die ganze Herrlichkeit einem neuen Consortium, bestehend
aus dem Pfarrer Utiger und Hofschreiber Federer in Bernang und zweien
der ursprünglichen Widnauer Verkäufer, Spirig und Fehr, zu überlassen,
wenn dasselbe nur die Tilgung der Schulden zu Stande brächte [39]).

Dass aus diesem Projecte nichts wurde, ist nicht eben auffallend. Weit näher lag dagegen die Uebernahme des Hofs durch die Herren von Salis, denen er verpfändet war, wenn einmal der Freiherr ihn nicht für sich zu behalten vermochte und die regierenden Orte sich auch jetzt wieder nicht dazu verstehen konnten, selbst als Käufer aufzutreten, um die kleine Herrschaft dem Landvogteiamt einzuverleiben. Die Bündner Herren zeigten sich aber zu dem Kaufe nur bereit, wenn die hohe Obrigkeit die mit zu übernehmenden Güter vorher gänzlich von dem ewigen Versprache befreit und ausdrücklich auf die Erhebung jeder Abzugssteuer bei allfälliger Wiederveräusserung verzichtet hätte. Nach längern Unterhandlungen, während deren der von seinen Gläubigern stets härter bedrängte Baron mit Tod abgieng, wurden diese Begünstigungen gewährt, damit der Hof wieder einmal in feste Hände und in Ordnung komme. Die Familie des verstorbenen Freiherrn und der Vormund des hinterlassenen Knaben Johann Nepomuk besannen sich nicht lange, nach dem Vorschlage des Landvogts Weber den Verzicht auf jedes Erbrecht an die Herrschaft Widnau-Haslach auszusprechen und dem Landvogt die Befriedigung sämmtlicher Creditoren zu überlassen, unter der einen Bedingung, dass der völlig mittellose Knabe dafür in keiner Weise mehr angesprochen werde und ebensowenig die drei Brüder des verstorbenen Freiherrn, der die Herrschaft ohne Vorwissen seiner Familie gekauft habe [90]).

So kam der Hof Widnau-Haslach im Sommer 1782, wieder um die Summe von 60,000 Gulden, an seine letzten Herren, Rudolf und Peter von Salis-Soglio, welche ihren nunmehrigen liegenden Besitz in dem Hofe noch durch Ankauf des Zollikofer'schen Gutes am Monstein vergrösserten. Herr Rudolf liess sich auch ein stattliches herrschaftliches Amtssigel anfertigen mit der lateinischen Umschrift: „Rudolphus de Salis, dominus in Widnau et Haslach et Schmitter" [91]).

Aus der kurzen Zeit seiner Regierung bleibt uns nicht viel zu berichten. Wir ersehen aus unsern Documenten, dass er über die Ausübung des Jagdrechts auf seinem Territorium mit den regierenden Orten in Conflict gerieth und dass ihm diese verboten, seine Gerichtsangehörigen weder in Civil- noch in Criminalsachen nach Chur zu berufen; es wäre denn, dass bei dringenden Civilstreitigkeiten beide Parteien sich damit einverstanden erklärten. Sonst sollte das jährliche Frühlings- und Herbstgericht genügen, welches der Herr von Salis auf seiner Herrschaft Widnau abzuhalten bereit war. [92]).

Von den neuen Ideen, welche im Laufe der Neunziger Jahre von Westen her in die Schweiz einzudringen begannen und die Unterthanen der benachbarten Abtei St. Gallen in Bewegung brachten, scheinen die Köpfe unserer Widnauer, Haslacher und Schmitterer nicht stark in Gährung

versetzt worden zu sein. Immerhin werden wir die Ablösung des Apfelzehnten von der Haslacher Allmeind mit 50 Gulden an die Pfarrpfrund
Lustnau im Jahre 1794 und die Ablösung des Todtenfalls im ganzen Hof
mit 2800 Gulden an den Gerichtsherrn von Salis im Jahre 1796 auf die
Einwirkung jener Ideen zurückführen dürfen [82]).

Ausnehmend bedauern wir es, gar keine Auskunft darüber geben
zu können, wie sich die Hofleute von Widnau, Haslach und Schmitter
zu der grossen Umwälzung gestellt haben, die sich in den Jahren 1798
bis 1803 in unserm Lande vollzog. Es ist in hohem Grade auffallend,
dass sich nicht die geringste Ueberlieferung aus dieser Zeit unter ihnen
selbst erhalten zu haben scheint. Vergeblich durchsuchten wir auch die
Acten der helvetischen Abtheilung des Kantonsarchivs. Nirgends finden
wir die Namen dieser rheinthalischen Gemeinden erwähnt, als etwa in
einem Verzeichnisse von Beamten des Kantons Säntis.

Wohl darf man annehmen, dass ihre Abgeordneten ebenfalls dabei
gewesen seien, als „die Städte und Höfe" des Rheinthals in den ersten
Monaten des verhängnissvollen Jahres 1798 mit den regierenden Orten
in sehr ruhiger und besonnener Weise über die Anerkennung ihrer politischen Selbständigkeit unterhandelten, und ohne Zweifel hat sich auch
die „Herrschaft Widnau" der Eintagsrepublik Rheinthal angeschlossen,
die alsbald in den Kanton Säntis aufgieng. Aber eine irgendwie hervorragende Rolle hat kein Angehöriger des einstigen linksrheinischen Theils
von Lustnau in jenen Tagen gespielt [84]). Und auch, als aus verschiedenen
Landschaften der zwei Kantone Säntis und Linth im Jahre 1803 der
Kanton St. Gallen gebildet wurde, ist von Widnau-Haslach nirgends
besonders die Rede. Wir sehen nur, dass diese beiden seit ihrer ersten
Erwähnung, ja wohl seit ihrer ersten Entstehung vereinigten Höfe sich
damals gänzlich von einander schieden. Der letztere wurde bei der Ge-
meinde-Eintheilung von 1803 mit dem eben zur eigenen Kirchgemeinde
erhobenen Au zu Bernegg geschlagen; Widnau und Schmitter aber mussten
sich die Verschmelzung mit dem vom alten Hof Kriessern abgetrennten
Diepoldsau gefallen lassen und zwar so, dass Diepoldsau der neuen Gemeinde den Namen gab. Au, mit Inbegriff von Haslach, wusste sich
sodann schon im April 1805 die Anerkennung als selbständige politische
Gemeinde beim Kleinen Rathe auszuwirken. Der Name des einstigen
Hofes Widnau dagegen erschien nicht unter den politischen oder Munici-
pal-Gemeinden des neuen Kantons, bis erst in den jüngsten Tagen das
damals willkürlich Vereinigte wieder getrennt und Widnau — jedoch
ohne Schmitter — ebenfalls zur selbständigen Gemeinde erhoben worden
ist. Man dürfte wohl kaum in Abrede stellen, dass hiebei die historischen
Erinnerungen und die Rücksicht auf die von uns in raschem Gange durch-

wanderte Vergangenheit des einstigen Hofes Widnau-Haslach sehr wesentlich mitgewirkt haben **).

Fragen wir noch: wie sich die Herren von Salis als Gerichtsherren von Widnau mit der neuen Zeit abgefunden, so fehlt uns leider auch darüber jede nähere Kunde. Ein förmlicher Verzicht auf ihre herrschaftlichen Rechte, entsprechend demjenigen, welchen die regierenden Orte für ihre Oberhoheit in der ganzen Landvogtei Rheinthal am 3. März und das Kloster St. Gallen am 23. März für seine niedere Gerichtsherrlichkeit in den äbtischen Höfen des Rheinthals ausgestellt haben, liegt seitens der Herren von Salis für den Hof oder die Herrschaft Widnau nicht vor. Aus den uns vorliegenden Acten ergibt sich nur, dass die Salis'schen Zehntrechte vor dem Jahre 1805 — ohne Zweifel durch Kauf — an einen Joseph Schawalder von Widnau, zwei Oller von Balgach und einen Jakob Tanner von Herbrugg übergegangen und laut Vertrag vom 24. Februar des genannten Jahres durch die Zehntpflichtigen mit 8000 Gulden abgelöst worden sind. — Das Patronats- oder Collaturrecht über die Kirche Widnau brachte die Familie von Salis schon im Jahre 1804 in Conflict mit der Regierung des neuen Kantons St. Gallen, welche aus jenem Rechte zu Lasten des Patronatsherrn bauliche Verpflichtungen für Kirche und Pfarrhaus ableitete und nicht einmal den einfachen Verzicht des bisherigen Inhabers auf die Collatur zu ihren Handen annehmbar erachtete. Erst im Jahre 1856 gelang es den Nachkommen der letzten Herren von Widnau, dieses Ueberbleibsels ihrer einstigen kurzlebigen Beziehungen zu dem rheinthalischen Hofe los zu werden, als sie sich nach langem Widerstreben entschlossen, dem katholischen Administrationsrathe des Kantons St. Gallen noch 1508 Gulden für die Uebernahme der Collatur und der mit ihr verbundenen Verpflichtungen auszubezahlen. Die einstigen herrschaftlichen Güter gelangten nach und nach durch Verkauf in andere Hände **).

Um endlich auch noch der letzten Schicksale des rechtsrheinischen Hoftheiles Lustnau zu erwähnen, so ist derselbe im Jahre 1806 von dem gräflich Harrach'schen Hause durch Erbschaft an dasjenige der Truchsesse von Waldburg-Zeil gekommen. Dieses Haus aber verzichtete im Jahre 1830 freiwillig auf seine Gerichtsherrlichkeit daselbst zu Gunsten des Hauses Oesterreich; worauf das bisherige Patrimonialgericht Lustnau mit dem Landgericht Dorenbüren vereinigt und der kleine Hof als einfache Landgemeinde dem grossen Kaiserreiche einverleibt wurde **).

Aus diesem Uebergange Lustnau's an Oesterreich erwuchs noch ein sehr merkwürdiger Streit. Der neue Landesherr wollte nämlich die schon früher viel bestrittene, doch immer mit Erfolg behauptete Steuerfreiheit des alt-widnauischen Gemeindebesitzes auf Lustnauer Gebiet, wie solche im Jahre 1649 durch Bezahlung von 1200 Gulden erkauft worden war, nicht anerkennen. Vor dem Landgerichte in Dorenbüren und dem Appellationsgerichte zu Innsbruck wurde darüber processirt und zuletzt die Steuerfreiheit der sogenannten „Schweizerrieter" gegen Rückzahlung der einstigen Auskaufssumme mit 1800 Gulden neuer Währung als aufgehoben erklärt [**]).

Jene Schweizerrieter aber im Oesterreichischen über dem Rhein erhalten heute noch allein das Andenken an die Zeiten lebendig, wo die ganze weite Rheinebene von Hohenems und Dorenbüren bis Herbrugg und Haslach einen einheitlichen, zuerst königlichen, dann montfort-werdenbergischen, zuletzt emsischen Hof Lustnau gebildet hat.

Anmerkungen.

¹) Nach fränkischem Rechte gehörte alles unbebaute, herrenlose und nicht einer Gemeinmark einverleibte Land dem Könige und verfügte er frei über dasselbe. Mit voller Sicherheit darf angenommen werden, dass auch die Rheinebene als unbebautes Wald- und Sumpfgebiet karolingisches Königsland geworden sei, und mit Wahrscheinlichkeit darf die Anlage der beiden Königshöfe, oder doch wenigstens des untern, viel früher erwähnten, auf die Verordnungen Karls des Grossen über die Rodung und den Anbau von Waldland zurückgeführt werden.

²) Vgl. die geschichtliche Einleitung zu dem „Hof Kriessern", der ersten Lieferung der st. gallischen Gemeinde-Archive, herausgegeben 1878.

³) Lustenouva (= Freudenau) wird am 24. Juli 887 zum ersten Male erwähnt und zwar als Ausstellungsort einer kaiserlichen Urkunde. Kaiser Karl III. (der Dicke) hielt sich damals dort auf. (S. Urkdbch. der Abtei St. Gallen II. 265 n. 662). — Am 30. August des Jahres 890 findet am Ausfluss des Rheins in den Bodensee die bekannte Verhandlung über die Rechte des Klosters St. Gallen im Rheingau und über die Grenze des Rheingaus und Thurgaus statt. Aus dieser leider nicht mehr im Original vorhandenen Urkunde (Urkdbch. II. 281 n. 680), die mehrere heute noch ungelöste Räthsel enthält, ersieht man, dass König Arnolf den Hof Lustnau an Ulrich III., den Grafen des Argen- und Linzgaus, d. h. ungefähr der nördlichen Bodensee-Landschaften von Bregenz bis Ueberlingen, geschenkt hatte, ohne Zweifel um diesen einflussreichen Mann in hervorragender Stellung für sich zu gewinnen. Da die Erhebung Arnolfs zum deutschen Könige am 10. December 887 erfolgte — der abgesetzte Kaiser Karl starb schon im Januar 888 — muss die Schenkung zwischen diesem Datum und den unglücklichen Aufstandsversuch Bernharts, eines unehlichen Sohnes Karls, gegen König Arnolf fallen.⁴) Weil sich nämlich Graf Ulrich trotz der Schenkung von Lustnau an dieser Bewegung betheiligte, wurden seine Besitzungen von Arnolf vorübergehend eingezogen und dem Abt Hatto von Reichenau verliehen, auf dessen eigene Bitte aber dem Grafen noch im Jahre 890 wieder zurückgegeben (Urkdbch. II. 277 n. 675).

Bei der Verhandlung vom 30. August 890 war Graf Ulrich offenbar nicht anwesend; es fällt dieselbe ohne Zweifel in die Zeit, während welcher Ulrich

⁴) Dr. E. Krüger macht es in seiner Arbeit über die Grafen von Werdenberg in den st. Gallischen Mittheilungen XXII, S. 114, A. 2, sehr wahrscheinlich, dass der Aufstand Bernharts noch in das Jahr 889 zu versetzen sei, und dass Graf Ulrich seine Aemter und Besitzungen schon vor dem Februar 890 verlor. Allerdings wäre dabei auffallend, dass der ebenfalls an der Bewegung gegen den König betheiligte Abt Bernhart von St. Gallen noch ruhig bis in den Mai 890 fortamtet (Urkdbch. der Abtei St. Gallen II n. 677). Man müsste annehmen, dass sein Zerwürfniss mit dem Könige erst später eingetreten sei, oder dass ihn die Strafe für seine Theilnahme an den Unruhen des Jahres 889 aus irgend welchen, uns unbekannten Gründen in seiner Abgeschiedenheit erst später erreicht habe.

seines Besitzes beraubt war, und diese Zeit war auch für den neuen Abt von St. Gallen, den so klugen Salomon, die gelegenste, um die von Graf Ulrich verkürzten Ansprüche des Klosters im Rheingau überhaupt und im Hofe Lustnau insbesondere geltend zu machen (hier hatte Graf Ulrich mit den gespaltenen Holzziegeln — tegulæ fissæ —, welche eben für die Eindeckung der Klosterkirche bereit lagen, sein Haus zu Lustnau decken lassen). Der Besuch König Aruolfs bei Hatto, wobei aller Wahrscheinlichkeit nach die Zurückgabe der eingezogenen Besitzungen beschlossen wurde, ist daher wohl in den Spätherbst zu setzen; darauf weist auch, dass Arnolf von Reichenau und Constanz nach Regensburg zog, um dort Weihnachten zu feiern. Urk. n. 675 fällt also nach n. 680; ebenso wäre Dümmler, Ostfränkisches Reich II. S. 343, einigermassen zu modificiren.*)

*) Vrgl. n. 38, 94 (S. 64), 116, 153, 185, 193; Hof Kriessern n. 106.

*) Als königliche Bannforste werden von den öffentlichen Nutzungen, also auch von denjenigen des Klosters, ausdrücklich ausgenommen: Kobel, Diepoldsau, Ibirinesau und Balgach, wo östlich vom Dorfe heute noch ein grosser Complex Gemeindeboden „Eichholz" heisst. — Von Arx, Gesch. des Kant. St. Gallen I. 149, deutet Ibirinesau ohne weiteres auf Widnau. Der Lage nach, zwischen Diepoldsau und Balgach, würde diese Deutung allerdings passen; der Name aber verbietet sie durchaus. In demselben steckt nach Dr. Buck wie in Iburninga, dem heutigen Ueberlingen, der altdeutsche Personenname Ibur, Ibor, abgeschwächt Ibir: Schriften des Bodenseevereins XI. S. 111. — Wie übrigens Dr. Buck für die topographische Erklärung von Ibirinesau auf ein jetziges Ebersau am Bodensee kommt, ist uns schlechterdings unbegreiflich. Der Name ist offenbar abgegangen; die Oertlichkeit aber, die er bezeichnete, wäre im mittleren Rheinthal zu suchen.

*) Wie z. B. die Ansiedelung bei Haslach und am Monstein mit ihren Weingärten der 1248 (?) vom Kloster St. Gallen incorporirten Pfarrei Bernang: s. n. 4. — Wann und von wem die St. Peterskirche in Lustnau gegründet wurde, ist uns leider gänzlich unbekannt. Da die Collatur und der Bezug der Zehnten den Gerichts- und Grundherren zustand, liegt die Vermuthung nahe, dass diese auch die Stifter oder Gründer der Kirche gewesen seien.

Die Stellung und die Leistungen der Hofleute ergeben sich zumeist aus dem Pfandbriefe von 1395, n. 9, aus dem Hofbuch von 1603, Anhang B, und aus der Uebersicht der rechtlichen und ökonomischen Verhältnisse des Hofs von 1768, Anhang C. Die Verpflichtung zu Frohndiensten lässt sich aus dem Stiftungsbrief der Kirche zu Widnau von 1504 schliessen, aber wohl auch, wie Anderes, aus der Analogie von Kriessern, welches bedeutend ältere Rechtsquellen besitzt.

') S. n. 1.

*) S. n. 4.

*) Das „ach" in der zweiten Hälfte des Namens hat hier nichts mit „Ach = Bach" zu thun, wie in Goldach, Steinach etc., sondern ist lediglich begriffs-

*) Es mag bei diesem Anlasse bemerkt werden, dass nach einer handschriftlichen Randnotiz Vadians in seinem Exemplare von Tschudi's Rhætia, wo auf S. 32—34 die Urkunde vom 30. August 890 ebenfalls abgedruckt ist, schon dieser Abdruck vom Jahre 1538 nur nach einer Copie erfolgte. Vadian schrieb auf S. 34 seiner Rhætia: „Exemplum harum litterarum vidit Schudus (?) in Bibliotheca monasterii nostri in Codice Bibliorum grandi inscriptum. Nam litteræ sigillataræuon extant." Tschudi führt unter den Zeugen hinter „Werinhere" noch einen zweiten „Wittu" (?), hinter „Winidhere" einen „Tiotpold" und hinter dem ersten „Adalbert" die Worte „id est (wohl statt „item") Hotodegen" auf.

lose Endsilbe, entsprechend dem spätern „icht" in Staudicht, Röhricht etc. —
Vrgl. Baumann, Geschichte des Allgäu's, I. S. 137 f.

[*]) Das „castrum Twingenstain" wird mit Widnau zum ersten Male in
der Urkunde vom 10. Juli 1303 erwähnt; n. 1. — Die Herren von Zwingenstein
haben eine sehr unbedeutende Rolle gespielt, waren aber zeitweise ziemlich begütert. Der erste dieses Namens, ein E. von Twingenstain, erscheint in einer
am 6. October 1299 zu Ragaz ausgestellten Urkunde als zweitletzter einer langen
Reihe von Zeugen: „Pfaffen, Rittern und Knechten;" s. Wegelin, Reg. v. Pfävers
u. 113. (Da später der Name „Eglolf" in dem Geschlechte nachweisbar vorkommt,
der Name „Eberhart" aber nie, wird es sich wohl auch hier um einen „Eglolf"
handeln.) Einen „Johans von Twingenstein" treffen wir im Jahre 1313 als Zeugen
in Walenstadt, einen „Herrn Johans von Zwingenstain, Ritter", im Jahre 1344,
ebenfalls als Zeugen zu St. Gallen und handelnd in den Jahren 1354—1370 an
verschiedenen Orten; s. Urkdbch. III. 429 n. 543, und n. 2, 5—8 unserer Regesten,
wobei zu bemerken ist, dass n. 2 vom 7. October 1361 — nicht vom 6. October
1306 — datirt; s. Beilage 1. Sehr wahrscheinlich haben wir es hier mit zwei
gleichnamigen Persönlichkeiten zu thun, die sich in den langen Zeitraum von
1313—1370 theilen. 1389 urkunden die Brüder Wilhelm, Rudi und Spät von
Zwingenstein, Ritter, Herrn Hansen sel. Söhne, in Ragaz; s. Wegelin, Reg. v.
Pfävers n. 299. — In dem ältesten Lehenbuch des Stiftsarchis erscheinen die
Zwingensteiner auch als Inhaber von Klosterlehen zu Eichenwies, bei St. Johann-
Höchst, bei Rheinegg, am Buchberg bei Thal, bei Kirchberg in dem jetzigen Be-
zirke Alt-Toggenburg. 1442 wird noch ein Wilhelm von Zwingenstein sel. er-
wähnt; dann finden wir den Namen nicht mehr.

Aus dem Lehenverhältnisse zu St. Gallen für die genannten Klosterlehen
liesse es sich wohl erklären, wenn in einem 1492 geschriebenen, auf ein älteres
Original zurückgehenden Verzeichniss der Klosters in Cod. 114,
S. 151, des Stiftsarchivs auch „Die von Zwingenstein" aufgeführt werden. Un-
erklärlich ist es aber vorläufig angesichts des Pfandbriefs von 1395, wie die
Burg Zwingenstein unter den „Vestinen, die Lehen vom Gotzhus sind", aufgeführt werden kann. Aus jener Verpfändung glaubt man doch vielmehr schliessen
zu dürfen oder zu sollen, dass Zwingenstein 1395 ein freier werdenbergischer
Besitz war, also auch wohl seine Entstehung den Montfort-Werdenbergern verdankt, und dass Dienstleute dieses Geschlechts auf der Burg sassen; wie ja zum
vornherein schon die Annahme weitaus am nächsten liegt, dass auf dem Gebiete
eines montfort-werdenbergischen Hofes nur von dessen Herren ein festes Haus
gebaut und zu Lehen gegeben werden konnte. Es scheint daher beinahe, als ob
das Lehenverhältniss der Zwingensteiner für andern Klosterbesitz irrthümlicher
Weise dazu verleitet habe, ihre Burg auch als st. gallisches Klosterlehen zu
betrachten. Völlig klar liegen diese Verhältnisse allerdings nicht. Mit welchem
Rechte übrigens von Arx, I. S. 480, Anm. a), das Original des erwähnten Verzeichnisses der st. gallischen Dienstleute in die Zeit von Abt Kuno versetzt, ist
aus seinen Angaben nicht ersichtlich. Die Bemerkung am Schlusse des Verzeichnisses: „Dis sind des Gotzhus Dienstlüt, als man es zu Santgallen im alten
Buoch findet", berechtigt doch nicht ohne weiteres dazu.

[*]) Seit das Haus Oesterreich (1363) die Grafschaft Tirol an sich gebracht
hatte, trachtete es mit aller Macht, die vorarlbergisch-rheinthalischen Gebiete
zur Verbindung des neuen Besitzes mit seinen Stammländern in der Schweiz
ebenfalls zu gewinnen. Schon im Jahre 1363 that es den ersten Schritt dazu

durch käufliche Erwerbung der Feste Neuburg; 1375 (bezw. 1390) erwarb es die Grafschaft Feldkirch, zu welcher auch der innere Bregenzer Wald, Dorenbüren und Fussach gehörten; 1393 erkaufte es die Veste Sax und das Dorf zu Gams; 1394 brachte es, wieder durch Kauf, Bludenz mit dem Montafun an sich. — S. Bergmann, Landeskunde v. Vorarlberg, S. 115 f. n. Lichnowsky IV. Reg. n. 458, 1219, 2377 und 2401.

¹⁸) S. n. 9. — Etwas auffallend ist, dass trotz der im Hauptbriefe vom 20. April 1395 vom Jahre 1398 an unbedingt je auf Lichtmess vorbehaltenen Kündbarkeit der Pfande unterm 18. Juni 1399 den vier Werdenbergern die Lösungsfrist noch einmal ausdrücklich bis zur künftigen Lichtmess verlängert wurde. — S. Zösmair: Urkundenauszüge aus dem Hohenemser Archive im XX. Berichte des Vorarlberger Museum-Vereins, S. 73 n. 50.

Der Silberwert eines Pfundes Heller war nach den Rechnungen Hegels im ersten Band der Nürnberger Chroniken (S. 254) vom Jahre 1377—1396 von 4 Gulden 1 Kreuzer auf 1 Gulden 17 Kreuzer gefallen, hob sich aber schon im Jahre 1397 wieder auf 2 Gulden 55 Kreuzer und bis 1406 auf 3 Gulden 2 Kreuzer. Auf der Grenze von 3 Gulden blieb er sodann längere Zeit stehen. — Aus Krüger, Grafen von Werdenberg. St. Galler Mittheilungen XXII. 214 A. 2, scheint hervorzugehen, dass in den Neunziger Jahren des XIV. Jahrhunderts im Rheinthal und Vorarlberg das Pfund Heller gleich einem Gulden in Gold gerechnet wurde.

Ritter Ulrich der Alte von Ems, Vogt zu Feldkirch, scheint übrigens ein sehr guter Haushalter und gerade um jene Zeit besonders gut bei Kasse gewesen zu sein; denn nur zwei Jahre vorher, am 5. April 1393, hatte er auch dem Herzog Leopold von Oesterreich und einigen vornehmen „Mitgülten" ein Darleihen von 2300 „guldin Tuggaten und Unger und dazu 250 Pfund Pfennig Constanzer Münz" auf ein Jahr gemacht (Anzeiger für schweizer. Geschichte und Alterthumskunde, Jahrgang 1864, S. 26); und am 30. Januar 1395 hatte er für ein Darleihen von 300 Pfund Heller von den drei Brüdern Rudolf, Hug und Heinrich von Werdenberg den grossen und kleinen Zehnten zu Ems, der zum Kirchensatze von Lustnau gehörte, zu Pfand erhalten (s. Zösmair, a. a. O. S. 69 n. 38).

¹⁹) Wenn auch die ersten Erwähnungen von der Burg Ems und von Herren dieses Namens, die Bergmann (Edle von Embs etc. S. 3 f) auf Hohenems bezieht, nicht mit voller Sicherheit dahin gewiesen, sondern ebenso gut auf Wälsch-Ems bezogen werden können, so ist doch der bekannte Dichter Rudolf von Ems, dessen Geburt um das Jahr 1200 fallen wird, ganz ohne Zweifel ein Hohenemser. Die Anfänge des rheinthalischen Geschlechtes der Herren von Ems und die Erbauung ihrer Burg sind daher mit ziemlicher Sicherheit in die zweite Hälfte des 12. Jahrhunderts zu setzen. Der Zusammenhang von Hohenems mit Wälsch-Ems oberhalb Cur darf wohl als sicher angenommen werden, nicht bloss wegen der Ueberlieferung und des gleichen Ortsnamens: „Amedes, Amades, Amiz, Aemptz, Embs, Ems", sondern mindestens ebensosehr wegen der in beiden Geschlechtern vorkommenden übereinstimmenden Personennamen, besonders des sonst nicht gewöhnlichen „Goswin".

Was das Verhältniss der Emser zu den Grafen von Montfort anbetrifft, so sagt Bergmann (Edle von Embs zu Hohenembs, S. 2), dass die Herren von Ems „in alter Zeit" Ministerialen oder Dienstmannen der Grafen von Montfort genannt werden. Urkundlich könnten wir diese Bezeichnung bisher noch nicht nachweisen; doch nennt sich der eben erwähnte Dichter Rudolf von Ems, aus der ersten Hälfte des 13. Jahrhunderts, „ein dienstman ze Montfort", und das dürfte

wohl genügen. Auch wäre es geradezu undenkbar, dass die Montforter in der
unmittelbaren Nähe ihrer Stammburgen und mitten in ihrem Besitze ein solches
Rittergeschlecht anders, als in abhängiger Stellung, hätten aufkommen lassen.

¹⁴) S. n. 10 mit der Anmerkung. — Diese Urkunde scheint den Abschluss
der 10jährigen Kämpfe zwischen Werdenberg-Rheinegg und dem mit Werdenberg-
Sargans verbundenen Haus Oesterreich zu bilden, in dessen Verlaufe Rheinegg
schon 1395 durch Herzog Leopold erobert worden war; s. Vanotti, Geschichte der
Grafen von Montfort und Werdenberg, S. 253, und Naef, Chronik der Stadt und
Landschaft St. Gallen, S. 1000. — Da aber die Emser in diesem Streite auf Seite
der unterliegenden Partei standen, — Herr Marquart von Ems wurde mit Graf
Rudolf von Werdenberg in der Burg Werdenberg belagert — wäre es doch denk-
bar, dass Oesterreich durch die Urkunde vom 12. Januar 1403 nicht bloss das Lö-
sungsrecht auf Zwingenstein und Lustnau erlangen wollte und erlangt zu haben
glaubte, sondern den wirklichen Besitz von Burg und Hof, ohne Rücksicht auf die
Pfandrechte der Herren von Ems. Auffallend bliebe es bei dieser Annahme allerdings, dass Oesterreich später wohl Ansprüche auf Zwingenstein erhob, dagegen
niemals solche an den Hof Lustnau gemacht zu haben scheint; s. u., Anm. 20.

¹⁵) Die hintere Burg oder die Burg in der Emser Rüti — später auch
Neu-Ems genannt — soll nach Bergmann, Edle von Embs, S. 8, mit Erlaubniss
König Ludwigs des Baiern im Jahre 1343 erbaut worden sein.

¹⁶) S. die Reimchronik des Appenzellerkriegs, S. 98, 141 ff., 149, 199 ff. —
Sehr bezeichnend ist ein Hülferuf, den die Brüder Marquart und Goswin von Ems
unter dem 23. August 1404 an ihre „besonders guten Freunde, Vogt, Ammann und
Rath der Stadt Feldkirch", ergehen liessen. Das kurze Schreiben („Billet" würde
man heutzutage sagen) lautet wörtlich:

„Unser willig dienst vor. Lieber vogt und amman und rat ze Voltkilch.
Wir tund üch ze wissen, das die von Appazell ze Zwingenstain wüstend, was
si da gewüsten mügend; und hand mut, gen Widnow ze ziehend und wend da
och wüsten. Da tund inn, was üch dunkt, daz best sig; wen es doch ze jüngst
unser herrschaft von Oesterrich anrüret. Geben ze Emptz, an dem samstag vor
Bartholomei ze imbis zit, anno Domini mccccIIII. — Marquart und Goswin von
Emtz gebrüder." — Mitgetheilt aus dem Stadtarchiv Feldkirch von Pater Joller,
in dem Programm des k. k. Gymnasiums in Feldkirch für das Schuljahr 1860,
S. 96, n. 44.

¹⁷) Zellweger I. 361 führt zwar Goswin und Wilhelm von Ems unter den
Todten auf. Die den Ereignissen am nächsten liegenden Chroniken wissen aber
nur entweder von einem Goswin oder von einem Georg, welche dann Tschudi
in seiner Manier arglos neben einander stellt. Obschon auch Vadian von einem
Jörg von Ems erzählt, der am Stoss erschlagen worden (Chronik der Aebte I.
492/43 u. 493/25), können wir uns doch der Vermuthung nicht entschlagen, dass
dieser Name lediglich auf einer Verwechslung mit dem ungewohnten Namen
„Goswin" beruhe. Ein Sohn Ulrichs des Alten mit Namen Goswin erscheint urkundlich bis zum Jahre 1401. Ein „Wilhelm der Emptzer" urkundet am 27. November 1399 zu Lindau; s. Zösmair, Urkundenauszüge n. 53, war aber jedenfalls
kein Bruder Goswins. Ein „Jörg" oder Georg von Ems erscheint in dem uns zugänglichen Material überhaupt ein einziges Mal in einer Urkunde vom 13. September 1430, als Sohn eines Ulrich von Ems, beide in jenem Zeitpunkte gestorben; s. P. Joller, Emser Urkunden, a. a. O. S. 116, n. 54. Woher Zellweger

seine Angabe entnommen, ist uns nicht bekannt. — Von Arx II. 130 nennt unter den Gefallenen nur einen Goswin von Ems.

[18]) S. n. 11. — Vrgl. auch Wegelin: Neue Beiträge zur Geschichte des sog. Appenzellerkrieges, S. 50 f., und speciell Weiteres über den Sidler ebendaselbst S. 32, 76.

[19]) S. Wegelin: Neue Beiträge S. 77, 85 f. und Bergmann: Edle von Embs S. 16. — Nach dem ersten Einfall der verbündeten St. Galler und Appenzeller in's Vorarlberg scheint ein Friede mit den Herren von Ems abgeschlossen worden zu sein; s. Wegelin, S. 48. Als sie sich aber wieder der österreichischen Partei anschlossen, schritt man zu ihrer ernstlichen Bekriegung; s. Weizenegger, Vorarlberg III. 159, Bergmann a. a. O., Lichnowsky V, Regest n. 747, wo aber nicht bloss die Verschreibung „Enns" für „Ems" auffällig ist, sondern auch die Bezeichnung Marquarts und Ulrichs — mit dem am Stoss gefallenen Goswin Söhne Ulrichs des Alten — als „Grafen".

[20]) Ueber die Schicksale der Burg Zwingenstein ist noch Folgendes zu bemerken: Aus n. 11 geht zunächst im Gegensatz zu Vadian, Chronik der Aebte I. 505,25 ff. des deutlichsten hervor, dass an dem Tage von Constanz vom 24. October 1408 über die Rückgabe der Burg an die Herren von Ems gar nicht eingetreten wurde, und für die Angabe Ambühls: Geschichte des Rheinthals S. 66, und Naefs: Chronik S. 1072, dass die Herren von Ems im Jahre 1410 bei der Wiedereroberung des Rheinthals durch Herzog Friedrich von Oesterreich sich mit bewaffneter Hand der Burg wieder bemächtigt haben, fehlt uns ebenso sehr jeder Beleg, wie für Naefs Behauptung: dass sich der Rechtshandel um die Burg nach 1415 zwischen den Edlen von Ems, dem Hauptman Hainz Sidler und den Payern von Hagenwil als Pfandinhabern des Rheinthals (seit 1425!) noch längere Zeit fortgesponnen habe.

Nach allem, was vorliegt, ergibt sich vielmehr für uns mit der grössten Wahrscheinlichkeit, dass Zwingenstein mit dem übrigen Rheinthal zuerst (1410) wieder von Herzog Friedrich von Oesterreich zu Handen genommen wurde und dann nach dessen Aechtung (1415) als Pfand an die Herren von Bodman und Jungingen und von diesen (1424) an den Grafen Friedrich (VII) von Toggenburg kam. So viel steht nach der Anmerkung zu n. 16 unbedingt fest, dass im Jahre 1436, beim Tode des letzten Grafen von Toggenburg, der schwäbische Adelige Frick Gossolt oder von Gossolz, auf Zwingenstein sass, dass die Payer als damalige Pfandherren des Rheinthals die Aushändigung der Burg von ihm begehrten und dass dieses Begehren abgewiesen wurde mit Berufung darauf, dass deren Inhaber im Namen des Grafen von Toggenburg, und nicht in demjenigen der Payer, seit wohl acht Jahren hier sitze. Fest steht nach jener Anmerkung ferner, dass Frick von Gossolz noch im Jahre 1439 und wahrscheinlich auch noch im Jahre 1443 im Besitze der Burg war.

Sein Tod mag Anlass gegeben haben, dass Herzog Sigmund von Oesterreich die Burg im Jahre 1447 dem Stadtschreiber Hans Widenbach von St. Gallen zu Lehen gab; worauf die Appenzeller sie kurzweg verbrannten, ohne Zweifel um in dem von ihnen im Gegensatz zu Oesterreich besetzten Rheinthal keinen festen Punkt in fremde Hände kommen zu lassen. Die Beschwerde Widenbachs über diesen Gewaltact bei dem Rathe von St. Gallen und den Eidgenossen (s. Abschiede II. 229, f), wo „Zwingenstein" statt „Zwingen" zu lesen ist), nützte ebenso wenig, als die Beschwerde, welche Oesterreich bei den Friedensverhandlungen von 1461 darüber erhob; s. Tschudi, Chronik II. 617 und die unter n. 19 citirten Stellen. Wir bemerken hier übrigens noch ausdrücklich, dass die zwei in der

Von. Habsburg. I unter n. 61 und 62 abgedruckten österreichischen Klage-Artikel zu den Constanzer Verhandlungen von **1461**, nicht von 1474 gehören.

Im Jahre 1491, als die acht Orte in Folge des Klosterbruchs zu Rorschach den Appenzellern das im Jahre 1460 um 6000 Gulden erkaufte Rheinthal abnahmen und es zu ihrer gemeinen Herrschaft machten, gieng der Burgstal Zwingenstein mit den dazu gehörigen, nicht unbedeutenden Gütern auch an die neue Herrschaft über und wurde von dieser, nachdem andere Kaufsprojecte nicht zu Stande gekommen, im Jahre 1585 um 900 Gulden wieder dem Lande Appenzell verkauft, an die Bezahlung des neuen Landvogteigebäudes zu Rheinegg; s. Abschiede III/2, S. 229. o, 235. q, 279. o, 452. g, 843. f; IV/2 S. 1057, u. 19, 20; V.1 S. 1409 n. 57. Als „Lehen unserer Herrn gen Appenzell" werden die Güter zum ersten Mal in unserer n. 86, vom 1. Mai 1586, erwähnt. Bei der Landestheilung von 1597 blieben sie bei Innerrhoden (s. Zellweger, Urk. II.3 S. 543).

[11]) Dass beide Burgen wieder aufgebaut worden sind, ergibt sich aus spätern Stellen zur Genüge. Die hintere — diejenige in der Emser Rüti — steht heute noch, die vordere ist nach P. Joller a. a. O. S. 4, im Jahre 1793 — durch Blitzschlag? — zur Ruine geworden.

Die Belehnungen Michels, Hans Ulrichs und Märks von Ems durch König Sigmund datiren vom 13. September, 7. November 1430 und 15. Januar 1431 (s. P. Joller a. a. O., S. 116 n. 57 u. Zösmair, Urkundenauszüge im XXI. Rechenschafts-Bericht des Vorarlb. Mus.-Ver., n. 116 und 118; dazu n. 124). -- Diese Anerkennung der Emser als reichsunmittelbare Edelleute, deren Besitz directe vom Reiche zu Lehen geht, und insbesondere die Belehnung Hans Ulrichs mit dem Blutbanne steht möglicherweise in gewissem Zusammenhange damit, dass „Junker" (armiger) Hans Ulrich von Ems das Kreuz gegen die Hussiten genommen hatte; s. Zösmair, a. a. O. n. 114 und 115. — In dem Blutbann zu Ems war wohl auch derjenige über den Hof Lustnau inbegriffen; obgleich dieser Hof — damals noch eine werdenbergische Pfandschaft -- nicht als Reichslehen galt, was für sein späteres Schicksal von Bedeutung wurde. Ob dieser Blutbann schon früher von den Herren von Ems ausgeübt worden, ist nicht ersichtlich. Es dürfte vielleicht am wahrscheinlichsten sein, dass sie sich denselben beim Zerfall der montfortwerdenbergischen Herrschaft einfach zugeeignet haben, dass er aber erst jetzt durch die Urkunde Sigmunds seine rechtliche Grundlage erhielt. Der „Vorhof zu Ems" am Fusse der Burg war übrigens schon im Jahre 1333 von Ulrich von Ems dem Kaiser Ludwig aufgetragen und von diesem „Kraft kaiserlicher Gewalt" dem Aufgeber wieder zu einem rechten Burglehen verliehen worden; s. Zösmair n. 6. — Der Blutbann zu Dorenbören scheint schon frühe an das Haus Oesterreich gekommen zu sein; s. Bergmann, Reichsgrafen von und zu Hohenembs, S. 82.

Die ganze ältere Geschichte der Herren von Ems liegt übrigens, trotz Bergmanns verdienstlichen Arbeiten, noch ziemlich im Dunkeln und bedarf dringend specieller Untersuchung und Behandlung.

[12]) Von diesem königlichen Briefe liegt eine Copie, eingerückt in einen Bestätigungsbrief Karls V. vom 15. März 1521, in dem Hohenemser Archiv, mit dem falschen Datum Mittwoch vor „st. Michels", statt „st. Niclas" Tag. Es heisst in demselben ausdrücklich: dass die Hofleute „weder für ihre Vögte, noch für die, denen sie versetzt seien oder würden, oder andere" Pfand sein oder weiter, als für den Betrag der Reichssteuer, gepfändet werden sollen. Aeltere Briefe dieses Inhalts besass der Hof schwerlich, und wenn er von dem König „unser und des Reichs Hof" genannt wird, so hatte das auch weiter keine rechtliche Bedeutung. —

Vrgl. die ganz ähnliche Urkunde vom gleichen Tage für den Hof Kriessern.
Hof Kriessern n. 45.

[16]) Die Eidgenossen betrachteten offenbar die hohe Gerichtsbarkeit (und
das Mannschaftsrecht?) über den linksrheinischen Theil des Hofes Lustnau ganz
ebenso selbstverständlich als zu der Vogtei Rheinthal gehörend, wie diejenige
über den Hof Kriessern: vrgl. Hof Kriessern n. 81 Anm. (an deren Schluss statt
„Abt Ulrich“ — November 1499 — natürlich „Abt Gothart“ zu lesen ist). —
Uebrigens wurde Appenzell schon nach dem Schwabenkriege auch in die Zahl
der regierenden Orte aufgenommen (1500) und nach dem sogenannten Zwölfer-
oder Toggenburgerkriege noch Bern (1712).

[17]) Eidg. Absch. III. 1. S. 549. d. u. n. S. 556. b. — Wenn an letzterer Stelle
von dem vierten Theil des Weins die Rede ist, welchen die Herren von Ems
und Rudolf Mötteli von den Leuten im Hof Lustnau beanspruchten, und von
dem „Theile der Herren von Ems zu Lustnau“, welchen der Landvogt unter Umständen in Haft legen solle, so können unter jenen Hofleuten nur die Rebbesitzer
von Haslach und am Monstein gemeint sein, unter diesem Theil nur die Besitzungen der Herren von Ems in dem linksrheinischen Hofgebiet.

[18]) S. n. 45, Ziff. 1 und 2. — Diese zwei Beschwerdepunkte gehen der
Natur der Sache nach auf längere Zeit zurück.

[19]) S. n. 107, besonders die Anmerkung, in welcher der Stiftungsbrief von
1504 behandelt ist, und N. Senn: Rheinthaler Urkunden, wo unter n. 37 jener Brief
nach dem im Pfarrhaus zu Widnau liegenden Original abgedruckt ist, wie auch
unter n. 35 die Uebersetzung der Original-Einwilligung des Pfarrers Christian
Rainli von Lustnau — in Bestätigung derjenigen seines Amtsvorgängers Johannes
Sepp — zum Bau einer Kapelle oder Kirche zu Widnau aus Liebe zu Christo, der
Jungfrau Maria und dem Apostel Jakobus, vom 23. Februar 1502. Vertreter
von Widnau waren dabei: Johannes Neff, Leonhart Klen und Johannes
Iselin. Neben dem Pfarrer Rainli war auch sein Caplan Jakob Brocker an-
wesend, und als Zeugen Jodocus Schmidt und Sebastian Haingiler,
Verwalter (vermuthlich „minister“, d. h. Ammann) in Bernegg, und Konrad
Frei (Fry) von Diepoldsau.

Wenn Märk Sittich von Ems noch im Juni 1530 (Strickler, Actensammlung II. n. 1390) nur von einem „Caplan“ zu Widnau spricht, so geschieht dies
wohl deswegen, um die neue Pfarrei und ihren Inhaber möglichst unbedeutend
hinzustellen.

[20]) S. n. 41.

[21]) Ueber Märk Sittich von Ems s. besonders Bergmann: Edle von Embs,
S. 28 ff.

[22]) S. n. 44. — Aus Stricklers Actensammlung I. n. 1391 ergibt sich als
näheres Datum des Kaufbriefs der 2. März 1526. — Christoph und Felix waren
die zwei letzten Grafen der Trochtelfinger Linie, an welche nach dem Aussterben
der Linie Rheinegg-Heiligenberg das Eigenthumsrecht an den Hof Lustnau übergegangen war.

[23]) S. n. 45. — Aus der undatirten n. 1973 im zweiten Bande von Stricklers
Actensammlung ersehen wir, dass der Prädicant von Widnau Martinus
Schnætzer hiess. Ob dieser Prädicant aus dem — ersten? — katholischen Priester
von Widnau hervorgegangen, vermögen wir aus unserm Material nicht zu entscheiden. Ein Widnauer Geschlecht scheinen die Schnetzer gewesen zu sein;
s. n. 104. Freilich kommen sie auch anderswärts vor, z. B. in Flawil; s. von Watt,

Deutsche histor. Schriften II. 321/3, 380/35. — Dem Wunsche Derer von Dickenau — älterer Name für das jetzige „Au" — wurde damals oder später entsprochen; wenigstens gehörten sie später nachweisbar kirchlich wieder zu Bernang, wie auch Haslach, auf welches sich möglicherweise das Vorbringen der Dickenauer ebenfalls bezog. Ohne diese Annahme stimmt es doch nicht recht zusammen, wenn die Beschwerdeführer „schon vor Jahren bei Menschen Gedächtniss" in die Pfarrkirche gen Bernang gehört haben wollen, während in der Dickenau „in kurzen Jahren vor etlicher Zeit" noch kein Haus gestanden.

**) Joh. Kesslers Sabbata II. 220 f.; Fridolin Sichers Chronik, herausgegeben von E. Götzinger 113; Strickler. Actensammlung II. n. 609; Absch. V. 1. b. S. 262. n. 25.

**) S. n. 47 Anm.

**) Es scheint sich hier doch um ein anderes Mandat zu handeln, als um das in von Arx II. 521 erwähnte Landesmandat vom 21. December 1528, da einerseits in den betreffenden Actenstücken ausdrücklich von einem gänzlichen Tanzverbot die Rede ist und anderseits von Seite der Angeklagten der Anlass in der Au als „Hochzeit" dargestellt wird, ohne sich darauf zu berufen, dass für solche Feste — im engern oder weitern Begriff — das Tanzen erlaubt sei; s. Strickler II n. 1144, Absch. IV. 1. b. S. 630.

**) Nach Strickler II n. 1144 wurde dem Jörg Dierauer ein Arm abgehauen; an dieser Wunde gieng er „etlich Tag darnach" zu Grunde. Nach dem gleichen Bericht wären bei fünfzig Bernanger über den Amman von Lustnau und seine Gesellen, „deren nicht über sechs gewesen", hergefallen. Nach Vadian: Deutsche hist. Schriften III. 239 wurden „zwen sonst ouch übel wund".

**) So in dem Schreiben des Regiments von Innsbruck vom 20. Februar — Strickler II n. 1144 —, welches zeitlich den Ereignissen am nächsten steht und jedenfalls auf einen Originalbericht von Märk Sittich zurückgeht. Nach den Aussagen des Hauptmanns Frei selbst bei dem ersten gütlichen Tage zu Altstätten am 17. März, wäre das Verlangen Märk Sittichs um Freilassung der Gefangenen erst in Bernang gestellt worden, wo der Hauptmann mit dem Landvogt im Rheinthal und den Boten der vier Höfe zur Berathung zusammen trat. Darauf habe Frei aber gerathen, die Gefangenen einstweilen in Altstätten in's Gefängniss zu legen, „weil der Handel so grob gewesen", und der Landvogt habe sich seinem Rathe angeschlossen. — Bei jenem Tage zu Altstätten brachte Märk Sittich neben Lustnau und Ems auch noch Bregenz oder Feldkirch als unparteiische Plätze für die Gestattung des Rechts in Vorschlag; Absch. IV. 1. b. S. 580 f.

**) Nach Absch. IV. 1. b. S. 1376 war Thomas Müller der eigentliche Thäter.

) S. n. 48. — Nachstehend folgen noch einmal alle Stellen, die sich auf den Handel beziehen, mit einer gedrängten, nähern Darstellung seiner Entwicklung: Eidg. Abschiede IV. 1. b. S. 549. 561. 562. **580. 583. 588. 606. **630** ff. 656. 686. 804. 824. — Strickler, Actensammlung II. n. **1144.** 1165. 1201. 1216. 1226. 1235. **1242.** 1257. 1262. 1269. 1270. 1277. 1283. 1286. 1289. 1292. 1297. 1303. 1357. — J. von Watt: Deutsche histor. Schriften III. S. 239 und 248.

Zuerst kam der Gegenstand auf dem Tag zu Baden vom 14. Februar vor den 8 Orten zur Verhandlung. Der Landvogt wurde angewiesen, dass er die Bernanger zur Freigebung der Gefangenen gegen die von Märk Sittich angebotene Bürgschaft veranlasse, damit aus dem Handel keine grössere Unruhe erwachse. In dem Briefe der 8 Orte an Märk Sittich wurde aber die Freigebung davon abhängig gemacht, dass der Verwundete von Bernang nicht stürbe; läge der

Thäter im Gefängnisse, so solle man ihn behalten und der Handel an dem Orte berechtigt werden, wo er vorgefallen; Absch. 549. Am 9. März trat eine Conferenz der 8 Orte — jedoch ohne Luzern — zu Einsiedeln zum zweiten Mal über den Handel ein und beschloss, die Botschaften von Zürich, Schwiz und Appenzell zum nähern Untersuch und wo möglich zu gütlicher Erledigung nach Altstätten zu schicken; Absch. 561. Zürich wies nun seine Botschaft an, in Altstätten vor allem darauf zu dringen, dass dem Recht der freie Gang gelassen werde. Nur wenn die Rheinthaler und die Verwandtschaft des Entleibten selbst vom Rechte abstehen und unterhandeln wollen, habe man nichts dagegen; Strickler n. 1201.

Auf dem Tage in Altstätten, der am 17. März stattfand und an dem alle Parteien durch Anwälte vertreten waren, erklärte sich die Verwandtschaft des Getödteten auf Zureden von Schwiz und Appenzell bereit, auf eine gütliche Verhandlung einzutreten; die vier Höfe dagegen erklärten durch Ammann Vogler, dass sie sich des Todschlags gar nicht annehmen, dass sie aber auf der Bestrafung des Aufruhrs, dessen erster Anfänger und Urheber der Ammann von Lustnau sei, ohne Ansehn der Person (... weder klin, noch gross Hans*) durchaus bestehen müssen, nach ihrem alten Branch und Herkommen; Absch. 580 f. Und so blieb im wesentlichen die Situation bis zu dem Tage vom 2. Mai, an welchem sich die vier Höfe erst zu gütlicher Verhandlung bereit finden liessen, nachdem der Handel durch ihr niederes Gericht an das landvogteiliche Hochgericht gewiesen war; s. n. 48.

Die fünf katholischen Orte drangen indess immer auf Freilassung der Gefangenen, die der Getödtete selbst noch als unschuldig erkannt habe, und verboten dem Landvogt das Hochgericht zu halten; Absch. s. 580, 606 und Strickler n. 1257. Zürich stand fest auf Seite der Rheinthaler und beschloss in Folge einer Botschaft derselben am 16. April eine Aufforderung an Schwiz: dass es den Landvogt anweise, auf den Montag nach dem Maitag (eben den 2. Mai) nach Landesbrauch das Hochgericht zu halten; thue er das nicht, so werde die Botschaft von Zürich, Glarus und Appenzell das Gericht vollführen und das Recht ergehen lassen, um die Rheinthaler bei ihren Rechten zu schirmen; Absch. 606. Als sich nun Glarus und noch entschiedener Appenzell dem Vorgehen Zürichs nicht anschlossen — Strickler n. 1277 und 1283 — instruirte dieses zwar unterm 23. April seine Gesandten in's Rheinthal, nöthigenfalls allein im Namen der 8 Orte „den Stab zu führen und das Hochgericht über die Gefangenen ergehen zu lassen"; Strickler n. 1289. Auch Märk Sittich gegenüber hielt es noch am 28. April an dem Satze fest: dass überall „eine malefizische That an dem Orte, wo sie geschehen, zu rechtfertigen sei"; Strickler n. 1297. Dennoch wird die Haltung von Glarus und Appenzell das Ihrige dazu beigetragen haben, dass die zürcherischen Gesandten doch auch angewiesen wurden, das Beste zu einem gütlichen Ausgleich zu rathen, wenn derselbe von andern Orten oder von den Freunden der Parteien angestrebt würde, dass sie sich in der That am 2. Mai gleich den Botschaftern von Schwiz, Glarus und Appenzell um den gütlichen Ausgleich bemühten und sich mit ihnen zu dem gütlichen Spruche vereinigten.

Für die Abtragung der durch die Gefangenschaft entstandenen Kosten gedachte der Hof Lustnau seinem Ammann durch eine Beisteuer zu Hilfe zu kommen. Auch die linksrheinischen Hofleute von Widnau und Haslach waren unter Zusicherung freien Geleites zu der betreffenden Gemeinde nach Lustnau berufen worden; weigerten sich aber des entschiedensten, irgend etwas an jene Kosten beizutragen, an denen sie nicht schuld seien. Sie wandten sich deswegen an Zürich und Glarus, auf deren Reclamation Märk Sittich die Leistung als eine durchaus freiwillige erklärte, die er geschehen lasse, zu der er aber niemanden nöthige. S. n. 48 Anm.; Absch. IV. 1. b. S. 656 und 824 f.

**) S. n. 50 und 51. — Wir führen auch über diesen Handel alle einzelnen Stellen an: Absch. IV. 1. b. S. 655. 687. 706. 733. 1263. — Strickler, Actensammlung n. 1243. 1390. 1400. 1407. 1412. 1414. 1420. 1426. 1455. 1467. 1471. 1472. 1475. 1510. 1650. 1666. 1667. 1679. III. 934. V. 75. — V. Watt: Deutsche histor. Schriften III. 257.

Ueber die Rolle, welche Mark Sittich in Augsburg spielte, s. H. Escher: Die Glaubensparteien in der Eidgenossenschaft, S. 169 ff.

Nach Strickler n. 1390 musste „der jetzige Caplan" zu Widnau (in n. 1407 nennt ihn Mark Sittich wieder „Pfarrer") bei Verleihung der Pfründe dem Lehnsherrn noch besonders geloben und durch etliche Personen um eine gewisse Summe verbürgen, ihm an seinen Zehnten, Zinsen etc. keinen Abbruch zu thun. — Die längere, an sich ganz richtige und zutreffende Ausführung Zürichs, dass die Zehnten von Anfang an zum Unterhalt der „Prädicanten und Seelhirten" bestimmt gewesen und nur missbräuchlich ihrer Bestimmung entfremdet worden seien, wird keinen grossen Einfluss auf den in ganz andern Anschauungen lebenden Kriegsmann gemacht haben; s. Strickler n. 1400.

Die Drohung, sich mit Erlaubniss des Kaisers an den Eidgenossen durch Gewalt schadlos zu halten (auch gewisse Personen von Widnau nach Lustnau vor Gericht zu laden und strafen zu lassen wegen Uebertretung eines Verbots, d. h. offenbar des bei 30 Pfd. d. erlassenen Verbots des Einzugs der Zehnten, vrgl. Strickler n. 1426), stellte Mark Sittich später entschieden in Abrede. — Strickler n. 1667; sie wurde aber während des Reichstags nicht bloss nach Bern berichtet, sondern auch nach St. Gallen — Strickler n. 1455, nach Strassburg — Strickler n. 1467, und nach Basel — Strickler n. 1472.

Die „christlichen Mitburger", deren Rath Zürich nach Berns Mahnung einholen sollte, waren die Städte der engern Verbindung des sogenannten christlichen Burgrechts: Zürich, Bern, St. Gallen, Biel, Mühlhausen, Basel, Schaffhausen.

Die Unterhandlungen mit Zürich über die Aufhebung des „Arrests" auf die einsischen Güter übergab König Ferdinand noch in Augsburg dem Ulrich von Schlandersberg, einem tirolischen Edelmann, und dem Wolf(gang) Kanz, Amtmann zu Bregenz; an des Erstern Stelle trat jedoch später Hans Jakob Humppis von Senftnau; s. Strickler n. 1510. 1666. 1679. — Ueber den richtigen Namen des Bregenzer Amtmanns — ob Canz, wie in der Actensammlung, oder Kantz, wie in den Abschieden —, sind wir nicht im Falle zu entscheiden.

**) Bei der förmlichen Absetzung dieses Landvogts durch die rheinthalischen Unterthanen — 24. Febr. 1531 — war Widnau ebenfalls dabei; s. Strickler III, n. 170.

**) S. n. 48 und n. 51, Anm.; Absch. IV. 1. b. S. 1236. 1373 und 1375 f.

*) S. J. v. Watt: Deutsche histor. Schriften III. 257. 34 f.

*) S. darüber Bergmann in den zwei Abhandlungen über die Edlen von Embs und die Reichsgrafen von und zu Hohenembs, sowie in der Landeskunde von Vorarlberg S. 52. — Jakob Hannibal II. und Mark Sittich IV. stammten von Wolf Dietrich, dem jüngsten Sohne Mark Sittichs I.

**) S. n. 68 mit Anm. und n. 82.

**) S. n. 89. 90 und 92.

*) Vrgl. n. 53 und Anhang 3.

**) S. n. 97 mit Anm. — Bei den Verhandlungen mit dem Grafen scheint sich der appenzellische Landammann von Heimen besonders verdient gemacht zu haben. — Da sich die Klagen und Beschwerden nicht mehr gegen die Herrschaft richteten, sondern gegen die Lustnauer und ihre Hofbeamten, konnte der älter-regierende Graf Hans oder Johann Christoph, ein Urenkel Märk Sittichs I. von dessen älterem Sohne Marquart, eher in die Abtrennung einwilligen, welche ja den Rechten seines Hauses keinen Eintrag that. Am meisten aber wirkte jedenfalls die auch im Eingang zum Hofbuch hervorgehobene „Fürbitte und Intercession" der acht Orte; s. S. 263. Die ausdrückliche Zustimmung des Grafen liegt uns übrigens nicht vor und ist vielleicht überhaupt nicht in einem förmlichen Documente ausge-sprochen worden.

*) In dem gütlichen Spruchbrief n. 38, ausführlich abgedruckt im Hof Kriessern n. 106, heisst es im Artikel 2 wörtlich: „Auf dem Iseariet sollen die von Widnau und Haslach (Haslen) und was diesseits des Rheins und doch im Gerichtszwang Lustnau gesessen ist, Trieb und Tratt mit ihrem Vieh haben, auch Wunn und Weid darin nutzen, wie vor Alters."

**) S. n. 94, 97 und 98. — Das Material über die Hoftheilung liegt uns leider nicht vollständig vor. So fehlt uns die in n. 94 Z. 5 erwähnte „Theilung der Trieb-, Tratt- und Maiengüter" vom 10. October 1592. Nach Z. 3 von n. 94 ist es ferner höchst wahrscheinlich, dass dem Ammann von Lustnau für den jeden-falls sehr wesentlichen Ausfall an seinen Einkünften in Folge der Hoftheilung eine Entschädigung geleistet werden musste, und auch darüber fehlt uns jede Nach-richt. Weiter ersehen wir aus einem in flüchtiger Copie im Archiv Hohenems liegenden Documente vom 5. Januar 1593, dass unter diesem Datum der Spruch der acht Zusätze mit Ohmann vom vorhergehenden Tage durch die Verordneten beider Obrigkeiten genehmigt wurde; am folgenden Tage, den 6. Januar, wurde er besiegelt und „verfertigt", d. h. ausgefertigt; s. n. 97. Am 25. März 1593 endlich erfolgte noch eine „Reglirung und Ausscheidung der Nutzungen, welche die beiden Gerichtszwänge und Gemeinden zu Lustnau einerseits und Widnau und Haslach anderseits ausser dem Riet und Forach zu niessen haben", durch hiezu Verordnete der beiden Gerichte und Gemeinden (die acht Zusätze mit Ohmann?). Auch dieses Document liegt in einer Copie im Archiv zu Hohenems und ist uns erst nachträglich mit demjenigen vom 5. Januar durch die Güte des Herrn Grafen von Walderdorff zur Kenntniss gekommen. Wir verwerthen beide in den Beilagen zur historischen Einleitung. — Auf der Jahrrechnungs-Tagsatzung zu Baden im Juni 1593 erklärten sich die acht regierenden Orte mit Allem einverstanden; s. n. 97.

Auch von n. 98 ist im Hohenemser Archiv eine Copie zum Vorschein gekommen, in welchem es wörtlich, aber nicht eben deutlich heisst; dass zu dieser von Alters her an die Herren „zu der Hochenems in gemein järlichs an Gültsteuer" (weiter unten wird der Ausdruck „Herrengült" gebraucht) schuldig gewesenen Summe von 39 Pfund Pfennig „auch die von Freyberg-Rappenstein, und von denen in das Buchholz vererbt, verleibt und inen der dritel darvon zugehört". Auf dem Rücken dieses Actenstücks findet sich aber folgende Notiz: „Die 2 Pfd. d. sein von Hr. Marquarten von Embß, Rittern, der Frhemess zue Lustnau verstifftet (!) worden; der dritte thail (!) aber solcher Steur, denen von Freyberg und Rappenstein gehörig, von Hrn. Caspar, Grafen zur Hochen Embß, sambt drittem theil (!) deren andern Herrligkheit wider uhn (!) den Stammen Embß gelöst worden." — Der Uebergang hohenemsischer Einkünfte auf Die von Freiberg ist ohne Zweifel eher auf die Ehe des alten Märk Sittich mit Helena von Freiberg zurückzuführen, als auf diejenige des 1581 kinderlos verstorbenen Grafen Gabriel von Hohenems mit einer jüngern, gleichnamigen Freibergerin

t 1588); daraus wird sich dann wohl auch der schon im Jahre 1530 erwähnte
Bezug von Zehnten durch Fritz von Freiberg und Osanna Möttelin zu Widnau-
Haslach erklären; s. n. 49. S. 32. und die Stammtafel bei Bergmann, Reichs-
grafen. S. 111.

⁴⁹) S. n. 97 und Anhang B. – In Absch. VI. I. S. 1246 n. 178 wird ausdrücklich gesagt, dass Widnau-Haslach wie „diesseits" die gleichen Grenzen, so
auch dieselbe Offnung wie Lustnau hatte.

⁵⁰) S. n. 101. 123. 124 und die vom 13. Juni 1623 zu datirende n. 102.
— Ihre Dankbarkeit bewiesen die Hofleute dem Junker Schobinger thatsächlich
dadurch, dass sie für alle Zeiten auf ihr eigenes, wohl begründetes Verspruchs-
oder Zugrecht auf die von ihm gekauften Güter verzichteten.

Was das Zugrecht der rheinthalischen Höfe anbetrifft, so hatte Kaiser
Sigmund unterm 3. März 1434 die Stadt St. Gallen und ihre Bürger für alle im
Rheinthal angekauften Hof- oder andere Güter von dem Zugrecht oder Verspruch
gänzlich befreit; nachher aber, als die Rheinthaler sich dem widersetzten, stellte
er unterm 22. Juni 1434 das Zugrecht der Höfe Altstätten, Marbach und Bernang
für die Zukunft „nach altem Herkommen" wieder her und zwar auf 1 Jahr 6 Wochen
und 3 Tage, jedoch in dem Sinne, dass für allfällige Verbesserung des gekauften
Guts in dieser Zeit noch eine besondere, durch Schiedsrichter zu bestimmende
Entschädigung zu bezahlen sei. 1521 wurden in Bestätigung eines a. 1491 erlassenen Rodels Verkäufe in todte Hand nur noch gegen Vorbehalt der Ablösung
oder des Wiederkaufs nach Schatzung von fünf ehrbaren unparteiischen Männern
gestattet. Erst im Jahre 1551 bewilligten die regierenden Orte ihren rheinthalischen
Unterthanen den unbeschränkten oder sogenannten „ewigen Verspruch" um die
Ankaufssumme gegen Jedermann, immerhin mit dem deutlichen Vorbehalt, ihn
künftig zu mehren, zu mindern, zu verbessern oder zu bekräftigen oder gar
abzuthun. 1694 erliessen sie das bedingungslose Verbot, Rheinthaler Güter in
„ewige Hände" zu verkaufen.

So viel ergibt sich aus den Urkunden der Stadtarchive in St. Gallen und
Altstätten. Absch. IV. 1. a. S. 298 und 302 f. und aus einer „Ehrerbietigen Vor-
stellung" der Stadt St. Gallen an die regierenden Orte vom Mai 1788, als die
Rheinthaler die alten Spitalgüter an sich zu ziehen versuchten; Stadtbibliothek.
Misc. Helv. XII.

⁵¹) S. n. 103.

⁵²) S. n. 106 mit Anm.

⁵³) S. n. 110. — Unter „Denen von Haslach, die seit ihrer Abtrennung
von Lustnau an Bevölkerung ziemlich zugenommen haben", sind möglicherweise
die Hofleute des ganzen Hofs Widnau-Haslach zu verstehen, wie umgekehrt
öfters „Widnau" allein als Bezeichnung für den ganzen Hof Widnau-Haslach gebraucht wird. — Die Mahnung, „Tanzverbote bei ihren Nachbarn auch zu halten",
wurde ohne Zweifel in Erinnerung an den Handel von 1530 hinzugefügt.

⁵⁴) S. n. 107. · Aus der Anmerkung ist zu ersehen, dass bei den katholischen Orten schon im Jahre 1605 der Antrag auf eine Beisteuer gestellt und
im folgenden Jahre von Landvogt und Landschreiber befürwortet wurde.

⁵⁵) S. n. 112. — Gegen den Entscheid der Boten der acht Orte waren Einwendungen des Grafen allerdings vorbehalten worden. Da aber weder bei der
acht Monate nachher erfolgten Bestätigung dieses Entscheides durch die acht Orte,
noch später irgend etwas von solchen Einwendungen verlautet, ist wohl anzunehmen, dass keine stattgefunden haben.

**) S. Bergmann, Reichsgrafen, S. 38 f.

**) S. n. 127 und Bergmann, Reichsgrafen, S. 43 ff. — Das erste Gesuch um die kaiserliche Bestätigung des „Testaments sammt darin begriffenem Fideicommiss und Erbeinigung" an Kaiser Matthias führte aus unbekannten Gründen nicht zu dem gewünschten Ziele. In diesem Gesuche vom 17. Januar 1615 wurde erwähnt, dass auch Graf Kaspars Vater, Jakob Hannibal I., im Jahre 1584 eine „gleichmässige Verordnung" zu Gunsten seines ältesten Sohnes Kaspar erlassen habe, die ohne jeden Widerspruch der zwei jüngern Brüder ihre Ausführung gefunden, so dass also diese „majoratûs institutio" in der Familie der Grafen von Ems nichts neues sei. Bergmann S. 49. Erst im Jahre 1625 gelang es, für das Testament sammt nun gesöndert „beigeheftetem Fideicommiss und Erbeinigung", in welcher auch auf den inzwischen aus zweiter Ehe hervorgegangenen Sohn ausdrücklich Rücksicht genommen war, die gewünschte Anerkennung durch die acht regierenden Orte zu erwerben, welche versprachen, diese Verfügungen des Grafen auf Anrufen seiner Söhne gegen Verletzungen zu schützen, so weit es die unter ihrer Oberhoheit liegenden hohenemsischen Besitzungen betreffe. Unter dem 12. September 1626 erfolgte die Bestätigung durch Kaiser Ferdinand II. — Von n. 127 ist übrigens nachträglich auch noch eine Copie im Stiftsarchiv St. Gallen zum Vorschein gekommen.

**) S. Bergmann, Reichsgrafen S. 52 f.

**) Jakob Hannibal II. wurde 1595 geboren und starb am 10. April 1645; ein zweiter Sohn aus erster Ehe lebte von 1608—1642; drei andere starben kurz nach der Geburt, der einzige Sohn aus zweiter Ehe, Franz Leopold, Domherr zu Salzburg, ebenfalls schon im Jahre 1642. — S. Kaiser, Geschichte des Fürstenthums Liechtenstein S. 390 und 436; Bergmann, Reichsgrafen S. 53 und die Stammtafel auf S. 111. Dass die von Kaiser auf S. 390 gegebene Jahrzahl 1645 für das Todesjahr Jakob Hannibals die richtige ist, beweist die im Staatsarchiv Zürich liegende Verschreibung seiner Wittwe und seines Sohnes Karl Friedrich vom 24. Februar 1646; vrgl. u. Anm. 64.

**) S. darüber Bergmann, Reichsgrafen S. 56 f., und Kaiser: Geschichte des Fürstenthums Liechtenstein S. 391 f., auch R. Byr: Die Einnahme der Stadt, des Passes und des Schlosses Bregenz durch die Schweden im Jahre 1647. Lindau 1873. — Der Schrecken vor den Schweden war so gross, dass sie in Feldkirch nur drei Mann angetroffen haben sollen; alle übrigen Einwohner hatten sich über den Rhein und in die Berge geflüchtet. — In der Zuversicht auf die Uneinnehmbarkeit von Bregenz hatte man so gänzlich jede Vorbereitung zur Abwehr in dem hinterliegenden Lande unterlassen, dass in dem Schlosse Neuburg — damals ein Pfand des jungen Grafen Karl Friedrich von Hohenems — sich ein einziger Mann vorfand. In diese Festung legten die Schweden eine Besatzung, die sich auch nach dem freiwilligen Abzug Wrangels von Bregenz — am 7. März 1647 — noch bis zum 26. April behauptete und erst nach einer förmlichen Beschiessung gegen freien Abzug den Platz räumte.

**) S. n. 137 mit der Anm. — Ob die Auslösung der halben Fremdensteuer von Widnau-Haslach mit 800 Gulden auch damals, mit Benutzung des dringenden Geldbedürfnisses der Lustnauer erfolgte, ist nach dem Wortlaut von n. 137 nicht mit voller Sicherheit zu entscheiden; die Annahme, dass dem so war, scheint aber bei dem Abgang jeder anderweitigen schriftlichen Abmachung hierüber sehr viel für sich zu haben. — Ueber diese Steuer vrgl. ob. S. XVI. — In der jährlichen Steuer von 9 Gulden, die Lustnau bisher an Widnau-Haslach bezahlt hatte und die durch den Vergleich ebenfalls aufgehoben wurde, sind wir geneigt, eben die halbe Fremdensteuer im rechtsrheinischen Hof Lustnau zu erblicken, wo diese Steuer sehr wohl einen ganz gleichmässigen, festen Ertrag liefern konnte, da in dieser Gemeinde gewiss nicht viele Aenderungen in den Besitzverhältnissen durch Niederlassung oder Erwerb von Grund und Boden seitens Auswärtiger vorkamen.

**) Artikel 9 des Testaments vom 14. Mai 1614 bestimmt ausdrücklich: „dass diese gesammte Erbschaft jederzeit ungetheilt in einer Hand verbleiben und die andern jederzeit davon abgewiesen sein sollen, so dass dem Universal-Erben sein ältester Sohn succediren, die andern Söhne jährlich mit 3000 Gulden Deputatgeld unterhalten, die Töchter aber mit 3000 Gulden Heirathsgut ausgesteuert und ohne weitere Ansprüche abgefertigt werden sollen; solches zur Erhaltung und Aufnehmung des Stammes.“ Das 1625 dem Testament beigeheftete „Fideicommiss und Erbeinigung“ fügt noch weitere „1000 Gulden Abfertigung oder davon so viel an Kleider und Kleinodien“ bei; Bergmann, Reichsgrafen S. 46 f. und 50.

**) Eine beglaubigte Copie dieses Entscheides vom 27. Juni 1653 liegt im Staatsarchiv Luzern. Die Grafen begründeten ihr Gesuch damit, dass sie die Herrschaften und Verlassenschaften ihres Vaters „ohne einigen Rath und genugsamen Bedacht oder Aufrichtung eines Inventari und Vorbehalt des anno 1639 (!) aufgerichteten grossväterlichen Fideicommiss“ übernommen und dass sich „seither ein solcher Schuldenlast hervorgethan, dass das ganze Fideicommiss, auch väterliche Erbschaft, zu deren Abstattung kaum erklecken würde und sie also durch Antritt des Erbens aus lauter Irrthum enormiter lädirt worden, auch ihr Vater und Vetter, „Franciscus Maria“ (der jüngere Bruder Jakob Hannibals) Graf zu Hohenems, nicht befugt gewesen, solche grossväterliche Fideicommiss-Verlassenschaft mit einichem Schuldenlast zu graviren.“

Die amtliche Anzeige der Restitutio in integrum -- zur Erhaltung des von den Eidgenossen selbst confirmirten hohenemsischen Fideicommiss — durch Kaiser Ferdinand III. an die acht regierenden Orte erfolgte unterm 22. November 1653 mit der Bitte, sie nun auch ihrerseits den Grafen wirklich angedeihen und zukommen zu lassen.

Neben dieser kaiserlichen Restitution wurde drei Jahre später, am 21. August 1656, gegeben zu Innsbruck, noch eine solche — wohl speciell für die österreichischen Gläubiger — durch den Erzherzog Karl von Oesterreich bewilligt, in dem Sinne, dass die zwei gräflichen Brüder den Gläubigern zwar Red und Antwort zu geben und sie auch so weit zu befriedigen haben, als die Hinterlassenschaft ohne Beeinträchtigung des „für kräftig erkannten“ Fideicommiss dazu ausreiche.

(In einem Schreiben der bündnerischen Gläubiger vom 30. September 1652 heisst es: „dass nicht einmal die Gläubiger von Feldkirch, die dem römischen Reiche unterworfen, sich mit Rath ihrer erzfürstlichen Durchlaucht zu Insprugg der kaiserlichen Commission unterwerfen wollen.“)

**) Aus dem ausserordentlich reichhaltigen, aber doch nicht vollständigen Material, welches über diesen Handel in den Staatsarchiven von Zürich und Luzern liegt und uns durch die grosse Gefälligkeit der betreffenden Herren Archivare zugänglich gemacht wurde, zusammengehalten mit dem Abschnitte der Abschiede VI. 1. S. 1239 ff. über das Verhältniss zu den Grafen von Hohenems, in welchem sich übrigens offenbar verschiedene Ungenauigkeiten und Missverständnisse vorfinden, scheint hervorzugehen, dass die Forderungen der bündnerischen Creditoren auf ein Anleihen zurückgiengen, welches Jakob Hannibal II. im Jahre 1621 aufnahm, um für den spanischen Dienst in den Niederlanden ein Regiment anzuwerben. Sein Vater, Graf Kaspar, verwendete sich ebenfalls dafür und empfahl seinen Sohn dem Hauptmann Brügger für ein Darlehen von 10,000 Gulden. Ausdrücklich wird die Pestalutzische Forderung auf ein damaliges Darlehen von 12,000 Gulden zurückgeführt und ebenso ausdrücklich erwähnt, dass der „damalige Hauptmann" Andreas Brügger dem Jakob Hannibal a. 1621 2700 Gulden geliehen habe, welche schon a. 1630 mit neu dazu Gekommenem auf 4201 Gulden angewachsen waren und damals als Schuld an Lucius Gugelberg von Moos und seine Schwester Hortensia, als Kinder der Frau Ursula Brügger geb. Mennhart, anerkannt worden. Ueber den Ursprung der Salis'schen Forderung besitzen wir kein ebenso ausdrückliches Zeugniss.

Die Forderung des „Oberst" Andreas Brügger, die nach dem Tode Jakob Hannibals zunächst auf die „Graf- und Herrschaft Vaduz-Schellenberg" angewiesen worden zu sein scheint, für die ihm aber nachher ein Guthaben von 4375 Gulden überlassen wurde, welches Ammann Hans Dietschi von Oberriet an die Grafen von Hohenems hatte, und für dessen Abzahlung in vier Jahresraten und richtige Verzinsung unter dem 24. Februar 1646 die hohenemsischen Einkünfte im Rheinthal besonders verschrieben wurden, ist doch sehr wahrscheinlich auch auf das Darlehen des Hauptmanns Andreas Brügger von 1621 zurückzuführen, wenigstens ist auf und seit der Rheinegger Verhandlung von 1654 nie mehr von einer besondern Gugelbergischen Forderung die Rede, sondern immer nur von Salis, Pestalutz und den Brügger'schen Erben, bezw. Frau Ursina von Salis, der Wittwe des nach unsern Acten zwischen März und October 1653 verstorbenen Oberst Brügger, als von bündnerischen Creditoren.

Die Forderungen der andern bündnerischen Creditoren wurden nach Jakob Hannibals Tode von dessen Erben ebenfalls ausdrücklich anerkannt, aber ohne besondere Garantien für sie zu bieten — nur in einer „Generalverschreibung" — und an Johann Anton Pestalutz im Jahre 1649 durch Anweisung auf die tirolische Landschaft — nach des Gläubigers Ansicht an die aufgelaufenen Zinsen — 6647 Gulden 34 Kreuzer bezahlt.

Als sich nun der Graf Karl Friedrich seinen Verpflichtungen entziehen wollte, stellte er folgende merkwürdige Rechnung auf: Im Jahre 1621, als die Schuld eingegangen wurde, habe der Reichsthaler 4 Gulden 30 Kreuzer gegolten, jetzt sei er auf 1 Gulden 30 Kreuzer gesetzt worden. Nehme man nun an, dass das Pestalutzische Darlehen von 12,000 Gulden a. 1621 in Reichsthalern ausbezahlt worden sei, so seien das nach damaligem Curse 2666⅔ Thaler gewesen oder nach jetzigem Curse 4000 Gulden; diese haben von 1621—1631 2000 Gulden Zins gebracht, von 1631 an aber seien „vermög gemachtem Friedensschluss" die Reichsstände bis zum Friedensschluss keine Zinsen zu geben schuldig. Die ganze Schuld an Herrn Pestalutz betrage also 6000 Gulden und es habe somit dieser Gläubiger mit den 1649 an ihn bezahlten 6647 Gulden 34 Kreuzer noch 647 Gulden 34 Kreuzer mehr empfangen, als ihm nach Friedensschluss gebührte. — Ebenso wurde das Brügger'sche Darlehen von 2700 Gulden zuerst zum Curse von 4 Gulden 30 Kreuzer in 600 Reichsthaler und dann wieder zum Curse von 1 Gulden 30 in 900 Gulden umgewandelt, mit Zurechnung von 450 Gulden als Zins bis 1631 1350 Gulden, von diesen die an Pestalutz zu viel bezahlten 647 Gulden abgezogen, so dass schliesslich noch 703 Gulden blieben, „wofür unterschiedliche Jahresnutzungen eingenommen worden". — Undatirtes, wahrscheinlich bei der Rheinegger Verhandlung von 1654 producirtes Actenstück im Zürcher Archiv.

(Ueber den Ammann Hans Dietschi s. Hof Kriessern S. 210.) — Von den Zürcher Acten fällt ausserdem noch zumeist in Betracht ein Schreiben des C. von Salis, Hans Luzi Gugelberg von Mos und Claudia Pestalozzi an die Häupter und Räthe der drei Bünde vom ? December 1660; von den Luzerner Acten zwei Schreiben des Grafen Friedrich Karl an die acht Orte vom 27. Februar und 20. September 1654; dazu Abschiede VI. 1. S. 1239 ff., besonders die Anmerkung auf S. 1242.

Ueber die Verhältnisse des Grafen zu seiner (Stief-) Grossmutter, Anna Amalie, geb. Gräfin von Sulz, s. Bergmann, Reichsgrafen S. 58.

**) Alle Phasen dieses sich durch viele Jahre hindurch ziehenden Streithandels und Processes auch nur in Anmerkungen in allen Einzelheiten zu verfolgen, ist uns nicht möglich und erlaubt. Es genüge, fortlaufend dem Gange der Erzählung folgend, die verschiedenen Stadien desselben an der Hand des weitschichtigen Materials noch etwas näher zu beleuchten, die sie verbindenden Punkte wo nöthig noch etwas mehr hervorzuheben und den Hauptinhalt der wichtigsten Actenstücke noch etwas ausführlicher mitzutheilen.

Zum ersten Male scheint Oberst Andreas Brügger mit Vorweisung der Obligation vom 24. Februar 1646 die Verheftung der ihm als Unterpfand verschriebenen rheinthalischen Einkünfte durch eine Eingabe vom 14. October 1651 an die acht regierenden Orte verlangt zu haben, weil er schon mehrere Jahre keinen Zins erhalten. Unterm 15. November ergieng hierauf von Baden aus die Weisung an den Landvogt Joh. Peter Steiner, dem Grafen das Begehren zu berichten und ihn freundnachbarlich zu verwarnen; würde Oberst Brügger darauf nicht befriedigt und rufe er den Landvogt um rechtliche Handreichung an, „so soll dieser ihm gut Recht halten und widerfahren lassen, wie er sich seiner bekannten Vorsichtigkeit und Discretion nach zu verhalten wohl wissen werde". Die Anrufung erfolgte im Juli 1652; woraufsich der Landvogt selbst nach Ems verfügte, um den Grafen noch einmal zu warnen und ihm noch eine Frist bis zum 15. August für die Befriedigung seiner Creditoren durch „Trostung oder Geld oder wenigstens zwei ausstehende Zinse" zu geben. Der Graf aber stellte einfach Alles auf den Entscheid der kaiserlichen Officialen in Constanz über sein Schuldenwesen ab und hielt der Verweisung auf die herwärts Rheins, auf eidgenössischem Grund und Boden gelegenen, speciellen Unterpfande für die Brügger'sche Forderung die Erklärung entgegen, dass ihm irgend welche Berücksichtigung Brüggers „gegen die andern Creditoren sehr präjudicirlich wäre".

Inzwischen hatten sich die drei andern bündnerischen Creditoren mit nachdrücklicher Empfehlung der „Häupter und Räthe der drei Bünde" in der That ebenfalls an die regierenden Orte gewandt mit dem Gesuche, sie zur Befriedigung ihrer Forderungen auf den linksrheinischen hohenemsischen Besitz greifen zu lassen. Darauf erfolgte die zweite, schärfere Mahnung an den Grafen, zu Gunsten der bündnerischen Gläubiger überhaupt, mit Berufung auf sein eigenes Wort, Brief und Sigel, auf Ehre und Ansehn des Andenkens seines verstorbenen Vaters und Grossvaters und mit der „Erinnerung, die Gläubiger durch Worte und Werke so zu stillen, dass die acht Orte ferneren Nachwerbens und Klagens in dieser Angelegenheit überhoben seien". In Beantwortung dieses Schreibens und einer neuen Aufforderung des Landvogts vom 28. August, „seinem Schaden selbst vorzukommen", verlangte Friedrich Karl wie das erste Mal, aber in schärferer Tonart, Frist bis zum Entscheid der kaiserlichen Commissarien und des Kaisers selbst, bei denen die Sache anhängig sei, mit dem Beifügen, dass er den bevorstehenden Reichstag um Schutz und Schirm oder Repressalien anrufen müsse, wenn der

Arrest nicht abgestellt werde (31. August 1652). Obgleich die „bedräuliche Ernsthaftigkeit" dieses Schreibens von einzelnen Orten sehr unangenehm empfunden wurde (Glarus an Zürich untern 8. September 1652), scheute man sich doch immer noch, zu der angedrohten Verheftung zu schreiten, und Luzern belobte den Landvogt Fehr (seit 1. Juli 1652) ausdrücklich dafür, dass er einen verschlossenen „Arrestbefehl", den er dem Oberst Brügger zur Eröffnung und Ausführung nach einem bestimmten Termin eingehändigt hatte, noch vor Ablauf dieses Termins wieder zurückfordern liess, „da wir, so viel immer möglich und neben dem Rechten beschehen mag, dem (!) Herrn Grafen als einem uns wohlanständigen Benachbarten verschont sehen möchten". (Schreiben vom 24. September.) Nach der dringenden Aufforderung des Landvogts vom 28. August war nämlich der Oberamtmann von Ems bei ihm erschienen (da der Graf auf der Jagd im Bregenzer Wald war) und mit diesem verabredet worden, dass der Graf bis zum 7. September eine als „Trostung" zu betrachtende Erklärung abzugeben habe, dass er von den heurigen Früchten nichts verkaufen, noch hinweg führen wolle; gehe diese Erklärung nicht ein, so werde auf den 10. September dem Oberst Brügger „ein verschlossener Arrest" überschickt, den er am 1. October eröffnen solle. Dieser „verschlossene Arrest" nun war durch den Landvogt wieder zurückgefordert worden, als er auf das Schreiben Karl Friedrichs an die acht Orte vom 31. August von Zürich und Luzern zur Verantwortung über sein Vorgehen gegen den Grafen aufgefordert wurde. Landvogt Fehr berief sich auf den schon an seinen Vorgänger Steiner erlassenen obrigkeitlichen Befehl, den er auch für sich verbindlich erachtet habe, und ersuchte dringend um genaue Instruction, wie er sich „fürbasshin" zu verhalten habe. Sie scheint ihm aber ebensowenig damals ertheilt worden zu sein, als einige Wochen später bei Beginn der Weinlese, wo der Brügger'sche Anwalt wieder bei ihm erschien und Schutz gegen den abermaligen Entzug der ihm verschriebenen Unterpfande des Weins und der Früchte verlangte. (Undatirter Bericht des Landvogts und Schreiben desselben an Zürich vom 10. 20. September und an Luzern vom 5. October.)

So blieb die Angelegenheit auf sich beruhen, bis im December 1653, nachdem der Graf die Einladung der acht Orte zu einer Conferenz auf den 15. November nach Rheinegg zu einer gütlichen Verhandlung „mit seinen Anforderen" rundweg abgewiesen und ein neues Monitorium des Landvogts mit „einer ziemlich scharfen Antwort" erwiedert hatte, der Landvogt Fehr auf die noch ungedroschen in der Scheuer zu Widnau liegenden gräflichen Kornfrüchte durch seinen Amtmann „einen stillen Hinterhalt" legen liess, damit den Creditoren kein Schaden erfolge; in Uebereinstimmung mit einem Decret der „Zuger-Tagsatzung" vom 21. October, welches ihn zur Ausführung der Execution anwies für den Fall, dass an der vorgeschlagenen Conferenz der beabsichtigte Zweck nicht erreicht würde. (Schreiben der acht Orte an Karl Friedrich vom 23. October, Schreiben Karl Friedrichs an die acht Orte vom 27. October und an den Landvogt vom 9. December 1653; Bericht des Landvogts an die acht Orte vom 2. (?) December 1653; Abschiede VI. 1. S. 1239 f.).

So unangenehm die Drohungen berührten, mit welchen der Graf das Vorgehen des Landvogts beantwortete, wünschte Luzern doch jetzt noch, „dass dieses Geschäft ohne unser und unseres Landvogt im Rheinthal weitere Molesti und Behelligung könnte terminiert werden". (Schreiben Karl Friedrichs an die 8 Orte vom 15. December 1653 und Luzerns an Zürich vom 5. Januar 1654.) Aber „der hohe Frevel" der Abführung der verhefteten Frucht im Januar 1654 machte endlich der Langmuth und Rücksicht ein Ende. Die Wegführung der 1600 Viertel aber den Rhein erfolgte allerdings während einer Abwesenheit des Grafen in Innsbruck — zum Antritt seiner neuen Würde des erzherzoglichen Oberstallmeisteramts —, aber deswegen gewiss nicht ohne seine Zustimmung oder Anordnung. (Bericht des Landvogts vom 26. Januar, Abschiede VI. 1. S. 1240.)

**) Neben Wasser waren noch Abgeordnete: Schultheiss Fleckenstein zu Luzern, Landammann Arnold von Uri und Statthalter Cleric von Glarus. — Der Verkauf an Hofschreiber Dierauer erfolgte zu einer Zeit, „als die bündnerischen Creditoren schon in voller Handlung gewesen".

Die Werthung des ganzen hohenemsischen Besitzes an Gütern, Rechten und Einkünften im Rheinthal auf die Summe von 33,502 Gulden hatte ihren Grund darin, dass Graf Karl Friedrich im Jahre vorher mit der Stadt St. Gallen um den Kaufpreis von 33,702 Gulden 20 Kreuzer für diesen Besitz einig geworden war und schon die Zustimmung des Kaisers zu diesem Verkaufe ausgewirkt hatte unter dem Vorgeben, dass der Erlös wieder „zu beständigem Fideicommiss" angelegt werden solle.*) Allein die Stadt St. Gallen, bei welcher die bündnerischen Creditoren ohnehin gegen den vereinbarten Verkauf protestirt hatten, verlangte, dass auch die Genehmigung der regierenden Orte beigebracht werde, und diese waren nicht geneigt, unter ihrer Mitwirkung den schweizerischen Creditoren Alles, an was sie sich halten konnten, aus den Händen spielen zu lassen. Die Bestätigung wurde nicht ertheilt, und der Graf damit pflichtig, einen für diesen Fall ausbedungenen „Wandschatz" von 100 Ducaten an die Stadt St. Gallen zu bezahlen; überdies hatte er sich zu einer Zahlung von 1200 Gulden verpflichten müssen für den Fall, dass diese „Herrschaft" in den nächsten zwei Jahren an jemand andern veräussert würde; wozu es allerdings nicht kam. S. das Bestätigungsgesuch vom 12. August 1653, in Beilage zu der Eingabe des Grafen an die acht Orte vom 19. Januar 1657.

Die Forderungen der verschiedenen Gläubiger wurden in folgendem Verhältniss auf die Pfande angewiesen:

Salis und Pestalutz 24,502 Gulden	(statt 34,104 — nämlich 12,024 und 22,080)	
Brügger	5,650 „	(statt 6,650)
Bärlocher	1,500 „	(statt 2,079)
Dierauer	650 „	(statt 850)
Zollikofer	1,200 „	(statt 1,676)
33,502 Gulden	(statt 45,359).	

S. Abschiede VI. 1. S. 1240 f. — Die rechtliche Gleichstellung sämmtlicher Creditoren ohne Rücksicht, ob ihnen die Einkünfte aus den rheinthalischen Besitzungen ausdrücklich verpfändet waren oder nicht, und ohne Rücksicht auf den Zeitpunkt der Verpfändung ist doch einigermassen auffallend, erklärt sich aber nach einem Schreiben der acht Orte an Karl Friedrich vom November 1654 daraus, dass die „Püntnerischen Obligationen einen ältern Fuss hatten", d. h. auf die Zeit vor der Errichtung des Fideicommiss zurückgiengen; auch wird man gegen die Argumentation des Grafen, dass nach der Bestätigung des „Status von 1625 durch die Eidgenossen eine Verpfändung des Fideicommiss überhaupt ungültig

---

*) Aus dem vom 12. August 1653 datirten Bestätigungsgesuch des Grafen an die acht Orte scheint hervorzugehen, dass der Erlös des Verkaufes sammt der Ueberlassung eines Guthabens von 55,000 Gulden an die österreichische Salzpfanne zu Hall wirklich dazu bestimmt war, die Herrschaft Mägdeberg im Hegau von Herrn Johann Jakob von Buchenberg als Fideicommiss zu erwerben. Daneben scheint er aber auch die Wittwe Ursina Brügger für die Bezahlung ihrer Forderung auf diesen Verkauf vertröstet zu haben.

sein müsste und nur zur Folge hätte, dass die verpfändeten oder entfremdeten Güter von ihm auf den nächsten Erben übergiengen", rechtlich nicht viel einwenden können. — Schreiben des Grafen an die acht Orte vom 20. September 1654

*) Nach einem spätern Schreiben der Herren Salis und Pestalutz an den Schultheissen von Luzern (vom 14. October 1657) hat Karl Friedrich „zu Rheinegg drei ganze Tage mit zwei Rechtsgelehrten — Dr. Jakob Heider und Oberamtmann Georg Maucher — in contradictorio widerfochten (und damit die Autorität der Deputirten genügend anerkannt)". Sein erster Protest erfolgte unter dem Datum des 20. September 1654 von Ems aus; er bestritt in demselben das Recht der „Mediatoren" in Rheinegg, einen Spruch von sich aus zu erlassen, anerkannte daher ihren Spruch nicht und drohte, „der ganzen Welt durch offenen Druck davon Kenntniss zu geben, wenn die Eidgenossen daran festhalten". Durch ein weiteres Schreiben vom 11. October verlangte er nochmalige Behandlung der Angelegenheit durch andere Deputirte — nur den Bürgermeister Waser, „dessen Person und bekannte Sincerität uns nicht entgegen ist" (bald tönte es anders über ihn), wollte er sich von den früheren gefallen lassen. Gleichzeitig beklagte er sich bei dem Landvogt Muheim darüber, dass in Rheinegg seine rheinthalischen Creditoren: Bärlocher, Dierauer, die Brüggerin und Zollikoferin, gegen ihren eigenen Willen mit den bündnerischen zusammen geworfen worden seien, und dass die acht Orte nicht directe, sondern nur durch den Landvogt, „ihren Diener", mit ihm verkehren, „während ihn sonst Kaiser, Könige, Fürsten und andere Herren mit gebührenden Antworten versehen".

In der „beweglichen Bitte" der Hofleute — ebenfalls vom 11. October datirt — wird der jährliche Nutzen einer Haushaltung von den überrheinischen Rietern, neben dem Weidgang bis Mitte Mai und von halbem Augsten bis an den Winter, auf 5, 6 bis 8 Fuder Heu und Streu („strauw") angegeben. Aus diesem Schreiben und einem fernern des Landvogts vom 12. October an Bürgermeister und Rath von Zürich ersieht man, dass der Graf auf das dringende Bitten der Hofleute ihnen noch einmal erlaubt hatte, ihr jenseits des Rheins „in offenen Feld und Riet liegendes Heu und Streu" abholen zu lassen, gegen das Versprechen des Landvogts, die verhefteten gräflichen Früchte bis zur Ankunft von Bürgermeister Waser und Landshauptmann Zwyer von Uri „unverändert in Hut zu verhalten" — nur die „Zinse und Kosten**) sollten daraus geschöpft werden dürfen — und „die niedere Judicatur bis auf fernern Befehl der gnädigen Herrn und Obern keinem Andern auszuhändigen".

In wessen Namen die niedere Gerichtsbarkeit während der Zeit der „Verheftung" ausgeübt wurde, ist aus keinem einzelnen Actenstück ersichtlich; nach dem Sinne und Wortlaute des Rheinegger Spruches müssen aber wohl die Pfandinhaber auch als Inhaber dieser „Gerechtigkeit" betrachtet werden und die daraus fliessenden Einkünfte bezogen haben; obschon in einem Dankschreiben der Häupter der drei Bünde vom 20. Februar a. St. 1655 nur die „im Rheinthal habenden Güter, Rent und Gülten der Herrn Grafen" genannt werden, in deren „Possess" die bündnerischen Creditoren „durch eine gleich ansehnliche Deputation wirklich eingesetzt worden". Jedenfalls blieb Karl Friedrich während dieser Zeit gänzlich auf die Seite geschoben.

Auf einer Conferenz der fünf katholischen regierenden Orte, die am 16. November in Luzern stattfand und auf der Fleckenstein und Arnold berichteten.

*) D. h. wohl die Zinse der Schulden, für welche die Einkünfte verpfändet waren, und die Kosten für die „Verheftung" und wohl auch für die Rheinegger Conferenz; vrgl. ob. S. 106.

machte sich denn auch schon die Ansicht geltend, dass die in Rheinegg den
Gläubigern zugesprochenen „Rechte und Nutzungen zur Vermeidung böser Nach-
reden" nur dem Landvogt als Depositum übergeben, dem Grafen aber, „wenn er
auf seiner unguten Meinung beharre", eine Revision des Rheinegger Spruchs
angeboten werden solle, um die Unterthanen, „auf welche in allweg der grösste
Schaden fallen werde", vor Repressalien und andern Unfreundlichkeiten zu bewahren; Absch. VI. 1. S. 1242, n. 149. — In zwei sehr vorsichtig abgefassten
Schreiben vom 17. December 1654 und 19. Januar 1655 legte Luzern dem evangelischen Vororte Zürich diese Ansicht vor, fand aber ohne Zweifel keinen Anklang
damit; im Gegentheil scheint eben um jene Zeit die wirkliche Aushändigung
der Pfandschaft an die Gläubiger vollzogen worden zu sein; wenigstens datirt
das schon erwähnte Dankschreiben der Häupter etc. der drei Bünde erst vom
20. Februar a. St. 1655. An Karl Friedrich selbst, die schwäbischen Grafen und
Kreisstände war schon im November eine deutliche Antwort im Namen der acht
Orte abgegangen, in welcher darauf verwiesen wurde, wie der Graf die zwei Höfe
in gleicher Weise, wie sie jetzt seinen Creditoren überlassen worden, der Stadt
St. Gallen verkaufen wollte, wie ihm die Wiederlösung auf drei Jahre vorbehalten
sei und wie die Creditoren bis in 12,000 Gulden an ihrer rechtmässigen Ansprache
haben abschneiden lassen; auch habe der Graf laut erklärt: auf einem andern Weg
erhalten sie nichts.

Es wird ohne Zweifel in Antwort auf diesen Bescheid gewesen sein, dass
der Graf den rheinthalischen Unterthanen ihre Zinse aus seiner rechtsrheinischen
Herrschaft „versperrte", wie der Landvogt unterm 5./15. December an Zürich berichtete, mit dem Beifügen, dass Karl Friedrich seinen Secretär und Rentmeister
herübergeschickt habe, um anzufragen: „ob der Landvogt noch keinen weitern
Befehl in der Sache bekommen? Er gedenke nächstens seine Hofhaltung zu trans-
feriren . . . . und werde sich dann lang verweilen. Wenn kein anderer Bescheid
erfolge, gedenke er Repressalien und das Gegenrecht zu gebrauchen, nämlich
den Rheinthalern die Weid und Atzung auf seinem Grund und Boden zu ver-
sperren und den Arrest der Zins und Renten fortzusetzen."

**) Damals tauchte das Project auf, die verpfändeten hohenemsischen Güter
durch die Hofleute selbst kaufen zu lassen, die Collatur aber und die niedere
Gerichtsbarkeit für die acht Orte zu erwerben und auf diese Weise die Gläubiger
auszulösen und zu befriedigen. Der Landvogt Betschart aus Schwiz, der dem
Ursner Muheim folgte, erhielt unterm 29. Juli den Auftrag, hierüber mit den beiden
Gemeinden Widnau und Haslach zu unterhandeln, „da die guten katholischen
Leute sowohl durch den vom Grafen eingeleiteten Verkauf an St. Gallen, als auch
durch die Ueberlassung an die Gläubiger unter Gerichtsherren der andern Religion
gerathen müssten und also deshalb grosse Beschwerniss zu erwarten hätten".
Unter dem 14. September und noch entschiedener unter dem 28. November meldete
Betschart das Unvermögen der beiden Höfe, auf einen Kauf einzutreten, und dass
man daher auf andere Mittel denken müsse, wie sie in katholischen Händen zu
erhalten sein möchten. „Wenn die katholischen Orte ihre Religion und Autorität
der Enden nicht in Gefahr setzen wollen, soll es ihnen nun hoch anliegen, den
guten katholischen Leuten also unter die Arme zu greifen, dass sie und ihre
lieben Kinder nicht unter das Joch der unaufhörlichen Dienstbarkeit gesetzt
werden." Unter dem 17. Februar 1657 endlich bestätigte der Landvogt noch einmal das Unvermögen von Widnau und Haslach, die Pfandgüter zu kaufen. Ueber-

dies dürften sie es auch nicht wagen, weil der Graf ihre überrheinischen Güter und Gefälle mit Arrest belegen würde und die bündnerischen Creditoren erklären, dass sie sich an das rheineggische Urtheil halten und sich mit den Unterthanen der Höfe in keinen Tractat einlassen. Die Absicht eines Verkaufs der Herrschaft an St. Gallen stellten sie durchaus in Abrede, als ihnen der Landvogt erklärte, dass derselbe wegen des ewigen Verspruchs keine Kraft haben würde.

**) Das sehr weitläufig, in 19 Punkten und mit 6 Beilagen begründete neue Gesuch des Grafen, „den Rheinegger Bescheid nicht endgültig zu ratificiren, sondern vielmehr zu reformiren", gieng unterm 19. Januar 1657 an die acht Orte. Das besonders beigelegte Begleitschreiben an Luzern, sowie ein zweites Schreiben vom 18. März an die fünf katholischen Orte zur Empfehlung der Eingabe vom 19. Januar erscheinen uns charakteristisch genug, um sie als Beilagen zu der historischen Einleitung unverkürzt abzudrucken. — Der Beschluss, die Revision des Spruches vom 5. September 1654 auf nächste Jahrrechnung zu gestatten, wurde auf einer Conferenz der neun katholischen Orte gefasst, welche vom 21.—23. März in Luzern stattfand. „Dabei sei dafür zu sorgen, dass der katholischen Religion zu Widnau und Haslach kein Abbruch geschehe und dass die bündnerischen Creditoren keine Aenderung mit Verkauf oder auf andere Weise daselbst vornehmen, sondern einzig die Nutzung bis auf weiteres beziehen; s. Absch. VI. 1. S. 1242, n. 158 und das Schreiben Luzerns im Namen der fünf katholischen Orte an den Landvogt vom 23. März.

Gewiss stand dieses Vorgehen der fünf Orte unter der Oberleitung Luzerns wenigstens nicht in directem Widerspruche mit dessen vorsichtiger und reservirter Haltung in den frühern Stadien dieses Handels; hatte es ja stets Bedenken getragen, den Rheinegger Spruch wirklich zur Ausführung zu bringen; s. ob. Anmerkung 67. Aber die gänzliche Beiseitesetzung der protestantischen Minderheit der regierenden Orte nach dem für sie unglücklichen Ausgange des kurzen Krieges geht denn doch weit über die Ausnutzung der vorörtlichen Stellung, welche sich Zürich in seinem nachdrücklichen Vorgehen gegen den Grafen zu Gunsten der schweizerischen Gläubiger trotz der vorsichtigen Einsprache von Luzern erlaubt hatte.

**) Von der Eröffnung der Revision seitens der fünf katholischen regierenden Orte auf die Jahrrechnungs-Tagsatzung von 1657 wurde neben dem Grafen nur noch den bündnerischen Gläubigern Anzeige gemacht, die dadurch sehr unangenehm überrascht waren, um Bestätigung des Rheinegger Spruches und eine Anweisung an den Grafen zum Ersatz der aufgelaufenen grossen Unkosten ersuchten, auch eine ziemlich beruhigende, wenn auch etwas zweideutige Antwort erhielten: es solle durch die Revision dem Grafen nur Gelegenheit geboten werden, seine Sache noch einmal vorzubringen, „besonders ob er etwas Neues, Anderes oder Mehreres darüber einzubringen habe;" Schreiben von Salis und Pestalutz vom 11./1. Juni 1657 und Antwort vom 15. Juni (diese irrthümlich mit der Jahrzahl 1656). Den evangelischen mitregierenden Orten wurde die Bewilligung der Revision Seitens der katholischen Mehrheit noch sorgfältig verheimlicht, so dass auch an der Jahrrechnungs-Tagsatzung offenbar noch ein verdecktes Spiel getrieben und nur die gedruckte Vernehmlassung des Grafen und die mündliche der persönlich anwesenden Bündner Gläubiger entgegen genommen wurde, ohne die Frage der Revision in aller Form zur Sprache zu bringen. Dennoch ist es nach den Acten, die uns vorliegen, geradezu unmöglich, dass nach Zusammen-

stellung einer Uebersicht des bisherigen Verlaufs dieser Sache durch die Kanzlei
nach Bünden und dem Grafen gemeldet wurde, „man lasse es bei dem Rheinegger Spruch bewenden;" denn auf einen solchen Bescheid berufen sich in der
Folge weder die bündnerischen Gläubiger, noch protestirt der Graf dagegen, und
Beiden wäre gewiss nicht unterblieben.*) Der betreffende Artikel des Abschiedes
(VI. 1. S. 1243 u. 159) muss daher entweder von dem Herausgeber ungenau wieder-
gegeben oder von dem Schreiber irrthümlich redigirt und in diesem Falle jedenfalls nicht zur Ausführung gekommen sein; denn unmittelbar nach dem Schlusse
der Tagsatzung gieng der Streit erst recht von neuem an.

Der gedruckte „Bericht und gründliche Information über das zu Rheinegg
von den Mediatoren voreilig gefällte Immissionsurtheil" datirte vom 10. Juli,
das zweite Libell vom 9. August unter dem für Zeit und Inhalt charakteristischen
Titel: „Rechtmässig und unwidertreibliche Widerlegung und Vernichtigung der
Vätt- und Vetterlicher Püntuerischer Gläubiger vermaintlich eingeführter, noch
fehrnerer Widerredts, entgegen des Herrn Graff Caspars hochseel. Gedächtnuß
Fideicommiß und Erbainigung wegen der Höffen Widnaw und Haßlach." Das
dritte, vom 17. August datirte Libell führte den noch weitschweifigeren Titel:
„Abermahlig-vermaintliche Widerred, so die vätt- und vetterliche Püntuerische
Gläubigern wider dess Herrns Graff Caspars hochseel. Angedenkens Fideicommiß
und Erbainigung wegen der Höffen Widnaw und Haßlach nach der den 24. Juni
1657 gepflogener Badischer Jahrs-Rechnung fehrner und noch mehrers über das
vorige eingewendet haben." Dieses Elaborat folgte Punkt für Punkt den Aus-
führungen einer ebenfalls gedruckt eingegebenen Rechtfertigungsschrift von Salis
und Pestalutz und wandte sich, der neuen Sachlage entsprechend, mit besonderer
Gehässigkeit gegen die zwei protestantischen Vermittler des Rheinegger Tages,
Cleric und Waser, vor allem gegen den letztern, der „selbst aigenes Gewalts,
unverantwortlich-hochsträfflicher Weise hinderrucks in wincklen ihme selbst nach
seinem belieben, wider seiner gn. Herrn und Obern gehabte Intention und Meinung,
neben dero hochen reputations verschimpffung eine ungültige und nichtswertige
Instruction verfasset und aufgesetzt." „Schultheiss Fleckenstein von Luzern und
Landammann Arnold von Uri haben vermuthlich nicht anderst vermaint, als dass
der von Bürgermeister Waser ihnen aufgerichtete Executionsbefehl der rechte,
unverfälschte, von den gesammten Ehrengesandten zu Baden also placidirte sei;
sonst hätten sie nicht eingewilligt; deswegen seien sie nicht schuld; Seither
werden sie schon erfahren haben, mit wem sie zu thun gehabt, und sich künftig
darnach zu halten wissen." Neben der Ausweisung der Bündner und deren Verweisung an den Kaiser oder dessen jetzigen Vicar am Rhein, in Schwaben und
Franken: den Curfürsten von Baiern, verlangte der Graf auch „Restitution aller
seit zwei Jahren unbefugter Weise eingenommenen Nutzungen aus den zwei
Höfen und aller Kosten und Schäden". Ausgegeben wurde übrigens dieses dritte
Libell wohl erst im Januar 1658; denn das unten in der Anmerkung erwähnte
Schreiben des Grafen an die acht Orte vom 15. Januar 1658 ist ein Begleitschreiben
zu einer „Deduction und Refutation seiner Gegner, mit dem Verlangen, dass sie
an den kaiserlichen Hof gewiesen werden, worunter Karl Friedrich als ein Reichs-

*) Aus einem Schreiben von Salis und Pestalutz an Luzern vom 31. Juli ersieht man nur,
dass sie den Landschreiber zu Baden gebeten, „ihre Motive und Gründe" gegen das „lange, gedruckte Werk, welches der Graf an die Tagsatzung abgegeben", in den Abschied aufzunehmen,
und ein Schreiben des Grafen vom 15 Januar 1658 bestätigt, dass dies geschehen, indem sich
der Graf veranlasst sieht, eine „kurze Widerlegung" dagegen einzureichen. Höchstens kann in
Baden beschlossen worden sein, für einmal den Rheinegger Spruch noch in Kraft zu belassen.

graf und Stand gesessen und gehörig", und unter dieser Deduction und Refutation kann doch nur das dritte Libell verstanden sein.*)

Zwischen das zweite und dritte Libell fällt offenbar der Besuch des Grafen
bei den fünf katholischen Orten, auf welchem ihm die Revision neuerdings zugesichert wurde, da er sich in der letzten Schrift auf seine „jüngst in Person
bei den Herrn der lobl. Orte abgelegte Visite" beruft. Dazu scheint es allerdings
nicht recht zu passen, wenn Zug noch unterm 17. December 1657 an Zürich
schreibt: der Graf sei kürzlich in diesen Landen gewesen, habe seine Sache
vorgebracht und dann „strax den Abschied genommen, ohne die Antwort abzuwarten".**) Das passte aber ganz gut zu dem Verheimlichungssystem gegen
Zürich, welches erst im November aus einem Schreiben des Landvogts und Beilagen des Grafen und der bündnerischen Gläubiger ersah, „dass der Graf eine
Revision von Luzern und den ihm am nächsten gelegenen vier Orten erhalten
haben soll;" während er von Zürich, Glarus und Appenzell gar nie eine solche
begehrt habe. Unter dem 9./19. November fragten Bürgermeister und Rath darüber
bei den „insonders guten Fründen und getrewen, lieben alten Eidtgenossen" von
Luzern an, mit dem kleinlauten Beifügen, dass sie das „neue Revisionsverhör,
wenn es schon bewilligt worden, zwar auch ihrerseits fortgehen lassen wollen;
dass aber die bündnerischen Creditoren, wie sie mit Recht" (d. h. durch Rechts-
verfahren) „inmittirt, also auch wiederum mit Recht depossedirt und zuvor auch
gehört werden sollen."

Einer wenige Tage nachher — am 21. November — an die fünf katholischen Orte abgehenden Zumuthung des Grafen, „die Revisionssach einfach von sich
aus zu erörtern, oder von jedem Ort absonderlich, statt bei allgemeiner Versammlung der acht regierenden Orte, wenn der eidgenössische Stylus und Gebrauch
solches zugebe, ohne die Gott weiss wann sich begebende Badische Tagsatzung
abzuwarten", glaubte man damals doch noch nicht entsprechen zu dürfen; obgleich der Graf hiefür nicht bloss die wachsende Halsstarrigkeit seiner Unterthanen ins Feld führte, die nach ihrer eigenen Aussage „niemandem nichts nach-
fragen und nicht wissen, wem sie zugehören", sondern auch die „Schwächung
unserer wahren katholischen Religion daselbst hierdurch".

Die bündnerischen Creditoren suchten die katholischen Orte durch die Erklärung günstiger für sich zu stimmen, „dass sie die Collatur zu Widnau gerne
in der löblichen Orte Disposition überlassen wollen, wenn ihretwegen Bedenken
entstehen sollten". Schreiben vom 14./4. October an Luzern.

¹¹) Die „Beschwerung" der Unterthanen von Widnau und Haslach durch die
Forderung einer sogenannten Grundsteuer auf ihre rechtsrheinischen Güter begann
im Sommer 1658. Auf der Jahrrechnungs-Tagsatzung zu Baden wurde zum ersten
Male darüber geklagt und dem Grafen eine Abmahnung darüber zugeschickt: „man

---

*) In diesem Schreiben entschuldigt sich der Graf auch schon, dass er gegen seinen
Wunsch, der „Revision in Sachen seiner abherrlichen fideicommissarischen Höfe Widnau und
Haslach gegen die Pündnerischen Creditoren dieser bevorstehenden Tagsatzung zu Baden beizu-
wohnen, doch durch fortwährende Geschäfte und Reisen abgehalten werde".

**) In einem Schreiben der Herren von Salis und Pestalutz vom 12./2. November (an die
acht regierenden Orte oder nur an die fünf katholischen?) wird ebenfalls erwähnt, „dass der Graf sich
in Person zu ihnen verfügt", nachdem er unter „nichtigen und ungültigen Ausreden" nicht bei
der St. Johannistagleistung erschienen und ebenso wenig bei der letzten Versammlung (wohl die
Tagsatzung vom 28. October bis 3. November in Baden), an welcher allerdings die ihm aus grosser
Freundlichkeit bewilligte Revision über das Rheinegger Revisionsdecret durch etliche Zufälle ihre
Fortsetzung nicht gewinnen konnte. Die bündnerischen Creditoren haben sich auf beiden Tage-
leistungen mit grosser Mühe, Verabsäumniss und Unkosten eingefunden.

begreife nicht, wie er die Aufhebung der Immissorial-Urthel mit Zwangsmitteln gegen die unschuldigen Unterthanen in Widnau und Haslach suchen wolle". Er erwiederte unterm 8. August mit aller Offenheit: so lange er durch die Herren oder vielmehr die vier Gesandten, die sich über seine von den Herren also genannte Libelle heftig beschwerten, "seiner im Rheinthal habenden Güter priviert" sei, fühle er sich nicht verpflichtet, irgend welche "Eidgenossen" auf dem Reichsboden so frei und ohne Beschwerde auf ihren Gütern sitzen zu lassen. Es werde ihm gegen dieselben an Mitteln nicht ermangeln, "an denen wir dermalen nur einen kleinen Anfang gemacht".

Schon auf Martini 1658 drohte der Graf weiter, für seine Steuerforderung von 200 Ducaten oder 600 Gulden auf allen rechtsrheinischen Besitz von Widnau-Haslach zu greifen; gewährte dann aber noch einmal Frist bis Lichtmess 1659; Absch. VI, 1, S. 1244, n. 162. Dazwischen liess er durch die Lustnauer die im Text erwähnten Wuhrbauten ausführen; Schreiben des Landvogts an die acht Orte vom 1. December.*)

Im Frühjahr 1659 wiederholte er seine Forderung — Schreiben des Landvogts vom 16. April —, und als nicht bezahlt wurde, griff er nun wirklich zu. Unterm 1. Mai berichtet der Landvogt Stockmann, dass Karl Friedrich auf das letzte Schreiben der acht Orte — vrgl. Absch. l. c. n. 164 —, statt sich zu bessern, durch die Seinigen über 50 Fuder widnauisches Holz zu seinem Nutzen habe verwenden lassen, dass er die widnauischen Güter, Weiden, Rieter etc. niesse, wie ein Eigenthum; während die Widnauer und Haslacher über 600 Stück Vieh und Pferd wegen Heumangel entweder mit höchstem Schaden um einen Spott verkaufen oder Hungers sterben lassen müssen. Der Graf achte die Eidgenossen so viel als nichts. . . . . . "andeutend, er werde Tags seines Lebens wegen des Geschäfts nicht mehr in Baden erscheinen, anders man cassire das Rheineggische Urtheil" etc. — Wenn die Widnauer und Haslacher die 200 Ducaten nicht aus den zu Gunsten der Gläubiger verhefteten hohenemsischen Einkünften ("Früchten") auslösen können, bleibe ihnen nur der Verzicht auf alles Ihrige jenseits des Rheins.

Auf diesen Bericht wussten die acht Orte nichts Besseres zu thun, als den Grafen wegen seines gewaltthätigen Vorgehens gegen Widnau-Haslach beim Kaiser zu verklagen — Absch. l. c. n. 167 —, von dem dann unter dem Datum Pressburg den 21. October 1659 die Aufforderung an Karl Friedrich ergieng, sich innerhalb zweier Monate über diese Klagen zu verantworten. — Im Januar 1660 wurde dem Kaiser von den acht Orten in einem von Zürich aufgesetzten, "wohl stilisirten" Schreiben dieser Erlass verdankt und noch einmal dringend um Zurechtweisung des Grafen ersucht, "der — statt die ihm eröffnete Revision fortzusetzen — gegen die unschuldigen Unterthanen, welche die Handlung an sich selbst gar nichts angeht, Pressionen verübt, die Stände — besonders aber etwelche wohlverdiente Häupter derselben — beschimpft und damit seinen Creditoren die schuldige Bezahlung aus Handen zu nehmen, den ordentlichen Richter aber zu discreditiren und die Sache an einen andern Stab zu erzwingen vermeint"; Schreiben vom 30. Januar 1660.

---

*) "Die gräflichen Unterthanen richten mit Dero von Widnau und Haslach eigenem Holz ein und das ander sehr schädliche Damm oder Wuhr bei diesem kleinen Wasser auf, so dass der Rhein künftig alliglich mit unwiderbringlichem Schaden auf die eidgenössische Seite gezwungen werde." — Darüber bemerkte der Graf in einem Schreiben an die acht Orte vom 2. Mai 1859: dass er den Lustnauern das Wuhren zu ihrem Schutze um so weniger verwehren könne, als Widnau wider alles Protestiren den Rhein nicht ohne merklichen Schaden auf seine Zehentfelder anfänglich geleitet habe.

Inzwischen war der Graf mit seinen „Pressionen" ruhig weiter vorgegangen.
Im Mai 1659 liess er von Ammann (Gugger), Gericht und ganzer Gemeinde
Widnau und Haslach an die Kosten einer Reparatur der Festung Hohenems, „des
dazu gehörigen Vorhofs und Schanzen" und der Anlegung neuer Schanzwerks „für
diesmal" einen Beitrag von 100 Ducaten oder 300 Gulden einverlangen, da für diese
Arbeiten nach Berechnung ohne die Handarbeit und Frohndienste der emsischen und
lustnauischen Unterthanen 1000 Reichsthaler erforderlich seien und die Gemeinde
Widnau und Haslach in diesen beiden gräflichen Territorien viele Gemeinde- und
Eigengüter und Activschulden besitze. Werde die Summe nicht bis zu den nächsten Pfingstfeiertagen erlegt, so werde man gegen ihre Riet- und Viehhabe auf
dem rechten Ufer mit Execution verfahren und sich selbst bezahlt machen; Schreiben der gräfl. Kanzlei vom 6. Mai.

Im October 1659 bescheinigte Karl Friedrich den Empfang von 200 Ducaten oder 600 Gulden als die auf Martini 1658 fällige Grundsteuer der auf gräflichem Gebiete liegenden widnauischen Eigengüter und Rieter von vier Jahren
her; forderte aber gleichzeitig für das Jahr 1659 wieder eine Grundsteuer von
1 Ducaten oder 3 Gulden für jeden Gemeindstheil, wobei es jährlich verbleiben
sollte, bis ihm seine widerrechtlich abgenommenen Fideicommisshöfe Widnau und
Haslach ohne Entgelt zurückgegeben würden; Schreiben vom 10. October. Und
als die bedrängten Hofleute, welche die bezahlten 600 Gulden mit Mühe und Noth
theils aus den verhefteten linksrheinischen gräflichen Gefällen erhalten,*) theils
durch Anleihen zusammengebracht hatten, diesen neuen Forderungen natürlich
nicht entsprechen konnten, griff der Graf für die Bezahlung der neuen, auf 150
Ducaten angeschlagenen Steuer und des noch nicht entrichteten Beitrags von 100
Ducaten an die Festungsbauten sofort wieder auf denjenigen Theil des rechtsrheinischen Gemeindenutzens, der „wegen Unstäte des Wassers und Grösse des
Rheins" noch nicht hatte herüber gebracht werden können; Schreiben des Grafen
an den Landvogt vom 19. October, an Widnau und Haslach vom 23. October und
des Landvogts an Zürich v. gl. Datum.

Das war die ganze Wirkung aller Verhandlungen und Correspondenzen
der regierenden Orte in dieser Angelegenheit unter sich, mit dem Landvogt und
dem Grafen während des Jahres 1659, aller Klagen der geplagten Unterthanen
bei dem Landvogt und verschiedener Abordnungen von Hofleuten an die regierenden Orte, aller Befürwortung dieser Klagen bei den gnädigen Herrn und
Obern Seitens des Landvogts und aller Schritte des Landvogts zu Gunsten der
Hofleute bei dem Grafen, worüber das Nähere in den Abschieden VI. 1 S. 1244 f.
n. 163—170 und in der zu Luzern und Zürich liegenden Correspondenz nachzu-
sehen wäre. Und im Jahre 1660 wurde es nicht besser.

Unterm 11./21. Januar konnten endlich die bündnerischen Gläubiger dem
bis dahin abwesenden Grafen das vom 31. October 1659 datirte „kaiserliche Be-

---

*) Den Vorschlag, „dem Landvogt im Rheinthal zu befehlen und ihn zu bevollmächtigen,
von den in Sequester liegenden Sachen für die zwei Gemeinden Widnau und Haslach so viel erheben und versilbern zu lassen, dass sie daraus die 200 Ducaten für die vierjährige Steuer entrichten können", finden wir zuerst in einem Schreiben Luzerns an Zürich vom 18. August. Zürich
scheint ausdrücklich oder stillschweigend beigestimmt zu haben, sonst hätte Stockmann schwerlich so unbefangen darüber berichtet. Der Landvogt liess es aber nicht dabei bewenden, sondern
setzte auch den „althergebrachten" Einzieher der bündnerischen Creditoren zu Widnau-Haslach ab
und ohne deren Wissen einen andern an dessen Stelle, von dem er Rechenschaft verlangte. Ueber
all das, zuvörderst darüber, dass der Landvogt sich unterstehe, über ihr dortiges Einkommen nach
seinem Belieben zu disponiren, erhoben die Herren von Salis und J. A. Pestalutzens Erben in
einer Eingabe vom 7. April/27. März an die acht Orte lebhafte Verwahrung und Beschwerde „als
gegen die erlangten Recesse und Immission".

lebschreiben" zuhalten, durch welches der Graf aufgefordert wurde, spätestens innerhalb zweier Monate nach Empfang desselben seinen Gegenbericht auf das Schreiben der acht Orte vom August einzusenden und sich inzwischen „aller Thathandlungen und was sonst zu einiger Weiterung Ursache geben könnte, gegen die Eidgenossenschaft zu enthalten." Das Erste, was Zürich 10 Tage später (21./31. Januar) an Luzern zu berichten hatte, war, dass der Graf den Widnauern wieder 120 Gulden abgepresst und über 100 Fuder Streu hinweggenommen habe; die Creditoren bleiben auf diese Weise der Execution ihrer erlangten Rechte und auch der Mittel dazu gänzlich entsetzt, die unschuldigen Unterthanen „einist wie anderst in der Pressur" und die regierenden Orte tragen bei allen Parteien Schimpf und Spott davon. Zürich legte daher eine neue Klageschrift an den Kaiser bei, in der noch einmal auseinandergesetzt wurde, wie solche Proceduren, durch welche der Graf die Sache an einen andern Stab zu erzwingen vermeine, „in die Harr" nicht mehr erträglich seien, und die mit der Versicherung schloss, dass dem Grafen nichts als alle Gebühr und Billigkeit widerfahren solle, wenn er in dieser Angelegenheit den ordentlichen Weg gehen werde.*) Selbstverständlich, dass diese neue Stilübung ebenso wenig nützte, wie die frühere, oder die „tiefe Reflexion, in welche sich Luzern begab", als ihm Zürich einen neuen Bericht des Landvogts vom 20. April überbringen liess, des Inhalts: dass der Graf auch dieses Jahr den WidnauHaslachern die Nutzung der Rieter über dem Rhein und des Weidgangs auf denselben nicht gestatte, wenn nicht zuerst die verlangten 150 Ducaten bezahlt werden. Ein paar Stück Vieh, die aus Hunger „eigenen Muths" über den Rhein geschwommen, seien dort sofort bis zur Auslösung in den Bannstall gestellt worden. Mit zwei oder mehr Nutzungen von dem linksrheinischen hohenemsischen Besitz würde den Unterthanen nicht der Schaden eines Jahres ersetzt.**) Wie den armen Leuten geholfen werden könne, damit sie nicht gezwungen werden, vom Lande zu ziehen, überlasse er dem Rathe der gnädigen Herren und Obern.

In diesem Stadium blieb die Angelegenheit bis zum Aufzuge des neuen Landvogts Jakob Bosshart in Rheinegg: vrgl. Absch. VI. 1. S. 1245 n. 171 n. 172.

¹⁴) Nach dem Berichte des Landvogts Bosshart über die Vaduzer Versammlung an die regierenden Orte, datirt vom 17. September, ist er von Baden aus, d. h. ohne Zweifel von der Jahrrechnungs-Tagsatzung her, verständigt worden, dass die gnädigen Herren und Obern es nicht ungerne sehen würden, wenn die „Herren Bündner mit Herrn Grafen von hohen Embß" sich nochmals gütlich vergleichen würden; worauf Alt-Stadtschreiber Laurenz Bärlocher von Rheinegg beide Parteien zu der Conferenz vom 7. September in Vaduz bewog. Hier anerbot sich nun der Graf, entweder so viel Capital zu bezahlen, als sein Vater sel. empfangen habe, oder die Herrschaft Widnau zu verkaufen und 8000 Gulden zu bezahlen, ehe er einen Batzen beziehe;***) wollten die Bündner aber die Herrschaft selbst behalten, so mögen sie mit ihm darüber accordiren, was sie ihm noch heraus zu geben gedenken. Die bündnerischen Creditoren aber wollten in gar nichts eintreten, ehe nicht anerkannt worden, dass alles, was hier verhandelt werde, den zu ihren Gunsten erlassenen Sprüchen von Baden, Zug und Rheinegg unnachtheilig

*) Das Schreiben datirt vom 30. Januar a. St. und wurde, wie das frühere, den Creditoren zur Beförderung übergeben.

**) Für den Fall, dass sich die Creditoren „der Nutzungsberaubung beklagen" sollten, fügte er bei, dass diese Nutzungen zum wenigsten Theil oder gar nicht zum Vortheil der Unterthanen („den Unterthanen erspriesslich"), sondern „völliglich" zur Deckung aufgelaufener Kosten verwendet worden seien.

***) Er liess auch verlauten, dass er nöthigenfalls noch höher steigen würde.

7

sein solle; und darauf wollte Karl Friedrich nicht eingehen, weil er damit, wenn ein gütlicher Vergleich nicht zu Stande kam, diese nach seiner Ansicht unbefugten Sprüche anerkannt hätte. Er brachte nun die Formel in Vorschlag: „beiden Parteien an ihren habenden Rechten unpräjudicirlich." Das wiesen die Bündner wieder als zu allgemein zurück, und so wurde „die Bahn zum Vergleiche abermals verloren und die von Seite des Grafen dazu vorgeschlagenen Mittel zu Wasser". Die Bündner sollen daher „vor die kaiserliche Majestät als des Grafen natürliche Obrigkeit gewiesen werden, allwo sie das Recht angefangen";[*] der Graf aber wieder „in seine alte Possession eingesetzt werden", was besser wäre, als „ihm jährlich zur Rettung seiner Unterthanen Trieb und Tratt" 200) Ducaten zu zahlen, wobei die verbrieften Schuldgläubiger immer leer ausgehen, die Unterthanen bedrängt bleiben und ein Käufer zu dieser Herrschaft niemals gefunden werde. Gleichzeitig sandte der Landvogt den Alt-Stadtschreiber Bärlocher an die regierenden Orte zur mündlichen Berichterstattung auf Grund einer noch vorhandenen Instruction, in welcher Alles zusammengestellt ist, was für die Wiedereinsetzung des Grafen geltend gemacht werden konnte, und Bärlocher angewiesen wird, „allen Fleiss anzuwenden, dass der Graf wieder in den alten Possess eingesetzt werde." [**]

Der geradezu unverschämte Bericht des Grafen an die acht Orte über die Vaduzer Conferenz datirt vom 16. September. Nach demselben hat er aus einem Schreiben vom 10. Juli, welches ihm durch einen eigenen Läufer vom Tag der Jahresrechnung zu Baden überbracht worden, ersehen, dass den Orten ein Vergleich mit den bündnerischen Creditoren erwünscht wäre, worauf er ihnen geantwortet, dass er die von ihnen genannten „sehr gedeihlichen Mittel" schriftlich vernehmen wolle, um sich darüber zu resolviren: obschon „jenes vorher passirte, von den vier Abgesandten zu Rhineegg, sehr gottlose Verfahren" ihm die Lust benommen, selbst oder durch Bevollmächtigte in Baden zu erscheinen". Zwar sei ihm ein Bericht darüber nicht eingegangen; dennoch habe er sich auf Verleiten seines Bruders, Franz Wilhelm zu Hohenems, und den Herrn zu sonderbaren Ehren und Gefallen — keineswegs aber die vier oben gesagten, vermeintlichen Urtheilsprecher dabei eingeschlossen — sich zu einem Discurs mit den Bündnern nach Vaduz begeben; wobei indess die Bündner oder vielmehr Hauptmann Karl von Salis nur unvernünftige Forderungen an den Tag gegeben und dabei zu nicht geringem Nachtheil und Disrespect sich öffentlich habe vernehmen lassen, dass dieser Handel sie schon über 10,000 Gulden gekostet habe. Der Herr Hauptmann solle nun aufgefordert werden, specificirte Rechnung darüber zu geben, wohin diese 10,000 Gulden gekommen und wem wenig oder viel davon in den Beutel geschoben worden, damit der schuldige

---

[*] „Laut kaiserlichem Schreiben vom 21. September 1653." Der Inhalt dieses Schreibens ist uns nicht bekannt; dagegen liegt uns eine Eingabe der Bündner Gläubiger vom 6./16. December 1653 an die acht Orte vor, in welcher sie sich gegen die, in einer Eingabe des Grafen an die acht Orte vom 27. October 1653 aufgestellte Behauptung: sie anerkennen den Reichshofrath als rechtmässigen Richter und haben sich der vom Kaiser niedergesetzten Schuldencommission (s. ob. S. XX) unterworfen, dahin verantworten; sie haben zwar dem Reichshofrath ein Memorial eingelegt zur Begründung ihrer Anforderung und Beseitigung der Einrede des grossväterlichen Fideicommiss und der restitutio in integrum respectu minoritatis, und darauf unterm 5. Mai ein decretum de solvendo erhalten; seither haben sie die Grafen aber bei der k. Mt. wieder rechtlos gemacht; gegen die Commission des Bischofs von Constanz, des Grafen von Montfort und Bürgermeister und Rath von Ueberlingen haben sie stets protestirt.

[**] Bei dieser Anlass sollte Bärlocher auch anfragen, ob es nicht thunlich wäre, etliche obrigkeitliche Güter, die wenig eintragen, besonders über dem Rhein, zu verkaufen und dafür die Herrschaft Widnau oder anderes an sich zu ziehen. — Davon kommt weiter nichts zur Sprache, als die Aeusserung Zürichs in einem Schreiben an Luzern vom 14./24. September, „dass es diesen Vorschlag nicht so gar improbiren könne".

Gerechtigkeitsverkäufer an den Tag gegeben und den Herrn zu wohlverdienter Bestrafung an die Hand gestellt werde. Wie er dagegen zur Billigkeit geneigt und fertig gewesen, werden der Landvogt und Bärlocher gleichmässig zu referiren wissen. — Man werde daher anerkennen, wie er das Seinige gethan, und die „Pántner" aus ihrer unbefugten und unrechtmässigen, vermeinten Possession vor einen „competirlichen und gebührenden" Richter, den Kaiser und den Reichshofrath weisen, „allwo ihnen, wie menglichen, gottliebende Justitia ohne Spendirung so vieler tausent Guldenen gedeyen wirdet".

Die Verantwortung der Bündner (K. von Salis für sich und die Pestaluzzischen Erben) wegen der Vaduzer Conferenz datirt vom 25. September a. St. und beruft sich hauptsächlich darauf, dass die „zuvor schriftlich" concertirte und aufgesetzte Erklärung über die früher in ihrer Angelegenheit ergangenen Sprüche von dem Bruder Karl Friedrichs zu Maienfeld selbst unterschrieben worden sei; offenbar bevor sie sich überhaupt auf die Vaduzer Conferenz einliessen. Gegen die ehrenrührige Auslegung der Bemerkung über die 10,000 Gulden Kosten, womit der Graf nur die Eidgenossen gegen ihn in Harnisch bringen wolle, verwahrt sich Salis.

Nach dem fruchtlosen Ausgang der Vaduzer Conferenz wusste Zürich zunächst nichts Besseres in Vorschlag zu bringen, als „eine Recharge an den Kaiser"; Schreiben an Luzern vom 7./17. September — ; später wollte es die Angelegenheit in einer besonders hiefür einzuberufenden Conferenz der regierenden Orte behandeln; Schreiben an Luzern vom 14./24. September und vom 29. November/9. December.[*]

Allein die katholischen Orte — auch katholisch Glarus und Innerrhoden waren dabei — nahmen sie von sich aus auf einem vom 25.—27. October zu Luzern abgehaltenen Tag an die Hand und forderten die beiden Parteien auf, innerhalb der nächsten 14 Tage zu einem neuen Congress zusammenzutreten, wobei jede Partei neben dem Landvogt noch zwei Männer aus den regierenden Orten beiziehen und durch dieselben ein freundliches Abkommen vermitteln lassen solle. Man sei es den bedrängten Unterthanen zu Widnau und Haslach, sowie der eigenen Ehre schuldig, der Angelegenheit eine Endschaft zu geben; Absch. VI. 1. S. 1245 a. 173. In dem bezüglichen Schreiben der „sieben katholischen regierenden Orte" an die Bündner Gläubiger (vom 27. October) war des deutlichsten erklärt, dass diese zweite gütliche Verhandlung „mit beiderseitigem Vorbehalte in terminis generalibus (wie der Graf einen solchen gelten lassen, die Herren ihn aber nicht verstatten wollten)" stattfinden solle, nämlich mit dem Vorbehalte: dass ein unverhofft fruchtloser Ausgang keinem Theile an seinen Rechten nachtheilig sein solle. Dennoch wies der Graf den Vorschlag rundweg ab: nachdem ihm die Bündner zu Vaduz vorgeschrieben, als ob er ein Kind wäre, sei er nicht mehr gesinnt, „einiger Güttigkeit" beizuwohnen; er hoffe also, dass man ihn in den alten Possess wieder einsetze und ihm auch das während der lezten sechs Jahre vorenthaltene „Einkommen, was es ertrage", überantworte. Gleichzeitig gieng er auf die im Text dargestellte Weise gegen die Widnauer vor.[**]

---

[*] In dem erstern Schreiben stellt Zürich die Frage: ob nicht Ursache vorhanden, dem Landvogt — der nach seinem Schreiben und der Instruction Bärlochers sich offenbar sehr auf des Grafen Seite lenke — das Missfallen zu bezeugen und ihm zu befehlen, künftig „gehorsamer" zu verfahren; besonders aber auch „von unsern Amtsleuten" um das, was von den Gefällen in Widnau und Haslach arrestirt und wohin es verwendet worden, specificirte Rechnung zu begehren.

[**] Schon am 11. September war eine Citation der gräflich hohenemsischen Cauzlei an Ammann Gugger auf, Dienstag den 14., Nachmittags 1 Uhr, ergangen, wegen der auf künftigen Martini zu erlegenden Grundsteuer von Widnau und Haslach, für welche ein „annehmlicher" Bürge einzubringen sei, widrigenfalls ihnen das Vieh bis zur Stellung des Bürgen im Arrest gehalten und nicht herüber gelassen werde. — Die Gefangensetzung der beiden Amtsleute muss etwa Mitte

Der Landvogt Bosshart forderte nun unterm 15./25. November in drohendem
Tone die bündnerischen Gläubiger auf, dass sie den arrestirten Hofammann und
Landvogtsammann „Hilfhand reichen und sie ledig machen, da er kein Mittel dazu
habe, aber schon oft vernommen habe, dass sie steif versprochen, die Angehörigen
schadlos zu halten und aller Gefahr zu erledigen; helfen sie ihnen jetzt nicht,
so bleibe nichts übrig, als vom Land zu ziehen". Die verlangte Summe den Einkünften dieser Herrschaft zu entnehmen, daran mögen sie nicht denken; denn
die alten Schulden seien noch nicht bezahlt. Mit ganz ungewohnter Raschheit
wiesen die Bündner solche Zumuthungen sofort zurück, da ihr Versprechen der
Schadloshaltung sich nie so weit erstreckt habe und die Aufrechthaltung des
Urtheils Sache Derjenigen sei, die es gegeben: Schreiben vom 16./26. November.
Darauf erliess der Landvogt unterm 6. December seinen Bericht über die neue
Sachlage an die acht Orte, in welchem zwar, da er zunächst an Zürich gieng,
von der Wiedereinsetzung des Grafen in den Besitz der Herrschaft nicht die Rede
war; dagegen für den Fall, dass man „Gewalt oder Gegenarrest" brauchen wollte,
ausdrücklich darauf hingewiesen wurde, wie alsdann die eidgenössischen Gülten
und Renten auf emsischem Territorium, die sich ohne die Widnauer Güter auf
30,000 Gulden belaufen, in höchster Gefahr wären.

¹*) Die letzten Unterhandlungen zwischen dem Landvogt und den katholischen Orten über die Wiedereinsetzung des Grafen sind jedenfalls sehr geheim betrieben worden. In dem reichen, vor uns liegenden Actenmateriale findet sich keine
Andeutung darüber. Wir vermuthen, dass die endgültigen Verabredungen mündlich
getroffen worden seien bei einer „Reise des Landvogts nach Zug und Luzern",
welche in einem Schreiben Laurenz Bärlochers an die Bündner Creditoren (vom
4. November 1660) erwähnt wird und zwar so, dass damals der Landvogt noch
auf derselben abwesend war. Oder hat am Ende der Landvogt ohne eigentlichen
Auftrag gehandelt in der richtigen Voraussetzung, dass ihn die katholischen Orte
nach vollendeter Thatsache nicht verläugnen, sondern für diese einstehen werden?²*)

In der Antwort, welche die in Luzern versammelten Gesandten der fünf
alten katholischen Orte am 30. März 1661 auf die Anfrage Zürichs vom 9./19. März:
wie es mit der ihnen zu Ohren gekommenen Wiedereinsetzung des Grafen durch
etliche von den mitregierenden Orten³*) beschaffen sei? abgehen liessen, heisst
es sehr kurz und trocken: „Dass dem Landvogt von der Mehrheit der andern
mitregierenden Orte befohlen worden, den Grafen wieder in den Possess der Höfe
Widnau und Haslach einzusetzen, davon sei einestheils das lange Ausbleiben des
Antwortschreibens der kais. Majestät auf die letztmals im Namen der acht Orte

November erfolgt sein, da Zürich unterm 29. November alten Stils an Luzern schreibt, dass sie
schon 3½ Wochen sitzen. In diesem Schreiben findet sich auch die liebenswürdige Aeusserung des
Grafen wegen des Verfaulens.

Die Forderung von 217 Ducaten, für welche der Ammann Hans Gugger und der Landvogtsammann Hans Siber festgehalten wurden, setzte sich zusammen aus 156 Ducaten Grundsteuer
von dem in diesem Jahre bezogenen Heu, 50 Ducaten Busse „wegen des von sich selbst über den
Rhein geschwommenen", arrestirten Viehs und 11 Ducaten „Restanzen"; Schreiben des Landvogts
Bosshart vom 6. December an die acht Orte.

¹) Sehr auffallend ist allerdings, dass Uri, Ob- und Nidwalden noch am 15., 18. und
20. December ihre Zustimmung zu einer Conferenz gaben, welche Zürich durch die Vermittlung
von Luzern in Vorschlag gebracht hatte, während Stadt und Amt Zug es bei der „Zürich und den
Höfen ertheilten, auch hievor mehr von uns gegebenen Resolution bewenden sein lassen wollten,
dass der Spruch der vier bewussten Ehrengesandten, zu Rheinegg gemacht, aufgehoben und der
Graf und unsere Unterthanen wieder in alten Stand gesetzt sein sollen": Schreiben vom 18. Dec.

²) „Worüber sie sehr befremdet, da ihres eidgenössischen Standes Ehr und Judicatur dabei nicht wenig interessirt."

an sie abgegangenen Eingabe Ursache,*) andern- und meistentheils die schweren Exactionen, Pressuren und Drangsale der Unterthanen durch den Grafen verübt, durch deren Fortsetzung sie ruinirt worden und sie von Haus und Hof hätten lassen müssen." Noch kürzer wurden untern 25. Mai 1661 die bündnerischen Creditoren von den fünf Orten abgefertigt: „Der mehrere Theil der hohen Obrigkeit habe vor schon verruckter guter Zeit über dieses Geschäft eine etwas anderwertige Declaration gethan und sie vermittelst ihrer darüber ertheilten Ortsstimmen dem Landvogt im Rheinthal zu wissen gethan; dabei soll es sein Bewenden haben und dort mögen sich Salis und Mithaften Bescheid erholen. Im Uebrigen nicht zweifelnd, die k. Majestät werde ihnen gegen den Grafen zu Ausrichtung und Satisfaction dieses Crediti verhelfen."

Die von Jakob Bosshart ausgestellte, vom 27. December 1660 datirte Immissionsurkunde besagt in der Hauptsache: Etliche der väterlichen Creditoren aus Bünden, mit Namen Herr Karl von Salis und Consorten, haben den Grafen zuerst bei seinem foro competenti, der römisch kaiserlichen Majestät gesucht, dann aber vor der Sentenz einen Absprung genommen und das Geschäft bei den acht regierenden Orten anhängig gemacht und die Sache so weit getrieben, dass ihnen die Herrschaft Widnau und Haslach zuerkannt worden, wogegen der Graf immer protestirt und das Seinige anderwärts exequendo zu beziehen versucht, nämlich durch Belegung der Oberrheinischen Güter der widnauischen Unterthanen mit Grundsteuern und in Ermanglung deren Abstattung mit Arrest, bis endlich die Unterthanen bei den regierenden Orten Hülfe gesucht haben. Diese versuchten zuerst, das Rheinegger Urtheil zu „manuteniren"; zuletzt aber, als die Mehrheit derselben „den Grund und die Beschaffenheit in bessere Bekanntniss gebracht, auch anbei die Obel aussehenden Consequenzen reiflich erdauert haben", hoben sie den Spruch der vier Vermittler gänzlich auf, wiesen die bündnerischen Gläubiger an den „competierlichen Richter, bei welchem die erste Anrufung beschehen", und befahlen dem Landvogt, den Grafen in die alte Possess zu setzen. — Dafür, „dass die Widnauer Unterthanen inskünftig und zu allen Zeiten auch mögen ruhig, unbeschwert und unbekümmert verbleiben", ertheilte der Graf eine Gegenurkunde mit Brief und Sigel.

Landvogt Bosshart hütete sich übrigens wohl, die Immissionsurkunde in ihrem Wortlaut auch nur den katholischen Orten vorzulegen. Erst als Beilage einer Eingabe Karl Friedrichs vom 25. October 1664 kam sie zu ihrer Kenntniss, worauf Uri mit den oben im Texte (S. XXVII) erwähnten Worten seinem sehr begründeten, aber auch sehr verspäteten Unwillen über dieselbe Ausdruck gab.

Ueber den Ausgang des ganzen Streithandels zwischen dem Grafen und seinen Gläubigern mag hier noch beigefügt werden, dass der Landvogt Bosshart auf der Jahrrechnungs-Tagsatzung zu Baden 1661 im Namen des Grafen noch eine Forderung von 2500 Gulden geltend machte für dessen „ausständige Nutzung von Widnau und Haslach von 7 Jahren her", dass diese Forderung aber sehr kräftig zurückgewiesen wurde**) und schliesslich beide Parteien sich zur Annahme der

---

*) Dieser ganz zu Gunsten der Gläubiger lautende kaiserliche Entscheid, vom 8. Februar 1661, war eben mit dem zürcherischen Schreiben vom 9./19. März eingegangen, blieb jetzt aber völlig wirkungs- und bedeutungslos.

**) Diese Forderung und deren Abweisung wurde in dem amtlichen Abschiede von dem zürcherischen Protokollisten in einer Form eingetragen, welche den Grafen in die grösste Aufregung versetzte: „Der Landvogt im Rheinthal habe selbst angebracht, wie der Graf von Hohenems gegen die rheinthallschen Unterthanen wider alle Gebühr und Billigkeit und gleichsam tyrannisch und gewalttätig verfahre, indem er von seinen hinterbliebenen widnauischen und haslachischen

Vermittlung des päpstlichen Nuntius in der Schweiz über ihre gegenseitigen Forderungen verstanden zu haben scheinen.

¹⁴) Schreiben von Widnau-Haslach an Luzern vom 28. December 1660.

¹⁵) Jakob Wider scheint der einzige evangelische Ammann gewesen zu sein, den Widnau-Haslach je gehabt hat. Sein Amt hatte er jedenfalls nur der bündnerischen Verwaltung des Hofes zu verdanken und sein, wie des ohne Zweifel ebenfalls evangelischen Schmids Hensel Hauptvergehen bestand in den Augen des Grafen und des Landvogts darin, dass Wider und Hensel sich — eben als Evangelische — eifrig den Bündnern anschlossen und in deren Interesse thätig waren.*) Den Anlass oder Vorwand zur Bestrafung Jakob Widers gab, dass er sich in Ems ungehalten über „die starke Schmälerung" eines ihm gehörenden, rechtsrheinischen Holzes durch emsische Unterthanen äusserte und dabei das Wort fallen liess: dass er sich eben auch „wie Andere" (nach einem andern Berichte „wie der Schmied") „an höheren Orten beklagen müsse, wenn man ihn und das Seine nicht schätze". Darauf citirte der Graf den Ammann und büsste ihn, als er auf Anrathen des Landvogts, dieses Handlangers des gräflichen Machthabers, vor ihm erschien, wegen jenes Ausspruchs um 50 Reichsthaler. Wider weigerte sich zuerst, diese Busse anzuerkennen. Dann wurde er auf das Schloss gebracht und versprach nach einer mehrtägigen Einsperrung die Bezahlung (nach dem Berichte des Landvogtes „mit Eid"). Statt diesem gewaltthätig erpressten Versprechen nachzukommen, begab er sich aber nach seiner Freilassung zur Jahrrechnungs-Tagsatzung nach Baden und bat um den Schutz der regierenden Orte, als seiner hohen Obrigkeit, welche dann auch eine nähere Untersuchung über diesen Fall, wie über den ebenfalls an sie gebrachten des Schmieds Hensel und die in Anm. 73 schon erwähnte nachträgliche Schadenersatz-Forderung von 2500 Gulden verfügten und zwar durch Abgeordnete der dem Oberrheinthal zunächst gelegenen Orte Appenzell Ausser- und Innerrhoden. Ausserrhoden war bereit, dem Auftrage nachzukommen; Innerrhoden dagegen erachtete eine solche Standesabordnung wegen zweier Privatpersonen als sehr überflüssig, nachdem der Landvogt die angebliche Forderung des Grafen durchaus in Abrede gestellt und dem Wider und Hensel anerboten habe, „selbst in Person mit ihnen zu dem Grafen zu reiten und soviel möglich ihre Sache zu verantworten, mit Versicherung, ein oder den andern glücklich wieder nach Hause zu bringen;" vergleiche Abschiede VI. 1. S. 1246 u. 176. Schreiben von Appenzell A.-R. an Zürich vom 21. September 1. October an Zürich, dem dasjenige von Innerrhoden an Ausserrhoden vom 15./25. September beiliegt, und die am Schlusse dieser Anmerkung citirten Darstellungen dieses ganzen Handels.

Gefällen von den Unterthanen in 2500 Gulden prätendire und die Bezahlung von ihnen endlich erzwingen wolle." Dagegen verwahrte sich der Graf aufs heftigste, und es scheint allerdings, dass er diese Nachforderung keineswegs gegen die Unterthanen von Widnau und Haslach, sondern gegen die bündnerischen Gläubiger ins Feld geführt hatte: Schreiben des Landvogts an den Grafen vom 28. August und des Grafen an Luzern vom gleichen Datum; auch ein Schreiben von Appenzell I.-R. an Zürich vom 15./25. September.

Eine neue Rechnung, die Karl Friedrich unterm 25. October 1664 für entgangene Nutzung — statt 7000 Gulden habe er in den sieben Jahren der bündnerischen Verwaltung von Widnau-Haslach nur 3570 Gulden erhalten — zu Handen der acht Orte aufstellte, welche ihm durch ihre Autorität zur vollen Restitution behülflich sein sollten, scheint als „Dependenz" oder „Accessorium" des durch den Nuntius beigelegten „Hauptstreits" auch an diesen gewiesen worden zu sein: Schreiben von Nidwalden und Uri an Luzern vom November 1664.

*) Pfarrer Rüegg in Altstätten schreibt am 30. October unter Anderm an Zürich: Gegen den Wider sei der Graf so erhitzt wegen der Bündner und der Religion Willen, und alle anderen evangelischen Personen besorgen, dass der Graf wegen des geringsten Anlasses gegen sie einschreite und die „papistischen Widnauer hierumb auch fünf grad gelten lassen". Der Hensel müsse sein früheres einfältiges Laufen wider den Grafen vor die Püntner — oftmals ohne Discretion und Verschwiegenheit — jetzt entgelten und bezahlen.

Was gegen den Schmied Hensel vorgebracht wurde, war womöglich noch geringfügiger, als das Vergehen des Ammanns Wider. Hensel sollte „nach gethaner Huldigung den Bündnern wieder nachgelaufen sein, ihnen alles referirt und gar ihre Hilf begehrt haben, welches sich aber nicht erfunden." *) Er wurde deswegen zur Verantwortung nach Hohenems citirt, und als er der Citation keine Folge leistete, um 10 Pfund gebüsst, dann wieder citirt und wieder wegen Nichterscheinens um 10 Pfund gebüsst und sofort, bis die Busse 180 Pfund Pfenning betrug, während die Bussencompetenz des Grafen überhaupt nur auf 30 Pfund gieng und höhere Bussen der hohen Obrigkeit vorbehalten blieben. Der Graf und sein getreuer Helfershelfer von Landvogt stellten nun die Theorie auf, dass es sich hier gar nicht um eine Busse von 180 Pfund handle, sondern einfach um die 18malige Wiederholung der innerhalb der gräflichen Competenz liegenden Busse von 10 Pfund und solche Wiederholung der gleichen Bussen stehe dem Grafen vollkommen frei.

Ueber die Verhaftung Hensels und Widers liegen verschiedene Berichte vor, die sich in dem Thatsächlichen nicht wesentlich widersprechen, eher ergänzen; dagegen in der Beurtheilung der Thatsachen möglichst weit auseinander gehen. Sie scheint im Einzelnen folgenden Anfang und Verlauf genommen zu haben: Hensel hielt sich — nach dem Berichte des Landvogts „wegen seines schlechten Gewissens" — nirgends lange auf und liess sich bei Tageszeit nicht viel blicken. Endlich, am 27. September, konnte der Ammann Gugger dem Grafen nach Ems berichten: Hensel sitze in der Behausung von Ulrich Siber, Wirth, wohin ihn der Ammann hatte kommen lassen und wo er ihn mit Gespräch und Ueberredung und der Verheissung, ihm einen Trunk zu zahlen, festhielt; obschon die Frau ihn holen wollte. Der Graf aber schickte sofort etliche Häscher über den Rhein, und als diese in dem Wirthshaus erschienen, fiel zuerst Jakob Frei, ein Papist, genannt der „Hundert", den Hensel an: er müsse sich gefangen geben. Hensel setzte sich zur Wehre, wurde jedoch von den Emsischen rasch überwältigt und über Nacht mit einer Kette an die „Ofensäul" gebunden. Gleichzeitig scheint der Graf auch seinen Kanzler an den Landvogt nach Rheinegg gesandt zu haben, um ihn zum weitern Einschreiten gegen Hensel zu veranlassen; denn als auf das Hülfegeschrei von Hensels Weib der Alt-Hofschreiber Hans Zellweger nach Rheinegg zu dem Landvogt und Landschreiber eilte, um ihre Hülfe gegen die Gewaltthat anzurufen, sah er den Kanzler eben von ihnen weggehen. Dennoch stellten sie sich, als ob sie noch nichts von der Sache wüssten und versprachen, durch ein Schreiben eilends Abhülfe zu schaffen. Durch dieses Schreiben wurde aber der Landvogtsammann in Widnau angewiesen, Etliche zu sich zu nehmen und den Gefangenen „verwahrlich" an den Rhein zu begleiten; was dann geschah, nachdem zuvor auch der 70jährige Ammann Wider durch die Emsischen am Morgen früh aus dem Bette geholt worden war, ohne Widerstand zu leisten.**) Der Trans-

---

*) Bericht des Alt-Hofschreibers Hans Zellweger und sechs anderer Evangelischen. — Auch der in vorstehender Note erwähnte Bericht von Pfarrer Rüegg in Altstätten stimmt damit überein und erklärt ausdrücklich, dass Hensel gar nie in Maienfeld, sondern nur in Werdenberg gewesen sei.

**) Ein wirklicher Widerspruch zwischen den verschiedenen Berichten über den Zu- und Hergang bei diesem Gewaltstreich findet sich nur darin, dass nach der Behauptung des Landvogts die Leute des Grafen, welche dieser hinüber schickte, um den Hensel mit Güte oder Gewalt festzuhalten, bis der Landvogt davon benachrichtigt sei, unbewehrt waren und nur die vom Landvogt abgesandte (bezw. vom Landvogtsammann aufgestellte) Mannschaft „wegen vorausgegangener Mordandrohung mit Ober- und Untergewehr" erschien, wogegen nach dem Berichte von Zellweger und andern evangelischen Widnauern die Verordnete des Landvogts und die Emsischen alle mit Seitengewehr und einer mit einer Büchse bewehrt waren.

port der zwei Gefangenen über den Rhein durch die Leute des Landvogts und des Grafen zugleich erfolgte am 28. September gegen Abend, — Hensel war dabei mit Stricken gebunden —, und weil die rheinthalische Bedeckung bis auf hustnauische Gebiet mitgieng, obgleich die „gemeinen Marken" in der Mitte des Rheins waren, musste dem Grafen ein Revers zugestellt werden, dass ihm diese „Gebietsverletzung (!) kein Präjudiz und Nachtheil bringen solle", wie er umgekehrt dem Landvogt eine ähnliche Erklärung zustellte wegen des Bindens von Hensel durch seine Leute auf eidgenössischem Territorium.*)

Jenseits des Rheins wurden beide Gefangenen gebunden und auf das „hohe Schloss" gebracht. Hensels Habe: vier gemeine Ross und drei Stück Rindvieh wurde hierauf zu Handen des Grafen über den Rhein geführt, sein Liegendes und Fahrendes öffentlich vergantet und also diese Haushaltung ganz ruinirt.

Am 12. October begleiteten sodann sieben emsische Unterthanen den gebundenen Schmied wieder an den Rhein, dort nahm ihn der Landvogt in Empfang, legte ihn drei Tage lang zu Rheinegg ins sogenannte Narrenhaus und hielt ihn nachher bis in den December hinein im Rathhaus gefangen.

Jede Nachricht fehlt uns darüber, wann Ammann Wider, dessen Angehörige, von dem emsischen Rentmeister ebenfalls aufs höchste geängstigt, ihre fahrende Habe in andere Gerichte „geflöchnet" hatten,**) aus der Gewalt des Grafen kam. — S. das Schreiben Zürichs an Luzern vom 4./14. October, die Verantwortung des Landvogts an Zürich vom 20. October, das Schreiben Zürichs an Luzern vom 14./24. October; die von St. Gallen datirte ***) Verantwortung des Landvogts an Zug vom 25. und 29. October und dessen gedrucktes Bericht an die acht Orte; ein Schreiben von Pfarrer Kaspar Ziegler in Bernang an Zürich vom 18./28. October; ein Schreiben von Pfarrer Hans Jakob Rüegg zu Altstätten an Zürich vom 20./30. October mit dem beiliegenden Bericht von Alt-Hofschreiber Hans Zellweger und sechs anderer, guter, vertrauter, dem Hof Widnau einverleibten, evangelischen Personen, und ein Schreiben desselben an Zürich vom 30. October/9. November.

¹⁴) Sobald die Nachricht von der Verhaftung und Wegführung Hensels und Widers nach Zürich gelangte, berichtete es darüber weiter nach Luzern zu Handen der andern vier katholischen Orte (14./24. October) und erliess ein scharfes (uns

---

*) Als beim Binden Ulrich Hensels und dem Ueberführen der Gefangenen über den Rhein ein ehrlicher Mann gegen den Hofammann äusserte: „dies sind Neuerungen und noch nie gebraucht gegen Unterthanen diesseits", habe der Hofammann geantwortet: „das ist des Landvogts Wille und Befehl; iste mit recht, so verantworte ers." Bericht von Hans Zellweger und Genossen.

**) Nach dem Bericht Zellwegers, bezw. der sieben evangelischen Widnauer, war am 19 October der Hofammann Gugger mit einem andern Papisten zu Ems, bei welchem Anlass Wider durch sie inständig ersuchen liess, dass sein Sohn und seine beiden Brüder zum Grafen herüberkommen, um mit diesem zu tractiren und zu accordiren, damit er wieder ledig und frei werde die Seinen wollten aber zuerst noch weitern Rath und Befehl abwarten; und nach dem Schreiben Pfarrer Zieglers vom 18./28. October wurde keinem der Seinigen Zugang zu ihm gestattet, sondern jedermann abgewiesen, mit Vermelden, dass er auf freien Fuss gesetzt werde, sobald 100 Reichsthaler für ihn bezahlt seien, die man ihm um eines „ringen Wortes Willen" auferlegt habe; wo nicht, werde man sein Hab und Gut nächster Tage angreifen und sich dabei bezahlt machen.

***) Dieser Umstand scheint für die Richtigkeit der „bei Vielen verbreiteten Annahme zu sprechen, dass das Gotthaus St. Gallen dieses Spiel mit Lieb sehe und mit unter der Decke liege, wie auch etliche der regierenden papistischen Orte selbst." Pfarrer Rüegg zu Zürich unterm 30. October/9. November. Nach Absch. VI, 1. S. 1346 f., n. 178 hat sich der Landvogt für die Auslieferung der Gefangenen selbst auf den Rath des Fürstabts berufen. — In den äbtischen Tagebüchern aus diesen Jahren findet sich nur unter dem 29. und 30. März 1662 eine Zusammenkunft in Rorschach vorgemerkt, bei welcher der Graf dem Abt „Widnau und Luetnau" zum Kauf antrug. Auch im Juni des genannten Jahres wurde noch einmal mit „den Gräfischen wegen Widnau und Haslau tractirt", auf Antrieb des päpstlichen Nuntius.

nicht vorliegendes) Schreiben an den Landvogt, auf welches sich dieser unterm 20. October verantwortete, indem er die zwei „Gespane" möglichst heruntersetzte und behauptete, dass er die Gegenwart der Emsischen auf Widnauer Boden, sobald sie ihm notificirt worden, alsobald mit Ernst abgeschafft und den Grafen wegen seines Unterfangens getadelt habe. Uebrigens hätten die Leute des Grafen die „Gesellen" nur ohne Gewehr arrestando verwahrt und bei ihm deren „Stellung" durch seine Leute begehrt, also sie nicht mit Gewalt wegführen wollen. Die „Stellung" oder Auslieferung sei gemäss früheren Tagsatzungsabschieden geschehen*) und überall helfe eine Obrigkeit der andern, solche unruhige Gesellen ruhig zu machen; das habe auch von ihm nach Pflicht und Eid nothwendig geschehen müssen.

Uebermässig höflich war schon dieses Schreiben nicht; ganz anders tönte es aber noch in einer Rechtfertigung, die der Landvogt unterm 25. October „über diese nichtigen Händel" nach seinem Heimatsort Zug absandte,**) als ihm von dort eine Copie des zürcherischen Schreibens vom 14. October zugeschickt worden war.

An der ganzen Geschichte sei allein Zürich Schuld, heisst es da, denn einem jeden heillosen Tropf, der dorthin komme und allerlei Unwahrheiten über die Landvögte und Particularpersonen zu Ohren trage, gebe man Gehör und Glauben, alsbald mit einem scharfen Drohschreiben sie wieder heimbegleitend. Das sei ihm schon so viel begegnet, dass er bald nicht Gehalter habe, um die Schreiben zu versorgen. Dadurch werden dann die Unterthanen zum Ungehorsam bewogen. Wenn den Herren von Zürich etwas Unbeliebiges, die Religion betreffend, vorkomme, könnten kaum 48 Stunden verfliessen, so habe er etliche Extracte von Abschieden im Haus, mit dem Befehl, denselben gehorsam nachzuleben. Die leichtfertigen Gesellen aber in Abwesenheit der beklagten Partei anzuhören, müsse den Abschieden gemäss sein. U. s. w.

So sehr die Angelegenheit einen confessionellen Charakter angenommen hatte — Zürich liess sich auch durch die Pfarrer Ziegler von Bernang und Pfarrer Rüegg in Altstätten, beide ohne Zweifel zürcherischer Abkunft, eifrig berichten — und so absichtlich auch der Landvogt in seinem für die katholischen Orte berechneten Schreiben diesen Charakter hervorkehrte, war doch auch diesen die freche Verletzung des rheinthalischen Gebiets durch den Grafen und die Handreichung, die er dabei von dem Landvogt gefunden hatte, nach allem Vorangegangenen zu stark gewesen. Auf den 16. November wurde eine Conferenz aller regierenden Orte nach Bremgarten zur Berathung dieses Handels einberufen und Landvogt Bosshart durch den evangelischen Vorort Zürich ebenfalls zu derselben geladen. Er erklärte indess in seiner Antwort vom 13. November sehr herausfordernd, dass ihm die Vorladung zu spät zugekommen sei***) (am 12. November); er hätte aber auch sonst Bedenken getragen, der Citation von Zürich allein Folge

---

*) Nämlich nach einer Bestimmung von 1505: „was in des von Ems Gerichten gefrevelt wird, soll hinüber gewiesen werden, und umgekehrt" und einer andern vom 19. Juli 1651 und 1. September 1653: „Niemand soll eine Klage vor die hohe Obrigkeit bringen, er habe sie denn zuvor der Gegenpartei nach Gebühr zu wissen gethan und ihr dazu verkündet."

**) Bosshart scheint sich überhaupt bei seinem ganzen Vorgehen vornehmlich auf seine Herrn und Obern in Zug gestützt zu haben. Wenigstens beschwert sich auch Lazern in einem Schreiben an Zürich vom 26. October (Antwort auf das Zürcher Schreiben vom 1. October), „dass vom 2. October an von dem Landvogt bei ihm noch kein Wort eingegangen, weshalb es sich durch einen eilenden Boten an Zug gewandt, wo der Landvogt gerade anwesend sei" — unmöglich nach der Correspondenz der Landvogts — „um die nähern Umstände und die Verantwortung Bossharts zu erfahren, mit dem Befehl, den zwei gefangen abgeführten Männern wieder Losmachung auszuwirken".

***) „um sich mit aller Nothdurft so zu verfassen, wie ihre Intention und Meinung selbst sei, dass er solchergestalt erscheinen sollte".

zu leisten; er sei allen acht Orten verpflichtet und wisse nicht, ob die übrigen auch „verwilliget", zu dieser Conferenz zu erscheinen. Wenn er von allen acht Orten bestellt werde, wolle er künftig kommen. Inzwischen schicke er einen gedruckten Bericht, aus dem sie ersehen werden, dass es bei weitem nicht so zugegangen, wie ihnen berichtet worden.

Ein solches Vorgehen kam den Ehrengesandten der acht Orte, die sich bis an Appenzell I. Rh. vollzählig in Bremgarten versammelt hatten, denn doch im höchsten Grade befremdlich vor. Sie waren nicht geneigt, „dem Landvogt, der dem Grafen zu viel an die Hand gegangen sei, nachzugeben, noch weniger nachzureisen," sondern veranstalteten ungesäumt eine zweite Conferenz auf den 4. December nach Bremgarten, zu welcher der Landvogt alles Ernstes citirt und der Graf von Hohenems durch Zürich eingeladen werden sollte. Zu Gunsten von Hensel und Wider ergiengen bestimmte Weisungen an den Landvogt, und der Auftrag an Appenzell A. Rh. und I. Rh. zur Einziehung näherer Erkundigungen an Ort und Stelle wurde erneuert, mit dem Beifügen „zwei ehrliche Rheinthaler herzusenden"; Absch. VI. 1. S. 1246 n. 177.

Karl Friedrich bescheinigte Zürich lediglich den Empfang der Einladung und beschwerte sich dabei, dass er in derselben „das Prädicat" nicht dem Herkommen und der Gebühr gemäss gefunden habe, d. h. nicht standesgemäss angeredet worden sei. Seine ablehnende Antwort adressirte er an Luzern und begründete sie damit, dass eine Untersuchung, was für Rechte der hohen Obrigkeit und dem Niedergerichtsherrn in den Höfen Widnan und Haslach zustehen, ganz überflüssig sei; da es schon längst, „wie bei dem Herrn Prälaten in St. Gallen und anderen Niedergerichtsorten und in der ganzen Welt", üblich, dass der ungehorsame Niedergerichtsunterthan durch hochobrigkeitliche Gewalt bezwungen und dem Niedergerichtsherrn zu Abstattung schuldigen Gehorsams gestellt und geliefert werde. Er habe übrigens alles Vertrauen zu den Herren, nur nicht zu dem Waser und seinem Anhang. — Beide Schreiben des Grafen sind vom 2. December, aber das erste von Constanz, das zweite von Nellenburg aus datirt.

Gerne genug hätte es ohne Zweifel der Landvogt dem Grafen gleich gethan. Er musste sich aber auf den 4. December in Bremgarten einfinden, wo nun die zwei Abgeordneten von Widnan-Haslach zuerst das Verhältniss ihrer Höfe zu dem Grafen auf Grund der wichtigsten Acten darlegten: der Hoftheilung von 1593 (n. 94), des Steuerauskaufs von 1649 (n. 137), der Ausscheidung ihres Holzrechts von 1653 (s. Beilage 7, n. 1), des Vertrags mit Schnitter und Diepoldsau über die Freienau (s. Beilage 7, n. 3) und dann ihre Klage vorbrachten: wie der Graf in den Jahren 1656 u. 57 von den zwei Höfen nicht bloss keinen Schaden, sondern einen Reinertrag von 204 Gulden, 8 Batzen, 11 Heller gehabt;[*] wie er, der Oeffnung und den Hoheitsrechten der acht Orte entgegen, sein auf 30 Pfund beschränktes Bussungsrecht willkürlich multiplicirt und den Ammann und die Gemeinde verpflichtet habe, den ihm missfälligen Schmied Hensel aus der Gemeinde zu treiben; wie er den Ammann und die Gemeinde mit einer Busse von 100 Reichsthalern (200 Gulden) belegt, den Hensel und den Ammann Wider über den Rhein führen und in Gefangenschaft legen liess, wobei sogar der rheinthalische Landvogt selbst mitgeholfen und den Hensel noch in Verhaft halte.   S. Absch. VI. 1. S. 1246 f. n. 178.

Nach einem „Erleutterung über dieses Hofbuch" überschriebenen Zusatz zu der Widnner Copie des Hofbuchs — s. Anhang B — ist das Hofbuch bei der Conferenz „abgelesen, durchgangen und erdauert" worden, wobei „aus der Relation

*) 1202 Gulden, 6 Batzen, 7 Heller Einnahmen, 997 Gulden, 12 Batzen, 12 Heller Ausgaben.

einer Gesandschaft von inneren und usseren Roden des Lands Appenzell sich befunden"; dass die Bestrafung von „unbeharrlichen Scheltungen" und Feiertags-
brüchen nicht dem Grafen, sondern den acht Orten als der hohen Landesobrigkeit
zustehe; ebenso dass der Graf die ihm bestimmten Bussen nicht zu multipliciren
befugt sei und „sonderlich" dass die höchste Busse 30 Pfund Pfennig sein solle;
ferner dass den Unterthanen das Appellationsrecht an die acht Orte nicht abge-
strickt werden dürfe, und endlich, dass der Graf zu solchen Citationen über den
Rhein, wie sie ohnlängst gegen Ammann Jakob Wider und den Schmid Hensel
geschehen, auch nicht befugt sei.

Aus den Zürcher Acten ergibt sich, dass der Graf noch einen andern
Unterthanen von Widnau verfolgte, weil er sich eine Abschrift der Offnung hatte
anfertigen lassen.

[11]) Unterm 25. Januar 1664 wurde darüber nach „dreitägiger vielfaltiger
obrigkeitlicher Mühewaltung" auf Grund „des Badischen Recess und der Brem-
gartischen Erkanntniss" (von 1661) ein ausführlicher richterlicher Spruch erlassen,
von welchem eine uns nicht in allen Einzelheiten verständliche Abschrift im
Archiv Hohenems liegt. Es versteht sich fast von selbst, dass der Graf Karl Friedrich
bei den acht Orten auch gegen diesen Spruch protestirte: „es habe der Landvogt
lauter alte Händel hervorgesucht und sich unterstanden, in Rechnungssachen, die
doch zu seiner Judicatur nicht gehörig, zu erkennen; damit seine Niedergerichts-
unterthanen in diejenigen Kosten zu verfällen, welche der Schmied in allweg und
notorie verursacht"; und weiter unterstehe sich der Landvogt, „die 94 Gulden,
welche Jakob Siber in Abschlag der Strafe des Schmieds ihm bezahlt, darum zu
revociren, weil er (der Graf) nicht befugt sein soll, über 30 Pfund zu strafen".
Schreiben des Grafen vom 24. Januar 1664.

[12]) Absch. VI. 1. S. 1247 n. 181.

[13]) Im Frühjahr 1686 verlangte Lustnau von Widnau-Haslach wieder „Kriegs-
contribution, Steuer und Reichsanlag", liess die Widnauer nicht mit ihrer Viehhabe
über den Rhein und schenkte den Mahnungen des Grafen Franz Karl, die Widnauer in Ruhe zu lassen, so wenig Gehör, dass der Graf seine eigenen Unterthanen wegen ihres Ungehorsams beim Kaiser verklagen und ihn ersuchen musste,
sie zur Ordnung zu weisen. Der Handel zog sich bis in das Jahr 1689 hinein;
s. ob. n. 157 und Anh. n. 28, 29, 30, 33, 36.*)

Einem ähnlichen Versuch der vielgeplagten Gemeinde Lustnau, die widnauischen Gemeinderieter zur „extraordinari Kriegsbesteurung und Collectation" her-
beizuziehen, musste in den Jahren 1692/93, während der Verwaltung der Grafschaft
durch kaiserliche Commissäre, wieder durch das gleiche Mittel der Anweisung
der Geschädigten auf die linksrheinischen hohenemsischen Einkünfte begegnet
werden **) und führte zu einem für Widnau-Haslach in der Hauptsache recht günstigen Vergleiche; s. ob. n. 159 und Anhang n. 42, 44, 45. Doch schon im Jahre 1698
sahen sich die beiden Gemeinden genöthigt, an der Jahrrechnung zu Baden wieder
gegen Uebergriffe der Lustnauer auf ihre Gemeinderieter Klage zu führen; s. n. 162.

----

*) Nach einem vom 6. Mai 1687 datirten Actenstück im Archiv Hohenems wäre damals
„zur Vermeidung weiterer Gravirung des Grafen", dessen linksrheinische Güter vom Landvogt
und Landschreiber sofort mit Sequester belegt worden waren, die Verabredung getroffen worden,
„dass die Schweizer ihre Rieter bis Austrag der Sach" (d. h. der Frage über die Steuerpflicht)
„nutzen, niessen und brauchen; dass jedoch durch solche Abmähung und Nutzniessung der Gemeind
Lustnau an ihren Rechten und Gerechtsammen durchaus nichts benommen sein solle."

**) Dabei geriethen die Hofleute „mit einer grossen Prätension" der Brugger'schen Erben
auf diese ihnen verpfändeten Gefälle in Conflict; s. n. 159.

Schlimmer liess sich für Widnau-Haslach ein neuer Handel an, der im Jahre 1724 damit seinen Anfang nahm, dass die Creditoren des gräflichen Hauses, welchen die hohenemsischen Einkünfte im Rheinthal verschrieben waren, neuerdings den Beistand der seit 1712 um Bern vermehrten regierenden Orte anriefen, um zu ihrem Rechte und zu ihrem Gelde zu gelangen. Als die schriftliche Fürsprache der neun Orte bei dem meist landesabwesenden Grafen nichts nützte, wurde den Gläubigern die Verheftung der Einkünfte erlaubt; worauf im folgenden Jahre die gräfliche Verwaltung zur Vergeltung wieder auf die überrheinischen Schweizerrieter Beschlag legte; s. n. 165, 168, Anhang D und Absch. VII. 1. S. 890 ff. — Die Angelegenheit kam auch dieses Mal bis vor den kaiserlichen Reichshofrath; auch das Fideicommiss wurde wiederum angerufen. Zu einer gründlichen Ordnung der gräflichen Schuldverhältnisse ist es aber offenbar auch damals nicht gekommen; obschon noch mehrere Jahre lang darüber gründlichst untersucht und verhandelt wurde.

Dieser Streit zwischen den gräflichen Gläubigern und der gräflichen Verwaltung erweckte aber auch den alten Streit zwischen der Gemeinde Lustnau einerseits und Widnau-Haslach andrerseits über die Steuerfreiheit der rechtsrheinischen Schweizerrieter, bezw. über die Gültigkeit der 1693 wiederholt anerkannten Steuerauslösung von 1649 [*]) — s. n. 137 und Anh. n. 41 — noch einmal mit neuer Heftigkeit, und dieser Streit entbrannte erst recht, als der Graf Franz Rudolf von Hohenems im Jahre 1733 einen förmlichen Revers ausgestellt hatte, durch welchen er die Entschädigung der Widnauer und Haslacher aus den gräflichen, im Rheinthal liegenden Gefällen ausdrücklich bewilligte für den Fall, dass ihnen der Genuss der überrheinischen Schweizerrieter wieder entzogen würde. Gleichzeitig berichtete der Landvogt, dass Widnau-Haslach wieder in den Besitz seiner Rieter eingesetzt worden sei; worauf denn auch der Sequester auf die hohenemsischen Gefälle auf Schweizergebiet aufgehoben wurde.

Allein die Lustnauer kümmerten sich nichts um diese Abmachungen. Schon im August 1735 unterstand sich „der unbotmässige Bauernhaufen zu Lustnau", das Schweizerriet wieder anzufallen und Die von Widnau und Haslach gewaltthätig — mit bewehrter Hand und unter Anziehung der Sturmglocken — von dessen Genuss abzutreiben.[**]) Diese Gewaltthat brachte endlich die zwei ausschreibenden Fürsten des schwäbischen Kreises, den Bischof von Constanz und den Herzog von Wirtemberg, in Bewegung, denen — wie es scheint schon im Jahre 1728 — die Untersuchung: was es mit den Vergleichen von 1649 und 1693 für eine Bewandtniss habe? als kaiserlichen Commissarien aufgetragen worden war. Auch war schon damals durch „kaiserliche Provisionalverordnung" vom 6. Juli 1728 und wieder durch kaiserliche Verordnung vom 7. October 1732 die Gemeinde

---

[*]) Schon im Frühjahr 1708 hatten die „Unterthanen und Gemeindsleute" zu Lustnau gegen ihren „Ammann und Gerichtsverwandte" schier einen Aufstand begonnen und einzelne sich vor öffentlich versammelter Gemeinde verlauten lassen, dass sie diesem und jenem Vorgesetzten das Haus stürmen oder wohl gar in Brand stecken wollen. Es kam über diese Streitigkeiten unterm 24. Mai in Ems zu einer Verhandlung mit zwei Subdelegirten der kaiserlichen Administrationscommission und dem gräflichen Rentmeister Johann Philipp Karrenkerer (?). Ein Hauptbegehren der aufrührerischen Lustnauer vor dieser Commission gieng dahin, durch Rückzahlung der 1300 Gulden von 1649 wieder die freie „Collectation", d. h. das Besteuerungsrecht über die Schweizerrieter zu erlangen. Sie wurden aber damit abgewiesen, weil dieser 1693 von den Subdelegirten bestätigte Vergleich „durante administratione" nicht cassirt werden könne. Auch werden die Unterthanen daran erinnert, dass auf ihr so langwieriges, inständiges Bitten der Ansatz der Gemeinde in der Matrikel des schwäbischen Kreises mit Rücksicht auf die in ihrem Gebiete liegenden schweizerischen und österreichischen Güter auf die Hälfte herabgesetzt worden sei.

[**]) Es wurde auch — durch einen Husar — der Versuch gemacht, den auf dem Riet abgelagerten Herbstnutzen in Brand zu stecken; was aber die Lustnauer sofort selbst vereitelten.

Lustnau des strengsten und unter Strafandrohungen angewiesen worden, bis zum Ergebniss jener Untersuchung die Hofleute von Widnau-Haslach in ihren rechtsrheinischen Nutzungen gänzlich ungestört zu lassen. Nun ergiengen zunächst zwei bischöfliche Abmahnungen an die Lustnauer und auch ein bischöflicher Commissär wurde an sie abgeschickt, um sie zur Ruhe und zum Gehorsam gegen die kaiserlichen Verordnungen zu bringen. Allein trotz aller Mahnungen und Drohungen liess die aufgeregte Gemeinde den abgemähten Jahresnutzen der Schweizerrieter nicht über den Rhein hinüber wegführen.

Neue „Unruhen und Thätlichkeiten" veranlassten die beiden kaiserlichen Commissarien, zwei subdelegirte Commissarien zu ernennen, welche endlich an Ort und Stelle die schon längst befohlene Untersuchung vornehmen und damit dem Handel ein gänzliches Ende machen sollten. Unterm 27. October 1735 wurde das gräfliche Oberamt in Ems davon benachrichtigt und angewiesen, dafür besorgt zu sein, dass „sämmtliche betheiligten Communen auf den fördersamst zu benamsenden Termin zu Hause und präparirt seien, auch inzwischen bei Leib- und Lebenstraf ruhig und gehorsam verbleiben und besonders die Commun Lustnau sich nach kaiserlicher Verordnung mit einem zulänglichen Quanto baaren Geldes — für die auszurückenden Subdelegirten — versehe".

Allein da die Gemeinde Lustnau „wie in allen Stücken, so auch in Vorschiessung der benöthigten Ausrückungsgelder sich jederzeit säumig und renitent bezeigte" und die Herren Subdelegirten vorsichtig zurückgehalten wurden, bis die Kosten ihrer Expedition zum voraus sichergestellt wären, wusste sich der Bischof von Constanz schliesslich nicht anders zu helfen, als dass er im Frühjahr 1736 den Lustnauern den vorenthaltenen Rietgenuss, „auf welchen sie ohnedies mit neuen Thätlichkeiten wiederum losstürmen würden," zur Vermeidung eines grössern Uebels gegen einen Vorschuss von 700—800 Gulden käuflich zu überlassen."[)]

Jetzt erschienen am 25. April 1736 „die von der kaiserlichen Commission gnädigst ernannten subdelegirten Räthe, J. V. Pfenninger, hochfürstl. constanzischer subdelegirter Hofrath, und G. F. Thillen, hochfürstl. wirtembergischer subdelegirter Regierungsrath", in Ems und citirten die im Kriege liegenden Gemeinden „zur Untersuchung der bisher obgewalteten Collectations-Streitigkeiten zwischen den Communen zu Lustnau, Widnau und Haslach", nicht weniger des darüber entstandenen Tumults zu Lustnau.

Vom 26. April bis 4. Mai wurde darüber des eingehendsten unterhandelt, die Gründe und Gegengründe der Parteien vorgebracht und abgehört. Zwischenhinein — am 30. April — verfügte sich die Commission nach Lustnau, „um dort nach kaiserlicher Vorschrift vom 23. November 1730 das kaiserliche Urtheil vom 6. Juli 1728, gegen welches sich Die von Lustnau a. 1729 ungehorsam und widerspenstig erzeigt, durch den Secretär der Commission vorlesen und an die Kirchthüre anschlagen zu lassen; worauf Stabhalter, Gericht und Gemeindsleute von Lustnau auf die Knie niedergefallen und angelegentlich fussfällig gebeten haben,

---

*) Durch Schreiben vom 9. April entschuldigte sich Bischof Johann Franz deswegen bei dem Landvogt Franz Ludwig Müller in Rheinegg und ersuchte ihn, die Sachlage den ihm untergebenen Gemeinden begreiflich zu machen, „damit sie solches ohne neuen Aufstand um so eher geschehen lassen". Es soll ihnen dadurch „gar nichts präjudicirt sein; vielmehr sie für den verausserten Rietgenuss vollständig schadlos und zufrieden gestellt werden". Aus den Verhandlungen vom 26. April vor den Subdelegirten scheint indess hervorzugehen, dass ein Verkauf nicht stattfand, sondern dass der „noch stehende" (d. h. wohl noch in Schubern — sog. Tristen — auf dem Riet lagernde) Nutzen von 1735 von den Lustnauern einfach in natura „als streitiger Besitz" zur Zahlung der Kosten der Untersuchungs-Commission angewiesen wurde.

dass auch diese Angelegenheit zur Vermeidung ihres gänzlichen Ruins einmal nach Recht und Billigkeit entschieden werden möchte, und zwar noch vor dem Herbst, wo der Rietgenuss wieder bevorstehe; damit nicht wider Wissen und Willen der Vorsteher ein neuer Excess stattfinde".

Die Gemeinde Lustnau führte ihre Sache vor den Herren Subdelegirten durch ihr ganzes Gericht mit Beistand des Stadt Bregenzischen Canzleiverwalters Johann Baptist Canal; Widnau-Haslach die seine durch einen von beiden Gemeinden hiezu verordneten Ausschuss mit Assistenz von Lt. Wegelin von Lindau.

Widnau-Haslach verweigerte das Eintreten in die Hauptfrage, bevor ihm nicht volle Entschädigung für die Vergangenheit und volle Sicherheit des ruhigen Besitzes und Genusses für die Zukunft gewährt werde (laut kaiserlicher Verordnung vom 7. October 1732 und den Versicherungen des kaiserlichen Commissarius — Bischof von Constanz — an den Landvogt vom 30. August jüngsthin). Lustnau bestritt, dass weder in dem kaiserlichen Rescripte vom 6. Juli 1728, noch in demjenigen vom 7. October 1732 von einem Schadenersatz weder für Vergangenheit noch Gegenwart die Rede sei, gab aber die Versicherung ab, dass den „gegentheiligen Gemeinden in Abfretzung, Nutzung oder Geniessung" der Rieter bis auf weitere kaiserliche Verordnung nicht der geringste Eintrag geschehen, geschweige denn eine Gewaltthätigkeit gegen sie ausgeführt werden solle.

Darauf übergab W.-H. eine Zusammenstellung des seit a. 1726 durch den vorenthaltenen und abgetriebenen Rietnutzen erlittenen Schadens, den er durchschnittlich auf 2850 Gulden für das Jahr berechnete; constatirte, dass L. dagegen nichts einwenden könne, und gab darauf Antwort auf die Hauptsache: die Bestreitung der Steuerfreiheit seines rechtsrheinischen Gemeindebesitzes, der sog. Schweizerrieter.

Gegen die erste Behauptung von Lustnau, dass W.-H. seine zwei Gemeinderieter, wie verschiedene andere Güter auf Lustnauer Gebiet, nach und nach an sich gebracht habe, dass diese Güter aber von jeher mit allen Reichs- und andern Lasten behaftet gewesen, stellte W.-H. die Gegenbehauptung auf, dass die betreffenden Rieter niemals Privatbesitz gewesen und aus solchem zusammengebracht und erhandelt worden seien, sondern bis 1593 zu dem uralten Gemeindebesitz von Lustnau gehört haben, von dem ganzen Hof gemeinschaftlich benutzt und bei der Hoftheilung dann ihnen zugeschieden worden seien, frei von jeder Last, ohne dass sie jemals irgend welcher „Steuer, Schnitz oder Contribution" unterworfen waren, auch ohne dass eine solche von „Herrschafts- oder Gemeindswegen" je an ihnen gefordert wurde.

Dem hielt wiederum Lustnau entgegen, dass sich aus dem „Separationsinstrument" von 1593 Art. 3 (s. n. 94, S. 64) bezüglich der Anlage der Reichssteuer von selbst ergebe, dass W. und H. lang vor der Auslösung von 1649 ihre Rieter und Güter „herwärts" versteuert haben, wie auch aus den vorgelegten Auszügen aus dem Steuerbuch von 1632 -34 hervorgehe, dass der damalige Hofammann Hans Sperger bei denen von W. und H. die Steuern gefordert, eingezogen und hinwieder verrechnet habe. Dass aber die streitigen Güter auch der „Reichs-Collection" unterworfen seien, gehe aus dem Entscheid des Grafen Jakob Hannibal vom 12. September 1641 (n. 134) hervor, und wenn W.-H. behaupte, dass sich jener Entscheid nur auf die Privatgüter von rheinthalischen und sonstigen Nachbarn auf Lustnauer Territorium beziehen, so heisse es eben, dass a l l e Güter, w i e i m m e r e r w o r b e n, diese Contributions- oder Schnitzgelder zu entrichten haben. Und ganz besonders spreche die Thatsache gegen jene Behauptung, dass

alle „Particulargüter", die Widnauer und Haslacher auf Lustnauer- oder Reichs-
Boden besitzen, einen Werth von circa 250 Gulden ausweisen, wovon die Steuer
jährlich etwa 3 Gulden betragen würde. Nun seien aber in den Jahren 1632—34
ein Jahr in das andere bei 35 und 36 Gulden und darüber gesteuert worden, was
nur von den Rietern herrühren könne, die einen Umfang haben, dass man sie
kaum in etlichen Stunden zu umreiten vermöge, nach der Schatzung von W. und
H. selbst jährlich über 2000 Gulden Nutzen ertragen und an Werth und Wichtigkeit eine kleine Herrschaft ausmachen. Weiter seien ja die Lustnauer Gemeindegüter auch steuerpflichtig, und endlich hätten W. und H. gewiss nicht 1200 Gulden
Auslösung bezahlt, wenn ihre Rieter nicht vorher steuerpflichtig gewesen.

Jener „Auslösungsvergleich" sei ebenso ohne Beizug, Wissen und Zustimmung des Gerichts und der Gemeinde Lustnau errichtet worden, wie dieser Gemeinde niemals die angeblich bezahlten 1200 Gulden zugekommen. Auch sei das
vermeintliche Auslösungsinstrument von 1649 ganz ungenügend ausgefertigt, der
Name des Grafen Karl Friedrich wohl Eingangs genannt, aber am Ende nicht unterschrieben. Nur die Unterschriften des damaligen Oberamtmanns Michel Mauchert
und des Landvogts Konrad Meier seien vorhanden, und von diesen sei der Eine
in dem sogenannten Vergleichsrecess nicht einmal benannt und angezogen und
„beide solcher Integrität und Conduite gewesen, dass sie bekanntermassen kurz
nachher in Ungnaden entlassen worden, verdorben und zu Grunde gegangen seien".
Von den „Petschaften" der übrigen in dem Instrument erwähnten Vermittler sei
an demselben kein einziges anzutreffen.

Wem würde es auch in den Sinn kommen, so ansehnliche Güter um
„kahler" 1200 Gulden Willen für ewige Zeiten von aller Steuer-, Wacht-, Schnitz-
Contribution etc., wie immer genannt, ledig zu lassen, da doch ihr Betreffniss
(ratam) bei Friedenszeiten auf diesen Rietern bis 300 und 400 Gulden, bei Kriegs-
zeiten aber und bei „jetzleidigen Läufen" jährlich auf 600 Gulden steige; was
klar daraus hervorgeht, dass nach der Angabe von W. und H. selbst 300 Haushaltungen Nutzungstheile erhalten; jeder „Nutzen" in L. aber laut Ausweis der
Steuerbücher zu Friedenszeiten mit 1 Gulden bis 1 Gulden 30 Kreuzer, zu Kriegs-
zeiten mit 2, 3 und 4 Gulden in die Steuer gezogen und angelegt wird. Ganz
besonders unglaublich wäre die Zustimmung der lustnauischen Gemeindeleute
zu einer solchen Auslösung in einer Zeit gewesen, „da noch alles nach dem
fürgedauerten, allerdings 30jährigen teutschen Reichskrieg gleichsam geraucht
und die gänzlich erschöpften Unterthanen des Reichs von dem unerträglichen Last
der schwedischen Satisfactionsgelder nicht einmal respiriren können und eben
darum beigezogen werden müssen, was immer zur Concurrenz zu bringen gewesen".

Wenn aber auch die Sache noch ihre Richtigkeit hätte, so wäre nach der
Reichsverfassung die Entfremdung „eines unter des h. r. Reichs Steuerbarkeit
liegenden Grundes" (d. h. Grundstückes) ohne Zustimmung des Kaisers und der
übrigen Stände nicht zulässig. Und wenn sogar diese Zustimmung ertheilt worden
wäre, so läge es am Tage, dass die Auslösung einer jährlichen Leistung von
200 - 400, bezw. 600 Gulden, durch die Bezahlung einer Summe von 1200 Gulden
von einer bis auf das Mark ausgesogenen und verarmten Gemeinde nimmer ertragen werden könne und desshalb rückgängig gemacht werden müsse.

Uebrigens habe auch das „hochfürstl. schwäbische Kreisausschreibamt die
Auslösung durch successiv dutzendweise herausgegebene Kreissignaturen als
unverbindlich, null und nichtig erklärt; und dass auch die allhiesige gräfliche
Herrschaft selbst sie als unstatthaft betrachtet, gehe daraus hervor, dass sie

nicht allein der Gemeinde Lustnau die Reichs-Collectation auf den sogenannten Rietern zu vielen Malen ex proprio bezahlt, sondern auch von Zeit zu Zeit die Vertröstung gegeben, dass dieser zwischen beiden Theilen streitige Collectations-punkt entschieden und ausgetragen werden solle*.

Dem Allen gegenüber berief sich W.-H. einfach auf die deutlichen Be-stimmungen seines Auslösungsvertrages von 1649, in welchem die Gemeinds-Güter und -Rieter ausdrücklichst von dem Privatbesitz der Hofleute jenseits des Rheins unterschieden und ebenso deutlich fürderhin von allen Lasten und Steuern befreit werden, wie die eigenen Aecker, Wiesen und Trattgüter verpflichtet wer-den, den Lustnauern auch ferner „heben und legen“ zu helfen. Sie gaben aus-führliche Auskunft über die Entstehung dieses Vertrags, der nicht etwa „hinter-rucks der Gemeinde Lustnau oder ihres damaligen Herrn Grafen Karl Friedrich und nur von den Beamten erkünstelt und erschlichen, sondern nach langen Unterhandlungen der beiden hohen Obrigkeiten errichtet und in deren Namen unterschrieben und besiegelt worden sei“. Die Gemeinde L. besitze selbst ein gleiches Original dieses Briefs in ihrer Hoflade und habe bis a. 1686 seinem Inhalt genau nachgelebt, auch bisher wegen der durch den gleichen Vertrag mit 800 Gulden ausgelösten Fremdensteuer nie mehr eine Forderung an W.-H. geltend gemacht. Graf Karl Friedrich aber habe den Vertrag sogar 12 Jahre nachher wieder be-stätigt, ebenso sei er im Jahre 1693, nachdem Lustnau a. 1686 die Frage neuerdings aufgerührt und unter dem Vorwand einer ausserordentlichen Kriegsbesteuerung und Collectation die Schweizerrieter eigenmächtig angefallen und den Nutzen davon etliche Jahre hintereinander gewaltthätig entzogen, durch einen neuen Vergleich, unter Ratificirung der damaligen kaiserlichen Commission, vollständig bestätigt worden. — Dabei blieb es wieder über 30 Jahre bis zum Jahre 1725 und zwar selbst zu den unglücklichsten Zeiten des französischen und türkischen Krieges, ohne jede Anfechtung und mit neuer Bestätigung durch das gräfliche Oberamt.

Ueber den von 1686—93 und seit 1726 „bis hieher“ erlittenen Kosten und Schaden von über 20,000—30,000 Gulden lassen sie sich in keine gütlichen Ver-gleichsunterhandlungen mehr ein, sondern verlangen bei ihrem Rechte geschützt zu werden. Wegen des seit 1726 factisch entzogenen Rietnutzens seien sie zur Abkürzung des Streites in dem Sinn zu einem gütlichen Vergleich bereit, dass ihnen die Gemeinde L. für die gleiche Zeit den Nutzen ihrer Rieter abtrete, die ja nach der Scheidungsurkunde von gleicher Grösse seien.

Lustnau seinerseits verlangte, dass das „offenbar allen Reichsfundamental-Gesetzen widerstrebende Auslösungsinstrument“ von 1649 sammt der Bestätigung von 1693 aufzuheben und als nichtig zu erklären sei, die Gemeinden W. und H. aber zum Ersatz des Abgangs der Steuer für die 87 Jahre (1649—1736; — nur mit jährlich 1 Gulden für jede der 300 Haushaltungen berechnet 26,100 Gulden!) und zu künftiger Entrichtung der Reichs- und Kreissteuer anzuhalten seien, sammt Wiedererstattung der auf ein ungeheures Quantum sich belaufenden Kosten und Schaden.

Unterm 9. Mai 1736 erliess die kaiserliche „Subdelegationscommission“ ein verschärftes Decret an die Gemeinde L., dass sich niemand unterstehen und er-frechen solle, „bis auf hienächstens erfolgende kaiserliche Resolution“ die Ge-meinden W. und H. irgendwie in dem freien Genuss ihrer Rieter zu hindern.*)

---

*) Jedes „Fressen“ oder „Treten“ auf den Schweizerrietern wurde den Lustnauern unter-sagt bei einer Strafe von 20 Thalern für die erste und 30 Thalern für die zweite Uebertretung von jedem Stück Klein- oder Grossvieh „und hernach bei grosser Geld- oder Leibesstraf“.

und durch Erklärung vom 11. Mai überliessen sie diesen Gemeinden von den daselbst in Sequester liegenden hohenemsischen Gefällen 300 Gulden mit der Erlaubniss, „jederzeit wieder so viel von den Gefällen zurückhalten zu können, falls diese Sache nicht demnächstens entweder gütlich ausgetragen oder durch allerhöchsten Spruch geendigt werde".

Ihr Antrag an den Kaiser ist uns nicht bekannt; doch gieng er, nach Späterem zu schliessen, ohne Zweifel auf Anerkennung der Verträge von 1649 und 1693, sowie nach einem im Archiv Au erhaltenen „Memorial an die h. Obrigkeit" vom 27. November 1745 auf einen Schadenersatz von 16,566 Gulden 40 Kr. an W. und H. „für ihren erlittenen Schaden und Kösten des Riets halber in sechs Jahren", was beide Parteien angenommen.

Der kaiserliche Spruch scheint aber gar nie erfolgt zu sein. — Schon im Jahre 1738 trieben die Lustnauer ihr Vieh wieder zum Maientratt auf die Schweizerrieter; obgleich der hohenemsische Oberamtmann 12 Mann, nämlich 6 Jäger und 6 Soldaten, zu deren Schutz abgeordnet hatte (der dadurch entstandene Schaden wurde auf Martini durch 225 Gulden aus den gräflichen linksrheinischen Gefällen gedeckt), und auch jenes Memorial von 1745 ist eine Klageschrift über einen abermaligen gewaltthätigen Einbruch der Lustnauer in die eingefriedeten Schweizerrieter zur Nutzung des Maientratts, mit der Bitte, sie für den dadurch entstandenen, auf 280 Gulden geschätzten Schaden in gleicher Weise zu entschädigen, wie es 1738 geschehen war. — Damals wenigstens lag aber der Spruch der Subdelegationscommission von 1736 immer noch unerledigt bei dem Reichshofrath.

Vrgl. zu dieser, wesentlich den Acten im Archiv Widnau entnommenen Darstellung, Abschiede VII. 1. S. 890—893. Auch im st. gallischen Stiftsarchiv findet sich über diese Verhältnisse ein ziemlich reichhaltiges Material.*)

Späteren Verlangen der hohenemsischen Gläubiger aus den Jahren 1742, 1756 und sogar noch 1775 nach Verheftung der ihnen verpfändeten Einkünfte, wollten die regierenden Orte nur noch entsprechen gegen vorherige Sicherstellung von Widnau-Haslach für daraus erwachsenden Schaden, was den Gläubigern wohl nicht convenirte, oder man begnügte sich mit Empfehlungsschreiben und sogenannten gütlichen Mitteln: s. Absch. VII. 1. S. 893 n. 455, 456 und VII. 2. S. 750 n. 434 und 435, 439 und 440.

**) Der ökonomische und sittliche Zerfall des Hauses Hohenems vollzog sich gleichzeitig in der ältern und jüngern Linie. Während in Ems Karl Friedrich sein gewaltthätiges Regiment über den alten Hausbesitz führte, richteten in Vaduz sein Bruder Franz Wilhelm und dessen Sohn Graf Ferdinand Karl die später von Graf Kaspar erworbenen Landschaften zu Grunde, so dass dem letztern die Regierung durch kaiserliche Administratoren aus den Händen genommen werden musste (1684) und über seinen Bruder und Nachfolger Jakob Hannibal III. der förmliche Concurs ausbrach (1693), welcher eben den Verkauf der Herrschaft Schellenberg und Reichsgrafschaft Vaduz zur Folge hatte. Das Nähere ist in den

---

*) In einem „Species facti" überschriebenen, ausführlichen Bericht über diese „Collectations-Streitigkeiten" im St. Galler Archiv werden die Subdelegirten „Herr v. Pfenlug und Herr Thill" genannt. — Bei dem Versuche, den Herbstnutzen der Schweizerrieter von 1735 einzusammeln, gieng es nach diesem Berichte so heftig zu, dass sich die Widnauer „mit grösstem Schimpf und Gefahr über Hals und Kopf wieder zurückziehen und über den Rhein retiriren müssen, auch beinahe in solcher Eile und Confusion ein ganzes Schiff voll Leut darüber zu Grund gegangen wäre"; und trotz der hierauf erfolgten Abmahnungen der kaiserlichen Commissarien wurden im September die vier haslachischen Riedhirten, als sie mit Bewilligung des hohenemsischen Oberamts und des Stabhalters zu Lustnau das gewöhnliche Lohngras oder sog. Baummad mähen und zu Handen nehmen wollten, sammt vier andern Arbeitsmännern nächtlicherweile abermals mit bewehrter Hand „abgetrieben und dabei einer dieser Riedhirten fast tödlich geschlagen".

betreffenden Abschnitten von Kaisers Geschichte des Fürstenthums Liechtenstein nachzulesen.

Der letzte Graf der ältern Linie, Karl Friedrichs Sohn Franz Karl (Anton), wusste sich der Bedrängungen seiner Gläubiger und seiner aufrührerischen Unterthanen nicht mehr anders zu erwehren, als dass er mit seinen Kostbarkeiten und Mobilien und der ihm zur linken Hand angetrauten Tochter seines Amtmanns Schmidlin (v. Lebenfeld) sich förmlich aus dem Hause seiner Väter nach dem schweizerischen Schlösschen Herbrugg flüchtete, worauf durch kaiserliches Decret vom 1. Juli 1688 auch sein Land unter kaiserliche Administration genommen und dem als Cürrassieroberst in kaiserlichen Diensten stehenden jüngern Bruder der beiden oben genannten vaduzischen Grafen, Franz Wilhelm (II.), zur Verwaltung übergeben wurde.[*] Dem „verklagten Vetter" sollte der Verwalter „nach Standesgebühr und der Grafschaft Vermögen mit benöthigter Alimentation an die Hand gehen"; der landesflüchtige Franz Karl selbst wurde aufgefordert, sich innerhalb zweier Monate zu verantworten und die von dem Fideicommiss entführten Mobilien zurückzuliefern.[**] S. Anh. n. 32, 37 und 38 und das in Copie im Staatsarchiv Zürich liegende kaiserliche Decret vom 1. Juli 1688.

Der Graf Franz Karl scheint einige Zeit nachher wieder nach Ems übergesidelt zu sein, — wenigstens ist er am 16. März 1713 dort gestorben, s. Bergmann: Reichsgrafen S. 61 —, ohne jedoch der kaiserlichen Administration enthoben zu werden. Ob diese „ökonomische und gerichtliche Verwaltung" unmittelbar nach Franz Wilhelms (II.) Tode (1691), oder erst später dem Abt von Kempten übertragen wurde, ist aus unserm Materiale nicht zu ersehen. Dagegen gibt uns n. 164 sichere Auskunft darüber, dass sie im Herbst 1716 von dem Abt auf den Grafen (Anton) von Montfort übergieng, also auch nach dem Tode Franz Karls fortdauerte, als Jakob Hannibal III. von der jüngern Linie regierender Graf von Hohenems geworden war.

Ob die nach n. 164 beabsichtigte Uebergabe der Grafschaft an Franz Rudolf damals wirklich zur Ausführung kam, muss vorläufig auch dahin gestellt bleiben. Jedenfalls gieng es bei der eingeleiteten Bürgschaft der Gemeinden für die gräflichen Schulden nicht ganz mit rechten Dingen zu, soweit es die Gemeinde Widnau-Haslach betraf. — Ueber den Ammann Zellweger ist noch zu vergleichen Absch. VII. 1. S. 896 n. 476, wo er und seine Söhne Jakob und Johannes dem Landvogte wegen ihres gefährlichen und liederlichen Betragens zu einem Zuspruch empfohlen werden (1724), und n. 482, wo dem Landvogt befohlen wird, den von ihm zum Landvogtsammann gemachten Alt-Hofammann Zellweger wegen seiner höchst sträflichen Aufführung abzuschaffen und einen ehrlichen Mann an seiner

---

[*] Aus dem Decret Kaiser Leopolds I. ersieht man, dass Franz Wilhelm und Jakob Hannibal III. ihren Vetter beim Kaiser verklagt hatten: „dass er sich vor acht Monaten in das Schweizerland flüchtig gemacht, verschiedene Fideicommissgüter entfremdet und andere Bestimmungen des von Kaiser Ferdinand III. 1639 bestätigten Testaments verletzt, dazu zu augenscheinlicher Gefahr der benachbarten Lande des schwäbischen Kreises und unverschmerzlichem Schaden des gesammten gräflich Embs- und Vaduzischen Hauses die Festung seiber und den Pallast, mit Exportiren deren Kostbarkeiten und Mobilien, ohne Besatzung jeglicher Irruption exponirt und trotz Zusprechen der beiden Brüder und des kaiserlichen Commissarius (in Vaduz) bis dato nicht zurückgekehrt sei."

[**] Auf Veranlassung des Verwalters wurden auch die regierenden Orte durch kaiserliches Schreiben vom 2. Juni 1689 aufgefordert, den vermeintlich wegen Schulden des geflüchteten Grafen auf die hohenemsischen Einkünfte im Rheinthal gelegten Sequester aufzuheben; worauf die berichtigende Auskunft ertheilt wurde, dass dieser Sequester lediglich deswegen angelegt worden, weil die Gemeinde Lustnau den Widnauern seit drei Jahren die Nutzung ihrer überrheinischen Rieter vorenthalte. Sobald diese Unbill abgestellt sei, werde auch der Sequester aufgehoben. — Schreiben des Landvogts Mettler an Zürich vom 3. Juli 1689 mit Beilagen und Schreiben von Zürich an Luzern vom 21. Juli 1689.

Statt zu setzen. Was den Landvogt Müller bewog, 1716 die Partei des Zellweger und seiner Gehülfen zu nehmen, ist ebenfalls unbekannt.

Die Liechtensteiner, die nun unserm Nachbarländchen den Namen gaben, waren ursprünglich ein niederösterreichisch-steiermärkisches Geschlecht. Die Herrschaft Schellenberg begriff die Ortschaften Bendern, Gamprin, Ruggell und Mauren in sich; ihr Kaufpreis war 115,000 Gulden, derjenige der Reichsgrafschaft Vaduz 290,000 Gulden.

Der Stammbaum der für uns in Betracht kommenden Grafen von Hohenems von Graf Kaspar an gestaltet sich nach Bergmann folgendermassen:

Kaspar, 1573 (?) bis 10. Sept. 1640

Jakob Hannibal II., 20. März 1595 bis 10. April 1645

Karl Friedrich, 11. Nov. 1622 bis 30. Oct. 1675	Franz Wilhelm, 1627 bis 19. Sept. 1661
Linie Hohenems	Linie Vaduz

Franz Karl Anton	Ferdinand Karl	Jakob Hannibal III.	Fried. Franz Wilhelm II.
1. Aug. 1650 bis 18. März 1716	29. Dec. 1650 bis 18. Febr. 1686	7. März 1653 bis 1730	1654 bis 27. (29.) Aug. 1691
		Franz Rudolf	Franz Wilhelm III.
		1656 bis 21. April 1756	23. März 1692 bis 5. Nov. 1759

Ueber die Verhältnisse, welche aus dem Erlöschen der männlichen Linie der Grafen von Hohenems hervorgegangen sind, s. Bergmann: Reichsgrafen, S. 82 ff. Die Landeshoheit oder hohe Obrigkeit über den rechtsrheinischen Hof Lustnau wurde zunächst von Oesterreich beansprucht und erst 1789 durch Vergleich mit einigen Einschränkungen der Gräfin Maria Rebecca Josepha zugestanden.

**) S. n. 191 und 195; 201 und 203; 189, 194 und 203; 195 und 200. — Die drei Männer, die sich damals dieser Dinge eifrig annahmen und unbestrittene Verdienste um den Hof erwarben, waren der gräfliche Oberamtmann Funkner von Funken und die Landvögte Simeon Franz Wurstemberger von Bern 1770/72 und Johann Leonhart Bernold von Glarus 1774/76.

**) S. n. 190.

**) S. n. 199. — Zu den auffallenden Widersprüchen über den Kaufpreis des Hofes, auf welche wir in der Anm. zu n. 199 hingewiesen haben, können wir heute noch einen weitern beifügen. Im Archiv Hohenems liegt nämlich ebenfalls eine Ausfertigung des Kaufbriefs mit den aufgedrückten Originalsiegeln des als Verkäufer functionirenden Oberamtmanns Funkner und der fünf Käufer, datirt vom ? August 1773. In dieser Ausfertigung ist die Kaufsumme auf 55,500 Gulden angesetzt, wovon 500 Gulden sogleich und von den übrigen 55,000 Gulden je 18,333 Gulden 20 Kreuzer auf Georgi 1774, 1775 und 1776 zu bezahlen sind; an der ersten Rate gehen 5400 Gulden ab, welche die Käufer an der Herrschaft zu fordern haben (1800 Gulden davon datiren seit 1768, 3600 Gulden sind erst vor einem Jahre vorgestreckt worden). Ferner behält sich in dieser Verschreibung das gräfliche Haus die jährliche Steuer von Altstätten ausdrücklich vor. Dieses unvollständig datirte Document ist offenbar, trotz der aufgedrückten Sigel, nur Entwurf geblieben. In einem Actenstücke des Stiftsarchivs endlich werden die Kosten des ersten Ankaufs auf 64,600 Gulden angegeben; s. die Anm. zu n. 214, S. 176.

**) S. n. 199 Anm. und n. 206. — Den neun regierenden Orten wurde mit allen Extrakosten eine Kaufsumme von 75,400 Gulden vorgerechnet.

**) S. n. 206 Anm.

**) S. n. 199 Anm., S. 162. — Die erste Zahlung, welche nach dem Berichte des Landvogts an die Frauenfelder Tagsatzung vom Juli 1775 geleistet war, ist also nur diese Abschlagszahlung von 3600 Gulden an die auf Georgi 1775 verfallene erste Ratazahlung, nicht etwa diese selbst.

[3]) S. n. 205 und 208, auch 227, wo dem Landvogt die Jahrzahl 1776 offenbar irrthümlich statt 1775 in die Feder gekommen ist. Der freie Zug von der einen Rode in die andere wurde bei der Hoftheilung von 1775 zwar vorbehalten, doch so, dass jeder, der in eine andere Abtheilung übersidelte, 10 Gulden Eingangsgebühr zu bezahlen hatte.*) — Dass der Ursprung der Ortschaft Au kaum weit über das Jahr 1500 hinausgeht, darf aus der schon oben, S. X, verwertheten Stelle geschlossen werden. Schmitter wird in unsern Urkunden zum ersten Male im Jahre 1582 neben Widnau genannt, s. n. 84, S. 56. — Die Bezeichnung des ganzen alten Hofs als Widnau-Haslach-Schmitter kommt nur vereinzelt vor.

[4]) S. n. 214 und 220. — Die Erhöhung der Kaufsumme, nachdem der Kauf schon verschrieben und ratificirt war, nur auf die erneuerte Vorstellung der Verkäufer: dass sie sich in diesem Kaufe beschädigt finden, spricht sehr für die Gutmüthigkeit des Herrn Baron. — Das Anleihen bei den Herren von Salis wurde auf drei Jahre fest und nachher auf dreimonatliche Kündigung abgeschlossen, verzinslich zu 5%, wie damals bei hypothekarischen Darleihen allgemein üblich.

[5]) S. n. 225, 230 und 231.

[6]) S. n. 228, 232, 234, 235 und 237. — Wenn auch die wirkliche Kauffertigung erst um die Mitte des Jahres 1782 stattgefunden zu haben scheint, wurde die Uebernahme nach den vorausgegangenen Abredungen doch schon auf Martini 1781 angesetzt.

[7]) Dieses Amtssigel befindet sich nun durch die Güte des Herrn A. Schawalder, Lehrer in Widnau, in der Sammlung des historischen Vereins des Kantons St. Gallen.

[8]) S. n. 242. — Criminalsachen kamen nur insoweit vor den niedern Gerichtsherrn, als vor seinem Forum entschieden wurde, ob der Fall überhaupt criminell sei. Sobald dies bejaht war, fiel die weitere Behandlung dem Landvogte zu.

[9]) S. n. 261 und 265.

[10]) S. n. 267 Anm.

[11]) Durch Beschluss des Kleinen Raths vom 2. Juli 1803, über die Eintheilung des Kantons in politische Gemeinden, wurden Au und Monstein der Gemeinde Bernegg, Widnau und Schmitter der Gemeinde Diepoldsau zugetheilt. Allein schon durch Beschluss vom 19. April 1805 wurde dem Ansuchen der Ortsgemeinde Au um Trennung von Bernegg und Erhebung zu einer eigenen politischen Gemeinde entsprochen. Die Trennung Widnaus von Diepoldsau und seine Erhebung zur eigenen politischen Gemeinde erfolgte durch Gesetz vom 2. December 1882. Schmitter blieb bei Diepoldsau.

[12]) S. Anhang n. 64 und Kantonsarchiv Rubrik 186, Fasc. 4. Der Vertrag mit dem Administrationsrathe datirt vom 26. August 1856. Auch Naef: Chronik S. 1076.

[13]) S. darüber Bergmann, Reichsgrafen S. 86 ff., 94.

[14]) S. n. 137 Anm.

---

*) Es mag bei diesem Anlasse bemerkt werden, dass wohl in Aum. 91 zu der historischen Einleitung des Hofes Kriessern das Wort „Rode" irrthümlich als „Rodung" erklärt wurde, da es ohne Zweifel weit besser mit „Rotte" = Geschlecht, Sippe, in Beziehung gebracht wird.

Beilagen.

1.

Ritter Johann von Zwingenstein tritt mit zwei Mannen, seiner Veste Zwingenstein und allen seinen Leuten auf ein Jahr in die Dienste der Herzoge von Oesterreich gegen die von End und ihre Helfer.

Vor Grimmenstein 1361, October 7.

Ich Johans von Zwingenstein, ritter, vergich und tun kunt offenlich mit disem brief allen, die in sehent, lesent oder hörent lesen, das ich mit guter vorbetrachtung durch mins redlichen nutzes willen übereinchomen bin mit dem edeln, wolerbornen herren hertzog Friderichen von Tekch, der hochgebornen fürsten hertzog Rudolfs und sinr gebrüder der hertzogen von Österreich etc. houptman und lantvogt ze Swaben und in Elsazz, daz ich im in namen und an statt der vorgenannten miner herren von Österreich mit min selbers libe und mit zwein erbern mannen zu mir und mit miner vesti Zwingenstein und mit allen minen lüten wider die von End und ir helfer und diener sunderlich und wider allermenklichen, nieman usgenomen, denn allein den edeln herren graf Rudolfen von Veltkilch, diewile ich sin diener bin, getrewlich warten und dienen und im die vesti Grimmenstein in miner kost bewarn und behüten sol ein ganczes jar, das nu an dem nechsten sant Gallentag nach der dat diez briefs anvahen sol. Und sol er mir in dem namen, als da vor, darumbe geben funfhundert phunt haller, der er mir zwei hundert phunt richten und weren sol uff den nechsten sant Johans(tag) des ewangelisten ze Wiennechten, der nu schierest kumpt, oder ee, und die ubrigen drühundert phunt haller sol er mir darnach uff den nechsten sant Johanstag des toiffers ze Süngichten, als er geborn wart, richten und geben, oder ee, ane geverde. Und des ze merer sicherheit hat er mir ze rechten bürgen und giseln gesetzt und geben die edeln vesten graf Heinrich von Nellenberg (!), Markwarten von Rûda, Johans Wernher Vorkilchen, Rûdolfen von Trosperg, Petern von Grünenberg, Rûdolfen den Hürns von Schönouv, Göczen Müller von Zürich, Uolrichen, Wernhern und Walthern von Büttikon, Johansen von Langenhart und Cünczen von Stoffeln, die all gelobt und geswaen hant zû den heiligen: wer, daz wir*) die vorgenannten funfhundert phunt haller zû den ziln, als vor bescheiden ist, nicht verricht noch gewert wurden, daz si sich denn nach miner manung inrent den nechsten acht tagen alle gemeinlich und unverscheidenlich, ieklicher mit sin selbers libe oder ein erbern knecht an sin statt, antwirten sullent gen Kostentz, gen Sant Gallen oder gen Stein, in welche der drüer stetten es ir ieklichem aller komlichest ist, in offener wirte hüser ze veilem güt,

---

*) Wohl verschrieben für „mir".

und nach der statt recht daselbs uff des obgenannten mins herren von Tekch kosten giselschaft leisten ane underlazz. als vil und als lang. untz die zweihundert oder die drühundert phunt haller, darumbe ich denn gemant han, verricht und gewert werdent genezlich, ân geverde. Wer ouch, ob der vorgenannten burgen keinr abgieng oder zu diser burgschaft unnucz wurde, so sol mir der obgenannt min herr von Tekch nach miner manung inrent vierzehen tagen einen nutzen burgen an des unnutzen statt geben. der sich mit sinem briefe umb die sach verbinde, alles des sich der abgegangen burg verbunden hat, ane geverde. Es ist auch bereit und bedinget: wer. daz der obgenannt hortzog Friderich von Tekch von dem ampt der houptmanschaft und lantvogtye verkert wurde in dem jare, daz nu uf den nechsten sant Gallentag anvahen sol, als vor geschriben ist, und min herren von Österreich oder ir lantvögte mich von der behusung ze Grimmenstein ouch verkerent wurden vor dem usgang des jares, waz sich denn die erbern vesten Johans Hofmeister von Frouvenvelt, Egbrecht von Goldenberg, Peter von Grünenberg, Göcz Müller von Zürich und Johans von Langenbart, die funf oder der merteil under in erkennent, daz mir von der vorgenannten behusung nach ergangener zit des jares nach dem vorgenannten anschlag gevallen sulle. daz er mir das ouch richt*) und gebe und daz mir die vorgenannten burgen darumb haft sin in aller wise. als vor bescheiden ist, und daz ouch mich des benügen sol, ân geverde; also daz ich doch mit miner vesti Zwingenstein und mit zwein erbern (mannen) zu mir und mit minen lüten den vorgenannten minen herren von Österreich und iren lantvögten und amptlüten daz jar vollus zu allen iren nöten warten und dienen sol, als vor geschriben stat; und sullen mir darumb sunderlich von den vorgenannten funfhündert phunden werden und gevallen zwei hundert phunt haller. Was ich ouch in der obgenannten minr herren von Österreich und in ir lantvögten dienst in dem vorgenannten jare redlicher und wissentlicher verlust nime an rossen und an hengsten, das sol mir ouch der obgenannt min herre von Tekch ouch gebunden sin uzerichtend**) nach erkantniss der vorgenannten fünfer(!) oder des meren teils under in, und sol mich des ouch wol von in benügen und darumb an in fürbazzer nit sprechen. Möchte aber ich die vorgenannten fünf alle ze sament nicht bringen. mag ich den zwen under in haben, welch die sint, die hant gewalt einen dritten zů in ze nemen und sich darumb ze erkennende; und wes sich denn dieselben drüe oder der merteil under in umb die vorgenannten sachen erkennent und den egenannten min herren von Tekch gen mir tůn heissent das sol er tůn, und sol ouch mich des von im benügen in aller wise, als ob die obgenannten alle fünfe oder der merteil under in sich darumb erkent hettent, ane geverde. Wer ouch, daz der egenannt min herr von Tekch in dem namen als da vor min und miner dienern in der vorgenannten zit anderswa, denn an den vorgenannten stetten ze reisende 'oder andern diensten bedurfent wurden, des sullen ich und min diener im gehorsam sin, und sol er uns kost geben, als er denn ze mal andern sinen dienern tut, ane geverde. Ich han ouch gesworn ein gelerten eid zu den heiligen, den obgenannten minen herren von Österreich und iren lantvögten und amptlüten das vorgenannt jar vollus getreuv und gewer ze sinne, allen iren nucz und êr ze furderen und schaden ze wendende, heimlich und offenlich. in allen sachen und wider allermenklichen. als vor bescheiden ist;

---

*) Wohl verschrieben für „richt".
**) Wohl verschrieben für „usserichtend".

und süllent si mich dawider ouch in allen sachen schirmen, versprechen und halten als ander ir diener. An geverde. Und des und aller vorgeschribener sach ze warem urkunt han ich der obgenannt Johans von Zwingenstein min eigen ingesigel offenlich gehenkt an disen brief. Der geben ist vor Grimmenstein, an dem nechsten dornstag nach sant Franciscitag, nach gots gebürt tusent drühondert nnd sechszig jaren und darnach in dem ersten jare.

Vrgl. Reg. n. 2.

Orig.-Pergam. mit anhangendem beschädigten Sigel im k. k. Haus-, Hof- und Staatsarchive in Wien.

Die Abschrift dieser Urkunde verdanken wir der Gefälligkeit des Herrn Hofrath Professor Theodor von Sickel in Wien, in dessen Auftrag sie auf unser Ansuchen durch Herrn J. Pankert, Concipist im k. k. Haus-, Hof- und Staatsarchiv, angefertigt wurde. Der im Text erwähnte Herzog Rudolf ist nun natürlich nicht Rudolf III., der Sohn König Albrechts, sondern Rudolf IV., Sohn Herzog Albrechts des Weisen.

2.

Die Gerichtsgrensen des „freien Reichshofs" Lustnau.

1510.

Item des ersten so vacht an ir gericht und offnung in dem Monstain und in des Wyssen hüsli; uß des Wyssen büsli in den Lusvelben; uß dem Lusvelben in des Diet müli, die man nempt zum Wyger; und die Ach uf in Hechenfurt (?); uß Hechenfurt in Ysengraben; uß dem Ysengraben in des Amans Graben; uß des Amans Graben in den Gsiggraben; uß dem Gsiggraben in die Seemeder; uß den Seemeder in die rote Lachen; uß der roten Lachen in den Bagolten, als der schne herwertz schmeltz (!); uß dem Bagolten in den Burggraben; uß dem Burggraben in der (!) Empsbach, als er in den Rin rinet, und in die Schwantzlachen, zu dem Escherateg und in die Tach (e)tzmüllstat; uß der Dachetzmülstat in den Holenstain und in den Unwink(e)l; uß dem Unwink(e)l in Hünlisbach, den bach uf uf die Fluch (= Fluh) und die Meldegk abhin in den Monstain.

3.

Das Isenriet.

1510.

Item zum andern: der stöß halb in dem Ysenriet in der fryen Richsgmeind, so hend die von Widnouv darin ir traib und tradt gehept ye und so lenger, des yemant mag verdenken, ungewert von mengklichem, und das ingehept und ererpt, si und ir vorderen, und hend das besezt mit iren hirten, getriben mit irem väch. Ouch die von Haslach und Diepoltzouv, die in den oberen hof gehörend. Die von Widnouv habend ouch ir aigen hirten und ir aigen furten und ain aigen sitzgericht. Sölichs haben sy lenger ingehept und gebrucht, wan (!) stat oder landsrecht ist, onch lenger, denn yemand verdenkens.

Item witer und mer: so haut ain keller von Bernang den bann uf dem Ysenriet uf der fryen Richsgemeind; darum so lat man im zway mansmad im Dachatmos; daß er die selben soll höuven vor Sant Jacobs tag; das er soll bannen das Ysenriet untz an den See vor den ungenossen, als dick und vil geschechen ist. Darbei mengklich sol verstòn, das für die von Widnouv nie gebannen ist, und nie kain ungenossen sind gesin.

Item me: so hond die von Widnouv den ban uf den meden (!) untz an die (!) see. Ye den was man ingethon hat uf dem Ysenriet und uf den meden, das hat man ingethon gen Widnouv, es sige keller oder dero von Widnouv banwart; und sollend die von Widnouv stallung geben. Es hond ouch die von Widnouv den ban ye und ye gemacht und gesetzt; si möchtentz ainen (?) schenken oder nit.

Item me: dero von Widnouv sigingüter und ouch lechengüter stossend an die fryen Richsgemaind. Die von Bernang stossend niendert an die gemaind; sy kunden ouch niendert daruf kommen, dan über und durch die von Widnouv.

Diese beiden Nummern sind durch den Herrn Grafen Hugo von Walderdorff einem kleinen Heftchen des Hohenemser Archivs entnommen worden, in welchem sich Einträge von 1510—1521 und von 1545 über das „alte Herkommen, Zwinge, Bänn und Gericht" von Lustnau vorfinden. Auf die obigen Aufzeichnungen folgt der Beschluss von Ammann, Gericht und Gemeinde (vom 4. März 1510) über einen „Untergang" (= Augenschein) auf „die Hofstätten, Krautgärten und anderes, was Einer von der Gemeind inne hat", um die Abgaben von denselben „anzuschlagen", und „was einem Jeden aufgelegt wird, das soll er fürohin geben und so lang er die Gemeind vormals innegehabt" hat, oder aber „die Gemeind von Stund ausschlagen und dennoch die verfallenen Zinse geben".

Zu diesem „Untergang" gaben „die Vierundzwanzig" dem Ammann bei: von Widnau Hans Näf den Jungen, von Haslach Dias Torgler, von Lustnau Jos Schaipach, Leonhart Hagen und Dias Hemerlin. Diese sollten am 8. März den Augenschein vornehmen und das Nöthige mit Vollmacht verfügen.

4.

Verantwortung von Ammann und Gemeinde zu Lustnau auf Derer von Diepoldsau, Widnau und Haslach gestellte Beschwerd-Artikel.

1561.

. 1. Wegen des Verkaufens und Versetzens „der Gemeind Trieb und Tratt". — Werde nicht in Abrede gestellt, sei aber von jeher so geübt worden und werde der Erlös „an des Hofs Nutzen" verwendet. So seien ob tausend Gulden (obwohl vergeblich) mitsammt grosser Arbeit und Kosten verwuhret; desgleichen haben Die von Diepoldsau, Widnau und Haslach sie gegen Die von Bernang und Andere in über 300 Gulden Kosten geführt; auch haben Die von Lustnau von dem Isenriet jenseits des Rheins, wo D., W. und H. „das Tratt und Mayen" haben, keinen „gniess".

2. Wegen des Gemeindelands (der gmainden) und der eingelegten Güter. — Etliche Güter seien in Bann gelegt und die Rosse auf das Riet geboten worden, damit die Kühe sich desto besser behelfen mögen. So sei es von Alter her gehalten worden und haben es auch Die von W. gemacht; auch nutzen diese die Güter der Lustnauer, welche diesen der Rhein „hingebrochen" habe. Endlich werden sie glaublich berichtet, dass Die jenseits des Rheins kein weiteres Recht zu ihnen gehabt, als mit ihren Schweinen in die Ecker (das äcker = Eichelmast) zu fahren und mit der Sense (Säges) zu mähen. — Ueber Gräben (graben), Marksteine (wyffen) und das in Bann legen verlassener Güter haben sie „nicht weiter noch ferner gemeindet", als von jeher; und wenn Die von D., W. und H. mit ihnen „gemeinden"

wollen, so sollen sie den dritten Mann und L. die zwei dazu geben, wie
sie mit einander zu Gericht sitzen.

3. Dem Hans Turnher (D—), der Recht vorgeschlagen, sei auf Geheiss des
Grafen Märk von dem Ammann verkündet worden; worauf Turnher „zum
ersten" erschienen sei und Antwort ins Recht gegeben und „Kundschaft"
(Zeugen) angeboten (potten) habe, die ihm „mit Recht" erkannt worden. Als
ihm aber zum zweiten Mal verkündet worden, sei er einfach nicht mehr
erschienen.

4. Haben sie nicht weiter und ferner „eingegraben und daraus gelöst", als
es von jeher geschehen ohne „Widersprechen" Derer von D., W. und H.

5. Haben sie allerdings „etlicher ihrer Nachbarn Vieh da gehen lassen" und
etwas Geld (ein geltli) dafür empfangen, dieses Geld „an der Kirchen und
Gemeind Nutzen" verwendet; doch nicht weiter, als sie von jeher das
Recht dazu gehabt. Es haben ihnen auch eine Zeit lang Die von D., W.
und H. „etlich Holz hie dißhalb" Rheins abgehauen, was früher nicht geschehen und ihnen beschwerlich sei.

6. Das „Vorach" betreffend habe Graf Märk von Ems dieses Gebot erlassen,
vielleicht von des Wildes wegen; brächte es Schaden, so würde es ihnen
von L. grösseren Schaden bringen; sie vertrauen aber, dass „ihr gnädiger
Herr" sie schadlos halten (irs schadlos nit begern) würde.

7. Das Hofbuch betreffend sei dieses niemanden hinterrucks, sondern mit
Gunst, Wissen und Bewilligung unserer gn. Herren von Ems und eines
Ammanns und Gemeinde zu L. aufgerichtet worden (1536, lt. andern Docu-
menten); das wollen sie Herren und Bauern hören lassen; es sei einem
Hofmann gestellt wie dem andern; einem jeden „darzu er recht habe".

8. Wollen Die von D., W. und H. sie nicht bei ihren Rechten und Gerechtigkeiten bleiben lassen, so bitten sie ernstlich um Trennung der Gemeinden
jenseits und diesseits des Rheins (sy jenethalb dem Rin söllend mit der
gmeind rechnen jenethalb dem Rin, so wellend sy hie dißhalbs Rin bliben).

Archiv Hohenems. — Wenn auch dieses Schriftstück ohne die Klageschrift der Linksrheinischen, die zu demselben Anlass gab, nur theilweise verständlich ist, scheint es doch von genügendem Interesse, um dessen Abdruck
in der vorstehenden abgekürzten Form zu rechtfertigen. — Es fällt auf, dass in demselben Diepoldsau überall mit Widnau und Haslach gleichgestellt ist, während
es bei den spätern Ausscheidungen der Gemeindenutzungen niemals mehr erwähnt wird. Man wird annehmen müssen, dass es sich hier nicht um das wirkliche Diepoldsau, sondern um das erst erheblich später unter seinem besondern
Namen auftretende Schmitter oder um anderes an Diepoldsau angrenzendes
Widnauer Gebiet handle, welches zu jener Zeit noch als Theil jener Ortschaft betrachtet wurde, wenn es auch andern Gerichtsmarken angehörte, als das eigentliche Diepoldsau. — Aus Art. 2 geht wohl mit Sicherheit hervor, dass vor der
Trennung von 1593 aus dem linksrheinischen Hoftheil ein Drittel des Lustnauer
Hofgerichts besetzt wurde, aus dem rechtsrheinischen zwei Drittel.

5.

Zur Hoftheilung von 1593.

a.

Am 5. Januar 1593 erkannten zu Widnau die Abgeordneten beider Obrigkeiten, — nämlich für Graf Johann Christof von Hohenems die Abgeordneten Dr. Schnabel und Johann Rem und für die acht eidgenössischen Orte

Landammann von Haimen zu Appenzell, Johann Ulrich, d. Z. Landvogt.
Jerg Christof Giel, äbtischer Vogt auf Rosenburg, Anthoni aus der
Vorburg, Schreiber zu St. Margrethen, und Kaspar Dürler (T—), Land-
schreiber zu Rheinegg —, auf vorgehaltene „Streitbarkeit" zwischen den neuen
Gemeinden und Gerichtsleuten Lustnau einerseits und Widnau-Haslach
anderseits „in der Güte und von Amts wegen", was folgt:

1. Was die acht Zusätze und Obmann in dieser Sache gesprochen, soll in
   allen Punkten und Artikeln in Kraft bleiben (s. n. 94).

2. Die „zwei Auen" sollen in zwei Theile „ausgetheilt" werden und je nachdem Lustnau oder Widnau-Haslach die „Austheilung" vornehme, soll die
   andere Partei die Wahl haben. Können sie sich aber darüber nicht vergleichen, so soll „die gemeine Abtheilung" geschehen und „das göttlich
   Loos" darüber geworfen werden.

3. Die Steuern betreffend, welche bisher von dem allgemeinen Hof Lustnau
   eingezogen und von der Gemeind zu ihrem Nutzen verwendet worden,
   soll neben der Steuer, die von jeder Gemeinde zur Hälfte den Grafen zu
   der Hohenems und dem Pfarrer zu Lustnau zu bezahlen ist, der Ertrag
   von den fremden, in ihrem Gebiet gelegenen steuerbaren Gütern zu gleichen
   Theilen an beide Parteien fallen und zum Nutzen einer jeden verwendet
   werden (s. n. 98); jedoch mit dem Vorbehalte, dass sie darüber mit Tausch
   oder in anderer Weise sich gütlich vergleichen dürfen.

4. Die steuerbaren Güter betreffend soll den Parteien „ein guter Weg und
   Mittel angezeigt werden", wodurch sie und die beiden Obrigkeiten in dieser
   Beziehung zu „bessern Ruhen" kommen.

   Unterschriften von Schnabel und Rem.

Archiv Hohenems. — Ohne Zweifel nur ein flüchtiger Entwurf, der
nur durch Vergleichung mit dem sonstigen, über die Hoftheilung vorhandenen
Material verständlich wird. Was unter den „zwei Auen" unter Art. 2 zu verstehen ist, bleibt unklar, wenn damit nicht einfach die „beidseitigen Auen" gemeint sind.

b.

*Reglirung und Ausscheidung der Nutzungen, welche die beiden Gerichts-
zwänge und Gemeinden zu Lustnau einerseits und zu Widnau und Haslach anderseits ausser dem „Riet und Forach" zu niessen haben, beschrieben durch „obbemelte" Verordnete der beiden Gerichte und Gemeinden.*

1593, März 25.

1. Soll der Boden zwischen den Seelachen und der „Laußmadbrugg(!)"
   gelegen Denen von Lustnau, Widnau und Haslach mit ihrer Hab, Ross
   und Vieh in Trieb und Tratt und mit einander zu nutzen und niessen gemein sein; doch sollen die Eichen (Aich—) auf diesem Boden Denen von W.
   und H. allein für eigen zugehören und Die von L. gar kein Recht haben,
   dieser Enden ihre Schwein zu treiben; wie dann auch die Meder aller Hab
   Fried zu geben schuldig sein sollen.

2. Solle von der „Lußmadbrugg(!)" dannen der Boden von des Fürsten Weg
   bis an den Rhein (Rein) und hinab bis an die Wegwies-Eich am Brand

Denen zu L., W. und H. mit Trieb und Tratt zu treiben und zu niessen gemein sein, und soll an der Wegwies ob dem Brand ein guter Weg zu der „Trenki" in den Rhein gehen; doch (allein) sollen auch die Eichen hinter Brendlins Wies Denen zu W. und H. unverhindert Deren zu L. zugehören; aber der Boden dieser Enden gelegen soll unvertheilt Gut sein und bleiben.

3. Sollen die Eichen, auch der Brand-Boden und das Gestäud von der Wegwies dannen hinab bis an den Speicher und ein Stang hinter des Fürsten Weg bis an die „Sand- und Alißau" auf dem Rainli am (an) Sumpf Deren zu W. und H. Eigenthum sein.

4. Sollen Die von W. und H. den obern Theil in Monerau mit dem „Öwlin" unter dem Wuhr haben, wie es die Marken und das Maß (Mess) ausweisen und mit sich bringen.

5. Sollen Die von W. und H. das Tratt in Hanselins Anger „für eigen" sonst aber in keinen andern Wiesen zu Lustnau, noch sonst irgend welches Tratt haben, anders als auf ihrem Eigenthum, dem Riet und Forach Gemeindeland.

6. Soll die Zellgass Denen zu L., W. und H. zu tratten, zu nutzen und zu niessen gemein sein und Die von W. und H. „in solicher Zellgassen" sechs Eichen haben, die ihnen in der Theilung zugeeignet worden.

7. Die Sänder (Send—), „was für ein Gemeind geachtet", von der Monerau unten auf und auf „bis an der eigen Gut" und unten am Dorf gegen Lustnau und dann dem Rhein nach hinauf bis an das Wuhr (wuor) und an den Rhein, was Sand und Wasser ist, sind Deren zu L., W. und H. ein gemein, unvertheilt Gut.

8. Ebenso ein Stückli Gut hinter der Fahrau (Farow) gegen Lustnau im Wasser und auf dem Land, „was sich für ein Gemeind finden mag."

9. Sind die Hörner von dem Böschach dannen und ob Algisgüessen durch auf bis an Algisau an der Seiten gegen Widnauer Wuhr, „was sich Gemeind finden mag", Deren zu L., W. und H. ein unvertheilt Gut.

10. Haben Die von L. in der Böschachau sich die alten zwei Auen (zwo owen) in maßon, wie die Marken mit sich bringen, zum Theil genommen.

11. Haben Die von L. in der Fahrau denjenigen Theil ob der Herrenau bis an Bernanger Grenze (grintz) und an Deren von W.-H. hinauf, wie deswegen die Marken Ausweisung geben.

12. Haben Die zu L. ihren Theil Gut unter Nagelsau an des Nagels Au, wie die Marken mit sich bringen. Item es solle auch Deren von W. und H. ein Stückli Gut gegen Monerau unvertheilt sein.

13. Ist in dieser „Abtheilung" und „Erläuterung" ausdrücklich bedingt und abgeredt: wo das Wasser der Rhein den obgemelten Gemeinden, die anjetzo wie vorsteht getheilt worden, es wäre von welchem Theil es wollte, Schaden und Nachtheil thun würde, so sollen jedesmal auf des geschädigten Theils Ersuchen und Anfordern die andern Theil schuldig und verbunden sein, demselben darumb gebührenden Wandel und Abtrag zu thun, wie dann auch Die von L., W. und H. verbunden sein sollen, wo sie mit den Gütern gegen und an einander stossen, je ein Theil dem andern gebührlicher Maßen nach Nothdurft Steg und Weg zu geben.

14. Soll der Grindel auf Wasser und Land Deren von L. mit sammt beiden Mühlwegen „eigenthümlichen" in Ewigkeit sein.

15. Haben sich Die von L. die Fischenzen im Kärpfengüessen hinter Rosenbergsau in allweg (alhveg) vorbehalten, doch hoch und niedere Oberkeiten, die dieser Orten zu gebieten haben, an ihren Rechten „unvergriffenlichen".

16. Sollen die „Ferren" des untern und obern Fahrs am Rhein die Hofleute zu L., W. und H. hinfüro halten „an dem Faren" mit verfertigen und überführen, wie von Alters und bishero beschechen und darin mit ihnen keine Neuerung fürnehmen.

17. Soll es bei der Erkenntniss der „Oberkeiten" beider Enden, als zu Ems (Emps) und Rheinegg, zwischen den Unterthanen zu W. und H. einestheils und den Unterthanen zu L. anderntheils sein Bewenden haben: nämlich dass die Fremdensteuern (frembden steuern), so zu W. und H., desgleichen zu L. fallen und von den Fremden, so nit Hofleut zu W. und H., auch L. seien, gesteuert und eingezogen werden, jährlich der halb Theil Denen von L. und der ander halb Theil Denen von W. und H. zu gutem dienen und zugehören, und sollen Die von L. die „Oberkeit" zu Ems und den Pfarrer daselbst zu L. um die Schirmsteuren (Schürm—) jährlich zum halben Theil und Die von W. und H. den andern halben Theil zu bezahlen schuldig sein (vrgl. n. 137).

18. Sollen Die von L., wenn man die Fremden, „so nit Hofleut sein, zu steuren bedacht", der Ammann daselbst sammt noch einem von L., „als selbstandem" und der Ammann zu W. und H. allein mit einem „Steurer" und Schreiber, den er mit sich bringen mag, zu steuren anheben und solche Steueranlag zu W. und H. jährlich „verricht" und die Unkosten, so darüber ergehn, ingemein „ufgehept" und bezahlt werden.

19. Wann zu L. von der Hab daselbst Schaden beschechen, soll derselbig von Denen zu L. gebüsst (gepuetzt) und gestraft, und wann in dem Gerichtszwang W. und H. von „berührter Hab" Schaden erfolgt, derselbig daselbst auch gestraft und an jedem Ort und Gericht, darinnen solcher Schaden beschehen, Recht gegeben (geben) und genommen werden.

Zur Bekräftigung gesigelt durch Mangnus Hagen, d. Z. Ammann zu L., und Jakob Frei (Frey), Ammann zu W. und H.

Original im Archiv Lustnau, Copie im Archiv Hohenems.

6.

Verzeichniss der Güter, welche die Herrschaft Ems im Hof Widnau und Haslach besessen und wieder hingegeben hat, „so anjetzt den Unterthanen in ihre Steuer gefallen".

Anno 1369 Eglolf von Ems (Embß), Ritter, einen Weingarten zu Haslach(vermög Kaufbriefs) . . . . 47 Pfund.
(Vermög Versatzungs- und Kaufbrief von 1395 und 1526 gehörte der Herrschaft auch ganz Zwingenstein mit Weingärten, Acker und Wiesen, Holz und Feld; die Weingärten allein mochten 93 Saum Wein geben.)

Anno 1413 Ulrich von Ems, das kleine Emserlin im Haslach (vermög Aufsagsbriefs), gilt jetzt . . . . 1000 Gulden.

. 1427 Ulrich von Ems, den Weingarten ob Zwingenstein, genannt den Emser, um . . . . 70 Pfund.

. 1436 Michel von Ems, des Hewers Hofstatt, unter Vorbehalt einer Torggelhofstatt (vermög Reversbrief) . 31 Pfd. 5 ß. d.

. 1437 Frau Clara von Ems, den Weingarten zu Haslach, genannt das Emserlin, um . . . . 140 Pfund.

. 1447 Frau Clara von Ems, einen Weingarten am Monstein für fünf Saum jährlicher Gült versetzt, anzuschlagen an Hauptgut . . . . 2000 Gulden.

. 1456 Herr Marquart von Ems, Ritter, einen Weingarten zu Haslach, genannt der Haslach. — stosst an Horst, anderthalb an die Gassen —, sammt drei Mannsmad Wiesen auf der Tegeren und ein Holz und Gut im Haslach am Hard, sammt Weingärten am Mon, genannt Eberhart, — stosst an Frau Clara von Ems —, auch einen Weingarten, genannt die Hald, gelegen zum Mon, — stosst an Rudolfs von Ems Weingarten, auch genannt die Hald, und an der ehgenannten Frau Clara Halden und Weingarten —; item eine Wies, die ober Speichersau; auch drei Mannsmad auf Diepoldsauer Wiesen. — stosst an Frau Clara von Ems —, geht im Wechsel mit Rudolfen von Ems (vermög Verkaufsbrief) . . . . 1400 Gulden

. 1456 Herr Marquart von Ems, Ritter, ein Gut — stosst an das Hard und einen Weingarten — verliehen, daraus einen Weingarten zu machen, um den vierten Theil Wein.

. 1457 Herr Marquart von Ems, einen Weingarten, der Rain genannt, einen Baumgarten daran und einen Torgel zu Haslach am Monstein zu Lehen verliehen.

. 1459 Frau Clara von Ems, zwei Weingärten zum Monstein, einer genannt der Eberhart, der ander genannt der Jerg.

. 1459 Marx Sittich von Ems zu der Hohen Ems, den Schmalz-Weingarten verkauft, — stosst an Rudolfen von Ems Weingarten — für zwei Eimer Weinzins, behält sich das Anbieten vor; Hauptgut . . 100 .

. 1505 Vermög Lehenbriefs von St. Gallen zwei Weingärten, — stossen an deren von Ems Weingarten und Frau Claren von Ems Weingarten.

. 1522 Herr Marx Sittich von Ems, Ritter, Zellwegers Hof, Knabenhalden genannt . . . . 120 Pfund.

. 1594 Graf Christof von Ems, Böschenau; nach dem letzten Kauf . . . . 1300 Gulden.

Anno 1608 Graf Kaspar von Ems, Othmar Spergern eine
Au zu Widnau . . . . 15 Gulden.

. 1608 Graf Kaspar von Ems, die Luegwies zu Widnau für 600 .

. 1608 . . . . die Tegerin in der Au für 400 .

. 1610 . . . . die Kernwies zu Widnau . 150 .

Es folgt ein ähnliches Verzeichniss für den Hof Lustnau (fünf Posten aus den Jahren 1602—23 im Gesammtbetrag von 7600 Gulden).

Im Hof Bernang verkauft:

Anno 1608 Graf Kaspar zu Hohenems, das Holz am Kobel Baschen Curern daselbst . . . . 400 Gulden.

. 1608 Graf Kaspar zu Hohenems, die Weid und das Gut auf Hausen sammt Zugehör, wie auch das Aeckerle daselbst, Hansen Guggern allda . . . . . . 500 .

. 1611 Graf Kaspar zu Hohenems, den Weingarten auf Hausen Hansen Schobinger von St. Gallen um . . . . 1800 .

. 1612 Graf Kaspar zu Hohenems, den Weingarten am Kobel, alt und neu, sammt dem Acker unter dem neuen Weingarten, wie auch den Acker, darauf der Torggel steht, sammt dem Torggel und aller Zubehör um . 7000 .

Im Hof Altstätten verkauft:

Die alten Herren von Ems den Weingarten zu Haslach gelegen ob Altstätten und den Weingarten auch zu Altstätten, den man nennt den Cramer, am Münsterweg gelegen; laut den Briefen von 1395 und 1526 von den Grafen von Werdenberg an die Herren von Ems gekommen.

Im Hof Kriessern verkauft:

Anno 1609 Eine Au an Jacob Freyen um . . . . 32 Gulden.

. 1613 Die Wiese die Agersten an Joß Wider und Brose Custer von Diepoldsau um . . . . 1700 .

Im Hof St. Margrethen verkauft:

. 1604 Den Inhabern des Guts Zaißisfeld ihren schuldigen Zins um . . . . 140 .

Archiv Hohenems. — Nach der Jahrzahl, die der Ueberschrift beigefügt ist, stammt die erste Anlage dieses Verzeichnisses aus dem Jahre 1604.

7.

Streitigkeiten über die Gemeindenutzungen.

1. 1635 März 27. wird auf Klage der gräflichen Niedergerichts-Unterthanen zu Widnau, Haslach, wie auch theils von Diepoldsauern, vor Graf Kaspar von Hohenems: dass Die von Lustnau ihr Holz „herwärts" des Rheins in der Freienau abgehauen und dessen viele Fuder auf ihr neugemachtes Wuhr geführt, und auf die Gegenklage von Lustnau: dass Die von W. und H. ihnen „eine gute Zeit her" ihr Holz, das sie an verschiedenen Orten „enhalb" Rheins haben,

wider ihren Willen abgehauen, genutzt und genossen, nach einem obrigkeitlichen Augenschein*), am Wiesenrain zu L. in Hans Spergers Behausung gesprochen:

1. Sollen die Parteien gegenseitig ihre Hölzer und Auen zu beiden Seiten des Rheins, sie liegen vor oder hinter den Wuhren, ruhig und unangefochten lassen; bedürfe aber eine Partei Wuhrholz, so soll ihr solches mit des andern Theils Vorwissen und Willen um die gebührliche Bezahlung gegeben werden.

2. Das Holz, welches die Lustnauer vor wenigen Tagen den Klägern abgehauen, soll, so weit es noch in der Freienau und anderswo, da es gehauen worden, liegt, allda verbleiben, zum Gebrauch Derjenigen, denen es zugehört; dasjenige Holz aber, das die Lustnauer „allbereit auf ihre Wuhr geführt", soll ihnen verbleiben gegen eine Entschädignng von 30 Gulden, die sie innert Monatsfrist Denen von Schmitter und Diepoldsau dafür zu entrichten haben.

3. Die Kosten für die beidseitigen Obrigkeitspersonen und zugezogene Schiedleute bezahlen beide Parteien zu gleichen Theilen; die übrigen „Unkösten" trägt jeder Theil an sich selbst.

4. Aller Unwille etc. soll aufgehoben sein.

2. 1651 August 11. — Ammann Michael Köppel klagt wegen der Nutzung der oberrheinischen Gemeindorieter zu Ems: Laut gemachtem Vergleich hätten Die von Haslach den untern Theil des Riets zu nutzen gehabt, Die von Widnau und Schmitter den obern Theil. Nun haben sich Die von W. beschwert, weil die Schmitterer sie gar übertreiben und ihnen zu genau seien. Darauf seien sie von allen drei Theilen zusammengekommen und haben „auf Wohlgefallen" einen Vergleich getroffen: nämlich dass Die von H. das untere Riet behalten und wie vorher benutzen, noch anderthalben Theil vom Oberfahr zu sich nehmen sollen und noch zwei Wiesen hinaufgeben. Das haben aber die Nachbarn von Haslach nicht annehmen wollen, da es ihnen zu schwer falle, dass sie noch zwei Theile hinaufgeben sollten. Nun wollen sie wieder „durch und durch alle gemein nutzen und tratten", was Keinem zuträglich sei, da „dem Untersten der oberste und dem Obersten der unterste Theil werden könnte", wobei wenig oder gar kein Nutzen mehr bleiben würde. Die Obrigkeit möge ihnen daher verhelfen, dass jeder Theil bei dem alten Wesen verbleibe.

Ammann Ulrich Siber antwortet für Die von Widnau: dass sie allerdings „laut ausgefallener Urtel" etliche Jahre wegen Deren von Schmitter den ganzen Sommer das Riet haben tratten lassen; weil nun aber „die Urtel ihre Endschaft erreicht", haben sie mit Mehrheit beschlossen, das Riet zu bannen; das haben aber Die von Schm. nicht eingehen wollen; worauf der erzählte Vergleich gemacht, den wieder Die von H. nicht annehmen wollen. Daher begehre W.: man solle die Rieter „in gemein nutzen und theilen; es falle dann Jedem sein Theil, wo es wolle".

Ammann Jakob Wider erklärt für Die von Schmitter: dasjenige Riet, so sie den Sommer geätzt, sei alle Zeit nur ein Weidriet gewesen; und weil die Haslacher den Vergleich nicht halten wollen, begehren auch sie, man solle das

---

*) Bei diesem „obrigkeitlichen" Augenschein waren zugegen: Herr Jakob Sandholzer zum Zunderberg (?), Ritter, gräflich hohenemsischer Rath und Stallmeister, Herr Johannes Scheuchzer (Schützer?), Landvogt im Rheinthal, Johann Christoph Rhem, gräflich hohenemsischer Rentmeister, Hans Dietschi, Hofammann am Oberriet und Kriessern, Hans Sperger, Hofammann zu Lustnau, Jakob Köppel, Hofammann zu Widnau, und Jakob Werder (Weder?), Landvogtsammann zu Widnau.

gebannte Riet „gemeinlich theilen und heuen, auch in gemein ätzen; übers Jahr
könne dann die Obrigkeit mit einem Augenschein sehen, wie sie ferner zu vergleichen sein möchten.

Ammann Köppel verwahrt sich für Die von Haslach gegen eine Theilung
für dieses Jahr, da sie ihr Riet gebannt und ihre Hab „fast" im Stall erhalten
und sehr gehüngert, Die von W. und Schm. aber ihr Riet geweidet und geätzt
haben; worauf Die von W. und Schm. erwiedern: die Haslacher haben sowohl
auf das Woidriet getrieben und geätzt, als sie; „daher gebühre sich die gemeine
Vertheilung nicht unbillig."

Amtsbescheid:

dass Die zu H. dieses Jahr zu dem untern Riet noch die drei Haushaben
am Oberfahr völlig zu sich nehmen und Denen zu W. zu alleiniger Nutzung noch
einen Theil hinaufgeben sollen. Im übrigen sollen die Widnauer und Schmitterer
das obere Riet mit einander theilen, nutzen und weiden, wie die letzten fünf
Jahre her.

Vergleichen sich die Parteien „nach heurigem Jahr und gehabter Nutzung"
selbst darüber, wie es künftig zu halten sei, so wollen es die Herren Oberbeamten
gerne sehen; wo nicht, solle dann auf ihr Anhalten der Augenschein zeitlich
eingenommen und billig entschieden werden.

Alle Parteien nehmen den Spruch an.

Aus dieser Verhandlung ist mit Sicherheit zu schliessen, dass Haslach,
Widnau und Schmitter schon zu dieser Zeit — vielleicht gerade seit den letzten
fünf Jahren, also seit 1646 — die Gemeindenutzung ebenfalls ausgeschieden und
für deren Verwaltung gesönderte (Rod-) Gemeinden mit eigenen Ammännern an
der Spitze gebildet hatten. Danach fällt der im Jahre 1660 von dem Grafen
Karl Friedrich misshandelte Ammann Jakob Wider ohne Zweifel mit dem vorstehenden Ammann dieses Namens zusammen und wäre nicht als Hofammann
des ganzen Hofs Widnau-Haslach, sondern nur als (Rod-) Ammann von Schmitter
zu betrachten; wenn sich der Titel nicht auf das Amt eines Landvogtsammanns
bezieht, welches Jakob Wider nach dem folgenden Regest bekleidet hat, jedenfalls zu den Zeiten eines evangelischen Landvogts. (Die Bemerkung auf S. LXX
am Beginn der Anmerkung 75 wäre demnach entsprechend zu modificiren.)

3. 1654 Juni 10. (Mittwoch vor Verhörtag) Ems. — Die von Schmitter
haben in den „vorübergegangenen Kriegsdurchzügen" mit Bewilligung der Herrschaft Ems in die Freienau zwischen dem Rhein und dem alten Giessen Hütten
und Ställe gesetzt und gebauen und ihre Hab und Vieh wider altes Herkommen
allda zu sömmern untergestanden. Da sie oftmaligem Wegbieten von Lustnau keine
Folge gaben, klagt dieses bei der genannten Obrigkeit und verlangt, dass sie Denen
von Schm. die Beseitigung der Ställe und den Verzicht auf die angemasste, der
Gemeinde L. und auch Ems sehr schädliche Sömmerung und Nutzung des Weidgangs gebiete und sie anweise, ihr Vieh und Hab wie von altersher auf ihrem
eigenen Grund und Boden zu weiden und zu sömmern.

Die von Schm. haben hierauf hoch gebeten, sie fürbas mit ihren Ställen
unmolestirt allda nachbarlich verbleiben zu lassen.

Nachdem nun von Lustnau Hans Hagen, neuer, und Jakob Vogel, alter
Ammann, und Jerg Göser, des Gerichts. — von Widnau und Schmitter Michel
Köppel, Ammann des Hofes Widnau und Haslach, Uli Frei, des Gerichts allda.
wie auch Jerg Frei und Jakob Wider, beide Landvogtsammänner zu Schmitter.
auf heutigen Tag in die Kanzlei vertaget, dort verhört und beider Parteien Brief

und Sigel verlesen worden sind, und die beiden Parteien sich über den am letzten
11. Mai ergangenen Bescheid nicht vergleichen mögen,

wird erkannt;

dass die Schmitterer in der Freienau ihre Hütten abbrechen sollen, gemäss
dem vorgehenden Bescheid (vom 11. Mai ?). Soviel aber den Tritt und Tratt
berührt, der nach den Theilbriefen in der Freienau ausdrücklich gemein sein soll
(s. Beilage n. 0), lässt man es dabei verbleiben.

Am 22. April (St. Georgs Abend) 1655 wurde indess Denen von Schmitter
durch einen Vergleich mit Lustnau erlaubt, die abgerissenen Ställe in der Freienau
wieder zu erbauen, zum Gebrauch ihres Melch- und Galtviehs und anderer Hab,
auf 10 Jahre, gegen einen Grundzins von 10 Gulden Reichswährung jährlich
auf Martini zu Handen des jeweiligen Ammanns von Lustnau, und je 90 Fuder
Wuhrholz, welches die L. selbst in den Schmitterer Auen hauen dürfen, für die
nächsten drei Jahre. Nach Ablauf der 10 Jahre ist neue Verständigung vorbehalten.

Archiv Hohenems.

8.
Zwei Schreiben des Grafen Karl Friedrich von Hohenems.
a. An Luzern. 1657 Januar 19.

Unnßern freindtlichen grueß undt nachbahrlich genaigten willen neben an-
wünschung eines glickhseeligen, fried undt frewdenreichen newen und deren vil-
folgender jahren zuvor etc. Hochgeacht, edel, gestreng, frombe, vest undt weyse etc.
besonders liebe herren, guette freundt und nachbahren.

Waß wir an die gesambte lobl. acht regierende orth des Rheinthals unnserer
daselbst ligenden fideicommissarischen guetteren Widnaw undt Haßlach undt
der in selbige beschehenen Püntnerischen einsatzung halber wiederumben erynner-
lichen abgehen lassen, das thnen wir den herren hiebey abschrüfftlich (die bey-
lage litt. A. B. C. D. E undt F seindt mit dem original den gesambten acht
lobl. ortten überschickht worden, welche wegen kürtze der zeith nit öffters haben
umbgeschrieben werden könden) zu dem ende übersenden, damit dieselbe sich
darinnen, auch absönderlich noch vor der nechst bevorstehend: zu Baden an-
gestelter tagsatzung (bey welcher unnsere in selbigem schreiben begriffene sach
zuversichtlich vorgenohmen würdt werden undt die herren dessen innhalt darvor
etwann nicht zuvernehmen bekhommen möchten) ersehen undt unnsere grosse
beschwerdten undt erhebliche motiva undt fundamenta erynnerlich zu gemüth
nehmen köndten.

Über dieses alles haben wir auß sonderbahrem gegen den herren alß der
alten römischen catholischen, allein seeligmachenden kirchen undt religion standt-
hafft undt eyferig zugethonem orth tragendem vertrawen denselben auch dieses
absönderlich zu beherzigen geben wollen, wie das bemelte unnser liebe, wahre
catholische religion zu besagtem Widnaw und Haßlach durch die den Püntneren
beschehene einsatz- undt beharrende innhabung derenselben geschwecht, ja endt-
lich gantz undt gar undertruckht undt außgetilget würdet; welches allen undt
jeden christcatholischen gemuetteren, denen ein solches zu ohren kombt, bedaur-
und hochschmertzlich fallen thuet, da hüngegen gemelt unnser religion von unns
und unnseren geehrten herren vorforderen in besagt unnseren höffen jederzeit
gepflantzet, manutenirt undt erhalten worden und noch ferners, da die Püntner

11

ab- undt hündangewiesen werden, erhalten werden solle. Es wollen die herren dabeneben auch zu gemueth nehmen die zwischen unnserm hauß undt denn lobl. des Rheinthals regierenden orthen von jewelten hero jederzeit gepflogene, guette nachbahrliche verständtnuß und einmuettigkheit, die wir unnserer seiths ferners fortzupflantzen undt zue conserviren undt insonderheit unnß eyferig angelegen sein lassen, der catholischen religion im Rheinthal, so viel auch an unnß ist, zu steuren, wie wir dann in ihren nechst sich erhebt- undt enthaltenen misshelligkheiten undt kriegsaufruhr unns aus catholischem eyfer gäntzlich resolvirt gehabt, denn catholischen ortten auf alle weiß undt weeg, so weit sich unnsere mittel undt möglighkeit erstreckhen thuet, zu assistiren; zu dem ende wir, neben unnsers herren bruederen Frantz Wilhelmen, graven zue Hochen Embs Lbd., unnsere habende mannschaft witerkhlich gemustert, die vorsehung mit wehr undt waaffen, munition undt nothwendiger zugehör gethon undt unns in guetter beraitschafft gehalten undt solches annoch zu steur unnserer wahren catholischen religion inskünfftig jederzeit zu thuen vorhabens sein. Ist derowegen unnser freundtnachbahrliches ansünnen undt ersuechen an die herren, sie wollen in erwägung all und jeder unnserer fundamenten, erhöbligkheiten undt motiven an ihrem wohlmögenden orth (wie wir dann auch von den anderen catholischen ortten des Rheinthals zu geschehen verhoffen, denen wir ingleichen auch zugeschriben) beyhilffig sein, daß doch die Püntner von unnseren aberrlichen erbainigungsguetteren, deren sie nit fähig sein könden, ab- undt zu unnsers herren vatteren wohlseel. aigenthumblichen verlassenschafft oder vor unnsern richter, allwo sie die sach schon hiebevor anhängig gemacht haben, gewiesen werden, zu welchem ende die herren (doch ohne massgeb, sonder mit freundlichem ersuechen) ihre nacher Baden abschickhende Gesandten instruiren undt befelch ertheilen wollen, das sie bey der tagsatzung ihr votum undt stimme zu erhaltung offtgemelt unnsers recht- undt billichen begehrens laithen undt geben thuen. Solches würdet der allguettige gott ihnen ohnzweifenlich belohnen undt werdens wir undt unnsere nachkhömbling in all mögliche weeg nachbahrlich zu beschulden jederzeit unns angelegen sein lassen. Datum in unnserm pallast zu Embs, den 19. Januarii 1657.

Der herren nachbahrn williger freund und nachbar

Carl Fridrich, graff zu Embs.

b. An die im Rheinthal regierenden katholischen Orte.
1657 März 18.

Unseren freundtlichen grues undt nachbahrlich genaigten willen zuvohr etc. Hochgeacht, wohledel, gestreng, veste, fürsichtig undt weyse etc. besonders liebe herren, gnette freund undt nachbahrn.

Wür haben mit sonderem grossen bedauern vernohmen, wie das die vor wenig zeit zwischen den herren undt ihren mitaidtgnossen von Zürch mit nicht geringer mühe undt arbaith auf guetten weeg gebrachte beruhigung undt erhebte hocherfrewliche liebe friedt wiederumben zu sinckhen undt die mühesamblich gesuechte zusammenstimm- undt verainigung beederseiths gemuetter zu völliger ruptur außzuschlagen beginne, welches dann unns umb so viel traurmuettiger fallen thuet, alldieweilen wür denselben auß nachbahrlicher guetter zunaigung den lieben frieden undt einigkheit undt alles hail undt wohlstandt jederzeit herzlich wünschen, hoch desideriren undt gonnen. Wie nun deme undt weilen die herren nachbohre auf bemelten fahl die nothwehr unnd waffen auch zu ergreiffen geträngt undt benöthiget werden, so wünschen wir forderist von dem allgwaltigen gott, das er der herren zu seiner ehr und seiner kirchen röttung undt defension auffheb undt führende gerechte gegenwaffen laitten, deren streittende gemuetter mit standthafftiger starckhmuettigkheit besteiffen und in helde den friden dardurch, weil wibiger doch bey ihrem gegenthail durch die guette nit zu erheben, wiederumben verleyhen wolle; Undt versicheren dieselbe hiemit, das wür jederzeit, insonderheit aber bey dieser ihrer begebenden kriegsempörung unndt wehrenden unruhe guette, wohlmeinendt und vertrawliche nachbahrschafft gegen denselben, als der alten wahren catholischen religion beygethonen orthen halten undt unns den herren zu guetten, mit unnseren wenigen mitlen, so weit selbige sich auch erstreckhen mögen, gleich hiebevor auch beschehen, in möglichster anstalt undt postur stellen undt halten werden, das (in hoffnung solches von anderen benachbahrten herrschafften dieser Rheinsseithen auch beschehen werde) die uncatholische im Rheinthal etwann desto weniger anlass oder mueth zu einigem aufruhr gewinnen, sonder ehender im zaun undt schranckhen der einigkheit gehalten werden mögen.

Weilen nun die herren nachbahren wegen bemelter kriegsangelegenheitten dermahlen in der lobl. statt Lucern zetagen versambt, als ersuechen wir dieselb. hiemit dieser occasion abermahlen freundtnachbahr- und hochangelegenlich, sie wollen unnsere bewuste, wegen unnserer großvätterlichen fideicommissarischen höffen Widnaw undt Haßlach im Rheinthal gelegen leidende grosse beschwerdten und was wir denselben öffters undt insonderheit unterm 19t. Januarij dieß 1657t. jahrs, sowohl an die sammentliche acht, als auch absonderlich jedem der fünff catholischen, als regirenden lobl. ortten des Rheinthals abgehen lassen, erynnerlich zu gemuett führen undt beherzigen, unnsere darynnen begriffene fundamenta in consideration ziehen undt erwägen, das die urthl. durch welche die Püntner in bemelt unnsere fideicommissarische höff zur abnutzung eingelassen, von den bewusten vier deputirten ohne zuvor empfangnen gnuegsamben bericht undt instruction eylfertig gemacht undt praecipitirt undt dardurch nit allein unnsers in gott ruhenden anherren graff Caspars aufgericht: undt von lobl. acht regirenden ortten confirmirtes fideicommiss undt erbainigung verletzt, sonder sogar auch die liebe wahre catholische religion daselbsten in höchste gefahr gesetzt undt zu endtlichem undergang gelaittet worden. Dardurch also die anzahl der uncatholischen im Reinthal umb so viel vermehrt, der catholischen gemündert und in der macht diese jenen zu underligen benöthiget werden; welches alles die herren bey ihnen selbsten weitleiffiger wol erachten könden; dahüngegen wir undt unnsere nachkömbling, gleich unnseren geehrten vorforderen wolseel. gedächtnis die wahre catholische religion und alle guette einmuettige nachbahrschafft jederzeit fortzupflanzen undt zu erhalten unns eyferigst angelegen sein lassen werden.

Solchem nach langt an die herren nachbahren unnser eyferig. hochangelegentliches ersuechen, die wollen ihre catholische gemuetter dahün vereinigen undt einstimmen, das durch ihre einhellige vota (ohne maßgeb. sonder mit freundlicher bith) die offt besagte eilfertige einsatzungsurthl [: wie sie es dann zu thuen wohl befueget und bemächtiget :] aufgehebt, wir aber im alten standt undt possession unnserer fideicommissarischen höffen gelassen, die püntner davon ab- und gleichwohlen zu suechung ihrer rechten dahün, wo sie es anderwerths zu suechen haben, gewisen werden, allwo wir ihnen red undt anthwort zu geben williglichen anerbiettens seindt.

Wie nun solchem alles der recht undt billigkheit ähnlich undt gemäss und vorderist zu der ehr gottes und röttung der catholischen religion geraichet, also getrösten wir unns gegen den herren, alß eyferig catholisch und der recht undt billigkheit liebenden ortten ohnzweifenlicher willfahr, die wir sambt unnserer posteritet mit all unnseren crässten bey jeden begebenden fählen zu beschulden unns angelegen sein lassen werden. Geben in unnserm pallast Embs, den 18ᵗᵉⁿ Martii, Ao 1657.

Der herren nachbahren beraithwilligster freund und nachbar

Carl Friderich graff zu Embs.

Staatsarchiv Luzern. — Dem ersten Schreiben liegt der Adressbogen bei mit folgender Ueberschrift: „Denen hochgeachten, edlen gestrengen, frommen, vest- undt weysen N. N., schultheissen, burgermeister undt rath der statt Lucern etc., unnseren sonders lieben herren, guetten freundten undt nachbahren.“ — Das zweite Schreiben ist offenbar an die Conferenz der neun (nicht „fünf“, wie oben in Anm. 69 irrthümlich steht) katholischen Orte und des Abts von St. Gallen gerichtet, die vom 21.—23. März in Luzern abgehalten wurde.

Urkunden und Actenstücke.

1303 Juli 10. St. Gallen. — Abt **H e i n r i c h** (II.) von **S t. G a l l e n** überträgt dem Hospital der Armen seiner Stadt **S t. G a l l e n** unter Anderm den freien Besitz des Hofes **W i d n a u** (Widenouwe) beim Rhein ausserhalb (ultra) **H e r b r u g g**, der dem Herrn **U l r i c h von H a u s e n** gehört hatte, und den Weingarten und Zehnten zu **H ü n l i s b a c h** bei der Feste **Z w i n g e n s t e i n** (Twingenstain), gegen den jährlichen Zins von einem Pfund Wachs auf St. Gallentag an den Kuster (custos) des Klosters **S t. G a l l e n.**   **1**

Spital-Archiv St. Gallen. — E. 19. n. 1. — Urkundenbuch der Abtei St. Gallen, III. 328. n. 1142.

Unterm 29. Juni 1308 wiederholte Abt Heinrich (II.) diese allgemeine Verfügung zu Gunsten des Spitals. Es ist übrigens durchaus nicht etwa anzunehmen, dass Abt und Convent dem Spital durch diese Verfügung wirkliche Güter und Einkünfte des Klosters übertragen hätten; vielmehr anerkannte dabei der Abt bloss als Grund- oder Lehens- oder Landesherr anderweitige Schenkungen an den Spital oder künftige Erwerbungen desselben, in praktischer Anwendung der schon im Stiftungsbriefe des Spitals vom 2. September 1228 (Urkdbch. n. 865) gegen die jährliche Abgabe von einem Pfund Wachs ausgesprochenen, allgemeinen Erlaubniss, dass sämmtliche dem Kloster verpflichtete Personen der neuen Stiftung von ihrem beweglichen oder unbeweglichen Lehen- oder anderen Besitz übertragen dürfen. Also nur das Besitz r e c h t wurde dem Spital von dem Abte verliehen, nicht der Besitz selbst. Die besondern Verpflichtungen der Spitalerwerbungen zu Gunsten des Klosters, von Kirchen und Capellen wurden übrigens sorgfältig ausdrücklich vorbehalten.

Auch Das ist nicht anzunehmen, dass die einst dem Ulrich von Hausen zugehörige „curia Widenouwe" den ganzen „Hof Widnau" im späteren Sinne (= Gemeinde) umfasst habe. Vielmehr scheint eben aus der Art und Weise, wie hier die „curia Widenouwe" erwähnt wird, hervorzugehen, dass der Name Widnau um die Zeit der Ausstellung dieser Urkunde noch allein an einem bestimmten, einzelnen Hofe (= Gehöfte) haftete und sich erst später auf die in der Nähe entstehende Dorfschaft ausdehnte; ein Process, den die sog. 4 Höfe im Rheinthal: Bernang, Balgach, Marbach, Altstätten, und auch der Hof Kriessern damals schon längst hinter sich hatten. Vielleicht ist die alte „curia" Widnau bei dem jetzt noch „im Hof" genannten, südöstlich von Widnau gelegenen Feld zu suchen, wo Mauerreste und andere Fundstücke mit Sicherheit auf das einstige Vorhandensein von Gebäuden schliessen lassen. Wie Dem auch sei, so hat der Spital in St. Gallen den Hof Widnau im späteren Sinne niemals besessen, sondern nur einzelne Grundstücke in dem Hof Widnau.

1306 October 6. Grimmenstein (?). — Ritter **Johann** (Johans) von
Zwingenstein gelobt mit seinem eigenen Leib, zwei Mannen
und seiner Feste **Zwingenstein** ein Jahr hindurch dem Herzog
Rudolf von **Oesterreich** und seinen Brüdern für 500 Pfund
Heller zu dienen.   2

> *Lichnowsky: Geschichte des Hauses Habsburg, II. Verzeich-*
> *niss der Urkunden n. 539.*

Herzog Rudolf (III.) von Oesterreich war der älteste Sohn König
Albrechts I. — Es ist auffallend, dass dieser Verpflichtungsbrief Johanns
von Zwingenstein auf der Burg Grimmenstein ausgestellt sein soll. Die
Vermuthung liegt nahe, dass „Grimmenstein" für „Zwingenstein" verschrieben sei; wie sich offenbar auch Vadian, Chronik der Aebte II. 303, 17,
diese Verschreibung zu Schulden kommen liess.

1323 April 30. St. Gallen. — Abt **Hiltbold** von **St. Gallen** überträgt dem Hospital der Armen seiner Stadt **St. Gallen** unter
Anderm den freien Besitz einer Wiese im Rheinthale bei dem
Hofe **Widnau**, erkauft von dem Ritter **Heinrich** von **Altstätten**.   3

> *Sp.-A. St. G. — E. 19. n. 3. — Urkdbch. der Abtei St. G.*
> *446. III. n. 1291.*

Für die Anerkennung des freien Besitzes dieser neuen, ausschliesslich
käuflichen Erwerbungen des Spitals musste dem Kloster nicht bloss die
mehr formelle jährliche Abgabe von einem Pfund Wachs verschrieben,
sondern dazu dem Abte die hübsche Summe von 10 Mark Silber bezahlt
werden, im Widerspruche mit dem Stiftungsbriefe von 1228. — Vergl.
d. Anm. zu n. 1.

1345 April 1. St. Gallen. — Abt **Hermann** von **St. Gallen** versetzt dem Ritter **Ulrich** von **Ems** (Aems) als Pfand für 30 Pfund
Constanzer Pfennig den Weinzehnten, den Ulrich der Abtei
von seinen Weingärten zu **Hausen**, **Haslach**, **Monstein**
(ze dem Man) und **St. Marienhalden**, gelegen in dem Kirchspiel (kilchspel) zu **Bernang** in dem Rheinthale, pflichtig ist. 4

> *Stifts-Archiv St. G. — O. O. 3. F. 9. — Urkdbch. der Abtei*
> *St. G. III. 550. n. 1424.*

Das Kloster St. Gallen war dem Ritter Ulrich von Ems die 30 Pfd.
Pfennig schuldig geworden „für den Schaden, den Ulrich wegen des
Abts Hiltbold (1319—1328) zu Bregenz genommen hatte", wohl am
ehesten bei den Versuchen Ulrichs von Trauchburg, Hiltbold die Abtei
streitig zu machen, oder auch weil er für Hiltbold eine Bürgschaft
übernommen und für diese zu Bregenz Geiselschaft leisten (einliegen)
musste. — Vgl. n. 23, 25 u. 27.

1354 Mai 9. Rheinegg. — Ritter **Johann** von **Zwingenstein** (Tw—)
verpfändet seinen Hof in den **Auen** (in den Ouven), Lehen von

1354 dem Kloster St. Gallen, auf dem Konrad von Frommenwiler
(Frumenwiler) und sein Sohn der Meier sitzen, um 24 Pfund
Pfennig Constanzer Münz an Berchtold dem ältern Kessler
von Ostrach (Ostra). Geschieht die Wiederlösung vor St. Johann
des Täufers Tag (24. Juni), so fällt der Jahresnutzen dem Eigenthümer zu; nach St. Johann, so verbleibt er noch dem Pfand-
inhaber.   5

*St.-A. St. G. — O. O. 3. H. 1. — Urkdbch. d. A. St. G. III.
625 n. 1504.*

Ohne jeden Zweifel fällt dieser Hof „in den Auen“ zusammen mit dem
Hof „in Oberen Au“ von n. 7, den schon Näf in seiner Chronik der
Stadt und Landschaft St. Gallen, S. 1071, in die Nähe von Grub verlegt.
Dazu stimmt vortrefflich die Erwähnung von „Oberau“ in einem Ror-
schacher Rodel aus dem XIV. Jahrhundert. (Urkdbch. d. A. St. G. III.
Anhang n. 60.) Auch Konrad von Frommenwiler (Frommenwilen, ein
Weiler am nördlichen Abhange des Rorschacherberges) und die Käufer
des Hofes unter n. 7 verweisen auf die Nachbarschaft von Rorschach.
Es darf daher der Hof „in den Auen“ oder „in Oberen Au“ wohl mit
voller Sicherheit auf Oberau in der st. gallischen Gemeinde kath. Grub
gedeutet werden.

1363 Juli 21. Maienfeld. — Graf Friedrich (Friderich) von Toggenburg verleiht auf Bitte des Ritters Johann von Zwingenstein (Tw—) den Zehnten zu der Altenstadt bei Feldkirch, der von ihm Lehen ist, an Anna, des Johann Hanen
Tochter, Wittwe von Uli Litscher sel.   6

St.-A. St. G. — R. R. 1. A. 2. (Sigel F's. v. T.)

Bis dahin hatte höchst wahrscheinlich Johann von Zwingenstein selbst
diesen Zehnten von dem Grafen von Toggenburg zu Lehen gehabt.

1367 Juni 2. — Berchtold der Kessler von Ostrach bescheint
die Wiederlösung des ihm um 24 Pfund Constanzer verpfändeten Hofes in Oberen Au durch Rudolf von Rorschach
(Rosch-), Kirchherrn zu Rorschach, und dessen Bruder Egli
(Egelin) von Rorschach, denen Herr Johann von Zwingenstein (Tw—) den Hof verkauft und die Wiederlösung ge-
stattet hat.   7

St.-A. St. G. — Rubrik XIII. Fasc. 5. — Späte Copie.

Vergl. n. 5. — Am 27. November 1370 verkaufte Ritter Johann von
Zwingenstein den beiden Brüdern von Rorschach auf der Burg daselbst ferner: des Höggers Zehnten, den man von Alter nennt des Feren
(Verren) Zehnten; des umgehenden (umbgänten) Zehnten einen vierten
Theil; den Baumgarten und die Aecker, die da stossen an Amman Hans
sel. Hofstatt und an die Kele; eine Hofstatt, liegt an demselben Baumgarten und stösst an die offene Strasse; den Acker, der da stösst an des

1367 „Kelenhofs" Breite (Braiten) und der den Chor der Kirche zu Rorschach decken soll; den Acker, der da liegt an der Käseren; das Haus und die Hofstatt, die da stosst an Konrads (Cuonrats) des Kressen Haus, und „darnach" Alles, was er zu Rorschach hat, es sei gelegen im selben Dorf oder bei dem Dorf oder um das Dorf. — Rudolf Högger vorzichtet ausdrücklich auf alle Rechte und Ansprachen, die er zu den genannten Gütern und Zehnten je gehabt. — Es sigelt Johann von Zwingenstein (Tw—). — Bücher-Archiv des Stifts-Archivs. T. 1257. p. 1. — Nach Näf, S. 1071, hätte Johann von Zwingenstein im Jahre 1367 den Gebrüdern von Rorschach auch einen Hof zu Horn verkauft.

1367 August 10. — Ritter Johann von Zwingenstein bescheint die Wiederlösung der ihm um 8 Mark Silber versetzten Wein-zehnten von seinen und seiner Leute Weingärten durch Abt Georg von St. Gallen.   8

St.-A. St. G. — O. O. 3. F. 2. — (Sigel Js. v. Z.)

Wann und von welchem Abt diese Weinzehnten an Johann von Zwin-genstein versetzt worden sind, vermag ich nicht nachzuweisen.

1395 April 20. Lindau. — Graf Albrecht von Werdenberg der Jüngere und seine Vettern Graf Rudolf, Graf Hug und Graf Heinrich von Werdenberg, Gebrüder, alle vier Herren zu dem Heiligenberg und zu Rheinegg, verpfänden dem Ritter Ulrich dem ältern von Ems (Emptz) für ein Darleihen von 5300 Pfund Heller die Feste Zwingenstein mit Leuten und Gut und aller Zugehörde, den Hof zu Lustnau mit Leuten und Gut, Steuern, Diensten, Einkünften (gelt) und Zinsen, es seien Hof-zinse oder andere Zinse, mit Gerichten, Zwingen und Bännen, und namentlich (mit namen) mit den Leuten und Zinsen zu Widnau, die dazu und darein (darzu und darin) gehören, und mit aller Zugehörde; mit dem Kirchensatz zu Lustnau, mit grossen und mit kleinen Zehnten und mit aller Zugehörde, und was Leute und Gut jenseits und diesseits des Rheins zu dem-selben Kirchensatz und zu dem Hof Lustnau gehören; ausge-nommen die „Gütli" am Berg, die nach Lustnau gehören, die Schnellmann hat und die gewöhnlich 3 Malter eintragen (gelten), den Zoll zu Brugg und den Forst Sex (!?) — Die Leute sollen um den gleichen Zins bei allen Gütern bleiben, die sie jetzt haben, es wäre denn, dass Einer nicht zinsen möchte. Dann mag der Pfandherr seine Güter andern „unsern" Leuten leihen, die zu „denen" Leuten gehören. Erst wenn keiner von diesen Leuten die Güter will, mag sie der Pfandherr nach Belieben Andern leihen. Von den Leuten zu Lustnau und zu Widnau soll nicht mehr Steuer genommen werden, als jährlich 26 Pfund Pfennig, von

1395 denen 12 Pfund im Mai und 14 Pfund im Herbst fällig sind; von keiner Person, die in die Pfandschaft gehört, darf von Erbschaft wegen von dem Pfandherrn mehr als 14 Pfund Pfennig genommen werden; was mehr „fällt", soll den Grafen zukommen (folgen).

Weiter wird für das Darleihen versetzt: der Weingarten zu **Haslach** gelegen ob **Altstätten** und auch zu **Altstätten**; der Weingarten genannt der **Kramer**, der gelegen ist am **Münsterweg**; weiter 80 Pfund Heller jährliche Einkünfte (gelt) aus den Steuern der 3 rheinthalischen Höfe Altstätten, **Marbach** und **Bernang**, auf St. Martinstag.

Wiederlösung ist vor Ablauf der nächsten drei Jahre nicht gestattet; dann haben beide Theile das Recht zur Aufkündung jeweilen auf Lichtmess, und muss die Zahlung vor St. Jörgentag (23. April) geleistet werden nach **Lindau**, **Bregenz** oder der Feste **Ems**, wohin es der Pfandherr verlangt; wird die Zahlung nach St. Jörgentag geleistet, so fällt der ganze Jahresnutzen von der Pfandschaft noch dem Pfandherrn zu.

Als Mitschuldner (geschworne angülten) stellen die Grafen von Werdenberg die Grafen **Heinrich von Montfort**, Herren zu **Tetnang**, und **Wilhelm** von Montfort, Herren zu **Bregenz**, und zu Bürgen folgende Ritter und Knechte: Herrn **Albrecht von Bürglen**, Ritter, Herrn **Egolf von Rorschach**, Ritter, Herrn **Rudolf von Rosenberg**, gesessen zu Bernang, Ritter, Herrn **Ulrich von Fridingen**, Ritter, **Heinrich von Steinach**, **Christof** (Christoffel) den **Meiger von Altstätten**, **Jos** den Meiger von Altstätten, **Wilhelm von Sax**, **Burkhart Schenk von Castel** und **Konrad Ulrich von Ramswag**.

Es sigeln die Aussteller des Briefes, Ulrich von Ems und sämmtliche Mitschuldner und Bürgen. 9

Staats-Archiv Zürich. — Abth. Rheinthal. — Zellweger: Urkunden zur Geschichte des appenzellischen Volkes I. 1. 327.

Gleichzeitige oder nicht viel spätere Copie eines Vidimus, das Ammann und Rath der Stadt Mersburg unterm 21. Juni 1498 auf Ansuchen des Junkers Märk Sittich von Ems, d. Z. Vogt zu Mersburg, nach den Originalurkunden ausgefertigt haben. — Das Original hat sich leider bisher in dem Archive zu Hohenems noch nicht vorgefunden.

Die Wiederlösung dieser Pfandschaft ist nie erfolgt, und auf Grund derselben und des nachfolgenden Verkaufs und Verzichts von 1526 (s. n. 43) ist der Hof Lustnau den Emsern und deren Nachkommen und Erben verblieben bis zum Jahre 1830. — Es ist übrigens auffallend, wie die Burg Zwingenstein so verpfändet werden konnte, während der Manns

1395 stamm der Zwingensteiner noch nicht erloschen war. In den ältesten Lehenprotokollen des Stiftsarchivs (Lehenarchiv Cod. 74 u. 75) erscheinen Zwingensteiner noch bis zum Jahre 1423.

1403 Januar 12. Ravensburg. — Graf A l b r e c h t von W e r d e n b e r g - H e i l i g e n b e r g und seine Vettern R u d o l f und H u g von Werdenberg verzichten gegen Herzog L e o p o l d von O e s t e r r e i c h auf alle Ansprüche und Rechte an die Feste und Stadt R h e i n - e g g, die Feste Z w i n g e n s t e i n, den Hof L u s t n a u, die Höfe A l t s t ä t t e n, B e r n a n g, M a r b a c h (Marp—) im Rheinthal und den B r e g e n z e r W a l d.   **10**

Lichnowsky V. n. 534.

Dieser Verzicht der Grafen von Werdenberg — Rudolf schloss sich nun den Appenzellern gegen Oesterreich an — zu Gunsten von Herzog Leopold gab diesem das Recht der Wiederlösung von Zwingenstein und Lustnau gegen Bezahlung der 5300 Pfund an Ulrich von Ems oder seine Nachkommen. Es wurde aber von diesem Rechte aus leicht denkbarer Ursache kein Gebrauch gemacht. Für den raschen Zerfall der Werdenbergischen Häuser sind die beiden Urkunden n. 9 und 10 sprechende Beweise.

1408 October 24. Constanz. — Die Hauptleute der Ritterschaft mit St. Georgen Schild beklagen sich für Ritter M a r q u a r t von E m s (Empz) und seinen Bruder U l r i c h vor den Räthen König R u p r e c h t s, wie den Brüdern von Denen von S t. G a l l e n und A p p e n z e l l und ihren Helfern die Feste Z w i n g e n s t e i n entzogen („angewunnen und entwert") worden sei, die der S i d l e r, Burger Derer von S t. G a l l e n, noch heutzutage inne habe; jetzt soll sie nach der „Richtung" König R u p r e c h t s Denen von Ems wieder herausgegeben werden.

Die von St. Gallen erklären, dass die Feste eingenommen worden sei, ehe sie sich am Kriege betheiligt. Wohl habe der Sidler, ihr Burger, sie als Pfand von Graf R u d o l f von W e r d e n - b e r g, der sie vormals von etlichen Knechten erkauft habe, seit der „Richtung" inne; darüber aber haben nicht sie sich gegen Die von Ems zu verantworten, sondern einzig ihr Burger der Sidler, und für diesen haben sie schon Recht geboten vor den römischen König und die Räthe zu Ueberlingen, Lindau und Ravensburg. Damit haben sie genug geantwortet.

Die von Appenzell erklären, dass sie keine Vollmacht haben, auf diesem Tag rechtlich darüber zu verhandeln, da Dies nach der Auskündung (verk—) nur ein „freundlicher Tag" sein solle, die Sachen zu verhören. Sie seien übrigens bereit, darüber vor den König zu Recht zu kommen; und erzählten dabei, wie die

1408 Sache ihrerseits hergekommen war, „das nit notdürftig ist und ze lang wurde ze beschriben". 11

Stadt-Archiv St. Gallen. — Tr. XXX. n. 18. — Zellweger I. 2. S. 180.

Die „Richtung" König Ruprechts, die in dieser Verhandlung erwähnt wird, ist der von Ruprecht auf den 11. April 1408 zu Constanz vermittelte Friede zwischen dem Bund ob dem See und der Ritterschaft von St. Georgenschild. In Zellweger's Geschichte I. 364 wird nach Bischofberger und Suter berichtet, dass Rudolf von Werdenberg die von den Appenzellern eroberte Burg um den Preis von 307 Pfund erkauft habe, unter der Bedingung, sie gegen Ersatz des Kaufschillings wieder zurückzugeben, wenn die Schwizer durch ihn veranlasst werden sollten, ihm ihr Landrecht aufzukünden, und zu keinen Zeiten die Appenzeller daraus zu schädigen. Ueber den St. Gallischen Kriegshauptmann Haintz Sidler s. Wegelin, Beiträge zur Gesch. des sog. Appenzellerkriegs S. 32 etc. — In die Sache wurde an der Tagleistung vom 24. October auf die Erklärungen Derer von St. Gallen und Appenzell wirklich nicht weiter eingetreten; doch wären wir dem Schreiber sehr dankbar gewesen, wenn er uns den Bericht der Appenzeller über den Zu- und Hergang der Sache notirt und ihn nicht zu lang gefunden hätte.

1411 September 28. — Hermann, Johann und Anna, des Heinrich Fer (Ferren) von Widnau Kinder, verkaufen 2 Mannsmad Wiesen, gelegen zu Widnau (—ouve) in der Rüti — stossen einerseits an die Strasse und anderseits an Fridauers Gut — dem Spital des heil. Geists zu St. Gallen um 10 Pfund Pfennig, Constanzer Münz, die an dem Gelde abgezogen werden, welches sie dem Spital für die Aufnahme ihres Vaters schuldig gewesen sind; sodann erhalten sie diese Wiese wieder von dem Spital zu Lehen gegen einen jährlichen Zins von 10 Schilling Pfennig auf Martini zu St. Gallen in der Stadt.

Es sigelt Rüdi Hagen, Ammann zu Lustnau. 12

Sp.-A. St. G. — Tr. B. 13. n. 45.

1430 December 14. Waldshut. — Vor Ulrich von Kulm, der Stadt Waldshut geschwornem Weibel und Richter, der anstatt und im Namen der Herzoge von Oesterreich und auf Geheiss des Schultheissen Heinrich Spengler öffentlich zu Gericht sitzt, erscheint Frau Libra von Zwingenstein, Hans Ätenrieds ehliche Hausfrau, mit ihrem Manne als Vogt und mit Klaus Ätenried von Frickingen, und bevollmächtigt mit ihrem Vogt den Klaus Ätenried, ihren Theil und alle ihre Rechte an dem Weingarten und dem Eichholz zu Zwingenstein an dem Rotenweg, welche Lehen vom Abt zu St. Gallen sind, an ihrer Statt dem Lehenherrn aufzugeben, um sie weiter (fürbaz) zu ver-

1430 leihen nach Lehens Recht und Gewohnheit, mit Verzicht auf alle ihre
Rechte und Ansprüche an diesen Weingarten und das Eichholz. 13
St.-A. St. G. — O. O. 3. J. 13. — (Sigel U's. v. K. eingenäht.)
Nach Näf, Chronik S. 1072, hat Frik Gossolt den Antheil der Libra
von Zwingenstein und ihrer Schwester Barbara, verehlichte Fischer von
Constanz, an den Schlossgütern v. Zwingenstein käuflich an sich gebracht.

1432 Mai 30. — Abt Eglolf von St. Gallen verleiht dem Heini
Gümmel von Widnau (Widenow) das Gut zu Widnau gelegen,
genannt das Hüpfig, weiter die Au (Ow) ennet (enent) dem
Giessen, weiter das Mädli auf dem Krummensee (krummen Sé),
Alles in des Gotteshauses Kelnhof zu Bernang im Rheinthal
gehörend, gegen einen jährlichen Zins von 18 Schilling Pfennig
Constanzer (Costentzer) Währung oder „andere Währschaft, die
jeweilen im Rheinthal" gäng und genäm ist, auf St. Martinstag
an den Kelnhof zu Bernang, und gegen den halben Heuwachs
auf dem genannten Mädli. 14
St.-A. St. G. — O. O. 3. J. 14. — (Sigel E's. eingenäht.)

1435 August 23. — Eberhart von Ramswag und Frau Clara
(Clare), seine ehliche Hausfrau, Junker Ulrichs sel. von Ems
(—ptz) Tochter, verkaufen an Hansen Gampten, genannt
„der fremd Schnider", sesshaft zu Bernang auf dem Rüden
(Rüder), ihr eigen Gut und alle ihre Rechte an dem Weingarten
genannt der Howat, gelegen zu Haslach im Rheinthal —
stosst zu der einen Seite an den Weg „gen dem Embtzerlin", zu der
andern an die Marken (—an) am Hard, zu der dritten an den Bann-
acker (Ban—) und zu der vierten an die Marken zu dem Büntelin —
um 23 Pfund Pfennig Constanzer (Costentzer) Münz. — Es
sigelt Eberhart von Ramswag. 15
Stadt-A. St. G. — Schaffneramt Rheinthal. — L. n. 1.
Das „Embtzerlin" war wohl ein kleines Stück Land (Weingarten?),
das den Herren von Ems (Embtz) gehörte. „Emseren", zu oberst dabei
die „Emserenbrugg", heisst jetzt noch ein Feld hinter dem Dorfe Au
in der Ebene.

1436 November 8. — Frik Gossolt bekennt, dass er als vieljähriger
Besitzer der Feste Zwingenstein im Rheinthal den Zehnten
von den dazu gehörigen Gütern an Wein, Obst und andern Dingen,
der dem Gotteshaus St. Gallen zugehört, während dieser Jahre
nur aus Gnade und Erlaubniss Abt Eglolfs bezogen habe. 16
*St.-A. St. G. — Rubr. XIII, Fasc. 5. — (Papier. Sigel F. G's.
aufgedrückt.)*
Ich Frik Gossolt bekenn offenbär an disem brief allen den, die in
sehent oder hörent lesen: als ich die vesti Zwingenstain, die in dem

1436 Rintal gelegen ist, etwe vil jaren inn gehebt und besessen hän, und den zehenden von den gütern, die darzü gehörent, es sig an win, an ops und an andren dingen, der dem gotzhus ze **Santgallen** zügehört, die selben jar óch ingenomen und zü minen handen gezogen han, das ich das nit von min selbs gewalt getân, sunder von gnâden und erlobentz wegen dez hohwirdigen fürsten und herren herrn **Egloffs**, abt des vorgeschribnen gotzhus, mines gnädigen herren, und von kains rehten wegen. Und dez ze offem, wärem urkünd, so druk ich min insigel ze end dirre geschrift in (!) disen brief, der geben ward dez nechsten donrstages vor sant Martis tag, anno XXVI.

Dass das Kloster St. Gallen zum Bezug des Zehnten von den Zwingensteiner Gütern berechtigt war, ersieht man auch aus n. 8. Es ist wohl mit Sicherheit anzunehmen, dass um den Preis dieser Anerkennung der Rechte St. Gallens an den Zehnten jede nachträgliche, auf diese Rechte begründete Forderung des Klosters an den Inhaber der Burg preisgegeben wurde. Der langjährige Entzug des Zwingensteiner Zehnten war eben auch eine Folge des Appenzeller Kriegs, nach dessen Abschluss die Abt die ihm zeitweise entzogenen Rechte und Besitzungen des Klosters an allen Enden wieder mühsam zusammen suchen musste.

Frik Gossolt oder, wie er sich selbst öfters schreibt, von Gossoltz (Gosholz im bayr. Landgericht Weiler) scheint von Graf Friedrich (VII) von Toggenburg im Jahre 1428, während seines Streits mit den Appenzellern, auf die Burg gesetzt worden zu sein, nach einem Briefe Gossolts vom 19. November 1436 an Bürgermeister und Rath der Stadt St. Gallen (jetz woll acht jar). Nach dem Tode des letzten Toggenburgers (30. April 1436) verlangten die Brüder Ulrich und Konrad Payer (Peyer, Peyger, Payrer, Paygrer), denen das Rheinthal schon im Jahre 1425 von Graf Friedrich für ein Anleihen von 6000 rhein. Goldgulden zu Pfand gesetzt worden war, im November 1436 von Frik Gossolt Auslieferung der Burg. Dieser aber hatte sich schon vorher in das Bürgerrecht der Stadt St. Gallen aufnehmen lassen und rief nun die Vermittlung von Bürgermeister und Rath gegen die Payer an; offenbar mit Erfolg. Wenigstens schreibt er noch in den Jahren 1438 (wegen eines Streits mit den Mosheim von Ravensburg) und 1439 (um Entlassung aus dem Bürgerrecht) von Zwingenstein aus an Bürgermeister und Rath, und noch im Jahre 1443 wird er von Jakob Truchsess zu Waldburg, Landvogt in Schwaben, bei Bürgermeister und Rath von St. Gallen als ihr „Burger" verklagt, weil er einen der Ursula Locher in Bregenz gehörigen Weingarten im Rheinthal, auf den er Ansprüche macht, aus eigener Macht zu Handen nimmt. —

Neun Schreiben im Stadtarchiv St. Gallen geben über diese Angelegenheiten nähern, obschon leider doch nur lückenhaften Aufschluss.

1441 März 12. Altstätten. — **Hans Zimmermann**, Ammann der Stadt **Altstätten**, **Rudolf Adel**, Gerichtsammann daselbst, **Walti Hohermut** (Hohor—), **Bürki Steiger**, **Stefan (Steff—) Müller**, **Frick Baumann** (Bu—), sämmtlich Bürger zu Altstätten, sprechen als frei gewählte Schiedleute über

1441 einen Streit zwischen den gemeinen Hofleuten von Bernang einerseits und von Lustnau (Lustenau) andererseits, wegen Gemeindeland, das Die von L. verkauft haben.

Für Bernang erscheinen der Ammann Hans Hermann und Hans Gisinger, für Lustnau der Ammann Heini Müller und Ulrich Ülker, gen. Tudeler, vor den Schiedleuten.

Da die beiden Höfe gemeinen Tratt zu einander haben und Zug und Wechsel mit einander, halten Die von B. dafür, dass ihre Hofleute, die allenfalls in den Hof L. ziehen, durch den Verkauf von Gemeindeland Seitens Derer von L. „an der gemeimen Tratt" geschädigt würden. Die von L. erklären, dass sie durch den Verkauf ihr anderes Gemeindeland erhalten möchten (das sie ander ire gemainden do mit retten wölten) und dass er beider Theilen an ihrem Gemeindeland (iro gemainden) nützlich sei.

Beide Parteien haben gelobt, den Spruch der 6 Schiedleute anzuerkennen, und zwar Die von L. mit Erlaubniss der Frau Dorothea von Altstätten.

Gesprochen:

Alle Streitigkeiten wegen des Verkaufs sollen abgethan und kein Theil soll dem andern deswegen Etwas schuldig oder pflichtig sein. Die Briefe, welche Die von St. Gallen der Frau Dorothea von Altstätten und Denen von B. wegen Derer von L. gegeben und gesprochen haben, bleiben in Kraft.

Es sigeln Hans Zimmermann, Rudolf Adel, Wälti Hohermut, Bürki Steiger, für sich und auch für Stefan Müller und Frick Baumann. 17

Archiv Widnau. (Die 4 Sigel abgefallen.)

Dorothea von Altstätten ist ohne Zweifel die Wittwe Rudolfs, des Letzten der Meyer von Altstätten († 1436), eine geborne Sürg (von Sürgenstein?). Ihre Beziehungen zu Lustnau und Inhalt und Veranlassung der Briefe, welche Die von St. Gallen ihr und den Bernangern wegen der Lustnauer gesprochen haben, sind uns leider bis auf Weiteres noch gänzlich unbekannt.

1443 Lustnau. — Ammann und Gemeinde von Lustnau (—ow) erklären, dass sie in ihrem Hof die Kübweg, die von dem Dorf auf das Gemeindeland (die gemaind) führen, selbst „machen und bessern" sollen; und wenn man künftig Einen rechtlich belange (einem zum rechten verkünt) von Weg oder Gütern wegen, die in ihren Gerichten liegen, sollen ihm drei Mal 14 Tage zur Verantwortung gegeben werden; doch bei Lehengütern mit Appellation an die Lehenhand (mag man es ziehen an die end, dannen sy lehen

1443 sint). Verantwortet er sich nicht in dieser Zeit, so hat er die Klage verloren, die gegen ihn erhoben (zu im klagt) ist, er weise denn Krankheit (siehtag), Herrennoth oder was dafür gut ist nach.

Stadt-A. St. G. — Tr. XXIII, 4. — (Papier mit aufgedrücktem Sigel des Ammanns, Hans Hagen?) 18

„heren not" (Herrennoth) = Abhaltung im Herrendienst.

Was hier Ammann und Gemeinde von Lustnau erklären, gilt zu dieser Zeit auch noch für Widnau.

1447 August 31. Feldkirch. — Hans Widenbach wird vom Herzog Sigmund von Oesterreich mit dem Schlosse Zwingenstein im Rheinthal belehnt und gelobt, damit getreu zu sein. 19

Lichnowsky VI. n. 1287.

Wenn auch wirklich Wilhelm von Zwingenstein seine Burg zu einem österreichischen Lehen gemacht hat (v. Arx I. 494), so stützte sich Herzog Sigmund bei dieser Verleihung wohl eher auf die Verpfändung von 1403, die ohne Zweifel auch noch spätern österreichischen Entschädigungsansprüchen an die Appenzeller bewusst oder unbewusst zu Grunde lag; s. Walser, Neue Appenzeller Chronik S. 323, und Monumenta Habsburgica I. 196. Aus dieser letztern Stelle ersieht man auch, dass die Burg Zwingenstein um diese Zeit von den Appenzellern eingeäschert worden ist. Jedenfalls hat sie Hans Widenbach, der St. Gallische Stadtschreiber, nie erhalten und sein Sohn Urban ebenso wenig, trotzdem sie in dieser Sache die Vermittlung der Eidgenossen gegen die Appenzeller angerufen haben. — Dagegen ist der Stadtschreiber „Johans Widembach" schon unter Abt Eglolf (1426—1442) von Heinrich Zilin, genannt „Schriber", Burger zu St. Gallen, für eine Schuld von fl. 200 rhein., welche ihm Heinrich Zilin von „Jerig" Wildrichs wegen schuldig geworden, durch die Verschreibung von fl. 10 Zins jährlich auf einen Weingarten ob Zwingenstein am Rotenweg gelegen — anstossend an das Farnach und an des Sibers von Lindau Garten — bezahlt worden. — Bücher-Archiv des Stifts-Archivs, Cod. A. 90. S. 836.

1448 Juli 23. — Konrad von Anwil, Burger zu St. Gallen, im Namen Abt Kaspars Vorsitzender des Pfalzgerichts, entscheidet rechtlich über Streitigkeiten zwischen Heini Gümmels (Gy—) Kindern und Hans Hermann, Ammann zu Bernang.

Heini Gümmels Kinder klagen durch ihren Fürsprech Hans von Watt, und mit ihnen ihr Vogt und Weiser, dass ihr Vater mit harter Arbeit aus einem rauhen „Gwille" zu Widnau ein Gut genannt Hüpfig (Hu—) und die Aue ennet dem Giessen (Güssen), auch ein Mädli auf dem Krummensee (krommen Sew) gelegen und in den Kelnhof Bernang gehörend, „gebauen, ausgereutet und erzogen" und von Abt Eglolf zu Zinslehen erhalten; nun habe sie der Ammann von Bernang davon gedrungen.

1448 Hans Hermann erklärt durch seinen Fürsprech U l r i c h von
B ü r ß: Heini Gümmels Kinder haben das Zinslehen nicht in
Ehren gehalten, wie sie sollten, mit Zäunen und Graben (und
andern gebüwen); drum habe er es billig von ihren Handen an
sich gezogen nach Zinslehens Recht.

Gümmels Kinder stellen in Abrede, dass sie das Gut „wüst-
bar" gehalten; vielmehr sei es, als man es ihnen entzogen, besser
gewesen, als da sie es empfiengen. Sie hätten es auch noch
weiter bessern wollen; doch habe der Krieg sie daran gehindert.

Der Ammann bleibt bei seiner Behauptung und beide setzen
die Sache zum „Recht".

Mit Mehrheit gesprochen:

Abt Kaspar und der Ammann von Bernang und alle anderen
seine Amtleute sollen des Gümmels Kinder in den genannten
„Stücken" ganz unbekümmert lassen; haben sie dieselben nicht
in Ehren gehalten, wie sie sollten, so möge man sie dafür rechtlich belangen (mit recht fürnemen und ervordern).　　　 20

St.-A. St. G. — O. O. 3. J. 18. — (Sigel K's. v. A.)

Vergl. n. 14, 21 u. 22. — „Gwille" = Gewilde, Wildniss. — Unter dem
„Krieg", auf welchen sich die Kinder Gümmel berufen, ist die Theilnahme der Appenzeller an der zweiten Hälfte des alten Zürichkriegs
zu verstehen (1444—1447), die das Rheinthal und seine Bevölkerung
allerdings sehr in Bewegung brachte.

1449 Juli 28. — Vor R ü d i Sturzenegger von Bernang im
Rheinthal, der auf Geheiss von H a n s H e r m a n n, Ammann zu
Bernang, daselbst in dem Hof Bernang öffentlich zu Gericht
sitzt, klagt Hans Hermann durch seinen Fürsprech H a n s m a n n
S c h m i d, dass H e i n i G ü m e l s (!) sel. Kinder das ihnen von
Abt E g l o l f sel. gegen jährlichen Zins verliehene Gut, genannt
das H ü p f i n g (!), nicht nach solcher Lehen Recht und Herkommen
in Ehren halten, weswegen ihn Abt K a s p a r und seine Amtleute
beauftragt haben, dass er das genannte Gut zu seinen und des
Kelnhofs zu Bernang Handen ziehen solle, da es doch dem Kelnhof gehörte. Er stehe nun auf der dritten Klag, und von den
Kindern und ihrem Vogt, denen bei der ersten Klag nach Hofrecht verkündet worden, sei Niemand da, sich zu verantworten.

Gesprochen (mit der meren urteil): dass Hans Hermann das
Gut zu seinen und des Kelnhofs Handen ziehen solle.

Es sigelt Junker W i l h e l m (—halm) von S t e i n a c h.　 21

St.-A. St. G. — O. O. 3. G. 4. — (Sigel eingenäht.)

Vergl. n. 20 u. 22.

1449 November 11. — Lukas Wider (Wydar) von Marbach (Marp—), Heini Gümels(!) sel. Kindern, vor Zeiten in Dornach auf dem Gut genannt das Hüpfing(!) gesessen, rechter Vogt, und Uli Keller, auch von Marbach, Stiefvater derselbigen Kinder, einerseits, und Hans Hermann, d. Z. Ammann und Keller zu Bernang, anderseits, lassen ihre Anstände wegen des genannten Guts durch den Oprecht von Appenzell, Heini Steiger von Altstätten, Hans Noll von Marbach, Ul(!) Hofstetter und Rüdi Sturzenegger von Bernang dahin vergleichen: dass Hans Hermann die Kinder bei dem Gute bleiben lasse; doch sollen die Kinder ihm jährlich auf St. Gallentag den festgesetzten Zins bezahlen und auch das halbe Heu auf dem Gut und Mädli, das Gut Hüpfing mit Zäunen und Graben und andern Sachen in guten Ehren halten nach Landsrecht und es ohne Gunst und Willen des Kellers Niemandem verleihen, noch versetzen. Kommen sie diesen Artikeln nicht nach, so wird das Gut dem Hans Hermann bezw. einem jeweiligen Keller zu Bernang ledig und darf er es zu seinen Handen ziehen.

Es sigelt Junker Wilhelm (—halm) von Steinach. **22**

St.-A. St. G. — O. O. 3. J. 19.

Vergl. n. 20 u. 21.

1450 October 5. — Burgermeister und Rath der Stadt Lindau sprechen rechtlich über Ansprüche Abt Kaspars von St. Gallen an den Weinzehnten zu Hausen, Haslach, am Monstein und St. Marienhalden gegen Märk von Ems (—ptz).

Die Bevollmächtigten des Abtes: Hans Herr, sein Alt-Hofammann, Hans Hermann, sein Ammann zu Bernang, Hans Hächinger, sein Schreiber, berufen sich durch ihren Fürsprech Wilhelm von Nidegg auf einen Brief vom 12. März 1349 (Urkdbch. n. 1462), durch welchen Ritter Ulrich von Ems, der Alte, den Abt Hermann für den Empfang von 110 Mark Silber quittirt, die ihm der Abt als Entschädigung für die Dienste in dem Kriege des Klosters gegen die Grafen Hugo und Rudolf von Montfort gegeben, mit der Erklärung, dass nun der Abt und das Kloster für keinen Schaden, der daraus entstanden, noch Etwas schuldig seien.

Märk von Ems beruft sich durch seinen Fürsprech Hans Lugglin auf den Brief vom 1. April 1345 (n. 4), durch welchen ihm der Weinzehnten von den genannten Weingärten für 30 Pfund Pfennig besonders versetzt worden ist und welcher mit dem Briefe von 1349 gar Nichts zu thun habe. Dazu anerkennt

1450 er das Sigel an diesem letzteren nicht als das seiner Vorfahren, weil es bloss einen halben Steinbock aufweise, seine Vorfahren aber immer einen ganzen Steinbock im Schild und auf dem Helm geführt haben, wie er; es seien eben von jeher zweierlei Emser Edelleute gewesen.

Gesprochen:

Der Brief von 1345 sei noch in Kraft; wenn aber der Abt die dort dem Emser verschriebenen Zehnten eine Zeit lang bezogen, so soll er sie nur für die letzten zwei Jahre rückvergüten.

Die Verhandlungen der Parteien vor Burgermeister und Rath fanden am 2. September statt, der Spruch erfolgte unter dem obigen Datum.   23

St.-A. St. G. — O. O. 3. F. 9. — (Secretsigel der Stadt Lindau eingenäht.)

Unter „dem Krieg des Klosters mit den Grafen Hugo und Rudolf von Montfort" ist wohl ohne Zweifel die Theilnahme Abt Hermanns an dem Kriege Kaiser Ludwigs von Bayern gegen die Grafen von Montfort-Feldkirch-Tosters im Jahre 1345 zu verstehen, vgl. Hof Kriessern n. 9. A. u. Zösmair: Grafen von Montfort, I. 27.

1454 November 11. — Diepold Torgler, Burger zu St. Gallen, sesshaft zu Haslach im Rheinthal an dem Hard, verkauft um 30 Schilling Pfennig St. Galler Währung dem Ulin und Rüdin Rainsperg und Fiden (V—), ihrer Schwester, Burgern zu St. Gallen, sein Gestäude „ob der Erde" daselbst am Hard neben dem Weg „ufhin" gegen Haslach bei ihrem Weingarten genannt die (!) Howat, den sie von ihrem Vater sel. erbt haben, so dass sie Gestäude und Stöcke, was jetzt da ist oder noch da wachsen mag, jeweilen nach Belieben neben dem Weg hinauf abhauen, dämmen (teinnen) und verderben mögen, so weit von demselben dem Weingarten und „der gewechsde darin" ein Schaden entstehen kann, es sei durch Schatten oder Vögel oder sonst wie; doch dem Eigenthum (der aigenschaft) am Boden unvorgreiflich. Auch mag der Verkäufer das Holz nutzen und verbrauchen und von da wegnehmen, „wenn sich das also füget".

Es sigelt Heinrich Hugs, Bürger zu St. Gallen, auf Bitte von D. T.   24

Stadt-A. St. G. — Schaffneramt Rheinthal. — L. n. 2.

Vergl. n. 20 u. n. 31. — Die Käufer haben durch Bezahlung der 30 Schillinge wesentlich bloss das Recht der Beseitigung der Stauden und Stöcke erlangt.

1456 September 3. — Clara von Ramswag (Ramschwaug), geborne von Ems (—ptz), sesshaft auf Blatten, quittirt den Hans

1456 H e r r, äbtischen Hofammann zu St. G a l l e n, für 15 Pfund Pfennig
als Auslösung der Hälfte des Weinzehnten, welcher dem Kloster von
den Weingärten des Ritters U l r i c h von Ems dem Alten sel.,
ihrem „Eni", zu B e r n a n g im Rheinthal, im Bernanger Kirchspiel (—spel) gelegen, „gehen" soll und diesem „vor etwas langer
Zeit" um 30 Pfund Pfennig C o n s t a n z e r Münz versetzt worden
ist. Der Pfandbrief liegt gegenwärtig in den Händen des Herrn
M a r q u a r t von Ems, ihres Verwandten (fründ), und die Pfandschaft gehört zur Hälfte R u d o l f e n und Herrn Marquarten von
Ems und zur Hälfte ihr. 25

St.-A. St. G. — O. O. 3. F. 10. — (Sigel C's. r. R. eingenäht.)
Vergl. u. 4, 23 u. 27. — Ueber Clara von Ramswag, geb. von Ems,
s. Hof Kriessern 24. A.

1457 October 28. — U l i R a i n s p e r g, Burger zu St. G a l l e n, verkauft seinen Weingarten genannt der (!) H o w a t, der ihm und
seiner Schwester F i d e n (V—) von den Eltern als Erbe zugefallen ist, gelegen zu H a s l a c h im Rheinthal an dem H a r d
— stosst allenthalben an D i e p o l d T o r g l e r s Güter —, dem E r n i n
H i m e l i n, Burger zu St. Gallen, um 40 Pfund Pfennig S t. G a l l e r
Währung.

Es sigelt H a n s O p r e t z h o v e r, Burger zu St. Gallen, auf
Bitte U. R's. 26

Stadt-A. St. G. — Schaffneramt Rheinthal. — L. n. 3.
Vergl. n. 24.

1458 Mai 4. — R u d o l f und M i c h e l von E m s (—pts), Gebrüder,
quittiren den U l r i c h R ö s c h, Pfleger des Gotteshauses St. G a l l e n,
für 10 Pfund Pfennig als Auslösung des ihnen zugehörigen Drittels
des Weinzehnten zu H a u s e n, H a s l a c h, am M o n s t e i n (ze
dem Mön) und St. M a r i e n h a l d e n. 27

St.-A. St. G. — O. O. 3. F. 11. — (Sigel R's. u. M's. r. E.
eingenäht.)
Vgl. n. 4, 23. u. 25. — Damit sind ¾ des im Jahre 1345 versetzten
Weinzehntens nachweisbar wieder in den Händen des Klosters. Vermuthlich ist auch der letzte ¼ vorher oder nachher zurückgelöst worden,
obschon wir es nicht nachweisen können.

1462 November 30. — H a n s H o r n b o g und K o n r a d F e r von
W i d n a u verkaufen dem R ü d i S c h m i d von B e r n a n g,
H a n s e n Schmids Sohn, um 50 Pfund Pfennig Landswährung
2 Malter Kernen, B e r n a n g e r Mass (meſs), jährlichen Zins von
ihrem Gut die B ü n t, genannt H u g e n R ü d i s B ü n t, mitsammt
der Hofstatt und Haus und Stadel, gelegen zu Widnau — stosst

1462 zu zwei Seiten an **Hugen Haintzen** Gut und an die Landstrass und zu
der dritten an **Hansen Fulatichs** Gut, genannt das **Eigon** (Aygen),
und an Hugen Rüdis Gut, genannt das **Word**, — und von dem Eigengut des Hans Hornbog, genannt der **Tachat**, auch gelegen zu
Widnau — stosst an die **Ach** und an des **Nefen** (Neff—) Gut, auch
genannt der Tachat; — dazu setzt Hugen Rüdi für Konrad Fer auch
noch sein Eigengut ein, ebenfalls der Tachat genannt — stosst
einerseits an die Ach, anderseits an die Wies, genannt **Alten Rüti**, und
auch an Hansen Fulstichs Gut, genannt der Tachat, und an der Äbtissin
von **Lindau** Gut — und geht im Wechsel mit Hugen Haintzen
Wies. Der Zins ist jeweilen auf St. Martinstag zu Bernang in
der Mühle zu bezahlen und ist um die Verkaufssumme jederzeit
wieder ablösbar.

Es sigelt **Jos Schaipach**, Ammann zu **Lustnau**.   28
St.-A. St. G. — Bücherarchiv G. 1727. fol. 125.

1466 September 29. — **Ällin ab Stein, Hansen Hainglers** von
Bernang ehliche Frau, **Henslin** und **Gretlin**, ihre ehlichen
Kinder, und **Hans Falk** (V—) und **Ulin Hitzman** von Bernang,
d. Z. vom Gericht Bernang gesetzte Vögte der Frau und aller ihrer
Kinder, die zum Theil noch nicht zu ihren Tagen (der jar halb)
gekommen sind, weil der Vater Hans Haingler d. Z. nicht im
Land ist, verzichten „gegen" **Ulrich Keller**, d. Z. des Spitals
zu St. Gallen Pfleger und Verseher, zu Handen des Spitals, auf
zwei Mannsmad, gelegen zu **Widnau** (Wydenow) in der **Rüti**
— stossen einhalb an des Gotteshaus St. Gallen Gut und an die Strass
und an **Fridauers** Gut —, die H. H. lange Zeit von dem Spital
um den jährlichen Zins von 10 Schilling innegehabt; da es sich
durch Zeugen (kuntschaft und unterricht) ergeben, dass H. H.
diese zwei Mannsmad schon vor Langem dem Spital zu Eigen aufgegeben hat.

Es sigelt **Hans Hermann** der Junge, d. Z. des Gottes-
hauses St. Gallen Ammann zu Bernang.   29
Sp.-A. St. G. — Tr. B. 13. n. 47.
Vergl. n. 29.

1471 April 25. — **Hans Haingler** von **Bernang** und **Ällin ab
Stein**, seine ehliche Frau, übertragen dem **Ulrich Keller**,
d. Z. des Spitals zu St. Gallen Pfleger und Verseher, zu des
Spitals Handen als rechtes Eigen zwei Mannsmad, gelegen zu
Widnau in der **Rüti**, — stossen einhalb an des Gotteshaus St. Gallen
Gut, anderthalb an die Strass und an **Fridauers** Gut —, welche sie
schon vor langer Zeit dem Spital aufgegeben und seither um den
jährlichen Zins von 10 Schilling innegehabt haben.

1471 Es sigelt **Thomas Kobelt** (—bolt), d. Z. des Gotteshauses
St. Gallen Ammann zu Bernang im Rheinthal.   30

Sp.-A. St. G. — Tr. B. 13. n. 46.

**Vergl. n. 28. — Hans Hainglor ist also inzwischen aus der Fremde
zurückgekehrt.**

1474 April 13. Gotteshaus St. Gallen. — Abt **Ulrich** (VIII.) von
St. Gallen verkauft Gotteshausgüter an **Ulrich Fer** (V—), an
Hans Lucher (!) und **Rüdin Küng** und an **Martis Hansen**
den jungen, alle sesshaft zu **Widnau** (—ow), zu ledigen, un-
zinsbaren Freileben und zwar:

dem Ulrich Fer um 31 Pfund Pfennig die Bünt (punt)
genannt **Gümlinenbünt** (—bünd), die da gehört in das
Hupfig — stosst einerseits an **Hans Dudiners** (?) Güter, anderseits an des Spitals zu St. Gallen Güter genannt **Breite** (Prait), und
„enmitten“ in den **Augiessen**;

dem Hansen Lucher und Rüdin Küng die **Gümlinrüti**
— stosst einerseits an die **Ferenau** (—ow), anderseits an **Fridauers**
Holz, zur dritten Seite an des alten Rüdi Küngs Holz und zur vierten
Seite „enmitten“ in den Augiessen;

an Martis Hansen den jungen das kleine (klen) **Rütili**
— stosst einerseits an das **Hinterfeld**, zur andern Seite an des Spitals
von St. Gallen Gut genannt **Hangklersrüti**, und „enmitten“ in den
Augiessen — und dazu ein Mädli (med—) auf dem **Krummensee** (krumen Se) — stosst zu zwei Seiten an die Gemeind und
zur dritten an Konrad (—t) **Gümels Mad.**   31

*St.-A. St. G. — Bücherarchiv A. 111. f. 86. — Ziemlich
gleichzeitige Copie.*

1478 März 3. Lustnau. — März 12. St. Margrethen-Höchst. — Vor
Hans Hagen, d. Z. Ammann zu **Lustnau** in des Reichs Hof
aus Gnaden und Befehl seiner gnädigen Herrschaft von **Ems**
(—ßs), erscheinen in offenem Gericht **Hans Schilin** und **Anna
Schilin** und **Greth Schilin** mit ihrem ehlichen Mann **Hans
Romer** von St. Margrethen-Höchst, mit Henni Michel als
Fürsprech, und eröffnen (offnen), dass sie **Elsen** (Elß—) **Enend-
hoferin**, Hennis Ulis zum **Wilen** ehlicher Wittwe, und
Rüdin Sonderegger (Sunderegkern) von **Büriswilen**
(Bieriswila), als deren Vogt, einen Weingarten zu kaufen geben
wollen, gelegen zu **Haslach** und genannt der **Zenderler** —
stosst zu einer Seite an **Klaus Schniders** Gut, zu der andern an
Hrn. Marquarts „Büntilin“, das der **Spiser** inne hat, zu der dritten
an die Strass, die bei **Heinrich Schaipachs** Gut „abher“ geht. —
Es wird hierauf zuerst der Greth Schilin **Rüdin Bienst** als

1478 Vogt und der Schranzmüller als „Weiser" beigegeben, und
sodann der Weingarten um 30 Pfund Pfennig minder 5 Schilling
Pfennig Landeswährung von Hans, Ann und Greth Schilin an
Rüdin Sonleregger (Sunderecker) als Vogt der Elsen Enendhoferin
gefertigt. — Es sigelt der Ammann Hans Hagen. — In gleicher
Weise erklärt Hans Bünis, Ammann zu St. Margrethen-Höchst,
im Namen und auf Befehl des heiligen Geist Spitals zu St. Gallen,
dass diese Fertigung auch vor ihm und ganzem Gericht St. Margrethen-Höchst geschehen sei mit Konrad (Cunratli) Henni
als Fürsprech, Rüdin Romer als Vogt und Wilhelm (—halm)
Rüsch als „Weiser". — Es sigelt Hans Bünis selbst, weiter
Hans Nägelin von St. Johann-Höchst, meinem gnädigen
Herrn von St. Gallen und seinem Gotteshaus etc. ohne Schaden.
und Rüdin Romer. **32**

*Stadt-A. St. G. — Schaffneramt Rheinthal. — L. n. 4. — (Alles
von einer Hand geschrieben, Sigel n. 3 ganz abgefallen, n. 4
nur noch in einem Bruchstück vorhanden.)*

1483 März 5. — Heinrich Hagen, Ammann in dem Reichshof zu
Lustnau, Hans Tudiler und Ulrich Benzer (Bentzer),
beide von Widnau, Klaus Wensauer (Wennsower) und
Ulrich Forster, beide sesshaft zu Haslach, alle fünf gemeine, von dem Gericht zu Lustnau dazu verordnete Schiedleute,
sprechen gütlich über „Spänn und Stösse" zwischen Lipfrid
Zollikofer, Bürger zu St. Gallen, und Wilhelm Torgler
(Torgg—) von Haslach, wegen Bäumen und Gestäud, die nach
der Ansicht Lipfrid Zollikofers seinem zu Haslach gelegenen Weingarten schaden sollen, laut einem versiegelten Brief; wogegen
Wilhelm Torgler nach Weisung desselben Briefs nicht schuldig
zu sein glaubt, sie so weit zu entfernen (danne ze tund).

Die 5 Obgenannten, von dem Gerichte, vor dem die Sache
anhängig gemacht wurde, zu einem Augenschein und zur Einvernahme von Zeugen (der Nachbarn zu Haslach) abgeordnet, veranlassten nach Erfüllung ihrer Aufgabe die streitenden Parteien zur
Annahme eines gütlichen Spruchs, und sprechen sodann einhellig,
dass der alte Brief, „der da weist ge(n) Haslach bei dem Weg", in
seinen Kräften bleiben soll, und dass von dem Ort an, wo die
Buchen und Eichen stehen, Wilhelm Torgler von oben herunter
(obenan abher) von seinem Acker bis herab auf die Mark, wo
jetzt die Birnbäume in der Gassen stehen, die Buchen und Eichen
und alles Gestäude beseitigen soll, so weit als von einem „Hag-

1483 stal" an das andere; auch die Eich, die oben an dem Ort an seinem Acker in dem „Hagstal" steht, soll er abhauen, und von dem Orte an seinem Acker herab bis auf die Mark, und von einem „Hagstal" an das andere nun hinfür kein Gestäud aufgehn lassen, das L. Z. an seinem Weingarten Schaden und Schatten bringen möge. Doch soll W. T. das Holz haben und nehmen und ihm an der Eigenschaft des Bodens kein Schaden erwachsen, und kein Theil Bäume weiter setzen (mit bomen witer übersetzen), als sie jetzt stehen. Endlich hat L. Z. dem W. T. ein Pfund Pfennig hinauszugeben und jeder Theil die Hälfte der aufgegangenen Kosten für Zehrung und Löhne zu tragen.

Es sigelt Heinrich Hagen.   33

Stadt-A. St. G. — Schaffneramt Rheinthal. — L. n. 5.

Vergl. n. 36. — Der alte Brief, auf den sich beide Parteien berufen, ist wohl n. 24.

1492 März 22. — Wilhelm Torgler von Haslach, auf der Hard gesessen, verkauft dem Junker Ludwig Zollikofer (Zollenkoffer), Bürger zu St. Gallen, einen Weg, der da liegt zu Haslach, dass Junker Ludwig Zollikofer den Steg und Weg haben soll hinauf bis über den „Dyetzin" und an des Verkäufers „Mistschüttin", Sommers und Winters, für den Mist, den er unten herauf bringt, um 2 Gulden guter Landswährung für Weg und Mistlege. Doch sollen beide Parteien den Mist nicht länger liegen lassen, als einen Monat.

Es sigelt Hans Kauffel (Kouff—), d. Z. Ammann der Herren von Ems im Reichshof zu Lustnau.   34

Stadt-A. St. G. — Schaffneramt Rheinthal. — L. n. 6.

Vgl. n. 33 und 36.

1498 November 10. — Antoni (Anth—) Gaisberg, Ritter, verkauft an Abt Gotthart von St. Gallen sein Gut zu Haslach im Rheinthal gelegen, genannt das Haslach, mit Weingarten, Aeckern, Wiesen, Hofstatten etc. etc. — stosst einerseits an der Frauen von St. Katharinen zu St. Gallen Weingarten und anderseits an die Landstrass; — weiter eine Wiese, genannt Tegerin, ist vier Mannsmad, auf Bernanger Wiesen gelegen — stosst an die grosse Ach, ist zu Zeiten Hermann Schaipachs gewesen, und jetzt hat sie Hans Spiring inne; — weiter eine Wiese, genannt die Langwies in Bernang — stosst „an den Furt der Gmeind", ist „etwa" Hansen Schöbis und Elsen Hainglerin (Haingg—), sins Wibs, gewesen, und jetzt hat sie Hans Spiring inne; — weiter 30 Schilling Pfennig Landswährung jährlichen Zins auf St. Martinstag von einer Wies,

1498 genannt die Pfenderin — stosst einerseits an die Dickenau an
die Gemeind, zur andern an Heinrich Ritzen Gut und zur dritten Seite
an St. Peters Wiesen; es zinset Hans Spiring und ist der Zins erkauft mit
30 Pfund Pfennig Hauptgut, lt. einem Brief vom 21. Mai 1478; — weiter
2 Pfund 15 Schilling Pfennig St. Galler Währung jährlichen Zins
auf St. Martinstag von einem Gut genannt Mülhalden, bei
Mülinen (Müll—) „enhalb" der Sitter gelegen — stosst an die
Landstrass, zu zwei Seiten an Gaishaus (Gayshus) und an den Weg;
Wiederkauf mit 55 Pfund Pfennig Hauptgut vorbehalten, lt. einem Brief
vom 5. December 1478; — weiter einen Hof und Gut genannt Büler-
hub ob dem Dorf zu Korschach gelegen, so etlich in Erb-
lehensweis inne haben, „giltet" jährlich 30 Schilling Pfennig
Constanzer (Costentzer) und 4 Malter Vesen St. Galler Mass.
Der Kaufpreis ist 600 Pfund Pfennig St. Galler Währung; —
doch der Verschreibung des Leibdings, das ihm Abt und Gotteshaus jährlich zu geben schuldig sind, unschädlich.   35

St.-A. St. G. — O. O. 3. J. 37. — (Sigel A. G's. eingenäht.)

1502 December 12. — Mathias Torgler zu Haslach im Rheinthal
sesshaft, erhält von Ludwig Zollikofer, Baumeister, Bürger
zu St. Gallen, 1 Pfund und 5 Schilling Pfennig St. Galler
Währung und verkauft ihm dafür 3 Eichen und dazu alles andere
Gestäud und Holz, das gestanden ist neben Ludwig Zollikofers
Weingarten, unten an der Herren von Ems Gut, an Hans
Torglers Gut und seines (des Verkäufers) Vaters Wieslein gelegen, um es da dannen zu hauen und es künftig nicht mehr
aufkommen zu lassen, sondern alle 3, 4 oder 5 Jahre längstens
zu reuten und sauber auszuhauen. Wenn der Verkäufer oder seine
Erben als Inhaber des Bodens es nicht abhauen, so haben je nach
dem fünften Jahre L. Z. und seine Erben dazu Vollmacht (macht
und vollen gewalt).

Es sigelt Hans Bösch (P—), Ammann zu Lustnau.   36
Stadt-A. St. G. — Schaffneramt Rheinthal. — L. n. 7.
Vgl. n. 33.

1511 December 6. — Diepold Bürki (—cky), Hofmann und sesshaft
zu Balgach im Rheinthal, vertauscht an Jos Wetach seinen
Weingarten zu Haslach, genannt der Zenderler — „und
ist nun der halb Zenderler mitsammt dem halben Näspelbaum",
stosst zu einer Seite an Urich (!) Zollweger, zu der andern an Klaus
Winsnuers Erben, zur dritten an die Strass —, gegen einen Weingarten zu Balgach nach Ausweis der Marken; dazu bezahlt Diepold

1511 Bürki ein Aufgeld von 6 Pfund Pfennig Landswährung. Sein Weingarten ist Lehen von Z w i n g e n s t e i n.

Es sigelt L i n h a r t H a g e n, d. Z. der gn. Herren zu E m s Ammann im fr. Reichshof L u s t n a u (Luschnow). — Vgl. n. 46. 37
Stadt-A. St. G. — Schaffneramt Rheinthal. — L. n. 8.

1518 Juli (howat) 9. — G r e g o r i u s G e r u n g, der Zeit Spitalmeister in St. G a l l e n, als Obmann, H a n s S c h o w i n g e r, Vogt zu O b e r b e r g, U l r i c h B ä r t z, Kanzler im Gotteshaus St. Gallen, J o s W i t t e r, k. Majestät Amtmann zu B r e g e n z und Bastion (!) S c h n e l l, Ammann im Hof S t e i g, als Schiedsrichter (zusätz), sprechen gütlich über die Streitigkeiten zwischen Abt F r a n z von St. Gallen und den Vettern M ä r c k S i t t i c h von der H o h e n e m s (d. h. Empss), Ritter, und Junker M i c h e l von Hohenems wegen der Hof- und Gerichtsmarken der Höfe B a l g a c h und K r i e s s e r n einerseits und des Hofes L u s t n a u anderseits; auch über Streitigkeiten zwischen Ammann und Gemeinden der 3 Höfe Kriessern am O b e r r i e t, Balgach (Ballgaich) und Lustnau wegen Trieb und Tratt, Wunn und Weid, laut wörtlich eingerücktem Anlassbrief vom 9. August 1518. 38

(S. Gemeindearchive, Hof Kriessern, n. 106.)

A. W.

Bei diesem Document liegt ein Beibrief (datirt vom 22. Juni 1622 in der A u, in Ammann J a k o b K ö p p e l s, Wirths, Behausung), durch welchen der hiezu erbetene H a n s Z i m m e r m a n n (Zimb—), des Raths zu L u z e r n, d. Z. Landvogt in R h e i n e g g, nach Vergleichung des Inhalts mit andern gleichlautenden Briefen, statt der eingeschmolzenen, ursprünglichen Sigel das seinige „mit einem Durchzug" an den Brief hängt und ihn damit wieder bekräftigt, als ob er nie an Sigeln oder sonst beschädigt worden wäre. Als hiezu erbetene Zeugen waren folgende Abgeordnete der 5 Höfe anwesend: von Altstätten W o l f H a s l e r, Stadtammann und Pannerherr; von Oberriet Hofammann U l r i c h L ü c h i n g e r und Hans Dietschi, Landvogtsammann; von Marbach (Marp—) Ammann L i e n h a r t B e n z (—tz); von Bernang Ammann T h o m a Hankler und Klaus (Clouß) D i e r a u e r (Dierouwer), Schreiber; von B a l g a c h Ammann H a n s M ä t z l e r und Ammann J a k o b O o s c h. Der Landvogt war begleitet von dem Landschreiber K a s p a r D ü r l e r, und das Anliegen von W i d n a u und H a s l a c h wurde ihm vorgetragen von Hans und Jakob Köppel, B a l t h a s a r T o r g l e r, A n d r e a s (Andriß) Fer und J a k o b Z e l l w e g e r (Zel—), Weibel.

1518 Juli (höwat) 9. (Au). — Obmann und Schiedsrichter der vorstehenden n. 38 sprechen gütlich über die Streitigkeiten zwischen Abt Franz von St. G a l l e n einerseits und den Vettern M ä r c k S i t t i c h von E m s, Ritter, Vogt zu B r e g e n z, und Junker M i c h e l von Ems anderseits wegen der Hof- und Gerichtsmarken der niederen

1518 Gerichte Bernang und Lustnau; auch zwischen Ammann und Gemeinden der beiden Höfe Bernang und Lustnau wegen Trieb und Tratt, Wunn und Weid, lt. wörtlich eingerücktem Anlassbrief v. 3. August 1516 (mentag vor unser Frouwen tag irer himmelfart).

Nach einem frühern Tag in der Au wurden die Parteien auf heute wieder einberufen und nach einem Augenschein aller streitigen Marken gütlich gesprochen:

1. Die Hof- und Gerichtsmarken sollen beginnen am „Schroffen und Felsen" genannt Meldegg, oben am Berg, und da soll die erste Mark sein. Von dieser geht es geradewegs in den Bildstock neben dem rothen (rotten) Torggel, der den Frauen zu St. Katharina (Kathr—) in St. Gallen gehört; da ist wieder eine steinerne Mark gesetzt und ein steinernes Kreuz darein gehauen. Von da quer hinüber der Schnur nach über die Au und Wiesen in die Eiche, in welcher ein Crucifix ist; da ist die dritte steinerne Mark gesetzt. Von da in der allernächsten Linie in das Wasser genannt die Ach (Aich) und dieser nach aufwärts bis in den Winkel zum „Bruggli", wo man über die Ach geht und reitet. Von dem „Brüggli" den nächsten Weg über die Strasse in den Holenstein, wo auch ein Kreuz als Mark gehauen werden soll. Beide Parteien sollen einander helfen die Marken machen und setzen; und was innerhalb der Marken gegen Bernang liegt, gehört Alles in den Gerichtszwang daselbst; was ausserhalb derselben rheinwärts liegt, gehört in den Gerichtszwang gen Lustnau. Alle bisher streitigen Marken sind damit tod und ab.

2. Trieb und Tratt sollen Die in den Gerichten Bernang und Lustnau zu ewigen Zeiten mit ihrem Vieh zusammen haben, auch Wunn und Weid sowohl in Auen und „Gemeinmerken", als auch in den Eigengütern „vor und nach der Segens und Sichel" nutzen (niessen und brauchen), wie von Alter her.

3. Die „Bänne" sollen geschehen und aufgesetzt werden, wie von Alter her Brauch, und die Bannfälle innerhalb der obigen Marken sollen zu Bernang „gestraft, gebüsst und berechtigt" werden, was ausserhalb derselben von Bännen übersehen und nicht gehalten wird, im Gericht Lustnau; und jeder hiefür gesetzte Bannwart soll die Uebertretung von Bännen der Herrschaft des Gerichtszwangs, in dem es geschieht, angeben und melden, damit man den Betreffenden strafen könne.

1518 4. soll dieser „gütliche Bericht" den 3 Herrschaften, nämlich Rheinegg, Gotteshaus St. Gallen und den Herren von Ems an allen ihren „Oberkeiten, Herrlichkeiten, Zwingen, Bännen, Zinsen, Zehenden, Nutzen, Renten und Gülten rundweg unvergriffen und ganz unschädlich sein."

5. Alle Streitigkeiten der Parteien wegen der Gerichts- und Hofmarken, wie über Trieb und Tratt, Wunn und Weid, sollen hiemit beigelegt, aller Unwille und jede Unfreundschaft tod und ab sein und jeder Theil seine Kosten an sich selbst tragen. Es sigeln der Obmann und die 5 Schiedleute (zusätze).   39

A. W. — Alle 5 Sigel abgefallen.

Vgl. n. 52.

1521 Mai 28. — Vor **Konrad** (—t) **Hemerlin**, d. Z. Ammann der gn. Herren von **Ems** (Emptz) im freien Reichshof **Lustnau**, erscheinen in offnem, „verbannenem" Gericht **Jerg Graf** (—ff) zu **Bernang**, als Bevollmächtigter von Ausser- und Inner-Spitalmeister zu St. Gallen, und **Urich** (!) **Schwitzer** von **Haslach** im Hof **Lustnau**, und fertigen dem **Klaus Koler**, d. Z. Junker **Bastion Mundpraten** Vogt zu **Salenstein**, im Namen seines Junkers den Kauf von Urich Schwitzers Gütern, die der Spital auf der freien Gant im Hof Lustnau um ausstehende Zinse, Schaden und Hauptgut erworben hat, laut darüber gegebenem Brief und Sigel.

Es sigelt der Ammann Konrad Hemerli (!).   40

Sp-A. St. G. — Tr. B. 13. n. 49.

1522 October 8 f. Luzern. — Der Vogt zu **Rheinegg**, **Felix Grobel**, bringt der Tagsatzung vor: Die armen Leute von **Widnau**, wo die Eidgenossen nur die hohen Gerichte haben, während **Mark Sittich** von **Ems** den „Twing" besitzt, leiden sehr unter dieser Herrschaft. Die Vogtei sei aber für nicht mehr als 1500 Pfund Heller „Seewährung" verpfändet. Wenn die Eidgenossen sie nicht „gemeinlich" lösen wollten, so möchte man ihm, dem Vogte, gestatten, sie einzulösen; nichts desto weniger wolle er ihnen später, wann es ihnen beliebe, die Lösung abtreten.   41

Eidg. Absch. IV. 1. a. S. 241. n. 115. a. 4.

Die Antwort auf dieses Vorbringen sollte auf „den nächsten Tag" gegeben werden; doch erscheint über dasselbe Nichts mehr in den Abschieden. Auf was sich die Summe der „1500 Pfund Heller" stützt, ist aus unserm Materiale nicht ersichtlich. — Vgl. n. 9.

1523 Sept. 9. — Vor **Mangnus** (!) **Grabher**, d. Z. der Herren von **Ems** Ammann zu **Lustnau** in dem freien Reichshof, erscheinen

1523 in offnem Gericht Gallus Hans, Hofmann zu Bernang, und Thyas (!) Torgler (Torgk —) von Haslach, Hofmann zu Lustnau.

Gallus Hans klagt durch seinen Fürsprech, Konrad Hemerlin, dass ihn Thyas Torgler unbillig vor m. Herren v. Ems Amtleuten und vor Ammann und Gericht zu Lustnau verklagt habe, weil er da gefahren, wo er und seine Voreltern zu Herbstzeit mit Wein immer gefahren; verlangt Ersatz der ihm durch die Klage veranlassten Kosten.

Thyas Torgler antwortet durch seinen Fürsprech Thyas (!) Bertsch: er habe den Gallus Hans nicht verklagt, sondern dieser sei mit Gewalt und über Rechtbot über das Seine gefahren und wolle da eine Landstrass haben und machen, wo nie eine gewesen.

G. H. verlangt keine Landstrass, sondern nur einen Weg zu Herbst in der „Wyme" mit Wein da zu fahren, wie von Alter her.

Th. T. erklärt, G. H. habe kein Recht, an den Orten zu fahren, und neben dem alten Weg „aufgebrochen" über alle Rechtbot.

G. H. erklärt, nur den alten Weg benutzt zu haben und verlangt Augenschein und Zeugeneinvernahme.

Th. T. anerkennt keine Strasse auf dem Seinen und anerbietet Zeugen dafür, dass man dort (an dem end) immer „gepfändet" habe.

G. H. stellt darauf 7 Zeugen: Thoma Schriber, Ulrich Indermur (i. d. Mur), Erhart Nesler, Henslin Hermas, Cristan Wider, Ulrich Ull, Hans Mäß, die Alle — bis auf 50 Jahre zurück — bezeugen, dass der Weg immer „ohne Wehren und Pfänden" mit Wein- und Kornfuhren gebraucht worden sei und zu dem Zweck unterhalten werden musste; der Weg gehe durch Hansen Muntprats Wies, die jetzt die Zellweger inne haben, und durch die Wies, so jetzt Thyas Torgler inne habe.

Nach Augenschein durch das Gericht (Ammann und 7 Richter) selbst und weitern Verhandlungen wird gesprochen:

> dass Thyas Torgler den Gallus Hans unbillig verklagt und aufgehalten habe und deshalb schuldig sein solle, dem G. H. allen Kosten und Schaden zu ersetzen (abzutragen), in den er deshalben gekommen.

Th. T. verlangt zu appelliren, worauf ihm der Zug erlaubt wird dem Wasser nach in das nächste Gericht hin diesseits des Rheins und aus demselben in die nächste Reichsstadt Lindau und von da an den Hof, doch innerhalb der nächsten 10 Tage; lässt

1523 er diese unbenutzt verstreichen, „alsdann ist er von dem Zug, nach Hofrecht".

Es sigelt der Ammann Mangnus Grabher. 42

St-A. St. G. — O. O. 3. J. 39. (Sigel eingenäht).

1526 Juli 26. Rorschach. — Melchior Gisler von Uri, Landvogt im Rheinthal, als Obmann im Namen der 8 alten Orte, und die Zusätze Ludwig v. Helmsdorf und Heinrich Schenkli von Seite des Abts von St. Gallen, Konrad Blum von Altstätten und Hans Ritz, Ammann zu Bernang, von Seite der Höfe im obern Rheinthal (Haslach, Widnau und Diepoldsau inbegriffen), vermitteln zwischen dem Abt und den Höfen wegen der Zehnten, die diese dem Gotteshaus seit einiger Zeit verweigern, dahin, dass die grossen Zehnten an Wein und Korn wie bisher entrichtet werden sollen, wogegen der selbst anwesende Abt aus Gnaden den kleinen, dem Kloster pflichtigen Zehnten nachlässt, doch nur auf 3 Jahre, nach deren Ablauf beiden Theilen wieder das Recht vorbehalten ist. Die den Priestern und andern Leuten im Rheinthal zugehörenden Zehnten werden davon nicht betroffen.

Eidg. Absch. IV. 1. a. S. 888, n. 359, v. 3. 43

1526 — Christoph und Felix, Grafen zu Werdenberg und zum Heiligenberg, Gebrüder, von Herrn Märk Sittich von Ems (Embs) zu der Hohenems, Ritter, um die Wiederlösung angesucht und gemahnt, was ihnen aber keineswegs gelegen, verkaufen die Pfandschaft über den Hof Lustnau und alle Zugehörde laut Pfandbrief vom 20. April 1395 um die Pfandsumme von 5300 Pfund Heller an den Pfandinhaber, mit Verzicht auf jede fernere Lösung. (Vgl. n. 9.) 44

St-A. St. G. — Rubrik CXL. Fasc. 1.

Copie auf Papier, beglaubigt durch den k. öffentlichen Notar Johannes Riepp von Reutlingen (Reytt—), d. z. Untervogt zu Bregenz.

1529 Januar 2. — Beschwerden der Widnauer, Haslacher und Derer aus der Dickenau.

1. So syen dann ouch die von Widnouv, ouch Hasslach der niederen gerichten (halb) ouch gröülich beschwert. Waibt menklich wol, wie dass sy da gerichthörig syen über Rin und die von Emps gen Lustnouv, das inen eben schwer; dann zü ziten unbillichs mit inen fürgenomen und gehandlet werd. Also so man järlich das gericht besetze, so darf iro kainer uf ainen amman hie disethalb Rins raten, onangesechen dass sy ain halber hof, und vor ziten ouch amptlüt hie diset Rins by menschen dächtnus gesetzt und erwölt worden. Sye ir beger, wo es jemer möchte sin, ain aiges (!) gericht zü haben;

1523 doch dass sy by irn trib und trat, wunn, waid, ouwen und gmainmerk möchten bliben, wie von alter har.

2. Und wiewol sy in unser gnädigen herren der acht orten der aid-
gnoschaft landvogty Rintal sesshaft und aines landvogts geschwornen
syen (und das mit willen), so werde inen doch zů ziten von denen
von Ems und iren amptlüten an 10 lb. pfennig verboten, dass iro
dhainer, was im joch zůstůend oder mit not angelegen wäre, von
kainerlai sachen wegen, nichts vorbehalten, ainem landvogt zo Ri n e ck
als irem oberherrn dörfe klagen oder sinen rat darin haben.

3. Dessglichen so můeßend sy umb alle sachen und verhandlungen eben
allwegen das recht vor inen bruchen, nemen und geben und umb
kainerlai sachen vor ainem landvogt noch sich dess beklagen, wie
not es inen wäre, alles by obgemeldter bůß.

4. Dessglichen so habind sy gemaine trat ennethalb und hie disethalb
Rins, es syen ouwen oder andere gmainmerk, so sy gemainlich als
ain hof mit ainandren bruchen söttind. Die legen sy inen hie disethalb in ban und bruchen sy die iren ennethalb. Und so sy ir vech
ouch überhin tůnd, tůnd sy es inen yn. Tůnd sy es dann übern
Stalden ushin, so tůnd (es) inen die von Torenbůren in; wiewol es ire gemain tratgůt ist, als wol als das iro. Dessglich etlich
ouwen, holz, wunn, waid; die verkaufind, verlichind (sy) und geben
inen nůts darvon.

5. Ouch habind sy beschwerd der wegen und straßen halb, so man hie
disethalb machen sött und notdurft wäre; wöllind sy weder ainen
landvogt, noch uns darin nit nandlen lassen, darmit sy in eeren
gehalten wurdint.

6. Sy werdin ouch järlichen vom gottshus S an t Ga l le n oder ain(em)
vogt uf Rosenberg angelangt, etlich hofstett und güeter umb ainen
järlichen zins, genannt „burgsäß", und wüssend nit, wannenhar der
flůßt oder worumb sy in geben můeßen; dann sy kain schutz noch
schirm von im nit habind; ouch inen weder sigel noch brief noch
nůts anderst zaigen welle, dann sine urbar und rödel.

7. Witer so sprechind sy inen etliche güeter an, so ir aigen erkoufte
güeter syen lut irer sigel und briefen über die selbigen; vermainen
sy an tratt ligen ze lassen, und dörend sich sölich(s) nit erklagen.

8. So habind sy noch under inen hie disethalb aigen lüt sitzend, so da
můeßend järlich zwo fassnachthennen, ouch zwen fäll geben, und
namlich dem abt von Bregenz und herr Märk von Emps; dessglichen gläß und allen zechenden ouch mit im drittailen.

9. Und dann witer so sigen sy größlich des kilchensatz halb beschwert, so
sy zů Widnouv uss großen nöten erbuwen und gestift habind; der-
glich iren pfarrer mit irem blůtigen schwaiß und arbait enthalten
und erneren můeßend; alles on hilf und zůtůn dero von Ems; wiewol sy an dem end lecheuherren sin wellind. Dessglichen irem pfarrer
zů Widnouv zů ziten, wenn er inen das wort Gotts jetz nach dem
haiteren evangelium verkündt und prediget, emboten wirt und tröwt,
sy wellind in ab der pfründ stoßen.

10. Von wegen dero, so in der Tickenouv, so ouch disshalb Rins
ligend und erst in kurzen jaren vor etlicher zit kain hus da gestanden,

1523 sonder vor jaren by menschen dächtnuss in die pfarrkilch gen Bernang gehört und aber jetz in Lustnouver kilchen über Rin gehörig, nit vermögend, dass sy ain aigne kilch buwend, und zů vil ziten
uss wassers not von wegen Rins nit mögen in nöten zů ir pfarkilch
komen, und ouch kurzlich etlich personen gestorben an der pestilenz
und da in das ongewicht vergraben, (ist) menklichem wol kund;
darumb die armen lůt beschwert; begerend widerumb zů denen von
Bernang, dahin sy vor jaren ouch hingehört hand, oder wohin man
sy disethalb Rins wurde beschaiden, damit die armen lůt zum leben
und zum tod nach aller notdurft versechen mögen werden. Und
ist sölich kilchengang nu erwachsen uss dem, dass uf ain zit ain
undertan mit dem pfarrer stößig ward.

11. Dessglich so habind sy notzins, genannt hofzins: also wenn der tag
kumpt, dass man zinsen soll, weler dann nit kumpt uf den selben
tag und sinen zins bringt und usricht, so wellind sy dann dem
armen man das gůt, (so) zinsfällig, züchen und nit mer wider lösen
und im kain recht darumb nit halten; vermainen (das) ir aigen ze
sin; zů dem dass uns der Emser amptlůt nůts, dann urbar und rödel
darumb zaigind.   45

*Strickler: Actensamml. zur schweiz. Reformationsgesch. II.
n. 37. VII.*

Die Aufzählung dieser „Widnouver, ouch Hasslacher und dero uss
der Tickenouv artickel" bildet den siebenten Abschnitt eines weitläufigen
Actenstücks, in welchem vom evangelischen Gesichtspunkte aus alle
Beschwerden des Rheinthals im Allgemeinen und der einzelnen rheinthalischen Höfe im Besondern aufgeführt sind, zusammt den Artikeln
des sogenannten rheinthalischen Landmandats der 4 Höfe. Strickler
scheint nicht abgeneigt, das Actenstück der Schrift nach auf Ammann
Vogler von Altstätten, den eifrigen Vorkämpfer der Reformation im
Rheinthal, zurückzuführen.

1529 Februar 16. — Hans Schriber zu Bernang im Rheinthal verkauft an Konrad Meier (May—), Reichsvogt zu St. Gallen,
seinen Weingarten zu Haslach gelegen, genannt der Zenderler, mitsammt dem halben Näspolbaum — stoast etc. (wie oben,
nur „Wintzowers" statt Wins—) —, Lehen von Zwingenstein, um
90 Pfund Landswährung.

Es sigelt Ulrich Zoller, d. Z. der Herren von Ems Ammann im freien Reichshof Lustnau. — Vgl. n. 37.   46

Stadt-Archiv St. G. — Schaffneramt Rheinthal. — L. 9.

1529 September 25. Wil. — Die Boten von Zürich und Glarus
schreiben an Marx Sittich zu Hohenems, dass Die von
Widnau ihnen angezeigt haben, wie sie mit den niedern Gerichten ihm unterworfen seien in Folge eines Kaufs, jedoch auf
Rückkauf, und deshalb ernstlich bitten, ihnen zu solcher Lösung
behilflich zu sein und sie vorerst die bezüglichen Briefe ver-

1529 hören zu lassen. Die Boten ersuchen daher, denen von Widnau günstig zu willfahren. **47**

Eidg. Absch. IV. 1. b. S. 365, n. 187. b.

Schon am 29. Sept. antwortete M ä r k S i t t i c h von E m s an Z ü r i c h, dass ihn das Begehren Derer von W i d n a u für Auslösung der Rechte, die er und seine Voreltern seit etwa 120 Jahren besessen, befremde, da sie hierin die Wahrheit verschweigen; indem sie kein Recht zu der Lösung haben, lt. den in seinen Händen liegenden Urkunden. Da sie sich seit etlichen Jahren ungehorsam erzeigen, sei er allerdings geneigt, seine Rechtsame daselbst zu verkaufen und habe der Gemeinde sie anerboten, sofern sie ihn dafür zufrieden stelle. Dazu erbiete er sich noch jetzt und bitte Zürich freundlich, Die von Widnau, wenn sie den Kauf nicht dergestalt eingehen wollen, zur Leistung alles Gehorsams gegen ihn und den Hof L u s t n a u nach Herkommen anzuhalten. — Strickler: Actensammlung zur schweiz. Reformationsgeschichte II. n. 845.

1530 Mai 2. Altstätten. — Die Boten von Z ü r i c h, S c h w i z, G l a r u s und A p p e n z e l l sprechen gütlich über den Todschlag des J ö r g D i e r a u e r (Tirower) von B e r n a n g in der A u (am 6. Febr.) und die daraus entstandenen Streitigkeiten.

Am 6. Februar (Sonntag nach Lichtmess) war Ammann U l r i c h Z o l l e r, genannt H e r z o g, von L u s t n a u mit andern Lustnauern über den Rhein nach Au gekommen und hatte dort trotz des von den 4 rheinthalischen Höfen ergangenen Landmandats, welches das Tanzen verbot, in dem Wirthshause auf Ansuchen und Zureden ebenfalls anwesender Appenzeller tanzen lassen. Auf die Kunde von diesem Frevel eilte ein Haufe von Bernang herbei, fiel über die Lustnauer her und es entstand beim Abzug der Letzteren ein Handgemenge, in welchem Jörg Dierauer von Bernang tödlich verwundet, der Ammann von Lustnau aber mit K o n r a d J ä g e r von Lustnau gefangen, zuerst nach Bernang gebracht, und dann zu A l t s t ä t t e n in den Thurm gelegt wurde. Darauf verlangte M ä r k S i t t i c h von Ems die Freilassung der Gefangenen, die vor seinen Gerichten zu Recht stehen werden. Die Verwandtschaft des Getödteten klagte bei dem Landvogt zu R h e i n e g g als dem Inhaber der hohen Gerichtsbarkeit wegen des Todschlags. Die 4 rheinthalischen Höfe erklärten, dass sie mit dem Todschlag Nichts zu thun haben, aber den Ammann von Lustnau als Anfänger und Urheber des Aufruhrs und alle Uebelthäter bei dem Handel, ohne Ansehen der Person (klin und gross Hans), nach Verdienen zur Strafe ziehen wollen.

Ueber diesen Handel drohte ein grosser Streit auszubrechen, so dass sich die im Rheinthal regierenden Orte in's Mittel legen mussten und alle Parteien für eine gütliche Erledigung zu gewinnen suchten. Der Gegenstand hatte die Boten der Orte schon am 9., 17. und 21. März beschäftigt und kam endlich am 2. Mai auf folgende Weise zum Abschluss:

Die Boten der 4 Orte ersuchen alle Parteien, sie den Handel gütlich abthun zu lassen, wozu sie auf Wunsch und Befehl ihrer Obern ganz bereit seien, doch ohne Jemanden von seinen Frei-

1530 heiten, Rechten und alten Bräuchen drängen zu wollen. Darauf nehmen die Botschafter des Herrn Mark Sittich von Ems und die Freundschaft der Gefangenen die gütliche Verhandlung an; die Verwandtschaft des Getödteten wendet Nichts dagegen ein, verlangt aber, dass man ihr einen „Sächer" gebe; die vier Höfe bitten, dass man vor Allem einmal das Recht über den Handel ergehen und erkennen lasse, ob der Handel des Aufruhrs und Sturms wegen vor das niedere oder hohe Gericht gehöre, malefizisch sei oder nicht; hernach wollen sie über die Frage des gütlichen oder rechtlichen Verfahrens auf weitere Bitten eintreten.

Nach längeren fruchtlosen Unterhandlungen wird den 4 Höfen endlich gestattet (doch „weder geheissen, noch gewehrt"), das Recht anzufangen und mit den niedern Gerichten darüber zu entscheiden, ob der Handel der niedern oder hohen Gerichtsbarkeit zustehe. Nun klagt die Verwandtschaft des Getödteten durch den ihr überlassenen Fürsprech Hans Binder gegen die beiden Gefangenen, die mit Andern an diesem Todschlag schuld und jener Empörung Anfänger seien, und gegen ihren nicht gegenwärtigen Mithaften Thomas Müller, und belangt sie vor dem hohen Gericht nach altem Herkommen. Dann klagt der Stadtweibel von Altstätten im Namen der Obrigkeit, ebenfalls durch seinen Fürsprech, Bernhart Benz, gegen die Gefangenen: dass sie das Mandat der XIII Orte der Eidgenossenschaft, wonach Einer den Andern bei seinem Glauben und guten, christlichen Satzungen bleiben lassen solle, mit Tanzen und allerlei ungeschickten Handlungen verletzt haben, lt. eingelegter Klageschrift. Dagegen verantwortet sich der Ammann von Lustnau durch seinen Fürsprech Bartholomäus Schwaiss: Das Geschehene sei ihm leid. Er sei allerdings mit Andern zur „Hochzeit" gekommen in der Meinung, gute Bekannte und Nachbarn zu treffen; aber etliche Appenzeller haben ein „Spiel" gehabt und zu tanzen angefangen. Darauf habe er im Namen seines Herrn ein Verbot ausgerufen, dass bei 10 Pfund Strafe Niemand einen Streit anfange. An dem Todschlag, dem Aufruhr und dem Sturm sei er gar nicht schuld; denn als er heimkehren wollte, haben einige Leute mit ihm Händel angefangen. Er wünsche die „Oeffnung" vorzulegen, welche ihn von dem Todschlage freispreche. Wenn man dieselbe höre, so werde man wohl „einen Sächer dargeben und finden". Konrad Jäger erklärt durch seinen Fürsprech: er sei „in guter Gesellschaft" hergekommen, mit keiner andern Waffe, als einem Degen an der Seite, wie es gebräuchlich sei;

1530 habe auch über Niemanden gezuckt; wohl aber getanzt, weil er nicht gewusst, dass Solches verboten (so schad) gewesen; sonst hätte er es unterlassen. An dem Todschlag und Aufruhr sei er ganz unbetheiligt.

Nach vielen weiteren Reden haben die 4 Höfe zu Recht erkannt, es sei die Sache aller drei Parteien so schwer, dass sie an das hohe Gericht gewiesen werden müsse. Der Ammann soll den Stab aus der Hand geben, der Landvogt das Schwert in die Hand nehmen und den Stab von dem Ammann lösen um 9 Schill. Pfennig, und hernach wiederum geschehen, was Recht sei.

Darauf gelingt es endlich den Boten der Eidgenossen, nach vieler Mühe und grosser Arbeit, so dass die Sitzung vom Morgen bis zur Nacht gedauert, die Parteien dazu zu bringen, dass sie die Sache gänzlich ihnen übergeben und ihren Spruch ohne Einwendung annehmen (die 4 Höfe mit der Erwägung: da sie gesehen, dass man ihre alten Freiheiten und Rechte nicht anzugreifen begehre).

Schliesslich wird gesprochen:

1. des Todschlags wegen haben die Gefangenen und Thomas Müller den Söhnen, Töchtern und andern Verwandten (Freunden) des **Jörg Dierauer** sel. für allen Kosten und Schaden 55 Gulden Landeswährung auszurichten, nämlich 20 Gulden auf nächste Pfingsten, 20 Gulden auf Weihnachten und 15 Gulden auf nächste Ostern.

2. Den „Haupthandel und die andern Stösse" betr. sollen die beiden Gefangenen oder ihre Beistände den 4 Höfen 45 Gulden bezahlen und zwar 15 Gulden auf kommenden Verenentag (1. September), 15 Gulden auf die darauffolgende Pfingsten und 15 Gulden auf Verenentag über ein Jahr, als Ersatz für die aufgelaufenen Kosten, ausgenommen die Zehrung der Gefangenen und die Kosten ihrer Verhaftung, welche sie selbst ausrichten können.

Damit soll aller Unwille hin, tod und ab sein, und die Botschafter des Herrn Mark Sittich, nämlich **Wolfgang Kautz**, k. M. Amtmann zu Bregenz, Niklaus Wolfensperger, Landschreiber daselbst, **Simon Stocker**, Stadtschreiber von Bregenz, und **Michael Gabler**, Keller zu Ems, auch die Verwandten der Gefangenen und Thomas Müller, versprechen dies Alles zu halten. — Der Frevel und Bussen halb wollen die Boten bei den Obern das Beste thun. 48

Eidg. Absch. IV. 1. b. S. 630, n. 314. d.

1530 Vergl. ebendaselbst S. 561. 580. 583 und Strickler: Actensammlung zur schweiz. Reformationsgeschichte II. n. 1144. 1201. 1242. 1268. 1269. 1270. 1277. 1283. 1286. 1292. 1297. 1303. 1357. J. v. Watt: Deutsche historische Schriften III. S. 239 u. 248. — „Sächer" = der Betheiligte in einem Streithandel als Kläger oder Beklagter; dann ein „Urheber, Anstifter"; s. Lexer, Mittelhochdeutsches Wörterbuch II. 565. — Das „Spiel", welches die Appenzeller bei sich hatten, bestand nach Vadian in Trommel und Pfeife.

Der Tanzartikel des Mandats der 4 Höfe lautete: Ouch witer, so soll das tanzen ganz und gar abgestellt sin, usgenomen an den offnen kilchwihinen; an dem selbigen tag mag man tanzen (in) zimlichait; dessglich an offnen hochziten ouch den selbigen tag; doch bedeckt, züchtenklich, nit usbrechen und umwerfen und ander schandlich wys und (ge)perden, bis dass man vesper lüt. Dessglich töchteren mit üppenklicher beklaidung, beschüchung, söllend sy abstan oder von den Räten darumb gestraft werden, da es beschechen ist; und dessglich die frouven ouch.

Der Handel hatte ein erstes Nachspiel, als am 20. Mai Abgeordnete von Widnau und Haslach zu Altstätten vor den Boten von Zürich und Glarus erschienen und klagten, dass Mark Sittich von Ems, obwohl der Span zwischen den 4 Höfen und dem Ammann von Lustnau kürzlich in Güte geschlichtet worden und alle Unfreundschaft dahin sein sollte, in den letzten Tagen Einige von ihnen mit seinen Reisigen angerannt, sie zu einer Gemeinde in Lustnau berufen und ihnen dafür auf jenen Tag ein Geleite geschickt habe, das sie gar nie begehrt. Da werde ihnen zugemuthet, die Kosten der Gefangenschaft des Ammanns tragen zu helfen, was ihnen beschwerlich und unleidlich sei, da sie an solchen Kosten keine Schuld tragen. — Sie bitten darin um Hülfe. — Darüber schrieb man dem Herrn und ersuchte um umgehende Antwort. Nun erklärte Mark Sittich, dass ihn Die von Lustnau ersucht haben, jener Kosten wegen eine Gemeinde aller Hofleute halten zu dürfen, um sich zu entschliessen, was sie dem Ammann und Mithaften beisteuern wollten; dabei haben sie gebeten, Die von Widnau und Haslach zu „vergleiten", wenn sie Bedenken trügen, hinüber zu kommen; er habe das, wiewohl es unnöthig gewesen, in guter Meinung gethan, damit sie mit Unsicherheit sich nicht entschuldigen müssten. Die Klage, dass er die Ihrigen mit rauhen Worten angeritten, sei erfunden; er begehre die Namen der Urheber zu kennen und hoffe, sie der Unwahrheit zu überweisen. Der Kosten halb sei nicht seine Meinung, dass Die von W. und H. sie tragen sollten; Die von L. haben sich freiwillig entschlossen, dem Ammann zu Hülfe zu kommen; er lasse es geschehen und wolle Niemanden dazu nöthigen. — Eidg. Absch. IV. I. b. S. 656 u. 324 f.

Ein zweites, viel ernsteres Nachspiel trat nach dem zweiten Landfrieden ein. Im Juli 1532 wurde nämlich die ganze Angelegenheit noch einmal vor die im Rheinthal regierenden Orte gebracht und durch Botschaft des „Herrn von Ems" von Denen von Bernang für ihre damalige muthwillige Handlung Genugthuung (abtrag) verlangt, auch Sicherung vor der Wiederkehr ähnlicher Frevel und für unverkürzte Verabfolgung seiner Zinse, Zehnten und Nutzungen aus dem Rheinthal und Ersatz

1530 für das seit einiger Zeit unbillig Zurückbehaltene. Nachdem sich Die von Bernang, zwar ungenügend, entschuldigt uud selbst zugegeben, dass sie „zu viel daran gethan" haben und um Fürsprache bei der Botschaft Des von Ems bitten, überlässt diese auf fleissiges Ansuchen die Sache den gegenwärtigen Boten zu freundlichem Entscheid, der dahin erfolgt:

dass 1. Die von Bernang und ihre Nachkommen Dem von Ems hinfür alle gute Freundschaft und Nachbarschaft beweisen, dergleichen froventliche Handlungen keineswegs mehr unternehmen und den Inhabern des Reichshofs Lustnau in dem Bezug der Gülten, Zehnten etc. keinen Eingriff oder Hinderung thun sollen;

dass 2. die Handlungen Derer von Bernang und der 4 Höfe gegen die Güter Des von Ems und seine Unterthanen ihm und seinen Nachkommen an ihrer gerichtlichen „Oberkeit" u. alten Bräuchen keinen Nachtheil oder Verkleinerung bringen sollen. (12. Juli, Rheinegg).

Von weiterer Genugthuung oder gar von Ersatz war indess keine Rede mehr. — Eidg. Absch. IV. 1. b. n. 735. S. 1373 f., S. 1375 aa. — Der ganze Handel wird übrigens in der historischen Einleitung im Zusammenhang dargestellt werden.

1530 Mai 20. **Altstätten.** — Die Leute von W i d n a u und H a s l a c h klagen vor den Boten von Z ü r i c h und G l a r u s abermals über die Unruhen und Irrungen, die ihnen daraus erwachsen, dass sie durch Versatz an den Hof L u s t n a u und zu dem Herrn von E m s gekommen, also zweierlei Herrschaften unterworfen seien; darum haben sie schon mehrmals gebeten, sie zu lösen oder ihnen zu vergönnen, es selbst zu thun. Da nun Glarus den Willen zu erkennen gibt, diesen Hof an sich zu lösen, und deshalb dem Ammann und dem Vogt zu W e r d e n b e r g befohlen hat, die Bedingnisse der Lösung zu erfragen, so wird den guten Leuten gerathen, ihrerseits so viel wie möglich zu erkunden, was dazu dienlich wäre. Das Gleiche soll auch Glarus thun.

Ferner beklagen sie sich, dass M a r k S i t t i c h von Ems, F r i t z v. F r e i b e r g, O s a n n a M ö t t e l i n und das Gotteshaus St. Gallen ansehnliche (schynbare) Zehnten beziehen, während der Prädicant bisher Mangel leide und keinen Unterhalt habe, und bitten, ihnen darin nach christlichen Pflichten zu helfen. Auf das Versprechen der Boten, diese Anliegen heimzubringen, da sie hierüber nicht instruirt seien, bitten die von W. u. H., in der Sache Nichts zu versäumen; denn wenn die Frucht hinweg gebracht würde, so wäre es wieder darum geschehen und ihnen nicht geholfen.

Eidg. Absch. IV. 1. b. S. 655, n. 324. d. c.   49

Vergl. auch das Schreiben der beiden Boten von Zürich und Glarus an die zwei Orte in Stricklers Actensammlung II. S. 497 n. 1243. 6., wo die Boten anfragen, ob die „biderben Lüt" an den „künftigen"

1530 Zehent „Haft anlegen" sollen? Der Prädicant zu Widnau habe gar Nichts; Der von Ems wolle Lehenherr der Pfarrei sein und beziehe den kleinen und grossen Zehnten daselbst.

1530 Juni 24. — Andras (!) Torglor (Torgk—), zu Haslach im freien Reichshof Lustnau gesessen, verkauft dem Gebhart Keller, Landmann zu Appenzell (Apenz—), um 130 Pfund Pfennig St. Galler Währung Haus, Stadel, Hofstatt und alle Zugehörde, zu Haslach gelegen, genannt Weschhald (!) — stosst an Konrad Fridaners Gut, zum andern an Bastian Ritzens Gut, zum dritten an die Meldegg, zum vierten an Hansen Rongilins Erben Gut; zinset den Herren von Ems jährlich 8 kr. und anderthalb Hühner (hainer).

Es sigelt Hans Bösch, genannt Köuffel (!), d. Z. der Herren von Ems Ammann im fr. Reichshof Lustnau. 50

Stadt-A. St. G. — Schaffneramt Rheinthal. — L. n. 10.

1530 Juni 27 f. Baden. — Mark Sittich v. Ems von der Hohenems, Ritter und Vogt zu Bregenz, beklagt sich bei der Tagsatzung schriftlich in seinem und seines Vetters Friedrich von Freiberg Namen, dass ihnen Zürich die zwei Zehnten zu Widnau im Rheinthal, die seit mehr als 130 Jahren ihren Voreltern und ihnen gehört haben, zu entziehen wage, um dem „Pfarrer oder geistlichen Amtmann" zu Widnau seinen Unterhalt daraus zu schöpfen. Sie seien aber dem Pfarrer daselbst gar Nichts schuldig; denn diese Pfarre sei erst vor 26 Jahren errichtet worden mit seiner und seiner Verwandten Gunst, doch ihnen und ihren Nachkommen an ihren Zinsen, Renten, Zehnten und Gülten unbeschadet; indem die Unterthanen gelobt haben, den Pfarrer in ihren Kosten zu erhalten. Dafür werden besigelte Briefe vorgelegt. — (Vgl. n. 107.)

Ebenso klagt er, dass Zürich durch den Vogt auf Rosenberg alle seine Einkünfte diesseits des Rheins in Verbot gelegt habe, obschon er und seine Mithaften nicht eines Hellers Werth schuldig zu sein glauben. Sie bitten daher dringend, bei Zürich auszuwirken, dass es von seinem Verfahren abstehe und sie nicht ohne Recht von ihrer Gerechtigkeit dränge.

Zürich antwortet auf diese Klagen ebenfalls schriftlich dahin: 1. Es sollen alle Verkünder des Gottesworts aus den an ihrem Ort fälligen Zehnten erhalten werden. 2. Weil Mark Sittich in seiner Herrschaft die Zinsen, Renten und Gülten des Gotteshauses St. Gallen habe „verbieten" lassen, so habe Zürich seine Einkünfte

3

1530 diesseits des Rheins auch verheftet, damit das Gotteshaus zu dem Seinigen komme.

Nachdem man diese Antwort angehört, wird an Mark Sittich geschrieben: man habe die Sache in den Abschied genommen und werde ihm den Bescheid der Obern nächstens zukommen lassen.

Weil nun „jene Schreiben" scharf sind, und gar leicht Unruhe daraus erwachsen möchte, so soll jeder Bote Das treulich heimbringen, um zu rathschlagen, wie man Zürich von seinem Unternehmen abbringen und dem Mark Sittich eine freundliche Antwort schicken könnte.

Eidg. Absch. IV. 1. b. S. 687. p.

Unter „jenen" scharfen Schreiben sind ohne Zweifel sowohl diejenigen von Zürich, wie von Mark Sittich verstanden.

Ueber diese Angelegenheit wurde weiter verhandelt auf einem Tage, der von den Evangelischen — G l a r u s und S o l o t h u r n inbegriffen — am 21. Juli f. in Zürich abgehalten wurde. Dort brachte B e r n vor, wie ihm der Wahrheit gemäss berichtet worden, dass Mark Sittich von Ems die Eidgenossen von Zürich auf dem Reichstag zu A u g s b u r g ernstlich verklagt, weil sie ihm mit Gewalt das Seine vorenthalten, und den Kaiser gebeten habe: er möchte ihm wieder dazu verhelfen oder doch zulassen, dass er mit Hülfe seiner guten Freunde versuche, wie weit er es bringen könnte. Da dergleichen Gewaltmassregeln allen Orten Verlegenheiten zuziehen möchten, habe der Bote von Bern Auftrag erhalten, sich über den Sachverhalt zu erkundigen.

Zürich erklärt: es enthalte dem Mark Sittich Nichts vor; aber weil er, der Erbeinung zuwider, ohne Ursache die Güter und Einkünfte des Gotteshauses St. Gallen in allen seinen Gerichten „verlegt" habe und sich weigere, den Pfarrer zu Widnau im Rheinthale, wo er Lehensherr und Zehntniesser sei, mit einer „gebührlichen Competenz" zu versehen, so habe es, als Schirmherr jenes Klosters, das Seinige diesseits des Rheins ebenfalls verheftet, jedoch in keiner andern Meinung, als bis er des Gotteshauses Vermögen freigebe und dem Prädicanten einen Unterhalt verschaffe.

Darauf hat der Bote von Bern die Herren von Zürich auf's Freundlichste ermahnt und gebeten, in Betracht der gegenwärtigen Theuerung und anderer schwieriger Zeitumstände nicht hitzig zu verfahren, weil aus solcher Beschlagnahme bei diesen zänkischen Leuten bald Unrath erwachsen könnte; sondern in Zukunft, wenn

1530 sie weitern Anlass hätten, solche „Häfte" anzulegen, die Sache zuvor an ihre christlichen Mitburger zu bringen und deren Rath darüber zu vernehmen, damit die andern Orte, wenn etwas Schlimmes daraus erfolgen sollte, sich leichter darnach richten könnten; dann werde Bern zur Handhabung des Rechts und der Billigkeit dermassen beholfen und berathen sein, dass sie freundlichen Trost bei ihm gewisslich finden sollen, wie es frommen Christen und getreuen Eidgenossen zieme.

Die andern Boten, die hierüber keine Befehle gehabt, haben sich dieser Bitte nicht beladen, in der Zuversicht, dass Zürich wohl wissen werde, was die Billigkeit erheische.

Eidg. Absch. IV. 1. b. S. 706. c.

Ein drittes Mal erscheint die Angelegenheit auf einem Tage der evangelischen Städte zu Zürich, am 19. August f., an dem der Bote von Bern anzeigt, dass seine Herren den „Haft" wollen bleiben lassen, nachdem er einmal verfügt worden; doch seien sie der Meinung, dass hinfür kein Ort „hinter" den andern dergleichen „Häfte" anlegen, sondern ihnen vorerst Nachricht geben sollte, damit sie sich eher darnach richten könnten. Dieser Ansicht stimmen auch andere Städte bei, die zu einem solchen Beschlusse mitzuwirken ermächtigt sind. Zürich hat keine Vollmacht, will aber auf folgenden Tagen sich über diesen Vorschlag äussern.   51

Eidg. Absch. IV. 1. b. n. 368. S. 733. c.

Am 28. September gab Zürich endlich auf Verwendung König Ferdinands dem Hauptmann Frei in St. Gallen und dem Vogt auf Rosenberg Weisung, die verhefteten Zehnten dem Mark Sittich zu verabfolgen (s. Strickler, Actensammlung III. n. 1510).

Endgültig erledigt wurde der Handel aber erst nach dem zweiten Landfrieden; indem auf dem Tage der 8 im Rheinthal regierenden Orte vom 15. December 1531 der Landvogt auf Gesuch des Sohnes von Mark Sittich angewiesen wurde, demselben kraft jenes Friedens all sein Eigenthum zu Widnau wieder zuzustellen, und Andern, die Etwas daran glauben fordern zu dürfen, beförderlich Recht ergehen zu lassen.

Eidg. Absch. IV. 1. b. n. 661. S. 1236. i.

Weiteres, in der historischen Einleitung zu verwerthendes Material bietet Strickler's Actensammlung zur schweiz. Reformationsgeschichte II. n. 1390; 1400; 1407; 1412; 1414; 1420; 1426; 1455, 1; 1471, 4; 1472; 1475; 1510; 1787 a. u. b.; 1650; 1666; 1667, 6; 1680. — V. Watt: III. 267, 89.

1534 September 15. Dickenau. — Rudolf im Mos, Alt-Ammann des freien Reichshofs Kriessern, als Obmann, und Konrad (Cunrat) Hessi (Hä—) von Glarus, d. Z. Landvogt der 8 Orte zu Rheinegg und im Rheinthal, Michel Gäbler (Ge—), Vogt des Herrn Wolf Dietrich von Ems (—ps) zu der Hohenems (hochen E—), Ritters, königlichen Vogts der Herrschaften Bludenz und Sonnenberg (—burg), zu Ems, Gregorius Gerung, Alt-Stadtammann zu St. Gallen, und Heinrich Humbel, d. Z. königlicher Landammann des Gerichts Hofsteig in der Herrschaft Bregenz, als Schiedleute, sprechen über Streitigkeiten, die sich zwischen den Höfen Bernang und Lustnau über die Ausführung von Artikel 2 des Schiedspruchs vom 9. Juli 1518 (n. 39) erhoben haben.

Der Artikel 2 des vollständig eingerückten Vertragspruchs vom 9. Juli 1518 hat sich nicht genugsam „verständig und klar" erwiesen, nämlich in welchen Auen die beiden Höfe Trieb und Tratt gemeinsam haben sollen. Es sind daher zwischen ihnen Streitigkeiten entstanden über Trieb und Tratt, Wunn und Weid, in der Au genannt Rosenburgsau, indem Die von Bernang mit Berufung auf den Artikel verlangten, dass nicht bloss in der Dickenau und Hittau, sondern auch in der Rosenburgsau Trieb und Tratt gemeinsam sein solle, da alle Auen in dem Artikel begriffen seien. Die von Lustnau beriefen sich dagegen darauf, dass Die von B. „von Alter her" nur in der Hittau und Dickenau Trieb und Tratt mit ihnen gemeinsam besessen, daher durch den Artikel auch kein Anrecht auf die Rosenburgsau erhalten haben.

Ueber diesen Streit ist schon ein Mal ein Schiedsgericht bestellt worden, bestehend aus Hans Jakob Blarer (Plarrer) von Wartensee, Vogt zu Rorschach, als Obmann, und Konrad Brüllisauer (Brillis—) von Appenzell, Alt-Landvogt im Rheinthal, Hans Vogler, Ammann zu Altstätten, Hans Walser, Landammann zu Rankwil, Heinrich Humel (!), Hans Nussbaumer (Nuspomer) zu Bregenz und Ogli (!) Mesmer von Thal (Tal) als Schiedleuten (zusätzen) zu gütlicher oder rechtlicher Beilegung. Dieses Schiedsgericht hat zwar die Parteien verschiedene Male citirt (betagt), sie verhört, auch Zeugen einvernommen (kundschaft eingezogen); doch ist keine endgültige gütliche, noch rechtliche Verhandlung vor demselben zu Stande gekommen und ebenso wenig durch Rudolf im Mos als nachfolgenden Obmann mit Gregorius Gerung und Heinrich Humbeln (!) als „Zusätzen" und Christoph Abegg (Abegkh),

1534 Heinrich Baumann, Sebastian Schnell und Heinrich
Sprecher als „Mitzusätzen". Wenn nämlich auch wegen der
Rosenburgsau eine Vereinigung erzielt wurde, so waren noch
weitere Anstände vorhanden wegen des Beschachs (!) und anderer Güter, welche die von Lustnau als ihr alleiniges Eigenthum
ansprachen.

Da nun von den genannten Schiedleuten mehrere zur Behandlung der Angelegenheit zu entfernt waren (ganz weit und darin
zu handeln ungesessen), wurde das dritte, oben angeführte Schied-
gericht bestellt und diesem der gütliche oder rechtliche Entscheid
übertragen. Zu dieser entscheidenden Verhandlung wurden die
Parteien nach Dickenau als gelegener Gerichtsstätte (malstat)
entboten. Die von Bernang als Kläger liessen sich dabei durch
Ulrich Ritz, d. Z. Gerichtsammann, Konrad Schreiber,
Alt-Gerichtsammann, Jakob ab Hausen, Hans Haingler
(Hainck—), Jakob (Jocob) Turnher, Ulrich Fedrer und Klaus
Schelling als bevollmächtigte Gesandte und Anwälte für den
Hof Bernang, dessen „Zugehörige und Verwundte" vertreten; Die
von Lustnau durch Peter Grabher, Gerichtsammann, Konrad
Hemmerli, Alt-Gerichtsammann, und Ulrich Holenstein.

Nach Einsicht aller bisher schriftlich geführten Verhandlungen
und aller vorgelegten Urkunden, neuer Einvernahme der Parteien
und Augenschein an Ort und Stelle, wird gütlich gesprochen:

1. Der Schiedspruch vom 9. Juli 1518 soll in Kraft bleiben mit
nachstehender Erläuterung von Artikel 2:

2. Unten in die Au genannt Rosenburgsau, gegen dem Beschach,
soll an einem bezeichneten Ort eine gute, grosse, eichene Säule
(saul) und dazu ein Stein als rechte Mark und Grenze gesetzt
werden. Von da geht die Grenze (grenitz) geradewegs (den
nechsten der schnur und gkrödi nach) gegen das Schloss Rosenburg, das auch eine Mark sein soll; zwischen dem Schloss
und der eichenen Säule und Steinmark ist aber noch eine
„Mark, Zeichen oder Unterschied" zwischen den Eigengütern,
dem Böschach (!) und der Rosenburgsau zu setzen. Wieder von
der eichenen Säule und dem Stein dabei — als den Marken
— geht die Grenze geradewegs hinunter (durch ab und ab)
bis zum obern Monstein, genannt der Sichelstein, der
auch eine rechte Mark sein und in den zu ewigem Gedächtniss ein Kreuz gehauen werden soll. Was von der Rosenburgsau
innerhalb dieser zwei Grenzlinien gegen dem Dorf Bernang liegt,
soll Deren von B. und L., auch ihrer Zugehörigen und Ver-

1534 wandten gemeinsame Trieb und Tratt, Wunn und Weid sein und bleiben; doch bleibt Denen v. L. und ihren Zugewandten alles Holz und Gesträud und alles Uebrige, ausser Trieb und Tratt, Wunn und Weid, zu alleiniger Nutzung vorbehalten.

3. Was von der Rosenburgsau ausserhalb der genannten Grenzlinien gegen W i d n a u und Lustnau liegt, soll Deren von L. und ihrer Zugehörigen „Eigengut" sein und bleiben und von ihnen in jeder Beziehung allein benutzt werden.

4. Das Böschach (!) ob und neben der Rosenburgsau ist ein Gut Deror von L. und darf so wenig als ihre andern „daselbstumb" liegenden eignen Güter irgendwie von Denen von B. benutzt werden, die keinerlei Recht daran haben.

5. Sollen Die von L. die ihnen als eigen und zu alleiniger Nutzung zugesprochenen Güter künftig auf ihre eigenen und alleinigen Kosten einzäunen und sich selbst Frieden geben.

6. Die aufgelaufenen Kosten soll jeder Theil an sich selbst tragen, und was für den Obmann und Schreiber aufgelaufen ist, sollen sie zu gleichen Theilen bezahlen.

7. Aller Streit (spann und irrungen) und alle Feindschaft (unfreundschaft, unnachpaurschaft, neid, hass, wider- und unwille) soll tod und ab sein und dieser Vertrag in allen Punkten ausgeführt werden.

Für die beiden Parteien geloben die beiden Gerichtsammänner an Eidesstatt in die Hand des Obmanns, dem Vertrag nachzukommen und ihn ewig zu halten; das Gleiche geloben auch die andern Abgeordneten der beiden Höfe.

Es sigeln Obmann und Schiedleute und die beiden Gerichtsammänner, und jeder Hof erhält eine Ausfertigung des „Libells".

A. W. — Alle 7 Sigel abgefallen.   52

1537 Juni 12. Baden. — Z ü r i c h und G l a r u s sollen eine Copie hervorsuchen, wie der Hof L u s t n a u im Rheinthal, der von der Herrschaft W e r d e n b e r g verpfändet und jetzt wieder zu lösen sein soll, gelöst werden könnte, und die Urkunde auf den nächsten Tag bringen, damit man sich berathe, ob man die Lösung fordern wolle oder nicht.   53

Eidg. Absch. IV. 1. c. n. 516. S. 849. an.

Dieser Auftrag scheint keine Folge gehabt zu haben und wurde im Jahre 1558 wiederholt, als der Landvogt im Rheinthal Anzeige machte, wie Die im Hof Lustnau von ihren Gerichtsherrn mancherlei Beschwerden erleiden müssen und deshalb, da sie in Erfahrung gebracht, dass vor Zeiten die Grafen von Werdenberg sie Denen von Ems verpfändet oder verkauft haben mit dem Recht der Wiederlösung, sich von diesen

1537 Gerichtsherren loszukaufen beabsichtigen oder dann die regierenden Orte darum angehen wollen, sie zu ihren Handen zu lösen.

Im Juni 1560 wird bemerkt, dass man schon „ob zwei Tagsatzungen" an die Grafen von Ems vergeblich um Auskunft geschrieben, was für Gerechtigkeiten sie an den freien Reichshof Lustnau zu haben glauben; ferner habe man seither in Erfahrung gebracht, dass dieser Hof jährlich bei 500 Gulden rein ertrage und dass der alte Graf von Werdenberg Denen von Ems nur 2300 Pfund darauf versetzt habe. Es wird daher noch einmal an die Grafen von Ems geschrieben, sie möchten sich auf nächstem Tag zu Baden über ihre Rechte an dem Hofe ausweisen. Inzwischen soll jeder Ort nach dem Originalbrief der Verpfändung suchen und seine Boten auf nächstem Tag über die Sache instruiren. — Im September wurden Glarus und Luzern noch einmal speciell beauftragt, in ihren Archiven nachzuforschen, ob sie unter den Documenten über den Verkauf der Herrschaft Werdenberg Etwas finden, wie der Hof Lustnau an die Grafen von Ems gekommen.

Im Juni 1563 konnte endlich der Landvogt im Rheinthal berichten, dass die Herrschaft Zwingenstein, der Hof zu Lustnau und Widnau s. Z. von den Grafen von Werdenberg, die auch Herren zu Rheinegg gewesen, um 5300 Pfund Heller Denen von Ems auf Wiederlösung versetzt worden sei. Die Bitte wird wiederholt, dass die Eidgenossen die Ablösung gegen den jährlichen Ertrag übernehmen möchten, und Zürich und Luzern noch einmal beauftragt, in ihren Archiven den Versatzungsbrief von 1395 hervorzusuchen. Im Uebrigen wird die Sache ad instruendum genommen, verschwindet aber gänzlich aus Abschied und Tractanden. — Eidg. Absch. IV. 2. S. 1069 f. n. 147—150.

1538 October 22. — Hans Schöbi (Schouby) und Ulrich Winsauer (Wintzower), beide Hofleute und sesshaft zu Bernang im Rheinthal, urkunden, dass Junker Kaspar Zollikofer ihnen durch Unterhandlung des Wolf Raitner (Raytt—) seinen Weingarten und Rebban, genannt die Howat (Hö—), so vormals Ulrich Spirin (!) gebaut, auf ein Jahr verliehen habe, um ihn zu besorgen mit lösen, spritzen, schneiden ohne Ueberschneidung, binden, graben, heften, erbrechen, jäten, heuen u. drgl. zu rechter Zeit und bei gutem Wetter, mit Verpflichtung zum Ersatz jedes Schadens, der durch ihre Unterlassung oder Uebertretung geschehen sollte, und unter Vorbehalt des Rechts für Junker Z., sie auch innerhalb des Jahrs (im jar) rechtlich davon zu stossen, wenn sie ihren Verpflichtungen nicht nachkommen (die büw und werch wider lantzrecht thun). Hans Schöbi und Ulrich Winsauer sollen auch die Schuld, die Ulrich Spirin dem Junker Kaspar bei der letzten Rechnung schuldig geblieben,[*] auf gemelten Rebbau dieses Jahrs annehmen und bezahlen; und Junker Zollikofer wird zum gehörigen Betrieb des

---

[*] „sampt dem, so er einer sollichen busfrowen gellichen gell ouch by der kuo und kuostag und recht zu thuond schuldig ist und wirtt"; unverständlich.

1538 Baus dieses Jahr weiter leihen Mist- und Stickel-Geld und dazu 9 Pfund Pfennig St. Galler Währung, was ihm sammt dem Andern, wie vorsteht, zur Herbst- und Weinzeit mit Wein zu bezahlen ist, nach Keblehens Hof- und Landrecht.

Es sigelt **Hans Hangeller**, d. Z. unsers gn. Herrn zu St. Gallen Ammann zu **Bernang** im Rheinthal.   54
Stadt-A. St. G. — Schaffneramt Rheinthal. — L. n. 11.

1539 Juni 24. — Ammann Rütte, sesshaft zu **Arbon**, als Vogt, **Hans Drittenbas** (Dritterbas?), **Andras Küfferli** und **Thyas Schinvagel**, Burger zu St. Gallen, sammt allen ihren Mithaften und Zugewandten, als gemeine Erben **Heinrich Bruders** sel., verkaufen dem Junker **Ambrosi Aigen** dem Jüngern, Burger zu St. Gallen, den ihnen Burgermeister und Rath von St. Gallen in dem schweren Rechtshandel um dieses Erbe als Beistand zugeordnet haben, zu einer ehrlichen Belohnung den ererbten Weingarten, genannt der **Zenderler**, zu **Haslach** im fr. Reichshof **Lustnau** gelegen, — stosst erstlich an die Landstrass, zum andern an **Ulrichen Zellweger**, zum dritten an **Konrad** (Conratt) **Fridauer** — um 130 Gulden. Sollte es sich herausstellen, dass nicht angezeigter Ehrschatz oder Bodenzins darauf haftet, so haben die Verkäufer den Käufer darum zu entschädigen. Für die nächsten 6 Jahre soll der bisherige Baumann des Weingartens, **Ulrich Schwitzer**, genannt **Hurster**, von dem Käufer beibehalten werden.

Es sigelt **Konrad Hemerli**, d. Z. Ammann der Herrschaft **Ems** (—ps) im fr. Reichshof Lustnau (—ow).   55
Stadt-A. St. G. — Schaffneramt Rheinthal. — L. n. 12.

1541 Juni 13. — **Urich** (!) **Schwitzer**, Hofmann und sesshaft im freien Reichshof **Lustnau**, verkauft dem **Ambrosi** (—y) **Aigen**, Burger zu St. Gallen, ein Stück Reben im **Haslach** — stosst oben und nebenzu an des Käufers Gut, zum dritten an Urich Schwitzers Reben, wo der Graben herabgeht oder seine Mauer anfängt, zum vierten an den Menweg*) —, unschädlich der Lehenschaft, um 14 Gulden Landswährung.

Es sigelt **Konrad Hemerli** (Cunrat Hemerly), d. Z. Ammann der Herrschaft **Ems** im fr. Reichshof Lustnau.   56
Sp.-A. St. G. — B. 13. n. 31.

1544 März 20. — **Konrad** (Conradt) **Fridauer** (Frydower), zu **Haslach** im freien Reichshof **Lustnau** gesessen, verkauft dem Am-

*) Nach Lexer „Weg, auf dem das Zugvieh getrieben wird“, Fahrweg.

1544 brosi Aigen, Burger zu St. Gallen, sein eigen Stück Reben
sammt einem Baumgarten — stosst an die Landstrass, zum andern an
Kaspar Torglers (Torgk—) Gasse, die dieser zu unterhalten hat, zum
dritten an andere Güter des Käufers, zum vierten oben an des Verkäufers
Gut — um 71 Pfund Pfennig St. Galler Münz.

Es sigelt Konrad Hemerli, d. Z. der Herrschaft von Ems
Ammann im fr. Reichshof Lustnau. —. Vgl. n. 63.   57

Stadt-A. St. G. — Schaffneramt Rheinthal. — L. n. 13.

1544 März 22. — Hans Frei (Fry), zu Haslach im freien Reichshof Lustnau gesessen, verkauft dem Ambrosi Aigen, Burger
zu St. Gallen, seine 2 Stück Reben zu Haslach — stossen
„hinab" an den Menweg; sonst allenthalben an Junker (!) Ambrosi Aigens
Reben — um 20 Gulden St. Galler Münz.

Es sigelt Konrad Hemerli, Ammann zu Lustnau.   58

Sp.-A. St. G. — B. 13. n. 33.

1544 Juni 2. — Ambrosi Aigen, Bürger zu St. Gallen, vertauscht mit Urich Schwitzer, Hofmann und sesshaft zu Haslach im fr. Reichshof Lustnau. ein Stücklein Reben — stosst oben
und noben sich an Hans Frei (Frig), zum dritten an Urich Schwitzer
und zum vierten an den Menweg — gegen 2 Stücklein Reben — stossen
unten und neben sich an des Käufers Gut, zum dritten an Urich Schwitzer,
zum vierten an den Menweg — um 18 Gulden Landswährung Aufgeld.

Es sigelt Konrad Hemerli, Ammann zu Lustnau.   59

Sp.-A. St. G. — B. 13 n. 32.

1544 Juli 19. — Linhart (!) Kuster und sein Sohn Jos (—ß)
Kuster, sesshaft zu Diepoldsau, sammt andern Erben, verkaufen an Urich Hetzer, d. Z. Spitalmeister zu St. Gallen, zu
Handen des Spitals ihr und ihrer Tochter und Schwester Margret Kuster eigenes Gut und Wiesen, in Kriesserer Gericht
und in Lustenauer Gericht gelegen, um eine Mittelpfrund
für Margret Kuster, nämlich dritthalb Mannmad auf Kriesserer
Riet — stossen an Heini Froi (Fryg) und an Konrad Hutter —,
davon gehen jährlich 10 Schilling Pfennig an Steffen Metz-
ger, Burger zu Altstätten; und anderthalb Mannmad, genannt
die Langwies — stosst an Aberlin Frei und an Josen Kustern
und an Hermann Widers sel. Erben —; weiter ⅛ Mannmad, genannt
das Erlen — stosst an Jos Kuster und an Kaspar Meiers (Mai—) Erben
und an die Gemeinde (gmaind) — ; diese Stücke liegen im Hof Kriessern.
Ferner im Lustnauer Hof: ein Stück in der Wildenau — stosst an
Heini Frei und an Urich Schribers Erben und an Jakob Indermur
und an den Rhein — auch mit des Rheins Recht, was er nimmt und

1544 wieder legt, davon gehen 4 Schilling Pfennig und achthalb Pfennig den Herren zu Ems (Emps); weiter ein Stück in Eblisbünt — stosst an Heini Frei und aber an H. P. und an Urich Schmitters Erben und an Schwarzhansen Frei —, davon gehen jährlich dreizehnthalb Schilling der Kirche zu Widnau. Was Zehnten und sonst für Zins davon gehen, übernimmt Linhart Kuster für sich und seine Erben.

Es sigeln Konrad Hemerli, d. Z. Ammann im fr. Reichshof Lustnau, und Mauricius Schmid, d. Z. Ammann im fr. Reichshof Kriessern und Oberriet.   60

Sp.-A. St. G. — B. 13 n. 51.

Vgl. n. 61.

1544 Juli 19. — Linhart (—tt) Kuster, Jos Kuster und Urich Schriber, sesshaft zu Diepoldsau (—ow), kaufen ihre Tochter, Schwester und Schwägerin (gschwig) Margreta (—tta) Kuster in die Mittelpfrund des Spitals zu St. Gallen ein, mit etlichen Gütern in Kriesseren (Krieseren) und Lustenauer (—ower) Gericht gelegen. Da aber von dritthalb Mannmad 10 Schilling Pfennig jährlicher Zins an Steffen Metzerg (!), Burger zu Altstätten, und von einem Stück in der Wildenau jährlich 4 Schilling Pfennig und achthalb Pfennig an die Herren von Ems (Emps) und von einem Stück in Eblisbunt (!) dreizehnthalb Schilling der Kirche zu Widnau (Widenow) gehen, so übernehmen die drei Eingangs Genannten die Bezahlung dieser Zinse und setzen dafür dem Spital eine Wiese in der Agersten zu Pfand — stosst an Heini Frei (Fry) und an Jos Gaser (!) und an Jerg Turnher (Th—rr) —, weiter ein Gut genannt Wechselwies, geht in Wechsel mit Konrad Hutter — stosst an Jos Kuster und an die „Grabherren" —, weiter zwei Mannmad auf Kriessern Riet (Krieseren reit) — stosst an Hans Bentzers Erben und an Thoma Iselin (Y—) und an das Iseuriet (Y—tt).

Es sigelt Mauricius Schmid, d. Z. Ammann im fr. Reichshof Kriessern und Oberriet.   61

Sp.-A. St. G. — B. 13 n. 50.

Vgl. n. 60.

1545 März 15. — Heinrich Schawalder (Schonwalder), Hofmann und sesshaft zu Widnau im freien Reichshof Lustnau, verkauft an Hans Schegg (Schegk) auf Hausen (Husen), Hofmann zu Bernang, um 50 Gulden Hauptgut 2 ½ Gulden jährlichen Zins auf St. Martins Tag von 3 Aeckern, Haus und Hofstatt — der erste Acker stosst an Konrad Fer (Ver), an Fridli Schawalder (Schonwalder), an Herma(n) Fer, an Wolf Hel; der zweite an Fridli Schawalder,

1545 an Diepold Schriber und an die Hofstatt; der dritte an den Käufer, an Gugger (Gugker?), an Böscher und an Wolf Hel; Haus und Hofstatt stossen an Jakob Zeller, Herman Fer und an 2 Seiten an anderes Eigengut des Verkäufers. — Der Zins soll dem Käufer und seinen Erben „zwei Meilen weit und breit" auf das genannte Ziel bezahlt werden; wird er nicht bezahlt, so hat der Käufer sofort das Recht, auf das Unterpfand zu greifen. Das Hauptgut kann jeweilen vor St. Johann (24. Juni) ohne, nach St. Johann mit dem laufenden Jahreszins zurückbezahlt werden; geschieht Dies in einer „Münzwendi", so muss in der „angehenden und bessern Münze" bezahlt werden. 62

Es sigelt auf Bitte des Verkäufers Konrad Hemerli, d. Z. Ammann der Herrschaft von Ems im fr. Reichshof Lustnau.

In Privatbesitz. — (Sigel hängt, aber ziemlich unkenntlich.)

1546 November 25. — Kaspar Torgler, zu Haslach im freien Reichshof Lustnau gesessen, trifft ein Uebereinkommen mit dem Junker Ambrosius Aigen, Burger zu St. Gallen, d. Z. Seckelmeister der Stadt St. Gallen:

1. hat Kaspar Torgler in seiner Wies „inend" der Gasse, gegenüber dem Gut, das Ambrosi Aigen von Konrad (Cunrat) Fridauer erkauft hat, und vor dem Weingarten, genannt der Zenderler, alle hohen Bäume wilder Art: wie Nussbäume, Eichen, Aspen (!) und Erlen, zu beseitigen und darf er in seinem Gut an den Zaun gegen den genannten Wein- und Baumgarten nur noch Aepfel- und Birnbäume, und zwar nur „gymptetter*) oder zwygetter Ard", setzen und aufkommen lassen;

2. verzichtet K. T. auf den Wasserweg, den er bisher zum Wasserholen durch Ambrosi Aigens Reben gehabt hat, und erhält dafür einen Wasserweg hinter dem Torgel des A. A., der dessen Gut nicht berührt; wofür K. T. von A. A. 9 Gulden erhält;

3. soll die Gasse unter den Reben K. T.'s sein, wie bisher, „doch dass er sie in Ehren habe".

Es sigelt Konrad Hemerli, d. Z. der Herrschaft von Ems Ammann im fr. Reichshof Lustnau. — Vgl. n. 57. 63

Stadt-A. St. G. — Schaffneramt Rheinthal. — L. n. 14.

1550 Februar 15. — Jakob Guldi, Hofmann und sesshaft im freien Reichshof Lustnau in der Au verkauft dem Junker Cristoffel Zollikofer, Burger zu St. Gallen, 3 Eimer weissen Wein (under der rinen danen gutz vorlaust) zu Herbstzeit in der Wimi

*) Impfen   pfropfen.

1550 ewigen Zins, um 20 Pfund Pfennig Hauptgut, von seinem eignen
Weingarten, in Haslach gelegen, — stosst an zwei Seiten an Kaspar
Torgler, zum dritten an Gallus Giger, zum vierten an Konrad
(Cunrat) Fridauer (—ower) — einem Lehen von Zwingenstein
(für menkliches verhefften und enthweren, ouch für alle krieg,
aucht und pen, hagel, riffen, missgwachs); jederzeitige Ablösung
vor St. Johann im Sommer ohne Zins, darnach mit Zins und
Hauptgut vorbehalten.   64

Es sigelt Bernhart Bösch, genannt Koffel (!), d. Z. Ammann der Herrschaft von Ems im fr. Reichshof Lustnau.
Sp.-A. St. G. — B. 13 n. 34. — (Sigel abgefallen).

1551 März 10. — Ambrosi Aigen, Alt-Seckelmeister und Burger
zu St. Gallen, bezahlt dem Wilhelm Noll, sesshaft zu Haslach im Reichshof Lustnau, 4 Gulden minder ein Ort; wofür
sich W. N. verpflichtet, die Strasse am Menweg (menn—) zwischen seinen (und?) Ambrosi Aigens Gütern daselbst gelegen, in
der Breite zu machen, dass man zu allen Zeiten allda mit Ross und
Wagen reiten, gehen und fahren möge; doch so, dass Ambrosi
Aigen mit seiner Mauer nicht hinter sich weichen müsse und sie
immer wieder an die alte Stelle aufführen möge, wenn sie je aus
irgend welchen Ursachen niederfiele.   65

Sp.-A. St. G. — B. 13 n. 39. — Papier.

1557 Mai 28. — Jakob Köppel (Köpel), sesshaft zu Haslach
am Monstein im freien Reichshof Lustnau, trifft mit Abt
Diethelm von St. Gallen folgendes Uebereinkommen wegen
einer Hofstatt zu einem Zehnthaus (zechendhus):

1. gibt J. Köppel dem Abt und seinen Nachkommen eine Hofstatt, 37 Werkschuh lang und 24 breit, um ein Zehnthaus
   darauf zu setzen und zu haben, so lang es ihnen gefällig ist;
2. ist es dem Abt nicht mehr gefällig oder sollte das Haus sonst
   in Abgang kommen oder zu Grunde gehen, so fällt die Hofstatt wieder in das Eigenthum von J. K. zurück;
3. darf J. K. (und seine Erben) jeweilen nach dem Herbst, wenn
   kein Wein mehr darin ist, das Zehnthaus geziemend nutzen
   und brauchen, doch mit dem Vorbehalt, dass der Abt die
   „Zehntständeli", Fass und Anderes darin „behalten und versorgen" möge. Der Unterhalt liegt dem Abt ob, nur was
   durch J. K. selbst oder die Seinen verdorben (zergent ald ver-
   warlost wird) wird, muss durch sie wieder hergestellt werden;
4. darf auf die genannte Hofstatt kein anderes Gebäude als ein
   Zehnthaus gestellt worden;

1557 5. da die Hofstatt Trattgut der beiden Höfe B e r n a n g und
Lustnau ist, haben auch die beiden Höfe ihre Einwilligung
zur Erbauung des Zehnthauses gegeben; wenn sie aber Etwas
auf dasselbe legen oder schlagen sollten, hat Das J. K. auszurichten und zu bezahlen;

6. für diese Ueberlassung (verwilligung) der Hofstatt ist J. K.
von dem Abte nach seinem „Willen und Benügen" bezahlt
worden.   66

Es sigelt Hans A l g i, d. Z. Ammann im fr. Reichshof Lustnau.

Stifts-A. St. G. — O. O. 3. J. 41.

1558 December 2. — H a n s H u g, zu W i d n a u im freien Reichshof
L u s t n a n gesessen, verkauft seinem Sohn U l r i c h Hug, zu Wid-
nau gesessen, sein eigenes Stück Gut in der H u g e n b ü n t, in
F r i d a u im Hof Lustnau gelegen, wie es abgegrenzt ist, — stosst
an Jörg Spirig, zum andern an U l l i (!) Spirig, zum dritten an Ulrich (!)
Hag, zum vierten an anderes Gut des Verkäufers — um 24 Pfund
Pfennig Landswährung. Auf der ganzen Bünt haften 14 Pfund
Pfennig dem Pfarrer zu St. M a r g r e t h e n und 20 Pfund Pfennig
Hauptgut dem J a k o b H a s l e r (Haß—) zu A l t s t ä t t e n; Dies
bleibt auf Hans Hug liegen. Wiederlösung mit 24 Pfund Pfennig
je auf St. Jörgen Tag bleibt vorbehalten.

Es sigelt H a n s A l g i, d. Z. der Herrschaft von E m s (Embs)
Ammann im fr. Reichshof Lustnau.   67

Sp.-A. St. G. — B. 13 n. 52.

1558 December 4. f. Baden. — Der Graf von E m s antwortet auf die
an ihn gerichtete Beschwerde über Bestrafung eines Ehebruchs,
dass alle Strafen und Bussen bis an das Malefiz und Blut ihm
gehören; dass er daher glaube, das Recht gehabt zu haben, jenen
um 15 Gulden zu strafen, dass er aber den Eidgenossen zu lieb
nur die Hälfte der Strafe nehmen wolle. — Antwort: Man wolle
es für dieses Mal hingehen lassen; jedoch nur auf höhere Genehmigung hin und unbeschadet aller Rechte. Die Eidgenossen
glauben aber, dass, weil die „Mannschaft" daselbst ihnen gehöre,
Dieses auch bezüglich der Strafe der Fall sei.   68

Eidg. Absch. IV. 2. S. 1059. n. 66.

Es kann sich hier offenbar nur um einen Ehebruch in Widnau-
Haslach handeln. — Im folgenden Jahre entstand wieder ein Streit mit
dem Grafen von Ems, weil dieser für sich das Recht in Anspruch nahm,
einen W i l h e l m T o r g l e r (D—) von Haslach zu bestrafen, der sich
zu L u s t n a u einer Lästerung schuldig gemacht und deswegen vom

1558 Landvogt in R h e i n e g g verhaftet worden war, um ihn zu strafen. Auf die Anfrage des Landvogtes, ob er die Strafe Dem von Ems überlassen oder den Torgler auch strafen solle? nahm die Tagsatzung nach beliebter Weise den Fall ad instruendum, in Berücksichtigung, dass das Recht der Strafe eigentlich dem Herrn von Ems zustehe, dass das Vergehen aber gegen den Landfrieden und daher zu bestrafen sei ohne Rücksicht darauf, wo es geschehen. — Wie der Handel schliesslich ausgegangen und wie lange der Mann im Gefängniss zu Rheinegg auf den Entscheid warten musste, ersieht man nicht. — Eidg. Absch. IV. 2. S. 1059 n. 67.

1560 September 14. Baden. — Die Räthe und Sendboten der 8 das Rheinthal regierenden Orte, nämlich von Z ü r i c h B e r n h a r t von C h a m, Bürgermeister, und J o h a n n e s E s c h e r (Aescher), Stadtschreiber; von L u z e r n N i k l a u s a m L e e (!), Schultheiss, und J o s t P f i f f e r, Alt-Schultheiss; von U r i J a k o b A r n o l d, Landammann; von S c h w i z C h r i s t o f f e l S c h o r n o, Landammann; von U n t e r w a l d e n H a n s W a s e r, Ritter, Pannerherr und des Raths, von Z u g B u r k h a r t U t t i n g e r, Ammann; von G l a r u s G a b r i e l H e s s i, Landammann, und von A p p e n z e l l J o a c h i m M e g g e l i, Landammann, erkennen auf Bitte der ganzen Gemeind zu H a s l a c h (Haß—), dass sie die Freiheit des Rebbaus und Weinlaufs in gleicher Weise gebrauchen solle, wie die vier Höfe (Altstätten, Marbach, Balgach, Bernang) und Die zu St. M a r g r e t h e n - H ö c h s t im Rheinthal.

Durch den Landvogt im Rheinthal, M a r t i n (—i) U l r i c h, des Raths zu S c h w i z, hat die Gemeinde zu Haslach vorbringen lassen, wie Abt, Bürgermeister und Rath zu St. G a l l e n und die 4 Höfe im Rheinthal schon längst über „den Weinlauf, das Rebwerk (räbwerch) und Bau" einen Vertrag aufgerichtet, an den sich Jedermann halte, ausgenommen etliche Ausländer und Fremde, die auch Rebwachs bei ihnen haben, wie der von K a l c h e n r i e t (—dt) und Andere, die ihre Reben nach ihrem Gefallen bauen lassen und den Weinlauf, wie er jährlich bei ihnen gemacht werde, nicht annehmen, sondern sich unterstehen, den zu steigern, was ihnen und ihren Nachkommen ganz beschwerlich sei. Da nun die regierenden Herrn und Obern im Jahre 1546 Denen von St. Margrethen-Höchst auf ihre Bitte die gleiche Freiheit, wie den 4 Höfen gegeben und im selbigen Freiheitsbrief der 9. Artikel laute: „Welcher Gast oder Ungnoss Güter im Hof zu St. Margrethen liegen (liggen) hat, der soll dieselben bauen nach Inhalt und Vermög des gemeinen Rebbriefs im Rheinthal aufgericht und so lang derselbig währt und seinen Bestand hat," bitten sie für

1560 sich um die gleiche „Freiheit"; — die ihnen ertheilt wird mit
wörtlicher Hervorhebung des vorstehenden Artikels für alle im
Gericht Haslach liegenden Güter von Gästen oder „Ungnossen".

Es sigelt der Landvogt zu Baden Kaspar ab Iberg, des
Raths zu Schwiz. 69

A. W.

1566 April 2. — Jakob Torgler, Hofmann im freien Reichshof
Lustnau, sesshaft im Haslach am Monstein, bekennt, dass
Ambrosi Aigen, alter Bürgermeister, Kaspar Schlumpf,
Reichsvogt, Gallus Tobler, Unter-Bürgermeister, alle 3 Ausser-
Meister, und Hans Hauptlin (Hoptlin), Inner-Spitalmeister,
Bevollmächtigte (gewalthaber) des Spitals zu St. Gallen, das
dem Spital zugehörige Eigengut genannt das Vorland (For-
land), zu Haslach im freien Reichshof Lustnau gelegen, ihm übergeben haben, um auf diesem Gut die Stauden auszureuten, die
Steine auszugraben und unten bei der Gasse hin eine Mauer zu
machen, darnach auf dem Boden Reben zu ziehen, das Gut zu
einem Weingarten zu machen und es nach Landsrecht und des
Rebbriefs Brauch in Ehren zu halten. Was in den ersten 10 Jahren
darauf wächst, soll dem Jakob Torgler oder seinen Erben gehören;
nach Ablauf der 10 Jahre haben die Spitalmeister das unbedingte
Recht, das Gut zu ihren Handen zu ziehen und es ihm oder
seinen Erben oder wem sie wollen zu verleihen.

Es sigelt Thoma Geser, d. Z. der Grafen zu der Hohenems (h. Emps) Ammann im fr. Reichshof Lustnau. 70

Sp.-A. St. G. — B. 13 n. 35. — Papier; Sigel aufgedrückt.

1571 December 7. — Jakob Köppel, Hofmann im freien Reichshof
Lustnau und sesshaft zu Haslach am Monstein, verkauft
der Weibrata (Winbratta) Rütlinger, Jakob Rütlingers
Wittwe, Bürgerin zu St. Gallen, sein eigen Stück Weingarten
und Gut im Hof Lustnau zu Haslach gelegen, genannt der Allen-
spach, — stosst unten an Junker Baschian(!) Munpraten von Salen-
steins Gut, zum andern nebenzu an andere Weingärten der Käuferin, zum
dritten oben an der Schaipachen auf Zaißisfeld Güter, zum vierten
nebenzu an Michel Zollers Weingarten, der von dem Stück Weingarten
abgetheilt worden ist — um 112 Gulden, wie das Stück ihm von
seinem Bruder Hans Köppel und dessen Hausfrau Barbara
Zoller erbweise zugefallen ist. Auf demselben haftet nur der
offene, gewöhnliche Zehnten dem Gotteshaus St. Gallen und die
gebührliche Reichssteuer in den Hof Lustnau.

1571 Es sigelt Thoma Geser (Gesser), d. Z. Gerichtsammann im fr. Reichshof Lustnau. 71

Stadt-A. St. G. — Schaffneramt Rheinthal. — L. 15.

1573 October 16. — Ambrosius Aigen, Burger u. d. Z. Reichsvogt zu St. Gallen, übergibt dem Heinrich Spindler und der Martha Aigen, seinem Tochtermann und seiner Tochter, an die von ihm versprochene Heimsteuer und Heiratgut seinen eigenen Weingarten sammt dem Torggel darin, im Haslach in dem Hof Lustnau gelegen, — stosst an einer Seite an Konrad Zellweger, oben an Steffan Spiri und allenthalben an die Landstrass — als Freilehen von der Burg Zwingenstein, wie ihn Heinrich Spindler von Anton (Anthoni) Has, des Raths zu Luzern, d. Z. Landvogt im obern und niedern Rheinthal, zu seinen Handen empfangen hat. Darab geht nur der gewöhnliche Zehnten und die jährliche Steuer gen Lustnau.

Es sigelt Ambrosi Aigen. 72

Stadt-A. St. G. — Schaffneramt Rheinthal. — L. 16.

1575 December 2. — Ambrosius (—yius) Aigen, Burger zu St. Gallen, übergibt den Ausser- und Inner-Spitalmeistern, Amptleuten und Pflegern des Spitals zu St. Gallen zu Handen dieses Spitals seine eigenen „Stücke und Güter" Weingarten zu Haslach im Rheinthal, im Hof und Gericht Lustnau gelegen, — stossen auf die Gasse genannt der Menweg, zur andern an Otmar Zollikofers zu St. Gallen Erben Weingarten, zur dritten an Lorenz Mesmers Erben und an Kaspar Torglers (D—) Erben Anbrand und dann „oben und bei nieder" an Ulrich Schwitzers genannt Hursters Weingarten — als Abzahlung an einer Rechnung, die ihm der Spital gestellt hat.

Es sigelt Thoma Geser (Geß—), d. Z. Ammann im fr. Reichshof Lustnau. 73

Sp.-A. St. G. — B. 13 n. 36.

1575 December 2. — Bartlin (Bartt—) Köppel der Alte, als Vogt von Diepeli (Diepp—) Torglers Wittib, Baschian (!) Ritz, als Vogt von Diepeli Torglers 4 jüngsten Knaben, Bartlin Torgler, Diepelis Sohn, allesammt im Haslach gesessen, Uli Ritz und Damion (!) Jüsterich, Hofleute zu Bernang, und Urich (!) Dieterich zu Rheinegg (Rineg?), alle drei Diepeli Torglers Tochtermänner, verzichten auf die ihnen nach Hofrecht von Lustnau zustehende Wiederlösung eines Stücks Weingarten am Hard gelegen — stosst an Josen (?) Siber, Schmied in der Au, oben an Kaspar Torglers Erben Holz und zum dritten an Konrad Fridauers Erben Holz und „auf" Martin Giger —, welches dem

1575 Spital auf freier Gant nach Lustnauer Hofrecht für „etlich" darauf stehende Weinzinse zugefallen ist. 74

Es sigelt T h o m a G e s e r, d. Z. der Grafen von der H o h e n - e m s (hauchen Emps) Ammann im fr. Reichshof Lustnau.

Sp.-A. St. G. — B. 13. n. 37.

1576 October 10. — J o s (—ss) H ö w l i n zu W i d n a u (—aw) im freien Reichshof L u s t n a u (—aw) verkauft dem A n d r e a s (Anndareas) M ö r l i n, Alt-Burgermeister, K o n r a d (Connrath) F r i d e r i c h, Reichsvogt, H i e r o n y m u s G i r t a n n e r (Iheronimus Gyrth—), Unter-Burgermeister, alle drei Ausser-, und H a n s W e t t e r, d. Z. Inner-Spitalmeister und Pfleger des Spitals der Stadt zu S t. G a l l e n, zu Handen des Spitals sein eigen Gut, ein Heuwachs, genannt die R ü t e (—tt—), zu Widnau im freien Reichshof Lustnau gelegen, — stosst erstlich an den A u g i e s s e n (Ow—), zum andern an andere Spital- güter, zum dritten an das Wasser genannt der G ü l l e n (Gyllem) — um 100 Gulden Landswährung, zehntfrei.

Es sigelt T h o m a G e s e r (Geß—), d. Z. Hofammann im fr. Reichshof Lustnau. 75

Sp.-A. St. G. — B. 13 n. 48.

1577 October 17. — J a k o b M e s s m e r der Schneider, Hofmann im freien Reichshof L u s t n a u, und zu H a s l a c h im Rheinthal in der A u (Ouw) gesessen, verkauft und vertauscht an K a s p a r S c h l u m p f, Alt-Burgermeister, A n d r e a s (Andaras) M ö r l i n, Reichsvogt, O t m a r S t a c h e l, Unter-Burgermeister, alle drei Ausser-, und H a n s W e t t e r (Weth—), d. Z. Inner-Spitalmeister und Pfleger des Spitals zu S t. G a l l e n, seine nachbenannten Stücke und Güter zu Haslach und W i d n a u in dem freien Reichshof Lust- nau und ein Mad Heuwachs unterm B a u r e n - F a h r (Burenfar), im Hof K r i e s s e r n und O b e r r i e t gelegen, sammt 5 Zinsbriefen, nämlich:

drei bei einander gelegene Stück Weingarten — stossen zum ersten an die Reben der A n n a F r e i (Fryinen), L e n t z M e s s m e r s Wittib, an P a u l (Paullin) Z e l l w e g e r, an H a n s T o r g l e r, Z e i g e n (!) Sohn (sonn), und an B a s c h i a n R i t z e n Gut das Moos; — weiter ein Stück Reben im W i n k e l genannt — stosst an den Weingarten des O t m a r Z o l l i - k o f e r, den jetzt seine Erben innehaben, an P a u l Z e l l w e g e r und „an miten" an die Landstrass im Menweg und an Baschian Ritzen Gut; — weiter zwei Mad Heuwachs und einen Acker, bei und an einander gelegen im D o r n a c h, — stosst an U l l i n (!) F e s t e n Gut, an C h r i s t a (!) H u g und an die freie Landstrass (—strass), die W e r d g a s s e (Werdt—), auch an L u c e i a S c h e g g i n e n Gut. Von dem halben Theil dieses Guts

4

1577 gehen jährlich 7 Schilling Pfennig lösiger Zins an F r i d l i n Zell-weger, und von dem genannten Weingarten geht jährlich 1 Pfund 9 Schilling Pfennig von 29 Pfund Pfennig Hauptgut gen S a l e n-s t e i n an M a r g r e t a L a n d e n b e r g e r i n, und sind ein frei Lehen von dem Gotteshaus St. Gallen. — Weiter ein Mad genannt das G e r t l i n (Gertt—) — stosst an K o n r a d H u g, an T h o m a I s e l i n (Yß—), an U l l i n S p i r i n g s Gut; davon gehen jährlich 12 kr. an die Pfarrpfrund nach Lustnau. — Weiter ein Heuwachs genannt das L i e m m a d (—dt!) — stosst an den Gemeindegraben, an T h o m a G a s s e r s Gut, das jetzt die Erben innehaben, an H a n s W i d e r, und an die Land-strass — zehntfrei, nur mit einem Heller Steuer an das Ober-riet (ober Riet) belastet. Auf den obgemelten Gütern liegt sonst nur noch der gewöhnliche offene Zehnt und die jährliche Steuer. — Ferner ein Zinsbrief auf J o s H ö w l i n den Jungen, zu Widnau im freien Reichshof L. gesessen, um 54 Pfund Pfennig Hauptgut ablösigen Zins, vom 4. März 1563; weiter ein Brief auf Ulrich Spiring den Alten, Hofmann zu Lustnau, um 26 Pfund Pfennig ab-lösigen Zins, vom 3. Mai 1574; weiter ein Zinsbrief auf K o n r a d F e r (Ferr), sesshaft zu Widnau, um 15 Pfund Pfennig ablösigen Zins, vom 14. Juni 1557; weiter ein Zinsbrief auf Jos Höwlin den Jungen, zu Widnau im freien Reichshof L. gesessen, um 41 Pfund Pfennig Hauptgut ablösigen Zins, vom 8. Juni 1559; end-lich ein Zinsbrief auf U l r i c h H u g, zu Widnau im freien Reichs-hof Lustnau gesessen, um 36 Pfund Pfennig Hauptgut ablösigen Zins, vom 4. März 1563; dazu ein Schadlos- und Versatzbrief auf H a n s H u g von Widnau vom 2. December 1558. (Vgl. n. 67.) In dem Leimmad (!) gehört der grosse Felb, der oberhalb steht, zu des Verkäufers Theil.

Dafür sind dem Jakob Messmer 700 Gulden baar bezahlt und ihm und seiner Frau M a r g r e t a H u g (Hügina) eine Herren-pfrund in dem Spital zu St. Gallen verschrieben worden.

Es sigelt T h o m a G e s e r, d. Z. der Grafen zu der H o h e n-e m s (hauchen Empß) Ammann im fr. Reichshof Lustnau.   76
Sp.-A. St. G. — B. 13 n. 38.

1577 October 25. — H a n s R i t z, Hofmann im freien Reichshof L u s t-n a u, und zu H a s l a c h im Rheinthal gesessen, verkauft und ver-tauscht dem K a s p a r (Casper) S c h l u m p f, alten Burgermeister, A n d r e a s (Anndaras) M ö r l i n, Reichsvogt, O t m a r S t a c h e l, Unter-Burgermeister, alle 3 Ausser-, und H a n s W e t t e r, d. Z. Inner-Spitalmeister, „Amptsleut" und Pflegern des Spitals der Stadt

1577 St. Gallen, zu Handen des Spitals sein eigen „Stuck und Güter", zu Haslach im Hof und Gericht des freien Reichshofs Lustnau in Böschhalden genannt und gelegen, nämlich: einen Weingarten, Haus und Hofstatt, Krautgarten, Stadel, Speicher, Schweinstall, an und bei einander, — stosst unten „auf der 8 Orte Zwingensteins Gut", das Jakob Giger zu Lehen hat, zum anderen „bei auf" an Urich(!) Ritzen, seines Bruders, Haus, Hofstatt und Weingarten, zum dritten oben hinaus an dessen Holz ob dem „Nachwurf", der zu diesem Weingarten gehört, und zum vierten „bei ab" an Jakob Freien (Fry—), seines Schwagers, Weingarten; — sein eigen Stück Heuwachs, mitsammt den Bäumen, genannt „im Acker", — stosst unten auf Paul Spirings Hofstatt, zum andern „bei auf" an Urich Torglers und Martin Gigers Güter, zum dritten oben an sein und seines Bruders Urich Hölzer, zum vierten „beinieder" an seines Bruders Urich Gut genannt „im Acker"; — um eine Herrenpfrund für ihn und seine Frau und um 100 Gulden St. Galler und dieses Lands Währung. Auf den verkauften Gütern haften in gemeinem Hofzins mit anderen Gütern in Böschhalden 3 Vierling Fesen und 3 Vierling Hafer Hofzinskorn auf St. Niklaustag m. gn. Herren den Grafen zu der Hohenems und jährlich an Geld 2 Schilling Pfennig Herrenzins in die Reichssteuer gen Lustnau; auch sind die Güter ein freies Lehen von Zwingenstein unseren Herrn der 8 Orte und bei jeder Handänderung von dem Landvogt zu Rheinegg zu verleihen; daneben geht noch davon der alte, gewöhnliche, offene Zehnt und die jährliche Steuer.

Es sigelt Thoma Geser, d. Z. Hof- und Gerichtsammann im fr. Reichshof Lustnau. **77**

Sp.-A. St. G. — B. 13. n. 41.

1577 November 9. — Jakob Frei, Hofmann und d. Z. Hofweibel zu Bernang im Rheinthal, verkauft dem Herrn Kaspar (Casper) Schlumpf, altem Burgermeister, Andreas (Anndaras) Mörlin, Reichsvogt, Othmar Stachel, Unter-Bürgermeister, alle drei Ausser-, und Hans Wetter, d. Z. Inner-Spitalmeister und Pfleger des h. Geist Spitals zu St. Gallen, zu Handen dieses Spitals sein Stück Weingarten und Gut zu Haslach im freien Reichshof Lustnau, in Böschhalden genannt und gelegen, — stosst an zwei Orten, unten und beinauf, an andere des Spitals Hofstatt und Weingarten, die sein Schwager Hans Ritz an seine und seiner Frau Herrenpfrund dem Spital getauscht hat, zum dritten oben an Urich Ritzen seines Schwagers Holz, ob dem Nachwurf, so zu dem Weingarten gehört, und zum vierten an Pauli Spirings Weingarten, der ihm von Fridli Zellweger herkommt, — um 100 Gulden Landswährung. Auf dem Gute haftet der Zehntel von einem Viertel Fesen und

1577 ein Viertel Hafer Hofzins auf St. Niklaustag den Grafen gen Ems (—pß) und 1 kr. in die Reichssteuer gen Lustnau; auch ist es Lehen von Zwingenstein unseren Herrn der 8 Orte einem Landvogt zu Rheinegg.   78

Es sigelt Thoma Geser, d. Z. Ammann im fr. Reichshof Lustnau.

Sp.-A. St. G. — B. 13 u. 42.

1578 October 15. — Wilhelm Torgler, Hofmann im freien Reichshof Lustnau und sesshaft an dem Hard (—dt) zu Haslach im Rheinthal, verkauft dem Joachim Gaisberg (Gaiss—), Burger zu St. Gallen, sein eignes Gut, ein „Erdnachwurf und Platz", unten im Möösli (Mößli) am Hard genannt und gelegen, — stosst unten an die Gasse, zum andern an Jakob Kuntzen (C—) Gut, zum dritten am Weg oben an sein eigen Gut, zum vierten an Hans Nollen Gut —, Lehen von Zwingenstein uns. gn. Herrn der 8 Orte, mit Vorbehalt des Grasnutzens von diesem „Erdwurfgut" und mit der Verpflichtung, in das „Gut und Erdplatz" nicht zu wässern, noch zu „brunnen (brunen)", um 11 Gulden Landswährung.

Es sigelt Thoma Geser, d. Z. Gerichtsammann im fr. Reichshof Lustnau.   79

Stadt-A. St. G. — Schaffneramt Rheinthal. — L. n. 17.

1580 April 23. — Heinrich Schawalder, Hofmann im freien Reichshof Lustnau (—ow) und sesshaft zu Widnau (—ow), hat seinem Bruder Friderich Schawalder dessen „erblichen" Antheil an Haus und Hofstatt abgekauft und anerkennt, dass Friderich dabei sich und allen jeweiligen Besitzesnachfolgern für das untere Gut in Wältisbünt die freie Zufahrt (zufart, steg und weg zu wagen und fuss, auch mit ross und kuefech, schwinen und aller hab, so ain husman haben köundt) durch seinen (Heinrichs) Baumgarten und Hofstatt und freie Benutzung des Brunnens vorbehalten hat.

Auf Bitte Heinrich Schawalders sigelt mit seinem Amtsigel Thoma Geser, Ammann im fr. Reichshof Lustnau.   80

Im Privatbesitz.

1581 November 7. — Ulrich Ritz, Hofmann im freien Reichshof Lustnau und sesshaft zu Haslach im Rheinthal, verkauft an Hans Midus (!), Spitalmeister und Pfleger des h. Geist Spital zu St. Gallen, sein eigenes Stücklein Weingarten und Gut zu Haslach im Böschhalden gelegen — stosst unten auf des Spitals Haus und Hofstatt, die sein Bruder Hans Ritz ihm übergeben, zum andern an sein eignes Gut, zum dritten und vierten oben und „neben ab" an andere

1581] Weingärten und Güter des Spitals — um 48 Gulden St. Galler und dieses Lands Währung. Es haften darauf 4 Pfg. in die Reichssteuer zu Lustnau und 1 Vierling minder ¹/₂ Viertheil (fürentheil) beiderlei Korn, Fesen und Hafer, Hofzins den Herrn gen Ems und ist ein freies Lehen von Zwingenstein (Tw—) uns. gn. Herrn d. 8 Orte.

Es sigelt Thoma Geser, d. Z. Ammann im fr. Reichshof Lustnau. 81

Sp.-A. St. G. — Tr. B. 13. u. 43.

1582 Februar 19. — Hans Keller, Obmann und Burger zu Zürich, Joseph Amrhin (am Rhin), Hauptmann und des Raths zu Luzern, Johannes Bodmer (—ar), d. Z. Landammann zu Appenzell, als Abgeordnete der 8 regierenden Orte für Die von Widnau und Haslach, mit Beistand von Kaspar Meienberg, des Raths zu Zug, d. Z. Landvogt im Rheinthal, und Anderer, — und Herr Jakob Hannibal, Graf zu der Hohenems (Emps) und Gallera, Erzherzog Ferdinands zu Oesterreich Rath, oberster Hauptmann der vier Herrschaften diesseits (herdiß-werts) des Arlbergs (Arelbergs) und Vogt der Herrschaften Feldkirch (V—), Bregenz (P—) und Hohenegg (—kh), sammt seinen Herrn Amtleuten, Beiständern und Zusätzen für Die von Lustnau, vermitteln Streitigkeiten (spenne) zwischen diesen Leuten des freien Reichshofs Lustnau wegen Wuhrungen am Giessen, nicht weit von Widnau.

Die Gemeindsleute von Widnau und Haslach bringen nach abermaligem Augenschein an Ort und Stelle durch ihren Fürsprech vor: wie der Rhein bei dem streitigen Giessen „augenscheinlich dermassen eingewurzelt" sei, dass er, wenn man ihm nicht zeitlich vorkomme, von seinem frühern gewöhnlichen Lauf mit seiner ganzen Gewalt in diesen Giessen reissen, Grund und Boden der Gemeinde und Privaten hinwegnehmen und so nicht bloss sie, sondern einen grossen Umkreis des Rheinthals daselbst schädigen würde. Daher bitten sie Die von Lustnau und besonders den Grafen als ihren Herrn, ihnen bei dem Giessen das nöthige Wuhren zu erlauben; mit dem Anerbieten, Denen von Lustnau solches Wuhren ebenfalls zu gestatten, wenn es für sie nöthig würde.

Die von Lustnau erwiedern durch ihren Fürsprech: 1. Habe der Rhein ihnen in frühern Zeiten schon zwei Mal die Kirche und Häuser von da weggeschwemmt, wo jetzt Rheinthaler Gebiet (des Rheinthals hohe Obrigkeit) sei, und sich seither ganz auf ihre Seite gedrängt; man solle ihn daher wieder seinen alten

1582 Gang suchen und gewinnen lassen und nicht jedem Theil gestatten, nach seiner Nothdurft Streichwuhren zu machen. 2. Gehören die dort (der enden) umliegenden „Gründ und Böden" nicht nur zum Theil Denen von Lustnau mit Denen von Widnau und Haslach gemeinsam, „als die Alle unter einen Hof und Gericht gehörig"; sondern Vieles gehöre auch Denen von Lustnau eigenthümlich zu und gerade da, wo Die von Widnau und Haslach wuhren wollen, gehöre der Grund und Boden dem Grafen von Ems (Embs). 3. Sollte solches Wuhren seinen Fortgang haben, so würde der Rhein in kurzer Zeit nochmals auf ihre Häuser, Kirche, Aecker und Wiesen gedrängt (geschupft) und sie gänzlich zu Grunde richten (verderben).

Gesprochen:

Die von L. sollen ihre Nachbarn von W. u. H. gutwillig den Giessen, wie er jetzt ist, „vom Port des obern Theils der Grede nach bis zum untern Theil desselben Ports", ein Streichwuhr nach Nothdurft machen und schlagen lassen. Sollten aber in Zukunft auf Lustnauer oder Widnauer und Haslacher Seite Wuhren nothwendig werden, so soll kein Theil von sich aus vorgehen, sondern nur mit des andern Theils Wissen und Willen wuhren. Können sie sich aber darüber nicht einigen, so soll jeder Theil zwei Schiedleute „erbitten" und diese vier einen unparteiischen Obmann erwählen und zusammen gütlich oder rechtlich entscheiden. — Uebrigens sollen beide Parteien wie bisher auch in Zukunft gute Freunde und Nachbarn sein und bleiben.

Es sigeln der Graf zur Hohenems, für Die von L. als seine Unterthanen hoch und niedern Gerichtszwangs, und Landvogt Kaspar Meienberg, für Die von W. und H., als ihre hohe Obrigkeit. 82

A. W. --

Das fragliche Streichwuhr ist ohne Zweifel unter der Strasse im Feukloch zu suchen, wo sie hart am Sumpfe vorbeigeht.

1582 Juli 26. — Ulrich Torgler (Torgg—) und Elsbetha Gasserin, seine eheliche Hausfrau, Hofleute und sesshaft im freien Reichshof Lustnau (—aw) zu Haslach im Rheinthal, verkaufen dem Junker Heinrich Spindler, Burger zu St. Gallen, ihren Hof und Gut, Aecker, Weingarten, Heuwachs, Weid, Holz und Gestäud, Krautgarten, Baumgarten, Hofstatt, Feld, sammt dem darauf gehenden Brunnen und Wasserleitungen, nach den Marken, zu Haslach im Hof und Gericht Lustnau in Böschenhalden (!) genannt und gelegen, Nichts ausgenommen als Steg und Weg zu

1582 bequemer Zeit für K o n r a d (—t) K ü n g s (Kh—) Erbon, nämlich
M a t h i s Torgler und Hans S p i r i n g wegen K a s p a r Torglers
(D—), und B a s c h i o n R i t z und K o n r a d K u r r e r wegen
Konrad Küngs, lt. Vertrag vom 1. November 1535. — Hof und
Gut stossen erstlich „an mitten" in die Gasse, so man nennt die Abergass,
an K o n r a d F r i d a u e r, zum andern der Gasse nach an P a u l i Spiring
und zum dritten an U l r i c h Fridauers Güter bis hinauf an die Meldegg
und dann oben an die Letzi der Meldegg, zum vierten „beiab" an M a r t i n
G i g e r s Holz und Reben, zum fünften an H a n s Ritzen, Ulrich Fridauers
und Pauli Spirings Weingarten und Güter (genter), zum sechsten an des
Spitals zu St. Gallen Gut beiab, zum siebenten und letzten an Konrad
Fridauers Baumgarten bis wiederum da mitten in die Abergasse und an
L i e n h a r t Gigers Gut. Darab geht jährlich verhältnissmässig (der
anzahl nach) mit dem Hof Böschbalden (!) 8 kr. und 1 ½ Hühner
(bainer) Hofzins den Herren von E m s (Emps) und jährlich 10 Schlg.
Pfng. Zins an die Pfarrkirch Unserer Frau zu B e r n a n g. Der
Hof ist ein Freilehen von Z w i n g e n s t e i n den 8 Orten der Eidgenossenschaft, von dem Landvogte zu R h e i n e g g bei jeder Handänderung zu verleihen und zu empfangen; auch geht darab der
gewöhnliche offene Zehnte und die jährliche Steuer. Der Kauf
ergieng um 555 rhein. Gulden, der Stadt St. Gallen und unsers
Lands Währung, immer 60 Etschkreuzer oder 15 C o n s t a n z e r
und dergleichen Batzen für einen Gulden gerechnet, und der Kauf-
verhandlung wohnten bei J a k o b Appenzeller, K a s p a r K r u m
(Kh—), S e b a s c h i o n Spindler, H a n s Zöberli an Heinrich
Spindlers Seiten und Joachim Gaisberg, H a n s Schwitzer
als Freunde und Gönner des Junkers.

Es sigelt T h o m a G e s e r, d. Z. der Grafen zu der H o h e n -
e m s (hauchen Emps) und des Reichshofs Lustnau Ammann zu
Lustnau.   83

Stadt-A. St. G. — Schaffneramt Rheinthal. — L. 18.

1582 August 1. — Abt G e b h a r t, Prior und Convent des Klosters
Mehrerau bei Bregenz, mit Rath und Bewilligung B a l t h a -
s a r s v. H e r r l i b e r g, erzherzogl. österreichischem Verwalter der
beiden Herrschaften Bregenz und H o h e n e g g, und W o l f g a n g
W ä g e l i n, Amtmann dieser beiden Herrschaften, an Stelle und
im Namen des Erzherzogs F e r d i n a n d Schirmherrn und Kasten-
vögten des Klosters, und mit Zustimmung und Bestätigung des
Cardinals M e r k (!) S i t t i c h, Bischof zu C o n s t a n z und Herrn
der Reichenau, verkaufen dem J a k o b S c h a w a l d e r und
H a n s W i d e r für sich selbst, dem Hans Wider für seinen Vogtsohn K o n r a d Wider, dem K o n r a d F r e i, genannt W e b e r,

1582 dem Jakob Frei, genannt Peunder, Barthlme(!) Frei, Jakob Brunner und Heinrich Frei für sich selbst, und Jos Höwlin für seinen Vogtsohn Hans Itensohn (Ittenson), — Alle Hofleute im freien Reichshof Lustnau, zu Widnau und Schmitter gesessen; ferner dem Christa (!) Custer, Hans Custer genannt Josen Sohn, Ulrich Itensohn, Ulrich und Hermann den Widern für sich selbst und dem Hermann Wider für seinen Vogtsohn Hans (?) Fridauer, Hofleuten im fr. Reichshof Kriessern (Cr—) und Oberriet gesessen: 4 Höfe sammt allen dazu gehörenden Stück und Gütern zu Diepoldsau im Rheinthal, in den genannten freien Reichshöfen Lustnau, Kriessern und Oberriet gelegen, welche Höfe und Güter die Käufer und ihre Voreltern bisher lt. einem Vertrag v. 31. Juli (zinstag nach S. Jakobs tag) 1526 mit Abt Johann und Revers von gleichem Tag als Erblehen innegehabt haben, gegen jährlichen Zins von 6 Malter Hafer und 22 Pfd. Pfenning auf St. Martinstag sammt Ehrschatz von 60 Gulden für einen ganzen Hof oder verhältnissmässig für einen Theil, um 3800 Gulden rheinisch, mit Vorbehalt der Rechte der Grafen zu der Hohenems (h. Embs).

Es sigeln Abt und Convent, Balthasar von Herrliberg und Wolfgang Wägelin. — Als Beilage hängt der Erlaubniss- und Bestätigungsbrief des Cardinals, in lateinischer Sprache, an einem Pergamentstreifen.   84

Archiv Schmitter.

1586 April 25. (a. St.) — Urich (!) Zellweger, Hofmann im freien Reichshof zu Lustnau, sesshaft zu Haslach im Rheinthal, verkauft als Vogt und Vormund der 2 nachgelassenen Kinder von Ulrich (!) Ritz sel., auch Hofleute, dem Andreas (Anndreas) Gächter, d. Z. Spitalmeister und Pfleger des h. Geist, Spital zu St. Gallen, und dem Lucas (Luchaß) Studach, des Spitals „Amptmann" zu Altstätten, zu Handen des Spitals ein Stück Weingarten sammt dem Holz, Grund, Gereut (grüt) und Gestäud (gestüdt) darob, in dem Hof und Gut Böschhalden zu Haslach im Rheinthal gelegen, — stosst unten an der Kinder Hofstatt und Krautgarten und dann an der Kinder Acker, zum dritten an Urich Fridauers Holz, zum vierten an Zaißisfeld, oben zu an Stein, zum fünften an Heinrich Spindlers Gut, zum sechsten nebenab an andere Weingärten des Spitals — um 146 Gulden Landswährung. Darauf haften 2 Vierding und 3 Viertheil Korn, halb Fesen und halb Hafer, auf St. Niklaustag Hofzins den Grafen zu Ems (—pß) und 9 Pfg. Reichssteuer an das Ammanamt gen Lustnau mit gemeinen Zinsen; auch ist der Weingarten Lehen gen Z w i n g e n - s t e i n von m. Herrn zu A p p e n z e l l.

Es siegelt T h o m a G e s e r (Gess—), d. Z. Ammann im fr. Reichs- hof Lustnau. 85

Sp.-A. St. G. — B. 13. n. 44.
Vgl. n. 86.

Mai 1. — U l r i c h Z e l l w e g e r (—gger) als Vogt und Vormün- der der 2 Kinder von U r i c h R i t z sel., Hofleute und sesshaft im freien Reichshof L u s t n a u, verkauft mit Wissen und Willen der Freundschaft der Kinder und des Raths zu Lustnau dem Junker H e i n r i c h S p i n d l e r, Burger zu S t. G a l l e n, der Kinder eigen Gut: einen Acker, sowie den Heuwachs mit Bäumen und dem „Stückholz" oben daran, aneinander in B ö s c h h a l d e n zu H a s l a c h im Rheinthal gelegen, — stosst an des Spitals zu St. Gallen Heuwachs und Gut, zum andern auf P a u l i S p i r i n g s Hausstatt, zum dritten an anderem Gut des Käufers, das er von U r i c h T o r g l e r und Pauli Spiring erkauft hat, und an M a r t i n G i g e r, zum vierten oben an die M e l d e g g (—dt—) und die „Schmelzi" und zum fünften hinab wiederum an Martin Gigers Holz —; darab geht 2 ³/₄ Vierling Hofzinskorn auf St. Niklaus Tag, halb Fesen und halb Hafer, den Grafen von E m s und 9 Pfg. Reichssteuer an das Ammanamt gen Lust- nau, „darum dann dieser Kauf und des Spitals Weingarten, so er letztlich von Urich Ritzen Erben erkauft, Urich Ritzen Haus und Hofstatt und die Inhaber aller Hofzinsen vertreten sollen." Die Güter sind Lehen von Z w i n g e n s t e i n unsern Herrn gen A p p e n z e l l, und geht darab der offen Zehnte und die jährliche Hofsteuer. Und ist dieser Heuwachsacker mit den Bäumen dem Spital zu St. Gallen an ein Stück Acker, so Junker Heinrich Spindler von Urich Ritzen Erben erkauft hat — an des Spitals Weingarten vorne gelegen — zu gegenseitiger Abrundung vertauscht und gewechselt worden. Kaufpreis 115 Gulden Landswährung.

Es siegelt T h o m a G e s e r, d. Z. Ammann im freien Reichs- hof Lustnau. 86

Stadt-A. St. G. — Schaffneramt Rheinthal. — L. 19.
Vgl. n. 85.

Juni 2. — P a u l l i n (!) S p i r i n g (Spei—), Hofmann im freien Reichs- hof L u s t n a u und sesshaft zu H a s l a c h im Rheinthal, verkauft dem Junker H e i n r i c h S p i n d l e r, Burger zu S t. G a l l e n, sein eigen Stück und Gut Reben, Heuwachs, Bäume, nach den Mar- ken, in B ö s c h h a l d e n im Hof gelegen, — stosst erstlich an U l r i c h F r i d a u e r s Weingarten, zum andern oben zu an M a r t i n G i g e r s Gut,

1586 zum dritten bei ab und zum vierten unten an andere Güter des Käufers —, um 142½ Gulden St. Galler und unsers Lands Währung (in Gegenwart und freundlicher Unterhandlung Ammann Ulrich (!) Zellwegers und Urich (!) Grabhern (—rrn), Schreibers). Darab geht jährlich 1 Gulden Zins an den Spital zu St. Gallen von 20 Gulden Hauptgut, weiter ein Vierling Fesen und ein Vierling Hafer mit gemeinen Hofzinsern Hofzins an den Grafen zu Hohenems (houchen Empß). Das Gut ist Lehen m. Herrn von Appenzell gen Zwingenstein; davon geht der gewöhnliche Zehnte und jährliche Steuer.

Es sigelt Thoma Geser, d. Z. Ammann im freien Reichshof Lustnau. 87

Stadt-A. St. G. — Schaffneramt Rheinthal. — L. 20.

1587 Juli 28. — Ludwig Wichser, Landammann zu Glarus, und Johannes Bodmer, Landammann zu Appenzell, sammt Junker Hans Jakob Rordorf, Burger und des Raths zu Zürich, d. Z. Landvogt im Rheinthal, als Abgeordnete und Bevollmächtigte der 8 regierenden Orte, sprechen gütlich über Streitigkeiten zwischen dem freien Reichshof Lustnau, Widnau u. Haslach als Kläger einerseits und dem Hof Bernang im Rheinthal als Antworter andererseits, wegen Trieb und Tratt, Wunn und Weid auf den zwischen der gewölbten (Brücke) und dem Herrnbrüggli gelegenen Wiesen und Gütern.

Die von Bernang haben diese Trieb und Tratt, Wunn und Weid, lange Zeit genutzt. Nun haben ihnen Die von L., W. und H. dieselben gesperrt „mit Einlegung etlicher alten Briefe, Libelle und Sigel", laut welchen diese Nutzungen ihr Eigen seien mit Aufrichtung guter Marken. Darauf schickten beide Parteien Boten an die zur letzten Jahrrechnung zu Baden im Argau versammelten Boten der 8 regierenden Orte, um ihnen den Handel vorzulegen und sie um einen rechtlichen Entscheid zu bitten. Die Boten wollten aber ohne Augenschein nicht eintreten und übertrugen deshalb die Angelegenheit den oben genannten 3 Bevollmächtigten zu näherem Untersuch und womöglich gütlichem Austrag. Auf obigen Tag hat der Augenschein stattgefunden und sind die Parteien zur Verantwortung vorgeladen worden, wobei die Verordneten aus dem Hofe L., W. und H., nämlich Thoma Geser, Hofammann, Magnus Hagen, Hans Grabher, genannt Peter (Pett—), Jos Hemmerli (Hämm—), und aus der Au (Ow) Bartli Köppel, des Landvogts Ammann, Ulrich Grabher, Hofschreiber,

1587 sammt ihren von Hrn. Johann Christof (—ff), Graf zu der Hohenems (hochen Emps), hiezu verordneten Beiständern Hans Jakob Hoffmann, gräflichem Verwalter, Georg Groß, Vogt zu Dorenbüren (Doreubeiren), „der edel und vest" Gabriel (—ll) Rugg von Tannegg (Danneckh) zum Buchholz im Rheinthal, durch diesen Junker Gabriel verlangen, dass ein von ihnen mitgebrachtes Libell verlesen werde.

Darauf lassen die Verordneten aus dem Hofe B., nämlich Hans Ritz, Hofammann, Hans Forster, Galli Zimmermann, Hans Wettach (Wä—), alle Alt-Hofammänner, Corlibon (!) Schriber, des Landvogts Ammann, Hans Gallusser, Hofschreiber, sammt ihren Beiständern Junker Georg Christof (—ff) Giel (—ll) von Gielsberg (Giellsp—), d. Z. des Abts Joachim von St. Gallen Vogt auf Rosenberg, und Antoni (Anth—) aus der Vorburg, Hofschreiber zu St. Margrethen-Höchst, durch diesen Antoni antworten: sie haben auch ein Libell und alte Vertragsbriefe (verkhomnußh-br.) und bitten, diese auch zu verhören.

Nach Verlesung sämmtlicher eingelegten Acten erklären Die von Lustnau und Mithaften durch den Juuker Gabriel weiter, dass nach ihrem Libell Die von B. offenbar widerrechtlich zwischen der „stainin" und „Herrn Brüggli" Trieb und Tratt, Wunn und Weid mit ihrem Vieh „lange Jahr und Tag" genutzt haben; sie haben auch Die von B. öfters davon abgemahnt; aber diese haben sich nicht daran gekehrt. Darum sei zuletzt die Klage bei den 8 Orten erhoben worden und gehe ihr Verlangen dahin, dass Die von B. angehalten werden, sie oberhalb der im Libell aufgeführten Marken, auf den Wiesen zwischen den beiden erwähnten Brücken „unbekümmert, ruhig und mit allem ihrem Vieh unübertrieben" zu lassen, und dass Denen von B. alle bisher aufgelaufenen Kosten auferlegt werden.

Die von B. antworten durch ihren Beistand Antoni aus der Vorburg: sie haben seit Menschengedenken ungehindert Trieb und Tratt, Wunn und Weid auf den Wiesen zwischen den zwei Brücken mit allem ihrem Vieh gemeinsam mit Denen von L., W. und H. genutzt, und erst seit „kurzen Zeiten und Tagen" sei ihnen Dies von dem Hof L. „gewehrt und zu Recht verlegt" worden. Das wäre aber schon längst geschehen, wenn B. kein Recht zu der Nutzung gehabt hätte; sie verlangen daher bei dieser gelassen zu werden und dass Denen von L., W. und H. alle bisherigen Kosten auferlegt werden.

1587 Auf Zureden der 3 Abgeordneten erklären sich beide Parteien bereit, einen „gütigen" Spruch derselben „auf Zusagen oder Abschlagen" ergehen zu lassen, und darauf wird gesprochen:

1. Was Wunn und Weid, Trieb und Tratt auf dem Feld und Eigengütern ob dem Schloss Rosenberg betrifft, hat es gänzlich bei den Bestimmungen des Briefs vom 15. Sept. 1534 (n. 52) zu bleiben und sollen Die von B. an Allem, was oberhalb der dort bezeichneten, bei dem Augenschein richtig aufgefundenen Marken gegen Widnau und Balgach liegt, keinerlei Rechtsame noch Ansprache haben an Wunn und Weid, Trieb und Tratt; doch mag, den Weidgang ausgenommen, Jedes sein Eigenthum daselbst wie von Alter her brauchen. Damit aber diese Güter von einander abgesondert werden und nicht neuer Streit entstehe, sollen die Hofleute von L., W. und H. den bezeichneten Marken nach einen Graben aufwerfen, doch in ihren alleinigen Kosten, — da sie auch nach einem Artikel des Briefs von 1534 den abgesönderten Gütern Fried geben sollen —, und um die Mitte in diesem Graben „zu mehrerem Zeugniss" noch einen guten Markstein aufrichten. Der Schaden, der durch die Anlage dieses Grabens den Anstössern entsteht, soll geschätzt, auf alle durch den Graben geschirmten Güter verlegt und von deren Inhabern bezahlt werden.

2. Das unter dem Schloss Rosenberg gelegene Oberfeld, wie es jetzt „eingefangen" ist, soll Denen von B. zu alleiniger Nutzung verbleiben, obschon Die von Lustnau lt. dem erwähnten Vertrag und Kraft alter Uebung daselbst zu Denen von B. „mit ihrem Vieh und Hab" Trieb und Tratt zu haben glauben. Doch sollen sich Die von B. hier auch selbst „Fried und Schirm" geben.

Was ausser und neben diesen Verträgen und Marken gelegen und sie gemeinsam von Alter her mit Trieb und Tratt, Wunn und Weid benutzen, wie (als nemlich) in Rosenburgsau, in der Hittau, in der Spieglern, auf der Emsern, in der Dickau, im Hursch; — was Tratt ist in der Wiese im Sand, auf den Sändern, in der Frontzern (Fräutzenen) und Langenwies, auf der Tegern (Tä—), die Wiesen mit sammt dem Ackerrain und das ganze Unterfeld, in Steinenbruck, auf dem Kobel und Küden (Kid—), Katzenmoos und im Trett (Trätt), Alle diese Güter und Weiden sollen *sie* auch künftig, wenn die Güter am Tratt und offen liegen, mit Tratt, Wunn und Weid gemeinsam benutzen. — Dagegen sollen

1587 Die von Bernang auf dem Tann und Zeisenriet, so weit es bis auf diese Stunde mit Marken versehen, allein mit all ihrem Vieh Trieb und Tratt haben.

Alle frühern Briefe bleiben in Kraft, soweit sie nicht von dieser Erläuterung betroffen werden. Die bisher aufgelaufenen Kosten soll jede Partei an sich selbst und die Kosten für die Spruchherrn und Schreiber sollen beide Parteien gemeinsam tragen und damit um ihren Streit geschlichtet und versöhnt sein.

Diesen gütlichen Spruch haben beide Parteien mit Zustimmung ihrer beiden Gemeinden und Obrigkeiten, des Hofs L. und des Hofs B., mit grossem Dank angenommen und dem Landvogt in die Hand gelobt, ihn fest und stät zu halten.

Es sigeln die 3 Verordneten, je die beiden ersten Beiständer und die beiden Ammänner.

Die Ausfertigung (völlige aufrichtuug), Vergleichung und Besigelung dieses Briefs erfolgte am 1. December 1588 zu Altstätten vor Antonius Has (Haas), des Raths der Stadt Luzern und d. Z. Landvogt im Rheinthal, und seinen ordentlichen Beisässen, wobei die Bevollmächtigten beider Gemeinden neuerdings gelobten, dem Spruch genau nachzukommen, und den Landvogt ersuchten, auch sein Sigel noch an den Brief zu hängen. 88

A. W.

1588 Juni 26. ff. Baden. — Die von Widnau verlangen ernstlich einen „Prediger", was aber den Briefen, welche die Grafen von Ems mit Bewilligung der Gemeinde aufgerichtet haben, widerstreitet. 89

Eidg. Absch. V. 1. 2. S. 1414. n. 114.

Im Januar des folgenden Jahres wandte sich der Graf v. Hohenems seinerseits in dieser Angelegenheit an die Tagsatzung; worauf eine Conferenz der katholischen Orte (27. März ff.) beschloss, dass jeder Ort seine Boten auf nächsten Tag über den Widnauischen Handel instruiren solle, damit der Graf bei seinen alten Rechtsamen geschirmt und die Ungehorsamen bestraft werden. — Eidg. Absch. V. 1. 2. S. 1415, n. 116 u. 117. — Die Erledigung dieses Handels s. unt. n. 92.

1588 August 16 ff. Luzern. — Da ein Lutherischer von Tannegg zu Widnau Unruhen angestiftet hat, so soll man ihn auf dem nächsten Tag bestrafen und ihm die Bewilligung, zu Buchholz (b. Bernegg) wohnen zu dürfen, wieder aufkünden. 90

Eidg. Absch. V. 1. 2. S. 1352, n. 267.

1588 September 12. — Ulrich (Ull—) Fridauer, Hofmann im fr. Reichshof zu Lustnau und sesshaft zu Haslach im Rheinthal,

1588 verkauft dem Junker Heinrich Spindler, Burger zu St. Gallen,
sein eigen Stück Reben, Weingarten und Gut zu Haslach in dem
Hof Böschhalden gelegen, lt. Marken, — stosst „hienebend ab,
an und unten an zwei Orten" an des Käufers eigene Güter, Reben und
Acker, und dann an zwei Orten an Martin Giger, „nebend auf und
oben zu" —; ist mit dem Hof und den Gütern, die Konrad
Fridauer, genannt Wysslin, des Verkäufers Grossvater, in
Böschhalden innegehabt, zinshaft und verschrieben um 12 Gulden
rheinisch dem Spital zu St. Gallen, aber weder Zins noch Hauptgut zu geben schuldig, da der Bruder Konrad Fridauers lt. einem
Schadlosbrief diese Verpflichtung allein übernommen hat; weiter
ist der Weingarten mit den Böschhalden Gütern zinshaft im Herrenzins den Grafen gen Ems und reichssteuerpflichtig, was aber von
dem Verkäufer für ewige Zeiten auf sich und seine andern Güter
übernommen wird; weiter ist der Weingarten ein Freilehen Derer
von Appenzell, uns. Herrn, gen Zwingenstein. Und ist der
Verkauf geschehen mit freundlicher Unterhandlung von Urich (!)
Grabher (—rr) Hofschreiber, und Ulrich (!) Schwitzer, Heinrich Spindlers Baumann, um 120 Gulden St. Galler und unsers
Lands Währung.

Es sigelt Thoma Geser, Hofammann zu Lustnau. 91
Stadt-A. St. G. — Schaffneramt Rheinthal. — L. 21.

1589 Juli 18. Baden. — Vor den Boten der 8 regierenden Orte erscheint als Gesandter von Christoph, Graf zu der Hohenems,
Hans Jakob Hoffmann, sein Verwalter zu Hohenems, und
beklagt sich, wie etliche Personen zu Widnau durch „Tröllen" und
Anstiftung des Ulrich Hensel (Hän—) daselbst („so gegenwärtig
under augen stunde"), den Grafen für pflichtig gehalten, ihnen
einen Prädicanten in der Kirche Widnau aufzustellen, während
doch seit dem Landfrieden (v. 1531) kein Prädicant da gewesen
und nach vorgelegten Zeugnissen (kundschaften) seine Vorfahren
immer als rechte Collatoren und Lehnherrn der Kirche Widnau
anerkannt worden seien. Ulrich Hensel habe von etlichen Personen Geld empfangen, um W. mit einem Prädicanten zu versehen, und es auch durchaus dahin bringen wollen, dass ein solcher
in der Kirche W. taufen solle. Hans Jakob Hoffmann ersucht
daher, den Grafen bei seinen Gerechtigkeiten zu schützen.

Erkannt: dass Ulrich Hensel, „der solch Tröllen freventlich aus
eigner Vermessenheit angericht", und seine Mithaften mit ihrem
Vorhaben abgewiesen seien und der Graf zu Ems bei seinen
Briefen und Sigeln, betr. die Collatur und Pfrund zu W., gänz-

1589 lich verbleiben und Gewalt haben solle, damit zu schaffen und
zu walten nach seinem Willen und Gefallen. Und weil Hensel
mit seinem „Tröllen" ganz unruhig gewesen, soll er in Gefangenschaft gelegt werden und „unsern Herrn und Obern" eine Busse
von 25 Gulden zahlen, der Graf aber aus Gnaden, nicht aus
Pflicht, „des Kosten halb abstehn".   92

    St.-A. St. G.
    Vrgl. n. 89.

1590 September 25. — Ballusser (!) Schegg, Jung Fiden Balthasar, auf Hausen (Hussen), Hofmann zu Bernang im Rheinthal, verkauft dem Junker Heinrich Spindler, Burger zu
St. Gallen, sein eigen Holz und Gut lt. Marken in Böschhalden zu Haslach im Rheinthal gelegen (darauf eine vom
Käufer vormals um 3 Gulden erkaufte Eiche steht) — stosst unten auf
des Spitals von St. Gallen Acker und Gut, zum andern damitten in das „Holzriss" an Peter Nollen, zum dritten oben an Hans Löuchen Gut, wie
die Schneeschmelze herwärts geht, zum vierten an Ulrich Fridauers
Holz. lt. den offenen Marken —; liegt im Herrenzins Denen v. Ems,
muss aber nicht zahlen, und ist Lehen v. Zwingenstein uns
gn. Herrn von Appenzell, um 52 Gulden St. Galler und unsers
Lands Währung.

    Es sigelt Thoma Geser, d. Z. Ammann im fr. Reichshof
Lustnau, auf Bitte des Ballus (!) Schegg.   93

    Stadt-A. St.-G. — Schaffneramt Rheinthal. — L. 22.

1593 Januar 4. — Lienhart Pappus, Stadtammann zu Feldkirch, von beiden Parteien und der ordentlichen Obrigkeit dazu
erbetener Obmann, und Junker Wolfgang Jonas (Jhon—), Vogteiverwalter der Herrschaft Neuburg am Rhein, Jakob Häli,
Stadtammann zu Bregenz, David (—dt) Murgel, des Raths
und d. Z. Spitalpfleger zu Lindau, und Felix Diem von Dorenbüren (Torrenbeuren) als Zusätze Derer zu Lustnau, denen
von der „Gemeinde" beigegeben sind Mangnus (!) Hagen, Hans
Peter, Hans Vetter und Jos Hemmerli, alle Geschworne zu
Lustnau, — und Konrad Maurer, Stadtammann zu Altstätten
(Allsteeten), Andres Waldmann (Waldt—), Sekelmeister zu
Rorschach, Ulrich Itenson (Eittenson), Ammann zu St. Mar-
grethen, und Konrad Hutter (Huett—), des Hrn. Landvogts im
Rheinthal „Amptmann" zu Kriessern und Oberriet, als Zu-
sätze der beiden Flecken und Gemeinden zu Widnau und Has-
lach, denen von beiden Gemeinden beigegeben sind Jakob Frei,
Hans Turnher (—heer), Baltus Torgler (Torgg—) und

1593 Ulrich Grabher (—rr), Schreiber daselbst, sprechen gütlich über
Streitigkeiten zwischen den Unterthanen des freien Reichshofs Lustnau daselbst zu Lustnau, den Grafen zu der Hohenems (Emps)
zugehörig einerseits, und den Unterthanen der beiden Flecken
Widnau und Haslach, demselben Grafen „in gedachten freien Reichshof gehörig" anderseits, wegen Abtheilung und Scheidung von Trieb.
Tratt, Wunn, Weid, gemeinem Holz, Auen u. s. w.

Beide Parteien sind entschlossen, eine vollständige Theilung
(durchgeende abtheilung) der gemeinen Mäder (meder), Trieb-.
Tratt-, Maiengüter, Wälder (hölzer) u. s. w. vorzunehmen und
werden nach Vernehmlassung vor den Spruchleuten folgendermassen geschieden:

1. Das Verlangen der Lustnauer nach einer Entschädigung (gegensatz) dafür, dass in dem Briefe von 1518 (s. n. 38, 2, bezw. Hof-
   Kriessern n. 106) Denen von Widnau und Haslach die alleinige
   Mitbenutzung von Trieb und Tratt auf dem Isenriet (Ei—)
   zugesprochen wurde, wobei Die von L. auch viel Unkosten erlitten,
   wird am Schlusse dieses Vertrags verglichen (s. Ziffer 8).

2. Der Anspruch Derer v. L. auf mehrere und bessere Rechte
   an Dem, was s. Z. dem Hofe L. bei der Riettheilung mit Denen
   von Dorenbüren (Torrenbeuren) zugeschieden wurde, wird nicht
   anerkannt, da Die von W. und H. diesen Trieb und Tratt
   seit circa 30 Jahren gemeinsam mit Denen von L. und ganz
   ungehindert von diesen mit ihrer „Hab" besucht, genutzt
   und genossen.

3. Der Entscheid, wie es mit dem lustnauischen Hofrecht in W.
   und H. gehalten sein soll, stellen die Spruchleute der Obrigkeit anheim, da es ihnen nicht gebührt, derselben vorzugreifen
   und deren Rechte „dieser Enden" zu mindern und zu mehren.
   Nach jenem Hofrecht steht dem Ammann von Lustnau zu:
   der Hauptfall, nämlich die Kleidung der Abgestorbenen, wie
   sie die an den h. Tagen zu Kirchen getragen; Bot und Verbot
   unter 5 Pfund Pfennig Strafe, was aber 5 Pfund Pfennig und
   darüber beträgt, soll der Obrigkeit zugefallen sein; Zwing und
   Bann über Tratt- u. dergl. Güter; Anlage der Reichssteuer;
   5 Mannmad Wiesen, die ihm die Gemeinde zur Nutzung überlassen muss.

4. Den Fench-, Aepfel- und Rüben-Zehnten an den Pfarrer und
   den Hanf (hampf)-Zehnten an den Messmer von Lustnau sollen
   Die von W. und H. wie bisher alljährlich zu besserer Erhaltung des Pfarrers und Messmers leisten.

1593 5. Die Theilung der Trieb-, Tratt- und Maiengüter soll bleiben, wie sie am 10. October 1592 im Beisein der obgenannten acht „einverleibten" Zusätze vorgenommen worden ist, nämlich so, dass der Rhein künftig die rechte Markung zwischen beiden Orten sein soll, er nehme oder gebe gleich dem einen oder andern Theil; nimmt der Rhein aber künftig Eigengüter hinweg, so sollen solche — wie von Alter her geschehen — wieder erstattet werden.

6. Steg und Weg auf dem Landgraben gestatten die Benachbarten zu W. und H. gutwillig; doch sollen sie — ein Mannsmad breit — zu gelegener Zeit und wenn es mit dem wenigsten Schaden geschehen kann, gebraucht werden.

7. Die Holzauen, nämlich Böschenau, Fahrau und Monerau, diesseits und jenseits des Rheins gelegen, bleiben in gemeinsamer Tratt liegen, soweit und so lange sie nicht eingefriedet werden; doch kann jede Partei von ihrem Theil nach Nothdurft und Belieben „bauen, einlegen und einfrieden".

8. Von den Rietmädern werden Denen zu W. und H. eigenthümlich zugesprochen: der erste Theil von oben herab bis an die Forch, von da gerade hinaus gegen den Rhein an den landesfürstlich österreichischen Weg und also dort unten gegen den Amtsspeicher, wie die Forch im „Gsig" in die Mäder rinnt; der zweite Theil jenseits des Rheins „unten auf" vom Höchster Landgraben bis an das lang Seegräblein, am Dornbüren Landgraben hinaus bis in die Ach, ausgenommen ungefähr ein Mannsmad breit für Die von Lustnau, damit sie „mit ihrer Hab" in die Ach zur Tränke kommen mögen. Weiter soll die Zellgass beiden Theilen gemein und der Untertheil, als W. und H., schuldig sein, Denen zu L. auf ein Mannsmad weit Steg und Weg auf das Ihrige zu geben; dann ferner vom langen Seegräblein gerade hinaus gegen den Rhein in die „Meinmark" des alten Schlosses Zwingenstein, Alles lt. den jetzigen Markungen, die also bleiben sollen. Was dann weiter zwischen diesen beiden Theilen an Rietmädern gelegen, das gehört Alles dem Hof und den Unterthanen zu Lustnau als Eigenthum; doch hat jede Partei der andern „zu gebührlichen Zeiten" Steg und Weg „von und auf" das Seinige zu geben. Damit soll Alles gegen einander aufgehoben und verglichen sein, obschon eigentlich Die von W. und H. wegen des Isenriets (s. oben Z. 1), ebenso wegen der 35 Juchart „gemeinen Guts", dazu der 3 Juchart Tratt und eines Am-

5

1593 manns zu Lustnau 5 Mannmad Wiesen eine Entschädigung (ergötzlichkeit und bekehrung) zu leisten schuldig gewesen wären. Die beiden „gemeinen" Landgräben sollen sie gemeinschaftlich unterhalten und so oft nöthig aufthun und erweitern. Im Uebrigen haben Die von W. und H. die Steg und Weg zu dem Ihrigen allein zu unterhalten, — wie denn besonders in diesem Vertrag alle Trattwiesen und Achmäder jedem Theil gesondert zur Nutzung zugehören —, und den Landgraben gegen Die von H ö c h s t, was in ihrem Gebiet (zwang) liegt, in ihren eigenen Kosten zu machen.

9. Was bei dieser Verhandlung für Obmann und Spruchleute an Unkosten ergangen, soll jede Partei zur Hälfte bezahlen; was jede selbst verzehrt, zahlt sie auch selbst.

Es sigeln der Obmann und alle 8 Spruchleute.　　　94

A. W.

Die „Moncrau" liegt auf dem rechten Rheinufer, gegenüber dem Moustein; im „Gsig" heisst jetzt noch ein Widnau und Schmitter zugehöriger Complex, meist Streueland.

1593 Januar 27. — Ulrich G r a b h e r (—rr), Hofmann und sesshaft im freien Reichshof W i d n a u und H a s l a c h im Rheinthal, bescheinigt den Empfang von 50 Gulden St. Galler Münz von K a s p a r S c h l u m p f, Burger zu St. Gallen, seinem günstigen Junker und Lehenherrn, gegen einen jährlichen „Mistpfennigzins" von einer guten Ledi Baustrohmist (buwstrowmist) auf Mitte April, wie solche jährlich zu Lustnau auf dem Reim am Rhein „auf sicherem Land und Boden in gemeinen Käufen und Läufen geht". Zur Sicherung dieser „jährlichen Mistverzinsung" verpfändet Ulrich Grabher seinen eignen „Jonn" und Stück Weingarten in der T o r g l e r b ü n t (D—dt) im Haslach gelegen — stosst an K a s p a r und W i l h e l m T o r g l e r; zum andern an Ammann B a r t l i n K ö p p e l; zum dritten an die B a u n h o l z g a s s e; zum vierten an andere seine Reben „bei ab".

Es sigelt J a k o b F r e i, d. Z. Hofammann zu Widnau und Haslach.

Stadt-A. St. G. — Schaffneramt Rheinthal. — L. 23.　　95

1593 Februar 6. Bei Bartli Köppel in der Au. — J o h a n n v o n H a i m e n, Alt-Landammann zu A p p e n z e l l, und J o h a n n e s U l r i c h, des Raths zu S c h w i z, d. Z. Landvogt der 8 Orte zu R h e i n e g g im untern und obern Rheinthal, sprechen gütlich über einen Streit der Herren J o h a n n C h r i s t o p h und K a s p a r, Grafen zu der H o h e n e m s, und ihren Mitantheilhabern an den jährlichen Hofzinsen in H a s l a c h und D i c k e n a u einerseits und den „gemeinen Hofzinsern" daselbst anderseits.

1593 Die Zinser wollen ihre Zinse nicht in dem zu Lustnau gebräuchigen Hofmass entrichten, sondern in dem Lindauer Mass für Fesen und Hafer, da seit Menschengedenken so gezinst worden sei, was noch aus alten Büchern bezeugt werden könne; die Grafen aber und ihre Mithaften verlangen, dass nach dem alten Hofmass zu Lustnau gezinst werde, welches zu nichts Anderem gebraucht wurde, als nur um das Hofzinskorn zu messen; obschon seit etlichen Jahren dieser Kornzins an Fesen und Hafer „zu Geld geschlagen" und nach den Schläg und Läufen in Lindau genommen worden, aus besonderer Gnade. Dafür haben sie auch alte Bücher und Zeugen, Urbar und Rödel.

Zu der heutigen „gütigen Unterhandlung" haben die Grafen den Johann Christoph Schnabel von Schönstein, der Rechte Doctor, und Johann Räm, Verwalter des Grafen Johann Christoph, abgeordnet.

Nach Vornehmlassung der beiden Parteien und Einsicht aller vorgelegten Schriftstücke übergeben beide Parteien die Angelegenheit zu gütlicher Entscheidung den beiden Vermittlern, worauf diese noch den Hauptmann Dietrich Stauffacher von Glarus, Alt-Landvogt im Rheinthal, den Hauptmann Kaspar Dürler (Th—) von Uri, Landschreiber zu Rheinegg und Antoni aus der Vorburg, Schreiber zu St. Margrethen, zu sich berufen, das uralte Hofmass des Lustnauer Viertels besichtigen und darauf gütlich sprechen:

1. Die alten Kaufbriefe und Gülten der Herren von Ems bleiben in Kraft und die Hofzinser in H. und D. sollen für die schon verfallenen, noch ausstehenden Hofzinse an Fesen und Hafer für die letzten 4 Jahre 50 Scheffel Lindauer Mass zu Geld angeschlagen, wie sie am nächsten Letare zu Lindau gelten würden, auf nächste Ostern durch Ammann Bartli Köppel und Ballus (!) Torgler zu entrichten schuldig sein.

2. Sollen die Hofzinser künftig ihre Zinse an Fesen und Hafer in dem alten grossen Hofmass entrichten, wie es zu Lustnau „bräuchig und von Altem herkommen" ist; es sei denn, dass man aus Gnaden für diesen Zins ein nach Billigkeit angeschlagenes Geld nehme.

3. Die früher aus diesem Streit (span) erwachsenen Kosten soll jede Partei an sich selbst tragen; die jetzt zuletzt aufgelaufenen aber sollen sie zu gleichen Theilen „ausrichten".

Es sigeln die beiden ursprünglichen Vermittler.   96

A W. (Das erste Sigel abgeschnitten.)

1593 Juli 27. — Johann von Haimen, d. Z. Landammann zu
Appenzell, und Johannes Ulrich, des Raths zu Schwiz,
Landvogt zu Rheinegg im untern und obern Rheinthal, haben
sich auf Befehl und mit Vollmacht der Gesandten der 8 regie-
renden Orte, damals zu Baden im Aargau versammelt, zu den
Grafen zu der Hohenems begeben, um mit ihnen über die
Theilung der „gemeinen" Nutzungen Derer von Lustnau einer-
seits und von Widnau und Haslach anderseits an Wunn.
Weid, Riet und „Vorrach", Trieb und Tratt, an Auen, Holz und
Feld, sowie über die Aufstellung eines eigenen niedern Gerichts
für W. und H. zu unterhandeln. Graf Johann Christoph als
der ältere regierende Herr beauftragte hierauf seinerseits den
Johann Christoph Schnabel von Schönenstein, der
Rechten Doctor, und den Verwalter Johann Räm, sich hierüber mit den Bevollmächtigten der 8 Orte zu berathen. In Folge
davon einigte man sich dahin, dass jeder Theil 4 unparteiische
Schiedleute zur Vornahme der verlangten Theilung ernennen und
diese 8 Schiedleute, wenn sie unter sich nicht einig würden, einen
Obmann erwählen sollten, was dann zu dem Vertrag v. 6. Januar
(n. 94) führte. Auch in die Ernennung eines neuen und besondern niedern Gerichts für W. und H. willigten die gräflichen
Abgeordneten, da Denen von W. und H. der „alte" Gerichts-
besuch zu Lustnau oft im Jahr wegen „Ungestüm" des Wetters
und des Rheins, auch grossem Unkosten und Zeitverlust ganz un-
gelegen war. Doch soll daraus den Grafen von Hohenems an
ihren „Regalien, Herrlichkeit, Rent, Gülten, Fäll und Glässen"
keinerlei Eintrag oder Schmälerung geschehen. Die erste Besetzung dieses Gerichts geschah dann am 5. Juni, wie es zu Lustnau in Uebung, in Beisein der beiden Bevollmächtigten und der
von ihnen dazu berufenen Junker Jörg Christoph Giel von
Gielsberg, Vogt auf Rosenberg, Hauptmann Kaspar Dürler von Uri, Landschreiber zu Rheinegg, und Antoni aus
der Vorburg, Schreiber zu St. Margrethen.

Nachdem nun an der auf jüngsten Johanni Baptista abgehaltenen Jahrrechnung zu Baden die 8 Orte sich mit dem Allen
einverstanden erklärt haben, bekräftigen es in ihrem Namen die
beiden Bevollmächtigten durch Brief und Sigel, mit der wiederholten Erklärung, dass daraus den Rechten und Einkünften der
Grafen zu der Hohenems kein Schaden und Nachtheil entstehen
solle, „nicht anders, als wenn es noch heutigs Tags ein unge-
theilter Reichshof Lustnau wäre". 97

1593 *A. W. (Das zweite Sigel ist abgefallen.)*

Das Begehren von Widnau und Haslach um Trennung von Lustnau erscheint zuerst bei der Jahrrechnungs-Tagsatzung von 1590, an welcher der Alt-Landvogt Has und der regierende Landvogt Zeffel berichten, wie Einige von W. und H. sich heimlich bei ihnen beklagt haben über die grossen Kosten, welche ihnen bei ihren Processen erwachsen, indem sie zum Gericht Lustnau gehören, und wie sie wünschen, dass man ihnen ein eigenes Gericht diesseits des Rheins bewilligen möchte, weil doch in der ganzen Grafschaft Rheinthal jede Stadt, jeder Flecken, ja jedes Dorf ein eigen Gericht und Recht habe; ihre Verpflichtungen gegen den Grafen von Ems werden sie immerhin genau erfüllen. Im folgenden Jahre überreichten Anwälte der Gemeinden W. und H. der im März zu Baden versammelten Tagsatzung eine Beschwerdeschrift gegen Die von L. über 1. zu grosse Kosten bei den Gerichten, 2. Besetzung des Gerichts, 3. die Steuern, 4. Abhauen von Stauden in einem gebannten Bezirk, 5. Trieb- und Trattrecht, 6. Verbrauchen der Einkünfte an Zinsen und Steuern durch Die von L., 7. Weigerung Derer von L., Beschlüssen, welche vom ganzen Hofe gefasst worden, aber ihnen missliebig sind, sich zu unterziehen, 8. Unterhaltung der Brücken und Wege u. A. m., und baten um Hülfe und Rath. Es wurden nun Obmann Keller und die Landammänner Schilter und von Haimen an den Grafen von Ems abgeordnet, um ihn zu ersuchen, dass er den beiden Gemeinden ein eigenes Gericht diesseits des Rheins bewillige, ohne Abbruch der ihm schuldigen jährlichen Steuern und Zinse. An der Jahrrechnungs-Tagsatzung des gleichen Jahres konnte die Entgegnung der Lustnauer auf diese Beschwerden und des Grafen von Ems Antwort auf den Vortrag der an ihn abgeordneten eidgen. Gesandten vorgelegt werden. Darauf wurde beschlossen, sich nach des Grafen Rückkehr zu demselben zu verfügen, mit ihm über Beilegung der Anstände zu unterhandeln und dann zur endlichen Erledigung zu berichten. Im Jahre 1592 wurden noch einmal der regierende und der Alt-Landvogt, wenn möglich in Begleit des Landammanns von Appenzell, in dieser Angelegenheit an die Grafen von Ems abgeordnet.

Eidg. Absch. V. 1. 2. S. 1418 f.

1595 Mai 27. — Ammann und Gericht, auch ganze Gemeind Widnau und Haslach diesseits des Rheins verpflichten sich, an die jährliche Steuer des ganzen Hofs Lustnau, — 39 Pfund D. zu ⅔ an die Grafen von Hohenems (zú der houchen Emps) und zu ⅓ an Die von „Freiberg-Rappenstein und von denen in das Buchholz" und 2 Pfd. D. an den Pfarrer zu Lustnau —, regelmässig die Hälfte der Steuer für die Grafen von Hohenems und den Pfarrer an den Ammann von Lustnau zu entrichten, da die Grafen Johann Christoph und Kaspar sich für diese Steuern auch nach der Abtrennung von W. und H. (v. u. 97) nur an den Ammann von Lustnau halten und nicht mit Denen von W. und H. zu thun haben wollen. Kommen sie dieser Verpflichtung

1595 nicht nach, so mögen Die von Lustnau und an ihrer Stelle ihr Ammann auf die Gemeindegüter Derer von W. und H. über dem Rheine greifen und sich aus denselben bezahlt machen. Anderseits verpflichten sich Die von L. in gleicher Weise, jährlich die Hälfte des dritten Theils der ganzen Steuer von 39 Pfd., der Denen von „Freiberg und Rappenstein in das Buchholz" zugehört, an Die von W. und H. zu bezahlen, die hiefür nöthigenfalls auf die Lustnauer Gemeindegüter diesseits des Rheins greifen dürfen.

Es sigeln auf Ansuchen der beiden Höfe Ammann **Jakob Frei** zu W. und in H. und Ammann **Mangus** (!) **Hagen** zu Lustnau. 98

A. W. (Alte Copie auf Papier.)

1596 April 12. — Ammann und Gericht und ganze Gemeinde des Hofs **Widnau** und **Haslach** im Rheinthal vergleichen sich mit **Jakob Wider** zu Widnau in **Fridau** (Fridtouw) über einen Weg (buwweg und gut offen strasspfat), den die Gemeinde von Altem her an dem Gut unter **Fischerholz** am **Augiessen** gegen den Auen bis an die **Gerhurd** (Gerrhurdt) herab gehabt hat, und der nun „auf den Giessen" eingezäunt und verlegt (verlett) worden ist, wodurch die Gemeinde beschwert und der Strasse „mangelbarlich" beraubt gewesen.

Jakob Wider als Inhaber des Guts und der verlegten (verletten) Strasse, verpflichtet sich, die Strasse wieder zu geben und zu eröffnen und tritt der Gemeinde ein durch Graben und Marken geschiedenes Stück seines Guts „gegen und in den Giessen" ab mit dem Beding, dass auf diesem „Gemeindeplatz und Strass" weder er, noch irgend ein Gemeindsgenosse je Alber, Felben, Eichen oder sonst Etwas setzen, sondern dass dieser Platz immer eine offene Strasse und Weidgang sein und bleiben solle; nur die Felben im alten Hagstall bleiben ihm. Dafür überlässt ihm die Gemeinde sein Eigengut hinter Graben und Marken dieses Strassenplatzes bis an Jakob Widers und **Brosi Schmitters** (Schmiter) Güter, „wie die alten Hagstall Mal weisen", als frei, eingezäunt (frei, eigen, einliegend, eingefangen, chaft) und trattfrei, das niemals am Tratt liegen und geöffnet (ausgeschlagen) werden soll und das er und seine Erben nutzen und damit thun und lassen mögen, wie „mit allen andern ihren eignen, ehaften Gütern".

Es sigelt **Balthus Torgler** (D—), d. Z. Hofammann, für die Gemeinde und für Jakob Wider. 99

A. W.

1599 Juni 15. — Ulrich Giger, Martin Gigers sel. Sohn, zu Haslach im Rheinthal und Hofmann, verkauft dem Junker Heinrich Spindler, Burger zu St. Gallen, sein eigenes Stück Weingarten, ein „Jonn" Reben in Böschhalden im Haslach gelegen — stosst an 2 Orten unten und bei auf an andere Eigengüter Heinrich Spindlers und an 2 Orten, nämlich obenzu und an der Seite, an des Verkäufers andern Weingarten —, ist in der Hofzinsung mit allen Gütern in Böschhalden und reichssteuerpflichtig, doch übernimmt der Verkäufer diese beiden Verpflichtungen; weiter ist der Weingarten Freilehen der gn. Herrn zu Appenzell. Der Kauf geschieht im Beisein und freundlicher Unterhandlung von Uli Schwitzer und Lienhart Giger, des Raths, um 110 Gulden Landswährung.

Es sigelt Balthasar (Baltheser) Zellweger, Hofammann zu Widnau und Haslach.   100

Stadt-A. St. G. — Schaffneramt Rheinthal. — L. 24.

1600 Juli 7. Baden. — Die Boten der 8 regierenden Orte nehmen die Gemeinden Widnau und Haslach auf ihr Ansuchen in den sogen. „ewigen Verspruch" auf, womit sie das Zugrecht auf alle in ihren Höfen verkauften Güter erhalten.

Abgeordneter der Gemeinden war Balthasar Zellweger (Baltassar Zällwäger). Bei der ersten Ertheilung des „ewigen Verspruchs" (1523) standen die beiden Gemeinden noch in dem Gerichtszwang von Lustnau und konnten deswegen in den „ewigen Verspruch" nicht einverleibt werden. Jetzt haben sie ihren eigenen Gerichtszwang und konnten daher um die Aufnahme nachsuchen und wirklich aufgenommen werden.

Es sigelt Antoni v. Erlach, des Raths der Stadt Bern, Landvogt zu Baden.   101

A. Au.

1603 Juni 13. — Ammann, Gericht und ganze Gemeinde des freien Reichshofs Widnau und Haslach im Rheinthal, verzichten gegenüber von Kaspar Schobinger, Burger zu St. Gallen, ihrem freundlichen, treulieben Nachbarn, der von den Hofleuten Hans und Balthaß Zellweger, Söhnen des Ammann Balthaß Zellweger sel., ein Stück Reben sammt dem „Bettlin", auch Reben unten daran am Monstein um 1690 Gulden St. Galler Währung gekauft hat, auf den Verspruch und das Zugrecht.

Die gekauften Reben stossen erstlich gegen Zwingenstein an Kaspar Schobinger, zum andern oben an Adam Rum von St. Margrethen, zum dritten wieder an Kaspar Schobingers Reben und zum letzten über

1603 die Gasse an den Rhein und an des Grafen von Ems Reben. Auf denselben haftet keinerlei Beschwerde, als der Zehnte an das Gotteshaus St. Gallen, dessen freies Lehen sie sind, und die gewöhnliche jährliche Steuer der Gemeinde.

Diesen Kauf versuchte Graf Kaspar zu der Hohenems, Gallera und Vaduz, des Hofs Nieder-Gerichtsherr, mit Zug- und Versprachsrecht eigenmächtig zu ziehen; da Dies aber dem Hofrecht zuwider, wandte sich die Gemeinde an den Hauptmann Sebastian Heinrich Trösch, des Raths zu Uri, d. Z. Landvogt zu Rheinegg im obern und niedern Rheinthal, um sie gegen diese Neuerung in ihren alten Gebräuchen und Rechten zu schützen und den Grafen durch rechtliche Erkanntniss abzuweisen. Auf Verwendung von Kaspar Schobinger gab ihnen der Landvogt darüber Brief und Sigel. Aus Dank für diese Verwendung, durch die ihnen für jetzt und künftig viel Beschwerd, Müh und Kosten erspart und bei der Kaspar Schobinger „grossen Kosten" gehabt, und in Erkenntlichkeit für andere mehr empfangene nachbarliche Freundschaft und Wohlthat verzichtet dann die Gemeinde durch Balthaß Torgler, Landvogtsammann, Amman Jakob Köppel und Hans Zellweger, Seckelmeister, vor dem Landvogt, als Vertreter der hohen Obrigkeit, auf ihr Verspruchs- und Zugrecht gegenüber Kaspar Schobinger.

Es sigeln der Landvogt S. H. Trösch und der Hofammann J. Köppel.   102

A. W.

1603 Juli 18. Baden. — Die Räthe und Sendboten der 8 regierenden Orte bewilligen auf dem Tage der Jahrrechnung zu Baden „ihren Unterthanen" des Hofs Widnau und Haslach auf deren Gesuch die Erhebung eines Weggelds von 1 guten Batzen von jeder Wagenlast Kaufmannsgüter, wie andern ihren Nachbarn; wogegen die Hofleute „Wege und Strassen" dem Rheine nach hinauf unklagbar unterhalten sollen, widrigenfalls es den 8 Orten vorbehalten bleibt, das Weggeld wieder aufzuheben.

Die von W. und H. begründen ihr Gesuch damit, dass sie als arme, unvermögende Leute die „bösen" Strassen dem Rheine nach und besonders am Monstein „machen, zurüsten und erbessern" müssen, und berufen sich darauf, dass den an sie stossenden Nachbarn des Hofs St. Margrethen und Oberriet vor kurzen Jahren auch die Erhebung eines solchen Weggeldes erlaubt worden sei, weil (um dass) sie den passirenden Fuhrleuten die Wege und Strassen „gemacht und erbessert".

1603 Es sigelt der Landvogt zu Baden, Heinrich Pfiffer, Ritter, des Raths der Stadt Luzern. 103

A. W. — Amtl. (?) Abschrift auf Papier.

Schon im Jahre vorher beschlossen die Boten der 8 regierenden Orte auf der Jahrrechnungs-Tagsatzung, dass die beiden Landammänner von Appenzell, der Landvogt im Rheinthal und des Abts von St. Gallen Räthe Gewalt haben sollen, Denen von Widnau und Haslach ein angemessenes Weggeld zu „schöpfen", damit sie eine andere, vom Rhein nicht so gefährdete Strasse erstellen und dieselbe besser unterhalten können. Es scheint übrigens, dass die Erlaubniss zur Erhebung solcher Weggelder jeweilen nur für ein Jahr Gültigkeit hatte; wenigstens bestätigen die Boten im Jahr 1605 neuerdings das Weggeld zu Widnau und Haslach mit dem Beifügen: sollten binnen Jahresfrist wieder erhebliche Beschwerden sich zeigen, so darf abermals um Verlängerung eingekommen werden.

Eidg. Absch. V. 1. S. 1413 n. 97 u. 99.

1604 April 1. — Das Gericht von W i d n a u und H a s l a c h, unter dem Vorsitz von Balthasar (—ssar) Torgler (D—), d. Z. des Grafen Kaspars zu der Hohenems (hochen Emps) und Gallara Ammann des freien Reichshofs W. und H. im Rheinthal, schützt den Konrad Fer (—rr) von W. in seinem freien Fahrrecht beim obern Fahr.

Christa (!) Hug und Hans Schnetzer, die Feren (Ferr—) des obern Fahrs, klagen durch ihren Fürsprech Uli Schwitzer, wie sie das obere Fahr innehaben und den Fremden und Heimischen um seinen gebührlichen Lohn führen müssen. Nun verweigere ihnen Konrad Fer seit etlichen Jahren den Lohn; weswegen sie verlangen, dass er ihnen gleich andern Nachbarn ihre Jahrbelohnung gebe oder ihnen durch Leute und Briefe beweise, dass er „fahrfrei" und Nichts zu geben schuldig sei.

Darauf erwidern Konrad Fer und sein Freund und Beistand Anderes Fer durch ihren erlaubten Fürsprech Ulrich Siber: Sein Freund Heinrich Schawalder habe sein Haus und Hof lange Zeit fahrfrei besessen und nach dessen Tod sei es auch fahrfrei an ihn verkauft worden; darüber habe ein Brief zur Ach in des alten W ä l t i Schawalders Haus gelegen, „der dem Fahr freien Grund gsot" (?); aber dieser Brief sei „ab Augen" gekommen; doch könne er mit biderben Leuten beweisen, dass dies Haus und Hof seit Langem „fahrfrei" gewesen, und beruft sich dafür auf Christen (!) Hug.

Hierauf wurde geurtheilt, das Zeugniss zu hören; dann die Sache zu Recht gesetzt und auf „mein des Richters" Umfrage einhellig gesprochen, dass der Besitzer dieser von Heinrich Scha-

1604 walder herkommenden Hofstatt gegen den Feren des obern Fahr immer fahrfrei sein soll, mit Ersatz (abtragung) alles dem Konrad Fer aufgelaufenen Kostens und Schadens. 104

Es sigelt der Richter (= Ammann) mit seinem Amtsinsigel.
Im Privatbesitz.

1604 April (27). — Der antretende Landvogt K l o o s berichtet der Conferenz der 7 katholischen Orte sammt Innerroden, dass Graf K a s p a r von E m s den zwei Gerichtsherrlichkeiten W i d n a u und H a s l a c h anmuthe, ihm zu huldigen. — Wird zur Instruirung auf die Jahrrechnungs-Tagsatzung (wo aber Nichts mehr darüber erscheint) in den Abschied genommen. 105

Eidg. Absch. V. 1. 2. S. 1419, n. 151.

1606 September 28. Baden. — Vor den Boten der 8 regierenden Orte erscheinen U l r i c h M e s s m o r, Seckelmeister, und U l r i c h K u o n, Stadtschreiber, von R h e i n e g g und beklagen sich darüber, dass Die von W i d n a u (Wytnouw) und H a s l a c h die Flösse, so aus B ü n d e n kommen, aufkaufen und wohl auch die besten „daraus ziehen", und sie (die Rheinegger) dann die übrigen zu nehmen verbunden seien, was nicht bloss gegen alte Verkommnisse und frühere Abschiede geschehe, sondern auch ihnen und dem Landvogt zu Rheinegg und seinen Beamten zu merklichem Schaden gereiche. Wenn Widnau und Haslach Flösse bedürfen, werden Die von Rh. auf Ansuchen immer bereit sein, sie nachbarlich mit ihnen zu theilen.

Dagegen erklären J a k o b F r e i (Fry) v. Widnau und B a l t h a s a r T o r g l e r (D—) von Haslach, beide Ammann, im Namen dieser Gemeinden, dass die Freiheit der Rheinegger sich nur auf diejenigen Flösse beziehe, welche Handelsgut (kaufmanschazon) und zollpflichtige Waaren führen, die nur die Rheinegger aufkaufen dürfen, und darin wollen sie ihnen keinen Eintrag (inhang) thun; die Freiheit beziehe sich aber nicht auf diejenigen Flösse, auf welchen man Kohlen, Reif, Band u. dgl. Handarbeit führe, und auch Die aus Bünden lassen sich nicht im Sinne der Rheinegger binden, nach vorliegenden Scheinen. Weil sie in W. und H. wenig Holz haben und dessen überhaupt und besonders um dem Rhein zu wehren und zu wuhren, sehr bedürfen, so bitten sie dringend, die Rheinegger mit ihrem Begehren abzuweisen und zu gestatten, dass sie sich von den Flössen auch nach Nothdurft versehen.

1606   Gesprochen:

Von Flössen, auf die man zollpflichtige Waaren geladen, sollen Die von W. und H. ohne Bewilligung Derer von Rh. Nichts kaufen; von solchen aber, auf welchen Band, Reif, Stangen, Kohlen (kol) u. drgl. nicht zollpflichtige Waaren geführt werden, mögen sie kaufen, soviel ihnen zum Brennen, Bauen und dem Rhein zu wehren vonnöthen ist; aber auch dergleichen Flösse dürfen sie nicht auf „Grempelwerk" oder zum Wiederverkauf aufkaufen, bei Strafe durch den Landvogt.

Es sigelt M a t h i a s G r ü n i n g e r, des Raths zu U r i, Landvogt der Grafschaft Baden.   106

A. Au.

Unter Den von den Abgeordneten von Widnau und Haslach erwähnten „Scheinen" Derer aus Bünden werden wohl die nachfolgenden, im Archiv Widnau liegenden Erklärungen gemeint sein:

1606 Mai 28. Tamins (D—). — Die ganze Gemeind und Nachbarschaft zu T a m i n s in der Herrschaft T r i n s im obern Bund erklärt auf ihrem „ordentlichen Platz" zu Handen von Ulrich S c h r i b e r aus dem Haslach in Widnauer Gericht im Rheinthal, dass sie keinen Vertrag, der etwa über den Verkauf der „leeren" Flösse mit Rheinegg abgeschlossen worden, anerkennen, sondern nach ihren geschwornen Bünden allen ihren Eid- und Bundesgenossen feilen Kaufverkehr lassen, so dass Jeder, der den freien Rhein hinabfahre, seine Waare: Holz, Flöss oder was sonst, nach Belieben, wo und an wen es ihm gefalle, verkaufen möge.

Die von Haslach und D i c k e n a u (Digg—) haben Landleuten von T. etliche Flöss abgekauft, worauf Die von Rheinegg Einsprache erheben und behaupten, dass sie mit den Flössern Verträge haben, nach welchen alle leeren Flösse um ein bestimmtes Geld ihnen gehören. Um zu erfahren, wie Die von Tamins mit Denen von Rh. abgemacht, und sich vor Kosten und Schaden zu hüten, haben Die von H. und D. den Ulrich Schriber an die Gemeinde von T. gesandt. In der Umfrage derselben und auf Anfrage bei den Flössern findet sich Niemand, der mit den Herren von Rheinegg noch anderswo über die Flösse irgend ein Abkommen getroffen oder von der Gemeinde irgend einen Auftrag dazu gehabt. (In ihrem grossen Gericht habe „fast der Mehrtheil Flöss- und Holz-Handarbeit" und Niemand habe sie darum begrüsst.)

Es sigelt auf Bitte von Ammann und Richtern der Vogt M a r t i n F l o r i.

A. W.

Am gleichen Tage hat auch die Gemeind und Nachbarschaft zu „B o n o d u t z" (!) in der Herrschaft R ä z u n s (Krätzinß) im obern Bund dem Ulrich Schriber eine ganz gleiche Erklärung ausgestellt. — Es sigelt auf Bitte von „Gnwig" und Nachbarschaft Junker A n d r e s von M a r m e l s, d. Z. Ammann der Herrschaft Räzuns.

A. W.

1606 Am 29. Mai 1606 brachte Ulrich Schriber die gleiche Angelegenheit vor eine ganze Gemeinde und Nachbarschaft zu Haldenstein in den 3 Bünden und erhielt nach Umfrag die Antwort: Kohle, Reifen, Schindeln, Stickel, Rahmen, überhaupt was in ihrem Land Handarbeit sei und was man den Rhein hinab flösse und von dem man keinen Zoll bezahle, mögen sie verkaufen wo sie wollen; den neulich aufgerichteten Vertrag aber können sie ganz und gar nicht gut heissen. Was „eingeschlagne Güter" anbelangt, lassen sie es verbleiben, wie von Alter her, und was „des Kaufmanns Gut" anbetrifft, so hat wohl Kaspar Lütscher den Federspiel (Fäderspyll) zugegeben, darin zu handeln, sonst nicht weiter im neuen Vertrag.

Es sigelt Hans Lütscher, d. Z. Vogt zu Haldenstein, mit des Gerichts eignem Insigel.

A. W.

Mit diesen Verhandlungen vom J. 1606 waren übrigens die Streitigkeiten über die Flösse nicht bleibend beigelegt. Schon an der Tagsatzung vom 10. November 1608 in Rheinegg gelangte wieder eine Beschwerde des Grafen Kaspar von Ems, dass man Die von Rheinegg. welche eigenmächtig einige Flösse am Moustein abgelöst und weggeführt haben, dazu anhalten möge, sich vor dem niedern Gericht zur Bestrafung zu stellen. Er wurde angewiesen: entweder die Rheinegger in Ruhe zu lassen oder aber den Handel vor die regierenden Orte zu bringen.

Eidg. Abschiede V. 1. S. 1405 n. 31.

1607 Februar 3. — April 29. — Bittschreiben der „alt katholischen Religions-Kirchgenossen" zu Widnau im Rheinthal an die katholischen regierenden Orte um einen Beitrag zur Anstellung eines „wohl qualificirten Priesters, der sonderlich mit Predigen viel Frucht schaffen könnte". — Obschon ihnen s. Z. ihre niedere Obrigkeit, die Herren zu der Hohenems, die Trennung von dem überrheinischen Lustnau erlaubt, war es bisher wegen zu geringem Jahreseinkommen (nicht wohl 80 Gulden nach dem einen, nicht wohl 90 Gulden nach dem andern Entwurf) nicht möglich, einen solchen Priester anzustellen. Nun haben sie zur Aufbesserung des Gehalts noch bei 800 Gulden Hauptgut auf ihre eigenen Güter verschrieben und der Collator Graf Kaspar zu der Hohenems und Gallera (!) hat auf den jährlichen Heuzehent von circa 20 Gulden zu Gunsten der Pfrund verzichtet. Die katholischen Schirmorte werden daher auch um eine „milde Handreichung" ersucht, mit dem Bemerken, dass diese Pfarrei. obschon „inmitten der andern Religions-Widerwertigen" gelegen. doch bisher vor Aufstellung eines Predicanten — „obwohl viel Anlass sich dis orts erhebt" — bewahrt geblieben, was wenigen Pfarrkirchen im Rheinthal widerfahren. — Die Bittschrift wird

1606 durch den gegenwärtigen Landvogt, Herrn Jakob Muheim, übergeben.

(Zwei Ausfertigungen.)   107

St.-A. St. G.

Schon auf der Jahrrechnungs-Tagsatzung von 1605 war von den fünf katholischen regierenden Orten der Antrag: dem Pfarrer von Widnau etwas zur Verbesserung seiner Pfründe beizusteuern, in den Abschied genommen worden, „in der Erwartung, dass der Graf von Ems, der als Collator schon den Heuzehnten dahin vergabt hat, dann noch mehr thun und dass dann das ganze Dorf katholisch werde". Im folgenden Jahre stellten der Landvogt und Landschreiber vor, wie nützlich und zur Verbesserung des katholischen Glaubens dienstlich eine solche Verbesserung wäre. Vgl. Absch. V. 1. 2. S. 1416. n. 130 u. 131.

Die kirchliche Trennung Widnau's von Lustnau ist am 20. Januar 1504 von den Vettern Michel und Mark Sittich von Ems zu der Hohenems als Lehenherrn der Pfarrei Lustnau (lenger, dan mentsch-lich gedächtnus) auf Ansuchen der „Gemeind und Nachbarschaft" zu Widnau in Anwesenheit und durch Zureden von Meister Hans Ber-linger, Pfarrer zu Bregenz, Herrn Hans Bantel (—tt—), Pfarrer zu Bernang, und Herrn Hans Clainhans, Pfarrer zu St. Mar-grethen, auch in Anwesenheit und mit Einwilligung von Herrn Crista Rainlin, d. Z. Leutpriester zu Lustnau, bewilligt worden, unter folgen-den Bedingungen:

1. soll „in die künftige Separation" gesetzt und gemeldet werden, dass die Herren von Ems rechte Lehenherren der Pfrund und Pfarrei zu Widnau seien, in der Weise, dass Die von Widnau ihnen jeweilen zwei taugliche Priester vorschlagen, von denen die Lehenherren einen belehnen; weiter sollen ohne Gunst, Wissen und Willen der Herren von Ems keine Stiftungen von Messen oder Pfrunden allda statt-finden und sollen allfällige Stiftungen ihren Gerechtigkeiten an kleinen und grossen Zehnten, Leuten, „Eigenschaften", Fällen, Ge-lässen etc. unschädlich und dem Hof Lustnau Tagwan, Gemeind und Gericht ausdrücklich vorbehalten sein und sollen Die von Widnau hinüber kommen und gehorsam sein, wenn ihnen „verkündet" wird;

2. alle Opfer und Seelgeräthe fallen dem Pfarrer von Lustnau zu; es wäre denn, dass mit Wissen der Herren von Ems hierüber mit ihm ein Abkommen um „ein jährliches Geld" getroffen werden könnte. Wird nach der Separation auch kein solches Abkommen erzielt, so soll das Opfer doch in der Kirche zu Widnau entrichtet werden, aber an Denjenigen, den der Pfarrer zu Lustnau hiefür bezeichnet, es sei ein Priester oder ein Anderer;

3. was die Pfrund zu Lustnau oder St. Peter*) Zins, Güter oder Jahrzeitgeld, Fälle oder Zehnten diesseits des Rheins hat, soll ihr zukommen, wie bisher, ohne Widerrede der Pfarrei und des Pfarrers zu Widnau;

---

*) Die „Pfrund zu Lustnau oder St. Peter" scheint doch einfach die Pfarrkirche Lust-nau zu bedeuten (vgl. Z. 3), obschon in der Vorlage das Prädicat in der Mehrzahl folgt.

1606 4. soll der Priester zu W. auch Die von Lustnau in Abwesenheit ihres Pfarrers auf Verlangen mit dem Sacrament versehen und ihre Kinder taufen, wenn man sie nach W. bringt;

5. sollen Die von W. auch den „Bauschatz" nach „Anschlagung" der Häuser und nach Billigkeit gen Lustnau geben, wie bisher, und ihre Kirche auch „consolationes" minder oder mehr, nach Erkenntniss gegen Lustnau geschätzt;

6. würde die Kirche in Lustnau durch Alter oder Feuer baufällig oder würden die Leute durch Krieg verderbt oder durch Tod abgehen, dass die Lebendigen sie nicht wieder bauen oder „zierden" möchten, oder würde die Kirche vom Rhein „abgebrochen", so haben sich Die von L. und W. in allen diesen Fällen an den Entscheid des Bischofs von Constanz zu halten;

7. von den zwei grossen Kerzen, welche Die von W. bisher in der Kirche zu Lustnau gehabt, soll die eine bleiben bis zu der Separation, und „wir uns diewil bedenken, in Hoffnung, wir werden die alweg da haben, da unser Elteren ligend";

8. sollen jetzige und spätere Bauten und Stiftungen zu Widnau St. Petern zu Lustnau und seinem Pfarrer ohne Schaden sein;

9. soll die Separation auf eigene Kosten Derer von W. bestätigt und mit dem Bestätigungsbrief „hinter die Herren von Ems gelegt", Denen von W. aber ein „Vidimus" oder „Widerbrief" davon gegeben werden;

10. der Mesmer zu Lustnau ist für den ihm aus der Ablösung erwachsenden Abgang nach Erkenntniss des Bischofs von Constanz zu entschädigen;

11. beide Parteien behalten sich vor, bis zu der Separation nöthigenfalls neue Artikel beizufügen, wenn Etwas übersehen sein sollte.

Auf Bitte der „Nachbarschaft" von W. sigeln Herr Hans Bautel, Leutpriester zu Bernang, Kammerer des Capitels St. Gallen, Junker Jakob von Grünenstein und Hans Bösch, Ammann des Hofes Lustnau.

Die Copie dieses Briefes hat sich nachträglich im Stiftsarchiv St. Gallen, Rubr. CXL., Fasc. 1, vorgefunden.

1607 Februar 10. — Ammann und Gericht, auch ganze Gemeinde des freien Reichshofs W i d n a u und H a s l a c h, sowie Ammann, Gericht und ganze Gemeinde des Hofs B e r n a n g im Rheinthal, überlassen an Junker C h r i s t o f (—fel) B u f f l e r, Bürger zu St. G a l l e n, den ihm zugehörigen, aber bisher zu Gunsten der beiden Gemeinden „vor und nach Sichlen und Segesen" trattpflichtigen S p i t z a c k e r und einen Theil (stuck) der ebenfalls ihm zugehörigen und ebenfalls trattpflichtigen Wiese im S a n d. Beides im Hof Widnau und Haslach gelegen, zu freiem Eigenthum (für aigenthümlich, ehehaft, ingefangen, aigenguot), wogegen ihnen Chr. B. die übrige Wiese im Sand übergibt, wie die 4 Amtleute der Gemeinden, nämlich von Widnau und Haslach die „fürnemen, wisen" J a k o b F r e i, d. Z. Hofammann, G a l l u s (B—?)

1607 Torgler, alter Ammann, Ballus Zellweger, „Herrenammann",
und Ulrich Grabher, Hofschreiber, — von Bernang Hans
Wetach, Hofammann. Jakob Mäzler, alter Ammann, Uoli
(—lli) Indermur (—Muhr), „Herrenammann", und Hans
Gallus, Hofschreiber, ausgemarkt haben, gegen der Au gelegen.
Chr. B. und seine Erben mögen die Felben, die auf dem von
ihm abgetretenen Platze auf der Ach stehen, bis zu ihrem Abgang noch nutzen; doch darf Niemand darauf weder Bäume,
Felben, Alben oder Eichen setzen, noch Häuser oder Städel darauf
bauen oder Gärten anlegen; sondern es soll dieser Platz beiden
Gemeinden ein offenes Tratt sein und bleiben.

Es sigeln die Hofammänner Jakob Frei (Fryg) und Hans Wetach
(Wett—).   108
A. Au.

1607 Juli 10. Baden. — Die Rathsgesandten der 8 Orte heben auf
Befürwortung von Jakob Muheim, des Raths zu Uri und
Landvogt zu Rheinegg, das „Umgelt-Mandat" wieder auf,
welches sie vor einiger Zeit für die Landvogtei Rheinthal erlassen
haben, als eine beschwerliche Neuerung der sonst mit viel Zinsen
und Anderem beladenen armen Unterthanen.   109
A. W.
Vgl. Hof Kriessern n. 172.

1607 Juli. Baden. — Denen von Haslach, die seit ihrer Abtrennung
von Lustnau an Bevölkerung ziemlich zugenommen haben, wird
bewilligt, bei Aufzügen, Hochzeiten, Festtagen und dergleichen
Anlässen für ihre Mannschaft Trommeln und Pfeifen, jedoch in
eigenen Kosten, zu brauchen. Dieses sollen sie aber nicht miss-
brauchen und Tanzverbote bei ihren Nachbarn auch halten.   110
Eidg. Absch. V. 1. S. 1419. n. 152.

1608 März 3. — Balthasar Zellweger (Zel—), alter Ammann zu
Haslach im Rheinthal, quittirt den äussern und innern Spitalmeister für 28 Pfund Pfenning, die sie ihm durch Jakob Studach,
des Spitals Amptmann zu Altstätten (Altsteten), bezahlt haben als
Hauptgut zur Ablösung des Zinses, den sie dem Junker Walther
von Hallwil zu Salenstein von dem Stück Weingarten des
Spitals im Haslach, welches ihnen Lentz Messmer baut, jährlich schuldig gewesen sind. Da sich aber durch andere Mit-
zinser die Ablösung „gegen Salenstein" „entwert", verspricht B. Z.
künftig statt dem Spital den Zins an Den von Hallwil zu entrichten und sich als Schuldner des Hauptguts zu bekennen oder

1608 aber dem Spital jederzeit auf dessen Verlangen die 28 Pfund zurück zu geben. Dafür gibt er dem Spital zu Unterpfand seinen „ganzen Acker und Gut" in Balz Hugen Bündt zu Widnau gelegen, — stosst an 2 Orten an Hermann Widers, Schneiders Erben und am dritten an der Herren von Ems (—pfs) Zehentstadel Hofstatt und an mehrem Theil unten her au Hans und Heinrich der Siber Güter.

Es sigelt Jakob Frei (Fri), d. Z. Hofammann zu Widnau und Haslach. 111

Sp.-A. St. G. — Tr. B. 13. n. 40. — Papier.

1608 November 10. Rheinegg. — Der Streit zwischen dem Landvogt im Rheinthal und dem Grafen Kaspar von Hohenems, der die niederen Gerichte zu Widnau und Haslach über nachstehende Frevel anspricht, wird nach Untersuch alter Abschiede und Strafrechnungen von den Boten der 8 regierenden Orte dahin entschieden:

1. Die Uebertretung der Feiertage, die laut einem Abschied von 1536 von der hohen Obrigkeit, nicht von dem Grafen, bestraft werden, soll auch fernerhin von jener bestraft werden.

2. Einmaligen Friedbruch mit Worten oder mit Werken kann der Graf laut seinem Hofbuch bestrafen; die Bestrafung des wiederholten Friedbruchs dagegen steht der hohen Obrigkeit laut Abschied von 1539 zu. *)

3. Da man bei den eidgenössischen Obrigkeiten nirgends finde, dass vom Nachlass hingerichteter Maleficanten der Fall begehrt und genommen werde, so lasse man auch nicht zu, dass ihn der niedere Gerichtsherr zu fordern habe.

4. Weil die Rheinmühlen auf eidgenössischem Grund und Boden stehen und der Abschied von 1536 darüber Erläuterung gibt**), so soll der Graf keinen Zins darauf schlagen, noch dieselben zu verleihen haben.

5. Die Bestrafung des Ehebruchs und der Blutschande kommt der Hoheit zu, da die gräflichen Anwälte weder jetzt noch früher deren Bestrafung angesprochen haben.

*) Vgl. Eidg. Absch. IV. 1. c. S. 1131. n. 12.
**) Vgl. Eidg. Absch. IV. 1. c. S. 717, wo es heisst: Der Landvogt soll mit den Amtleuten Wolf Dietrichs von Ems über folgende Artikel unterhandeln:
a. In Betreff der Mühle am Monstein soll er, weil dieselbe auf unserem Grund und Boden steht und die hohen Gerichte auch den 8 Orten gehören, sich mit dem Müller über einen billigen Zins vergleichen und der Herr von Ems ihm darin keinen Eintrag thun.
b. Da derselbe vermeint, Die am Monstein zu bestrafen, wenn sie etliche Feiertage nicht halten, so ist von dessen Amtleuten bestimmt zu fordern, dass sie Dies unterlassen sollen, wenn jene Leute auf unserem Gebiet arbeiten. Wenn sie aber über den Rhein fahren und auf seinem Boden arbeiten, so überlässt man ihm, wie er sie strafen wolle.
c. Der Appellationen halb soll der Vogt den Anwälten Des von Ems ernstlich erklären. man wünsche, dass sie dieses Geschäft anstehen lassen, bis ihr Herr wieder in's Land komme, wo man dann über diese oder andere Dinge nach Gebühr mit ihm handeln werde.

1608 6. Da man in den Rechnungen zu Baden wiederholt findet, dass die Landvögte „unbeharrliche Zureden" bestraft haben, so kann man davon nicht weichen. Wenn im Hof Widnau und Haslach Bussengericht gehalten wird, so sollen der Landvogt oder seine Amtleute demselben beiwohnen.

Vorstehende Artikel werden auf Ratification hin gestellt. Wenn der Graf Etwas gegen sie einzuwenden hat, mag er sich um deren Remedur melden; inzwischen soll ihnen nachgelebt werden. Den Anwälten des Grafen wird von dieser „Erkenntniss" ein Recess gegeben. —

Diese Artikel wurden im folgenden Jahre bei Anlass der Jahrrechnung zu Baden bestätigt, mit Ausnahme von n. 4, da der Zins von der Rheinmühle dem Grafen, wie von Alters her, heimdienen soll.   112

Eidg. Absch. V. 1. S. 1405. n. 28. S. 1406. n. 35.

1608 November 15. Rheinegg. — Vor den Boten der 8 regierenden Orte beschweren sich Die von Bernang, dass Die von Widnau und Haslach, wenn Hofleute von Bernang bei ihnen fahrende Waaren und Anderes kaufen, das Gekaufte „mit Verspruch ziehen". Die von W. und H. beanspruchen allerdings das Verspruchsrecht an fahrender Habe und Waaren, die von einem „Auswendigen" in ihrem Hofe gekauft werden, wie Die von B. den Ihrigen (von W. und H.) auch schon mit Wein und Anderm „versprochen haben". Nach Anhörung der Abgesandten beider Höfe, die einander bisher Speise, Trank und allerhand Waaren durch „Versprechen" aus den Händen gezogen, „zu grossem Unwillen der Nachbarschaft", wird gesprochen:

1. auf Allem, was zu Speise und Trank dient, auch dem Flachs, es stehe im Feld oder nicht, soll zwischen den beiden Höfen kein Verspruch stattfinden.

2. Was Holz und Flösse betreffe, sollen Die von W. und H. den Verspruch wie bisher haben.

3. Was Die von W. und H. an Heu und Streu einem Fremden verkaufen wollen, soll 14 Tage vorher in der Kirche der Gemeinde verkündet werden, damit ein Hofmann, der Solches bedürfe, den „Zug" dazu haben möge; nach Ablauf der 14 Tage darf jedoch der Verspruch nicht mehr geltend gemacht werden. Es sigelt Christof Schorno, des Raths zu Schwiz, Landvogt zu Rheinegg.   113

A. Au. — Irrthümlich von 1508, statt 1608 datirt.

1609 April 23. — Hans Schwitzer, Hofmann im freien Reichshof
Widnau und Haslach im Rheinthal, verkauft den Ausser-
und Inner-Spitalmeistern des h. Geists Spital zu St.
Gallen zu Handen des Spitals sein eignes Stück Gut, nämlich eine Wiese
in der Neuen Wies unter Widnau gelegen — stosst an die „Reichsgemeind", zum andern an Urich (!) Grabber, Schreiber, zum dritten an
Heinrich Siber. Schmid, zum vierten an Jakob Höwlin und dann
„bei aus" an Hensli Schawalder — um 55 Gulden Landswährung.

Es sigelt Hans Frei, d. Z. Hofammann des fr. Reichshofs
Widnau und Haslach im Rheinthal.   114

Sp.-A. St. G. — B. 13 n. 53.

1609 Mai 7. In unserm Pallast zu Ems (—bß). — Kaspar, Graf zu
der Hohenems und Gallara, röm. kais. Majestät und fürstl.
Durchleuchtigkeiten zu Oesterreich etc. Rath, resp. Kammerer,
und Vogt der Herrschaften Bludenz, Sonnenberg und Neun-
burg (!) am Rhein, vermittelt Streitigkeiten zwischen Jakob
Staudach, Burger zu Altstätten, Amtmann des h. Geists
Spitals zu St. Gallen in Altstätten, als Bevollmächtigtem des
Spitals einerseits, und Haini Köppel und Hans Gugger
zu Widnau anderseits, über Zäunung von Gütern, die Reuti
genannt, daselbst zu Widnau.

Gegen das vor dem Stab zu Widnau in dieser Sache gesprochene
Urtheil hat Amtmann Staudach nach Ems appellirt, worauf beide
Parteien auf den 16. März (n. St.) vor das Hofgericht nach Ems citirt
worden sind, wo für den appellirenden Spital erschienen dessen
Schreiber Joachim Rennhas und der Amtmann Staudach,
wie auch Balthas Schegg, als „einstheils" Leheninhaber des
streitigen Guts; beide Appellaten aber mit Hans Köppel zu
Widnau (—ow) und Ammann Joß Hemmerlin (Hä—) zu
Lustnau (—ow) als Beiständern. Zur Vermeidung von Unkosten
und Weitläufigkeiten wurde damals der Streit durch das Appella-
tionshofgericht „auf ein offnes" gemittelt. Darauf entstanden neue
Irrungen, so dass auf Begehren der Parteien in deren Anwesenheit
(von des Spitals wegen dazu noch Joachim Reutlinger,
Burgermeister zu St. Gallen) durch die gräflichen Räthe und Beamten ein Augenschein wegen der streitigen Zäunung abgehalten
wurde, wobei man die Angelegenheit diesen Räthen und Beamten
zu gütlichem Entscheid übergab.

Gesprochen:

1. Dass der Spital sein Gut, die Reuti genannt, nicht allein gegen
die Strasse, sondern auch an der Güll, soweit sich das Gut

1609 an der Güll und bis an des Guggers Gut erstreckt, mit guter Zäunung fridbar versehen und erhalten soll.

2. Dass Haini Köppel und Hans Gugger und ihre Besitzesnachfolger ihr anstossendes Gut ebenfalls mit einem guten Fridzaun bewahren und versorgen sollen.

Entsteht wegen dieser Zäunung ein Schaden, so soll ihn Derjenige, durch dessen Nachlässigkeit der Schaden entstanden, dem Beschädigten nach Billigkeit (nach billigen dingen) vergüten (abtragen und ergötzen). Der Ammann „dieses Hofs" soll den Zaun „beschauen" und diejenige Partei, die nicht gebührend „gezäunet", sondern Schaden verursacht hätte, strafen und zu Billigkeit und Schuldigkeit weisen.

Die beim Appellationsgericht aufgelaufenen Kosten soll jede Partei zur Hälfte und die eigenen jede an sich selbst tragen.

Diesen Vergleich fest und stät zu halten, geloben beide Parteien im Namen des Grafen seinem Rath und Obervogt Dr. Karl Kübler.

An diesen „Appellationsvertragsbrief" hängt Graf Kaspar sein Secretinsigel.   115

Sp.-A. St. G. — B. 13 n. 54.

1609 August 26. — Landvogt Christoph Schorno, des Raths zu Schwiz, entscheidet gütlich über Anstände zwischen den obern Höfen des Rheinthals — Denen von Altstätten, Oberriet, Marbach, Bernang und Balgach — einerseits und dem Hof Widnau und Haslach anderseits, über Nutzung des Isenriets.   116

A. W. --

Vgl. Hof Kriessern n. 178, S. 199.

1610 April 30. — Landvogt Christoph Schorno, des Raths zu Schwiz, vergleicht den Hof Widnau und Haslach einerseits und Hermann Wider und seine Söhne von Diepoldsau anderseits wegen Streitigkeiten über das Maientratt (meyntradt) auf den Gütern, welche die Wider vom Gotteshaus in der Weissenau*) (!) zu Bregenz gekauft haben und welche theils im Hof Widnau liegen.

Der Streit wurde vor die Tagsatzung gebracht, die am 10. November 1608 zu Rheinegg begann, und von der Tagsatzung dem Landvogt überwiesen, damit er Augenschein darüber halte und ihn wo möglich gütlich beilege. Auf obiges Datum hat sich dann der Landvogt mit dem Landschreiber Kaspar Dürler

*) Statt „Mehrerau".

1610 dorthin verfügt, die im Streite liegenden Aecker und Wiesen besichtigt, beide Parteien und ihre vorgezeigten Briefe angehört und darauf sie nach fleissigem Zusprechen im Beisein ihrer Beiständer, nämlich von Dr. Carolus Kübler für die Widnauer als Kläger, und von Hans Dietschi, Vogt auf Blatten, für seine Amtsuntergebenen, die Wider, in Gütlichkeit dahin verglichen:

1. Sollen die Wider von den Gütern an Aeckern und Wiesen, welche sie vom Gotthaus Bregenz erkauft haben und welche im Hof und Tratt Widnau gelegen sind, den Drittheil der Gemeinde Widnau und Haslach als Eigenthum abtreten, wogegen die andern zwei Drittheile des Tratts gegen den Hof W. erlöst, von den Widern eingehagt und ganz nach Belieben benutzt und verwendet werden dürfen; die Theilung hat nach Billigkeit mit „gewisser Markung" zu geschehen und beiderseits soll freier Steg und Weg bleiben nach altem Kaufbrief.

2. Was die Wider künftig durch Kauf oder sonstwie an sich bringen, soll nicht in diesem Vertrage begriffen sein, sondern nach des Hofs zu Widnau Recht und Bräuchen gehalten werden.

3. Können die Wider über kurz oder lang von ihren eingehagten (eingeschlagenen) Gütern, die von dem erkauften Hof herlangen, ein oder mehr Stück Aecker oder Wiesen mit einem Hofmann von W. und H. „zu gleichem Werth Grund und Bodens" vertauschen, so soll ihnen das erlaubt sein.

4. Die bisher aufgelaufenen Kosten soll jeder Theil an sich selbst tragen; des Landvogts und Landschreibers Kosten und Besoldung aber sollen die Wider über sich nehmen und entrichten.

5. Aller Widerwillen etc. soll damit aufgehoben und beide Parteien sollen wieder gute Freunde und Nachbarn sein.

Beide Parteien geloben dem Landvogt an Eides statt in die Hand, diesem Spruche nachzukommen.

Es sigelt der Landvogt.   117

A. W.

Das Datum lautet: „Donstag den letzten April"; nach dem alten Stil fiel aber der letzte April des Jahres 1610 auf einen Dienstag, nach dem neuen auf einen Freitag. — Ueber den Verkauf Vrgl. n. 84.

1611 März 8. — Niklaus Schelling, Hofmann zu Bernang im Rheinthal, verkauft dem Junker Spindler, Burger zu St. Gallen, sein Stück Weingarten und Gut genannt die Haueten (Howeten), um 1015 Gulden St. Galler Währung, in dem freien Reichshof Widnau und Haslach gelegen, — stosst an Jakob Algöurer

1611 und Jakob Schwitzers Weingärten „nebend abber" und unten an Ulrich Torglers Weingarten und dann „hintenum beiauf" an den Triebweg (dribw—) bis wiederum an Jakob Algäuvers Weingarten, — und das „Bannäckerli", mit dem „Erdwurf in Möösli"; davon geht nur der gewöhnliche Zehnten und die jährliche Steuer; mit freundlicher Unterhandlung von Ammann Ballus Zellweger (Zelw—), Ammann Ballus Torgler (D—), Hans Zellweger und Peter Fels.

Es sigelt Jakob Köppel (—ll), d. Z. Hofammann des freien Reichshofs Widnau und Haslach im Rheinthal. 118

Stadt-A. St. G. — Schaffneramt Rheinthal. — L. 25.

1612 October 12. (n. St.) — Hans Ulrich Wolf, Statthalter der Stadt Zürich, Heinrich Klaus (Clouß), Ritter und des Raths der Stadt Luzern, Seckelmeister Kaspar Schell, des Raths der Stadt zu Zug, Ulrich Näf, Landammann der innern Rhoden, und Johannes Schüss, Landammann der äussern Rhoden des Landes Appenzell, vermitteln als Abgeordnete der 8 regierenden Orte zwischen den obern Höfen des Rheinthals und dem Abt Bernhart von St. Gallen wegen Anständen über den Weinzehnten und ein äbtisches Herbstmandat.

Auf der letzten Jahrrechnung zu Baden sind vor den regierenden 8 Orten erschienen die Botschaften der obern rheinthalischen Höfe einerseits und David Studer von Winkelbach, Hofmeister, und Georg Christoph von Gielsberg, Vogt auf Rosenberg, als Abgeordnete des Abts Bernhart von St. Gallen anderseits. Die Erstern beschwerten sich gegen den Abt wegen eines im vorvergangenen (vorverschinen) Jahre erlassenen (ausgebrachten) Abschieds, wie über das neueste Herbstmandat; die Letztern verlangten und erhielten Bestätigung des betreffenden Abschieds, mit Vorbehalt, dass die Beschwerden wegen des Herbstmandats durch Deputirte der Städte Zürich und Luzern, auch von Appenzell an Ort und Stelle untersucht und darüber Unterhandlungen gepflegt werden.

Vor den oben genannten Boten erinnern zuerst die äbtischen Gesandten daran, wie sich der Abt über „vielfältigen" Abgang des Weinzehnten geklagt habe und wie zur Schirmung dieses Zehnten im obern Rheinthal schon zwei Abschiede „von den Herrn Eidgenossen" ergangen. Das Herbstmandat habe er diesen Herbst etwas mässiger (mit etwas moderatzion) stellen lassen und hoffe, dass es die Unterthanen nicht beschwerlich, sondern billig er-

1612 achten werden. Wenn die „Herren Gesandten" in gewissen Punkten Verbesserung nöthig finden, wollen sie anhören und darüber gebührlich Antwort geben.

Darauf wurden die zwei Abschiede und das Herbstmandat den Anwälten der oberen Höfe verlesen, die neuerdings vorbringen, dass sie mehreren Punkten unmöglich nachkommen können: besonders, dass sie den „gefellten" Zehnten wiederum „vermessen" (!) und den Abgang erstatten sollen; während doch ein solches „vormessen" (!) ohne „Schw(e)inung" nicht geschehen könne; auch dass sie am Ausgang der Weinlese alle Abdrücke (trück), die sie angeben, wiederum berechnen sollen; denn mehrestheils seien die Torggelmeister des Schreibens und Lesens nicht kundig (bricht); weiter falle der altgewohnte Trunk der „Wemmler" und Träger in Betracht; — mit fernern Beschwerden über die aufgehobenen (gelegten) Törggel und neu „eingerissnen" Artikel. Sie bitten, es beim alten Herkommen zu lassen.

Nach Anhörung der Parteien suchen die „Herren Gesandten" wegen des Herbstmandats und der Törggel sie auf folgende Artikel zu vereinbaren, — mit Vorbehalt der Ratification des Abts und der regierenden Orte:

1. Soll der Zehntwein durch die geschwornen Torggelmeister in eine vom Zehntherrn hiezu bestimmte (geornete), gefichtete Butte oder Stande geschüttet werden und davon Niemand trinken. Für den abgeschafften Trunk gibt der Zehntherr „aus Gunst und Gnade" von jedem Saum Zehntwein eine Mass, die durch den Torggelmeister in einem besondern Geschirr verwahrt und den „Wemlern" und Buttenträgern zu „verzehren" gegeben wird.

2. Sollen alle Torggelmeister nach Inhalt der alten Mandate bei ihrem geschwornen Eid alle Abdrücke von den einzelnen „Stück Reben" den Zehentschreibern ordentlich angeben, den Wein den Zehntknechten in der erwähnten hiefür bestimmten Butte verzeigen, und aufpassen, dass Nichts davon getrunken werde oder sonst wegkomme, bis ihn die Zehntknechte abholen.

3. In Bezug auf die (obgesagten) Törggel soll es bei den Abschieden und dem „gemachten" Libell verbleiben; doch mit der Erläuterung, dass Einer seinen Torggel wohl von einer Hofstatt auf die andere verlegen oder ihn verkaufen dürfe, doch damit soll die (Torggel-)Gerechtigkeit der alten Hofstatt abgegangen, auch Keiner befugt sein, einen neuen Torggel ohne Erlaubniss der Obrigkeit zu bauen. Wenn Einer aber

1612 in einem besonders reichen Herbst einen oder mehr der „still-
gestellten" Törggel bedürfen würde, soll der Landvogt mit
(neben) den äbtischen Amtleuten nach ihrem Gutdünken, ohne
„Gaben" und „Schenken", Erlaubniss zur Benutzung solcher
Törggel geben.

4. Die Frevel „und Gefahr", die zur Herbstzeit im Weinzehnten
vorkommen und dem Landvogt eingeklagt werden, sollen von
diesem wie bisher gütlich „oder mit ordentlichem Bericht"
abgestraft werden. Ist es aber ein ganz geringer Fehler und
ohne „besondere Gefährde", so soll er nach der Offnung behandelt werden (der offnung nit benommen werden sin).

Im Uebrigen bleibt es bei den erlassenen Abschieden.

A. W. — Papier. 119

1617 Juli. Baden. — Der Landvogt im Rheinthal berichtet den Boten
der 8 regierenden Orte, dass ein rheinthalischer Unterthan das
Fahr zwischen Widnau und Lustnau an den Grafen von
Hohenems, dem an beiden Orten die niedern Gerichte gehören,
verkauft habe; dass er aber seine Einwilligung hiezu noch nicht
gegeben und um Weisung bitte. Nach Verlesung eines schriftlichen Berichts des Grafen findet man nicht thunlich, die diesseits des Rheins stehende Fähre nach jenseits zu verkaufen, sondern hält für besser, das Fahr zu Handen der regierenden Orte
zu ziehen, daher die Sache ad referendum genommen wird. Inzwischen soll der Landvogt dafür sorgen, dass das Fahr auf der
Eidgenossen Seite verbleibe.

Im nächsten Jahre (1618) beschwerten sich Abgeordnete des
Grafen an einer Conferenz der regierenden Orte in Rheinegg
den (14. September) über die letztjährige Weisung, den Verkauf
des obern Fahrs zu Widnau gegen Lustnau jenseits Rheins gemäss
dem Zug und Verspruch Derer von Widnau und Haslach aufzuheben; die schriftlichen Argumente des Grafen seien wahrscheinlich nicht genügend geprüft worden. — Die Boten antworten,
dass sie keinen Befehl hätten, den Kauf zu „fördern"; der Graf
möge die Orte schriftlich informiren.

An der November-Tagsatzung zu Baden wird berichtet, dass
der Graf von Hohenems, welcher das Fahr zu Widnau gekauft
habe, den Freunden des Verkäufers, die das Geld dazu bereit
haben, den Rückkauf abschlage. Da das Fahr schon mehrmals
„über Rhein" verkauft worden sei, hofft der Graf, dass es bei
dem Kaufe verbleibe; sonst schlägt er nach Inhalt der Erbeinigung

1617 das Recht vor. Der Graf wird nochmals gebeten, von den Freunden des Verkäufers Sprenger den Kaufschilling zurückzunehmen; will er nicht, so soll man die Sache ruhen lassen und nicht rechten.

Im Jahr 1620 wurde an der Conferenz der regierenden Orte vom 4. Mai (in Baden) das Verlangen der Annahme des hinterlegten „Verspruchgeldes" erneuert; die gräflichen Anwälte erklärten aber, deshalb keinen Befehl zu haben: Der Graf habe das Fahr nicht kaufen wollen, sondern es etliche Mal abgeschlagen. Als die beiden Fährleute sich nicht aus den Schulden schwingen konnten, habe er als Gerichtsherr dem Wirth zu Lustnau erlaubt, das Fahr zu kaufen, zuvor aber beide Höfe Widnau und Haslach ermahnt, Dies zu thun; was aber nicht geschehen. — Darauf belegten die Boten die beiden Fährleute, die das Fahr entgegen dem Verbote des Landvogts Altherr verkauft haben, mit einer Busse von 50 Gulden; daraus sollen die beiden verfallenen Zinse für die 600 Gulden bestritten werden, welche als Verspruchsgeld aufgenommen wurden und für welche die Höfe Widnau und Haslach eingestanden sind.

Noch einmal gab der Graf der Jahrrechnungs-Tagsatzung vom Juni 1620 eine schriftliche Rechtfertigung ein und schlug eventuell das Recht vor. Da indess die in's Rheinthal abgeordneten Gesandten berichtet haben, dass das Fahr kein Hauptfahr, sondern ein Kirchenfahr sei, daran nicht so viel liege, und weil auf der eidgenössischen Seite noch 4 Hauptfahren vorhanden sind, das verkaufte Fahr aber nach Inhalt der gräflichen Motive wieder an die eidgenössische Seite verkauft werden kann, so wird beschlossen, die Sache fallen zu lassen. — Der Landvogt wird aber den Fährleuten und Unterthanen zu wissen thun, dass künftig bei hoher Strafe und Ungnade kein Fahr mehr verkauft werden dürfe, wenn es nicht zuvor der Obrigkeit angeboten worden sei. — In eben dieser Tagsatzung wurde das Hauptfahr am Monstein (von dem Fährmann Ulrich Zoller?) dem gewesenen Landvogt im Rheinthal, Hans Ludwig Holzhalb, um 600 Gulden angeboten.

Eidg. Absch. V. 1. 2. S. 1414. n. 107. V. 2. S. 1630 f. n. 98—103, 105.   120

1619 Januar 22. Auf der Pfalz des Gotteshauses St. Gallen. — Der Altvater und alle Brüder von St. Otmars Spital im Gotteshause St. Gallen verzichten mit Erlaubniss Abt Bernharts gegen eine Auslösung von 300 Gulden auf die Ansprüche ihres Mitbruders Felix Turnher (Th—rr) an den Nachlass seiner Mutter Katharina Gasser, seiner Schwestertochter Anna Köppel

1619 (Köpel) und seiner Geschwister Jakob und Elsbeth Turnher,
Jakob Eggers in Tablat ehliche Hausfrau. — Für Anna
Köppel, Tochter der Margaretha Turnherr sel. und des Am-
manns Jakob Köppel, erscheint Johannes Hensel und für
Jakob Turnher Thomas Siber als Vogt.   121
Pfarr-Archiv W. — Das äbtische Kanzleisigel ist abgefallen.

1622 November 11. — Jörg Hensel, Hofmann und sesshaft im
freien Reichshof Widnau und Haslach, im Rheinthal, verkauft
dem Klaus Dierauer (Dirower), Hofschreiber zu Bernang,
22 Schilling Pfennig jährlichen Zins auf St. Martinstag um
22 Pfund Pfennig Hauptgut, von einem Acker in Auen in der
Sackpfeifferen gelegen — stosst an 2 Orten an Hans Hensels
Wittib und „an Angiessen" (Geisen), weiter an Uli (Ullin) Keller —
und von seinem Haus und Hofstatt im Büntli (—dt—) gelegen
— stosst oben an Ulrich Zoller, an zwei Orten an Hans Schawalder
und „an Angiessen" —, mit Vorgang von 70 Gulden Hauptgut an
Debus Wider zu Widnau auf der Hofstatt.   122
Der Ammann Jakob Köppel hängt sein Amtssigel an den Brief.
Im Privatbesitz.

1623 März 21. (n. St.) — Hauptmann Sebastian Heinrich
Trösch, des Raths zu Uri, d. Z. Landvogt zu Rheinegg im
obern und niedern Rheinthal, weist den Anspruch des Grafen
Kaspar zu Hohenems, Gallara und Vaduz auf Geltend-
machung des Zugrechts gegen Junker Kaspar Schobinger,
Burger zu St. Gallen, zurück, welcher von Ammann Balthasar Zellwegers Söhnen in der Au einen Weingarten an der
Monsteiner Halden um 1690 Gulden gekauft hat.
     Junker Kaspar Schobinger, Bürger zu St. Gallen, hat neulich
einen Weingarten an der Monsteiner Halden von Ammann Balthasar Zellwegers Söhnen in der Au (Aw) um 1690 Gulden gekauft.
Darauf liess Herr Kaspar, Graf zu der Hohenems (Embß), Gallara und Vaduz, dem Junker Schobinger diesen Weingarten
nicht bloss durch den Weibel des Hofs Widnau „versprechen",
sondern auch — obschon Schobinger ihm im Beisein dreier ehrlicher Personen Recht vorgeschlagen — „an 30 Pfund Pfennig",
von Neuem gebieten, von dem Kauf abzutreten, dem Baumann
des Sch. bei gleicher Strafe, von den Reben „Hand abzuthun" und
setzte dafür seine eigenen Bauleute hinein. Da nun Schobinger
gegen solches Vorgehen des Grafen die Hülfe des Landvogts in
Rheinegg angerufen, hat dieser die Parteien vor sich beschieden,
nämlich Junker K. Sch. sammt dem Ausschuss der Gemeinde

1623 Widnau und Haslach einerseits und die abgeordneten Anwälte des Grafen anderseits.

Sch. verlangt, bei seinem Kaufe geschützt zu werden; des Grafen Anwälte erklären ihren Herrn zu dem „Verspruche" berechtigt, weil er, als des Hofs Lustnau, Widnau und Haslach Gerichts- und Steuerherr auch selbst ein Hofmann allda sei, wie er auch diesem Hof oder Gericht 2 Schilling Pfennig jährliche Steuer gebe, nur damit er Verspruch und Zugrecht ganz gleich wie ein anderer Hofmann oder Gerichtsunterthan haben möge.

Die Abgeordneten des Hofes W. und H. anerkennen hierauf nicht, dass der Graf als ihr niederer Gerichtsherr ein Hofmann sei. Den Ursprung der jährlichen Steuer von 2 Schilling Pfennig kennen sie nicht; allein die früheren Niedergerichtsherrn, von welchen der Graf diese Gerichtsherrlichkeit erkauft, haben sich deswegen das Hof-, Zug- und Verspruchsrecht niemals angemasst, sonst wäre es ohne Zweifel in ihrem Steuer- und Hofbuch aufgezeichnet (beschrieben).

Nach den Verhandlungen der Parteien und Einsicht in die vorgelegten Documente wird von dem Landvogt gesprochen:

Da die Anwälte des Grafen durch einige eingelegte Documente nicht beweisen konnten, dass er das Zug- und Verspruchsrecht besitze und da ihn „daher" auch die Hofleute von W. und H. nicht als Hofmann anerkennen, noch viel weniger sein Zug- und Verspruchsrecht; da weiter, selbst wenn die Steuer der 2 Schillinge diesen Sinn haben sollte, dass der Graf deswegen ein Hofmann wäre, die Hofleute gar kein Recht gehabt hätten, ohne Vorwissen ihrer hohen Obrigkeit dergleichen Steuern einzugehen und anzunehmen; denn wenn die niedere Gerichtsherrlichkeit solche Rechte besässe und ihre Gewalt soweit erstreckte, wäre es der hohen Obrigkeit und den Unterthanen selbst zu „merklichem Nachtheil, Präjudiz und Consequenz": solle das prätendirte Verspruchsrecht des Grafen und die daher dem Junker K. Sch. zugefügte (gethane) „Versperrung und Eintrag" gänzlich aufgehoben und der Kauf vollständig zu Kräften erkannt sein.

K. Sch. und die „Amtleute und verordneten Anwälte" der Gemeinde W. und H. verlangen darauf einen besigelten Brief dieses Urtheils, während die Anwälte des Grafen gegen dasselbe protestiren und von dem Landvogt an die Appellation „vor der höhern Gewalt" verwiesen werden. 123

A. W.

Vgl. n. 102, die vom 13. Juni 1623 (nicht 1603) zu datiren ist und zwischen n. 123 und 124 gehört.

1623 November 11. Rheinegg. — Landvogt Sebastian Heinrich
Trösch, Dr. Christoph Schalk, Vogteiverwalter der Herrschaft Feldkirch (V—), und Kaspar Dürler, Landschreiber
im Rheinthal, stellen als erwählte „Spruchleute" einen gütlichen
Vertrag auf in dem Streite zwischen dem Grafen Kaspar zur
Hohenems und Junker Kaspar Schobinger wegen des Verspruchs auf dem vom Letztern erkauften Weingarten.

Die Angelegenheit war auch vor die 8 regierenden Orte nach
Baden gelangt und dort auf den 28. Juni der Spruch des Landvogts bestätigt worden. Dagegen hatte aber der Graf mündlich
und schriftlich protestirt, und weiter fuhren auch Ammann und
Gericht im freien Reichshof Lustnau zu und verlangten mit Berufung auf ihr Hofbuch ihrerseits das Zugrecht auf den betreffenden Weingarten auszuüben.

Von den 3 Vermittlern wird nun gesprochen:

1. Der Weingarten soll dem Käufer eigenthümlich verbleiben;
   doch hat Junker Sch. Denen von Lustnau als „Versprechern"
   wegen vielfältig erlittener Kosten und Schäden 100 Reichsthaler baar zu erlegen: unbeschadet ihrem Verspruchsrecht,
   ihrem Hofbuch und andern Rechten und Gerechtigkeiten.

2. Dem Grafen, der sich durch das Urtheil des Landvogts und
   dessen Bestätigung durch die regierenden Orte hoch „beschwert"
   erachtet, soll dadurch an seiner niedern „Herrlichkeit, Recht und
   Gerechtigkeit" durchaus Nichts präjudicirt oder benommen sein.

3. Die im Wirthshaus zu Rheinegg „dieser Sachen halber" auferlaufenen Kosten sollen zu gleichen Theilen von Junker
   Sch., Ammann, Gericht und Gemeinde zu Widnau und
   Haslach und Ammann, Gericht und Gemeinde zu Lustnau
   bezahlt werden, die übrigen Unkosten alle abgethan sein.

Die Parteien geloben, diesem Vertrag nachzukommen, und die
drei Spruchleute hängen ihre Insigel an denselben.   124

A. W.

Vgl. n. 123.

1624 Januar 20. — Ammann Hans Köppel und Ammann Hans
Klein und Hans Spiring, Züllis Hans, alle Hofleute und
sesshaft im freien Reichshof Widnau und Haslach im Rheinthal, sprechen gütlich über Anstände zwischen dem Herrn Lucius
(Leuciusen) Staudach (Steu—), Burger zu Altstätten und
Spitalpfleger zu Altstätten und St. Gallen, mit Hülfe (heilff)
von Brosi Nesler und Jörg Ritz, Beide von Bernang, einer-

1624 seits und des jungen Konrad Hugen (Haugen) Wittib, genannt Hugen Ros, sesshaft zu Widnau, anderseits, wegen eines Fusswegs, der etliche Jahr lang ungehöriger Weise auf des Spitals Gut gegangen ist.

Dieser Fussweg soll fürderhin (—hein) auf der genannten Frauen Gut gehn ohne jeden Schaden und Nachtheil des Spitalguts — dieses „Bündtli" stosst erstlich an der genannten Frauen Gut und an Hans Brunner, Ammann Hans Köppel und an Hans Spiring. — Würde über kurz oder lang der Fussweg wieder auf das Spitalgut kommen, so hätte dann dessen Inhaber Fug und Recht, diesen Fussweg abzuthun und ihn verlegen und verbieten zu lassen.

Es sigelt Ammann Hans Köppel.   125

Sp.-A. St. G. — B. 13 n. 55. — Papier.

1625 Februar 2. — Leonhart Geiger, Hofmann im freien Reichshof Widnau und Haslach, quittirt die Ausser- und Innermeister des h. Geists Spital der Stadt St. Gallen für 7 Pfund Pfennig St. Galler Münz, womit diese einen jährlichen Zins von 7 Schilling Pfennig (auf St. Martinstag) von einer Wiese zu Widnau im Dornach, gegenwärtig Lehen des Hans Torgler, ablösen.

Es sigelt Hans Köppel, d. Z. Ammann zu Widnau und Haslach.   126

Sp.-A. St. G. — B. 13. n. 56. — Papier.

1625 Juli 10. Baden. — Die 8 regierenden Orte bestätigen auf Ansuchen des Grafen Kaspar zu der Hohenems, Herrn zu Gallara und Vadutz, dessen Testament und Fideicommiss und Erbeinigung, wonach sämmtliche Besitzungen des Hauses unvertheilt auf die Söhne Kaspars übergehen sollen, und versprechen, diese Verfügungen des Grafen gegen Verletzungen am Anrufen der Söhne zu schützen, soweit es die unter ihrer Hoheit liegenden Besitzungen betrifft.   127

Staats-Archiv Zürich.

Ueber das Testament (vom 14. Mai 1614) und das Fideicommiss des Grafen Kaspar s. Borgmann, Reichsgrafen von und zu Hohenems, S. 43—60. Es sollten nach demselben sämmtliche Besitzungen jeweilen auf den ältesten Sohn übergehen, dieser den andern Söhnen jährlich 3000 Gulden und jeder Tochter 3000 Gulden Heiratsgut geben und Nichts verkaufen, versetzen, vertauschen oder sonst entfremden dürfen.

1626 März 23. Ems (Emp⌀). — Kaspar, Graf zu Hohenems, Galloraren (!) und Vadutz (F—), Herr zu Schellenberg (Schel—), Dorenbüren und Lustnau entlässt seine Unter-

1626 thanen der Pfarrei Lustnau, W i d n a u und der A u für die Zukunft der Pflicht des Heuzehnten von neu aufgebrochenem und
angesätem Ackerland, wenn dieses Ackerland nicht angesät wird.

Bisher musste von neu aufgebrochenem und mit Frucht angesätem „Gut oder Acker" nicht bloss der Zehnte des Frucht-
ertrags gegeben werden, wenn es angepflanzt wurde, sondern auch
der Heuzehnte, wenn man es wieder „unaufgebrochen" still liegen
liess. Daher kam es, dass die Unterthanen „viel desto weniger" Güter
aufbrachen, desto weniger Nahrung hatten und der Zehntherr um
so viel weniger Zehnten bekam. Auf Bitte der Unterthanen wurde
deswegen entschieden, dass zwar von allem bisher aufgebrochenen
Land der Heuzehnte nach wie vor gegeben werden sollte, von
neu aufgebrochenem aber nicht mehr.   128

Pfarr-Archiv Widnau. — Papier.

Diese Beschränkung der Heuzehentpflicht an die Kirche W. wurde
im J. 1671 von den 8 regierenden Orten als null und nichtig erklärt.
S. n. 149.

1637 August 4. — Ammann, Rath und ganze Gemeinde des freien
Reichshof W i d n a u (—ow) und Haslach verkaufen dem Gallus
R i t t e r (Riter), Bürger und Spitalherr (speitelher) zu Altstätten
im Rheinthal, „Namens des h. Geistes Gotthaus des Spitals
St. Gallen", ihr Recht des Viehtriebs und -tratts auf der Wiese
auf dem Blattacker (auf und ab der wes auf dem Blatackher gelegen), wie sie jetzt Brose (!) Nesler als Lehen vom Spital innehat
— stosst erstlich an Hans Beck und an zwei Orten wieder an des Spitals
Gut und zum dritten „bei abe" an Joseph Seitzen, Hansen Becken und
an zwei Orten wieder an Spitalgut, das L i n h a r t (!) Galluser und Hans
Schmid zu Lehen innehaben, und an Ballus Scheggen Gut und letztlich
und zum vierten an des gnädigen Fürsten und Herrn zu St. Gallen Gut —,
um 160 Gulden und der Gemeind Widnau und Haslach einen Saum
Wein zum Vertrinken.

Es sigelt U l r i c h Siber (Se—), d. Z. Hofammann des fr. Reichshofs Widnau und Haslach.   129

Sp.-A. St. G. — B. 13 n. 59.

1640 Februar 29. (n. St.) In unserm Pallast zu Embs. — Kaspar, Graf
zu H o h e n e m s (hochen Embs), G a l l a r a und V a d u t z, Herr zu
Schellenberg, Dorenbüren (—bieren) und Lustnau (—ow)
spricht in zweiter Instanz gütlich über Streitigkeiten zwischen
dem h. Geist Spital zu St. Gallen einerseits und der Frau und
Erben Haini Köppels sel., Hofleute in seinem Hof W i d n a u und
Haslach anderseits.

1640 Vor dem Appellations-Rath und -Gericht zu Hohenems erscheinen als Anwälte der Stadt St. Gallen Christof Buffler, des geheimen Raths und Stadthauptmann, und Cirillus Finsterling, Spitalmeister, als Appellanten, und als Beistand und Fürsprech der Frau und Erben von Haini Köppel als Appellaten Johann Dieterich, beider Rechten Doctor, weiland Vormundschaftsrath der vom Erzherzog Leopold zu Oesterreich nachgelassenen Erben, und Landrichter zu Rankwil (—weil) in Müsinen. Die Anwälte St. Gallens legen ein Urtheil erster Instanz vom 19. September 1639 vor, laut welchem Ulrich Siber (Sei—), Ammann des Grafen und niederen Gerichtsherrn des freien Reichshof Widnau und Haslach im Rheinthal, in offnem Gericht gesessen ist und vor ihm erschien für den Spital Gallus Ritter, Spitalherr von Altstätten, sammt des Spitals Bauleuten Peter Müller und Brose Nesler, und durch den Fürsprech Hans Fridauer verlangte, dass Heinrich (!) Köppels sel. Erben lt. Brief und Sigel eine Fahrstrasse auf dem Blattacker ob der Brugg geben und in Ehren halten sollten. Darauf erwiederten die Beiständer des Knaben und der Mutter von Heinrich Köppel sel., Ammann Thoman Siber, Ammann Baschion Köppel, Michel Köppel, Hans Gugger (Guger), durch ihren Fürsprech Hans Hagen, dass sie nur schuldig seien, die Strasse ob dieser Brugg zu geben und weiter Nichts. Worauf gesprochen: dass H. K.'s sel. Sohn und Mutter ob diesem „Brüggelin" oder Brugg die Strasse und Weg geben und 18 Fuss breit ausgraben und das Brügglin oder Brugg aufnehmen sollen, damit das Wasser ablaufen könne; dass aber Diejenigen, welche diese Strasse brauchen und fahren wollen, sie ohne Kosten von H. K's. sel. Erben und Frau in Ehren erhalten sollen; die Gerichtskosten habe der Spital zu bezahlen, und seine eigenen Kosten habe jeder Theil an sich selbst zu tragen. Dagegen legten die Kläger sofort Appellation ein.

Die Beklagten berufen sich auf einen Vertrag und Spruchbrief von Matheustag (21. September) 1618, nach welchem sich Baltas Schegg (Schägk) und Ambrosi Nesler, Hofleute und sesshaft zu Bernang und Bauleute des h. Geists Spital zu St. Gallen, als Bevollmächtigte dieses Spitals unter gütlicher Vermittlung des damaligen Ammanns Jakob Köppel mit Haini Köppel, Hofmann im freien Reichshof Widnau und Haslach, wegen des Wegs oder „Strassens" von der Landstrasse zu des Spitals Güter, Acker, Wiesen auf dem Blattacker, in Widnauer Hof und Gerichten, und wegen der Brugg über den Graben oberhalb des Banngrabens dahin

1640 verglichen haben, dass beide Parteien einander helfen sollen, die
Brugg über den Graben zu machen, dass man mit Wagen darüber
fahren könne, mit Nutz und Bau; und hernach sollen Haini Köppel
und „Inhaber daselbst" sie immer in Ehren halten, ohne weitern
Schaden des Spitals und seiner Bauleute; ferner solle Haini ob
dem Graben und der Brugg (—gk) „die Strass geben" und des
Spitals Güter unterhalb, Haini und dem Gut daselbst ohne Schaden.

In freiwilligem Compromiss gesprochen: dass die Köpplischen (!)
Erben des Spitals Anwälten den bisher streitig gemachten Blattenacker (Pl—) um 300 Gulden verkäuflich überlassen sollen; wogegen
die Anwälte des Spitals und jeweiligen Inhaber dieses Guts verbunden sind, nicht allein nach dem Vertrag von 1618 das Blatten-
brügglin, sondern auch die streitige Strasse über den besagten
„Blattenacker" in seinen Zielen und Marken zu erhalten, erbessern
und zu erbauen. Die Kosten betr. haben die Köpplischen (!) Erben
Alles zu bezahlen, was bei Ulrich Siber, Gerichtsammann zu
Widnau und Haslach, aufgegangen; was ausserdem, sowohl vormals als heute, jeder Theil aufgewandt, soll er an sich selbst haben.

Es hängt Graf Kaspar sein Secretsigel an den Brief.   130
Sp.-A. St. G. — B. 14. n. 1 a.
Vgl. n. 132.

1640 März 2. — Hans Fehr, Konrads (Cunrats) Sohn, Hofmann
und sesshaft im fr. Reichshof Widnau und Haslach im Rheinthal, verkauft den Inner- und Ausser-Spitalmeistern und Pflegern
des löblichen Spitals der Stadt St. Gallen sein eigen Stuck
Gut Heuwachs, gelegen zu Widnau, im Zehntstadelfeld, genannt auf der Breite (Braiten) — stosst erstlich an des Spitals
Gut, zum andern an Ammann Ulrich Sibers (Sei—) Gut, zum dritten an
Jörgen Seitzen Gut und zum vierten an des Verkäufers eigen Gut —,
um 117 Gulden Landswährung; das Gut ist zehntpflichtig und
hat das Recht, mit Nutz und Bau zu fahren durch Hansen
Brunners, des Schneiders Hofstatt (hoster).

Es sigelt Ulrich Siber, d. Z. Hofammann des fr. Reichshof
Widnau und Haslach.   131
Sp.-A. St. G. — B. 13 n. 60.

1640 März 25. — Jakob Köppel (Khöppell) und Ammann Jakob
Schnider von St. Johann Höchst (Höst) verkaufen mit Hülf und
Rath und Beistand von Ammann Thomas Siber (Se—) und
Michel Köppel, Hofleute und sesshaft im freien Reichshof Wid-
nau und Haslach im Rheinthal, dem Junker Christoffel Buff-
ler und Cirillus Finsterling, d. Z. Spitalherr (speitelher) und

1640 Spitalpfleger des Spitals und Burger und des Raths der Stadt St. Gallen, ihr eigen Stück Wieswachs (wes—) „maientreig Gut" in „unsern" Hofgerichten auf dem Blattacker (Blatacher) gelegen — stosst oben an ihr fürstl. Gnaden Gut und an Hans Honglers Wiese (wes), zum andern an Benedict Freien Rebengut, zum dritten unten an die Ach und zum vierten an des Spitals Wiese, — mitsammt dem „Brüggelin", auch die Strasse, Steg und Weg ob dem Brüggelin, um 300 Gulden.

Es sigelt Ulrich Siber, d. Z. Ammann des freien Reichshofs Widnau und Haslach. 132

Sp.-A. St. G. — B. 14. n. 2.
Vgl. n. 130.

1641 Juli. Baden. — Der Landvogt im Rheinthal berichtet bei Anlass der Jahrrechnung den Boten der 8 regierenden Orte, dass seit einiger Zeit zu Widnau oft ohne sein Wissen Gericht gehalten worden sei, was nicht sein sollte, weil eben an solchen Orten voraussichtlich auch Sachen erledigt würden, die vor die hohen Obrigkeiten gehören. — Zu mehrerer Erkundigung in den Abschied genommen. 133

Eidg. Absch. V. 2. S. 1624, n. 55.

1641 November 12. Ems (—bß). — Jakob Hannibal, Graf zu Hohenems (hochen Embß), Gallara und Vaduz, Herr zu Schellenberg, Dorenbüren (—ieren) und Lustnau erklärt alle liegenden Güter im Reichshof Lustnau, die durch Erbe, Kauf, Tausch, Heirath oder irgendwie Andern, als Hofleuten, zugefallen sind, gleichwohl pflichtig zur Entrichtung der monatlichen Contribution oder Schnitzgelder, so lange solche von den kaiserlichen Commandanten oder Commissarien gefordert und eingezogen werden.

Die Gemeinde Lustnau hatte sich über die Hofleute von Widnau und Haslach und andere benachbarte Eigenthümer (im Rheinthal und andern Orten) von liegenden Gütern im Hof Lustnau beklagt, weil sie die Schnitz- oder Contributionsgelder nicht bezahlen wollten und ohne ihre Hülfe diese schwere monatliche Contribution Denen von L. fürderhin unmöglich würde. — Die Güter von Lustnau kommen sonst je länger je mehr über Rhein und anderwärts durch Erbe, Kauf, Heirath etc.

Sigel Jakob Hannibals. 134

A. W.

Diese monatlichen Contributionen oder Schnitzgelder zu Handen der kaiserlichen Commandanten oder Commissarien sind ohne Zweifel für

1641 die kaiserliche Kriegführung gegen die Schweden erhoben worden, an welcher sich Graf Jakob Hannibal selbst sehr eifrig, aber nicht sehr rühmlich, betheiligte. S. Bergmann, Die Reichsgrafen von und zu Hohenembs, S. 52 f.

1642 Mai 17. (n. St.) Am Monstein. — Vor Martin von Rickenbach, genannt Belmont, Alt-Statthalter und des Raths zu Schwiz, d. Z. Landvogt zu Rheinegg im untern und obern Rheinthal, erscheinen als Abgeordnete der beiden Gemeinden Widnau (Wydnaw) und Haslach, seinen amtsangehörigen Unterthanen, die „frommen, ehrsamen und weisen" Hofammann Thoma und Alt-Ammann Ulrich die Siber (Sö—), „Vogtsamptmann" Michel Köppel und Ulrich Fridauer (—ower) auf dem Hard (—t), wie auch „Amptmann" Hans Sperger und Jakob Vogel von Lustnau (—ow) einerseits und Junker Christof Buffler, des Raths, und Sebastian Högger, Beide Bürger zu St. Gallen, als Bevollmächtigte (gewaltbaber) der Erben des Zunftmeisters Jakob Rheiner sel. von St. Gallen anderseits. Die Widnauer erheben Anspruch auf eine jährliche Nachsteuer von 45 Kreuzer sammt bisher erlaufenen Unkosten, im Ganzen 150 Gulden, von den Rheiner'schen Erben, da Rheiner nur 600 Gulden mit jährlich 1 Gulden 30 Kreuzer versteuert hat, während seine in dem Hofe liegenden Güter lt. Kaufbrief von 1585 um 900 Gulden erkauft worden sind, also jährlich mit 2 Gulden 15 Kreuzer hätten versteuert werden sollen. Darüber haben sie schon bei dem vorherigen Landvogt Jakob Lusser von Uri geklagt und von diesem einen schriftlich besigelten Schein erhalten, dass sie sich dafür an Rheiners im Hof Widnau und Haslach „liegenden Schuld" erholen mögen. Das Gleiche verlangen sie jetzt oder aber, dass die Rheiner'schen Erben veranlasst werden, die genannte Summe zu bezahlen.

Juuker Christof Buffler und Sebastian Högger berufen sich zunächst auf die Abschiede, die in den Jahren 1502, 1563, 1580*) und 1616 von den 8 regierenden Orten wegen der Steuer ausgegangen sind. Von diesen bestimmt der erste, dass von 100 Pfund Pfennig D. nur zwei Schilling D. zu bezahlen seien; der zweite, dass die Burger von St. Gallen und deren Armenhäuser nicht mehr steuern, als die Hofleute; der dritte, wie man sich mit einander sonst vergleicht, und der vierte, dass Dasjenige, was man weiter kaufe und worüber man sich nicht anders vergleiche, 15 Kreuzer von 100 Gulden steuern solle. Weiter sei anno 1619 ein neuer Vergleich abgeschlossen worden, laut welchem auf Klage der Höfe

*) Nach „1580" folgt noch ein sinnloses „1152".

G

1642 die Burger (von St. Gallen) sich zu einer Erhöhung ihrer Steuer von 24 Gulden 18 Kreuzer 4 Heller auf 27 Gulden 28 Kreuzer 1 Heller verstanden haben. Dieser Vergleich sei damals von den beidseitigen Abgeordneten angenommen und unterschrieben worden, und darüber wären auch Brief und Sigel aufgerichtet, „wo nicht Prestenslöuf eingefallen." Nach diesem besondern Vergleich habe Rheiner gesteuert und sei zu mehr nicht pflichtig gewesen. — Was den Schein von Landvogt Lusser anbelange, so habe Lusser auf Vermittlung des Raths in St. Gallen den „Arrest" wieder aufgehoben und erklärt: er wolle mit den Amtleuten der Höfe dergestalt reden, dass sie es dabei bewendet sein lassen.

Hierauf erklären die Amtleute, dass sie von Dem, was 1619 gemacht worden sein solle, Nichts wissen; die zwei Amtleute die dabei mitgeholfen haben sollen, seien „Gott befohlen" (d. h. tod) und der Vertrag sei nie vor die Gemeinde gekommen und in Brief und Sigel gebracht worden. Sie verlangen daher, dass der Gegenpartei gütlich oder rechtlich die Bezahlung der rückständigen Steuer und Unkosten auferlegt werde.

Die Rheiner'schen Abgeordneten erklären, dass sie nicht von dem Vertrage von 1619 abgehen können, der von Bürgermeister und Rath in St. Gallen als in Kraft stehend betrachtet werde.

Die Parteien verstehen sich dazu, einen gütlichen Entscheid anzunehmen, jedoch die Anwälte der Rheiner'schen Erben nur unter dem Vorbehalt, dass es sich dabei nicht um die Steuer, sondern nur um die Unkosten handle, der Nachbarschaft wegen und damit man wieder zu Ruhe komme.

Gesprochen:

1. Dass der Vergleich von 1619, da die Amtleute schliesslich bekennen mussten, dass sie von demselben gewusst haben, in Kraft bleiben und darüber in aller Form Brief und Sigel aufgerichtet werden solle.

2. Die Rheiner'schen Erben sollen den beiden Höfen an ihre Unkosten 50 Gulden bezahlen, die Höfe aber zu den übrigen frühern Unkosten auch die heutigen übernehmen, ausgenommen Brief- und Sigelgeld, das jede Partei für sich bezahlt.   135
St.-A St. G. — Rubrik CXL. Fasc. 1. — Papier.

Bei diesem Brief liegt auch der Entwurf zu einer wirklichen Ausfertigung des Vergleichs vom 8. Juni 1619, vor dem Landvogt Martin v. Rickenbach in Anwesenheit und unter Mitwirkung der oben genannten Abgeordneten der Höfe und Christof Bufflers als Vertreter der Stadt St. Gallen, der Armenhäuser und Bürger, welche Eigengüter in den Höfen haben. Darin werden als Eigenthümer solcher Güter namentlich aufgeführt:

1642

	bisher bezahlt:	jetzt begehrt:	bewilligt:
Spital St. Gallen	fl. 6. 47. —	fl. 11. —. —	fl. 8. 30. —
Sant Cathrina Amt	„ —. 7. —	„ —. 7. —	„ —. 7. —
J. Hans Schobinger . . .	„ 2. —. —	„ 2. —. —	„ 2. —. —
Fr. Barbara Schlumpfin . .	„ 1. 30. —	„ 1. 30. —	„ 1. 30. —
J. Caspar Schobinger . . .	„ 2. 45. —	„ 6. 15. —	„ 3. 30. —
Fr. Spindlerin	„ 2. 35. —	„ 2. 35. —	„ 2. 35. —
J. Ramsouwer	„ —. 21. —	„ —. 21. —	„ —. 21. —
J. Caspar Schlumpf . . .	„ —. 10. 1	„ —. 10. 1	„ —. 10. 1
J. Caspar Schlumpf Sona (!)	„ —. 14. —	„ —. 45. —	„ —. 28. —
Hr. Jacob Algöuver . . .	„ 3. 28. —	„ 3. 28. —	„ 3. 28. —
Hr. Gabriel Kuntz . . .	„ —. 15. —	„ —. 15. —	„ —. 15. —
J. Christoph Bußler . . .	„ 1. 9. —	„ 1. 9. —	„ 1. 9. —
J. Boschon Zilly	„ —. 7. —	„ —. 7. —	„ —. 7. —
J. Jörg Spindler	„ 2. —. —	„ 2. —. —	„ 2. —. —
J. Jacob Schobinger . . .	„ —. 18. —	„ —. 18. —	„ —. 18. —
J. Sigmund Zollicofer . . .	„ 1. —. —	„ 1. —. —	„ 1. —. —
	fl. 24. 18. 1	fl. 33. 8. 1	fl. 27. 28. 1

Was von diesen Gütern durch Kauf die Hand ändert oder was neu
dazu gekauft wird, soll nach dem alten Vertrag von 100 Gulden jährlich 15 Kreuzer geben. — Der Entwurf des Vergleichs von 1619 war
unterzeichnet von Christoph Bußler und Thomas Zwicker (—her) als
Verordnete der Stadt St. Gallen und von Ammann Balthasar Torgler
und Ammann Hans Köppel (Kopel) als Verordnete des Hofs Widnau
(—ouw) und Haslach. Sigeln sollten die Stadt St. Gallen und der Hof
Widnau und Haslach.

Das Datum der Ausfertigung ist 10. Mai (a. St. = 20. Mai n. St.) 1642.

1646 Juni 4. — Ulrich Geiger, genannt Trögli,[*] Hofmann im freien
Reichshof Widnau und Haslach im Rheinthal, verkauft dem
Jerg Nef, d. Z. Spitalherrn (speitelherr) zu Altstätten, an
Statt und im Namen der Spitalherrn von St. Gallen, ein eigenes
Stück Boden oder Gut von seiner Hofstatt im Haslach gelegen
— stosst an sein eigen Haus und Hofstatt und an des Spitals Hofstatt, wie
(wei) Hans Geigers sel. Erben darauf hausen, und an die (dei) Gasse
(gasen) von der untern Mark bis (beis) an die (dei) andern, ungefähr sechs
Klafter lang —, um 8 Gulden Landswährung, unter dem Vorbehalt,
dass er und seine Erben über dieses Stücklein Boden, wie es dann zu
einer Strasse gemacht wird, auch fahren dürfen[**]. Das „Käuflein"
geschieht mit Rücksicht darauf, dass der Verkäufer und die Spitalherrn von St. Gallen vor Diesem etwas streitig gewesen sind wegen
der Zufahrt zu ihrem Stadel im Haslach, „wie Hans Geigers sel.
Erben d. Z. dort hausen".

Es sigelt Ulrich Siber (Sei—), d. Z. Ammann des fr. Reichshofs Widnau und Haslach.   136

Sp.-A. St. G. — B. 14 n. 3.

---

[*] Der Zuname „Trögli" ist jetzt noch bei einer Familie Geiger in der Au im Gebrauch.
[**] „wan wir sei mangelbar seind, so sol man uns über dieses stückli boden, wel es dan
zu einer stras gemacht wird, auch lasen faren ohune schaden".

1649 October 19./29. **An dem Monstein im oberen Rheinthal. — Konrad Mayer**, Landshauptmann und des Raths zu **Appenzell**
der äusseren Roden, d. Z. Landvogt zu **Rheinegg** im untern
und obern Rheinthal, und Junker **Jakob Hannibal Berua
von Steinach**, gräfl. hohenemsischer Rath und Hofmeister, auch
Junker **Sigmund Zollikofer von St. Gallen**, sammt dem
Landschreiber des Rheinthals **Paul Alphons Tanner von Uri**,
vergleichen den Streit der zwei Gemeinden des freien Reichshofs
Lustnau einerseits und des Hofs **Widnau** (Weidnauw) sammt
Haslach anderseits über die Beziehung der beiden in Lustnauer
Gebiet gelegenen, aber Widnau und Haslach zugehörenden Rieter
zu einer schweren, den Lustnauer Gütern auferlegten Contribution
oder Steuer gütlich dahin, dass die Gemeinde W. und H. der
Gemeinde L. auf nächste Martini 1200 Gulden rheinthalische
Münz und Währung bezahlt oder diejenige Summe Geldes, so die
Hofgemeinde Lustnau dem Landvogt **Mayer** schuldet, auf Mar-
tini übernimmt, jedoch ohne den Zins bis auf diesen Zeitpunkt.
An Fremdensteuer (fremde Steuern), von denen jeder Hof dem andern seinen Antheil zu geben schuldig gewesen, hat kein Theil dem
andern mehr Etwas zu geben, „weil die Gemeinde Lustnau das Capital,
nämlich 800 Gulden Hauptgut, um (die) jährliche Steuer von dem
Hofe W. und H. ablöslich empfangen hat."

Gegen diese Leistung darf von den beiden genannten Rietern
nie mehr in irgend welcher Form eine Abgabe erhoben werden,
vorbehalten einzig das Recht des Zehntherrn, und bleibt Denen
von W. und H. die freieste Nutzung derselben gewahrt. Was
sie aber sonst jenseits des Rheins im Hof L. an Aeckern, Wiesen,
Matten oder Trattgut besitzen, davon sollen sie den Lustnauern
helfen „heben und legen", wie bisher; wogegen Schaden, der ihnen
an ihren Gemeinds- oder Eigengütern geschieht, ebenfalls wie bisher
„nach der Gebühr und Billigkeit" abgetragen wird.

Die bisher in diesem Streit aufgelaufenen Unkosten hat jeder
Theil an sich selbst zu tragen.   137

Staatsarchiv Luzern.

Trefflich geschriebene Copie. — Eine viel schlechter geschriebene
Copie liegt auch im Staatsarchiv Zürich; aus dieser ergibt sich, dass
der Vergleich am 22. December vom Grafen **Karl Friedrich von
Hohenems** ratificirt und mit seinem und des Landvogts Sigel versehen unter diesem Datum zu Hohenems in Doppel ausgefertigt worden
ist. Vgl. Eidg. Absch. VI. 1. 2. S. 1246. n. 178. (S. 1239. n. 137.)

Die „Extraodinari-Contribution oder Steuer", durch welche der Streit
entstand, wurde — wie es scheint vom Kaiser; wenigstens erscheint ein

1649 kaiserlicher Commissär neben dem Grafen als „Ansprecher" — „wegen des leidigen Einfalls der schwedischen Armada angelegt". Die Gemeinde von W. und H. wandte sich sofort an die regierenden Orte, welche sich auch der Sache annahmen und sich beim Grafen zu Hohenems eifrig für ihre Unterthanen verwendeten, zuerst freilich ohne jeden Erfolg; indem Karl Friedrich die Gemeinde auf den sehr langwierigen und kostspieligen Weg Rechtens verwies, wenn sie nicht steuerpflichtig zu sein glaube. So viel ich aus dem vom April bis October hierüber im Staatsarchiv Luzern liegenden Correspondenz schliessen zu dürfen glaube, wurde von Seite der Gemeinde und der regierenden Orte der Grundsatz aufgestellt und festgehalten, dass das über dem Rhein liegende Gemeineigenthum einer unter eidgenössischer Oberhoheit stehenden Gemeinde auch als eidgenössisches Territorium zu gelten habe und nur zu den alten localen, aber nicht zu neuen Reichssteuern beigezogen werden dürfe. Sie beriefen sich darauf, dass auch die linksrheinischen Güter der Gemeinde Lustnau und des Grafen nicht zu den hierseitigen Steuern beigezogen worden seien; obschon es seit 1618 deren viele gegeben habe. — Die nun mit 800 Gulden ausgelösten „fremden Steuern" waren der Antheil von Lustnau an der Steuer der im überrheinischen Theil des Hofs niedergelassenen, bezw. Besitz habenden Fremden. Eine jährliche Steuer von 9 Gulden, welche Lustnau bisher an Widnau-Haslach zu bezahlen hatte, wurde nach dem Berichte Landvogts Mayer vom 7. November an Zürich über die Verhandlungen vom 29. October durch den Vergleich ebenfalls aufgehoben; was auffallender Weise in dem Instrument selbst nicht erwähnt ist. — Wie es sich mit der Schuld von Lustnau an den Landvogt verhielt, konnte ich nicht ausfindig machen.

Ueber die Steuerpflicht der beiden Rieter entstand zwischen den schweiz. Gemeinden Widnau, Schmitter, Au und Haslach einerseits und der Gemeinde Lustnau andererseits noch im Jahre 1838 ein Process, den die schweiz. Gemeinden vor dem Landgericht Dornbirn und dem Appellationsgericht Innsbruck in der Hauptsache verloren, jedoch unter Wahrung des Rechtes, die obigen 1200 Gulden in der zur Zeit der Zahlung bestandenen Währung zurückzufordern. — Die Rückzahlung habe dann auch (Anfangs der Vierziger Jahre) mit 1800 Gulden stattgefunden.

1650 Januar 26. — Ulrich (Ull—) Siber (Se—), Hofammann, Thomen (!) Siber (Se—), alter Ammann Jakob Wider, neuer, Michel Köppel, Hans Gugger, beide alte Landvogtsammann, und Hans Fridauer, als Bevollmächtigte einer ganzen Gemeinde Widnau und Haslach im Rheinthal, verzichten gegen Bezahlung von 550 Gulden Stadt St. Galler Währung auf die Gerechtigkeit des Tratts „nach der Sichel und Segensen" auf den Aeckern und dem Wieswachs, welche dem Spital auf dem Blattacker (Blat—) bei „Herbrüggelin" zugehören — stossend an die Ach und an etliche andere Nachbargüter und an andere Spitalgüter, nach Ausweis neulich erläuterter Marken, an Khau und an Hans Gigers Gut und letztlich an Vestenbünt —, ungefähr 11 Mannmad oder Juchart in sich haltend, die Achen (Aichen) und Strassen oder Wege nicht

1650 gerechnet, so dass diese Aecker und Wiesen nach den genannten Jahrzeiten nicht mehr als Gemeinwerk mit fremdem Vieh genutzt werden dürfen; doch so, dass die alten Strassen, Steg und Weg altem Brauch nach zu diesen Gütern offen bleiben und in Ehren erhalten werden. 138

Es sigelt Ulrich Siber, Hofammann, mit seinem Amtssigel.

Sp.-A. St. G. — B. 14 n. 6.

1650 Juni 29. — Konrad (Cunrat) Frei und Hans Frei, Brüder und Hofleute im freien Reichshof Widnau und Haslach im Rheinthal, verkaufen den Ausser- und Inner-Spitalherrn und Pflegern des „h. Geistes Gottshaus Spital der lobl. Stadt St. Gallen" ihr eigen Stück Weingarten in unserm Hof und Gerichten gelegen im hintern Futzen*) — stosst erstlich an „Junker des Salensteiners" (Sallenstonerser) Gut, zum andern an der Herren von Appenzell Güter, zum dritten oben an des Spitals Weingarten und zum vierten an des Verkäufers Konrad Frei Weingarten — um 280 Gulden Landswährung; von dem Gute geht der gewöhnliche Zehnten, dazu ist es Freilehen von Zwingenstein**).

Es sigelt Michel Köppel, d. Z. Ammann des freien Reichshofs W. und H. 139

Sp.-A. St. G. — B. 14 n. 8.

1652 März 22. Ratification einer Ausscheidung der im Reichshof Lustnau an die Pfarre Bernang und das Amt Rosenburg zehntpflichtigen Stück und Güter.

Die Abgeordneten des Abts von St. Gallen, als Inhaber der Herrschaft Rosenburg und Collator der Pfarrei Bernang, nämlich Modestus Spiess, Conventual zu St. Gallen und Statthalter zu Rorschach (Rosch—), Bernhart Christof Giel von Gielsberg, äbtischer Rath und Vogt zu Rosenburg, und Hauptmann Klaus Dierauer, Hofschreiber zu Bernang, einerseits und die Abgeordneten von Karl Friedrich, Graf zu Hohenems, Gallara und Vadutz, Herr zu Schellenberg, Dornbirn (—biern) und Lustnau als Inhaber und Zehntherr des Reichshofs Lustnau, nämlich Georg Jauch, Oberamtmann, Johann Christoph Rehm, Rentmeister, und Hans Hagen (Haa—), Hofammann daselbst anderseits, haben nach gemeinsamem Untersuch am 10. Februar 1651 festgesetzt, von welchen Stücken und Gütern in dem gräflich hohenemsischen Reichshof Lustnau die Zehnten

*) Jetzt „im Mösli".
**) „Für frei, ledig und los, dan es gelt einen gewöllichen zechenden und ist ein frei lechen im Zwingenston, mit sampt siner zünig unden das fürhaupt und hefseitzs gegen Zwingenston."

1652 zwischen St. Gallen und Hohenems streitig oder beiden gemeinsam sind. Dabei haben sich als streitig ergeben: 1. der Zehnten eines Stück Guts in dem Unterfeld, genannt Keckenbünt (Keckh—dt), an dem Stalden und Bauweg abwärts an Ulrich Bösch gelegen, das Ammann Hagen und Klaus Hemerlin innehaben, dermalen theils Heuwachs, theils Kornboden, vor wenig Jahren nur Heuwachs; seitdem es zu Kornboden aufgebrochen, der Herrschaft zu Ems (Embs) zehntbar; 2. der Zehnte eines Stück Ackers im Oberfeld, an Herrn Georg Hemerlins, Pfarrer, eigen Gut und Jos(?) Holenstein gelegen, das vordem an die Frühmess gekommen, weswegen der Abt den Zehnten „nachgesehn", jetzt aber wieder von der Frühmess an Hans Hemerlin gekommen und der Herrschaft zu Ems zehntbar worden. An St. Gallen (Bernang) und Hohenems gemeinsam zehntpflichtig ergaben sich: 1. im Unterfeld vier Juchart Acker zu Engach, Lehen von der Herrschaft zu Ems; 2. das eingezäunte Gut Wetzelsbünt genannt; 3. vier Juchart Acker im Unterfeld die Sauäcker genannt; 4. drei alte Juchart Acker hinter der Hagenbünt (Haa—) im Unterfeld sammt zwei Aeckern aussen daran gelegen; 5. ein Acker oben im Unterfeld gelegen; 6. eineinhalb Juchart Acker im Oberfeld (^{2}/$_3$ nach Bernang, ^{1}/$_3$ nach Hohenems gehörig und zehntpflichtig). Dann wurden am 26. Mai (1651) durch die beidseitigen Abgeordneten auf Ratification des Abts und Grafen diese zehntbaren Stück und Güter folgendermassen verglichen und abgetheilt: Von den streitigen Gütern soll n. 1 der Herrschaft zu Ems, n. 2 der Pfarre Bernang zehntbar sein; von den gemeinsamen werden n. 1, 3 u. 5 der Herrschaft Ems, n. 2, 4 und 6 der Pfarre zu Bernang zugetheilt. Weiter sind nach Augenschein dahin zehntbar: 1. im Islach (Iß—) ungefähr zwei Juchart in Lippenholz; im Islach ein Juchart, so Heuboden und Acker. 2. Im Unterfeld eine „ringe" Juchart Acker im Engach gelegen; ein Gut, genannt Konradsbünt, circa eineinhalb Juchart Acker; etliche Juchart Acker aneinander ausserhalb Otmar Zollers „Baindt" im Unterfeld gelegen; eben diese Otmar Zollers Baindt zu einem Juchart bis an Otmar Zollers Hofstatt oder Acker; ein Baindt daran gelegen, ist sonst nach Ems zehntbar, gibt aber jährlich der Pfarre Bernang drei Viertel Fesen für den Zehnten; eine ringe halbe Juchart Acker, oben im Unterfeld gelegen; ein Stück Gut des Velders Baindt genannt; ein Gut genannt Küngsbünt. 3. Im Oberfeld: Die Bildäcker zwischen der Strasse und dem Fussweg gelegen; ein Stück Acker; ein Acker allda genannt das Himmelreich;

1652 ein Acker genannt Holzacker; ein Stück Acker daselbst; ein
Acker; etliche Stück Acker hinter dem Morgen; ein Acker in des
Torglersbünt (Torgg—); ein Stück Acker bei dem Genslin;
ein Gut in Bömschenbaindt; die grosse Wies auf Büngen,
so „bis an ein klein Stöcklin" im Rhein (Rein) liegt. Schliesslich soll
diese Beschreibung Dem, was d. Z. nach alten beglaubigten Be-
schreibungen im Rhein liegt und mit keinem Augenschein besucht
werden kann, nicht nachtheilig sein. — Dies Alles wird hiemit
durch den Abt und Grafen ratificirt.

    Es hängen beide Kanzlei-Secret-Insigel.   140

    Stifts-A. St. G. — O. O. 3. F. 19.

1654 Juli 11.*) — Sebastian Muheim, des Raths zu Uri, d. Z.
Landvogt zu Rheinegg, veranlasst Hofammann und Gemeinde
Widnau (Weydnaw) und Haslach einerseits und Hofammann
und Gemeinde Bernang anderseits zu nachfolgendem Vergleich
über streitige Punkte:

1. Die zwei Abschiede, die sie 1652 und 1653 zu Baden ausgewirkt, sollen cassirt und entkräftigt sein und hinter den Landvogt gelegt werden.

2. Das Erbrecht soll so gebraucht werden, dass ein Erbe, welches
   in Bernanger Gericht fällig wird, in liegendem und fahrendem
   Gut nach dortigem Erbrecht getheilt wird; ein solches, welches
   in Widnauer und Haslacher Gerichten fällig wird, nach dem
   Erbrecht dieses Hofs; — ob nun die Erben in einem oder
   beiden Gerichten sitzen.

3. Sollen „die Arrest, Häften (!) und (das) zu Recht hinterlegen", als
   Ursache aller „Unnachbarschaft" und Widerwillens, beiderseits
   gänzlich aufgehoben sein und vermieden werden. Hat Einer eine
   „Anforderung oder Zuspruch" an den Andern, so soll der „An-
   sprecher" seinen Schuldner da suchen, wo dieser mit Feuer und
   Licht gesessen; ausgenommen bei „Abkaufung" der Güter, bei
   Steuer, Zins und Zehnten, bei Pfad- und Strassenbussen, wofür
   die Offnung und Statuten massgebend sein sollen**)

4. Jeder Theil soll auf seiner Seite dem andern Steg und Weg
   geben, es sei auf eigenen oder Gemeinde-Gütern, und jeder
   Hofammann an seinem Theil für gehörigen Unterhalt sorgen***)

*) „Montag den 11. Juli", passt weder auf den alten, noch auf den neuen Kalender;
nach jenem war der 11. Juli ein Dinstag, nach diesem ein Namstag.

**) ausgenommen wo einer bey abkauffung der gütteren, bey stewr, zinss und zehenden,
bey pfad und strassen bussen; die sollen nach billichkeit und der selben offnung und
statuten nach angelegt und den selbigen nutzung oder gütteren, die es berüren, und all
bey anderen bezogen werden.

***) es seyen auff aignen oder gemainden gütteren. Soll jeder hofammann verschaffen,
dass die selben genugsamb und nach notturft gantz unklagbar, wie sye schuldig, ohne
undterschidt der einen oder anderen parthey, getrewlich und ohne gefehrde.

1654 5. Sollen beide Gemeinden ihren Antheil am „gemeinen" Trieb und Tratt nutzen und gebrauchen, beschützen, schirmen und verbannen, wie von Alters her, lt. Inhalt zweier Libelle.

6. Ueber die seit der Tagleistung zu Baden anno 1652 beiderseits auferlaufenen Kosten wird der Entscheid dem Landvogt, Landschreiber und beigezogenen „Amptleuten": nämlich Stadtammann Jakob Bärlocher (Ber—) von Rheinegg und Alt-Hofammann Bartholome Dietzi von Thal, überlassen.

7. Alle Zwietracht (ausgeflossene missreden, widerwillen, rancor, zank und zweitracht) soll damit aufgehoben sein.

Darauf ersuchten die Ausschüsse beider Parteien, nämlich: Michael Köppel, Hofammann, Hans Gugger und Jakob Wider, beide Vogtsamtmann, und Andreas Romer, des Gerichts, von Widnau und Haslach, — Johannes Federer, Jakob Metzler, Neu- und Alt-Hofammann, Hauptmann Nikolaus Dierauer, Hofschreiber, „Amtmann" Felix Kaufmann und Jakob Metzler, Hofweibel, von der Gemeinde Bernang, den Landvogt um Bestätigung aller dieser Punkte „von hoher Obrigkeit wegen", was auch geschieht, mit eidlicher Gelobung der Ausschüsse beider Gemeinden, diese Verabkommniss fest zu halten, und mit Aufsetzung einer Busse von 25 Kronen, wenn eine von beiden Parteien irgend welchem Punkt zuwider handeln würde. — Die seit 1652 aufgelaufenen Kosten solle jeder Theil an sich selbst tragen, ausgenommen 43 ½ Gulden, „weil die Gemeind W. und H. um so viel mehr ausgegeben, als die Bernanger". Darum hat B. diese 43 ½ Gulden an W. und H. „völlig zu ersetzen". Die jetzt über die Bestätigung aufgegangenen Kosten sind von den beiden Parteien zu gleichen Theilen zu tragen.

Es sigelt der Landvogt. 141

A. W.

1654 August 31. Rheinegg. — Der Hof Widnau und Haslach wird von 4 Abgeordneten der regierenden Orte den Gläubigern des Grafen von Hohenems für die Summe von 33,502 Gulden vom 5. September 1654 an mit allen „niederobrigkeitlichen" Gerechtigkeiten, Renten und Gülten auf drei Jahre pfandschaftsweise zugesprochen. Erfolgt die Bezahlung der genannten Summe nicht innerhalb dieser Zeit, so mögen die Gläubiger nach Belieben über das Pfand verfügen. 142

Eidg. Absch. VI. 1. 2. S. 1241. — (Vgl. n. 144.)

Die Verwaltung der Pfandschaft wurde den Herren Karl v. Salis, Stadtvogt von Maienfeld, und Hauptmann Johann Anton Pestalutz,

1654 als den beiden grössten Gläubigern (für 24,502 Gulden), übergeben, welche den andern Mitcreditoren (Wittwe Ursina Brügger, geb. v. Salis, für 5650 Gulden, Stadtammann Jakob Bärlocher von Rheinegg für 1500 Gulden, die Wittwe des Marx Zollikofer von St. Gallen für 1200 Gulden, und Hofschreiber Dierauer (Thier—) von Bernang für 650 Gulden) ihren Antheil am Zins auszurichten haben. Der Landvogt wird die Creditoren bei dem ihnen zugewiesenen Pfand schützen. Für die Conferenzkosten ersättigt man sich aus dem heurigen Ertrag der Pfandgegenstände, dessen Ueberschuss den Creditoren nach Verhältniss ihrer Schuldforderung verbleibt.

Der ganze Verlauf dieser Angelegenheit, welche für den Hof Widnau und Haslach die schlimmsten Folgen mit sich brachte, wird in der historischen Einleitung dargestellt werden. — S. auch Eidg. Abschiede VI. 1. 2. S. 1239—1247.

1660 December 27. — Der Landvogt im Rheinthal, Jakob Bosshart von Zug, setzt den Grafen Karl Friedrich von Hohenems auf Anweisung der Mehrheit der katholischen regierenden Orte — hinter dem Rücken von Zürich — wieder in Besitz von Widnau und Haslach, um ihre „Unterthanen" von den Bedrückungen des Grafen zu befreien. **143**

Staats-Archiv Luzern.

Vgl. n. 142.

Unter dem 28. December danken die beiden Höfe in einem Schreiben an Luzern „mit unaussprechlicher Freude und Frohlocken für die Erledigung von ihren 7jährigen Drangsalen" und dafür, „dass sie wieder in ihr altes Ruhewesen gesetzt seien", mit der Bitte, „sie nicht mehr in so tiefe Extremität kommen zu lassen." — Das Nähere siehe in der Einleitung.

1662 Januar 6. (den 6. Tag des 1662. Jahrs). — Auf Befehl und Gutheissen des Abt Gallus von St. Gallen treffen Bruder Joseph Wolschiess, Alt-Vater *), und Franz Fürer, Hofweibel des Gotteshauses St. Gallen, mit Michael Turnher (Th—rr) in der Au folgenden Vergleich:

1. Uebergeben besagter Herr Alt-Vater und Hofweibel dem Turnher das in Haslach in Ammann Michael Köppels sel. Gut stehende Zehnthaus, um es abzubrechen und auf seinem eigenen Gut, am Mon (Mohn) genannt, als sein Eigenthum wieder aufzurichten, doch mit dem Beding, dass Turnher am besagten Mon einen Keller von einem guten Mauerstock, 8 Fuss hoch, aufführen, eine eichene Thür gegen den Rhein, auch eichene Gericht sammt wohl versorgtem Schloss und Schlüssel anbringen und die Strassen von und zu dem Keller und den Mauerstock unterhalten, der Keller aber dem Abt „eigenthümlich" zudienen soll, so dass er ihn das ganze Jahr

*) Des St. Otmar- oder Bruder-Spitals.

1662 gebrauchen mag. Auf diesem Keller ist das abgebrochene Zehnthaus aufzurichten und zu erbauen.

2. Sollte das Gebäude verbrennen, so sind Turnher bezw. die
jeweiligen Inhaber des Guts und der Reben am Mon pflichtig,
den Keller zu decken und allezeit in Ehren zu halten, auch
im Herbst „allen möglichen Vorschub und Beihilf zu leisten".

3. Hat Turnher dem äbtischen Zehntschreiber, wenn er zur Herbstzeit dahin kömmt, gegen gebührende Bezahlung „Unterschlauf",
Speis und Trank zu geben; doch steht es dem Schreiber frei, dort
einzukehren oder nicht.

Es hängt das äbtische Kanzlei-Secret-Insigel.   144

St.-A. St. G. — O. O. 3. J. 48.

Dieses Zehnthaus stand in unmittelbarer Nähe des jetzigen Wirthshauses „zum Schiff" (abwärts) und ist in neuester Zeit abgebrannt.

1662 August 22. — Vor den Verordneten der Gemeinde B e r n a n g —
B a l l u ß (!) S c h m i d t, d. Z. Hofammann, N i k l a u s D i e r a u e r
(Thierauwer), Quartierhauptmann und alter Hofschreiber, H a n s
F o r s t e r älter, Müller, Meister H a n s K a u f m a n n, Küfer, J o s
M ä t z l e r, Hofschreiber, Jakob Mätzler, Hofweibel — und denjenigen der Gemeinde W i d n a u (Weidnow) und H a s l a c h — H a n s
G u g g e r, Hofammann, J a k o b S i b e r, Statthalter, A n d e r e s
R o h n e r, H a n s G e i g e r (Geigg—) und U l r i c h (Urrich) K ö pp e l (Köppli), Hofweibel, — erscheinen H a n s F e d e r e r, Alt-Hofammann, B a s c h i Federer, ebenfalls Alt-Hofammann und Statthalter, Ammann F e l i x (Felligx) K a u f m a n n, G a l l i S e i t z, älter,
H a n s Seitz, Alt-Seckelmeister, J o s e p h Seitz, H a n s S c h e g g,
sammt andern Mitinteressirten und bitten, ihnen ein „namhaft Stück
maientretig Gut" auszumessen und davon den dritten Theil an's
Tratt zu schlagen; was die Verordneten ihnen aus Befehl beider
Gemeinden vergönnt haben. Bevor man aber das Werk „an die
Hand genommen", haben die Abgeordneten beider Gemeinden
einhellig beschlossen:

1. Soll Niemand von der einen oder andern Gemeinde auf das
ausgeschlagene Tratt, das man allda ausmessen wird „und
welches an's Tratt fällt", bauen, weder Häuser, noch Städel,
noch sonst Etwas, und weder Gärten, Felben, Alber, Eichen,
wilde oder zahme Bäume darauf pflanzen.

2. Sollen die Inhaber des Guts, so da an's Tratt geschlagen, das
Tratt allenthalben, wo nöthig, „vergraben", wie auch andere
vorhandene Flussgräben und alte „Grabenmale" aufthun, wie von
Alter, der Gemeinde ohne Schaden, damit das Tratt in guten

1662 Ehren erhalten werde; besonders soll man das Tratt ob dem Kühhag, wo es am engsten ist, fleissig vergraben, damit keine Wagenstrasse über dasselbe gemacht werde.

3. Wo alte „Hagstal" sind, sollen Diejenigen, welche früher diese Häge gemacht haben, die Felben, Alber oder Anderes, was im „Hagstal" oder zunächst dabei steht, nutzen bis zu ihrem Abgang, aber Nichts nachsetzen.

4. Wo der Reitweg ist, unterhalb der „steinernen" Brugg, sollen die alten Inhaber der selbigen Güter vergraben, „dass es nicht zu einer Strasse gemacht werde"; unterhalb der Brugg sollen die alten Anstösser über den selbigen Flussgraben eine steinerne Platte legen, damit das Wasser den Ablauf habe und Jedermann wohl „fürüber" kommen könne, daneben aber vergraben, dass es nicht zu einer Strasse gemacht werde.

5. Soll keiner dem Andern in eignem Gut, was allda eingeschlagen worden, mit Bäumen oder Anderem „überzeugen"*) wider seinen Willen.

6. Wo Strassen gegen dem Ackerrain (Acherrein) sind, sollen die alten Anstösser die Gasse in Ehren erhalten und dafür die beiseits stehenden Felben und Alber nutzen.

7. Das ausgemessene Tratt liegt ob der alten Almeind (algmein) ausserhalb dem Kühhag, wie auch gerade ob dem Kühhag bis in die Landstrasse hinauf, die der „steininen" Brugg zugeht, zwischen dem neu eingelegten und dem zehntfreien Gut, von welch' letzterem auch ein Dritttheil (ein stoekh) an's Tratt gelegt und die andern zwei Drittheile (die zwen theil) „eigen gemacht" worden sind, wie allenthalben ordentlich ausgemarkt worden. Es liegt auch ein Stück (stuche) unterhalb der genannten Brugg zwischen eignem Gut und der Tegeren und der Ach am Tratt, wie ebenfalls ausgemarkt.

Weiter ist auch wegen Jakob Grüninger (Grüeniger), Hans Seitz und Ammann Baschi (—y) Federer ein halbes Mannsmad in der Hüttau (Hütauw) oberhalb der Ach an's Tratt gelegt worden, weil sie (sey) anders (anderst) nicht wohl ans Tratt schlagen können, auf den Wiesen; die zwei eignen (aigne) Theile liegen auswärts auf St. Peters Wiesen, wie ordentlich ausgemarkt worden.

Es sigeln Balltuß (!) Schmidt, d. Z. Hofammann zu Bernang, und Hans Gugger, d. Z. Hofammann im freien Reichshof W. und H., die „ehrenfesten, fürnehmen und weisen". **145**

A. W.

---

*) überzeugen überpflanzen: „zügen" jetzt noch in Widnau und Umgegend für „pflanzen" gebräuchlich.

Nach der Ueberschrift auf dem Rücken des Documents „Trattbrief
zuo Sanct Petters wysen im Hof Bernang" scheint der betreffende Boden,
um den es sich handelte, hauptsächlich im Hof Bernang gelegen zu haben.

März (12.) Baden. — Die von dem Grafen von H o h e n e m s an
W i d n a u und H a s l a c h gestellte Forderung, bei dem Bau des
Schlosses Ems mitzuhelfen, ist von dem Landvogt mit Hinweisung
auf die Armuth der Bewohner dieser Orte abzulehnen.   146
Eidg. Absch. VI. 1. 2. S. 1247. n. 180.

Bei der Aufforderung des Grafen handelte es sich jedenfalls nicht
um einen Neubau des Schlosses, sondern am ehesten um die schon im
J. 1659 zur Sprache gebrachte Reparatur und Erweiterung der Festungs-
werke, wofür schon damals der Gemeinde W. und H. ein Beitrag von
300 Gulden zugemuthet wurde.

Juli 16. Gräfl. Palast Ems. — Durch hiezu verordnete Ausschüsse
der beiden Gemeinden des freien Reichshofs L u s t n a u einerseits,
nämlich M a g n u s B ö s c h, Gerichtsammann, J a k o b V o g e l,
Alt-Ammann, H a n s H e m e r l i n, T h o m a s H e m e r l i n, G e o r g
G e s e r (Gö—), H a n s G r a b h e r r, Alle des Gerichts, und der
beiden Höfe W i d n a u und H a s l a c h anderseits, nämlich U l r i c h
F r e i, Ammann, J a k o b S i b e r, Statthalter, H a n s G u g g e r,
Alt-Ammann, J a k o b M e s s m e r (Mö—), A n d r e a s R o h n e r, H a n s
G e i g e r und H a n s Z e l l w e g e r, Alle des Gerichts, werden
Streitigkeiten über verschiedene jenseits und diesseits des Rheins
gelegene Auen folgendermassen gütlich verglichen:

1. Tritt die Gemeinde L. den beiden Gemeinden W. und H. alle
   ihre in dem Hof Widnau gelegenen Holzauen ab, ausser was
   „eigene Holzauen" sind, die einzelnen Bürgern von L. zustehen möchten; dagegen überlassen die beiden Gemeinden W.
   und H. Denen von L. gleichfalls alle ihre bisherigen Rechte
   an die im Reichshof L. gelegenen Holzauen. Um aber Gleich-
   heit herzustellen, soll die Gemeinde zu L. Denen von W. und
   H. die „zwei Spitz unter des Langs F ü r s t e n a u"*) als Eigenthum überlassen und von der andern Au noch so viel dazu
   messen, „bis es jedem Hof den halben Theil trifft (betreffen
   thuet)." Das mögen dann Die von W. und H. fürderhin nach
   Belieben nutzen, sollen es jedoch in dem Tratt liegen lassen.

2. Uebergibt die Gemeinde des Reichshofs L. Denen von W. und H.
   in der M i t t e l a u und unten in derselben, „so an die M a n n-
   m a d (!)**) und an den Giessen stosset", den mit ordentlichen
   Marken ausgesteckten vierten Theil zu beliebiger Nutzung;
   doch sollen sie ihn auch in dem Tratt liegen lassen. — Im

*) Dem Fürstabt zugehörige Au? **) Scheint verschrieben, vgl. d. Anm.

1664 Uebrigen ist und bleibt der Rhein, er gebe oder nehme, soweit die beiden Höfe gränzen, jederzeit die rechte Mark.

3. Bleibt dasjenige Aeulein (äuvelin), so auf des Fürsten Au unter und in den eignen liegt, ein unvertheiltes, gemeines Gut Derer von W. und H.

Besigelt mit dem gräfl. hohenemsischen (hochen Embßischen) Kanzlei-Insigel.   147

Archiv Schmitter.

Im Entwurf oder in Copie auch im Archiv A u , wo unter den Abgeordneten von W. und H. noch L e o n h a r t W i d e r , Hofschreiber, erscheint und es unter Z. 2 heisst: „und unten in derselben, so in der M o n e r A u lieget und an den Giessen stosset.“

1670 November (weintermonat) 1. — Hofammann, Gericht (gr-icht) und Rath, auch ganze Gemeinde des freien Reichshofs W i d n a u (Weidnouw) und H a s l a c h unter der Landvogtei R h e i n e g g (Reineg) in dem Rheinthal (Reinthall) beschliessen, zu S c h m i t t e r (Schmeiter) an der K a p p e n einen Damm oder Hauptschwellwuhr zu schlagen, und treffen dazu mit den Inhabern der daselbst liegenden (leig—) Güter, sie (sey) liegen in dem Wasser oder auf dem Land, sie seien Lettenland (leten—) oder Sand (sender), folgende Uebereinkunft:

1. Die Güter und Auen, die gegenwärtig auf dem Lande liegen, und Stauden, Holz und Anderes tragen, verbleiben den Inhabern, ohne dass die Gemeinde je ein Anrecht an dieselben erhält.

2. Der Kopf oder die Brust vor dem Wuhr ist aus dem Holz der Gemeinde zu machen und jederzeit zu unterhalten.

3. Die Güter und Auen, die kein Holz oder Stauden tragen, werden nach Aussteckung der verordneten Amtleute H a n s G i g e r , neuer Hofammann, Ammann J a k o b S i b e r (Se—), K o n r a d F r e i (Fry), Ballus Zellweger, Baschion K ö p p e l (Köpel), A n d r e a s R o n e r , J a k o b F r e i U l i s (Ullis), L i e n h a r t W i d e r (Lein— Wei—), Hofschreiber, Ulrich Roner, Weibel, einerseits, und der Inhaber von Eigengütern K a s p a r (Casper) J ä g e r (Je—) und U l r i c h S c h m i t t e r (Schmiter) etc. anderseits, für alle Zeiten so geschieden, dass die erste Mark vor dem W i l d e n a u - Gatter gesetzt wird und hierauf 9 weitere Marken in gerader Linie bis oben auf die W i d e n a u (Weidenhow) aufgerichtet werden. Was nun innerhalb dieser Marken liegt, gegen S c h m i t t e r , verbleibt den bisherigen Inhabern, mit Vorbehalt des bisherigen Rechts der Gemeinde auf Wunn und Weide;

1670 was dagegen ausserhalb der Marken, gegen den Rhein, liegt, soll zu allen Zeiten unvertheiltes Gemeindegut der ganzen Gemeinde Widnau (Weidnouw), Haslach und Dickenau (Dickenouw) verbleiben und von allen Hofleuten ohne Unterschied genutzt werden.

Hans Giger, Ammann des Reichshofs W. und H., hängt sein Sigel (seigel) an den Brief (breiff). Unterschrieben: Lienhart Wider (Weid—), Hofschreiber. 148

Archiv Schmitter.

„Schmitter" wird in dem Document einmal „Rode" genannt.

1671 December 16. Widnau. — Nachdem die Jahrrechnungs-Tagsatzung auf Beschwerde der Kirchenpfleger von Widnau entschieden, dass die Beschränkung der Heuzehntenpflicht an die Kirche Widnau durch Graf Kaspar von Hohenems sel. vom Jahre 1626 (n. 126) null und nichtig sei, weil eine Schenkung für fromme Zwecke nach ihrem buchstäblichen Inhalt in Kräften bleiben müsse und nicht nachträglich beschränkt werden könne, hat der regierende Landvogt, Johann Heinrich Emanuel Besler von Uri, aus Auftrag der Tagsatzung die zehntpflichtigen und ledigen Güter neu ausgeschieden und ausgemarkt und weiter gütlich gesprochen, „nachdem es ihm zu beschlossner Hand übergeben worden": dass die Besitzer zehntpflichtiger Güter, welche nach dem Brief von 1626 der Pfarrkirche den Zehnten „hinterhalten", der Kirche dafür und für alle Mühe und Kosten 50 Gulden erlegen und dazu bezahlen sollen, was heute durch die abgeordneten Personen verzehrt worden ist; weiter haben sie von 1671 an den Zehnten fleissig und getreulich zu entrichten.

Auf der genannten Tagsatzung war von den citirten Zehntpflichtigen Niemand erschienen, sondern von ihnen nur ein gräfl. hohenemsisches Schreiben eingesandt worden. Die Kirchenpfleger beriefen sich auf ein von Graf Kaspar mit eigener Hand und seinem Sigel bestätigtes Kirchenurbar von 1605, in welchem von der nachträglichen Beschränkung keine Rede war, sondern ausdrücklich alle „mit dem Pflug aufgethanen und geackerten, hernach aber zu Wieswachs und Heu wiederum still gelassenen" Güter heuzehntpflichtig an die Kirche W. erklärt worden waren.

Archiv Au. — (Abschr. von 1787.) 149

1672 Juli (3). Baden. — Auf Klage der Ausschüsse von Widnau und Haslach, dass sie von dem Grafen von Hohenems härter gehalten werden, als ihre Briefe und Sigel zugeben, wird dem

1672 neuen Landvogt ein Creditiv zugestellt, um mit dem Grafen darüber in Unterhandlung zu treten. Falls diese zu keinem günstigen
Ziele führe, soll in gesammter Orte Namen um Remedirung an
den Kaiser geschrieben werden.   150
Eidg. Absch. VI. 1. 2. S. 1247. n. 181.

1676 Januar (26). Baden. — Der Graf von H o h e n e m s mag in seinen
wieder angezogenen Herrschaften W. und H. die Huldigung ein-
nehmen lassen, doch dass es nur für seine Niedergerichte und in
Anwesenheit des Landvogts geschehe.   151
Eidg. Absch. VI. 1. 2. S. 1247. n. 182.

1677 März 28. (auf miterfasten). — Ammann (amen), Gericht und
ganze Gemeind des freien Reichshofs W i d n a u und H a s l a c h in
dem Rheinthal verkaufen dem Junker J a k o b Z o l l i k o f e r (Zollei-
coffer), Burger der Stadt S t. G a l l e n, ihre alten „Zugehörungen,
Rechte und Gerechtigkeiten" im D o r n a c h: nämlich eine alte
Strasse, Steg und Weg, den Hofleuten zu ihrem Trieb und Tratt,
Wunn und Weid auf und ab zu fahren, welches Trieb und Tratt
die Gemeinde jetzt zu besserem Nutzen eingelegt, etlichen Hofleuten dort „Theil (deil) und Acker" zu beliebiger Nutzung gegeben und eine andere Zufahrt, Steg und Weg dazu erkauft hat,
über die (dei) R o r s c h a c h e r e n (!) oben her. Weiter wird dem
Junker verkauft sein alter Hag oder Zaun, wie ihn seine Bauleute von Alters her dem genannten Triebweg nach und hinten
gegen dem B u c h h o l z zu machen schuldig waren und wie er
mit der Stang gemessen wurde, wobei man die Stange zu 12 Werk-
schuhen zählte und zu 6 Batzen rechnete. Der Triebweg (oder
Gass) stosst an B a l u ß (!) M ü l l e r (Müler) und an J e r g M e s s m e r
und an des Junkers eigenes Gut; die Besitzer des Guts und Jerg
Messmers Hofstatt haben sich je halben Frieden zu geben. Die
Kaufsumme ist 32 (?) Gulden 27 Kreuzer.

Ferner hat J. Jakob Zollikofer ein Stück Tratt sammt Strasse,
Steg und Weg ausserhalb gegen dem G ü l l e n (Gülen), sammt
einem darauf stehenden Satz Albern und Felben, — es stosst dieser
Trattboden an den Güllen, zum andern an A n d r e a s R o n e r s (?) Trattgut,
zum dritten an Jerg Messmers Baumgarten und zum vierten an H a n s
F e h r e n sel. Erben Trattgut. — Diesen Satz von Albern und Felben
sammt dem „oignen" Trattboden übergeben (verkaufen) des Junkers
Bauleute M i c h e l (Mei—) K ë r l e (?) und J e r g R i t z dem Meister U l r i c h (Ullerich) H e n s e l Schmid (?) zu „nutzen und
niessen", wogegen dieser den Unterhalt von Strasse, Steg und
Weg übernimmt, soweit das genannte Trattgut geht.

1677   Es sigelt **Jakob Siber** (Sei—), Ammann des Grafen **Franz Karl** (?) zu der Hohenems (hochen Empß) im freien Reichshof Widnau und Haslach.   152

Im Privatbesitz. — Pergament, stellenweise durch Beschmutz-ung und Abnutzung unleserlich.

1679 December 5. Bernang. — **Sebastian Federer**, Ammanns (Amas) sel. Sohn, d. Z. Hofammann, **Sebastian Federer**, **Heine**'s sel. Sohn, Alt-Hofammann, **Hans Kaufmann**, Seckelmeister, **Jos Mätzler**, Hofschreiber, Alle vom Hof **Bernang**, einerseits, und **Jakob Siber** (Seiber), Hofammann, **Debus Hug**, Seckel-meister, und **Jakob Rohner**, Hofschreiber, vom Hof **Widnau** und **Haslach** anderseits, treffen eine freundliche Uebereinkunft und Rechnung wegen „vor etlich viel Jahren" eingeschlagenen Gütern, die zuvor nur maienträttig waren, unter dem **Hurst** (Huest) der **Ach** nach im Hof Widnau gelegen, „im **Acker**" ge-nannt, wovon der dritte Theil des Kaufschillings der Gemeinde Bernang gehört hat; sodann auch wegen „etwas" Güter, so sich der Form nach nicht schicken wollen, um den Drittel an das Tratt zu legen, in „unserm" Hof im **Unterfeld** gelegen. Die Amtleute von beiden Gemeinden sind darüber verschiedene Male zusammen-getreten, wodurch Unkosten entstanden. Nun einigen sich die beiden Gemeinden freundlich dahin, dass der Hof Bernang für den Hof W. und H. (??) wegen Gütern, die in den beiden Höfen ein-geschlagen worden, dem Quartierhauptmann **Lucas Ritz** 30 Gulden bezahle,[*] ebenso die auferlaufenen Unkosten; was wegen einge-schlagenen Gütern im Unterfeld noch aussteht, soll dem Hof Ber-nang zuständig sein. Weiters hat wegen des Einschlags der Güter, die vom allgemeinen Tratt in beiden Höfen eingelegt worden, kein Theil an dem andern Etwas zu fordern.   153

   A. W. — Papier.

1682 Mai 24. (n. St.) — Ammann, Gericht und ganze Gemeinde des freien Reichshofs **Widnau** und **Haslach** treffen Bestimmungen über die Benutzung der zwei Gemeinderieter (reither) über dem Rhein.

Vor (etlich und villen) Jahren ist hierüber schon eine „Thei-lung und Abänderung" getroffen worden, jetzt aber die Zeit, auf welche sie bestimmt war, ausgelaufen. Da es nun unbillig und

---

[*] „dass dem hoff Widnaw und Hasslach wegen in beiden höffen ingeschlagnen güteren der hoff Bernang dem hoff Widnaw und Hasslach solle herren quatierhaubtman Lucas Ritzen bezahlen 30 fl." — Lucas Ritz war damals Vertreter des Schaffneramts der Stadt St. Gallen im Rheinthal. Die ganze Sache ist höchst unklar.

1682 „unkommlich" wäre, wenn Die unten in dem Hof das obere und Die oben im Hof das untere Riet zu nutzen haben sollten, wird beschlossen, dass in Zukunft Die zu Widnau und Schmitter das obere und die zu Haslach und in der Au (Auw), auch Die am Monstein und Oberfahr das untere Riet unveränderlich zu nutzen und niessen haben sollen, jedoch unter der Bedingung: dass, falls je auf das eine oder andere Riet „etwas Beschwärnuss" kommen oder geladen werden möchte, solle es ein Riet dem andern zur Hälfte tragen helfen und abzurichten schuldig sein.

Diese bleibende Theilung der zwei Rieter soll dem Zugrecht keinen Abbruch thun, also dass der Unterste zu oberst und der Oberste zu unterst in den Hof ziehen und Jeder sich in dem ganzen Hof hausbäblich niederlassen mag, wo er meint, dass es ihm am vortheilhaftesten sei; wo er sich aber niederlässt, da soll er seinen Riettheil (reith daill) mit Denen, wo er sitzt, empfangen und zu geniessen haben.

Es sigelt Hans Giger, d. Z. regierender Ammann, mit seinem Amtssigel. 154

A. W.

1683 Mai 4. — Hofammann und Rath (!) des freien Reichshofs Kriessern und Oberriet erlauben dem Hofe Widnau (Weydnauw) die Anlage eines neuen Wegs nach dem Isenriet unter folgenden Bedingungen:

1. Sollen Die von W. den Weg zu allen Zeiten in guten Ehren erhalten, dass man ihn wohl brauchen, reiten und fahren kann; doch so, dass Die von Balgach als Inhaber der anstossenden Güter das Stück von der Brücke bis an die Mark gen Widnau, ungefähr 110 Schuh, machen und unterhalten, sowie die Brücke.

2. Die von W. haben den „Gatter" und Die von B. die „Gattersäule" zu machen und zu unterhalten, und welcher Theil daran saumselig wäre, der soll nach Brauch und Rechten des Hofs Kr. und Ob. abgestraft werden.

3. Die Hofleute von Kr. und Ob. dürfen den Weg mit Reiten und Fahren brauchen, Die von W. und Balgach haben ihn aber allein zu unterhalten; Die von W. sollen ihn für einen Treibweg, die von B. für einen „Bauweg" brauchen. Der alte, im Gericht von Kr. und Ob. liegende Treibweg wird Denen von W. für erlittene Kosten eigenthümlich überlassen.

1683   Als Abgeordnete von W. waren **Jakob Höwle**, Alt-Seckelmeister, und **Jakob Siber** (Seeber) vor Hofammann und Rath
von Kr. und Ob. erschienen, und hatten vorgestellt, welch' unweg-
samen, bösen Weg sie jetzt mit ihrem Vieh auf das Isenriet zu
fahren haben. Sie wollen ihn daher abgehen lassen und einen neuen
durch die Güter, genannt die **Hellen**, machen, wenn es ihnen Die
von Kr. und Ob. zulassen, in Deren Gerichten er liege. Mit den
Inhabern der anstossenden Güter haben sie sich schon verglichen;
auch sei der Weg nicht bloss ihnen „kommlicher", um ihr Vieh
auf das Isenriet zu treiben, sondern auch Denen zu Balgach, die
dermalen den meisten Theil dieser Güter inne haben, und den
Hofleuten vom Hof Kr. und Ob., besonders Denen zu **Diepoldsau**.
— Die Erlaubniss wird ertheilt nach Augenschein und nachdem
die Inhaber der anstossenden Güter sich nicht bloss damit zufrieden erklärt, sondern selbst darum gebeten haben.

Es sigelt (der ernvest, fürsichtige und weise Herr) **Jakob
Zäch** (Zähe), d. Z. Hofammann des freien Reichshofs Kr. und Ob.
A. W. — Papier.   155

1683 Mai 4. — **Jakob Heuwle**, Alt-Seckelmeister, und **Jakob
Siber** (Seeber), als Abgeordnete der zwei Roden des Hofes
Widnau bei der Kirche ob und unterhalb der „Brugg", verständigen sich mit **Ulrich Seitz**, Müller, alt **Martis** Sohn,
und **Joseph Mätz(l)er**, Hofschreiber zu **Bernang**, als verordnete
Vögte von **Hans Kurers** (Ch—) Tochter, d. Z. zu **Notkers-
egg** (Noggersegg), als Inhaberin eines Stücks Heuwachs ob
Widnau im fr. Reichshof **Kriessern** und **Oberriet** gelegen,
„im Hof" genannt, über Abtretung von etwas Boden, der „Grüde"
nach in's Isenriet, den sie zu ihrem beabsichtigten „Triebweg
und Gassen" nöthig haben. Dort wollen die Roden gegen das
Gut einen „Aufwurf" machen und einen dürren Hag darauf setzen,
dem Gut ohne Schaden, auch den Graben und Hag immer in
ihren alleinigen Kosten unterhalten. Für den benöthigten Boden
werden zwei Dukaten bezahlt.

Es sigelt auf Bitte der beiden Abgeordneten der Hofammann
von Kr. und Ob. **Jakob Zäch**.   156
*A. W. (Copie; das besigelte Original ist am 21. December
1712 dem Hans Jakob Schmidheini, Josephs Sohn, in
Balgach, gegeben worden.)*

1687 Juli 16. — Vor den Abgesandten der im Rheinthal regierenden
Orte beklagen sich auf der Jahrrechnung zu **Baden** (wie schon

1687 voriges Jahr) Die von **Widnau** und **Haslach**, dass der Hof **Lustnau** jenseits des Rheins ihnen seit einiger Zeit die Nutzniessung ihres „Gemeinwerks und **Rieter**", zu L. in der hohenemsischen Jurisdiction gelegen, „gesperrt und abgeschlagen" habe, unter dem unbegründeten Vorwand, dass sie die Reichsanlagen oder Steuern nicht bezahlen, von welchen sie sich doch bereits anno 1649 laut Brief und Sigel mit 1200 Gulden ausgekauft, unter Ratification und Gutheissen der beidseitigen hohen Obrigkeiten. —

Da bisher verschiedene Mittel ohne den gewünschten Erfolg angewendet worden, wird nun der Landschreiber des Rheinthals mit einem Creditiv an Ihro fürstl. Gnaden zu **Constanz** abgeschickt, um selbige des Handels weitläufig zu informiren und sie, als ausschreibenden Herrn des schwäbischen Kreises, dem der Graf von **Hohenems** (hochen Embß) und Die von L. incorporirt sind, im Namen der regierenden Orte gebührend um seine Vermittelung zu ersuchen, damit Die von W. und H. ihre Güter wieder ungehindert geniessen können.

Inzwischen sollen Die von W. und H. die mit Beschlag belegten (verarrestirten) Sachen „angreifen und vermittelst des Landvogts und Landschreibers Disposition der Gebühr und Billigkeit gemäss unter einander vertheilen"; auch im Uebrigen die Beschlagnahme fortdauern (die arrest continuirt werden).

Es sigelt der Landvogt der Grafschaft Baden, **Johann Lienhart Jaiser**, des Raths zu **Schwiz**.   157

A. W. — Papier.

Vrgl. n. 137. 159 u. 162.

1688 November 13. Diepoldsau (—ltsauw). — Die Bevollmächtigten der Rode **Diepoldsau**, nämlich Hr. **Jakob Lüchinger**, Hofammann, Hr. **Jakob Zäch**, Alt-Hofammann, Hr. **Konrad Hasler**, Seckelmeister, **Johannes Wüst** (Wüest), Hofschreiber, **Magnus Weder** und **Hans Urich** (!) **Kuster**, beide des Gerichts, und diejenigen von **Widnau** und **Haslach**, nämlich Hr. **Sebastian Köppel** (—ll), Hofammann, Hr. **Hans Fehr**, Statthalter, **Uli Frei**, des Gerichts zu **Schmitter** (Schmeter), treffen einen freundlichen Vergleich zwischen der Rode Diepoldsau einerseits und Denen von Schmitter anderseits wegen Eröffnung eines Abzugsgrabens.

Als vor etlichen Jahren die Hofleute von W. und H. ein „Wuhr und Damm" aufgeworfen, machten Die von D. dagegen Einsprache aus Besorgniss, dass dadurch der Abfluss des durch ihr

1688 Feld laufenden Wassers gehemmt (verschlagen) werde, worauf
ihnen Die von W. und H. versprachen, sie wollen ihnen dieses
Wasser ohne alle Beschwerde in den Rhein ableiten; nun ist aber
dieser „Wasserfluss" von Denen zu Sch. bisher gar nicht oder
„schlechtlich" aufgethan worden, wodurch Denen von D. in ihrem
Feld Schaden widerfahren. Es wird daher gesprochen:

1. Der betr. „Wasserfluss" soll alljährlich im Herbst und Frühling von den Anstössern, auch von der Gemeinde W. und H.
   aufgethan und gegraben werden von dem „Züßeli" in dem
   Feld über dem Storchenbüchel und Widach hinab bis
   in den Rheinfluss, dergestalt, dass das Wasser seinen rechten
   Fortgang haben könne.

2. Sollen zwei Verordnete von D. und zwei aus dem Hof W. und
   H. alljährlich im Frühling und Herbst den Graben besichtigen,
   die Säumigen strafen und zur Oeffnung des Grabens anhalten;
   würde Einer „um die Verordneten Nichts geben", so sollen
   die jeweiligen Amtleute der beiden Höfe die Widerspenstigen
   (hinderstelligen) gehorsam machen.

Es sigeln die „Herren" J. Lüchinger, d. Z. Hofammann im fr.
Reichshof Kriessern (Chryeß—) und Oberriet (—dt), und
S. Köppel, d. Z. Hofammann im fr. Reichshof W. und H.

A. Schmitter. — Papier. 158

1693 Juli 15. — Vor den Abgesandten der 8 regierenden Orte an der
Jahrrechnung zu Baden erscheinen Jakob Zellweger und
Hans Spiring, als Anwälte der Gemeinde Widnau und Haslach, im obern Rheinthal gelegen, und klagen, dass Die von
Lustnau ihre Gemeinde-Rieter über dem Rhein (aussert Rhinß
gelegen) gegen authentische Verkommnisse und Verträge noch
immerdar gewaltthätig nutzen. Allerdings habe ihnen das „fern-
rige" Syndicat zu Baden einen kräftigen Recess ertheilt, dass sie
ihren Schadenersatz auf den gräflich hohenemsischen Gefällen in
dem Hof W. und H. wiederum suchen und von Jahr zu Jahr beziehen mögen, so lange ihnen das Ihrige in Lustnau hinterhalten
werde, jedoch ältern darauf hypothecirten Briefen und Prätensionen
ohne Schaden. Nun kommen Hrn. Oberst Bruggers sel. Erben
aus Bünden (Pündten) mit einer grossen „Prätension" auf diese
Gefälle. Sollte solche neben den andern darauf bezahlt werden,
so bliebe der Gemeinde wenig oder Nichts übrig. Sie bitten
daher unterthänigst, dass man die Brugger'schen Erben still stelle
oder anderswo auf die gräflichen (gräfischen) Gefälle weise, bis
der Gemeinde ihre Rieter zu Lustnau wieder eingeräumt seien.

1693 Der Anwalt des Oberst Brugger sel., Johann Mesmer, Stadtammann zu Rheinegg, weist dagegen durch eine von den regierenden Orten mehrmals bestätigte Obligation nach, dass „der Früchten Einkommen" zu W. und H. „ihr" ausdrückliches Unterpfand sei.

Nach Einsicht in die vorgelegten Acten wird gesprochen:

dass die Bruggerischen Erben mit dem Capital still stehen und sich jährlich mit einem Zins von den genannten „Früchten Einkommen" gedulden, der Ueberrest aber aller gräflichen Gefälle in dem Hofe der Gemeinde zufallen solle, bis ihr die Rieter wieder unbeschwert zur Nutzung eingeräumt werden. Würde der Werth der Gefälle so wohlfeil werden (in solche wohlfeile kommen), dass ihnen wenig oder gar Nichts übrig bleibe, und die Rieter ihnen dennoch nicht eingeräumt werden, so mögen sie sich wiederum bei den regierenden Orten anmelden, die dann wieder nach Mitteln trachten werden, wie ihnen ferner zu helfen sei.

Es siegelt der Landvogt der Grafschaft Baden, Fridolin Blumer, des Raths zu Glarus. 159

A. W.

Vrgl. n. 157 u. 162.

1693 December 3. — Niklaus Itten, gewesener Ammann und des Raths von Zug, d. Z. regierender Landvogt im untern und obern Rheinthal, entscheidet in einem Streite zwischen den Erben von Christof (—ffel) Stauder (—dter) von St. Gallen und dem Oberamt der vom Kaiser angeordneten Verwaltung der Grafschaft Hohenems wegen eines Wuhrs an dem Monstein gegen den Rhein, dass das Wuhr wie bisher von der 'Grafschaft Hohenems durch ihre Unterthanen zu Lustnau solle unterhalten werden, die Inhaber des Stauder'schen Weingartens aber den Arbeitern jeweilen einen Ehrentrunk zu geben haben.

Der betr. Weingarten wurde s. Z. durch die Stauder'schen Vorfahren von der gräflichen Herrschaft eingetauscht, jedoch mit dem Vorbehalt, dass die Wuhrbeschwerde auf gräflicher Seite verbleibe. Das wollte die Verwaltung nicht anerkennen, wurde aber durch Zeugen überwiesen, dass ihre Unterthanen von Lustnau dieses Wuhr immer in eigenen Kosten reparirt haben, wogegen H. Stauder jeweilen den Arbeitern einen Ehrentrunk gegeben, weil sie ein kleines, undisputirlich ihm obliegendes Stücklein Wuhr auch gemacht haben. 160

A. Schmitter.

1697 — Verzeichniss der Kosten, welche bei „Wiederauferbauung" der katholischen Pfarrkirche in Widnau von den Werkmeistern bis dato auferlaufen sein möchten, ausgenommen (neben) Fuhrwerk und „Handarbeit".   161

Guld. Kreuz.

Dem Maurermeister nach dem Verding	560. —
Dem Zimmermeister „ ■ „	180. —
Dem Schreiner nach dem ersten Verding	230. —
Item wegen den Stühlen (steullen) in das Langhaus sammt einem Chorstuhl (khornstuol)	53. —
Dem Steinmetzen nach dem Verding	?
Dem Schlosser, so die Arbeit nicht fertig, ungefähr	100. —
Dem Glaser nach dem Verding	81. 30
Dem Ziegler (zeigler) zu Rheinegg	165. —
Dem Eisenherrn (!) bis (boiß) dato	?
Das Steinbrechen kostet ungefähr	160. —
Dem Zacharias (—reinß) Herr (?), Burger (bor—) zu Dornbirn (—cirn), um Bretter (brei—)	19. —
Item um lerchene (leir—) Schindeln (scheindelli)	14. —
Item für Baugeschirr und Seiler	5. 24
Item Sägerlohn	15. 12
Item wegen den Kalkfässern dem Küfer (keuff—) Binderlohn (beind—)	4. —
Item für Platten (Bl—) in den Chor	5. 20
Item für Nägel, Blei und Draht (thrädt)	31. 28
Item Hans Brunner, Brecherlohn	6. 30
Item wegen der Uhrentafel und Zeiger, so da ist	10. —
Herrn Joseph Hoigker (?), Landvogtsammann, soll man um Ziegelstein (zaigelstein)	?
Dem wohlerwürdigen Herrn Pfarrer daselbst um Zehrung	?
Hans Frei dem Müller und Hans und Joseph Höwli (—lli) um Zehrung, ungefähr	?

St.-A. St. G.

1698 Juli 16. — Vor den Abgesandten der 8 regierenden Orte an der Jahrrechnung zu Baden erscheint wieder Jakob Zellweger als Anwalt der Gemeinden Widnau und Haslach im obern Rheinthal und klagt, wie Die von Lustnau die überrheinischen Gemeinde-Rieter heuriges Jahr abermalen mit ihrem Vieh gewaltthätiger Weise angefallen, abgefretzt und so „untertrieben", dass Die von W. und H. gar keinen Nutzen mehr zu erwarten haben. Sie bitten daher, dass man ihnen nach dem Recess von 1693 wieder erlaube, sich auf den gräfl. hohenemsischen Gefällen in ihrem Hof schadlos zu halten.

Erkannt: dass zunächst das Landvogteiamt im Rheinthal im Namen der 8 Orte nachdrücklich an das gräfl. hohenemsische Oberamt schreiben und begehren solle, dass Denen von W. und

1698 H. der Schaden ersetzt und ihre Rieter in Sicherheit gesetzt werden möchten. Wird diesem Begehren nicht entsprochen, so ist das Landvogteiamt angewiesen, gemäss dem Recess von 1693 die nach Befriedigung älterer Ansprachen (wie der Bruggerischen Erben) noch freien hohenemsischen Gefälle für die beiden Gemeinden W. und H. angreifen zu lassen, bis der Schaden ersetzt und die Rieter zu Lustnau ihnen wieder unbeschwert und ungehindert zur Nutzung eingeräumt und sichergestellt werden.

Es sigelt Beat Holzhalb, Zunftmeister und des Raths der Stadt Zürich, Landvogt der Grafschaft Baden. 162

A. Au.

Vrgl. n. 159.

1709 December 18. — Hauptmann Fidel Zurlauben (zur L—) von Thurn und Gesteléñburg, des Raths zu Zug und Landshauptmann der freien Aemter, dermalen regierender Landvogt des untern und obern Rheinthals, weist die Gemeinde Diepoldsau an, innert Monatsfrist dem Hof Widnau 60 Gulden zu bezahlen für ein von W. auf dem Gebiet von D. angelegtes Wuhr.

Ueber die Anlage und Ausführung dieses zu Abtreibung des einbrechenden Rheins höchst nothwendigen, in dem Hof Oberriet auf Gebiet der Gemeinde Diepoldsau (Tiepelzau) gelegenen und die „Schiedmarken" des Hofs W. und Haslach berührenden Wuhrs war Streit entstanden und nach einem Augenschein und Verhör von Ausgeschossenen beider Höfe hochobrigkeitlich erkannt worden: dass zwar wegen stark anwachsender Gefahr Die von W. bis auf ein „gewiss gestecktes Ziel" über die Schiedmarken ihres Hofs gegen D. hinauf nach Erforderniss das Wuhr anlegen und ausführen mögen, von dort aber Ob. das Wuhr fortsetzen und bestmöglich mit Wuhren fernerem Einbruch des Rheins „verwehren" solle, jedoch mit dem Vorbehalt, dass Denen von W. die Kosten des über ihre Hofmarken geführten Wuhrs billig vergütet (angesetzt) und der künftige Unterhalt des Wuhrs bis an die Schiedmarken von Denen von D. übernommen werde. Nachdem nun die Gemeinden W. und H. das Wuhr nach Auftrag ausgeführt, wird ihnen an die Kosten für Ankauf und Zufuhr des erforderlichen Holzes, Stein und anderer Materialien der obige Beitrag von D. zugesprochen (aus Ursach ihrer d. h. der Gemeinde D. Versäumniss und Nachlässigkeit, absonderlich aber weil dieses Wuhr innert Deren von Ob. Gerichts- und Deren von D. Gemeinde-Marken gelegen ist). 163

A. W.

1716 September 11. Wien. — Kaiser K a r l (VI.) überträgt die ökonomische und gerichtliche Verwaltung der Grafschaft H o h e n e m s
(hohen Embs) an (den Grafen ? von M o n t f o r t).

Aus kaiserlichem Auftrag hat seit geraumer Zeit der Abt zu
K e m p t e n diese Administration besorgt; doch hat der Abt schon
mehrere Male, neuestens am 6. August, um Enthebung von derselben ersucht. Der Adressat soll daher von dem Abt die zur
Verwaltung gehörigen Schriften und übrigen Sachen übernehmen,
die Ergänzung und Verwahrung der zur Grafschaft Hohenems
gehörigen Inventarstücke mit möglichstem Fleiss besorgen; im
Uebrigen aber Alles in statu quo belassen. Da ferner Graf
J a k o b H a n n i b a l (III) von Hohenems die Grafschaft seinem
Sohn F r a n z R u d o l f abzutreten Willens ist und zwei Abgeordnete
im Namen sämmtlicher Unterthanen von Hohenems zur Förderung
dieser Abtretung, „und dem über des Cedenten Vermögen entstandenen Concurs zum Besten", für die vorhandenen Passivschulden
der gräflichen Familie laut beiliegender Abschrift Bürgschaft leisten
zu wollen erklären, soll der Verwalter die gesammten Gemeinden
von Hohenems vorfordern und „solche Bürgschaft auf obige Passivschulden, auch mit Verzicht derer sonsten denen Bürgen zustehenden
Rechtswohlthaten, insonderheit ordinis et divisionis, in vollkommene
Richtigkeit setzen und vor Ablauf zweier Monate (sub termino
duorum mensium)" zu Fassung weiterer kaiserlicher Beschlüsse
berichten, wie Solches geschehen. 164

A. W. — Copie.

Auf dieses Document folgt von gleicher Hand eine Copie anderer,
auf diese Angelegenheit bezüglicher Schriftstücke:

1. der Eingabe des Grafen F r a n z R u d o l f von H o h e n e m s an den
Kaiser und Reichshofrath, auf welche der vorstehende Entscheid erfolgte. Franz Rudolf erklärt: dass sein Vater „wegen obhabender
kaiserlicher Dienste, auch Behufs einer vorseienden adelichen Heirath"*
ihm die freie Reichsgrafschaft Hohenems mit allen Rechten, aber auch
mit allen darauf haftenden Schulden und Beschwerden cedirt habe,
und ersucht um Genehmigung dieser Cession, mit der Erklärung,
dass er zur Bezahlung der auf der Grafschaft haftenden Schulden
die Zehnten und Gefälle der zwei schweizerischen Höfe W i d n a u
und H a s l a c h und, wenn diese nicht genügen, auch die Einkünfte
und Erträgnisse von L u s t n a u und D o r n b i r n (Dorenbiren) bestimmt habe.** Da alle hohenemsischen Unterthanen der vier Orte

---

* Es kann damit wohl nur die zweite Ehe von Franz Rudolf selbst gemeint sein,
welche dieser — erst am 9. Juni 1718 — mit Anna Margaretha, Freiin von Thurn und Val-
sareina, einging. Bergmann: Reichsgrafen von Hohenembs, S. 112.
** Aus der höchst unklar geschriebenen Eingabe ersieht man nicht mit voller Sicherheit, ob die g a n z e Schuld 20,000 Gulden betrage habe oder die jährlich „abzu-
führende" Quote derselben. Für die erste Annahme erscheint die Summe eher zu klein,
für die zweite zu gross; der Wortlaut des Schriftstücks spricht für die letztere Annahme.

1716 Hohenems, Lustnau, Widnau und Haslach aus Liebe und Treue für ihren natürlichen Landesherrn, ohne Schuldigkeit, dafür Bürgschaft übernehmen, werden sie auf die genannten Gefälle, Einkünfte und Erträgnisse angewiesen (um sich zur „Abhebung" gedachter Summe fähig zu machen und sich „in allweg" schadlos zu halten), Falls sie statt des Grafen für die jährliche Zahlung (das jährliche Quantum) angesprochen oder jene Einkünfte von ihm nicht dafür verwendet würden;

2. der Klageschrift eines ungenannten gräflichen Unterthans (an die hohe Obrigkeit?), der mit 10 andern ehrlichen Männern, sowohl „von dem Gericht, als neben dem Gericht", durch den Grafen Jakob Hannibal berufen, zu Handen des neuen Administrators, eines Grafen von Montfort, die Erklärung abgeben sollte, wie der Gemeinde bekannt sei, dass von Ammann und Gericht des Hofs Widnau und Haslach eine „Carta pianca" und Caution (ohne Zweifel eben für die Bezahlung der gräflichen Schulden) ertheilt worden. Die 10 Männer erklärten indess, dass ihnen Dies unbekannt sei; worauf sie auf Verlangen des Grafen diese „Protestation" vor Dr. Haider von Lindau wiederholen mussten.

In Folge davon wurde der Verfasser des Schriftstücks (er nennt sich mehrmals „Unterzogener" d. h. doch „Unterzeichneter", ist aber leider nicht unterzeichnet) von Landvogt Müller von Bern mit Strafe und Busse belegt und musste dem Ammann Zellweger und Denjenigen, welche die „Carta pianca" ertheilt und nach Wien geliefert fl. 10.—
der Obrigkeit, Hrn. Landvogt Müller, mit mehreren Kösten,
zu Rheinegg . . . . „ 60.57
erlegen;
dazu „bevor" zu Ems bei Hrn. Landammann Linder und
„im Tafern" . . . . „ 6.51
fl. 77.48

Vor „Erstattung" der Busse wandte sich der Betreffende an den Grafen, der seinen Secretär nach Rheinegg abschickte und den „Unterschriebenen" in Allem schadlos zu halten versprach. Dennoch wurde dieser ohne „Fürwort oder weitere Verantwortung" durch 6 „Tregler" mit Unter- und Obergewehr aus dem s. v. „ruchen Bett" abgeholt und 2 Tag und 2 Nächte in die Gefangenschaft gesetzt, ohne Speise und Trank, ohne Bett, bei einer Kälte, dass der ganze Rhein völlig überfroren, so dass der Gefangene ohne Gottes absonderliche Hülfe hätte erfrieren müssen. Dadurch ist er auch in einen „vermessenen" Misscredit gekommen, was dem Zellweger und seinen Mitinteressenten dienlich. Er hofft, durch hochobrigkeitliches Recht alle gebührende Satisfaction zu erlangen;

3. einer Bescheinigung des Grafen Jakob Hannibal (vom 25. November 1716), dass er dem Joseph Heule, seinem „niedergerichtlichen Unterthan" von Widnau, auf sein Ersuchen eine Abschrift des reichshofräthlichen Conclusums ertheilt habe; was mit ziemlicher Sicherheit darauf zu deuten scheint, dass dieser Joseph Heule auch der gräfliche Unterthan gewesen sei, um den es sich in der vorstehenden Klageschrift handelte, überhaupt der ursprüngliche Besitzer des

1716   ganzen, aus Privatbesitz erst neulich in das Widnauer Archiv über-
gegangenen Actenstückes.

Nach Bergmann, Reichsgrafen zu Hohenembs, S. 68, erfolgte die
kaiserliche Belehnung Franz Rudolfs mit der Grafschaft am 4. August 1718.

1725 Juli (2—21). **Frauenfeld.** — Da die Creditoren des Grafen von
Hohenems: Wittwe J u d i t h S c h a c h t l e r, J o h a n n L u c i
Guler, K a r l S a l i s v. M a i e n f e l d, Hofammann H a n s J a k o b
Z e l l w e g e r, denen die hohenemsischen Gefälle im Rheinthal als
Unterpfande verschrieben sind, immer nicht bezahlt werden, wird
der Landvogt beauftragt, den Grafen an das Recht zu fordern,
den Creditoren mit rechtlichem Spruch an die Hand zu gehn,
auch, wenn der vorgeladene Theil innerhalb dreier Monate nicht
erscheine, nach Gutfinden die Zinsen zu sequestriren.   165

Eidg. Absch. VII. 1. S. 896 n. 478. — Vrgl. n. 168.

Schon im J. 1724 hatte das „Syndicat"* auf Ansuchen der Judith
Schachtler dem Grafen von Hohenems geschrieben, dass man auf das
Unterpfand greifen werde, wenn er diese Creditorin nicht um ihre Ansprache von 1200 Gulden befriedige. Bezahlung wurde weder im Jahre
1724, noch im Jahre 1725 geleistet; worauf im letztern Jahre die hohenemsischen Gefälle im Rheinthal zu Gunsten der Gläubiger wirklich neuerdings sequestrirt wurden und der Graf im folgenden Jahre zur Vergeltung
wieder auf die überrheinischen Rieter von W i d n a u und H a s l a c h griff
und diese mit Arrest belegte. Erst im Jahre 1733 wurden Die von W.
und H. wieder in den Besitz ihrer Rieter eingesetzt; erlitten aber auch
dann noch öftere Störungen in diesem Besitz. — Ueber das Einzelne
s. Eidg. Absch. VII. 1. S. 89 ff. und die historische Einleitung.

1725 December 14. — J o h a n n J a k o b A c k e r m a n n, Ritter, des
Raths, „Landammann Nid- und Landshauptmann Ob- und Nid dem
Kernwald lobl. Stands U n t e r w a l d e n", d. Z. regierender Landvogt zu R h e i n e g g im untern und obern Rheinthal, erklärt in
einem Streite zwischen den Anstössern am M o n s t e i n und dem
ganzen Hof über den Unterhalt der Strasse am Monstein den Hof
als unterhaltspflichtig.

Im letzten Sommer ist bei starkem Anlauf des Rheins die sonst
gefährliche Strasse am Monstein übel beschädigt und unbrauchbar
gemacht und sind dadurch die Anstösser: J o h a n n e s T u r n -
h e r, J o s e p h T u r n h e r, U l r i c h Z o l l e r, H a n s J a k o b Z o l l e r,
J o h a n n e s N o l l, H a n s U l r i c h F r e i und M i c h a e l B ö s c h (P—)
genöthigt worden, nicht nur mit ihrer eigenen Handarbeit dem
anwachsenden Uebel zu begegnen, sondern auch aus Mangel an
den erforderlichen Materialien und wegen ihrer geringen Anzahl

---

* Zur Erledigung von Geschäften, welche nicht „ad referendum" genommen wurden,
traten die Tagsatzungsgesandten jeweilen nach Abschluss der Verhandlungen noch zu
dem sogenannten „Syndicate" zusammen.

1725 den ganzen Hof um Hülfe anzugehn. Sie wurden aber von den Amtleuten abgewiesen „unter dem Vorwand", dass nach altem Herkommen und bisheriger Uebung die Anstösser am Monstein, so weit ihr Vermögen reiche, gehalten seien, die Strasse in ihren Kosten zu machen und zu unterhalten; Beweis dafür, dass Seckelmeister Turnher sel., der auch ein Anstösser, zugleich ein guter Haushalter und in den Rechten des Hofs wohl erfahrener Mann gewesen, sich niemals geweigert, Solches zu thun, noch viel weniger daran gedacht, den ganzen Hof deshalb anzusprechen und zu beschweren; obgleich er sich ohne Zweifel dieser Beschwerde auch gerne „ausgehalfteret", wenn es „mit Recht" hätte geschehen können. Weiter seien die Anstösser auch durch einen Brief von 1440 zu dieser „Reparation" gehalten und sei Dem nachgelebt worden, und dabei solle es bleiben.

Dagegen beziehen sich die Anstösser

1. auf den Weggeldbrief von 1603 (n. 103), nach welchem der Gemeinde Widnau und Haslach der Bezug des Weggelds erlaubt wurde, um die Strasse am Monstein klaglos zu machen und zu unterhalten;

2. auf den Erläuterungs- oder Vergleichsbrief von 1605, in dessen Artikel 2 es heisst: dass, weil die ganze Gemeinde W. und H. dieses Einkommen geniesse, auch der ganze Hof „das Fundament und Grund der Strass zum Anfang und allenthalben, wo vonnöthen ist, legen und machen soll, nach Erkanntniss und Geheiss des Hofammanns und Deren, so zu Besichtigung der Strasse gesetzt und verordnet werden; da ein jeder Hofmann jährlich 2 oder 3 Aezinen oder Tagwerk nach Nothdurft mit Fuhr und Arbeit an allen erheuschenden Orten und Enden des Hofs zu thun schuldig und einander zu helfen verbunden seie". Daraus gehe deutlich hervor, dass die streitige Erhaltung dieser Strasse oder mindestens die allfällige Grundlegung derselben dem „samptlichen" Hof gegen Beziehung des Weggelds obliege.

Wenn übrigens der eine oder andere der frühern Anstösser aus Unkenntniss dieser Briefe oder „aus Mangel genugsamen Credits" diese unbillige Last habe tragen müssen, so könne Dies den jetzigen Anstössern zu keinem Nachtheil gereichen; der alte Brief von 1440 sei aber durch die Briefe von 1603 und 1605 genugsam aufgehoben.

In Erwägung der vorgebrachten Gründe und in Betracht der merklichen Unsicherheit dieser Strasse, deren Unterhalt ohne augenscheinliche Gefahr des „Publici" diesen wenigen Anstössern nicht wohl kann anvertraut werden, sondern billigermassen gegen Bezug

1725 des erhaltenen Weggelds dem ganzen Hof obliegen solle, wird gesprochen:

nach Anweisung des Weggeldbriefs von 1603 und der Erläuterung im 2. Artikel des Briefs von 1605 soll die Strasse am Monstein, so weit die genannten Anstösser als Mithofleute sich erstrecken, reparirt und von dem ganzen Hof in Ehren gehalten werden; die Anstösser aber im nöthigen Fall gleich den übrigen Hofleuten pflichtig sein, mit ihrer Handarbeit und den erforderlichen Fuhren „pro rata" ihr Mögliches auch beizutragen, und ganz besonders beflissen sein, die etwa drohende Gefahr den Amtleuten zu gebührender Verordnung ohne Verzug mitzutheilen. — Ueber den Bezug des Weggelds haben die Amtleute, wie bisher, jährlich vor der Gemeinde getreue Rechnung abzulegen. Die Kosten sind „aus guten Ursachen compensirt". Secretinsigel des Landvogts neben der Kanzlei-Unterschrift.

A. W. 166

Gegen dieses Urtheil des Landvogts appellirte die Gemeinde an das Syndicat zu Frauenfeld, auf den 13. Juli 1726. Man ersieht daraus, dass vor dem Landvogt „der Zellweger" und „der Küntzli" Anwälte (Brocoratoren) der „7 Bauern" waren (die beiden Zoller werden hier durch den Zusatz „Michels" näher bezeichnet, Bösch durch den Zusatz „Mangeses"). Zu Frauenfeld waren Vertreter der „Sibner" Johannes Turnher und Ulrich Zoller, Michels; Vertreter der Gemeinde „Herr" Hofammann Hans Ulrich Torgler, Sonnenwirth, und Ulrich Roner, Hofschreiber. Es wurden die Anstösser allein unterhaltspflichtig erklärt, so weit ihre Kräfte reichen (so lang sie in Kräften sind), trotzdem der alte Zellweger, der „Brocorator", drei Mal nach Frauenfeld ritt. Für die durch „ihre Ständ und Gäng" auferlaufenen Unkosten musste jeder der 7 Bauern 42 Gulden (zusammen 294 Gulden) bezahlen. Auch scheint es, dass ihnen die bisher aus Gnaden von der Gemeinde überlassenen Stauden nunmehr entzogen und sie von nun an eigene Stauden „an das Wuhr thun" mussten. Im Zorn darüber erwiderten sie den Gruss der andern Hofleute nicht mehr.

Sehr originelle Aufzeichnung vom 21. December 1726 im A. W.

1727 December 9. — Die Pfarrer Johann Cramer zu Bernegg und Johann Jakob Obermann zu Diepoldsau beurkunden nachstehenden Vergleich der äusseren Roden Diepoldsau und Schmitter einerseits und Widnau andererseits über die Incorporation der evangelischen Widnauer „in die neue Kirchen- und Pfarrecht" Diepoldsau:

1. Die evangelischen Widnauer versprechen, Denen von Diepoldsau und Schmitter, die ihnen vom Stand Zürich „assignirte" Summe von 400 Gulden, und zwar 100 aus ihrem „Schulgütlein" und 300 aus ihren eigenen Mitteln, zu verbriefen oder zu bezahlen.

1727 2. Dafür erklären sich alle Widnauer, wie Die von Diepoldsau und
Schmitter auch gethan, solidarisch haftbar und stellen drei
„Bürgmänner", welche dem Stand Zürich einen Cautionsschein
einhändigen.

3. Wollen und sollen Die von W. im Verhältniss „ihrer Mannschaft und Volks" zum Kirchen- und Pfarrhausbau mithelfen
fuhren (!) und arbeiten, wie Die von D. und Sch., der Reihe nach.

4. Nachdem dann „Kirche, Pfarrhaus, Pfrund und Zugehörden" in
gehörigem Stand, werden die evangelischen Widnauer nach
Verhältniss ihrer Mittel und Leute mit und neben den beiden
Roden helfen, Alles in guten Ehren erhalten.

5. Versichern die evangelischen Widnauer, dass eine Anfechtung
durch die Katholischen „hohen und niederen Standes" wegen
Auslösung von der Kirche und dem Kirchhof zu Widnau oder
aus andern Gründen und ein Process darüber die Evangelischen
von D. und Sch. in keiner Weise berühren solle, wie Die von
D. „ihrer Katholischen halber" ein Gleiches versprochen haben.

6. Zieht ein evangelischer Widnauer oder sonst ein zur neuen
Kirche gehöriger „Mithofmann" — wozu sie das Recht haben —
aus dieser neuen Pfarrei weg und lässt sich in der Au, Haslach oder am Monstein nieder, welche alle nach Bernegg
„pfärrig" sind, so soll er Alles, was er irgendwie an die neue
Kirche und Pfarrei verwendet hat, zurücklassen; möchte dagegen ein Evangelischer aus der Au, Monstein oder Haslach
„zu ihnen oder in diese neue Pfarrei" ziehen, so hat er sich
zuerst nach Verhältniss seiner Mittel in das Kirch-, Pfarr- und
Schulrecht einzukaufen.

7. Uebrigens werden die evangelischen Widnauer nicht nur den
beiden Roden die Steuern aller Arten, bis man damit fertig,
helfen einsammeln und gern zugeben, dass solches Alles zu
dem Kirch- und Pfarrhausbau und Pfrundwesen oder gemeinem
Kirchengut angewendet werde, sondern auch dem neu etablirten
Kirchenrath zu Diepoldsau und Schmitter in Allem, was von
demselben gebührlich dictirt werden wird, gehorsam sein und
sich in allen Stücken als ehrliche, treue, benachbarte Religions-
und Kirchgenossen aufführen.

Auf diese Bedingungen haben die versammelten Gemeinden
D. und Sch. Sonntags den 5. October um Gottes und um „M. gn.
Herrn versicherten Huld und Gnade" Willen und in der Hoffnung
„desto milderer Steuern" diese bedrängten evangelischen Nachbarn
zu Kirchgenossen auf- und angenommen.

1727 An der Mittwochs den 10. December zum ersten Mal versammelten Gemeinde der drei Roden wurden noch folgende Erläuterungen zu dem vorstehenden Abkommen getroffen:

1. wird auf Ratification der gn. Herrn hin die Einkaufsgebühr für neu in die „Pfarr- und Kirchhöre" Diepoldsau einziehende Haushaltungen auf einen Louisdor oder 4 Gulden von 100 Gulden festgesetzt. Wird aber Haushaltung gegen Haushaltung getauscht, so ist Nichts zu bezahlen; es wäre denn, dass die aufziehende Familie namhaft grösser wäre. In diesem Falle mag sie angehalten werden, 2 Gulden von 100 Gulden freiem Vermögen zu bezahlen.

2. Die Hauptpfleger sollen beständig bei Denen von D. und Sch. verbleiben, auch von diesen zwei Roden gesetzte Pfleger jeweilen bei der h. Communion den Kelch halten; dagegen Die von W. zu allen Zeiten einen Beipfleger halten, der bei des „Herrn Tisch" einschenkt. Weiter wird Denen von W. vergönnt, zwei aus ihrer Rode zu „Kirchenräthen" zu erwählen, die mit gleicher Freiheit und Pflicht, wie die Andern, dem Kirchenrath beiwohnen mögen. Dazu sind dermalen von der Kirchhöre gesetzt worden: M. Johannes Schawalder, der Schmied, und Joseph Schawalder, der Hofweibel.   167

Lade der evang. Schule. — Beglaubigte Copie vom April 1802.
Vrgl. Hof Kriessern n. 219.
Der Cautionsschein der 3 „Bürgmänner" liegt ebenfalls in Abschrift bei, unterschrieben von Johannes Schawalder, Jakob Geiger und Joseph Schawalder.

1728 Juli 23. Baden. — Nachdem die Gesandten der regierenden Orte die Beschwerde von Hans Ulrich Torgler, Alt-Hofammann und Hofschreiber, und Johannes Heuwelin von Widnau wegen ihrer zu Lustnau mit Sequester belegten Rieter, sowie diejenige von Hrn. Bundeslandammann Karl Salis von Maienfeld und Hauptmann Lucius Guler sammt interessirten Creditoren des Hauses Hohenems sowohl in pleno, als durch eine Commission haben genau untersuchen lassen, auch den Baron von Thurn, als Mandatar des gräfl. Hauses Hohenems, vernommen haben, gestatten sie dem Hrn. von Thurn die von ihm begehrte Revision, weil er den Gerichtsstand (das Forum) anerkennt; doch soll die Revision bis künftige Martini erledigt (vollführt) sein, widrigenfalls der nun vorhandene (bei handene) zweijährige Ertrag (Jahresnutzen) nach rheinthalischem Rechte zur Hälfte den Herren Creditoren, zur Hälfte den Widnauern und Haslachern

1728 ausgetheilt wird. Der Landvogt aber soll auch den heurigen
Nutzen wiederum „zusammenziehn" und bis auf weitere Verfügung der löbl. Orte behalten; auch die von ihm wirklich bezogenen zwei Jahresnutzen (—früchte) nach Bedürfniss (Nothdurft) versilbern.

Die vom Baron von Thurn begehrten 1000 Gulden überlässt
man ihm, wenn die Widuauer und Haslacher im genannten Termine entschädigt werden.

Unterschrift der eidg. Kanzlei, dermal zu Baden im Ergeuw.
A. W. 168

Vrgl. n. 165.

Der Schaden, welcher damals den Widnauern und Haslachern durch
die Sperrung der Rieter erwuchs, wird in einem vom 16. Juni 1728
datirten Schriftstück in folgender Weise geschätzt (specificirt):

Der ganze Hof Widnau, Haslach und Schmitter (—dt—) bestehe
aus 283 Haushaltungen, von denen durchschnittlich jede 4 Fuder
Heu und Streu jährlich aus den Rietern erhalte im ungefähren
Werth von 3 Gulden; macht auf die Haushaltung 12 Gulden, wovon jedoch für Mähen und Heuen etwa 4 Gulden Arbeitslohn abgezogen werden müssen, so dass für jede Haushaltung ein Schaden
von 8 Gulden oder für den ganzen Hof ein solcher von 2264 Gulden
zu rechnen sei. Ferner sind noch 4 besondere „Stücke" Gras, die
(d. h. offenbar „deren Ertrag") man unter die Gemeindegenossen verkauft zur Erhaltung der Schiffe (Schiffer) im Rhein, der Brücken und
Stege in den Rietern und zur Löhnung der Bannwarte, etwa 100 Gulden,
zusammen 2364 Gulden. Was den Schaden der „Frühlings- und Maien-
Ezung" belangt, so könnten sie ohne Nachtheil des „Augstennutzens"
ihr „Ross und Vieh" bis 6 Wochen in ihren Rietern erhalten. Wenn
sie nun im Frühling Ross und Vieh „von den Hungerplätzen" wegthun
wollen, sonderlich Widnau und Schmitter, so müssen sie ihren Nachbarn von Diepoldsau von jedem Stück Ross wöchentlich 15 Kreuzer
oder monatlich einen Gulden Weidgeld bezahlen, von jedem Stück
Hornvieh wöchentlich 7½ Kreuzer oder monatlich 30 Kreuzer. Im
ganzen Hofe befinden sich 217 Ross und 467 Stück Hornvieh. Rechnet
man nun statt der 5—6 Wochen, für welche ihnen „die Weidung"
entzogen wird, nur 4 Wochen, so macht der Schaden für die Rosse
217 Gulden, für das Hornvieh 233 Gulden 30 Kreuzer. Der Gesammt-
schaden für a. 1726 ist daher . . . . . . 2814 Guld. 30 Kr.
Für a. 1727 (offenbar irrth. „1728") auch so viel 2814 „ 30 „
Ferner für die Maien-Ezung 1728 . . . . . 440 „ — „
Gehabte Unkosten wenigstens bis dato . . . 200 „ — „

Summa . 6269 Guld. — Kr.

A. Au.

1729 Mai 2. — Johannes Turnher, Hofmann des freien Reichshofs
Widnau und Haslach, wohnhaft am Monstein, verkauft
an Junker Johann Jakob Ott, Bundeslandammann, wohn-

1729 haft zu G r ü s c h in B ü n d e n, sein Haus *) mit Mobiliar und dabei liegendem Kraut- und Baumgarten — stosst erstens und zweitens an die Landstrasse, drittens an M i c h a e l Z o l l e r, Ammanns, viertens an Michael Zollers sel. Wittwe, fünftens an Ammann F e l i x R i t z, letztens an der gräfl. Herrschaft Reben; — weiter 2 „Jöhn" Reben sammt zugehörigem Erdwurf — stossen unten her an J a k o b R o h n e r, an J a k o b Zoller, an Ammann J a k o b F r e i und wiederum an Jakob Rohner und an H a n s U l r i c h F r e i, zweitens an Michael und J o h a n n e s Zoller, drittens an Junker J a k o b R u d o l f P l a n t a (Plandt) und an das Schaffner-amt, viertens an Michael Zoller, Ammanns, — Alles am Monstein gelegen, um 253⅓ französische und spanische Dublonen. Von dem Baumgarten muss jährlich 4 Kreuzer Zehntheugeld „abgestattet" werden, die Reben sind zehntpflichtig und Alles ist Lehen vom Gotteshaus St. G a l l e n; ferner ist man schuldig, von dem Steg hinauf an der Gasse das eine Wagengeleise (die einte Wagenleis) ungefähr 25′ lang zu machen.   169

    A. Au.

    „Leise" = Hälfte der Strasse von der Seite bis in die Mitte; kommt jetzt noch vor.

1729 Juli (9—21.) Frauenfeld. — G e o r g L e o n h a r t Z o l l i k o f e r von und zu A l t e n k l i n g e n erhält von der Jahrrechnungs-Tag-satzung die Befreiung verschiedener Stücke und Güter in den Höfen W i d n a u und H a s l a c h vom ewigen Verspruche und zwar zu Gunsten seiner Kinder, Erben und Nachkommen männlichen und weiblichen Geschlechts, auch wenn ein Erbe dem andern diese Güter verkaufe; einige Stücke, die er hier besitzt, geniessen bereits diese Befreiung.   170

Eidg. Absch. VII. 1. S. 857 n. 171.

1733 Juli (6—28). Frauenfeld — Der Oberamtmann von H o h e n e m s beschwert sich bei der Tagsatzung, dass einige Anwälte einen von W i d n a u und H a s l a c h nach Hohenems appellirten Process vor das Syndicat ziehen wollen, während vor 1593 die Höfe L u s t n a u, Widnau und Haslach nur e i n Hof gewesen seien und W. und H. an das Gericht Lustnau gehört hätten, von welchem die Appellation an Hohenems und nicht weiter gehe, und 1593 der Graf von Hohenems die Theilung des Hofs unter der Be-dingung zugegeben habe, dass ihm an seinem Rechte Nichts be-nommen werde und dass es so bleiben solle, als wenn es noch einen unvertheilten Reichshof Lustnau gäbe. Diese Gründe an-erkennend und das Hofrechtsbuch von 1601 berücksichtigend,

    * Das sog. „blaue Haus".

1733 finden die Gesandtschaften, dass von W. und H. keine Appellationen in Civil- und niedergerichtlichen Sachen an die regierenden
Orte Platz haben sollen; es sei denn, dass Lustnau vom gräflichen
Hause auch weiter zu appelliren befugt würde. Die hohen und
landesherrlichen Rechte bleiben vorbehalten. Diese „Befindnuss"
wird ad ratificandum genommen.

Die Ratification erfolgte an der nächstjährigen Jahrrechnungs-
Tagsatzung zu Baden (1734 Juli 5—23); nur Glarus wollte
die Sache suspendiren. 171

Eidg. Absch. VII. 1. S. 850 n. 131. 132.

Aehnliche Beschwerden waren schon 1731 und 1732 vorgekommen,
und Beschwerden der kaiserlichen Administrationsräthe der Grafschaft
Hohenems und des Rentmeisters des gräflichen Hauses Hohenems über
Eingriffe des Landvogts in die niedere Gerichtsbarkeit des Hofes W.
und H. in den Jahren 1713 und 1715. — Vergl. Eidg. Absch. VII. 1.
S. 849 f. n. 127. 130.

1736 Februar 17. Rheinegg. — Franz Ludwig Müller, des „sou-
veränen Raths hochlöbl. Standes zu Born, zu drei Malen gewesener
Landvogt der obern und untern freien Aemter, Gouverneur zu
Zofingen im Ergöuv und derweilen widermalen regierender Landvogt zu Rheinegg der Grafschaft des untern und obern Rheinthals", stellt seinem „getreuen und lieben Amtsangehörigen Hans
Ulrich Zellweger, jetzmaligen hochherrschaftlichen Ammann
des Hofs Widnau und Haslach des obern Rheinthals", einen
Pass und Empfehlung aus, um in der kaiserl. Stadt Bregenz
wöchentlich 12—15 Säcke Frucht zu kaufen, die nur in dem Hofe
consumirt und keineswegs anderweit verführt und wieder verhandelt werden sollen. 172

A. W.

1738 Mai 15. Chur. — Margret Tscharner, geb. Jecklin von
Alta Rhätia, verkauft dem Jakob Fehr, wohnhaft in Haslach am Monstein, ³/₄ des Pestalutzischen Guts alldort
in Haslach gelegen: Haus, Stall, Torggel, Baumgarten, Wein-
und Krautgarten, wie es J. Fehr dermal als Lehenmann besitzt,
mit den darauf liegenden Beschwerden: der Fastnachthenne, Zins
und Zehnten und Lehenfälligkeit gegen Appenzell Innerrhoden,
um 2050 Gulden. 173

A. Au.

1742 Juni 17. Rheinegg. — Hauptmann Franz Michael Xaveri
Reichmuth, des Raths zu Schwiz (Schweiz), d. Z. regierender
Landvogt zu Rheinegg im untern und obern Rheinthal, bezeugt
dem Hof Widnau, dass die von dem Hof übernommene durch-

1742 gängige Ueberkiesung der neuen Strasse am Monstein durchaus
nicht aus Schuldigkeit geschehen, sondern lediglich zuvörderst aus
„Respect" für ihre gnädigen Herrn und sodann aus „Veneration" als
Nieder-Gerichtsangehörige gegen das hochgräfl. Haus Hohenems
(—bs), ohne alle Präjudiz für die Zukunft. Dieses Attestat soll
dem Hof als Revers dienen.

Die „gn. Herrn" hatten schon oft befohlen, dass diese Strasse
in bessern Stand gesetzt „und deswegen ein neues Werk aufgeführt
werden solle", und die „Reichsgrafschaft Hohenembs" hatte sich
wegen ihres Besitzes von Rebgütern daselbst dazu verstanden, alle
Materialien hiefür herzugeben und den künftigen Unterhalt für alle
Zeiten zu übernehmen. Das „gesammte Rheinthal" trug aus „hoh.
Respect gegen ihre gn. Herrn und aus guter Nachbarschaft gegen
das gräfl. Haus Embs" das Fuhrwerk dazu bei und der Hof W.
übernahm auf Vermittlung (Interposition) des Landvogts in obigem
Sinne die Bekiesung.

Secretsigel des Landvogts und der Kanzlei.

A. W.   174

Am 26. November 1742 wurde der Hof Widnau und Haslach von dem
neuen Landvogt Johann Heinrich Martin, Alt-Landammann und
des Raths zu Glarus, gegen die Anforderung von weitern 18 Gulden an
die Kosten dieser Strassenverbesserung Seitens der Conferenz der andern
rheinthalischen Höfe geschützt. Die Abgeordneten von W. und H.,
Hofammann Schawalder und Hofammann Turnher, beriefen sich
darauf, dass die Leistungen ihrer Gemeinden durch Fuhrwerk auf
300 Gulden anzuschlagen seien, dass sie nicht bei der Convention mit
Ems gewesen und den unterm 31. August 1740 von sämmtlichen rheinthalischen Städten und Höfen zur Beschützung des Landes und Abtragung
der Unkösten gemeinsam errichteten und von Landvogt Reichmuth unterm
6. September gleichen Jahrs bestätigten Pergamentbrief nur bedingt und
mit Vorbehalt unterschrieben haben. Die Abgeordneten der rheinthalischen Conferenz, Hofammann Ferber von Thal und Hofammann
Ruesch von St. Margrethen mit Zuzug des Stadtschreibers Messmer von Rheinegg, hatten sich ihrerseits auf jene Convention mit Ems
und den Brief vom 31. August 1740 berufen. (A. Au). — Aus den Tagsatzungsabschieden (VII. 1. S. 866 Art. 249—251) ersieht man nur, dass
im Jahre 1739 die Strasse am Monstein durch Austreten des Rheins
auf eine Strecke von 250 Schritten unfahrbar und der Landvogt beauftragt wurde, sie wieder für Fussgänger, Pferde und Wagen mit Kauf-
mannsgütern in Stand zu stellen; dass der Landvogt (1740) vergeblich
den Oberamtmann zu Hohenems zur Vornahme dieser Reparatur zu bewegen suchte und ihm drohte, sie aus den hohenemsischen Gefällen vornehmen zu lassen; und dass (1741) die Regierung zu Feldkirch gegen
diesen Strassenbau protestirte, da derselbe eine Rheinüberschwemmung
bei St. Johann-Höchst veranlassen könnte.

1743 September 9. — Johann Heinrich Martin, Alt-Landammann und des Raths von Glarus, gewesener Landvogt der obern und untern freien Aemter im Ergäu, d. Z. regierender Landvogt zu Rheinegg im untern und obern Rheinthal, und Gall Johann Ignati Pillier, hochfürstl. St. Gallischer Rath, Obervogt auf Blatten und „Ambtmann" zu Altstätten, sprechen rechtlich über Anstände (missverständtnuss) zwischen dem Hof Widnau und Haslach einerseits und der Gemeinde Kriessern anderseits wegen eines Grabens, der vor etlichen Jahren mit Bewilligung von Kr. auf dem Gassermad eröffnet und durch den das Wasser aus dem Seegraben zu Kr. über das Isenriet, Krummensee u. s. w. der Bleiche und Hammerschmiede des Hofammanns und Quartierhauptmanns Hongler (Honggler) zu Bernang zugeführt worden.

Der Hof W. und H. hat sich von Zeit zu Zeit darüber beschwert, aber von der Gemeinde Kr. keine Abhülfe erhalten, weist nun den grossen Schaden nach, der ihm auf seinen Feldern, Wiesen und Rietern verursacht wird, und ersucht, die Gemeinde Kr. anzuhalten, dass dieser Graben wieder zugeworfen, dagegen der Seegraben dem Damm im Lindenloch zu- und von da in den Rhein hinaus- oder aber durch den Baugraben durch das Feld Lachen genannt auf das Isenriet geführt und damit dem Wasser der alte Lauf gelassen werden möge.

Nach Verhör, Augenschein etc. wird gesprochen:

dass der Hongler'sche Graben wegen des grossen Schadens, den er dem Hof W. und H. verursacht, auf Begehren dieses Hofs eingeworfen und von seinem Anfang ein Klafter in der Länge mit Holz und Stein erfüllt werden solle; das Material hat die Gemeinde Kr. zu liefern, „die Arbeit aber mit Hülfe des Hofs W. und H. zu geschehen, weil er sein Anliegen nicht früher gemacht"; der Regress wegen dieser Arbeit und den daraus entspringenden Kosten ist beiden Parteien „dahin gegeben, woher ihnen der Schaden verursacht worden". Der Gemeinde Kr. ist erlaubt, ihre früheren Gräben wieder zu eröffnen und sich dadurch vor dem Wasser (des Wassers halben) zu sichern.

Die bisher erlaufenen Kosten soll jeder Theil an sich selbst tragen; die obrigkeitlichen Gerichts- und Zehrungkosten aber sind von der Gemeinde Kr. mit $\frac{2}{3}$, von W. und H. mit $\frac{1}{3}$ zu bezahlen; doch ist auch hierüber der Regress erlaubt, wie oben.

Sigel des Landvogts und Obervogts und Unterschrift der Kanzlei.

A. W.   175

1748 Juli (1—19). Frauenfeld. — Auf die Anzeige des Landvogts im Rheinthal, dass nach Vernehmen die Grafschaft Hohenems durch Tausch an das Haus Oesterreich übergehen solle, woraus den Gemeinden Widnau und Haslach, in welchen das Haus Ems die niederen Gerichte besitze und welche hinwiederum grosse Rieter und Güter auf der Seite des Reichs zu Lustnau besitzen, grosse Unannehmlichkeiten erwachsen könnten, wird der Landvogt beauftragt, sich darüber sichere Kunde zu verschaffen und dann an die Orte zu berichten; ferner ein Verzeichniss der Einkünfte von den zu Lustnau liegenden Rietern und Gütern der Unterthanen dem Abschied beizulegen.   176

Eidg. Absch. VII. 2. S. 743 n. 386.

Vrgl. n. 177.

1749 Juli (7—26). Frauenfeld. — Der Landvogt im Rheinthal berichtet, dass in Beziehung auf den Verkauf der niederen Gerichte zu Widnau und Haslach nichts Entscheidendes vorgefallen sei. — Es wird ihm Wachsamkeit empfohlen und aufgetragen, zu berichten, wenn etwas Gewisses in Erfahrung gebracht werde.

Eidg. Absch. VII. 2. S. 743 n. 387.   177

Vrgl. n. 176. 190.

1749 Juli 16. — Hofammann, Gericht und ganze Gemeinde Widnau und Haslach stellen dem hochfürstl. St. Gallischen Kelleramt und dem Spital löbl. Stadt St. Gallen wegen der in ihrem Hof erbauten neuen Brücke, genannt am Oberfahr, über welche die Strasse gegen den Rhein dem Oberfahr zugeht, folgenden Revers zu:

1. hat jedes der beiden Aemter lediglich aus gutem Willen 24 Speciesducaten an die Kosten der Brücke bezahlt;

2. verpflichtet sich die Gemeinde, die Brücke gehörig zu unterhalten;

3. mögen die beiden Aemter im Herbst in der Weinfuhr „über die freie Reichsgemeind" an die „Weinlade" zum Rhein fahren, nachdem wie vor Alters die Beamten und Vorsteher des Hofs und die „Fehren" geprüft und bestimmt haben, wo es am tauglichsten sei;

4. haben die beiden Aemter weder Zölle, Auflagen noch Weggeld zu bezahlen, so lange die Brücke steht;

5. fällt die Brücke über kurz oder lang ein, so steht es im freien Willen des Gotteshauses der Stadt St. Gallen und auch des Hofs, sie wieder zu bauen oder abgehen zu lassen;

1749 6. betreffend die Dämme auf beiden Seiten der Brücke, sammt dem „Brüggli" und Weg, hat es sein Bewenden bei dem Extract und Vergleich von a. 1658 zwischen Abt und Spital einerseits und dem Hof W. und H., dem Hof Bernang und den Fehren am Oberfahr anderseits. 178

A. Au.

1658 war die frühere Brücke vom Abt und Spital auf eigene Kosten erbaut worden.

1750 Juli (2—30.) Frauenfeld. — Der Landvogt im Rheinthal zeigt an, dass der Rhein in den Rietern zu Lustnau im Hohen-emsischen die Strasse ruinirt habe, und dass die Regierung zu Feldkirch begehre, dass die Rheinthalischen Angehörigen von Widnau angehalten werden möchten, von ihren Gütern das erforderliche Land zu einer neuen Strasse abzugeben, wozu sie sich verstanden. Da aber auch vernommen wird, dass man damit umgehe, die Reichsstrasse über Dornbirn zu führen, wenn diese Strasse nicht in gehörigen Stand gesetzt werde, und dadurch der Zoll an der Gstaldenbrücke in Zerfall gerathen würde, soll sich der Landvogt über den Zustand der Strasse erkundigen und nöthigenfalls für deren Herstellung sorgen. 179

Eidg. Absch. VII. 2. S. 725 n. 220.

Vrgl. n. 181.

1751 Juli (5—21). Frauenfeld. — Hans Ulrich Zellweger aus der Au und Hans Balthasar Geiger von Haslen beschweren sich, dass Appenzell I. R. durch eine Protestation sie hindere, Reben zu ziehen, welche die Klosterfrauen Maria zu den Engeln zu Appenzell von Ulrich Messmer in Haslach im J. 1714 um 1270 Gulden 36 Kreuzer gekauft; obgleich sie den Verspruchs-schilling erlegt hätten. Der Gesandte von Appenzell I. R. ist nicht instruirt, protestirt aber gegen Alles, was in dieser Sache vorgenommen werden möchte. Die Gesandten der übrigen Orte, mit Ausnahme der Urnerischen, welche referiren, finden, dass hierüber der ewige Verspruch, die Landsordnungen, die Abschiede und der Landfriede klar und deutlich reden, und ersuchen den Gesandten Innerrodens, dem Kloster Maria zu den Engeln Vor-stellungen zu machen, damit sich keine Klagen mehr erheben, widrigenfalls dieser Streit dem Landvogteiamt zur Entscheidung überwiesen werden müsste, von welchem dann die Appellation vorbehalten sei. 180

Eidg. Absch. VII. 2. S. 713 n. 122.

1751 Auffallend ist, wie der Wohnort von H. B. Geiger „Haslen" genannt wird, worunter nur „Haslach" verstanden werden kann. — Da die Angelegenheit in den Tagsatzungsabschieden nicht mehr erscheint, wird das Kloster wohl nachgegeben und das Zugrecht der beiden Hofleute von Au und Haslach anerkannt haben.

1752 Juli (3—20). Frauenfeld. — Der Landvogt im Rheinthal berichtet, dass das österreichische Zollamt zu Feldkirch eine Fahrstrasse über die zu Lustnau gelegenen Rieter, welche Denen von Haslach und Widnau gehören, angelegt habe, und dass er dagegen alle möglichen Vorstellungen gethan, aber nicht einmal eine Entschädigung (Indemnisation) habe erlangen können. — Es wird dem Landvogt und Landschreiber der Auftrag gegeben, an die Regierung von Bregenz und das gräfliche Haus Hohenems im Namen des Syndicats zu schreiben und zugleich einfliessen zu lassen, dass man bei nicht erfolgender Entschädigung sich an den von Hohenems Denen von W. und H. ausgestellten Revers zu halten bemüssigt sehen werde. 181

Eidg. Absch. VII. 2. S. 725. n. 221.

Vrgl. n. 179.

Im folgenden Jahre zeigt der Landvogt an, dass die von W. und H. von ihrer Klage abstehen. Eidg. Absch. VII. 2. S. 725 n. 222.

1756 Juli 5. — August 5. Frauenfeld. — Lucas Custer, Curator der Schachtler'schen Erbsmasse, bittet, ihm mit Rath und That an die Hand zu gehen in Sachen einer Schuldforderung an das gräfliche Haus Hohenems, für welche eine Specialhypothek auf die gräflichen Gefälle im Rheinthal vorhanden sei. — In Betracht, dass früher die Executionsmittel auf die hohenemsischen Gefälle keinen guten Erfolg gehabt haben, wird der Landvogt beauftragt, bei der nächstens stattfindenden Huldigung des jetzigen Grafen oder durch nachdrückliche Recommandationen dahin zu wirken, dass die Petenten für ihre Ansprüche befriedigt werden. 182

Eidg. Absch. VII. 2. S. 750 n. 434.

Vrgl. n. 165.

Im folgenden Jahre berichtet der Landvogt, dass der Oberamtmann zu Hohenems zwar gegen die Schachtler'sche Schuldforderung Nichts eingewendet, aber sich dahin habe vernehmen lassen, dass die Grafschaft Hohenems mit allen Gefällen im Rheinthal ein Fideicommissgut sei, welches nicht angehecirt noch angegriffen werden könne, und dass der dermalige Graf zur Bezahlung der Schulden seines Vorgängers nicht könne angehalten werden. — Man hält es für bedenklich, zu Repressalien zu greifen, und trägt dem Landvogt auf, durch gütliche Mittel Etwas zu erhalten zu suchen. — Eidg. Absch. VII. 1. S. 751 n. 435.

1758 April 10. — Augenschein des Herrn Hofammann H a n s J a k o b
D i e r a u e r von B e r n a n g, Hrn. Alt-Hofammann J o h a n n e s
F e d e r e r von Bernang, Hrn. Hofammann J o h a n n e s H u g und
Hrn. Stabhalter J a k o b M e s s m e r aus dem Hof W i d n a u (Weidnauw) und H a s l a c h über den Weg auf der L a n g w i e s, den
die F r e n t z e r e n lt. Brief und Sigel machen soll.   183
    Hans U l r i c h J ü s t r i c h s Acker, so den halben Ächelisteg
macht, soll des Wegs halber gefreit sein; ebenso der andere Acker, der
„an dem K ä s t r o g oder äusseren Steg macht"; aus dem gleichen Grunde
der Acker von J o h a n n e s M e t z l e r s sel. Wittib, J o h a n n e s W e d e r
und M i c h e l K u r e r (Kohrer). Dagegen sollen „an diesem Weg machen":
J o h a n n e s J ü s t r i c h (Jüster—) an dem Ächelisteg das erste Stücklein
16 Schuh, J a k o b Kurer am K o b e l von seinem Acker 20', J o s Metzlers
(Mätz—) sel. Söhne von ihrem Acker 30', A n t o n i J o s e p h S e i t z,
Wagner, 31', Johannes Metzlers Wittib 35', Hofweibel S c h a w a l d e r 45',
A n t o n i Z o l l e r, Schulmeister, 45', J o h a n n e s Zoller, Tambour (Dam-
bohr), 27', J e r g R o h n e r s Wittib 27', K o n r a d M e s s m e r 80', H a n s
K a s p a r K a u f m a n n s Wittib 24', H a n s U l r i c h Z e l l w e g e r 50',
Johannes Metzlers Wittib 50', Johannes Zoller M i c h e l i s 75': zusammen
555 Schuh.
    A. Au.

1759 März 21. Hohenems. — Anzeige des hochgräflichen (–gräffischen)
Oberamts an den Hofammann von W i d n a u (Weitnouw), G e o r g
G e i g e r, dass auf Befehl des hochfürstlich schwäbischen Kreises
— zufolge einer kaiserlichen Verordnung — auf dem Rhein eine
Fruchtsperre angelegt worden sei, soweit sich das „streitige" hochgräfliche Territorium erstreckt. Es dürfen daher keinerlei Feld-
früchte ohne obrigkeitlichen Pass, ausgestellt von der Oberamtskanzlei, über den Rhein (Rehin) gelassen werden. Zur Ausführung
dieses Befehls sind alle ordentlichen Fähren bereits gesperrt und
bei denselben Wachen aufgestellt worden. Der Hofammann aber
solle hauptsächlich den „Fehren" in S c h m i t t e r und Anderen,
welche mit ihren eignen kleinen Nebenschiffen „anhero" zu fahren
pflegen, auf das ernstlichste verbieten, irgendwo an das „diessei-
tige" Ufer anzulanden, viel weniger Etwas von dem Reichsboden
hinüber zu führen, da die ausgestellten Wachen Befehl haben,
in einem solchen Fall die Betreffenden anzuhalten, ihre Schiffe zu
zerschlagen und nöthigenfalls auf die Widerspenstigen Feuer zu
geben.   184
    A. Au.

1763 Juli 9. — Bittschrift von Hofammann und Gericht des freien
Reichshofs W i d n a u und H a s l a c h an die gnädigen Herrn und
Obern der 9 regierenden Orte wegen Benutzung des I s e n r i e t s.

1763 Der Hof Bernang „habe eine Ordnung angefangen", das
Isenriet zu vertheilen, wobei ihm der Hof Oberriet auch etwas
beiständig sei; W. und H. verlangen aber, bei ihren alten Rechten
und Briefen, besonders demjenigen von 1518 (n. 38, Hof Kriessern
n. 106), geschützt zu werden, wonach sie, diesseits des Rheins und
doch im Gerichtszwang Lustnau gesessen, Trieb und Tratt mit
ihrem Vieh auf dem Isenriet haben und Wunn und Weid darin
nutzen mögen, wie von Alters her, und diejenigen von ihnen,
welche „den Bann überfahren", von Denen am Oberriet darum gepfändet und gestraft werden sollen. Wenn sich Die von Bernang auf
den neuern Vertragsbrief von 1609 berufen (n. 116, Hof Kriessern
n. 178), nach welchem sie nur für 20 Tage mit dem Hirten auf das
Isenriet zu treiben das Recht haben, so sei dabei klar vorbehalten,
dass wenn ihr Ross oder Vieh nach Ablauf der 20 Tage ohne Hirt
auf das Isenriet „laufen oder treiben" würde, Niemand „solches
darab treiben oder in den Bann thun dürfe"; und Punkt 6 des
Briefes laute: dass sie alle Rechte am Isenriet behalten sollen,
Falls der Hof W. durch Gewalt, Krieg und Misshellung um seine
Güter und Gemeinmark jenseits des Rheins käme. Ausserdem liege
ein Antheil lt. Kreis und Marken in ihrem Hof W. und H. und
eben über dieses Tratt müssen Die von B. auf das Isenriet fahren
und treiben. Sie hoffen daher, ebenso viel oder mehr Ansprachen
an das Isenriet zu haben, als der Hof B., der an keinem Ort
an das I. stosse und weil sie auch s. Z. die Rechte von Lustnau
über dem Rhein auf das I. mit über 40 Mannsmad Grund und
Boden von ihren überrheinischen Rietern für sich ausgelöst haben.
Sollte das I. eingelegt und sie in ihrem Hof W. und H. mit
einer solchen Wassersnoth, wie sie leider schon öfters erfahren,
„gestraft" werden, so würde man genöthigt und gezwungen, alle
Fuhren und Pferde aufzugeben, und müssten sie in Gottes Namen
ihren Hof und liebes Vaterland fahren lassen.

Den gnädigen Herrn und Oberen sei zur Genüge bekannt,
wie selbige dem Hof W. und H. wegen Wasserschaden beige-
standen und ihm ein so reichliches Almosen zugetheilt, wofür
sie den „allerunterthänigsten und demüthigsten Dank abstatten";
zudem haben sie auch von allen rheinthalischen Städten und Höfen
„grosse Gutthätigkeiten" mit Hülf empfangen, von Bernang aber
am allerwenigsten, wesswegen dieses auch von „Obrigkeit und
Pfarrherrn" gemahnt worden sei, ihnen zu helfen. Es falle ihnen
zwar schwer, Solches von B. zu melden, besonders „weil wir
Einige sogar Kirchgenossen sind; es falle ihnen aber auch schwer,

1763 dass der Hof Bernang für mehr als 40,000 Gulden Güter eigenthümlich in ihrem Hof W. und H. nutze und niesse und ihnen doch in dem grossen Nothfalle vom letzten Jahr und früher so wenig Hülfe geleistet habe; und noch viel schwerer falle es ihnen, dass Die von B. sie in solche Unruhe und Kosten bringen und sie wegen des I. nicht bei den alten Rechten und Bräuchen bleiben lassen wollen, während sie doch wissen, dass jetzt 1763 am 1. Juli der Rhein wieder so stark angewachsen, dass er ihnen die Wälle und Dämme sammt den Wuhren aller Orten hat nehmen wollen. Sollte schliesslich das I. wirklich getheilt werden, so müsste es durch grosse Gräben „unterschieden" werden, welche alles Wasser auf ihren Hof W. und H. ziehen und ihn ganz zu Grunde richten würden, indem sie ohne Zweifel ihre Kirche und ihre Häuser auf einen andern Platz bauen müssten. Sie bitten daher nochmals um Schutz und Schirm.

Es sigelt der Hofammann J o s e p h H e n s e l.   185

A. W.

Vrgl. n. 186.

1763 Juli 10. Frauenfeld. — Die Gesandten der 9 regierenden Orte weisen den wegen Vertheilung des I s e n r i e t s an sie appellirenden Hof B e r n a n g ab.

Für den Hof Bernang als Appellant sind erschienen Hofammann D i e r a u e r und Hofschreiber F r e i; für die andern Höfe als Appellaten P a u l u s R i t t e r, Statthalter, und A n t o n i Ritter von A l t s t ä t t e n, H a n s K a s p a r K o b e l t, Hofammann, und J o h a n n e s K e e l, Alt-Hofammann, von M a r b a c h, M a r t i n O e s c h, Hofammann, und J o h a n n J a k o b N ü s c h, Alt-Hofammann, von B a l g a c h, Joseph H e n s e l, Hofammann, und H a n s J e r g G e i g e r, Alt-Hofammann, von W i d n a u und H a s l a c h.

Bernang verlangt, dass das Isenriet unter die sämmtlichen Höfe vertheilt oder dass wenigstens ihm sein gebührender Theil zugemessen werde; die andern Höfe verlangen, dass es ungetheilt gemeinsam verbleibe.

Entscheid: es soll wohl gesprochen und übel appellirt sein.

Es sigelt S i g m u n d S p ö n d l i, des Raths Z ü r i c h, d. Z. Landvogt der Grafschaft T h u r g a u.   186

A. W. — Copie; das Original in Altstätten.

Vrgl. n. 185.

Von dem Syndicat zu Frauenfeld appellirte Bernang noch weiter an die 9 regierenden Orte selbst, welche die Höfe auf Mittwoch den 25. Januar 1764 zur Verhandlung citirten. Die „reichshochgräfl. hochen Embsischen Räthe und Oberbeamteten" richteten darauf für ihre „Nie-

1763 dergerichts-Angehörigen" eine Empfehlung an die 9 Orte, mit nochmaliger Berufung auf die alten Briefe und Sigel und die grosse Gefahr für W. und H., wenn das Isenriet in Folge der Vertheilung und Einlegung kreuz und quer mit tiefen Gräben durchzogen würde, in welchen sich schon bei starken Regengüssen das bisher unvermerkt in das grosse Isenriet einsickernde Wasser sammeln und Denen von W. und H. die Felder zu Grunde richten würde; der Rhein aber, dem das Isenriet bisher wegen seiner erhöhten Lage den grössten Widerstand gethan, würde bei nur mittelmässiger Ergiessung durch diese Gräben den ganzen Hof wegschwemmen und reissen. Der Hof Bernang streite nur, um einen Gewinn zu erhaschen (de lucro captando), W. aber, dem wegen seiner niedrigen Lage die grösste Last der kostbarsten Rheinwuhrung zum allgemeinen Besten des ganzen Rheinthals obliege, für seine Erhaltung.

Von dieser Eingabe liegt eine Copie im Archiv W.

1766 November 6. Rheinegg. — Franz Antoni Collin, Zeug- und Pannerherr von Zug, d. Z. Landvogt der Grafschaft im untern und obern Rheinthal, erlaubt dem Franz Joseph Häuelin, Landvogtsammann zu Widnau, eine Mühle mit zwei „Mahlhäufen" und eine „Fäsen-Relle", die vor 50 und mehr Jahren an dem Bach zu Widnau gestanden und mitsammt den dazu gehörigen Briefen und Sigeln abgebrannt ist, wieder aufzubauen, nachdem durch Zeugen der genannte Sachverhalt eidlich bestätigt worden und erfahrne Mühlemeister nach einem Augenschein bezeugt haben, dass die Mühle ohne Jemandes Schaden gebaut und gebraucht werden kann; auch in Betracht, dass zu W. eine Mühle nöthig, da die Widnauer ihre Frucht mit ziemlichen Kosten nach Bernegg führen müssen. — Damit aber jetzt und künftig weniger Schaden zu besorgen, soll

1. der Fall des Wassers nicht höher als vier Schuh gemacht und vor dem Fall neben der Mühle ein offener Graben unterhalten werden, damit das Wasser von dem Fall wieder in den alten Bach laufen könne;

2. das Wasser in einem offnen Graben bis zu der Mühle und von dort weg in den alten „Bachruns" abgeführt werden;

3. bei dem Wuhr eine Falle angebracht werden, um solche bei grossen „Wässeren" ziehen zu können.

Ferner ist dem Landvogt alljährlich ein Viertel Fäsen abzuliefern.

Ez sigelt der Landvogt F. A. Collin. 187

A. W.

Schon im Jahre 1768 klagten Hofammann Hensel (Hän—), Statthalter Mesmer, Landvogtsammann Franz Zoller und Sebastian Köppel aus dem Hofe Widnau und Haslach, mit Beistand (Zustand)

1766 von Hermann Torgler, vor dem Landvogt, dass die Schwellung des Wassers zu dieser Mühle den an die Ach stossenden Gütern und Strassen zum Schaden gereiche, wurden aber am 18. Juni zur Ruhe verwiesen, da bei einem genauen Untersuch nirgends ein Schaden nachgewiesen werden und auch Niemand bei seinem Eid darthun konnte, dass er wegen dieser Mühle beschädigt worden; vorbehalten blieb den Klägern nur das Recht zu dem Nachweis durch zwei unparteiische, erfahrene Mühlemeister, dass es möglich wäre, im Fall des Wassers ohne Nachtheil der Müller niederer zu machen, oder dass die Müller höher schwelleten, als ihnen durch den Mühlebrief erlaubt ist.

Als im folgenden Jahre von den Obigen Hensel, Mesmer und Köppel und dazu Kirchenpfleger Johannes Hug und Johannes Schmitter neuerdings Klage vor dem Landvogt erhoben gegen Alt-Landvogtsammann Franz Joseph Häuelin und Hans Ulrich Keller als Besitzer der Mühle, bestätigte der Landvogt Johann Heinrich Grob den Spruch vom 18. Juni 1768 mit dem Zusatz, dass die Anstösser mit Beihülfe der Müller die Strassen in unklagbarem Zustand versetzen, hierauf aber nach rheinthalischem Recht sie allein unterhalten sollen und dass die allfällige weitere Verfolgung dieses Geschäfts durch die Kläger auf deren Privatkosten, nicht auf Kosten des Hofguts zu geschehen habe.

Die Kläger beriefen sich auf eine angebliche Erklärung des Landvogts Collin an Diejenigen, welche schon 1766 Einwendungen gegen den Bau der Mühle erhoben hatten: dass nämlich die Mühle auf der Stelle wieder „geschlissen" werden müsse, wenn sie ihnen nur eines Kreuzers werth Schaden verursache. Nun werden sie durch das Schwellen an ihren Gütern und Strassen geschädigt. Ferner sei die Mühle ohne Bewilligung des Hofs auf Gemeindsboden gesetzt worden, wofür nach Beschluss des Gerichts zwar die Müller jährlich 10 Gulden bezahlen sollen, bisher aber Nichts bezahlt haben. Durch das Schwellen setze sich auch Schlamm und Unrath ab. — Die Beklagten bestritten das Letztere und beriefen sich darauf, dass die Strassen seit Menschengedenken immer in einem liederlichen Stand gewesen seien, da die Anstösser ihren Boden niemals mit „Pfählen und Flechten in Ehren unterhalten". Die alte, Häuelins Vater zugehörige Mühle sei etwas weiter oben an dem Bach gestanden und von boshaften Menschen angezündet worden, worauf Landvogt Collin ihnen gegen Bezahlung eines gewissen Grundzinses das alte Mühlerecht auszuüben bewilligt habe.

Diese Mühle ist im Jahre 1818 von der Ortsgemeinde Widnau um 2950 Gulden angekauft und abgetragen worden.

1767 August 8. Hohenems (Embls). — Die hochgräfl. Oberamtskanzlei bescheint den Höfen Lustnau und Widnau-Haslach, dass Die von L. Denen von W.-H. wegen unbefugten Maientratts in dem sog. untern Riet eine gütliche Abfindung von 30 Gulden gegeben haben, wodurch die Rechte der beiden Höfe in der ganzen Frage in keiner Weise berührt werden sollen.

Als der Hof L. im verwichenen Mai „mit seiner Hab" in das auf seinem Gebiet liegende, dem Hof W.-H. gehörige sog. untere

1767 Riet gefahren, verklagte ihn W.-H. bei dem k. k. Oberamt zu
Bregenz, bei dem L. ohne gehörige Darlegung des ganzen Verhältnisses angefragt hatte, und wiesen ihm ihre Briefe vor, besonders einen solchen vom 5. Mai 1736, worauf dieses Oberamt
die Verordnung erliess, das schweizerische Riet wieder zu schliessen
und in Ruhe zu lassen, und die Sache zugleich vor das hochgräfl. Oberamt als die ordentliche Gerichtsobrigkeit wies. Vor
diesem erfolgte zur Vermeidung kostbarer Weitläufigkeiten die
gütliche Abfindung.   188

    A. W.

1769 Januar 20. ' — Die Gemeinde des freien Reichshofs W i d n a u
(Weidtnauv) und H a s l a c h trifft einhellig folgende Bestimmungen, wie es künftig mit den Gemeindstheilen in ihrem Hof
gehalten werden soll:

1. stirbt ein Mann aus dem Hof, so sollen seine Theile nicht verfallen sein, sondern seiner hinterlassenen Wittwe verbleiben, so
lange sie in dem Wittwenstand sein wird; nimmt sie aber einen
andern Mann, so sind die Theile verfallen und fallen Demjenigen zu, der sich „zum ersten" verheirathet hat;

2. ist Keiner befugt, seine Gemeindstheile an Fremde oder Ein-
heimische zu verkaufen; thut er es dennoch, so ist der Verkauf
ungültig und fällt der betreffende Theil der Gemeinde zu;

3. darf man seine Theile „um den jährlichen Zins" an einen
Hofmann, aber nicht an einen Fremden verleihen, und das bei
Verlust der Theile;

4. wenn Einer aus dem Lande zieht, die „gemeinen Werk" nicht
mehr versieht und im Wittwenstand ist, so sind seine Theile
verfallen; hat er aber eine Frau, die auf dem Hofe „haushäblich" wohnt und nicht hinwegzieht, so verbleiben ihr die
Theile gleich wie einer Wittfrau;

5. wenn Einer aus dem Land gezogen ist und wiederum heim-
kommt, nachdem seine Theile verfallen sind, und wieder haushäblich wird, das „gemeine Werch und alle Statuten versieht",
dem sollen die allerersten Theile, die fällig werden, zuständig
sein; er ist also nicht wieder neu einzuschreiben;

6. zieht eine Wittfrau aus dem Hof, die Gemeindstheile hat, und
hält sie sich nicht mehr in dem Hof haushäblich auf, so sind
ihre Theile verfallen;

7. wenn Einer im Land ist und Gemeindstheile hat, aber das
„gemeine Werk" nicht versieht und die Statuten und Ordnungen

1769   nicht nach seiner Schuldigkeit hält, er wäre denn wegen Alter
oder Schwachheit derselben ledig geworden, so sollen seine
Theile wieder der Gemeinde heimgefallen sein.

8. verfällt ein Theil, der angesäeter Acker ist, so sollen ihn Die
nutzen, welche ihn angesäet haben, so dass ein Jeder seine Theile
leer und bloss zur Hand nehmen und für „bauen und ehren"
Nichts schuldig sein soll, ausser „Zäune und Hag". (Das ist
am 8. März a. 1696 von der Gemeinde festgesetzt worden.)

9. soll Jeder seine „dazu gezeigten Beschwerden" (Beschwärten)
mit „Zäunen, Gräben, Gättern, Gattersäulen, Steg und Weg"
in guten Ehren erhalten, bei Verlust der Theile.

(Vorstehende Punkte und Artikel sind am 20. Januar 1691
von der Gemeinde angenommen und dazumal ein Brief aufgerichtet
worden unter dem Sigel des damals „regierenden Herrn" Hofammann Hans Turnher (Th—eerr). Weil jener Brief aber
durch vielmaliges Herumtragen abgegangen ist, wurde er unter
vorstehendem Datum von Wort zu Wort erneuert, unter dem Sigel
des „wohlvorgeachten, vorsichtigen und weisen Herrn" Joseph
Hensel, d. Z. regierender Hofammann des freien Reichshofs
Widnau und Haslach.   189

A. Au.

1769 Juli (3.—26). Frauenfeld. — Die Gräfin Harrach zu Hohenems
trägt den regierenden Orten die Höfe Widnau und Haslach,
ihr Allodium, sammt allen Zubehörden, zum Kaufe an. — Da
die Stände keinen Kauf in todte Hände zulassen und es auch
bedenklich wäre, wenn diese Höfe an das Erzhaus Oesterreich
kommen sollten, so wird für das Zweckmässigste gehalten, wenn
sämmtliche Stände zu diesem Kaufe gemeinschaftlich einstehen
wollten. Es wird ein Memorial über die Rechtsame, den Ertrag
und den Preis dieser Höfe in den Abschied genommen, zugleich
wird vorgeschlagen, dass, wenn die Stände gemeinschaftlich den
Kauf eingehen würden, diejenigen von ihnen, welche die betreffende
Summe nicht gerade bezahlen könnten, von den andern die Summe
zu einem niederen Zinsfuss erhalten sollen.   190

Eidg. Absch. VII. 2. S. 744 n. 388.

Vrgl. n. 176.

Von der nächsten Jahrrechnungs-Tagsatzung wird berichtet, dass der
Kauf nicht zu Stande komme; hingegen darauf insistirt werde, dass diese
Höfe nicht in todte Hand fallen und dass bei erfolgender Veräusserung
das ewige Zugrecht vorbehalten sein solle. Die glarnerische Gesandtschaft
will überdies dem Landvogt die Weisung geben, wegen der Ansprüche,

1770 welche die Schachtlerischen auf diesen Hof haben, den gehörigen Bedacht zu nehmen. — Eidg. Absch. V. 2. S. 744 n. 389.

Die Instruction des luzernischen Ehrengesandten für die Tagsatzung von 1770 über diese Angelegenheit lautete folgendermassen:

57. Luzern war bereit, auf den von den hochgräfl. Harrach'schen Räthen zu Hohenems angetragenen Kauf der Höfe Widnau und Haslach für seinen 9. Theil einzutreten und der gräfl. Harrach'schen Regierung von Seite der regierenden Orte ein „Kaufsbott" von 6000 neuen Louisdor für die Jurisdiction und Gefälle in diesen Höfen zu machen. Da aber Zürich die Unentschlossenheit der übrigen regierenden Stände einberichtete, so musste Luzern der Ansicht Zürichs beistimmen,* dass der Harrach'schen Regierung die Antwort ertheilt werde: die regierenden Orte haben sich über den Ankauf nicht zu einigen vermocht und müssen daher der h. Regierung weitere Massnahmen überlassen, jedoch mit dem Beifügen, dass die höchsten landesherrlichen und unabänderlichen Gesetze in diesen Landen nicht gestatten, dass Etwas, was es immer sein möge, in todte Hand verkauft werde.

Die luzernischen Gesandten sollen das Bedauern hierüber auch in öffentlicher Session bezeugen und Falls sich annoch einiger Anschein zu dieser Kaufs-Uebernahme blicken liesse, die standhafte Bereitwilligkeit unserer gnädigen Herren, in dieselben für ihren Theil einzutreten, versichern.

Archiv Luzern.

Nachdem die ältere Linie Hohenems mit Franz Rudolf am 21. April 1756, die jüngere mit Franz Wilhelm III. am 5. November 1759 ausgestorben war, wurde die Reichsgrafschaft Hohenems als Reichslehen durch Reichshofraths-Conclusum vom 11. März 1765 durch Kaiser Franz I. dem Hause Oesterreich verliehen; der Allodial- oder Hausbesitz dagegen fiel an die in beiden Linien vorhandenen Erbtöchter, und zwar der Hof Lustnau, Widnau und Haslach inbegriffen, nach einem Vergleich vom 16. August 1766 an Maria Rebecca Josepha, die Tochter Franz Wilhelms, Gemahlin von Franz Xaver, Graf von Harrach-Rorau, Herr von Kunewald. — S. Bergmann: Reichsgrafen von und zu Hohenembs, S. 82 ff.

1770 Juli (2.—19). Frauenfeld. — 62. Da man eben in Berathschlagung begriffen war, wie dem Hof Oberriet wegen des Schadens, den er vom Ausbruch des Rheins erlitten, von Seite der hinterliegenden Höfe mit der nöthigen Hülfe beigesprungen werden könnte, traf der betrübte schriftliche Bericht ein, dass am 9. dies durch eine wiederholte Ueberschwemmung weit und breit die schönsten Früchte gänzlich verderbt und die Wuhren und Dämme sehr beschädigt worden seien. Und da dieses Unglück die Höfe Widnau und Haslach am meisten betroffen, so sind deren Ausschüsse, Hof-

---

* „dass, obwohlen sie nun nicht anders, als mit Bedauern, gewahren können, dass dieser für die regierenden Stände vortheilhafte und in allweg erpriessliche Ankauf nicht bewirkt werden möge und vielleicht eine so günstige Gelegenheit sich in Zukunft nicht so bald wieder zeigen dörfte, so können hochselbe jedannoch nicht umhin, bei so bewandter der Sachen Beschaffenheit dem klugen Vorschlag lobl. Standes Zürich beizustimmen."

1770 ammann und Hofschreiber S c h a w a l d e r (Schanw—), erschienen
mit der Bitte, die benachbarten Höfe, die Güter bei ihnen haben,
„dahin zu befehlen", dass sie zu den Wuhren und Dämmen mit
mehr Hülfe, als bisher, beistehen sollen. Ebenso ersuchen Quartierhauptmann L ü c h i n g e r (Leuch—) und Hofschreiber W ü s t im
Namen des Hofs Oberriet, dass die hinterliegenden Höfe, die bei
ihnen Güter besitzen, zu hinlänglicher Hülfeleistung „wegen ehevor
und dieser Tage wieder erlittenem Schaden" angehalten werden
möchten. Worauf Stadtammann G s c h w e n d im Namen der Stadt
A l t s t ä t t e n erklärt, dass sie „der Enden" keine Güter besitzen,
aber dennoch immer hülfreiche Hand geboten haben, mit Bitte,
es deshalb bei den vorigen Abscheiden gnädig zu belassen.

Es wurde darauf zur Berathung (Abrathung) alles Dessen, was
für gegenwärtige und künftige Nothfälle das Heilsamste sein
könnte, eine Commission der „andern" Ehrengesandten verordnet,
die das unter lit. N dem Abschied beigelegte Gutachten abfasste,
in der Meinung, dass „selbes" dem Landvogt zu einer künftigen
Richtschnur und Regel dienen und jeweilen (von Zeit zu Zeit) nach
seinem ganzen Inhalt befolgt werden solle.

A. W. — Eidg. Absch. VII. 2. S. 729 n. 258.

Mitglieder der Commission waren: Seckelmeister L a n d o l t, Junker
Rathsherr von D i e s s b a c h, Rathsherr Z u r g i l g e n (zur G—), Land-
ammann J a u c h, Landstatthalter S c h o r n o, Landammann von F l ü e,
Landammann A u d e r m a t t, Landstatthalter H e e r, Landammann
Z ü r c h e r.

Das vom 13. Juli datirte Gutachten der Commission stützt sich auf
den Bericht des Ingenieurs R ö m e r, liegt im Luzerner und Zürcher
Archiv dem betreffenden Tagsatzungsabschiede bei und führt als ruinirte
Dämme auf: K i r c h e n- und Z a p f e n - D a m m, den Damm bei der K r i p f
und G a t t e r unter M o n t l i n g e n, den Damm bei des alten M e s m e r s
Gut, allwo Montlingen und K r i e s s e r n (Kries—) zusammen stossen.

NB. Alle vorbeschriebenen Dämme sollen ohnverweilt verbessert
und in erforderlichen und unklagbaren Stand gestellt werden. — Künftige
„Verfertigung" sei sehr nöthig, und für die Anlage allgemein sichernder
Dämme wird Folgendes angerathen:

1. sollen die Dämme wenigstens 40 bis 50 Schritt von dem ersten Bord
   an das Land hinein angelegt werden, damit das Bord frei von dem
   Damm seie und durch kleine Senkschlachten, Streichwührli, Einbäge-
   rungen (!) etc. desto ungehinderter befestiget werden könne;

2. der Graben, woraus die Erde dazu genommen wird, soll bei Anlegung der neuen Dämme wenigstens 30—35 Schritt von dem Bord
   abstehen, mehr breit, als tief sein, damit derselbe „durch wenige Rhein-
   Grösse" wiederum ausgefüllt werden könne. Der Damm selbsten aber
   solle 2 Schritt von dem Graben weg und hinter demselben angelegt

1770 werden und eine Gattung „Berme"* haben, damit man nicht befahren müsse, dass er wieder in den Graben hinunter falle;

3. sollen diese Dämme so breit sein, dass wenigstens zwei Wägen „einandern" ausweichen könnten, weil man wünschte, dass eben diese Dämme zu einer Hauptstrasse gebraucht würden, das ist: sie sollten oben wenigstens 3 Klafter und unten 6 Klafter breit sein, damit selbige eine schöne Abdachung bekommen;

4. müssen, ehe ein Damm aufgeworfen wird, drei Zäune der ganzen Länge nach und 2 oder 2'/₂ Klafter weit von einander gesetzt werden; der vordere 3 Schuh hoch, der mittlere 5 und der hintere auch 3 Schuh hoch. Zwischen diesen Zäunen muss zuerst die Erde eingedammt, ausgefüllt und brav gestösslet werden, damit sie fest auf einander zu liegen komme;

5. müssen die Bäume an dem Fuss desselben, nämlich vorne auf die „Berme"* und hinten am Ende seiner Abdachung gepflanzet werden. Es wäre zu wünschen, dass man das 40—50 Schritt breite Bord, welches um obiger Ursachen willen zwischen dem Damm und dem Rhein übrig gelassen worden, mit lauter „Felben" und „Alberen" pflanzete;

6. müssen die alten Dämme wenigstens 2—3 Schuh höher sein, als sie gegenwärtig sind, je nachdem es die Lage des Bodens erfordert. Die Wuhren betreffend sollen dermalen solche, so viel es immer möglich, ausgebessert werden; sonderheitlich soll der ganze Hof Oberriet unzertheilt die Wuhren und Dämme, so weit der ganze Hof gehet, in dauerhaften Stand stellen helfen und also zu unterhalten schuldig sein.

Contribution.

Ueber die Frage: Wer sowohl zu Verbesserung der alten, als aber zu Bewerkstelligung der neu-angerathenen Wuhren und Dämme in diesem Nothfall zu contribuiren habe, wird unmassgeblich angerathen, dass das ganze obere Rheinthal, „jeder Hof nach Proportion seiner Stärke," alle erforderlichen Materialien anschaffen und an Ort und Stelle zuführen solle, und zwar: wann Altstätten, mit „Einbegriff" von Eichberg, 20 grosse, starke Fuder an Stein und Holz liefert, hat Marbach 14, Balgach 12 und Bernang 12 zu liefern, und so fort, bis Alles und Jedes in einen sehr dauerhaften Stand gestellt sein wird, ohne „einiche" Widersetzung und bei Busse von 100 Thaler zu Handen der „Wuhrungs-Massa".

Es wäre auch höchst erforderlich, dass alle und jede Fremden und „Einheimsche", die in den Gerichten der Höfe Widnau, Haslach und Oberriet Güter besitzen, in dem jetzigen Nothfall von jedem Hundert nebst den ordinarii 15 Kreuzer Steuer annoch 10 Kreuzer zur Herstellung der Wuhren und Dämme beitragen, um die benöthigten Arbeitsleute daraus bezahlen zu können, und zwar nur für dieses Mal, bis die bedeutete Arbeit in erforderlichen Stand gestellt ist, zu welchem Ende Solches ab den Kanzlen zu publiciren, und dass diese Steuer dem Landvogtsammann des Hofs mit einer Specification des Betrags der Anlage zu Handen der hochobrigkeitlichen Direction solle behändigt werden.

---

* „Berme" oder „Bärme" auch in nordwestlichen Gegenden Deutschlands gebräuchlich für „die sich am Deich hebende, häufende Erde"; vgl. Grimm, Wörterbuch, unter „Barme".

1770   Unterhaltung der Wuhren.

Die Wuhren sollen mit grossen Steinen beladen und mit Sand und Grien einen Schuh hoch überführt und bedeckt werden; denn „dardurch" wird nicht allein die Entwendung des Holzes in etwas verhindert, sondern werden selbige auch vor Fäulniss, welche sie durch Wind und Wetter ausstehen müssen, bestens verwahrt. Wann aber über dieses der eint- oder andere sich erfrechen thäte, ab den Wuhren wenig oder viel Holz zu entwenden, soll ein solcher mit ernstlicher Strafe belegt werden.

Provision.

Die Wuhren sollen vom Herbst hinweg den Winter hindurch bis im Frühling alle und jede ohne Ausnahme in guten Stand gestellt werden, überdies ein beständiger Vorrath von den nöthigen Materialien an dem Rhein sich befinden, wenigstens für jede Haushaltung drei Fuder.

Die Auen.

Die „Auwen", welche überhaupt durch das ganze obere Rheinthal dem Rhein nach sich in sehr schlechtem und ausgedörrtem (ausgedeertem) Stande befinden, sollten von jetzt an „bei aufzulegender Strafe" wiederum frisch angepflanzet und gefüllt werden; auch sollte „binnen 4 oder 5 Jahren" Zeit ohne den allerdringensten Nothfall keine einzige Staude daraus gehauen werden und nur nach Verfluss dieser Zeit es erlaubt sein, zum Gebrauch der Wuhrungen so viel daraus zu nemen, als ungefähr in Jahresfrist in einer solchen „Auw" widerum nachwachsen möchte.

Widnau und Haslach.

Den Hof Widnau und Haslach insbesondere betreffend, welcher nicht nur unvermögend ist, die künftige Erhaltung seiner weitläufigen Wuhrungen und Dämme allein zu erschwingen, sondern auch von vorräthigem Holz und Steinen völlig entblösst ist, ist zu bemerken, dass weil in besagtem Hof viele Güter liegen, welche das Eigenthum fremder Particularen sind, diese Fremden in Absicht auf die Wuhrungen eben sowohl und in gleicher Proportion sollten „anbeleget" werden, wie jeder Particular von den Einheimschen.

Uebrigens solle es bei den hoheitlichen Abscheiden von Ao. 1765 und 1766, wie nicht weniger bei „derjenigen Urtel", so Tit. Herr Rathsherr und Landvogt Grob Ao. 1768 ausgefällt, sein gänzliches Verbleiben haben.

Wann dann die „Haupt-Articul" obigen Reglements festgesetzt und hochoberkeitlich „placidiert" werden sollten, so würde sowohl „in Ansehung der ferneren Direction, der zu etablirenden nöthigen Inspection, als auch daheriger Execution", solches Alles der klugen Einrichtung des Herrn Amtmanns überlassen werden.

Diese unmassgeblichen Gedanken werden einer hohen Session zur klugen Einsicht und beliebiger Verfügung auf das „respectuosiste" anheim gestellt.   **191**

1770 Juli (2.—19.) Frauenfeld. — Die am Isenriet (Ei—) Antheil
habenden Höfe werden an eine gütliche Vergleichung gewiesen
und der Landvogt beauftragt, seinerseits alles Mögliche dazu
beizutragen; „nicht erhältlichen Falls" aber die Gründe und Gegengründe im Laufe des Jahrs „in die hochlöbl. Stände zu ver-
schicken", damit künftiges Jahr „das Billigmässige" ex instructione
verfügt werden könne.

Der Hof Bernang hat durch Hofammann Dierauer und
Statthalter Frei neuerdings dringend um eine billige Vertheilung
des Isenriets unter die fünf Antheil habenden Höfe ersucht „des
mehreren Nutzens wegen", oder dass doch nach den billigen Vorschlägen des Landvogts wenigstens dem Hof Bernang sein Fünftel
zur Privatnutzung zugeschieden werde, da er sonst wegen Entlegenheit das Seinige nicht geniessen könne; der Hof Oberriet
sei nun mit einer Theilung des Riets auch zufrieden.

Dagegen verlangen Stadtammann Gschwend (Gesch—) für
die Stadt Altstätten, Johannes Kehl für den Hof Marbach und Hofammann Nüesch für den Hof Balgach mit
Berufung auf die in ihren Händen liegenden „Compromiss, Sigel
und Briefe", besonders auf das Syndicats-Erkenntniss von 1763,
dass der Hof Bernang mit seinem Begehren abgewiesen werde. Die
Theilung wäre an sich schädlich und böte unübersteigliche Schwierigkeiten, theils wegen ungleicher Nutzbarkeit des Riets, theils
wegen des Weiderechts, welches verschiedene Fremde darauf haben.

Vrgl. n. 185, 186, 193.

Die „gütliche Vergleichung" kam offenbar nicht zu Stande; dagegen
gelang es dem Hof Bernang, bis zur Jahrrechnungs-Tagsatzung von 1771
die „Ortsstimmen" dafür zu erhalten, dass ihm sein „gebührender" Antheil am Isenriet, mit 300 Jucharten von 2000, zur alleinigen Benutzung
zugetheilt wurde; wobei es den andern Höfen überlassen blieb, das übrige
Isenriet entweder gemeinsam zu „beträtten" oder sich mit Zuthun des
Landvogts unter Ratification der Stände zu vergleichen.

Aus n. 193 lässt sich wohl mit Sicherheit schliessen, dass hierauf die
Theilung auch unter den andern Höfen durchgeführt worden sei.

A. W. — Eidg. Absch. VII. 2. S. 748. n. 419. 192

1771 (September 21.) — Auszug von 2 Punkten aus dem Instrument
über Vertheilung des Isenriets (Ei—):

1. statt dass bisher die darauf „vorgegangenen" kleinen Fehler,
Frevel und Unordnungen alle zwei Jahre durch eine Conferenz
sämmtlicher „Vorgesetzten" abgestraft worden sind, sollen sie
nun von jedem Hof, es sei durch das Bussengericht oder sonst
nach jedes Hofs Rechtsamen und Gebräuchen, „gerechtfertigt"

1771 werden, ohne Rücksicht darauf, ob sein Antheil allein in seinen oder in den Gerichtsmarken der andern Höfe liege, immerhin der hohen Landesobrigkeit und dem hochfürstl. St. Gallischen Obervogt an ihren bisherigen Rechten ohne Schaden;

2. solle diese Theilung des Isenriets, obschon es ungefähr zu zwei Dritteln in den Marken des Hofs O b e r r i e t liegt, niemals zu irgend einer Contribution an die Wuhren und die Rheinarbeiten des Hofs Oberriet verbindlich machen. 193

A. Au. — Copie.

1771 September 28. Hohenems. — Von dem hochgräflich H a r r a c h'schen Oberamt wird sehr „misshellig" vernommen, dass viele Hofleute ihre Gemeindstheile Andern auf mehrere Jahre überlassen, das Geld davon auf einmal einziehen, dadurch aber sich ausser alle Nahrung und in solchen Stand versetzen, dass sie vom Hof aus oder von andern gutthätigen Nachbarn erhalten werden müssen. Diesem Unfug vorzubeugen, will man es zwar für die durch den Hofschreiber ordentlich auf mehrere Jahre verschriebenen Gemeindstheile, bei welchen für die ganze Nutzungszeit bereits bezahlt worden ist, bewendet sein lassen; für die Zukunft aber verordnen, dass Niemand befugt sein solle, seine Gemeindstheile unter irgend einem Vorwande länger als auf ein einziges Jahr zu „verlassen", und dass es also unabänderlich bei Demjenigen zu verbleiben habe, was Hofammann und Gericht und eine ganze Gemeinde unter dem 20. Januar 1769 (n. 189) beschlossen haben.

Da ferner auf Unterpfande Briefe gemacht werden, durch welche der Werth des Unterpfands weit überstiegen, der „treuherzige" Creditor gefährdet und der Credit und das Ansehen des ganzen Hofes darnieder geworfen wird, wird dem Hofschreiber nachdrucksamst anbefohlen, keine Nachbriefe auf irgend ein Unterpfand zu machen; es sei denn, dass das Unterpfand genugsam „erdauret", ein ausführlicher Bericht darüber an das hochgräfliche Oberamt erstattet und von diesem die Zustimmung gegeben sei.

Hochgräflich Harrachische Kanzlei des Hofs L u s t n a u , W i d n a u (Weitnouw) und H a s l a c h . 194

A. Au.

„Verlassen" jetzt noch im Rheinthal für „verpachten" gebräuchlich.

1772 (Juli 6—29.) Frauenfeld. — Der Landvogt S i m e o n F r a n z von W u r s t e m b e r g e r hatte ein Project, wie die Höfe W i d n a u , H a s l a c h , S c h m i t t e r und die A u in wenigen Jahren sich von ihrer Schuldenlast frei machen können, „in die Orte" geschickt. Dieses Project wird nun an der Jahrrechnungs-Tagsatzung gut

1772 geheissen, da der Landvogt berichtet, dass den Höfen B e r n a n g und B a l g a c h die auf ihre Güter „dieser Enden gelegten Impositionen" wieder aufgehoben worden seien und dass der Spital von St. G a l l e n über die ihm gemachte Auflage sich nicht beschwere. Die Landvögte sollen diese Ordnung mit allem Nachdruck aufrecht erhalten.   195

Eidg. Absch. VII. 2. S. 750. n. 427.

Das Wurstemberger'sche Project der Schuldentilgung findet sich noch als Beilage zu dem Abschied der Jahrrechnungs-Tagsatzung im Staatsarchiv Zürich und enthält:

1.

ein genaues Verzeichniss aller Capitalschulden des Hofs sammt verfallenen Zinsen. Dieselben belaufen sich zusammen auf fl. 17,096. 50; dazu kommen noch fl. 704. 27 Guthaben des Seckelmeisters H e n s e l (Hän—) für Kosten anlässlich der Vertheilung des I s e n r i e t s (Ei—), Absteckung der Hausplätze, „an Auslagen und Zehrungen" und Marchzins vom 31. December 1771 bis dato, wenigstens fl. 198. 43: Summa summarum fl. 18,000.

(Die grössten Gläubiger sind Herr J o h a n n L u c i G u g e l b e r g von M a i e n f e l d (fl. 2200), Herr Seckelmeister Hensel zu Widnau (fl. 1511), die Stadt St. Gallen (fl. 2204), Herr und Frau M e i e r i n im L ö w e n hof zu R h e i n e g g (fl. 2660).

2.

ein genaues Verzeichniss aller bisanhin bezogenen jährlichen „O r d i n a r i - E i n n a h m e n und - A u s g a b e n für den Hof Widnau und Haslach (aufgenommen auf den 28. December 1771), nämlich:

Einnahmen:

Von allgemeiner Hofsteuer, so die Hofleute beitragen:

1. die allgemeine Hofsteuer von Particular-Gütern der Hofleute à 15 kr. von fl. 100	fl. 600. —
2. die Rietthreile „ennert" dem Rhein à 30 kr. per Theil	„ 145. —
3. die alten Gemeindetheile à 15 kr.	„ 100. —
4. die neuen Gemeindetheile von 1752 à 30 kr. . . .	„ 136. 30

Von Steuern der Hofgüter, die sich in fremden Händen befinden, z. B. der verschiedenen Particularen von B e r n e g g, B a l g a c h, A l t s t ä t t e n, R h e i n e g g, wie auch besonders der Stadt und Particularen von St. Gallen und aus dem B ü n d n e r l a n d (Bündt—) à 15 kr. von fl. 100   „ 328. 14

Der Zoll oder das sog. Weggeld in der Au (Auw) . . .   „ 14. —

Von dem Ertrag (Abnutz) der fl. 3000. — Capital, welche im Jahr 1765 durch Extra-Collecte unter obrigkeitlicher Bewilligung im Amt erhoben und an Zins gelegt worden, deren Zins aber nur zur Reparatur von Wuhrungen, Ankauf des benöthigten Holzes und Steinen verwendet werden darf, mag es den Hof W. und H. jährlich zwischen fl. 70 und 80 treffen . . . .   „ 70. —

Zusammen . fl. 1393. 44

1772   Ausgaben:

Zins von fl. 15,959. 30 à 5 °/₀ . . . . fl. 797. 57
Holz, Steine und Arbeitslöhne zum Unterhalt der
    Wuhren (von 1761 bis dato jährlich fl. 400
    bis 1840) durchschnittlich . . . . „ 900. —
Alljährliche allgemeine Ausgaben nebst der bis-
    herigen unverantwortlichen Unordnung des
    Zehrens in den Wirthshäusern bei allen An-
    lässen . . . . „ 360. — fl. 2057. 57

                            Jährlicher Ausfall . fl. 664. 13

3.

„Projectirter Vorschlag" zu möglichster Vermehrung der jährlichen
Einkünfte des Hofs Widnau und Haslach und Verminderung der jährlichen Ausgaben durch Reformirung der Missbräuche.

    Vermehrte Einnahmen:

1. Erhöhung der jährlichen Hofsteuer von den Particular-
    Gütern von 15 kr. auf 20 von fl. 100 . . . . fl. 200. —
2. Erhöhung der Steuer von den Riettheilen ennet dem
    Rhein von 30 kr. auf fl. 1. — . . . . „ 145. —
3. Erhöhung der Steuer von den alten Gemeindetheilen von
    15 kr. auf 20 kr. . . . . „ 33. 20
4. Erhöhung der Steuer von den neuen Gemeindetheilen
    von 30 kr. auf fl. 1. — . . . . „ 136. 30
5. Erhöhung der Steuer von Fremden, welche Hofgüter
    besitzen, von 15 kr. auf 20 kr. . . . . „ 109. 16
6.*) Das Spitalamt der Stadt St. Gallen, welches für fl. 18,000
    Güter jährlich nur fl. 14. 30 steuert, welche vorstehend
    unter den fremden Steuern begriffen sind, dürfte bei dieser
    Extra-Steuer um das Doppelte angelegt werden, wozu die
    Stadt durch Schreiben vom 21. April 1772 zugestimmt hat „ 14. 30

                                       fl. 638. 36

    Ganz neue Einnahmen:

1. Von 335 Isenriet-Theilen à 45 kr. per Theil . . . . fl. 251. 15
2. Da alle Häuser in der Au, Widnau und Schmitter sich
    auf „Eigenthumsboden" des Hofs befinden, ist nach Ab-
    steckung aller nöthigen Strassen und Fusswege jedem
    Haus der umliegende, bisher völlig öde und unfruchtbar
    liegende Boden, mit 1½, 1 oder ½ Pfennig der Quadrat-
    schuh, zugemessen worden; ergibt für Au ein Capital
    von . . . . fl. 4549. 22½
    mit einem Bestands- oder (bei Abzahlung)
    einem Capitalzins von . . . . „ 227. 27
        für Widnau . . . . „ 446. 53 „ 22. 19
        für Schmitter . . . . „ 74. 53½ „ 3. 42

                            Uebertrag fl. 1143. 18

*) Diese Eintragung ist von anderer Hand.

                                Uebertrag   fl. 1143. 18

3. Ebenso sind die Gärten zu 1 Pfennig per Quadratschuh den Particularen verkauft worden: ergibt für Au . . . . fl. 182. 38½ „   9. 06

                 für Widnau . . „ 400. 17 „ 20. —

                 für Schmitter . . „ 313. 12½ „ 15. 39

4. Sind 51 Gemeindeplätze auf 12 Jahr lang zur Benutzung hingeliehen, die jährlich an Zinsen bringen . . . . „ 154. 55

    Aus Anlass dieser verliehenen Gemeindeplätze kömmt dem Hof aus sog. Haggeldern ein bene zu von . . . . „ 200. —

davon Zins . . . . „ 10. —

5. Könnte bei dem grossen Weidgang und der Ungleichmässigkeit der Benutzung desselben von jedem Stück Hornvieh, mit Ausnahme eines Freistückes, 1 Gulden und von jedem Pferd, mit Ausnahme von 2 Freistücken (wegen ihrem Gebrauch an die Wuhrungen), 2 Gulden jährlich verlangt werden, ergäbe eine Einnahme von . „ 100. —

                                        fl. 1452. 58

        Das alte jährliche Einkommen . . „ 1393. 44

        Künftiges jährliches Einkommen . fl. 2846. 42

    Künftige Ausgaben:

1. Jährliche Zinsen v. dem Capital v. fl. 16,663. 57   fl. 833. 09

2. Für Holz, Steine, Arbeit und Salarium für die neu einzurichtende Inspection auf den Rheinwuhren . . . . „ 600. —

3. Für die reglementarischen allgemeinen Ausgaben bei Beseitigung alles nicht vom Reglement bestimmten Zehrens auf Kosten des Hofs „ 200. — „ 1633. 09

      Verbliebe ein jährlicher Ueberschuss von . fl. 1213. 33

4.

Project eines „Polizei- und Oeconomie-Reglements" für den Hof Widnau und Haslach.

1. Werden in Zukunft alle „Mahlzeiten, Abendessen, Zehrungen und Trinken", es sei aus Anlass allgemeiner Hofgeschäfte, Wuhrungswerke oder irgend einem andern Namen, auf Unkosten des Hofs ein für alle Mal abgestellt sein und Zuwiderhandelnde als Frevler mit hoher Strafe „angesehen" werden. Nur alle zwei Jahre werden bei Anlass der Huldigung und Amtsbesetzung die Herrn Landvögte und Niedergerichtsherrn mit „frugalem Tractament", wie bisher, kostfrei gehalten; die dabei nöthigen Beamten, sammt Demjenigen, „so das Volk commandirt", und die Tambouren und Schreiber erhalten statt des gewohnten Trunkes jeder 30 kr. an Geld. Ebenso soll bei dem alle zwei Jahre abgehaltenen Hofgericht statt der Mahlzeit Jedem 1 Gulden gegeben werden

1772 und bei der jährlichen sogenannten Steuerrechnung am Klausenmarkt den von Amtswegen sich einfindenden Beamten: Hofammann, Statthalter und Seckelmeister, statt der Mahlzeit Jedem 1 Gulden und dem Schreiber wegen daheriger Arbeit 2 Gulden. Werden im Laufe des Jahrs wegen nothwendigen Hofgeschäften Ausgeschossene nach Rheinegg und Hohenems abgeordnet, so mag Jeder dafür 1 Gulden Lohn anrechnen.

2. Für alle „Ordinari-, wie Extra-Ordinari-Einzug und -Ausgaben" soll ein einziger Mann in der Person eines zeitweiligen Seckelmeisters verordnet sein, welcher bei Antritt seines Amts einen habhaften Bürgen für alle ihm anvertrauten Gelder zu stellen hat, und wo möglich der jetzige Seckelmeister Hensel (Hän—) damit den Anfang machen. Der Seckelmeister soll seine Stelle 6 Jahre lang hintereinander versehen und mag wegen des weitläufigen und mühsamen Einzugs zu seiner Erleichterung in jeder der übrigen Gemeinden des Hofs einen tüchtigen Mann als Hülfe sich selbst auswählen, unter seiner Verantwortlichkeit, und die billige Belohnung derselben alljährlich dem Hof anrechnen. In Betracht seiner bedeutend vermehrten Arbeit wird seine jährliche Besoldung von 12 Gulden auf 32 Gulden erhöht. — Die gegenwärtige Arbeit der ganzen neuen Einrichtung in Urbarien, Zins- und Heusch-Rödeln ist ihm sammt dem Schreiber und einem Ausgeschossenen von Schmitter extra zu bezahlen.

3. Der Schreiber soll „sich an dem bis dahin ihm verordneten beträchtlichen Beneficio des Taxes der Stipulationen" (d. h. an den Sporteln) „vergnügen", womit sich der gegenwärtige ganz wohl zufrieden erklärt hat.

4. Da nach dem vorliegenden Project bei getreuer und fleissiger Administration in 10—12 Jahren nicht nur die ganze Schuldenlast von fl. 18,000 getilgt sein wird, sondern noch ein „Activ-Capital" von fl. 6000 zu Gunsten des Hofs erübrigen sollte, hat alsdann Alles in Betreff der Einnahmen wieder auf den alten Fuss zu kommen.

Von dem Iseriet sollen der sog. Moosanger und das Kreuz wegen ihrer etwas tiefen Lage noch zur Weide offen gelassen, das Uebrige aber eingeschlagen, 335 Theile daraus gemacht und diese den Particularen gegen eine jährliche Auflage von 45 kr. zur Benutzung auf 6 Jahre hingegeben werden; in der Meinung, dass wenn der Nutzniesser innert dieser Zeit sterbe, die Benutzung bis zum Ablauf des Termins seinen Erben verbleiben würde.

Die auf 12 Jahre verliehenen 51 Gemeindeplätze sind nach Ablauf dieses Termins neuerdings auf beliebige Zeit anderwärtig zu verleihen.

Da nun an der genauen Ausführung dieses Reglements Alles gelegen ist, der jeweilige Amtmann im Rheinthal aber rasch wechselt, wird der gegenwärtige Oberamtmann in Hohenems freundlichst ersucht, die Rechnungen alljährlich zu controliren und sich zu überzeugen, ob dem Reglement bestmöglich nachgelebt werde, unter Anzeige an den regierenden Landvogt zur Execution, wenn dawider gehandelt würde.

Dieses Polizei-Reglement ist mit dem Wuhr-Reglement alle zwei Jahre an der „Amtsbesetzung" zu verlesen.

5.

Instruction für einen jeweiligen Seckelmeister des Hofs Widnau und
Haslach.

(Aus dieser Instruction von 10 Artikeln ist nur zu erwähnen, dass
der Seckelmeister seine Rechnung auf Begehren auch der Stadt St. Gallen
und andern fremden, namhaften Contribuenten während ihrer vermehrten
Auflage innert den 12 Jahren vorweisen muss, Art. 7, und dass er sich
bei Anständen, in denen er sich nicht zu rathen weiss, oder Falls er
Etwas nicht zur Verantwortung auf sich nehmen will, vorerst bei den
Vorgesetzten des Hofs Instruction und Rath erholen soll.)

6.

Reglement zu ·bestmöglicher Unterhaltung sämmtlicher Rheinwuhre.

Die sehr weitläufigen und kostbaren Wuhrwerke dem Rhein nach
dürften als die grösste Ursache der kläglichen Verschuldung des Hofs
angegeben werden. Es ist daher genau darauf zu achten, dass nicht nur
die mit unsäglichen Kosten errichteten, sehr soliden Werke immer im
Stande (statu quo) verbleiben, sondern Alles, was etwa noch mangelt,
um dem traurigen Einbruch des Wassers zuvorzukommen, bestmöglich
angeordnet werde. Zu dem Ende soll die diesfällige Oberaufsicht den
ersten Beamten der 3 Gemeinden Au, Widnau und Schmitter, wie bisanhin, aufgetragen und anbefohlen sein; „doch ist theils wegen Alter,
theils wegen anderweitigen, ihnen obliegenden Pflichten, zu ihrer Erleichterung Jedem aus seiner Rode alljährlich ein wackerer und ver-
ständiger Mann beizuordnen, unter deren Aufsicht und Befehl die Werke
stehen sollen. Diese haben sich künftig nicht bloss bei allen Wuhrarbeiten
selbst einzufinden und sie zu beaufsichtigen, sondern auch dermalen
wegen des getheilten Isenriets vornehmlich die A c h (den Aichfluss) oder
die sog. G ü l l e n zu beiden Seiten wohl einzudämmen und Solches den
beitragspflichtigen (contribuirten) benachbarten Gemeinden zu diesem
Ende anzuzeigen (nachrichtlich wissend zu machen)."

Ferner haben sie womöglich wöchentlich einmal, zur Sommerszeit
aber so viel es die Noth erfordert, die Visitation der Wuhren und Dämme
„einzunehmen" und das Nöthige in Stand zu setzen; insbesondere dafür
zu sorgen, dass bei den Hauptwuhren: als da sind viere zu Widnau,
dreie zu Schmitter und viere in dem untern Hof, sich immer ein genug-
samer Vorrath an Holz und Steinen vorfinde; ebenso dass die an allen
benöthigten Orten mit so gutem Erfolg angelegten Krippen und Häge
bestens fortgesetzt werden.

Und da dieser Hof auch grossen Mangel an dem nöthigen Holz hat,
soll nebst den schon zum Kaufen bestellten 4000 Felben und „Älber",
die in Gegenwart des Inspectors zu pflanzen sind, der Hof jährlich für
den Betrag „der 40 Gulden" solche Bäume von den Particularen des Hofs
abkaufen, welche aussen an den Dämmen selbige gepflanzt haben, und
damit fortfahren, bis der Hof sämmtliche an sich erhandelt hat; nachher
aber alle Jahre 1000 Stücke im oberen und ebensoviel im untern Hof
„von ihren eigenen" anpflanzen. Zur Beaufsichtigung dieser Anpflan-
zungen wird auch der obere Hof, wie es der untere bereits mit Erfolg
angeordnet, eine besondere, tüchtige Person bestellen und dieselbe da-

1772 gegen der Wuhrarbeit entladen. Alles Zehren und Trinken auf Rechnung des Hofs ist auch aus Anlass der Wuhrarbeiten gänzlich abgestellt und nur bei dem beschwerlichen „Pfahlschlagen" werden statt des gewohnten Trunkes 3 Batzen pro Kopf von dem Seckelmeister „ausgerichtet".

Zur Bezahlung der genannten Aufseher sollen an jeden der 3 ersten Beamten nebst den Rietern ennet dem Rhein, die ihnen zu einiger Belohnung angewiesen sind, noch jährlich 15 Gulden entrichtet werden, woraus jeder seinen Unteraufscher nach Verdienen bezahlen wird.

7.

Declaration des hochgräfl. Harrach'schen Oberamts in Hohenems als Nieder-Gerichtsherr des Hofes Widnau und Haslach.

Nachdem der Hof das ganze Geschäft freiwillig zu Handen der beiden (Hoch- und Nieder-) Obrigkeiten übergeben und der Landvogt Wurstemberger dem Harrach'schen Rath und Oberamtmann Ferdinand Funkner von Funken sein solides Project vorgelegt hat, werden die regierenden Orte nicht bloss eifrigst gebeten, diese Reglemente und Ordnungen zu bestätigen, sondern auch dem Hof W.-H. die genaue Befolgung derselben nachdrucksamst anbefohlen. — Hohenems (—bs) d. 16. April 1772.

* * *

Aus dem vom 22. April datirten Begleitschreiben, mit welchem der Landvogt sein Project an Bürgermeister und Rath von Zürich einsandte, geht des Weitern hervor, dass schon im December 1771 die ausgeschossenen Beamten des Hofes von der Au, Widnau, Haslach und Schmitter vor dem Landvogt erschienen mit der Darlegung ihrer „bedaurenswürdigen, allerkläglichsten Situation" und der Erklärung, dass sie durch die kostbaren Rhein-Wuhrwerke seit 15 Jahren und durch die letzten Fehljahre in eine solche Schuldenlast (von ca. 18,000 Gulden) gekommen seien, dass sie ohne Hülfe eher Alles verlassen, das Land räumen und den Creditoren überlassen müssten. Darauf hat der Landvogt die ganze Sachlage untersucht, auch mit dem gräfl. Statthalter in Hohenems als ihrem niedergerichtlichen Ober-Amtmann gesprochen, sich von einer besonders hiezu versammelten Hofgemeinde aller 4 Dörfer durch einmüthigen Beschluss das Geschäft anvertrauen lassen und darauf das vorstehende Project ausgearbeitet.

Dieses wurde zunächst an den Hrn. Zunft- und Kornmeister Nüscheler, Rathsherr und Alt-Stadtschreiber Hirzel und Rathsherr und Alt-Schultheiss Hirzel zur nähern Prüfung überwiesen und von ihnen angelegentlich zur Genehmigung empfohlen.

Widerspruch gegen die Genehmigung erfolgte an der Tagsatzung nur von Seite Appenzell-Innerrodens, welches für ein von seinem Spitalamt anno 1585 angekauftes Gut, das bisher unbesteuert gewesen, die neue Steuer von 20 kr. auf fl. 100 nicht anerkennen wollte, schon vor Entwerfung des Reglements „bei dem eidg. damaligen Amtsmann" des Rheinthals eine Protestation dagegen eingegeben hatte und sich für die Anerkennung derselben darauf berief, dass in dem Reglement alle übrigen fremden Inhaber steuerpflichtiger Güter mit Namen genannt seien, „seines löbl. Standes aber mit Fleiss in keinem Worte gedacht sei".

1772 October 1. Stift St. Gallen. — Abt Beda von St. Gallen bewilligt auf Vorbringen des Hofammanns Hans Jakob Hensel (Hän—) und eines ehrsamen Gerichts zu Widnau und Haslach den Hofleuten bis und mit 1778 Zehntfreiheit von den Gütern, welche sie neulich mit Erlaubniss der regierenden Orte in der Au bei der Tegeren (Dä—) eingeschlagen und angepflanzt haben, mit Rücksicht auf die grossen Kosten, Mühe und Arbeit dieser Einlegung und Anpflanzung, und mit der ausdrücklichen Bedingung, dass der Zehnte nach Verfluss dieser Jahre ohne jeden Einwand gegeben, dass die Bewilligung durch Revers als eine Gnade anerkannt werde und dass die Hofleute von W. und H. ihre Güter und Reben, von denen sie bis dahin den gewöhnlichen Zehnten erstattet, ferner bauen und anpflanzen und sie nicht etwa mit Arglist indessen verändern und abgehen lassen und dadurch dem Stifte den Zehnten zu schmälern suchen. Auf diesen Fall wäre der Abt an seine ertheilte Gnade nicht gebunden, sondern hätte freie Hand, sie zu widerrufen.

Der verlangte Revers wurde am gleichen Tage unter dem Sigel des Hofammanns Hensel ausgestellt, mit der erläuternden Beifügung, dass die im Gnadenbrief erwähnte Zehntschuldigkeit nur von den Gütern und Reben zu verstehen sei, die nicht in der Pfarrei Widnau liegen oder sonst dem hochgräfl. Harrachischen Haus zehntbar seien. 196

St.-A. St. G. — Rubrik CXL. Fasc. 1.

War etwa der Zehnte von den äbtischen Gütern in der Pfarrei Widnau auch dem dortigen Pfarrer an die Aufbesserung seines Einkommens abgetreten worden?

Vrgl. n. 107.

1773 April 13. In des Hofammann Hensels Haus. — Die Oberhöfischen — Widnau und Schmitter — und die Unterhöfischen — Haslach, Au und Monstein — vertheilen den Weidgang oder „Klauen" auf 12 Jahre „der Mannschaft nach" unter sich, unter folgenden näheren Bestimmungen:

1. weil die Oberhöfischen mehr Mannschaft haben als die Unterhöfischen, sollen sie 26 Juchart voraus haben, dazu geben ihnen die Unterhöfischen um des Friedens Willen noch ein Stücklein Land von des Johannes Mesmers Gütlein Ecke (Egg) bis (beis) in die oberste Neugut Ecke.

2. Stauden und Holz „auf der Gemeind" sollen nicht geschwächt, sondern so viel möglich gemehrt und gefördert werden.

1773 3. Was den „Frieden" anbelangt, sollen die Unterhöfischen die Gräben allein besorgen; Gatter, Steg und Zäunung aber hat der Hof zu machen.

Der Beschluss dieser Theilung wurde an der Hofgemeinde im Januar gefasst, worauf der „Herr" Hofammann Johann Jakob Hensel das ganze Gericht nebst dem alten Landvogtsammann Abraham Fehr „zusammenzog", mit ihnen den Augenschein einnahm und die Stücke (blötz) ungefähr dem Juchart nach schätzte. Der Weidgang für Widnau und Schmitter „von dem „Maderswieslein Gattor (goter)" bis in Hermannswiese (Hermes Wiese) und von da bis in das Griesblattenwuhr" wurde auf 108 Juchart geschätzt, die übrigen Stücke „in der Au messen bis an des Maderswieslein Gatter und bis in Hermanns- wies und von dort bis in das Griesblattenwuhr" ungefähr 82 Juchart.

Nach diesem Augenschein wurde auf den 13. April die zweite Hofgemeinde einberufen, welche die Vorschläge des Gerichts annahm. 197

A. W.

1773 Mai 9. Im Marktflecken Hohenems (Hohenembs). — Die k. k. Administrations-Kanzlei der Grafschaft Hohenems bestätigt ein Verabkommniss zwischen den vier auf Lebenszeit privilegirten Hauptschiffleuten beim untern und obern Rheinfahr im Hof Lust- nau, nämlich Johann und Anton Vogel (Vogl), Konrads Söhne, Mathäus Hämmerle und Johann Vogel, Galli's Sohn, einerseits und den zwei Gemeinden Widnau und Schmitter anderseits, über die Besorgung des obern Fahrs zwischen dem Dorf Schmitter und der sogenannten „schwarzen Erde".

Dieses Fahr bei der schwarzen Erde ist nur ein Gnadenfahr, welches die österreichische Landesregierung jederzeit aufheben kann; die Besorgung derselben fiel aber den Lustnauer Schiff- leuten sehr unbequem und den eidgenössischen Gemeinden Widnau und Schmitter „äusserst beschwerlich". Nach Ablauf der stipu- lirten Bestandszeit war daher am 27. December 1769 den Schwei- zern dieses Fahr förmlich gekünet worden. Nachdem sie sich nun aber anheischig gemacht, dasselbe wie früher wieder selbst versehen zu wollen, ist darüber am 8. Mai unter Beistand des Lustnauischen Amts-Hofammanns Marx Fidel Holenstein (Holl—) und der Bevollmächtigten der zwei schweizerischen Ge- meinden, nämlich Johann Jakob Hensel, Amts-Hofammann zu Widnau, und Leonard (!) Spirig, Statthalter, nebst den zwei neubestellten, eigens beeidigten künftigen „Fähren", Johann

1773 H u g , Landvogtsammann, und J a k o b F r e i zu Schmitter, für
die nächstfolgenden drei Jahre ein neuer Vertrag abgeschlossen
worden, unter folgenden Bedingungen:

1. gestatten die vier „Fähren" zu Lustnau, dass „die beiden
Gemeinden oder Roden W. und Sch. jenseits Rheins in der
Schweiz" befugt sein sollen, für die Dauer dieses „Accords"
zwei von ihnen „erwählte und hochobrigkeitlich beeidigte, ver-
traute und ehrliche Fähren zu halten und aufzustellen";

2. durch Solche, aber sonst durch Niemanden, nicht allein ihre
eigenen Gemeindsangehörigen von W. und Sch., sowie Jene von
D i e p o l d s a u , die „fussgehend (fues—), reitend oder fahrend"
ankommen, mit Allem, was ihnen selbst angehört, sondern
sogar auch

3. alle fremden Fussgänger und Reiter sammt dem Vieh, das
sie allenfalls mitbringen (sofern dessen Ein- oder Ausfuhr
jeweilen östorreichischerseits nicht verboten ist), bei Tag und
bei Nacht „hin und her über Rhein verschiffen zu lassen";

4. darf Dieses, wie schon bemerkt, lediglich von den zwei ver-
pflichteten „Schweizer-Fähren" besorgt werden;

5. haben diese „Fähren" Jedermann, zu dessen Ueberführung sie
„vermög gegenwärtigen Contracts" berechtigt sind, zu allen
Zeiten „geschwindmöglichst zu fördern und unklagbar zu bedienen";

6. den Schiffslohn betr. genau bei der Taxordnung, welche am
31. December 1769 durch die k. k. Administration zu Hohenems herausgegeben worden, zu verbleiben und Niemanden höher
zu treiben oder zu steigern;   .

7. bleibt den schweizerischen Gnadenfähren verboten, irgend welche
auswärtige, nicht in die Roden Widnau, Schmitter und Diepoldsau gehörige, bespannte Wagen oder fremdes Salz, Korn,
Holz und was immer sonst für Waaren, am wenigsten aber
Kaufmannsgüter, in ihrem Gnadenfahr bei der schwarzen Erde
hin oder her über Rhein zu verschiffen; es wäre denn, dass
die fremden Fuhrleute oder Eigenthümer dieser Naturalien und
Waaren sich darüber ausweisen, dass sie den Lustnauischen
Hauptfähren die tarifmässige Schiffsgebühr schon bezahlt haben
und hierauf erst „mehrerer Bequemlichkeit halber" sich mit
ihren Wagen und Gütern des Gnadenfahrs bei der schwarzen
Erde gegen Erlegung des besonderen Schifflohnes bedienen
wollen, wie es schon in dem Uebereinkommen vom 5. April 1703
ausbedungen war;

1773 8. wenn „Gemeindeleute" von W. oder Sch. zu Pferd oder zu Fuss an die ordentliche „Haupt-Schiffahrt" zu Lustnau selbst kommen und daselbst „über Rhein" wollen, sind sie von den Lustnauischen „Hauptfähren" durchaus unentgeldlich hin oder her zu „liefern"; haben sie aber Ross und Wagen bei sich, so haben sie nicht mehr als 10 Pf. oder 2½ Kr. für jede „Uebersetzung" zu entrichten;

9. soll der Schiffslohn des Gnadenfahrs bei dem alljährlich von Bernang aus in das Ebnit üblichen Kreuzgang zur Hälfte den Lustnauer „Hauptfähren" vorbehalten sein und ihnen sofort durch die schweizerischen Gnadenfähren gewissenhaft überantwortet werden;

10. ebenso fällt den genannten Hauptfähren zu Lustnau die „Halbscheid" der Schiffsgebühr zu, welche „zur Zeit und aus Anlass" der drei Dorenbürer Jahrmärkte am Gnadenfahr von Menschen und Vieh eingehen wird; doch hat sich zu diesen Marktzeiten jeweilen ein Hauptfähr von L. oben bei dem Gnadenfahr an der schwarzen Erde einzufinden und den Gnadenfähren bei Uebersetzung der Leute und des Viehs die erforderliche Hülfe zu leisten;

11. wenn die Gemeindeleute zu W., Sch. und Diepoldsau ganze Häuser, Städel und andere beträchtliche neue Gebäude aufführen und das hiezu benöthigte Holz, Kalk, Steine oder sonstiges Material bei der schwarzen Erde über Rhein führen wollen, so sind solche „namhaftere Bau-Geräthschaften" unter „ihrem durch § 2 freigesprochenen Eigenthum keineswegs verstanden", sondern haben sie sich darüber jedes Mal mit den Hauptfähren zu Lustnau „auf ein Gewisses und Billiges" für den „Schifflohn" zu vergleichen und Dies sodann alsogleich dahin abzustatten;

12. für diese widerrufliche Ueberlassung des Gnadenfahrs an die drei schweizerischen Roden hat jeder Hofmann oder Gemeindsangehörige derselben, welcher einen Theil an den Schweizer Rietern im Lustnauischen zu benutzen das Recht hat, Hofammann und Statthalter eingeschlossen, den privilegirten Lustnauer Fähren alljährlich 6 Kreuzer an Geld und ein Viertel wohlgeputzte Fäsen, Lindauer Mass, zur Herbstzeit zu bezahlen und zu verabfolgen. Gegen Solche, welche Anstand nehmen sollten, diese jährliche Gebühr den sich hierum von Haus zu Haus meldenden Lustnauischen Hauptfähren „abzureichen", sollen die Gemeinden ihnen die „unaufhaltliche Execution nach dortigem Hofrechte, so oft es nöthig, mit voller Ausgibigkeit angedeihen lassen";

1773 13. die schon ernannten zwei „Gnadenfähren" Johann Hug und
Jakob Frei machen sich für sich und ihre Nachkommen verbindlich, den Lustnauischen Hauptfähren ebenfalls alle Jahre
8 Gulden auf St. Nikolai zu entrichten;

14. gegenwärtiger „Bestandsaccord" geht vom 8. Mai 1773 bis
8. Mai 1776; kommen ihm die schweizerischen Gemeinden
aber nicht in allen Stücken genau und pünktlich nach, so
erlöscht er mit der ersten Uebertretung (zu erster Ueber-
tretungszeit). — Die Bestätigung der k. k. Administration der
Grafschaft Hohenems wird vorbehalten.

Diese Uebereinkunft wurde durch den Hofammann von L. im
Namen der privilegirten „Hauptfähren" und demjenigen von W.
und Haslach für die „seinem Gerichtsstab untersetzten zwei
Gemeinden W. und Sch., auch derselben zwei neu aufgenommene
Gnadenfähren", vor die k. k. Administration gebracht und von
dieser bestätigt mit dem Vorbehalt, dass sie dem Haus Oester-
reich und der Grafschaft Hohenems an ihrer Territorialhoheit und
Gerechtsame auf dem halben Rhein und dessen herwärtigem Ufer
bei der schwarzen Erde durchaus unnachtheilig sein und nach
Ablauf der drei Jahre nur auf eine „ausdrücklich erwirkte frische
Erneuerung" fortdauern dürfe, sowie dass die zwei Roden gemäss
ihrem unterm 5. Mai darüber ausgefertigten, von dem Landvogt
Karl Baptist Pfiffer (Pfy—) von Altishofen besigelten Revers
allen Bestimmungen der Uebereinkunft getreulich Folge leisten.

Sigel der k. k. Administrations-Kanzlei Hohenems.   198
A. W.

Etwa von Mitte der Sechziger Jahre unsers Jahrhunderts an weigerte
sich Schmitter, die in Ziffer 12 bestimmten Abgaben an die privilegirten
„Lustnauer Fähren" noch weiter zu bezahlen, und ein Process, den die
Letztern darüber anhoben, verlief zuletzt im Sande. Widnau musste sich
im Jahre 1869 zu einer Zahlung von Franken 1350 an die „Lustnauer
Fähren" verstehen, um das Recht zu einer eigenen Fähre zu erhalten.
In neuester Zeit sind diese Fähren durch feste Brücken ersetzt worden.

1774 August 18. Ems (Embs), in dem hochgräfl. Pallast. — Im Namen
und an Statt der Frau Maria Rebecca, Reichsgräfin von Harrach und Rorau (Rohr—) etc., geb. Reichsgräfin von Hohenems (Hohen Embs) und Gallara, Frauen zu Widnau (Wyd—)
und Haslach (Haß—) und des Hofs zu Lustnau, wie auch
der Herrschaft Bistritz (Beystry) im Königreich Böheimb etc.,
und auf deren Ratification hin, verkauft der Rath und Oberamtmann
Herr Ferdinand Funknor (Funck—) von Funken dem Hans

1774 Jakob Hensel, Hofammann, Leonhard Spirig (Spyr—), Alt-Stabhalter, Joseph Anton Rohner, des Gerichts, Hans Ulrich Schawalder (—ter), Hofweibel, und Abraham Fehr, Landvogtsammann, Alle aus dem Hof Widnau-Haslach, den ganzen, im Rheinthal gelegenen Hof Widnau-Haslach mit Leuten, Dörfern, Weilern, Gerichtsbarkeit, grossen und kleinen Zehnten und dem dazu gehörigen Zehntstadel, Fällen, Fasnachthennen, Renten, Gülten, Gefällen, Gütern, Reben, sammt dem dazu gehörigen Torgel, auch dem blauen Hause am Monstein, die Schirmsteuer zu Marbach, Bernang, Altstätten und von dem unteren Fahr, geistlichen und weltlichen Lehenschaften, somit auch den Kirchensatz zu Widnau und das Patronat und Collaturrecht der Pfarrpfrund zu Widnau, mit einem Wort: sammt allen Rechten und Gerechtigkeiten, wie dieser Hof neben dem Hof Lustnau von Christoph und Felix, Grafen von Werdenberg, im Jahr 1526 an das hochgräflich hohenemsische Haus verkauft und von diesem bisher besessen worden ist, also dass sie den Hof auf nächstkommenden St. Georgi Tag des Jahrs 1775 als wahres, unbekümmertes Eigenthum zu Handen nehmen.

2. Ueberlässt das hochgräfliche Haus den Käufern weiter den s. v. Bau, der aus den hiezu bestimmten Lehngütern zu Lustnau bisher in die miterkauften Reben am Monstein alljährlich geliefert wurde und zu allen künftigen Zeiten in diese Reben zu liefern ist; es wäre denn, dass die betreffenden Lehenleute sich auf andere Weise mit den Käufern darum abfinden. Dagegen haben die Käufer selbst für die Stickel zu sorgen.

3. Haben die Käufer auch das den Reben nach gehende Wuhr am Monstein künftig zu unterhalten.

4. Haben sie alle Jahr 2 Lägelen weissen Wein von dem allerersten Druck der verkaufenden Herrschaft unentgeldlich nach Ems zu liefern (doch hat ihn die Herrschaft abzuholen) und nachfolgende Beschwerden statt dem hochgräflichen Haus zu übernehmen:

Dem Herrn Pfarrer zu Widnau alljährlich

106 Viertel 2 Vierling 2 Messle Fäsen,
6 „ 2 „ 2 „ Hafer,
6 „ 2 „ 2 „ Gerste,

den sogenannten Hallwilischen Bauern zu Bernang

135 Viertel Fäsen,
135 „ Hafer,

nebst allem Weitern, was das hochgräfl. Haus bestreiten musste.

1774 5. Dürfen sie an dem Rhein keine schädlichen, den Tractaten und bisheriger Uebung zuwider laufenden Wuhren errichten.

6. Ist der Kauf um 63,000 Gulden ergangen, sammt 100 Ducaten für die „gnädige Comtesse". Diese 100 Ducaten sind sogleich nach der Ratification, die 63,000 Gulden aber in zwei Raten von je 31,500 Gulden zu bezahlen und zwar auf Georgi 1775 und Martini 1775, in „reichsconventionsmässigen" Gold- und groben Silbersorten.

7. Bis zum Verfall des ersten Termins, also bis Georgi 1775, bezieht das hochgräfl. Haus die Gefälle und den Nutzen von dem Hof Widnau-Haslach wie bisher; alsdann aber haben die Käufer zuvörderst ihren bisherigen Bestandschilling mit 1300 Gulden an dem Capital von 4100 Gulden abzuschreiben (abzusetzen), welches sie noch an dem hochgräfl. Haus zu fordern haben, die übrigen 2800 Gulden aber gänzlich nachzulassen und zu diesem Ende die in Handen habenden Schuldverschreibungen zu Handen des Oberamts zurückzustellen und sofort die erste Rata mit 31,500 Gulden zu bezahlen, die zweite aber bis zu deren Abzahlung mit 4 Gulden vom Hundert zu verzinsen.

8. Bleibt der Hof W.-H. mit allen seinen Rechten (sammt dem andern liegenden und fahrenden Eigenthum der Käufer) bis zur gänzlichen Auszahlung der zweiten Rate Unterpfand und Hypothek des hochgräfl. Hauses, welches sich daran halten, solches an sich ziehen und so lange nutzen, geniessen und heften kann, bis es um Capital, Zins und alle rechtmässigen Kosten gänzlich ausbezahlt und zufrieden gestellt ist, wobei sich die Käufer für ihr Privatvermögen ausdrücklich solidarisch (unter der Clausula in solidum) haftbar erklären.

Nach dem Datum, dem Sigel und der Unterschrift des Herrn Oberamtmanns ist unter dem Datum „Prag, den 3. Sept. 1774" die Ratification der Maria Rebecca, Gräfin von Harrach, geb. Gräfin von und zu Hohenems, vorgemerkt; ferner dass die Käufer unter dem 25. September 1774 die ungeraden 3500 Gulden abgezahlt haben, also auf die zwei Termine Georgi und Martini 1775 noch je 30,000 Gulden zu bezahlen bleiben. 199

St.-A. Zürich.

In dem undatirten Begleitschreiben (auf der Adresse findet sich von anderer Hand die Notiz „Rheinegg, d. d. Nov. 1774"), mit welchem der Landvogt Bernold die Abschrift des Kaufbriefs an den Vorort Zürich einsandte, wird der „ziemlich dunkel gestellte" Artikel 7 dahin erläutert, dass die 4100 Gulden eine Capitalschuld seien, welche „das gräfliche Haus auf der Herrschaft schuldig war und die sämmtlichen Käufer zu

1774 übernehmen haben"; weiter haben die Käufer „auf der Herrschaft vermög Capitalbrief" 2300 Gulden zu fordern, welche mit diesem Kaufbrief ausgelöst werden; dazu kommen 5000 Gulden Extra-Kosten, die sie gehabt haben, um den Verkauf „zu bewirken" und die sie „specificierlich einzugeben urbietig" seien. Es komme also die ganze Kaufsumme auf 75,400 Gulden zu stehen; und da die Käufer „diesen Kauf nicht auf sich zu behalten gesinnet seien", sondern ihn noch vor dem ersten Zahlungstermin in andere Hand zu bringen suchen, tragen sie ihn zu allererst „in unterthänigster Demuth" den 9 regierenden Ständen an.

Sehr auffallend ist es, dass in einer Abschrift des Kaufbriefs, welche im Stiftsarchiv St. Gallen liegt, die Kaufsumme in Zahlen und Worten auf 60,000 Gulden und, dem entsprechend, die zwei Raten auf je 30,000 Gulden angesetzt und nach der Ratification der Gräfin folgende Abzahlungen vorgemerkt sind: am 25. September 1774 500 Gulden (die 100 Ducaten?), am 25. April an die erste Rate auf Abschlag 2000 Gulden und am 25. Mai 1600 Gulden.

Nach der sog. Species facti (S. n. 211, Anm.) endlich wäre die Herrschaft um den Preis von 62,800 Gulden und 500 Gulden Schlüsselgeld erkauft und wären dem daneben dem Oberamtmann Funkner 1100 Gulden und dem Hebräer (Heberer) G o m p e r L e v y 200 Gulden bezahlt worden.

1775 Februar 12. — Auf vieles Anhalten der Gemeindsgenossen, dass man ein anderes Mittel an (für) die Hand nehmen möchte, um den (!) grossen Schuldenlast zu tilgen, weil die halbe Steuer Nichts tilge und man die ganze nicht zu bezahlen im Stande sei, gedenken Hofammann und Beamte des Hofs W i d n a u (Weidnauw) und H a s l a c h mit Bewilligung hoher und niederer Obrigkeit und einer ganzen Gemeinde auf folgende Weise abzuhelfen:

Für verkaufte Hausplätze und Gärten seien noch einzuziehen	4,000 Gulden.
Würden für 276 noch zu verkaufende neue Theile je 50 Gulden erlöst, so brächte Dies	13,800 „
Würde man die Theile unter der T e g e r e n verkaufen und durchschnittlich aus jedem der 52 Theile 70 Gulden lösen, so ergäbe Dies wieder	3,640 „
Macht zusammen	21,440 Gulden.

Ferner soll man die Theile um noch ein Mal so viel, als sie in der Steuer angeschlagen sind, annehmen müssen, und sollen alle Gemeindstheile auf die Gant kommen.

Unterzeichnet von Hans Ulrich Schawalder, Hofschreiber, am Monstein. 200

A. Au.

Vrgl. n. 195.

1775 Februar 15. In der Au. — Nachdem die Strasse am M o n s t e i n
durch Vernachlässigung des ganzen Hofes W i d n a u und H a s l a c h
und der „Eigenthumsanstösser" am Monstein in solch zerrütteten
Zustand gerathen, dass weder Pferd noch Fuhren, „sonderheitlich"
bei grossem Rhein, ohne Gefahr mehr durchpassiren können, hat
der Landvogt B e r n o l d theils deswegen, theils in Betracht des
auf verwichenem Syndicat ergangenen Befehls betr. die allgemeine
Strassenverbesserung in dem Rheinthal verfügt, dass von nun an
obbesagte Strasse an dem Monstein vom Hof Widnau und Haslach
ohne den geringsten Aufschub nach Anleitung des obrigkeitlich bevollmächtigten Strassenmeisters U h l und unter dessen Aufsicht
und der ihm zugeordneten Vorgesetzten, nämlich Hofammann
M e s s m e r s, Statthalter H e n s e l s (Hän—), Landvogtsammann
F e h r e n und K a r l Z o l l e r s, bei 100 Thaler Busse, in währ-
schaften Stand gesetzt werden solle.

Darauf entstand aber Streit zwischen dem Hof und den Anstössern, indem der erstere glaubte, dass die letztern das Meiste
bei diesem Strassenbau beizutragen verbunden seien, diese aber sich
jedes Beitrags gänzlich entziehen wollten; beide Parteien mit Berufung auf einen Weggeldsbrief von 1603 (n. 103), ein Syndicatsurtheil von 1605 und einen Rechtsspruch des Landvogts A c k e r-
m a n n von 1725 (n. 166). Nach Anhörung der Parteien und Prüfung
der Briefe, die sich nicht auf alle Fälle deutlich auslegen lassen, hat
Landvogt Bernold „die ihm sehr billig scheinende Auskunft daraus
gezogen", dass jeder Anstösser am Monstein für eine zehnschuhige
Ruthe Wegs jährlich, und zwar gerade jetzt zum ersten Mal,
drei Kreuzer Auslösung bezahlen und dafür der Hof für ein und
alle Mal die Wuhre und Strassen ohne der Anstösser Beitrag
besorgen und repariren solle.

Diese „Auskunft" ist von den Vorgesetzten der Gemeinde vorzutragen, und wenn diese wider Verhoffen nicht einwilligen sollte,
wäre es „an hoher Behörde" anzuzeigen; wo dann rechtlich gesprochen wird, was billig ist.

Sigel des Landvogts Bernold und Landschreibers B u l l i n g e r.

A. W.   201

    Auf der Jahrrechnungs-Tagsatzung des Jahres 1774 war der Land-
vogt im Rheinthal ermächtigt worden, zur Wiederherstellung der an
einigen Orten zerfallenen Strassen ein Mandat zu erlassen.

1775 März 6. — Landvogt J o h a n n L e o n h a r d B e r n o l d, gewesener
Landammann von G l a r u s, vergleicht die Höfe B e r n a n g,
B a l g a c h und W i d n a u über Anstände (etwas Spann), welche

1775 sich bei Anlass der neu anzulegenden Strassen über die Frage erhoben: ob die Strasse von dem „Bildstein" in der Au über Bernang oder über Widnau nach Herbrugg (Heerbruck) geleitet werden solle, und was die Anstösser aus fremden Höfen in dem Hof, durch welchen die Strasse angelegt wird, an die Strassenarbeit beizutragen haben? gütlich dahin:

Die Strasse soll von dem „Bildstock" in der Au auf Widnau und von da geradewegs (gestrax) quer über Feld auf Herbrugg gehen und auf Kosten des Hofs Widnau und Haslach angelegt und zu allen Zeiten unterhalten werden; doch mit dem Beding, dass die Berneggischen und Balgachischen Hofleute, welche Güter in dem Widnauischen besitzen, die an die Landstrasse stossen, die Landstrasse in ihren eigenen Kosten machen lassen und unterhalten sollen. Damit aber Alles desto „einförmiger" zu Stande gebracht werde, soll diesen Anstössern ihr Mass beisammen und an einem Stück gezeigt und angewiesen werden. Je nachdem künftig die von Berneggischen oder Balgachischen Hofleuten besessenen Güter in dem Hofe Widnau sich mehren oder mindern, soll auch die ihnen zugewiesene Strassenstrecke verhältnissmässig vermehrt oder vermindert werden. Das allfällig von der Obrigkeit zu erhaltende Weggeld soll nach „Proportion des Masses" zwischen den drei Höfen vertheilt werden.

Die an die Strasse stossenden Bernegger Güter sind bei dem Ausmass 342 Klafter lang befunden und den „bedeuteten Bernangern" ist diese Strecke von dem obern Hüttau-Eck (Hutau—) bis zu dem Zeichen an dem Dornach (Thurnacht) ausgemarkt worden. Die Balgacher Strecke beträgt dermalen 245 Klafter, „wovon die eine Scheidmark auf Johannes Schmiedheinis (—hänis), die andere in Balthasar Nüschen Acker steht."

Sigel des Landvogts.   202
A. Schmitter.

1775 Mai 8. Rheinegg. — „Neues Project" des Landvogts Bernold. wie die Roden Widnau und Schmitter in dem obwaltenden Zwiste wegen der Nutzung der Gemeinderieter am besten verglichen und die bisherigen schädlichen Unordnungen zu gleichem Nutzen des Armen und Reichen gehoben werden könnten:

Es wird den beiden Roden „beliebt", vorerst mit der Rode in der Au „die Gemeinden" zu theilen, hierauf den ihnen zufallenden Antheil zugleich mit dem schon vordem von der Rode in

1775 der A u abgetheilten I s e n r i e t und dem Riet über dem Rhein nach Verhältniss der Mannschaft zwischen Widnau und Schmitter in zwei Haupttheile und dann weiter in jeder Rode besonders in „Particular-Gemeindstheile", und zwar so viel als Haushaltungen sind, zu vertheilen. Diese Gemeindstheile verbleiben den Haushaltern lebenslänglich, nach deren Absterben ihren Erben; bei Abgang von solchen sollen sie aber der Gemeinde zu neuer Ausleihung heimfallen.

Damit aber diejenigen Hofleute, welche zu nöthiger Unterhaltung der Strassen und Wuhrungen Pferde halten und doch nicht grössere Gemeindstheile bekommen, als Die, welche keine Pferde halten, „getröstet" seien, so sollen künftig alle Hofleute an die Fuhren „bei vorfallenden Nothwendigkeiten" gleichviel beizutragen haben, in der Weise, dass bei diesen Anlässen die Pferde von W. und Sch. gemeinsam „zum Gemeinde- und Fuhrwerk" aufgefordert und gebraucht, hingegen aber für dieselben ein billiger und mässiger Lohn bestimmt und der ganze „Fuhrkosten" alljährlich auf die Gemeindstheile verlegt werden solle.

Würde dieser Vorschlag belieben, so behält sich der Landvogt vor, in gleicher Weise, wie es zu R h e i n e g g und T h a l schon eingeführt ist, den Roden „Anleitung und Artikel" zu geben, wie es mit dem Erben der Gemeindstheile in Zukunft gehalten werden solle.

Kanzlei Rheinthal.   203

A. Sch.

Vgl. n. 204 u. 209.

1775 Mai 22. — Landvogt B e r n o l d entscheidet den Streit zwischen den Roden W i d n a u und S c h m i t t e r betr. die Theilung des bis dahin gemeinsam „beworbenen" I s e n r i e t s und des Riets „ennet" dem Rhein, welche Theilung die Ersteren nicht zugeben wollen, während die Letztern sie laut dem „Verkommniss" vom 15. Mai 1772 und 24. Februar 1773 mit Recht begehren. Widnau ist vertreten durch Herrn Ammann H a n s J a k o b H e n s e l (Hän—) und „Zugegebene", Schmitter durch Herrn Seckelmeister H a n s J a k o b S c h a w a l d e r und Nebenabgeordnete.

     Gesprochen:

     dass es bei den angeführten Conventionen sein Verbleiben haben solle. Die beiden Rieter sind demnach von Stund an, wie es mit den Wuhren schon geschehen, zwischen den „Roden auf die Mannschaft" zu vertheilen, und jeder Rode bleibt es überlassen, mit ihren Riettheilen nach Belieben zu schalten und zu walten, sowie Die in der Au, die vordem mit ihnen im

1775 gleichen Recht gestanden; in der ferneren Meinung, dass beide Roden ihren bisher zu eigenem, sichtbaren Schaden „getratteten" Riettheil „einbannen" und nach dem „wohlerschossenen" Exempel Derer in der Au und „noch mehr anderer Rheinthalischer Höfe" in Gemeindstheile unter sich vertheilen mögen, damit jeder „Haushalter" seinen Theil lebenslänglich nutze, nach dem Tode des Inhabers aber der betr. Theil nach der Erbfolge Derer in der Au entweder seinen Erben hinterlassen oder in Ermangelung Solcher der Rode zu neuer Vertheilung heimfallen solle.

In Anwesenheit des Landvogts Bernold und des Landschreibers Bullinger. (Kanzlei Rheinthal.) 204

A. Sch.

1775 Juni 17. — Vorschläge einer von Hofammann Johannes Messmer einberufenen Rathsversammlung von Ausschüssen der drei Roden Au, Widnau (Wit—) und Schmitter (Schmiter), wie man die Hoftheilung an die Hand nehmen soll, „auf Hinterbringen" an die Roden.

Ausschüsse aus der Au: Hr. Hofammann Messmer, Hr. Landvogtsammann Franz Carli Zoller, Antoni Joseph Rhoner des Gerichts, Hr. Landvogtsammann Abraham Fehr des Gerichts (Greichts); — von Widnau: Hr. Hofammann Johann Jakob Hensel (Henß—), Johannes Hug des Gerichts, Hofweibel Hans Ullerich Messmer, Konrad Häuwli; — von Schmitter: Hr. Seckelmeister Hans Jakob Schawalder, Antoni Frei des Gerichts, Samawel (= Samuel) Schawalder des Gerichts.

1. Es soll getheilt werden, wie bis dato in allen Gemeindstheilungen geschehen, nämlich auf die Haushaltungen, die dato haushäblich vorhanden sind;
2. sollen die Schulden vertheilt werden „nach Gestaltsame" der Haushaltungen, auch alle drei Roden von den Creditoren einen authentischen Schein beibringen, dass sie angenommen worden seien; damit eine Rode der andern ihre Sache richtig zu Handen stellen könne;
3. sind die Einkünfte (Inkönpfen) gleichermassen, wie die Ausgaben, zu vertheilen;
4. sind die Wuhr- und Staudenauen „nach Gestaltsame" der Wuhren und Manuschaft zu vertheilen, wie auch anderer Holzwachs, der bis dato zum Wuhren „geordnet" ist;
5. das gemeine Tratt oder der bisherige Weidgang soll auf den

Quadratschuh ausgemessen und alsdann Gutes und Schlechtes gegen einander abgeschätzt und unparteiisch vergeben werden;

6. (segsens) die neuen und alten Gemeindstheile sollen auch unparteiisch abgeschätzt und gemessen werden, damit jede Rode die Felder „mit besserer Aufnahme" nutzen könne, und die Gemeindstheile sollen jeder Rode an dem gelegensten und nächst dabei liegenden Ort gegeben und zugetheilt werden;

7. die Landstrasse, die von Obrigkeitswegen zu machen geboten, und die, so noch nicht gemacht, ist nach der Mannschaft zu vertheilen und alsdann in Stand zu stellen; hierauf aber die ganze Landstrasse, soweit der ganze Hof „die Schuldigkeit" hat, zu vertheilen, gleich wie Anderes. Das Weggeld ist ebenfalls nach Proportion (Brobortzyon) zu vertheilen;

8. was die „Güllen-Verordnung" anbetrifft wegen den Dämmen, soll lt. obrigkeitlichem Reglemente vertheilt und abgemessen werden, Alles nach der Mannschaft;

9. der neu eingelegte, auf zwölf Jahre vergantete Theil unter der Tegeren (Degeren) soll für Gemeindsboden vermessen und abgeschätzt oder aber für eigenthümlich (eigendöumlich) verkauft und das Capital oder die „Losung" davon an die Hofschulden verwendet werden;

10. findet freier Zug zwischen den drei Roden statt, so dass Jeder an dem betreffenden Orte in allen Theilen Hofmann und Bürger (Böurger) sein soll; jedoch hat Jeder, der aus einer Rode in die andere zieht, 15 Gulden in den Seckel der Rode, in welche er einzieht, zu bezahlen, und zwar bevor er einzieht;

11. die Güter, die Einer in einer andern Rode liegend hat, sollen zu allen Zeiten steuerfrei sein, aber da versteuert werden, wo er hausbäblich ist;

12. soll der Steinbruch allen drei Roden gemeinsam zudienen; jedoch jede Rode in ihren eigenen Kosten Steine brechen, so viel sie zum Wuhren (auf die Wuhrig) bedarf;

13. mit Bewilligung des „Niedergerichtsherrn" soll auch Ammann, Gericht und Rath „in alle drei Roden" vertheilt werden, und wenn alsdann Gemeindsboden in ein anderes Gericht fiele, so sollen diejenigen Beamten darüber zu befehlen und zu gebieten haben, wo die Gemeindegüter hin gehören. 205

A. Sch.

Die „Güllen-Verordnung" ist offenbar eine Verordnung über die Instandhaltung der Dämme längs des Baches „Güll" oder „Güllen".

Vgl. n. 208.

1775 (Juli 3 — 26.) Frauenfeld. — Obschon einige Angehörige der Gerichte Widnau und Haslach diese Gerichte von dem Hause Harrach käuflich übernommen und die erste Zahlung geleistet haben, zeigt sich zur Bestreitung der auf kommenden Martini fälligen zweiten Zahlung kein anderes Mittel, als den Hof entweder „sammethaft" oder stückweise wieder zu verkaufen: Da nun „laut eröffneten Instructionen" ein gemeinschaftlicher Kauf durch die regierenden Orte nicht zu hoffen ist, wird wenigstens über die Erwerbung der Jurisdictionalia und Herrschaftsrechte berathen, um widrige Folgen abzuwenden, die zu besorgen stehen, wenn diese Höfe mit dem jure ultimæ appellationis und andern beträchtlichen Rechten an eine fremde Hand fallen würden. Deswegen sind die zweiten Gesandten von Zürich und Luzern und der erste von Glarus beauftragt worden, mit den dermaligen Besitzern diesfalls zu sprechen. Ihr Gutachten wird hierauf in der Meinung ad referendum genommen, dass bis Martini die Gedanken darüber dem Vorort Zürich zu überschreiben seien.

Die Gesandten von Uri finden indess bei der jetzigen Lage Nichts thunlich, als den Besitzern zu befehlen, dass sie die Höfe an einen Fremden nur mit Zustimmung der hohen Stände verkaufen sollen; und der Stand Schwiz (Schweitz) findet, dass bei einem erfolgenden Kaufe den Hoheiten der Zug vorbehalten werden solle. 206

St.-A. Zürich.*

Die Commissional-Verhandlung fand am 13. Juli statt durch die Herren Statthalter Ott, Rathsherr Pfeiffer von Altishofen, Landammann Hauser und Landvogt Bernold.

Es wurde an die Käufer die Frage gerichtet: ob und wie theuer sie die Jurisdictionalien von dieser Herrschaft abgesondert verkaufen würden? Da sie aber dermalen ebenso wenig im Einzelnen klar waren, was eigentlich zu den Jurisdictionalien zu rechnen, noch wie sie zu schätzen seien, erbaten sie sich hierüber Bedenkzeit. Doch zeigte sich bei diesem Verhör, dass die Käufer darüber mit Herrn Fuuknor von Funken einen geheimen Kaufsartikel geschlossen haben, nach welchem dem Harrach'schen Haus vorbehalten ist, die Jurisdictionalien um 15,000 Gulden wieder an sich zu ziehen, falls die erkauften Güter von den diesmaligen Eigenthümern wiederum stückweise verkauft werden sollten; was die Annahme bestärkt, dass das Harrach'sche Haus in diesem Fall diese Jurisdictionalien gleich denen, welche es in den Reichslanden besessen hat, dem kaiserlichen Hof überlassen werde. Dieser bedenklichen Folge wegen und in Betracht der Verlegenheit, in welcher sich die Käufer und dermaligen Besitzer befinden, wenn

---

* Der Auszug in Band VII. 2. S. 744 n. 892 der gedruckten Eidg. Abschiede stellt die Sache sehr verkehrt dar.

1775 der nothwendige Verkauf durch den Zugsvorbehalt der regierenden Stände gehindert oder ihnen die Kaufzahlung nicht erleichtert würde, macht die Commission folgende Vorschläge:

1. durch den noch anwesenden Landvogt ein Verzeichniss derjenigen Jurisdictionalien und herrschaftlichen Rechte anfertigen zu lassen, welche den hohen Ständen eigentlich conveniren dürften. Dieses Verzeichniss wäre den Käufern vorzulegen zu schleuniger Hinterbringung einer richtigen Schatzung an den Landvogt, so dass es den Ständen mit nach Hause gegeben werden könnte;

2. den Besitzern zu erlauben, sich mit „anhandstossenden" Käufern in eine „Kaufshandlung" einzulassen und zwar für den Kauf der ganzen Besitzung (Güter und Jurisdiction) nach den Landessatzungen ohne Zugsvorbehalt, stückweise aber mit Vorbehalt der hoheitlichen Disposition über die Jurisdictionalien;

3. den hohen Ständen aus den im Abschied liegenden triftigen Gründen den Ankauf der Jurisdictionalien und herrschaftlichen Rechte zu empfehlen. Sollte darüber die Einmüthigkeit nicht Platz finden, so wäre der Ankauf von den zustimmenden Ständen zu unternehmen, in deren Namen und zu deren Handen ein jeweiliger Herr Amtsmann im Rheinthal sie verwalten und alljährlich Rechnung darüber ablegen könnte.

Das gewünschte Verzeichniss führt auf:

1. Alle und jede niedern Gerichte sammt den Strafen, nach der Offnung bis auf 30 Gulden, von 5 Dörfern, welche c. 340 Hausväter begreifen;

2. die Freiheit der Gerichtsbesatzung;

3. in niedergerichtlichen Sachen die Appellation von dem Hofgericht an den Gerichtsherrn und nicht weiter;

4. der Ordinari-Fall im ganzen Hof von Jedem der geerbt hat, wenn schon sein Vater noch am Leben und der Sohn keine eigene Haushaltung führt;

5. Fasnachthennen, von jeglicher Haushaltung ein Stück, so bisher das Stück zu 6 kr. taxirt worden; thun 34 Gulden;

6. die Erbschaft von Bastarden;

7. der Jahrzins vom untern Fahr zu 8 ß. d. oder 28 kr.;

8. an verschiedenen Grundzinsen von Particulargütern 3 lb. 16 ß 8 d., das lb. zu 20 ß. und der ß. zu 14 d. gerechnet, oder 3 fl. 58 kr., das lb. zu 1 fl. 2 ½ Batzen und den Schilling wie gemeldet gerechnet.* Item 22 Hennen und 100 Eier;

9. das „Jus Patronatus und Collatur von St. Marcuskirche"** zu Widnau, kath. Religion. (NB. Das Pfrundeinkommen an Frucht und Geld erträgt dem Pfarrer jährlich 400 fl.)

10. Schirmsteuern 66 fl. 21 kr. 2 d.;

11. Ehrschatz vom Lehen zu Balgach; beim Tod des Lehenherrn und Lehentragers, auch bei Handänderungen, 1 schwarze Henne.

Schon an der Jahrrechnungs-Tagsatzung von 1773 hatte der Landvogt im Rheinthal berichtet, dass man von einem projectirten Verkaufe der beiden Gerichte Widnau und Haslach durch das gräfliche Haus Harrach höre,

---

* Ergäbe nach unserer Rechnung 4 fl. 28 kr. ** Sollte wohl heissen St. Jakobskirche, da sonst allgemein St. Jakob als Patron der Pfarrkirche von Widnau gilt.

1775 und wurde damals beauftragt, unter der Hand der Sache nachzuforschen und den Ständen Nachricht zu geben. Im folgenden Jahre (1774) erklärten Bern, Zug und Glarus, dass sie von einem Kaufe wegen des hohen Preises Nichts wissen wollen; aus dem Munde „eines anwesenden Ausschusses" der beiden Höfe aber berichtete der Landvogt, dass wirklich durch die Angehörigen ein Kauf um 70—80,000 Gulden Rheinthaler Valuta im Werke sei und dass sie die Ratification innert 8 Tagen erwarten; sie anerbieten den Ständen, den ganzen Kauf auf diesem Fusse abzutreten und werden dem Landvogt sofort nach der Ratification Mittheilung davon machen. In dem Abschiede der Jahrrechnungs-Tagsatzung von 1776 endlich findet sich die Notiz, dass die von einigen Angehörigen erkaufte Herrschaft Widnau und Haslach wiederum in fähige Hand gestellt worden sei, weswegen dieser Artikel künftig aus dem Abschied falle. — Eidg. Absch. VII. 2. S. 744. n. 391. 392. 394.

1775 (Juli 3—26). Frauenfeld. — Die Gesandtschaft von Glarus ersucht die Gesandten, sie möchten zu Gunsten der Schachtler'schen Erben, ihrer Landleute, den Landvogt beauftragen, für die noch immer nicht von dem hohenemsischen Hause bezahlte Schuld das Recht zu halten und einstweilen, bis zur Bezahlung der Forderung, von der Verkaufsumme der herrschaftlichen Gefälle zu Widnau und Haslach so viel zurückzubehalten, als zur Deckung von Capital und Zinsen sammt den aufgelaufenen Kosten erforderlich sei. — Der Landvogt wird beauftragt, zu Gunsten der Schachtler'schen Erben dem Hause von Harrach gütliche Vorstellungen zu machen. 207

Eidg. Absch. VII. 2. S. 751. n. 429.

Im folgenden Jahre wird der neue Landvogt beauftragt, die Sache dem hohenemsischen Oberamtmann zu empfehlen, da diese Vorstellungen ohne Erfolg geblieben sind. — Eidg. Absch. VII. 2. S. 751. n. 440.

1775 Juli 14. Frauenfeld. — Die Abgeordneten der 9 regierenden Orte bestätigen die Hoftheilung der drei Gemeinden Au, Widnau und Schmitter, unter dem Vorbehalt, dass die unter den Roden vertheilten Gemeindsgüter auch forthin Gemeindsgüter bleiben und nie verpfändet werden sollen.

Hofammann Hensel und Landvogtsammann Abraham Fehr sind im Namen und aus Vollmacht des Hofs Widnau und Haslach an der Jahrrechnungs-Tagleistung zu Frauenfeld erschienen und haben den Abgeordneten der 9 Orte „vortragen lassen, wie Herr Landvogt Wurstemberger von Bern zu des Hofs besserer Aufnahme ein heilsames Oeconomie- und Polizei-Reglement errichtet und in Druck befördert, welches zwar nach seiner klugen Verfassung zerschiedene trostreiche Würkungen gehabt, aber das hauptsächliche Augenmerk der völligen Entledigung des (!)

1775 Schuldenlast bishin nicht vollkommen habe erzielen mögen*, also dass der jetzige Herr Landvogt, Johann Leonhart Bernold, Alt-Landammann von Glarus, auf ein kräftigeres Mittel Bedacht genommen habe, um nicht allein den (!) drückenden Schuldenlast, sondern auch die unter den Roden dieses Hofs waltenden „ungleichen Begriffe und daher erwachsene Kosten" am besten zu heben und damit die erspriessliche Ruhe und Eintracht und bessere Äufnung des Grund und Bodens zu erzwecken. Zu dem Ende sei mit Zuthun und Beirath von Ausschüssen der Roden eine ganze Hoftheilung gut befunden und von den sämmtlichen Gemeinden verbindlich auf- und angenommen worden.

Die 13 Artikel, die nun folgen, entsprechen im Ganzen genau den „Vorschlägen" von n. 205; nur wird in Art. 1 beigefügt, dass „in künftigen Zeiten auf die Mehrung oder Minderung der Haushaltungen keine Rücksicht genommen (keine Acht geschlagen) werde, sondern diese erste (anfängliche) Theilung für immer ihr Verbleiben habe", und ist in Art. 10 das Einzugsgeld in eine andere Rode von 15 Gulden auf 10 Gulden ermässigt.

Der Landvogt hat die Bestätigung befürwortet.

Es sigelt der Landvogt im Thurgau, Nikodemus von Flüe, Ritter des kgl. St. Ludwigs-Ordens, Alt-Landmann und Landsfähndrich des löblichen Standes Unterwalden ob dem Kernwald. 208

A. Sch.

1775 August 10. — Abtheilung der Gemeindefelder und des Trattbodens zwischen Widnau, Schmitter (Schmiter), Au und Haslach durch die Herrn Hofammann Johannes Messmer, Hofammann Johann Jakob Hensel, Johann Jakob Schawalder, Seckelmeister, Landvogtsammann Aberham (!) Fehr und Hofschreiber Hans Ulrich Schawalder.

Die in der Au haben ihr „Gemeindefeld und Trattboden" von unten auf bis (beiß) an das alte Feld in Rosenbergsau und bis an das Egg im Josephsgut und von dem untersten Egg in Rosenbergsau gerade in das Böschenen- (P—) und dann bis an das Griessblattenwuhr; da soll der „Frieden" gestellt werden, dass Die von Widnau mit Ross und Vieh hereinfahren können; und dann haben sie noch das ganze Mäderswieslein (Me—); allda soll auch ein Frieden gestellt werden.

Die von Widnau sollen haben: an Gemeindefeld den Stierwinkel, das alte Böschen, Meierenau (Mey—), die zwei Theile im Auelin (Ouwelin) und den ganzen Blattacker; dazu den

1775 Trattboden von dem Auer Bezirk an bis an die Schmitter Grenzen. Von dem Wildenausand abwärts soll es (!) durch eine gerade Linie abgegrenzt (mit einer geraden Seite unterschieden) werden.

Die von Schmitter sollen haben: an Gemeindefeld das Wildenausand, das neue Böschen (P—) und die ganze alte Rosenbergsau: dazu den Gemeindboden von dem Widnauer Bezirk an bis zu oberst, so weit der Hof geht. Den Gatter bei Mäderswieslein und den Frieden allda sollen Die von W. machen, den andern Frieden Die in der Au bis an den Rhein. 209

A. Au.

1775 December 4. Amthaus Rheinegg. — Nach der Hof- und Schuldentheilung des Hofs Widnau und Haslach hat die Rode Schmitter durch Mehrheit der Stimmen beschlossen:

1. von den ihnen zugefallenen Wiesen und Rietern die diesseits des Rheins liegenden auf den Mann zu vertheilen; die jenseits liegenden aber sollen so „getratet" werden, dass Diejenigen, die Ross und Vieh halten, dieselben jedes Jahr von Anfang des Frühlings (Freulig) bis zum 26. Mai nutzen mögen, und zwar so, dass der „fallende Bau nicht aufgelesen, sondern auf dem Tratt verzogen" wird. Nachher wird der Tratt geschlossen und der übrig bleibende Nutzen im Herbst unter die ganze Rode oder alle Hausväter „in gleichen Gemeindstheilen" vertheilt. Für Dasjenige, was ein solcher Gemeindstheil weniger abwirft, als wenn er nicht getrattet worden wäre, sollen Die, welche getrattet haben, den Andern einen „Abtrag thun", und zwar nach dem Mittelpreis des Nutzens berechnet, welchen Die von Widnau aus ihren „ungetrateten" Gemeindstheilen über dem Rhein beziehen;

2. in Betreff der übrig bleibenden Strassenschulden von 667 Gulden 30 Kr. hat sich die Rode dahin verglichen, dass Die, welche Pferd und Wagen halten, ihre an der Landstrasse verdienten 239 Gulden und die Taglöhner ihre verdienten 143 Gulden 30 Kr. an sich selbst haben, die verbleibenden 285 Gulden aber auf das Steuerbuch verlegt werden sollen.

Auf Ansuchen der Rode durch den Abgeordneten Seckelmeister Johann Jakob Schawalder, Antoni Frei, des Gerichts, und Landvogtsammann Johannes Hug ratificirt der Landvogt diese Artikel in Betracht der Billigkeit (Beiligkeit) dieser Anforderung.

Am 24. April 1777 von Landvogt Tanner erneuert. (Kanzlei Rheinthal.) 210

A. Sch.

1776 Februar 10. Amthaus Rheinegg. — Landvogt Bernold spricht rechtlich in den Streitigkeiten des Hofs Widnau wegen Vertheilung (Ab—) der Kosten für die Landstrasse, worüber seit der Hoftheilung zwei „einander entgegen laufende" Mehr ergangen sind:
Es solle die von ihm in andern Höfen „fixirte Massregel" auch im Hof W. gültig und in Folge Dessen das letzte Mehr gestürzt sein; die ganzen Kosten der Strasse sind durch die Steuer zu bezahlen und aus der ganzen eingenommenen Summe Jedem, der Etwas an der Strasse verdient, seine Gebühr, nämlich jedem Fuhrmann von zwei Pferden des Tags 1 Gulden und jedem Taglöhner 15 Kreuzer für den Tag zu entrichten, was dem Hof künftig bei vorfallenden Strassenarbeiten als beständige Richtschnur dienen soll. Wer sich etwa in den Sinn kommen liesse, dieser Verordnung zu widerstreben, mag auf seine eigenen und nicht auf „gemeine Kosten" processiren.
In Gegenwart des Landvogts und des Landschreibers Bullinger.
(Kanzlei Rheinthal.) 211
A. Sch.

1776 April 10. — Die Roden Widnau (Weidtnauw) und Schmitter (Schmiter) haben sich am 6. April über das Riet jenseits des Rheins dahin verständigt, dass nach dem durch Hr. Hofammann Frei von Bernegg und Herr Hofschreiber Schawalder als unparteiisch besorgten Ausmass Widnau den untern und Schmitter den obern Theil übernimmt, unter den folgenden nähern Bedingungen:

1. Alle Beschwerden sind nach der Mannschaft zu vertheilen.

2. In allen „Schäden und Zufällen" soll man verbunden sein, sich gegenseitig zu helfen.

3. Die Grenze zwischen beiden Abtheilungen bildet der Graben zwischen dem Riegel und dem Bildanger und geht zwischen dem Neufunden und Hördli und kleinen „Reuhe"* bis an den Zwechres-Graben**, von da durch den Graben, der durch die „Rühe"* hinausgeht, bis zum Abschnitt und von da an durch den neuen Graben, der an das Ende des Riets an Nuschlau*** stosst.

4. Weiter ist der Grenzgraben in dem Gsig (Gesieg), der mitten zwischen der innern und äussern Forch hinauf geht, zwischen dem Brünneli und der Benzenrod hinauf bis in den Schmalzwinkel; das Ende ist allda am Stierwinkel und stosst an die Seelachen.

* Substantiv von „rauh". ** Quergraben. *** Lustnau.

1776 5. Die Einfriedung (das Freden) gegen die fremden Mäder, von den vorstehenden Herrn am.10. April gemessen und auf 2333 Stangen zu 10 Schuh geschätzt, ist den beiden Parteien zur Besorgung zugetheilt; wo sie aneinander stossen, soll jede den Graben zur Hälfte machen; und den Frieden (!) in dem Gsig, wo man aneinander stosst, macht zuerst von unten auf Sch. 110 Stangen, von da an W. 144 Stangen, dann wieder Sch. 47 Stangen und von da an W. bis zu oberst an den Schmalzwinkel. *

6. Die Strasse in das Gsig, von der Strasse in den Bildanger dem alten Weg nach bis an das Schmitter-Gsig, misst 435 Stangen, die Breite war 30 Schuh. Diese Strasse ist in 4 Theile ausgemessen und der erste am Rhein, sowie der dritte Sch., der zweite und vierte W. zugetheilt worden.

7. Die **Gsiggassbrugg** und den **Bildsteg** machen Die von Sch. allein, die Stege von da an durch das Riet hinab bis zu unterst Die von W.

Das Verabkommniss vom 6. April ist durch den Herrn Ammann **Johann Jakob Hensel** und Herrn Seckelmeister **Hans Jakob Schawalder** von Schmitter und Herrn Statthalter **Lenhart** (!) **Spirig** (Spei—) und Herrn Landvogtsammann **Johannes Hug** (Houg), **Antoni Frei** des Gerichts und **Johannes Hug** des Gerichts, **Samuwel** (!) **Schawalder** des Gerichts und **Hans Ulrich Messmer**, Hofweibel, getroffen worden. (Widnau hat schon am 3. April laut dem Mehr [Meyohr] durch Herrn Hofammann Hensel sammt der ganzen Rod den untern Theil übernommen.)   212

A. Sch.

1776 April 17. Rheinegg. — Der Landvogt **Bernold** verlangt von den Beamten der Höfe **Bernegg**, **Balgach** und **Widnau** (Weitnau), dass aus jedem dieser Höfe ein Vorgesetzter abgeordnet werde und dass die drei Abgeordneten zusammentreten, um einerseits die Beschleunigung der Execution des hochobrigkeitlichen Urtheils vom 19. August 1775, betreffend Wiederherstellung der **Rietgasse**, zu bewirken und anderseits zu berathen, wie dem Art. 4 dieses Urtheils vollkommenes Genüge geleistet werden könne, wozu allen denjenigen Particularen aus den genannten Höfen, welche die Rietgasse brauchen und auf dem **Isenriet** und **Krummensee** Nutzungen (?) haben, bei 20 Thaler Busse einzuschärfen ist, dass sie

---

* Die Bestimmungen dieses Artikels sind in Folge der höchst unbehülflichen Ausdrucksweise mehrfach undeutlich.

1776 laut jenem Art. 4 den Armen an der Rietgasse so beistehen, dass
diese Strasse ohne Aufschub so, wie sie von den Berneggern angefangen worden, fortgemacht werde; besonders aber sollen die
3 Abgeordneten die Beschwerden der armen Anstösser von Balgach
an der Rietgasse anhören, sie gründlich abwägen und diesen Leuten
nach dem „Endzweck" des Urtheils schleunige und billige Hülfe
und Rath gewähren. (Kanzlei Rheinthal.)   213
  A. Au.

1776 Juni 1. Hohenems. — Herr Johann Ernst Freiherr von Land-
see, Herr zu Berg und Hochstrass, Reichsritter des St. Georgi-
schildes der unmittelbaren Reichsritterschaft in Schwaben, des
Kantons Neccar-Schwarzwald und Ortenau, Ihro k. k. apost.
Majestät wirklicher Rath und curcölnischer Kämmerer etc., kauft von
Hans Jakob Hensel (Hä—), Hofammann, Leonhart Spirig,
Alt-Stabhalter, Joseph Anton Rohner, des Gerichts, Hans
Ulrich Schawalder, Hofschreiber, und Abraham Fehr,
Landvogtsammann, Alle aus dem Hof Widnau und Haslach,
in ihrem Namen und als Bevollmächtigten aller übrigen Interessen-
ten, den Hof Widnau und Haslach, wie sie ihn im Jahr 1774
lt. Kaufbrief vom 3. September an sich gebracht haben, nur den
Blutbann ausgenommen, welcher den 9 das Rheinthal regieren-
den Orten gehört, und was den hochgedachten Ständen lt. alten
Documenten, Brief und Sigeln sonst zukommen mag, nämlich: das
Baulehen von Monstein, die Dorfschaften Widnau, Haslach,
Schmitter, Fahr, Au und Monstein, welche in 335 Haushaltungen bestehen, die frei eigenthümlichen Reben am Monstein,
den Weintorggel sammt dem Haus und Keller, den Zehntstadel
sammt Grund und Boden, die Reichsherrlichkeit, Gerichtsbarkeit,
Jagdbarkeit (Jacht—), Jus Patronatus, Zehnten etc.; — um den
Kaufschilling von 55,000 Gulden nebst 500 Gulden als ein
Schlüsselgeld; 38,000 Gulden in Zeit von 4—6 Wochen a dato
und den Ueberrest von 17,500 Gulden in Zeit eines Jahrs und
4 Wochen „abzuführen" und bis dahin à 4 % zu verzinsen.

Unterschrieben von dem Käufer und P. H. Eberlin (Lieute-
nant?) als Beistand einerseits, den Verkäufern Hensel, Spirig, Fehr
und Schawalder (am Monstein) anderseits.

Dieser Kauf wurde am 1. Juni 1776 im Amthaus Rheinegg von
dem Landvogt Johann Leonhart Bernold, gewesenem Landammann und wirklichem Landesstatthalter des Landes Glarus, auf
Vorlage des Freiherrn von Landsee ratificirt, unter dem Vorbehalt
aller Forderungen, Ansprachen und Rechte des Hauses Hohen-

1776 ems nach den Bedingungen des Kaufbriefs vom 18. August 1774 bis zum Eingang eines Cessionsscheins von der Fr. Maria Rebecca, Gräfin zu Hohenems etc.   214

St.-A. St. G. — Rubrik CXL. Fasc. 3. — Copie.

Am folgenden Tage wurde die Kaufsumme im blauen Haus zu Monstein auf 60,000 Gulden erhöht, da die Verkäufer sich neuerdings beschwert und dem Herrn Käufer vorgestellt haben, dass sie in diesem „Kauf sich beschädigt befinden". Der Käufer begründete die Erhöhung mit der Hoffnung, dass er aus seinem Capital 4 % ziehen werde, und macht den Vorbehalt, dass, wenn der Graf von Harrach über die schon nachgesehenen 5000 Gulden den Verkäufern noch etwas Weiteres nachsehen sollte, er — der Käufer — Solches an dieser seiner versprochenen „Nachgabe" ebenfalls wiederum abzurechnen habe; auch soll er sie mit Gelegenheit à 4500 Gulden abführen können und dürfen.

Laut einem „Species facti" überschriebenen, auch im Stiftsarchiv St. Gallen liegenden Schriftstücke sind die 4 (!) Käufer vom 18. August 1774 nachträglich unter sich in Streit gerathen.[1]) Nachdem nämlich hier die Gesammtkosten des ersten Ankaufs auf 64,600 Gulden angegeben worden (s. u. 199), wird weiter bemerkt, dass die Käufer diese Herrschaft nur von Georgi 1775 bis Martini 1776 besessen, die von ihr abfallenden Einkünfte für das Jahr 1775 mit fl. 2296. 52 kr. und für das Jahr 1776 mit fl. 1868. 8 kr. bezogen und sie am 11. November 1776 dem Baron Landsee um 64,000 Gulden, mit Kaufantritt auf den 2. December, verkauft haben. — Hofammann Hensel weist nun eine „exacte Rechnung" vor, nach welcher „seine Mithaften über die schon vor 4 Jahren[**]) bezahlten fl. 2597. 20 kr. statt 404 Gulden nur 380 Gulden von dem gemeinsamen Nutzen zu Gute haben, so dass jeder noch 4 fl. 17 kr. 2³/₄ d. zu bezahlen schuldig sei". — Seine „Gegner" stellen dagegen eine andere, „zwar in Einfalt, jedoch kurze und deutliche Rechnung auf", nach welcher in Allem fl. 72,807. 14 kr. ausgegeben und fl. 73,737 eingenommen worden sind, mithin noch fl. 929. 46 kr. sammt Zinsen zu vertheilen wären, die Hofammann Hensel zu ersetzen hätte.

Diese drei Kläger gelangen nun an das Landvogteiamt, damit „von ihm oder den Parteien selbst zwei Schiedsrichter erwählt werden möchten, um das Geschäft zu untersuchen, was richtig, in Richtigkeit zu stellen und über das, was in Question gesetzt wird, ein Gutachten zu geben und sofort den hoheitlichen Entscheid zu erwarten".

1777 Juli 15. Frauenfeld. — Vor den Gesandten der 9 regierenden Orte erscheinen an der Jahrrechnungs-Tagleistung Ammann Joseph Hasler und Christofel Künzli Namens des Hofs St. Margrethen einerseits, Hofschreiber Jakob Könis und Joseph Steiger Namens des Hofs Oberriet, und Hofammann Jakob Hensel und Abraham Fehr im Namen des Hofs Widnau

---

[*]) Joseph Anton Rohner fehlt hier, wie auch in n. 221 und schon bei der Unterschrift der vorstehenden Verkaufsurkunde; s. S. 175. Er scheint von dem Kaufe zurückgetreten zu sein, möglicherweise ist er auch inzwischen gestorben.

[**]) Das Schriftstück wäre also wohl in das Jahr 1780 zu setzen.

1777 (Weitnau) und H a s l a c h anderseits mit der Anfrage, ob der Hof
St. M a r g r e t h e n auch an den Zinsen des Wuhrfonds verhältnissmässigen Antheil haben solle, wie die zwei andern Höfe?

·   Gesprochen:

dass von dem jährlich abfliessenden Zins von 150 Gulden
dem Hof St. Margrethen alle Jahr 25 Gulden, dem Hof Oberriet 55 Gulden und dem Hof Widnau und Haslach 70 Gulden
zufliessen sollen, in der Meinung, dass diese Gelder zum nöthigen
Unterhalt der Wuhren verwendet und, falls ein ausserordent-
licher Schaden an den Wuhren erfolgte, alsdann die in dem
Amthaus noch in Reserve liegenden 50 Gulden dem beschädigten Theil zufliessen sollen; zu diesem Ende sind von den im
künftigen Jahr fallenden 150 Gulden wiederum 50 Gulden in
des Landvogts Hände zu legen und nur 100 unter die Höfe zu
vertheilen. (Eidg. Kanzlei der Landgrafschaft Thurgau.)

A. W.   215

1777 Juli (7—26). Frauenfeld. — W i d n a u und H a s l a c h bitten, ihnen
das schon 1603 (n. 103) und 1605 gestattete Weggeld zu erhöhen,
da sie in Folge der durch die Rheinüberschwemmungen nothwendig
gewordenen Erhöhung der Strasse grosse Kosten (4000 Gulden)
zu bestreiten gehabt hätten. Dem Ansuchen wird unter der Bedingung entsprochen, dass sie die Strasse angemessen erhöhen
und in gutem Stande erhalten.   216

Eidg. Absch. VII. 2. S. 734 n. 307.

Um wie viel das frühere Weggeld erhöht wurde, ist leider nicht angegeben.

1777 Juli 18. Frauenfeld. — Auf die „weh- und demüthigste" Vorstellung des Hofschreibers Hans Ulrich S c h a w a l d e r (Schau—)
am M o n s t e i n: wie er wegen eines im Laufe des Jahrs im
Namen des Herrn Baron von L a n d s e e ausgefertigten Jagdman-
dats um 100 Speciesducaten von dem Landvogt gestraft worden,
lt. vorliegendem Appellationsrecess, und auf seine angelegentlichste
Bitte, ihm diese Strafe in Gnaden zu erlassen, ermässigen die Gesandten der 5 regierenden Orte nach Anhörung des Landvogts diese
Strafe auf 50 Gulden.

Es sigelt der Landvogt im Thurgau, F r a n z J o s e p h B l a t t-
m a n n, des Raths löbl. Standes Z u g.   217

A. Au.

Vrgl. n. 231. Z. 1.

1777 Juli 28. Frauenfeld. — Baron Ernst von Landsee beklagt sich vor den Gesandten der 9 regierenden Orte, dass er die Herrschaft Widnau und Haslach von den dermaligen Besitzern um 60,000 Gulden erkauft und 20,000 Gulden abbezahlt habe; dessenungeachtet wolle ihm die Herrschaft nicht abgetreten oder eingehändigt werden. — Landvogt Bartholomäus Tanner wird angewiesen, die dermaligen Besitzer obbesagter Herrschaft „befelchlichen" dazu anzuhalten, dass sie innerhalb der nächsten 4 Wochen den Herrn von Landsee in die Herrschaft „immittiren" oder ihm die schon erlegten 20,000 Gulden mit Kosten und Schaden wieder zurückstellen; rechtliche Einwendungen vorbehalten.

St.-A. St. G. — Rubrik CXL. 3. 218

Die Aufforderung wurde an die Adresse „Hrn. Hofammann Hänsel zu Widnau, zu Handen der dermaligen Besitzer der Herrschaft W.-H.", erlassen.

1777 October 15 haben die „Herrn" Hofammann Johannes Messmer, Ammann Franz Carli Zoller mit nachfolgenden Richtern und Ehrenmännern: Antoni Joseph Rohner, des Gerichts, Hans Baltus Zellweger (Zelw—) des Gerichts, Aberham (!) Fehr des Gerichts, „Herr" Landvogtsammann Zellweger, „Herr" Alt-Landvogtsammann Frei, „Herr" Seckelmeister Geiger und Hofschreiber Schawalder, den Weinlauf ausgesprochen, und zwar den Weissen die Mass zu 10 Kreuzer 2 Pfennig, den Rothen die Mass zu 14 Kreuzer 2 Pfennig. 219

A. Au.

1778 Februar 2. Amthaus zu Rheinegg. — Vor dem Landvogt Bartholomäus Tanner, des grossen und kleinen Raths des Standes Appenzell A.-R., verpfändet Johann Ernst, Freiherr von Landsee, die Herrschaft Widnau-Haslach mit allen Rechten, wie er sie gekauft hat, an die Herrn Präsident Peter von Salis und Zunftmeister Rudolf von Salis für ein Anleihen von 45,000 Gulden, — die Neuen Louisd'or und Carlinen zu 11 Gulden (jedoch die Montforter Carlinen gänzlich ausgeschlossen), die Ducaten zu 5 Gulden, den Feder-Thaler zu $2\frac{3}{4}$ Gulden und den bayerischen Thaler zu $2\frac{2}{5}$ Gulden —, rückzahlbar in den gleichen Münzsorten nach 3 Jahren oder, wenn es mit beidseitiger Bewilligung unbezahlt stehen bliebe, nach jeweiliger halbjähriger Abkündung und verzinslich auf Martini zu 5 %. Sollten jemals drei Jahrzinse rückständig sein, so haben die Herren von Salis das Recht, die Herrschaft an sich zu ziehen und sie zu nutzen und zu behalten, bis sie um Hauptgut, Zinsen und alle Kosten und

1778 Schaden vollkommen bezahlt sind. Für diesen Fall wird der Landvogt des untern und obern Rheinthals ersucht und bevollmächtigt, die Herren von Salis oder ihre Rechtsnachfolger auf deren Verlangen in den Besitz der Herrschaft zu setzen und sie darin gegen Jedermann zu schützen.

Auf Bitte des Freiherrn sigelt der Landvogt und wird der Brief in seiner Kanzlei ausgefertigt. 220

St.-A. St. G. — Rubrik CXL. 3. — Copie.

1778 April 14. Hohenems. — Nachdem Hans Jakob Hensel, Hofammann, Leonhard Spirig, Alt-Stabhalter, Hans Ulrich Schawalder, dermaliger Hofweibel, und Abraham Fehr, dermaliger Landvogtsammann, Alle aus dem Hof Widnau-Haslach, als Käufer dieses Hofs den im Kaufcontract vom 8. August 1772 bedungenen Kaufschilling theils durch baare Bezahlung, theils durch Anweisungen auf Peter und Rudolf von Salis in Chur und deren hierüber ausgestellte Wechselbriefe an das hochgräfl. Harrach'sche Rentamt gänzlich entrichtet, geht durch diese Hauptquittung und Cession das volle Eigenthum der Herrschaft auf sie über.

Unterschrift und Sigel des Renteiamts. 221

St.-A. St. G. — Rubrik CXL. 3. — Copie.

Aus n. 226 geht hervor, dass Peter und Rudolf von Salis durch eine von dem Baron von Landsee unterschriebene und mit seinem Pettschaft (Pitt-) versehene Anweisung vom 27. Februar 1778 angewiesen wurden, für seine Rechnung 41,000 Gulden an die „Herren" Hensel, Fehr, Spirig und Schawalder zu bezahlen, wogegen der Baron sie für diese Summe quittirte. Unter dem 1. April wurden sie wieder von den vier „Herren" angewiesen, die 41,000 Gulden für deren Rechnung an das hochgräfl. Harrach'sche Rentamt zu zahlen, was theils in baar, theils in Wechseln geschah.

Der eigentliche gräfliche Cessionsschein wurde nach vielfachen Klagen des Landseeischen Inspectors, Abraham Feer (!), bei dem Landvogt erst im Juni 1779 ausgestellt, und zwar auf die Widnauer Käufer, weil das hochgräfliche Haus niemals einen andern anerkannt habe. — Ein weiterer Zank entspann sich über die Aushändigung anderer Schriften durch die Harrach'schen Räthe und Oberbeamten des Reichshofs „Lustenau in Hohenems" an den Landseeischen Inspector. Die Harrach'schen Beamten verlangten, dass der frühere gräfliche Amtschreiber, jetzt Obervogt (wohl des Freiherrn von Landsee?), herüberkomme, um Abschrift von den betreffenden Schriften zu nehmen und ihnen weitere Kosten zu ersparen; was er um so eher thun dürfe, als man gedachten Herrn Obervogt im vorigen Jahr, da er noch in hochgräflichem Brod als Amtschreiber gestanden, auf mehrere Wochen zu Diensten des Herrn Baron von Landsee überlassen habe. — Schreiben der Räthe und Oberbeamten an den Landvogt Karl Alphons Beßler von Wattingen vom 11. Juni 1779. — *St.-A. St. G. — Rubr. CXL. 3.*

1778 April 28. Bernang. — Zweite Verabredung wegen der Strasse auf das Isenriet und Krummensee.

Der Hof Bernang, „Particularen des Hofs Balgach der Hof- und Heldgüter" und der Hof Widnau und Haslach sollen die Rietstrasse machen, wie folgt:

von der Brugg bei Ziegelhütten hinauf 24 Stangen, die Stang zu 10 Schuh gerechnet, allwo eine Mark gesetzt, Widnau; wegen Isenriet und Krummensee;

von da hinauf 71 Stangen der untere Hof Au und Haslach; wegen Krummensee und Isenriet;

von da hinauf 109 Stangen Bernang; wegen Kr. und I.;

von da hinauf bis zu dem „Mühlibrüggli", 104 Stangen, die Interessenten der Hof- und Heldgüter von Balgach;

von dem Gatter bei dem Brüggli hinaus 30 Stangen Die aus der Au;

von da hinaus 99 Stangen Die von Bernang; wegen dem Kr. und I.;

von da hinaus 30 Stangen Die von W.; wegen dem Kr.; mit Au und Haslach;

von da hinaus bis zu der „Krummenseebrugg", 101 Stangen, Die von Balgach; wegen dem Kr.

Sollte auf dem Krummensee ein Merkliches aufgebrochen oder „anderweg" zu mehrerem Nutzen angepflanzet oder angebracht werden, so dass die Strasse hiedurch mit Zu- und Abfuhr mehr gebraucht würde, so sollen die Inhaber des Kr. nach Verhältniss des Gebrauchs den Andern abnehmen.*)

Ebenso wäre es mit dem Hof Bernang und Denen aus der Au und Haslach zu halten, wenn sie auf ihrem Riet auch ein Merkliches aufbrechen oder die Zu- und Abfuhr mehr gebrauchen; und bei den Particularen der Hof- und Heldgüter ist Abbruch oder Zusatz zu machen, je nachdem sie sich vermehren oder vermindern.

Sollten ein Hof oder die Particularen „solche Strassen nicht in schuldiger Ordnung unterhalten", so hat sie der betreffende Hofammann dazu anzuhalten, und geben sie ihm nicht Folge, so mag der klagende Theil bei „hoher Behörde" zu Rheinegg Schutz suchen.

Unterschrieben von Hofammann Dierauer, Statthalter Frei, Alt-Landvogtsammann Metzler (Mätz—), Hans Kaspar Nüsch.

A. W.   222

* Im Manuscript heisst es bloss „abnehmen", was aber wohl nur als „den Andern abnehmen" verstanden werden kann.

1778 Juli 6—27. Frauenfeld. — Den Höfen W i d n a u und H a s l a c h
wird auf 15 Jahre ein Weggeld von 1 Kreuzer für das Fass Salz
und von ½ Kreuzer für den Sack Korn, wie für ein Stück Kauf-
mannsgut, in der Meinung bewilligt, dass sie mit Beihülfe ihres
Gerichtsherrn und unter Autorität des Landvogts die Strassen gehörig herstellen, widrigenfalls sie des Weggeldes verlustig würden.

Nachdem der Landvogt an der folgenden Jahrrechnung berichtet,
dass die Höfe nicht um Ertheilung, sondern um Verstärkung des Weggeldes eingekommen, wurde ihnen im Juli 1780 nicht bloss obiges Weggeld für immer bewilligt, sondern noch ein zweites im gleichen Betrage
für 15 Jahre gestattet, unter der Bedingung, dass sie die Strassen in
guten Stand setzen und halten und über den Ertrag beider Weggelder
dem Landvogteiamt jährlich Rechnung ablegen, auch dieselben weder
von Bürgern, freien Landleuten und Angehörigen der regierenden Stände
beziehen sollen, noch von Denjenigen, mit welchen sie in daherigen
Verkommnissen stehen. — Schon vor der nächsten Jahrrechnungs-
Tagsatzung liessen aber die beiden Höfe (und St. M a r g r e t h e n)
eröffnen, dass die ihnen bewilligten Weggelder für sie von sehr geringem Nutzen seien, weil theils die schwäbischen Fuhrleute unter dem
Vorwand, Getreide für eidgenössische Angehörige zu führen, die Bezahlung derselben verweigern, theils die Höfe nicht wissen, ob sie das
Weggeld von den fürstlich und Stadt St. G a l l i s c h e n Angehörigen,
welche zur Herbstzeit mit sehr vielen Weinfuhren durchpassiren, beziehen dürfen. — Die meisten Gesandtschaften finden, dass in Berücksichtigung der hergestellten Strassen Jene, wie Diese, zur Entrichtung des
Weggelds angehalten werden sollen. Nur G l a r u s und A p p e n z e l l A.-R.
befürchten, dass durch die Forderung eines halben Kreuzers auf das
Malter Korn der Getreidepreis sich steigern möchte, lassen aber bei
der Tagsatzung von 1782 ihren Widerspruch fallen.

1783 berichtet der Landvogt, dass die Höfe Willens seien, von den
L u s t n a u e r n kein Weggeld zu beziehen, weil sie sonst befürchten
müssen, daselbst mit weit grösseren Beschwerden belegt zu werden.

Eidg. Absch. VIII, S. 409, Art. 162—167, S. 410, Art.
170 u. 171.   223

Aus dem F r a u e n f e l d e r Abschied von 1782 ersieht man ferner,
dass Dornbirn von jedem durchpassirenden Wagen 6 Kreuzer forderte,
worüber sich Widnau, Haslach und St. Margrethen damals beklagten.

1778 December 18. Amthaus Rheinegg. — Landvogt und Alt-Landammann Karl Alphons Beßler von Wattingen und Landschreiber Heinrich Bullinger vergleichen gütlich einen Zwist
zwischen den Vorgesetzten der Gemeinde W i d n a u, H a s l a c h
und S c h m i t t e r einerseits und sieben an die Landstrasse stossenden Einwohnern am M o n s t e i n anderseits wegen des Unterhalts
der Landstrasse und der Wuhrungen. Erstere haben Letztere
aufgefordert, lt. Syndicatsabschied von 1776, betr. die von den

1778 Höfen zu übernehmende Landstrasse, das stipulirte Klaftergeld von 6 Kreuzern zu entrichten; Letztere haben die Forderung zwar nicht in Abrede gestellt, aber „vermeinen wollen", dass lt. Syndicatspruch von 1605 „allervorderst" der Hof in Anschung der mit der Strasse verbundenen Wuhrungen das Seinige thun und „also" gegen die 6 Kreuzer Klaftergeld so Wuhr, als Strasse übernehmen solle.

Gesprochen:

da dermalen an den Wuhrungen sich kein „Reparationsbedürfniss" zeige und allem Anschein nach bei Langem" sich nicht zeigen werde, sollen von nun an die Anstösser am Monstein den Höfen die 6 Kreuzer Klaftergeld entrichten, die Höfe dagegen auch von Stund an die „Strassen-Reparation" übernehmen. Der Streit über den Wuhrunterhalt bleibt ausgestellt, bis sich ein Nothfall ergibt, und soll alsdann von dem „damaligen" Landvogt entschieden werden. 224 Kanzlei Rheinthal.

A. Sch.

1779 November 17. — Bürgermeister und Rath der Stadt Zürich melden dem Landvogt Alphons Beßler von Wattingen. wie der Freiherr von Landsee, Besitzer der Herrschaft Widnau und Haslach, sich beklage, dass die Verkäufer sich immer weigern, alle Kaufpunkte zu erfüllen; dass sie ihm die im Kauf nicht ausbedungenen, sondern erst nachher herausgekommenen Schulden aufbürden, wenigstens ihn „derenhalben" nicht sicher stellen; endlich gewisse, ihn nicht berührende Kosten ihm auflegen wollen: mit dem Beifügen, dass der Landvogt das Verfahren dieser Leute unterstütze und sich geäussert habe, gegen den Freiherrn executive vorzugehen, wenn er zu zahlen länger säumen würde.

Der Landvogt wird um gründlichen Bericht ersucht mit dem Auftrag, einstweilen mit der Execution inne zu halten und gegen den Freiherrn mit möglichstem „Menagement" zu verfahren. 225 *St.-A. St. G. — Rubrik CXL. 3.*

1779 November 18. Chur. — Peter und Rudolf von Salis beschweren sich bei dem Landvogt Beßler, dass er auf Ansuchen des Baron von Landsee ihrem Einzieher Georg Küntzler ganz unvermuthet den Befehl ertheilt habe, diejenigen Wechselbriefe. die sie dem hochgräfl. Harrach'schen Rentamt zu Hohenems (Hohen-Embs) ausgestellt, nicht einzulösen. Dieses Ansuchen sei ganz unbegründet und unrechtmässig gewesen, da die Wechsel ein Theil der 41,000 Gulden seien, welche der Baron durch sie auf die

1779 vier Käufer und diese auf das Harrach'sche Rentciamt angewiesen
haben und wofür die Quittung des Barons in ihren Händen liege.
(Vrgl. n. 221.) Sie müssen die Wechsel bei deren Verfall unbedingt
zahlen und protestiren in aller Ehrerbietung gegen jeden Schaden
und Nachtheil, der ihnen aus „diesem Hindernisse" erwachse.

Unterm 18. December wiesen hierauf „Bürgermeister, Schultheiss und Räthe der eidgenössischen Stände und Provisionalorte"
Zürich und Luzern den Landvogt an: die Auslösung der
Wechselbriefe ohne Anstand zuzugeben in Ansehung der Schwierigkeiten, welche das Schreiben der Herren von Salis in Aussicht
stelle, und in Betracht, dass die Herren von Salis bereits für das
Ganze quittirt seien. 226

St.-A. St. G. — Rubrik CXL. 3.

1780 Januar 11. — Schreiben des Landvogteiamts Rheinthal an die
4 paritätischen Stände Zürich, Bern, Luzern und Uri.

Nach dem Landfrieden von 1712 sind in dem einen Hof
Widnau-Haslach-Schmitter die niedergerichtlichen Beam-
teten und Richter nach §. 11 (bezw. § 22) des Landfriedens zur
Hälfte evangelisch und zur Hälfte katholisch besetzt worden, da die
katholische Bevölkerung an allen 3 Orten zusammen nicht ²/₃, die
Evangelische aber mehr als ¹/₃ betrug.

Nach der Trennung von 1776 blieb das Verhältniss für Haslach
und Schmitter im Gleichen; im Hofe Widnau aber ergaben sich
36 Mann Evangelische gegen 126 Mann Katholische, also ²/₃ : ¹/₃.
Es haben sich nun „beide Religionen" an den Landvogt und Landschreiber um einen Rath gewendet, wie sie sich bei der Amtsbesetzung verhalten sollen, und darauf ist ihnen auf hohe Appro-
bation hin unmassgeblich (ohne Massgabe) angerathen worden,
¹/₃ evangelische und ²/₃ katholische Richter anzunehmen. Und weil
der Landfriede von niedergerichtlichen Aemtern, ausser von Ammann
oder der vordersten Richterstelle, Nichts sagt, ist ihnen ferner beliebt
worden, hierin „den einheimischen Exempeln" benachbarter Höfe
nachzufolgen, wo insgemein die Religionsverwandten, so ²/₃ Richter
haben, auch ²/₃ von den niedergerichtlichen Aemtern bekleiden,
und zwar soll nach dem Landfrieden die Ammannstelle alle
2 Jahre alterniren und gleich derselben auch die Statthalterstelle;
der Seckelmeister-, Hofschreiber- und Weibeldienst hat aber 4 Jahre
bei den Katholischen und 2 Jahre bei den Evangelischen zu verbleiben, jedoch so, dass beständig eines von diesen 3 Aemtern
von den Evangelischen und zwei von den Katholischen bedient

1780 werden. Alles nur so lange, als Widnau für sich bleibt und sich nicht etwa wieder mit den beiden andern Höfen vereinigen wird. in welchem Falle die alte Ordnung wieder Statt hätte.

Dieser unmassgebliche Rath hat den Abgeordneten beider Theile ganz wohl gefallen, ist auch der Gemeinde vorgetragen und daselbst von beiden Theilen für gut befunden worden. Die Angelegenheit wird nun zur „landesfriedlichen Entscheidung" an die paritätischen Stände geleitet, mit der Bitte, die armen Leute mit kostbaren Gängen nach F r a u e n f e l d oder anderswohin in grossen Gnaden zu verschonen.

Unterzeichnet: Landvogt B e ß l e r von W a t t i n g e n.

Unterm 5. April wurde die Ratification dieser Vereinigung von Bürgermeister und Rath der Stadt Zürich Namens der 4 paritätischen Stände ausgesprochen. 227

Ev. Schularchiv W.

1780 Mai 6. Chur. — P e t e r von S a l i s spricht in einem Schreiben an Landschreiber B u l l i n g e r in R h e i n e g g seine schon früher geäusserte Ansicht über die Herrschaft W i d n a u und H a s l a c h dahin aus: dass diese Herrschaft gewiss Niemandem besser convenire, als den lobl. Ständen, welche sie dem Landvogteiamt einverleiben oder durch den jeweiligen Landschreiber verwalten lassen können, was auch der Plan des sel. Herrn Bürgermeister H e i d e g g e r gewesen sei. Ihm erscheine diese Sache so schicklich, dass er an deren Genehmigung durch die Stände fast nicht zweifle, wenn der Landvogt sie vorschlage. Bevor die Herren von Salis nicht sicher seien, dass die Stände die Herrschaft nicht verlangen und dass die Länder ihnen im Fall der Uebernahme ihren Schutz und Schirm „in allen Vorfallenheiten" werden angedeihen lassen, haben sie begründete Bedenklichkeiten, sich in einen solchen Kauf einzulassen. 228

St.-A. St. G. — Rubrik CXL. 3.

1780 Mai 17. Zürich. — Die Stände Z ü r i c h und L u z e r n weisen den Landvogt B e ß l e r an, auf seinen Bericht über die Vorgänge zwischen den Verkäufern der Herrschaft W i d n a u und H a s l a c h und dem gegenwärtigen Besitzer, zwischen dem Letztern und seinen Schuldgläubigern, und über Das, was sich vor dem Landvogteiamt selbst rechtlich verlaufen hat, einen Rechtstag über dieses Geschäft anzusagen „mit Vorladung der Interessenten persönlich oder durch Anwälte", und bei demselben, auch falls der Freiherr nicht erschiene, über die Frage abzusprechen: ob der Freiherr von L a n d s e e die

1780 Herrschaft behalten müsse oder nicht? Ergienge das Urtheil gegen ihn, so wäre ihm die Appellation an „den" Syndicat zu gestatten.

St.-A. St. G. — Rubrik CXL. 3. 229

1780 September 15. Constanz. — Johann Ernst, Freiherr zu Landsee, Gerichtsherr zu Widnau (Wittnau) und Haslach, stellt dem Pfarrer Martin Uttiger in Bernang, Joseph Anton Federer, Hofschreiber daselbst, Abraham Fehr aus der Au und Leonhard Spirig, Statthalter (!) in Widnau, eine Vollmacht aus zur Errettung seiner Herrschaft und Tilgung der darauf haftenden Schulden. Sobald er von ihnen vernehmen werde, dass Alles durch sie seinen Ruhestand bekommen habe, werde er den ihm vor drei Wochen zugeschickten Aufsatz mit höchster Freude und wahrer Danksagung, auch lebenslänglicher Erkanntlichkeit ausfertigen, unterschreiben und sigilliren. 230

St.-A. St. G. — Rubrik CXL. 3.

Den erwähnten „Aufsatz" werden wir ohne Zweifel in der undatirten Verabredung zu sehen haben, welche dem Kaufbrief vom 1. Juni 1776 (n. 214) beiliegt und nach welchem der Freiherr sich verpflichten soll, den Hof mit allen Rechten, wie er ihn erkauft hat, den vier obengenannten Bevollmächtigten zu folgenden Bedingungen zu überlassen:

1. Uebernehmen die vier „Herrn" nachstehende Capitalien und aufgelaufenen Ziusen, welche auf dieser Herrschaft haften:

Den Herrn Peter und Rudolph Salis zu Chur . fl.	45,000. —
Dabei 3 Jahreszinse . . . . „	6,750. —
Herrn Wild in St. Gallon . . . . „	3,500. —
Dabei wiederum 3 Zinse . . . . „	525. —
Herrn Pfarrer in Bernang . . . . „	900. —
Dabei 2 Jahreszinse . . . . „	90. —
Leonhard Spirig, Statthalter in Widnau . . . . . „	1,200. —
Dabei 2 Jahreszinse von 600 Gulden . . . . „	60. —
Dem Nämlichen . . . . „	150. —
Dabei 2 Jahreszinse . . . . „	15. —
Hans Ulrich Schawalders sel. Wittib . . . . „	350. —
Christoph Künzli's sel. Erben in St. Margrethen „	891. 50
Zins dabei . . . . „	50. —
Johannes Köppel (Köpel), Kreuzwirth in der Au . „	450. —
Engelwirth in Bernang . . . . „	106. —
Herrn Lieutenant Ritz allda . . . . „	91. —
Herrn Seckelmeister Galluser allda . . . . . „	100. —
Sr. hochfürstl. Gnaden in St. Gallen von einem Capital von 20,000 Gulden 2 Jahreszinse . . . . . „	2,000. —
In den Leuenhof zu Rheinegg eine ursprüngliche Schuld der 3 Verkäufer Spirig, Schawalder u. Fehr „	1,923. —
Summa fl.	64,151. 50

1780   Dafür dürfen die 4 Genannten die Herrschaft nach ihrem Wohl-
        gefallen nutzen, brauchen, versetzen und verpfänden.

2. Darf der Freiherr den Hof jederzeit wieder an sich ziehen, wenn
   er um diese Summe von fl. 64,151. 50 aufkömmt, und bis dahin von
   dieser Herrschaft als Eigenthumsherr den Namen führen.

3. Können die 4 Uebernehmer die Herrschaft Widnau und Haslach um
   einen von dem Freiherrn zu bestimmenden Preis „anderwärtshin"
   verkaufen, und sollen sie hiezu bevollmächtigt sein, aus dem Erlös
   aber zunächst die vorstehenden Schulden bezahlt und der Ueberrest
   dem Freiherrn zu Handen gestellt werden.

1781 Juni 26. Amthaus Rheinegg. — Vor dem Landvogt erscheinen
Abraham Fehr aus der Au, gewesener „Landseeischer" Inspector,
und der „Landseeische" Verwalter Jakob Hensel (Hän—) von
Widnau, als „Mandatar" des Baron von Landsee, mit unbe-
dingter Vollmacht, über die Abrechnungs-Streitigkeiten mit Abraham Fehr, wie über eine gleichfalls streitige Schuld von 1920
Gulden im hiesigen Löwenhof an dem auf heute angesetzten
Rechtstag zu erscheinen und nach freiem Ermessen gütlich oder
rechtlich einzutreten. Hensel erklärt, „zu einer gütlichen Auskunft
nicht Hand geben zu können", sondern verlangt einen rechtlichen
„Abspruch", und führt hierauf die einzelnen Ausgaben an, welche
in der Rechnung des Abraham Fehr beanstandet werden. Von
Georgi 1777—1779:
        1777/78:

1. 50 Gulden Busse wegen eines unbefugter Weise ausgestellten
   und auf des Barons Befehl in fremden Höfen verlesenen Mandats.
   Dieser Posten wird nicht anerkannt, bis A. F. nachgewiesen,
   dass er ihn wirklich für den Baron auf seinen Befehl, und nicht
   für den Schreiber Schawalder (Schan—) bezahlt habe. —
   (Vrgl. n. 217.)
        1778/79:

2. 34 Gulden 54 Kr. für Extra-Wein. Fehr solle einen Schein
   bringen, dass er den Wein bezahlt und dass der Baron denselben empfangen habe.

3. 100 Gulden, die dem Hans Ulrich Schawalder, 170 Gulden,
   die ebendemselben und dem Ammann Hensel, und noch einmal
   69 Gulden 49 Kr. 2 Pfg., die dem H. U. Sch. bezahlt worden
   seien. Hierüber fehlen die nöthigen Ausweise.
        1777/78:

4. 70 Gulden zurückbezahltes Anleihen „den Hirzen Hans Jakobs
   Fräulein" zu Bernegg. Auch hier fehlt der Ausweis, dass diese
   Zahlung auf Befehl des Barons geschehen sei.

1781 5. 105 Gulden 58 Kr. Auslagen bei einer Reise an die Tag-satzung zu F r a u e n f e l d, 25. Juni ff. — Diese Kosten seien schon besonders (specifice) verrechnet.

6. 74 Gulden 30 Kr. für verschiedene Bemühungen, Stände und Gänge von 1777 bis 3. Januar 1778. — Fehlen die Belege.

7. 37 Gulden 30 Kr. als Hälfte einer in Rechnung gebrachten Summe von 75 Gulden für 8 Fuder Rebstickel von J o h a n n e s M e y e r zu D o r e n b i r e n im O b e r d o r f. — Die Hälfte dieser Summe hat Fehr nämlich von den Rebleuten zurück verlangt, aber unter den Einnahmen nicht in Rechnung gebracht.

8. 37 Gulden 12 Kr. aus gleichem Grunde für das folgende Jahr.

9. 288 Gulden 46 Kr. $3\frac{1}{8}$ Pfg. ist Fehr laut den Abrechnungen von 1779 und 1780 dem Baron als Rest schuldig geblieben.

10. 17 Gulden 15 Kreuzer ist er noch schuldig für 45 Viertel Fässen, die er aus dem b l a u e n H a u s e empfangen.

11. 225 Gulden 28 Kreuzer führt F. in der Rechnung von 1778/79 als Zahlung aus den Einkünften an Ammann Hensel zu Widnau auf, während sich aus der Ammann K ü n z l i'schen (!) Aus-weisung über das von P e t e r v. S a l i s empfangene Capital von 4050 Gulden ergibt, dass obstehendes Capital von 225 Gulden 28 Kreuzer mit 236 Gulden schon einmal getilgt worden ist, also dem Baron zweimal verrechnet wurde.

Abraham Fehr erklärt:

ad 1. Der Baron habe ihn in Frauenfeld selbst geheissen, die 50 Gulden Busse dem Schawalder zu vergüten.

ad 2 bis 6. Er wolle den Baron mündlich von der Richtigkeit der betreffenden Posten überzeugen.

ad 7 u. 8. Die Bauern haben ihre Hälfte Stickel mit Wein bezahlt, welchen der Baron empfangen.

ad 9 u. 10. Diese zwei Posten sei er kanntlich.

ad 11. Allerdings habe er mit dem Schreiber Schawalder von dem Ammann Künzler (!) 236 Gulden aufgenommen und damit bei Ammann Hensel die 225 Gulden 25 Kreuzer getilgt; allein er habe auch dem Künzler die 236 Gulden zurückbezahlt.

Schliesslich verlangt der Fehr vom Herrn Baron für „Ständ und Gäng" in $3\frac{1}{2}$ Jahren nach Frauenfeld, „in die löbl. Stände", nach C o n s t a n z, U e b e r l i n g e n, R h e i n e g g etc., 593 Gulden 46 Kreuzer $3\frac{1}{2}$ Pfennig.

Vom Landvogt W e b e r wird zu Recht erkannt:

1781 1. solle A. F. die kanntlichen n. 9 u. 10 mit 288 Gulden 46 Kreuzer
3½ Pfennig und 17 Gulden 15 Kreuzer dem Herrn Baron
gut machen;

2. ebenso die 236 Gulden, welche er von Ammann Künzler sel.
zur Tilgung der Schuld an Ammann Hensel empfangen habe
und über deren Rückgabe an Ammann Künzler er sich durch
keinerlei Belege ausweisen kann;

3. was die anderen 8 Punkte anbetreffe, solle er nach seinem
Anerbieten den Baron darüber mündlich genugsam aufklären
(edificiren) und eine betreffende Erklärung von demselben beibringen; könne er das nicht, so solle er diese Forderungen
dem Baron ebenfalls zu „bonificiren" schuldig sein; dagegen
dürfe er alle „Gäng und Ständ" abziehen, die ihm der Baron
kanntlich sei oder die Fehr aus den beiden eingelegten Rechnungen nachweisen (bescheinen) könne.

Damit die Sache nicht weiter zum Nachtheil der übrigen
Creditoren verzögert werde, soll Abr. Fehr die Bereinigung
(Liquidirung) besagter Rechnungen und Gegenrechnungen mit
dem Baron innerhalb der nächsten 8 Tage vornehmen und
beenden. Wer eine Verzögerung verursacht, soll nicht weiter
angehört, sondern seiner Ansprache an den Andern (das Gegentheil) verlustig werden. Die obrigkeitlichen Kösten, bestehend
in 6 Gulden, sollen beide Theile gemeinsam bezahlen.

In Gegenwart des Herrn Landvogt J. L. T. Weber, Landschreiber Bullinger und Gerichtsammann Gschwend von Altstätten.   231

A. Au.

1781 Juli (2—21). Frauenfeld. — Wegen des Gesuchs der Herren
Peter und Rudolf v. Salis, welche die Herrschaften Widnau und Haslach von dem Baron von Landsee zu erkaufen
Willens sind, falls die Stände diese Herrschaften von dem ewigen
Verspruch frei erklären und bei allfälliger Wiederveräusserung
derselben auf den Abzug verzichten, walten bei einigen Hoheiten
Bedenklichkeiten vor. Da jedoch die Käufer in allen Rücksichten
genehm sind, schlägt man ihnen folgende Bedingungen vor: Dass
sie bei einem Verkaufe vom Abzuge befreit, ihre Käufer aber
sowohl als deren Nachfolger demselben wieder unterworfen sein
sollen. Weiter stehe ihnen frei, die Herrschaften nach Gutdünken
an „fähige Hände" in der Schweiz oder in Bünden zu verkaufen;
würden sie aber ihre Besitzungen ausser die Eidgenossenschaft ver-

1781 äussern wollen, soll es „in eine fähige Hand oder an einen Edelmann oder an einen Bürgerlichen" geschehen, welcher den regierenden Ständen angenehm ist; übrigens soll die Herrschaft dem ewigen
Verspruch zu keinen Zeiten mehr unterworfen sein. — Hiezu konnte
die Mehrheit der Gesandten Hand bieten.   232

> *Eidg. Absch. VIII. S. 396. Art. 61.*
> Vrgl. n. 234, 237.

1781 September 7. Lustnau. — Die „Herren" H a n s M i c h a e l F r e i,
jetziger, und H a n s J a k o b S c h a w a l d e r, Alt-Hofammann, wie
auch J o h a n n e s F r e i des Gerichts, als Vorsteher und Deputirte des Reichshofs S c h m i t t e r, verkaufen den Brüdern A n t o n
J o s e p h und F r a n z I g n a z (—ati) H o l e n s t e i n (Holl—) für
sich und die übrigen Holzmüller* von Lustnau ein Stück Boden
von dem im Lustnauischen Gerichtsbezirk liegenden Gemeinderiet,
im G s i g genannt, gleich an der S e e l a c h e n oder im E m s i-
s c h e n (Emb—) Landgraben gelegen, damit die Holzmüller „ihr
nöthiges Wasser" bequemer als bisher in besagter Seelachen auf-
fangen und ihrer sogenannten Holzmühle zuführen können. Das
bezeichnete Stück Boden hält etwas mehr als 4 Viertel Land und
soll der Holzmüller trat- und steuerfreies Eigenthum sein und
bleiben; auf dasselbe haben sie einen 6 Schuh breiten Graben
zu „eröffnen", den die Gemeinde Schmitter künftig zur Hälfte**
offen zu halten hat, damit das nöthige Wasser ungehindert seinen
gehörigen Lauf nehmen kann. Der rechtmässige Inhaber der
Holzmühle hat jederzeit den Auffang und Eingang des Wassers
so sorgsam einzurichten, dass hiedurch nur das Nöthige und nicht
das überflüssige Wasser zum Schaden der Verkäufer oder Anderer
„gewaltthätig hereingezwungen" werde. Als Kaufpreis werden
auf nächste Martini 30 Gulden ohne Zins bezahlt.

Unterschrift von M a r x F i d e l i Holenstein, Amts-Hofammann
(in Lustnau).   233

A. Sch.

1781 October 17., Chur, und October 20., Schäflisberg. — Die Herren
R u d o l f und P e t e r v o n S a l i s erklären sich bereit, die Herrschaft W i d n a u und H a s l a c h, so wie sie von dem Grafen von
H a r r a c h auf den Baron von L a n d s e e gekommen und von diesem
ihnen unter dem Sigel des Landvogts förmlich versetzt und verpfändet worden ist, folglich (folgsam) mit „Einbegriff" der von
löbl. Stadt A l t s t ä t t e n schuldigen jährlichen Schutz- und Schirm-

---

* D. h. die Besitzer der Mühle im Holz zu Lustnau. ** D. h. bis auf die Mitte der
Grabensohle.

1781 Steuer von fl. 29. 41 um 60,000 Gulden zu übernehmen, „auch die gewöhnliche Schreib- und Sigel-Taxe abzuführen", also, da sie auf diese Herrschaft 45,000 Gulden Capital und bis Georgi 1781 5625 Gulden Zins, zusammen 50,625 Gulden, zu fordern haben, nach Zustellung des Kaufbriefs von dem Baron noch 9375 Gulden zu bezahlen (welche Summe mehr als hinreichend ist, sämmtliche bis Georgi 1781 auf fl. 8729. 17 sich belaufenden Rheinthaler Schulden sammt dem Zins von dort an bis dato gänzlich zu tilgen); unter dem Vorbehalt, dass die Herrschaft gänzlich von dem ewigen Verspruch befreit werde und sie und ihre Erben dieselbe „ohne Abführung einiges Abzugs" sollen verkaufen können. Dagegen verpflichten sie sich, die vorausgehende Einwilligung der Stände einzuholen, wenn die Veräusserung nicht an „fähige Hände" in der Schweiz oder Bünden, sondern auswärts der Eidgenossenschaft erfolgen sollte.   234

St.-A. St. G. — Rubrik CXL. 3.

Schon seit dem October 1780 wurde über die Gewährung der Befreiung vom ewigen Verspruch und dem Abzug zu Gunsten der Herren von Salis als eventuellen Käufern unterhandelt; aber es vergieng noch ein weiteres Jahr, bis sich alle regierenden Stände damit einverstanden erklären konnten. — Die Verhältnisse des Freiherrn von Landsee müssen sich inzwischen nicht gebessert haben, da schon im Januar 1781 der Landvogt durch den Vorort Zürich aufgefordert wurde, zu berichten, in welchen Umständen sich der Freiherr befinde und ob die Gant noch bis auf künftige Jahrrechnung verschoben werden könne? — Unter dem 24. December 1781 erklärten sich die beiden Herren von Salis aus besonderer Rücksicht auf den Landvogt Weber bereit, die Herrschaft unter den oben genannten Bedingungen erst auf Martini, statt, wie sie zuerst verlangt, von Georgi an, zu übernehmen, so dass der ganze diesjährige Nutzen noch den Creditoren zu Statten käme. Dagegen wären dann die fälligen Zinse bis dahin auf 6750 Gulden gestiegen und demgemäss nur noch 8250 Gulden herauszubezahlen.

1782 Januar 28. Constanz. — Johann Karl, Freiherr von Landsee etc., erklärt dem Landvogt Weber, dass die Familie Landsee und der „Obervormünder" des von seinem kürzlich verstorbenen Bruder, Johann Ernst, hinterlassenen einzigen Knaben, Johann Nepomuk, der Dompropst Freiherr von Hornstein, mit dem vom Landvogt vorgeschlagenen gänzlichen Verzicht auf das Erbrecht an die Herrschaft Widnau und Haslach durchaus einverstanden seien und dem Landvogt zu Rheinegg die Behandlung dieser Sache und die Befriedigung sämmtlicher Creditoren überlassen; unter dem Vorbehalt, dass, wenn die dortige Creditorschaft aus dieser Herrschaft nicht gänzlich befriedigt werden

1782 könnte, keine Nachforderungen an den jungen Freiherrn von der väterlichen Schulden wegen gestellt werden dürfen. 235

St.-A. St. G. — Rubrik CXL. 3.

Dieser vollständige Verzicht des Vormunds des hinterlassenen Knaben und der drei überlebenden Brüder des verstorbenen Freiherrn, der die Herrschaft ohne Vorwissen der übrigen Familie gekauft hat, wurde durch Schreiben vom 2. Februar noch einmal wiederholt, mit dem Beifügen: Der „Pupille" besitze weder von seinem Vater, noch von sich aus einen Kreuzer Allodial-Vermögen; es bleibe daher die Herrschaft den Creditoren an Zahlungsstatt überlassen und das Landvogteiamt möge mit derselben nach dortigem Recht verfahren, ohne mindeste Rücksicht auf den zurückgelassenen Sohn Johann Nepomuk, noch die drei Brüder.

1782 April 14. Rheinegg. — Landvogt Weber erkennt in der Streitigkeit zwischen den zwei obern Höfen und dem untern Hof der Herrschaft Widnau-Haslach über die Gültigkeit eines im Jahre 1682 errichteten Vertragsbriefs (n. 154?) und über einen Ersatz für den Schaden, den die zwei obern Höfe auf ihren überrheinischen Rietern durch eine neu anzulegende Strasse erleiden würden, dahin: dass der Entscheid jetzt eingestellt sein solle, weil es sich in kurzer Zeit zeigen müsse, ob die Strasse zu Stande komme oder nicht, und es dannzumal leichter wäre, in diesem Streit zu sprechen; ferner sei es für den Fall, dass die niedergerichtliche Ratification des Briefs nebst der hoheitlichen verlangt würde, besser zuzuwarten, bis die Herrschaft wiederum mit einem Gerichtsherrn versehen sei. Den Parteien wird kräftigst „intimirt", sich in der Zwischenzeit brüderlich mit einander abzufinden.

Kanzlei Rheinthal.

„Auf Recht der Final-Sentenz hin zahlen Die v. Widnau und Schmitter für 2 Mal 4 Gulden Satzgeld und 1 Gulden für den Recess." 236

A. Sch.

1782 Juli (1—19). Frauenfeld. — Der Landvogt berichtet, dass die Herren von Salis die Herrschaft Widnau und Haslach um 60,000 Gulden käuflich übernommen haben und dass ihnen bereits sowohl das Kaufinstrument, als ein Beibrief mit den 1781 vereinbarten Bedingungen (Befreiung vom ewigen Verspruch und Abzug) zugestellt worden sei. — Man lässt diesen Artikel aus dem Abschiede fallen, ungeachtet Nidwalden, dessen Einwilligung aber zuversichtlich erwartet werden darf, die Sache nochmals ad ratificandum nimmt. 237

Eidg. Absch. VIII. S. 397. Art. 62.
Vrgl. n. 232.

1782   Der eigentliche Kaufbrief steht uns nicht zur Verfügung. Dagegen liegt im Stiftsarchiv St. Gallen ein vom 19. Juni datirter (Gegen-)Entwurf zu einem solchen, ausgefertigt von den Käufern, den Herren von Salis „von Soglio in Chur". Als Verkäufer erscheint der Landvogt Weber, gemäss Vollmacht der „Ober- und Vormundschaft des Johann Nepomuk, Freiherrn von Landsee, vom 8. Hornung 1782". Der Text schliesst sich möglichst wörtlich an den Kaufbrief vom 18. August 1774; die Uebernahme wird auf Martini 1781 angesetzt. Aus den Randbemerkungen ersieht man, dass die Käufer auf der Bezeichnung der „drei freien Reichshöfe Widnau, Haslach und Schmitter" bestehen, weil laut Angabe des Hofammanns Hensel die Höfe sich noch heutzutage in allen öffentlichen Urkunden, wie z. B. Pfandbriefen, also zu nennen gewohnt sind. Ferner ist die Jagdbarkeit und die Anzahl der Jöhne bei den Reben weggelassen, der Blutbann aber ausdrücklich den 9 regierenden Ständen vorbehalten worden, denen er „laut Documenten, Brief und Sigeln und Abscheiden und alten Uebungen zukommen mag". — Am Schlusse bitten die Herren von Salis auch „um Auslieferung des Instruments wegen dem prätendirten Auskaufe der Schirmsteuer von Altstätten".

Nidwalden gab seine Einwilligung zu dem Verzicht auf den Abzug auf ein kräftiges Empfehlungsschreiben des neuen Landvogts Alt-Landammann Franz Anton Würsch durch Zuschrift vom 15. Juli 1782 an diesen Beamten.

Aus einer Vollmacht der Herren von Salis an den Herrn Verwalter Johann Jakob Hensel von Widnau, sich in ihrem Namen von der Lehenkammer des fürstl. Gotteshauses St. Gallen mit dem ihnen von den Erben des Georg Leonhart Zollikofer von und zu Altenklingen verkauften Haus, Torkel und Reben am Monstein belehnen zu lassen und die „gehörige" Kanzleigebühr dafür zu bezahlen, darf man wohl schliessen, dass der frühere Hofammann als Verwalter in die Dienste der neuen Herren trat, wie er in n. 230 als „Landseeischer" Verwalter erscheint.

1782 Sept. 25. — Franz Anton Würsch, Alt-Landammann des Standes Unterwalden unter dem Kernwald, d. Z. Landvogt der Grafschaft in dem untern und obern Rheinthal, trifft aus Auftrag des Syndicats zu Frauenfeld Verfügungen zum Schutze der unten liegenden Höfe Balgach, Bernegg und Widnau-Haslach vor den Ausbrüchen des in den Altstätter, Eichberger und Oberrieter Gerichten liegenden Harder- oder Dürrenbachs.

Ueber diesen Bach ist schon am 14. September 1769 von Herrn Landvogt Grob, Obervogt Rothfuchs auf Blatten (P—) und den Ehren-Ausschüssen der Stadt Altstätten eine Verordnung getroffen worden. Nachdem „die Zeit und Jahre her" vielfältig Ausbrüche stattgefunden und dadurch nicht bloss den hinterliegenden Anstössern, sondern auch den untern Höfen durch Ueberschwem-

1782 mung „ihrer Korn- und anderer fruchtbarer Böden" Schaden zugefügt worden, sind bei den Amtsvorfahren des Herrn Würsch mehrmals Klagen eingegaugen: dass man die vergessene Verordnung von 1769 wieder in Kraft setzen und die Anstösser zu gehöriger Wuhrung und Wiederherstellung des Bachrunses in spruchmässige Breite und Tiefe anhalten solle, worauf die Anstösser durch ihre Ausschüsse sich bereit erklärt haben, der Verordnung nachzuleben; damit sei aber nicht geholfen, indem zwar „durch die Eröffnung des Runses" bis zur hohen Brücke an der Oberrieter Landstrasse die Abfuhr der Steine und des Sandes bei der Abschüssigkeit (Abhängigkeit) des Bodens „wohl befördert werden möge"; unterhalb der Brücke aber, wo das Land ganz flach und eben liege, bleibe diese Abfuhr stecken; es bedürfe daher dort eines schon mehrmals vorgeschlagenen „Ausspei- oder Tummelplatzes (D—), wo der Bach den grössten Theil des groben Sandes und Steine liegen lassen müsse".

Der Landvogt Würsch hat sich nun mit Friedrich Johann Nepomuk von Sailern, hochfürstl. St. Gallischem Obervogt auf Blatten, Landschreiber Heinrich Bullinger, Gerichtsammann Johannes Kuster von Altstätten und Stadtammann Karl Heinrich Gschwend allda an Ort und Stelle begeben, einen Augenschein genommen und gefunden, dass an verschiedenen Orten dem Bachruns seine gehörige Breite und Tiefe mangle und die schon 1769 wegerkannten (weggek—) „Bücke" (d. h. Krümmungen) noch in der alten Lage, auch an einigen Orten die Wuhrungen nicht gehörig unterhalten seien.

Zu Recht erkannt und gesprochen:

es soll zunächst bei der Grobischen Sentenz vom 14. September 1769, sowie bei den darin angeführten Erkenntnissen von 1646, 1651 und 1765 sein Verbleiben haben und gemäss dem 69er Spruch und „erfundener mehrerer Bedürfniss von oben herunter die Wuhrung und der Runs am Dürrenbach bis zu dem Ausfluss in den Rhein" gehörig in Stand gestellt und dauerhaft unterhalten, auch die Steine besonders oberhalb bestmöglich aus dem Bach geräumt und zu den Wuhrungen gelegt werden; insonderheit sollen Joseph und Jakob die Kobler, Julianens, im Hard, ihre Wuhrungen theils „in die Gräde" ziehen, theils dauerhafter einrichten, Sägen Uli's Müller in Bachis aber unter dem Steg oder Harder Kirchweg das Loch im Wuhr gegen der Hub vermachen und mit den Besitzern des Staudenguts „den Furth" gemeinsam zumachen;

1782 desgleichen sollen die Anstösser an dem untern Furth denselben gegen den Eichberg auch zumachen; hätte aber die Hub „wegen Fahrens" etwas darwider, so soll sie diesen Furth zu Abhebung alles Schadens mit Säulen und Brettern einmachen; weiter sollen allda unter dem Harder Kirchweg bis hinunter zu dem Riegel auf dem Bannriet, dem alten Runs nach, auf beiden Seiten alle „Bücke" so viel möglich hinweg „geschräpft" und der Runs möglichst in die Gräde genommen werden.

Weiter ist von obigem Kirchweg bis zu den Riegeln am Bannriet der Runs 9 Schuh breit und 7 Schuh tief zu machen und jederzeit so zu unterhalten, von den Riegeln aber bis zum Ende des Bannriets und von da weiter bis zum Rhein von den Anstössern dem Runs eine Breite von 9 Schuhen und eine Tiefe von 6 Schuhen zu geben und so zu unterhalten; es sollen „hiemit alle Anstösser nicht gegen, sondern von einander wuhren" und diejenigen, die gegen einander stossen, für einmal einander helfen, Solches in den Stand zu stellen, hernach aber jeder Anstösser das Seinige zu allen Zeiten selbst in Ehren halten.

Der Runs ist alle Jahre wenigstens zwei Mal oder so oft es nöthig ist, auf gedachte Tiefe zu „erschöpfen" und „die Wuhre" frisch zu repariren; hinter diesen aber sind zu mehrerer Befestigung lebendige Bäume anzupflanzen, die gerne an den Wassern wachsen und mit ihren Wurzeln den Grund „bevestnen".

Endlich soll Johannes Wüst von Montlingen am Kessel- oder Aubach an zwei bei dem Augenschein bemerkten Orten das Bord, wo dieser Bach oft ausrinnt, mit Pfählen „bevestnen" und mit Erde ausfüllen.

Unter der erwähnten hohen Brücke aber, wo das Wasser trotz der gehörigen Breite und Tiefe des Bachbetts wegen flacher Lage des Geländes nicht mehr „allen Gewalt" hat, den groben Sand und Steine bis zum Auslauf in den Rheinfluss fortzutreiben, und wo bisher die meisten „Austretungen" des Bachs geschehen sind, ist ein Ausspei- oder Tummelplatz von oben herab rechter Hand des Dürrenbachs „ausgezielt" worden, der seinen Anfang 60 Klafter unter der hohen Brücke nimmt, wo dem Bach der Auslauf gelassen werden soll. Dieser Tummelplatz ist mit einem namhaften Damm einzuschirmen, welcher in der Länge von 272 Klafter bis hinunter gegen den Oberrieter Gerichtsgraben gezogen werden soll, wo der Bach wieder in den alten Runs gefasst wird; auch sollen dort, wie besser unten bei dem Scheidgraben, die „Bücke" beschroten werden.

1782 Zu errichten ist dieser Damm für einmal nicht nur von den jetztmaligen, rechts- und linksseitigen Anstössern des Bachs, sondern auch von den hinterliegenden „bis auf den Anstoss des vierten Mannes", soweit der Ausspeiplatz sich erstreckt, in gemeinsamen Kosten; nachher aber allein von den beidseitigen Anstössern gemeinsam zu unterhalten, so lange sie vermittelst des Dammes der alten Wuhrbeschwerde überhoben bleiben.

Wird mit der Zeit dieser Ausspeiplatz mit Stein und Sand erfüllt und so erhöht, dass das Wasser keinen Ausfluss mehr auf ihn haben könnte, so bleibt es der dannzumaligen Obrigkeit anheimgestellt, an beliebiger Stelle einen neuen Ausspeiplatz zu verordnen oder „den alten Runs und Wuhrungen" wieder in Ordnung stellen zu lassen, da der Sinn der gegenwärtigen Verordnung gar nicht dahin geht, das Wasser „fürohin" von seinem Bette wegzunehmen.

Sobald die Zeit verflossen sein wird, innert welcher alle diese Anordnungen ausgeführt sein können, soll „ein hoch- und niederobrigkeitlicher Augenschein eingenommen und die Nachlässigen zur Verantwortung gezogen werden"; ebenso ist später durch die damit Betrauten gehörige Aufsicht zu führen.

Die heutigen und frühern doppelten Augenscheinskosten im Betrage von 59 Gulden 18 Kreuzer sollen zur einen Hälfte die 3 klagenden Höfe Bernegg, Balgach und Widnau, und zur andern Hälfte die Stadt Altstätten, der Hof Oberriet und der Hof Eichberg für ihre gerichtsangehörigen Anstösser tragen, jeder Hof 9 Gulden 53 Kreuzer.

Sigel (Secret-Einsigill) des Landvogts und Unterschrift der Kanzlei Rheinthal.   238

A. W.

1783 März 19. — Herr Hofammann Wider in der Au und Herr Landvogtsammann Johannes Schmitter (Schmiter) in Widnau (Weidtnauw) und Herr Hofammann Schawalder in Schmitter schliessen mit Meister Josepp (!) Zellweger und Hans Jörg Siber (Seber) — beide in der Au — einen Accord (Ab Cort) über Erstellung der Kappenbrugg (Capen—) zu Schmitter.

Meister Zellweger soll die für die Brücke nöthigen Steine geben und „soll der obstehende Meister"*) die Brücke ausführen, das Fundament und die „Biegen" selbst mit seiner Handarbeit. Die Brücke soll in der Weite 10 oder 11 Schuh haben und in der

---

*) Offenbar Hans Jörg Siber.

1783 Breite 9 Schuh; die 4 Sperrsätze (Speersetz) sollen 6 Schuh lang sein, und auf die Brücke soll er zwei ebene Mauern machen auf beiden Seiten, dass ein Mann darüber laufen könne. Der Meister verspricht, lauter gute, wehrhafte Steine zu der Brücke zu geben und den obstehenden „Herren Beamteten" 6 Jahre für die Brücke gut zu stehen.

Die 3 Höfe haben die Steine auf ihre Kosten (franckhen) auf diesen Platz zu führen, „Biegen" und Bretter und anderes dazu gehörige Material, sowie den Kalk zu liefern, das Sand auch auf den Platz zu führen und dem (den) Maurer alle Tage 4 Handlanger zu stellen. Die Accordsumme ist 58 Gulden.

Unterschrift von **Hans Baltus Wider**, Hofschreiber in Schmitter.

A. Sch.

1784 Februar 28. Schmitter. — Pro Memoria der 64 Köpfe von Schmitter (vom Schmidter) wider 26 Köpfe daselbst, die Rieter über dem Rhein betreffend.

Der Hof **Widnau** und Schmitter „besassen" vor der anno 1775 gemachten Hoftheilung ein gemeinsames Riet über dem Rhein auf dem Reichsboden gelegen. Dieses Riet betratteten beide Höfe im Frühling bis zum 26. Mai; darnach wurde es in Bann gelegt und im Herbst auf jede Haushaltung ausgetheilt, der erwachsene Nutzen von jeder einzelnen Haushaltung abgemäht und nach Hause gebracht.

Bei der Hoftheilung erhielt jeder Hof seinen besondern Antheil und nutzte seine Portion Riet nach seinem besten Nutzen und Bequemlichkeit, und zwar Schmitter ganz in bisheriger Weise, wobei im Herbst der Nutzen auf jede Haushaltung durch das Loos ausgetheilt wurde.

Diese Art, das Riet zu benutzen, war so alt, als das Riet selbst, und wurde bis auf heutigen Tag ohne Widerrede so fortgesetzt.

Endlich fiel es 26 „Schmittern" ein, das Maientratt abzuschaffen und das Riet nur im Herbst auszutheilen. Die übrigen „Schmitterer", 64 an der Zahl, wollen aber bei der alten Uebung bleiben, und zwar aus folgenden Gründen:

1. glauben sie, dass bei allen Gemeindsgütern ein Mehr ein Mehr sein, heissen und bleiben müsse, weil sonst ein Gemeindsgut nur ein ewiger Zankapfel und kein Gut mehr wäre, wenn jeder Kopf nach seinem Sinn darin Abänderungen machen könnte und sich der Mehrheit nicht unterziehen müsste. Dies gilt im gegenwärtigen Fall um so mehr, als

1784 2. alle Schmitterer auf einem Fleck sitzen, gleich weit und gleich
nahe zu dem betreffenden Riet haben und Keiner sagen kann,
er könne das Riet, folglich (—sam) das Tratt desselben, wegen
Entlegenheit, Wasser oder andern Umständen nicht erreichen.
Ferner sind

3. alle Schmitterer Bauren, die fast alle Ross und Vieh (Vich)
und also das Tratt höchst nöthig haben, um so mehr, als

4. das Tratt auf der Schweizer Seite so viel als fast Nichts sagen
will, und überdies

5. die Armen, welche kein Ross und Vieh halten können, vermöge
Vergleichsinstrument vom 4. December 1775 (n. 210) entschädigt (vergütet) worden sind, ja der dermalige Streit

6. eben in jenem Instrument dahin beigelegt, abgethan und ausge-
macht wurde, dass die hierseits des Rheins liegenden Wiesen
und Rieter auf den Mann vertheilt, die jenseits liegenden aber
bis zum 26. Mai getrattet werden sollen; unter Ratification der
damaligen Obrigkeit, des Herrn Landvogt Bernold.

Man sollte nun glauben, dass es den 26 „Schmitter Köpfen" nicht
einfallen würde, dieses Uebereinkommen zu stürzen, und man hätte
gemeint, der niedere Gerichtsherr hätte Bedenken getragen, sich
zum Richter über einen solchen Vergleich gebrauchen zu lassen;
um so mehr, als derselbe getroffen und ratificirt worden ist, als
wir keinen Gerichtsherrn hatten und der Herr Landvogt Alles in
Allem in unserm Hof war, oder besser zu sagen in einer Zeit,
wo der Herr Landvogt zugleich den Gerichtsherrn machen musste.

Da aber dieser Streit gleichwohl heftig und hitzig betrieben
wird, behaupten wir, dass die angemasste Neuerung unnütz und
schädlich sei,

unnütz,

1. weil das betreffende Riet durch die beabsichtigte Einrichtung
„nicht urbar, nicht eingelegt" würde, sondern Riet bleibt, bloss
nicht mehr bis zum 26. Mai getrattet werden soll: „ist das
wohl ein Nutzen, der das Streiten und Rechten erleiden mag?"

2. weil das Riet von den Rietern der Lustnauer, Dorenbirer
und Emser umgeben ist, die alle ihr Riet tratten. Tratten die
Schmitterer selbst nicht mehr, so frisst das Lustnauer, Dornbirer und Emser Vieh auch „unser" Gras hinweg und gewinnt
man durch die neue Einrichtung nicht mehr Streue, sondern
hat einfach das Tratt verloren.

Freilich schreien die 26 Köpfe, wir sollen unser Riet einfrieden (einfretten); aber mit was? mit „Hagen"? wer gibt denn

1784   das Material dazu? Mit Gräben? es geht ja die neue Landstrasse mitten durch das Riet; und wer kann die Gräben so
ziehen, dass kein fremdes Vieh durchpassire? wer verhütet, dass
keine „Furthen eingeworfen" werden?

schädlich,

1. weil wir ohne dieses Tratt die Hälfte Ross und Vieh abschaffen
müssten; denn das Winterfutter ist just zureichend bis im Frühjahr für das dato vorhandene Ross und Vieh. Wenn aber die
Rosse abgeschafft werden müssen, wer will dann die grossen
und vielfältigen Rheinwuhren und die 520 Klafter Landstrasse
machen und unterhalten? Die 64 Köpfe, welche den Tratt beibehalten wollen, halten 27 „Männenen" oder Ross und Wagen;
die 26 Köpfe, welche nach Neuerung geizen, 3 „Männenen".
Sollen nun die 26 den Nutzen der Gemeinde beim Loth (bei der
Loth) gewogen beziehen, die 64 die Beschwerden der Gemeinde
bei Centnern gewogen „ertragen"?

2. weil, wenn es so ergehen sollte, die Obsorge für den Rhein,
die Landstrassen und die „Zwiselstrassen"*) ganz der „Hoheit"
überlassen werden müsste; denn ein Ammann ohne Rosse ver-
möchte hierin Nichts zu machen und zu veranstalten.

Findet man, dass die Uebereinkunft und die obrigkeitliche
Ratification über den Haufen geworfen werden könne und dass
Gemeindebeschlüsse und darüber ertheilte Bestätigungen eitel Wind
und Dunst seien, so soll noch einmal getheilt werden, aber nicht
wieder „angelehnt", wie die 26 Köpfe wollen, sondern fest, dauerhaft und auf immer, so nämlich, dass die 26 Köpfe für sich und
ihre Nachkommen ihren verhältnissmässigen Antheil an dies- und
jenseitigen Rietern zu freier Verfügung erhalten, aber auch ebenso
ihren verhältnissmässigen Antheil an den Rheinwuhren, den Landstrassen, den Zwiselstrassen und andern Gemeindebeschwerden übernehmen, dieselben machen und unterhalten.

Eine solche Theilung wäre billig und der Natur der Sache
angemessen; ob aber auch nützlich und für die Zukunft nicht be-
sorglich und schädlich, das wird dem Ermessen und der hohen Einsicht der hohen und niedern Obrigkeit überlassen; ebenso ob keine
Rücksicht auf die österreichischen Obrigkeiten zu nehmen sei, in
deren Gebiet (Teritorio) das Riet jenseits des Rheins gelegen ist.

Die 64 Köpfe, die keine Neuerung wollen.   240

A. Sch.

*) Dieser Ausdruck ist im Rheinthal noch gebräuchlich für Neben-, Seiten- oder
Güterstrassen.

1784 Verzeichniss der falschen Briefe von Ammann Hensel zu Widnau (Weitnauw):

1. ein Brief von seinem Vater herrührend, auf den ganzen Hof Widnau und Haslach gestellt, für   100 Gulden
2. ein ebensolcher auf den ganzen Hof   200   „
3. einer „auf ihm" selbst, auch auf den ganzen Hof   400   „
4. einer von den Herrn Gugilberg auf den Hof   400   „
5. einer „auf ihm" auf die Rode Widnau . . .   400   „
6. einer von seinen Voreltern auf Haus und Heimat gemacht   150   „
    (Diese Briefe waren bei den Herrn Städler in Altstätten versetzt, denen Hensel selbst bekannt, dass alle falsch und ungültig wären.)
7. zwei falsche Briefe bei den Herrn Gugilberg in Maienfeld (Mei—), der erste 2400, der andere 2300 Gulden 4700   „
8. drei falsche Briefe in St. Gallen, zwei je 700 Gulden, der dritte 400 Gulden, auf die Rode Widnau 1800   „
9. einer im Löwenhof (Leewenhoff), auch auf die Rode Widnau 400   „

                                    8550 Gulden

10. Ein Hinterlagbrief auf alle seine liegenden Güter war auch falsch gesigelt und hätte dem Jakob Sieber (Seber) Pfandschätzer zudienen sollen wegen der 2 Gugilbergischen falschen Briefe.   241

    A. Au.

1785 Juli (4.—29.). Frauenfeld. — Herr von Salis zu Chur stellt vor, er habe seine Gerichtsangehörigen zu Widnau und Haslach keineswegs, wie behauptet werde, in Rechtshändeln nach Chur berufen, daselbst bestraft und so in unnöthige Kosten gebracht. Die Herren von Hohenems, die frühern Besitzer, hätten zwar ihre Gerichtsangehörigen in Streitsachen ausser Landes gerufen; er hingegen sei entschlossen, jährlich im Frühling und Herbst auf seiner Herrschaft Widnau Gericht zu halten. Sollten aber in der Zwischenzeit sich Ereignisse zutragen, welche die Parteien zu ihm führen würden, so hoffe er, man werde ihm deswegen Nichts zur Last legen. — Die Gesandtschaften tragen nunmehr den Hoheiten an, dem Herrn von Salis zu untersagen, Parteien weder in Civil- noch Criminalsachen nach Chur zu berufen. Wenn aber in Civil-

1785 streitigkeiten ein dringender Fall einträfe und beide Theile einig wären, sich nach Chur zu verfügen, so möge der Gerichtsherr dort wohl darüber absprechen. 242

> (Dieser Antrag wurde auf der Frauenfelder Tagsatzung im Juli 1786 instructionsgemäss einmüthig genehmigt.)
>
> Von dem Jahre 1785—1789 stritten sich die 9 regierenden Orte mit dem Herrn von Salis über das Jagdrecht in der von ihm angekauften Herrschaft. 1785 beansprucht der Herr von Salis, dass ihm laut Kaufbrief in seinen niedern Gerichten das Jagdrecht uneingeschränkt zustehe. Es wird theilweise ad referendum und theilweise ad ratificandum genommen, ihm dasselbe zu gestatten, jedoch so, dass dem Landvogt und Landschreiber das Jagdrecht ebenfalls vorbehalten bleibe. Im folgenden Jahre machten Uri, Schwiz, Zug, Nidwalden und beide Appenzell dagegen Einsprache; es wurde näherer Ausweis über die behauptete ausschliessliche Berechtigung verlangt und vorgebracht: dass dem Vernehmen nach um die Mitte des XVII. Jahrhunderts in einem Abschiede das Ausschliessungsrecht nicht gestattet worden sei; Appenzell A. R. und I. R. reservirten sich die bisanhin gewohnte Uebung.
>
> 1787 wird der einmüthige Beschluss gefasst, den Herrn von Salis abzuweisen, bis er seine Ansprüche umständlicher darthue, worauf derselbe (1788) in einem Memorial erklärt, dass er keineswegs auf die Jagdbarkeit von grossem, sondern von kleinem Wildpret, als Geflügel, Hasen u. s. f., Anspruch mache. Dennoch war 1789 die Mehrzahl der Gesandtschaften instruirt, sein Begehren abzuschlagen, bis er stärkere Gründe für das von ihm Angesprochene vorlegen könne. — Weiteres wird nicht berichtet.

Eidg. Absch. VIII. S. 416 f. Art. 225—231.

1785 Juli (4.—29.). Frauenfeld. — Durch den Landvogt im Rheinthal wird angezeigt, dass die Ortschaften Au, Monstein und Haslach die Capelle zu Au in eine Pfarre umzuwandeln wünschen. Aus der ihm zugekommenen Bittschrift ergibt sich, dass die besagten Gemeinden schon 1720 und 1721 Geld hiefür zusammengelegt und die Capelle in Au erbaut haben; in jenen Jahren seien 36 katholische Haushaltungen gewesen, während jetzt 70 wären, die bereits 400 Seelen zählen. Diese Leute seien von Alters her nach Bernang pfarrgenössig, welcher Ort unter der Gerichtsbarkeit des Abts von St. Gallen stehe, während Au, Monstein und Haslach unter fürstbischöflich Constanzischer Gerichtsbarkeit sich befinden. Bernang sei zu entfernt, und es begegne öfters, dass Sterbende das h. Sacrament nicht mehr empfangen können; auch wäre es für katholische Herzen ein grosser Trost, täglich eine h. Messe ohne Beschwerde anhören zu können. Die 74 seit der Errichtung der Capelle in Au gestifteten Messen müssen, da die Priester in Bernang Messen genug zu lesen haben, oft verschoben

1785 werden u. s. f. — Dem Landvogt wird aufgetragen, das Ansuchen fraglicher Hofleute zu prüfen.

Der Tagsatzung des folgenden Jahrs wird hierüber berichtet, dass der Landvogt eine Gemeinde veranstaltet habe, bei welcher sich viele Gemeindsgenossen anheischig machten, zum künftigen Unterhalt des Pfarrers eine namhafte Summo darzuschiessen. Da jedoch die Capelle bedeutend vergrössert, auch ein Pfarrhaus erbaut werden müsste, würde die Summe bei weitem nicht hinreichen. Es wird daher beschlossen, „dieses Geschäftes wegen" bequemere Zeiten zu erwarten. — Dieser Beschluss wurde von der Tagsatzung des Jahres 1787 noch einmal bestätigt. — 1794 wird das Ansuchen um Errichtung einer eigenen Pfarrei wiederholt mit der Bitte, dass sich die Orte bei dem Fürstabt von St. Gallen verwenden möchten, damit dieser für einen Pfarrherrn und dessen Unterhalt sorge. Das schon im Mai von den Petenten an Luzern eingesandte Schreiben wurde in den Abschied genommen und den Bittstellern der Auftrag ertheilt, über ihr Begehren einer Empfehlung an den Abt von St. Gallen ein ausführliches Memorial an die Stände selbst einzusenden. — Der Bau der Kirche und die Erhebung zur eigenen katholischen Pfarrei kam erst in den Jahren 1803/4 zu Stande.

Eidg. Absch. VIII. S. 417 f. Art. 234—237.   243

1785 December 20. — Die „Herren" Beamten (Beambteten) aus der Au, Hofammann Rohner und Statthalter Hans Ulrich Geiger, bezahlen den Beamten von Widnau, Hans Jakob Schawalder, Hofammann, und Statthalter Johannes Köppel (Köpel), und von Schmitter, Hofammann Hans Michel Frei, Statthalter Samuwel (!) Schawalder und Hofschreiber Weder, das „Abkommnissgeld" wegen der neuen Strasse in den beiden Rietern, durch welche Die von W. und Sch. geschädigt worden, mit 85 Gulden und unter dem Vorbehalt, dass Die in der Au und Haslach von Denen von W. und Sch. nach gleichem Verhältniss für das Klafter oder den Quadratschuh zu entschädigen seien, wenn durch ihr Riet eine neue „kaiserliche" Landstrasse gemacht werden sollte.

Unterschrift von Hans Ulrich Messmer, Hofschreiber in Widnau.   244

Die „neue Strasse", um die es sich hier handelt, ist die Landstrasse, welche ca. 1½ Kilometer in gerader Richtung durch die Rieter von Widnau und Schmitter von Lustnau nach Hohenems führt.

A. Au.

1786 Juni 7. Rheinegg. — Das Landvogteiamt entscheidet auf Ersuchen der Parteien einen Streit des Hofs Schmitter mit dem Hof Widnau wegen „Einfristung und Einwuhren" des sogenannten Güllenwassers, über welches schon zwei Mal Rechtstag gewaltet, dahin:

1786 dass der Damm von Ammann **Honklers** Moos bis an die Steig durch Die von Schmitter allein, von da bis zu des **Hütten-schmieds** Haus (dieses war das Stück, über welches gestritten wurde) durch beide Theile gemeinschaftlich, und von da bis an **Hermanns** „Hausegg" durch Die von Widnau allein errichtet werden solle, ebenso auch die Steig und die Falle. Den übrigen Theil aber des Güllenwassers oder sogenannten Achbachs werden Die aus der Au fernerhin bis in den Rhein „erhalten und sicher stellen". — Jede Partei bezahlt für die verschiedenen Verhöre und Rechtstage 2 Gulden.

In Gegenwart des Landvogts **Blattmann** und Landschreiber **Lombach. Kanzlei Rheinthal.** 245

Die betreffende Falle ist in neuerer Zeit wegen Veränderungen in der Ableitung des Wassers abgebrochen worden.

.1. Sch.

1786 Juli (3.—24.). Frauenfeld. — Die seit 1775 in drei Gerichte ab-getheilten Ortschaften **Widnau**, **Haslach** und **Schmitter** bitten, ihnen zu erlauben 1. das Weg- und Wuhrgeld nach Ver-hältniss der Mannschaft zu vertheilen; 2. den freien Zug von einem Hof in den andern beliebig aufzuheben, damit ein jeder Hofmann in dem Bezirk oder Hof bleibe, wo er ist und sitzt; 3. dem Hof Haslach zu gestatten, dass derselbe seine „annoch ausliegenden" Güter ebenfalls einlegen und nutzbar machen könne. — Die „Jahrrechnung" ertheilt einerseits dem Landvogt den Auf-trag, die sämmtlichen Höfe hierüber einzuvernehmen, und befiehlt ihm andererseits, einen umständlichen Bericht an den Stand Zürich zu erstatten, wie die gewünschte Theilung vorzunehmen sei.

Eidg. Absch. VIII. S. 417. Art. 232.

Auf diese Angelegenheit bezieht sich ohne Zweifel eine undatirte Eingabe der „Ammänner der Höfe Widnau und Haslach sammt Gericht und Gemeinde" an die regierenden Orte, welche im Stiftsarchive St. Gallen liegt und ersehen lässt, dass die ganze Anregung zu einer noch weiter gehenden Scheidung nur von Au/Haslach ausgieng. Die Eingabe beginnt mit einem Lobe der Hoftheilung von 1775, welche durchaus nothwendig und auch wohlthätig gewesen sei. „Der Hof Haslach, sonst auch Au und Monstein genannt, war aber derjenige unter denen 3 Höfen, welcher sich nicht zur Ruhe legen wollte, sondern unter allerhand eitelen Vor-wänden eine genaue Ausmarchung der 3 Höfe und mithin eine gänzliche gesönderte Vertheilung der bisher gemeinsam aufgehabten, schweren Last der Rheindämme- und Wuhren-, sowie der Landstrassen-Erhaltung ver-langte; zugleich aber suchte, dass der freie Hinzug von einem Hof in den anderen gehoben werde; alles Vorbehälte, die jedennoch mit der grössten Vorsicht bei der ratificirten Hoftheilung anno 1775 gemacht worden."

1786 Der einzige Grund, den Au für sein Begehren vorbrachte, war die Ausfertigung der Pfandbriefe, wozu ein jeder der 3 Höfe gerne einen Schreiber gegeben und jeglicher Ammann gerne sein Sigel aufgedrückt und die „Emolumente" bezogen hätte. Allein dafür fand Landvogt Blattmann (1. Juli 1784—30. Juni 1786) einen klugen Ausweg, indem er verfügte, dass das Protokoll für alle 3 Höfe gemeinsam geführt, der Schreiber aber und Besigler abwechselnd nach Massgabe der Grösse innerhalb 12 Jahren von Widnau für 4, von Haslach oder Au für 5 und von Schmitter für 3 Jahre gegeben werde.

Nicht zufrieden damit verfertigte der Hof in der Au oder Haslach sogleich darauf ein Memorial und brachte solches „zur Erzielung seiner eigenmächtigen Absichten", NB. ohne solches den zwei andern Höfen kund zu machen, nach Frauenfeld vor die regierenden Orte, welche beschlossen, dass die Interessirten von Widnau und Schmitter auch zu vernehmen seien, und nur „wenn keine Schwierigkeiten sich erzeigten, ein Project errichtet und begleitet von einem Amtsbericht des Junker Landvogt Reinhard dem lobl. Stand Zürich zu gehöriger Instruction zugesandt werden sollte".

Nun könnten Die von W. und Sch. sich lediglich auf eine Protestation gegen das „gänzliche Vertheilungsproject von Au" und auf das Verlangen der genauen Erfüllung der hoheitlich bestätigten Hoftheilung von 1775 beschränken. Allein um die Herren Gesandten über die irrigen Anbringen von Au zu erbauen und zugleich um die Anschuldigung gegen W. und Sch. wegen nicht bezahlter Hofschulden abzulehnen, finden sie sich zu einer kurzen Beantwortung und Widerlegung des mehrerwähnten Memorials veranlasst:

1. Die Vertheilung der Rheinwuhren und andern Dämme betreffend ist zu beachten, dass in den 3 Höfen der Rhein einen Lauf von mehr als 2 Stunden Länge hat und in dem obern Theil der Höfe Widnau und Schmitter, wo das Land eben und tief liegt, alljährlich mit aller Sorgfalt die „Wuhr und Dämme" erhalten werden müssen, ja sogar bei Anlauf des Wassers an Sonn- und Feiertagen so zu sagen Alles, was Hand und Fuss hat, zu helfen gezwungen ist; so weit, dass auch Balgach und Bernang, als ganz äussere Höfe, in solchen Fällen ebenfalls Hülfe leisten müssen; in der Au aber müssen die Herrschaft und andere Particularen das Beschwerlichste der Rheinwuhren erhalten. Es wäre daher eine grosse Gefährde, wenn diese schwere Last der Wuhren und Dämme vertheilt und einzelnen Hoftheilen aufgebürdet würde. Aus guten Gründen habe die landesherrliche Obrigkeit bisher dafür gesorgt, dass die Wuhren unveränderlich auf viele Theile gelegt werden, und den 3 Höfen gemeinsam ein gewisses Wuhrgeld vorgeschossen, in der Ueberzeugung, dass so auch stärkerer Widerstand gethan und bessere Arbeit gemacht werde; darum seien auch bei der Hoftheilung von 1775 die „Wuhr und Dämme" unverändert allen 3 Höfen überlassen worden, um solche nach Verhältniss der Mannschaft mit vereinigten Kräften aufrecht zu erhalten.

2. Ebenso verhalte es sich mit den Landstrassen, die auch unter entsprechender Vertheilung des Weggelds der Mannschaft nach errichtet

1786 werden sollen; da leicht zu erachten, dass dies durch gesammte Einwohner des Hofs besser geschehe, als durch getheilte Angehörige desselben.

3. In die Aufhebung des freien Zugs von einem der 3 Höfe in den andern gegen Erlegung von 10 Gulden können sie um so weniger einwilligen, als bei gar zu starken Ueberschwemmungen es sich gar leicht zutragen könnte, dass man andere und sicherere Wohnungen „hinter Au" suchen müsste; ausserdem befinden sich in diesem letztern Hof viele St. Gallische und andere Lehen, welche von nicht geringem Nutzen sind „und welche zu erlangen und darin sitzen zu können man das Recht nicht aufgeben wollte". — Wendet der Hof Au ein, dass er bei diesem freien Zug benachtheiligt sei, weil er alle seine Hofschulden bezahlt habe, W. und Sch. aber noch mit solchen beladen seien, so ist allerdings richtig, dass die Letztern noch ca. 4000 Gulden abzutragen haben. Zur Tilgung dieser Schuld innerhalb der nächsten 3 Jahre seien aber schon die gehörigen Massregeln getroffen und eine jährliche Anweisung dazu gemacht worden. Uebrigens wären W. und Sch. auch schon von allen Schulden frei, wenn sie nach dem Beispiel Derer aus der Au von dem gemeinen Gut „in Eigenthums-Hände" übergeben und verkauft hätten.

Sie bitten daher angelegentlichst, die Hoftheilung von 1775 mit der spätern Ergänzung durch Landvogt Blattmann unverändert in Kräften zu belassen.

Würde wider alles Verhoffen dem Begehren von Au doch entsprochen, so müssten sich Die von W. und Sch. feierlich vorbehalten, dass eine Theilung „der Mannschaft nach in gleichem Mass an Berg und Thal gemacht werde", was eine genaue Ausmessung und viele Kösten erfordern würde. Da die dem Rhein nach tief liegenden Orte von Stein und Felsengrund gänzlich entblösst seien, sei ein Antheil an den ergibigen Steingruben in der Au den Höfen W. und Sch. um so nöthiger, als sie sonst ihren Bedarf in dem Oesterreichischen erkaufen und mit grossen Kosten auf Ort und Stelle führen lassen müssten.   246

St.-A. St. G. — Rubrik CXI. Fasc. 1.

Wie es scheint, ist die an die „hochwohlgebornen, gnädigen, hochgebietenden Herrn" gerichtete Eingabe diesen selbst nicht vorgelegt worden, sondern nur an den Landvogt gegangen, welcher der Frauenfelder Tagsatzung von 1787 berichtete, dass schwerlich ein Vergleich unter den 3 Ortschaften zu erzielen sei. Da ausserdem „Ausgeschossene" von Haslach darthaten, dass mit Ausnahme der Wuhrgelder alles Uebrige im chevorigen Stand gelassen werden könnte, wurde dem Landvogt aufgetragen, im Laufe des Jahrs eine neue Untersuchung vorzunehmen; und damit hatte es sein Bewenden.

1786 Eingabe an den Junker Landvogt und Junker Landschreiber in dem Streit der Beamten der 3 Höfe Widnau (Weidnau), Haslach und Schmitter mit 7 an die Landstrasse stossenden Einwohnern wegen Wuhrung der Strasse am Monstein.

1786 Schon vor 346 Jahren mussten die Besitzer dieser an die Landstrasse stossenden Güter sowohl das Wuhr, als auch die Strasse
machen und in Ehren erhalten, dass man reiten, fahren und
gehen könne, soweit die genannten Güter diese Beschwerde zu
tragen vermöchten; vermöchten sie es nicht mehr, so sollen die
Höfe und gemeinen Nachbarn einander helfen, die Strasse zu machen,
und thäten sie es nicht, so soll man durch die Güter reiten, fahren
und gehen mögen, wie es Brief und Sigel von anno 1440 zeigen.

Nachdem dann 1603 die Höfe St. Margrethen und Oberriet das Weggeld bezogen haben, hielten die Höfe Widnau (Weith-
nau) und Haslach vor dem Syndicate zu Baden auch um Bezug
des Weggeldes an, wogegen sie versprachen, die bösen, gefährlichen
Strassen dem Rhein nach am Monstein und durch die Gemeinde
zu machen und in Ehren zu erhalten, lt. Syndicatsurtheil von 1603
(n. 103), d. h. soweit die Höfe Anstösser sind. Von dieser Zeit
an haben die Höfe die Strassen, an die sie gestossen, gemacht,
und die 7 Anstösser die Ihrigen, nach Art. 4 des Syndicatsurtheils
von 1605, laut welchem die Gemeinde den Anstössern erst dann
helfen soll, wenn sie wegen Armuth ihrer Verpflichtung nicht
mehr nachkommen können. Jener Artikel heisst: „Nachdem der
erste Grund auf gemeinem und eigenem Boden gelegt und gemacht,
soll ein Jeder best seines Vermögens den seinigen erhalten; wo
aber von Armuth Einem oder mehr nicht möglich, soll auf Besichtigung eines Ammanns und Verordneter nach Gestaltsame der
Sachen von der Gemeinde geholfen werden." — Dies geht auch aus
dem Urtheil des Landvogts Ackermann hervor, welches durch
das Syndicat 1726 aberkannt wurde. Anno 1725 haben nämlich die
7 Anstösser das erste Mal bei den Beamten der Höfe um Hülfe
und Materialien angehalten, sind aber abgewiesen worden, worauf sie sich beim Landvogt Ackermann beklagt und dieser sie
von ihrer Verpflichtung lossprach und den Höfen auferlegte, die
Strasse zu machen. Dagegen appellirten die Höfe an das Syndicat
zu Frauenfeld und dieses hob das Urtheil des Landvogts einhellig
auf (n. 166).

So blieb es bis zum Jahr 1775, wo eine allgemeine „Reparation"
der Landstrassen vorgenommen wurde und die 7 Anstösser die ganze
Anlage und „Inehrenhaltung" ihrer Wuhre auf die Höfe zu wälzen
suchten. Zu diesem Zweck wiesen sie dem Landvogt Bernold
nebst andern Acten das ungültige Urtheil des Landvogts Ackermann vor, auf welches hin der Landvogt den Vorgesetzten der Höfe
eine „Auskunft" übergab mit der Anweisung, sie den Gemeinden

1786 vorzutragen und es der h. Behörde anzuzeigen, falls man nicht einwillige; worauf dann rechtlich gesprochen werden solle (n. 201).

Diese „Auskunft" ist weder vorgetragen, noch angenommen, noch rechtlich darüber gesprochen worden, was auch der Vergleich von 1778 beweist, der unter Vermittlung des Landvogts Besler (Ba—) und Landschreibers Bullinger (Buhl—) zwischen beiden Parteien errichtet wurde (n. 224). Die Höfe haben nur die Strassen-Reparatur unternommen, die Erledigung des Wuhrstreits ist aber auf einen andern Landvogt verschoben worden.

Wenn, wie die Gegner sagen, die Höfe bei Reparirung der Strassen eine neue Mauer gemacht haben, so ist das noch kein Beweis, dass sie dazu schuldig waren, da es in diesen und andern Höfen leider keinen Mangel an „widerspänigen" Leuten hat, welche die auf ihren Gütern haftenden Beschwerden nicht machen wollen, bis endlich die Beamten es auf der Schuldigen Kosten machen müssen. Haben die Gegner diese Kosten noch nicht bezahlt, so sind sie dieselben noch schuldig zu bezahlen.

Hingegen werden die Beamten durch ehrliche Zeugen beweisen:

1. dass einer von diesen Anstössern einen ganzen Steinbruch von seinem Gut gegeben hat, damit man ihm seine Wuhrbeschwerden abnehme. Hätten sie nicht auf seinem Gut gelegen, so hätte er sie nicht auskaufen müssen;

2. dass für die niedergerichtsherrlichen Güter ein grosses Capital mehr gelöst worden wäre, wenn sie nicht die Wuhr-Verpflichtung hätten;

3. dass nicht alle diese Anstösser mit den andern in diesen Process eintreten wollen, sondern dass Diejenigen, welche das Wuhr jederzeit gemacht haben, soweit ihre Güter anstossen, bereit sind, selbiges ferner zu machen und es nicht den Höfen aufzubürden;

4. dass in allen an uns grenzenden Höfen alle Besitzer der Güter, welche an den Rhein stossen, ihre Wuhre in ihren eigenen Kosten machen und in Ehren erhalten müssen. Ebenso müssen alle Besitzer der an den Rhein stossenden Güter in unsern Höfen an allen Enden und Orten ihre Wuhre in ihren eigenen Kosten machen und in Ehren erhalten;

5. dass anno 1775 bei der Theilung der „Gemeinde" Widnau und Haslach auf die 3 Höfe alle Wuhrung, so weit die Höfe sie zu machen hatten, mit einer Kette von 60 Schuh abgemessen wurde. Der Anfang wurde am Monstein gemacht: dieses dem

1786 Hof zuständige Wuhr vom Hof St. Margrethen bis an die niedergerichtsherrlichen Güter, nämlich soweit der Gemeindsboden geht, hat 8 Ketten gemessen. Der niedergerichtsherrliche Boden oder „Wuhre" nebst Junker Zollikofers und aller Privatanstösser Wuhre wurde nicht gemessen, sondern ihnen zu machen und in Ehren zu erhalten gänzlich überlassen. Oberhalb der Privatgüter hat man wiederum alle den Höfen zuständigen Wuhre gemessen, soweit die „Gemeinde" an den Rhein stosst. Die gemessenen Wuhre wurden dann nach Verhältniss der Mannschaft auf die 3 Höfe vertheilt und jeder hat seine Wuhr, wie die Privatanstösser die ihrige, gemacht und in Ehren erhalten. Die Beamten der Höfe leben daher der getrosten Hoffnung, dass die hohe Landesobrigkeit sie bei ihren Rechten und ihrem Besitz erhalten werde, und klagen auf die ergangenen und noch ergehenden Kosten. **247**

A. Sch. — Entwurf.

1787 Februar 10. Rheinegg. — (Vor dem Landvogt) erscheinen „im Rechten" die „Ausgeschossenen" von B e r n a n g, B a l g a c h und aus der A u und beschweren sich über die dermalige Manier, den Heuzehnten zu Handen der Kirche in W i d n a u zu beziehen, nämlich:

1. fordere man den Zehnten von Gütern, von welchen die Kirche zu Widnau bis anhin keinen bezogen habe;

2. werde viel mehr für den Heuzehnten gefordert, als bis dahin üblich gewesen;

3. lasse man widerrechtlich die Bezahlung des Heuzehntens bei einer Busse publiciren, die auch gar zu namhaft sei.

Die Gegenpartei beruft sich auf die Titel, die sie in Handen hat, und die sie mit dem Haupturbarium vorlegt.

Nach weitläufigem Verhör und Gegenverhör gesprochen:

1. möge die Kirche zu Widnau fernerhin den Heuzehnten gemäss dem vorgelegten badischen Abschied von 1671 und darauf erfolgten Recess des rheinthalischen Landvogts vom gleichen Jahr beziehen (n. 149);

2. solle es Jedem der Heupflichtigen frei stehen, den Zehnten in Natura oder „in der Blumen" abzuführen, wenn ihnen zu viel gefordert werden wolle; zu dem Ende sollen die Zehntenbezieher (Zehend-) den Anschlag an Geld vor oder doch wenigstens während der Einsömmerung zu machen schuldig sein.

3. Damit bei der Eintreibung des Heuzehntens nicht so grosse Kosten und Weitläufigkeiten erwachsen, sollen die Kirchen-

1787 pfleger ein Verzeichniss der Saumseligen den Hofbeamten jedes
Orts eingeben und diese dann die Pflicht haben, den Ausstand
auf Unkosten der Ausbleibenden nach rheinthalischen Hofrechten
einzutreiben.

An den „Rechtstagkösten" von 6 Gulden 46 Kreuzer sollen die
Höfe Bernang, Balgach und Au drei Theile, Widnau aber den
vierten bezahlen, die übrigen Kosten und Versäumnisse um der
guten Nachbarschaft Willen gegen einander aufgehoben sein.

Unterschrift der Kanzlei Rheinthal.

In Gegenwart des Junker Landvogts von Reinhard und Junker
Landschreibers Lombach.   248

A. Au.

1787 December 1. Amthaus Rheinegg. — Es erscheinen vor dem Landvogt die 7 Particularen am Monstein, Johannes Noll und
Mithafte, als Anstösser dasiger Landstrasse und des Rheins, mit
ehrerbietiger Vorstellung, dass es ihnen unmöglich falle, nach „Weg-
weisung" der letzten Erläuterung vom 4. Juli a. c. dem Lauf und
dem Einfressen des Rheins sowohl an der Strasse, als „in der
Wuhr", hinlänglich Einhalt zu thun, zumal durch Vernachlässigung
der obern Wuhre und Dämme der Rhein „senkelrecht" auf sie
herabfalle und Alles wegreisse, mithin auch das Bett der Strasse
auspühle, welche doch immer den Höfen obgelegen, denen hiefür
das Weggeld bewilligt worden.

Dagegen wenden die 3 Höfe Widnau, Haslach und Schmitter
ein, dass sie bei ihren alten Titeln und Briefen zu verbleiben gedenken und dass ihnen nicht die Einwuhrung des Rheins, sondern
allein die „Strasserhaltung" obliege.

Nach Einvernahme des gewesenen Wuhrinspectors, Alt-Ammann
Frei von Bernang, und des jetzigen Wuhrinspectors, Hofammann
Sonderegger von Balgach, wurden die Parteien zu dem Versuch eines freundlichen Vergleichs angewiesen, nachdem die 2 Wuhrinspectoren einen Entwurf gemacht haben werden, wie überhaupt
dem Einfall des Rheins auf den Monstein durch eine beim Sevi-
horn anzulegende doppelte „Kripp", welche gegen den Sichelstein fortzuziehen wäre, Einhalt gethan werden könnte. Der
freundliche Vergleich hätte sich alsdann auf den Beitrag der Parteien sowohl an die genannte doppelte Kripp, als an die am Monstein dem Rhein und der Strasse nach zu machenden Reparaturen
zu beziehen. — Auf die Bemerkung, dass die vielen „Ausgeschossenen" aus den Höfen eine solche Vermittlung mehr hindern, als

1787 befördern dürften, wurde ihnen eröffnet, dass nur einfache Ausschüsse zu diesem Vergleich ernannt werden möchten.

In Gegenwart des Junker Landvogts von Reinhard und des Landschreibers Franz Ludwig Lombach. 249

A. Sch.

<small>Die „Erläuterung" vom 4. Juli 1787 liegt uns nicht vor. — Vrgl. n. 250.</small>

1788 Juni 23. Amthaus Rheinegg. — Es erscheinen die sogenannten Sieben am Monstein (Mond—) neuerdings „im Rechte" vor dem Landvogt mit der Klage, dass sie die oberhalb des Sichelsteins (Siechenstein!) und vor ihren Häusern allda gelegenen Wuhren, die in gänzlicher Verbindung mit der Strasse stehen, gegen den Rheinfluss vertheidigen sollten, was über ihre Kräfte gehe, und mit dem Wunsche, dass die in dieser Angelegenheit bereits erfolgten Recesse und obrigkeitlich befohlenen Massnahmen (Anstalten) ausgeführt werden möchten.

Die „Ausgeschossenen" der Höfe Widnau, Haslach und Schmitter wenden ein, dass nach ihrer Ansicht die Siebner die Strasse und Wuhr zu erhalten haben und weisen darüber den Appellationsschein von 1726 vor (n. 166).

Die Siebner berufen sich auf neue Recesse, die niemals appellirt worden, besonders auf den vom 1. December 1787. Wenn die dort vorgeschriebene „Kripp und Wuhranstalt" ausgeführt wäre, könnten sie dann den ihnen zugemutheten Wuhrunterhalt schon besorgen.

Die von Schmitter erklären, die Errichtung der genannten Krippe sammt „mitgehendem" Dammwerk gehe sie, die äusseren Höfe, Nichts an, sondern sie nehmen an dem Strassenunterhalt theil.

Erkannt:

der Recess vom 1. December letzthin (n. 249), den die beiden Parteien angenommen haben, soll in Kraft bleiben, folglich die Krippe und der Schwelldamm sammt dem „Streichwührli" nach seitheriger Anweisung der Wuhrinspectoren ausgeführt werden. Und da der Hofammann Giger den Herrn Wuhrinspector Sonderegger auf eine unanständige Weise angegriffen und zugleich beide Inspectoren als parteiisch angeklagt hat, soll er nebst daheriger Entschuldigung gegen die Beleidigten die heutigen „Rechtstagkösten" von 5 Gulden 30 Kreuzer bezahlen.

In Gegenwart des Junker Landvogts Hans von Reinhard (Rh—) und des Landschreibers Franz Ludwig Lombach.

A. Sch. 250

1789 (Juli 6—25). Frauenfeld. — Der Landvogt im Rheinthal hat in den
Zwistigkeiten, die zwischen dem Spital der Stadt St. Gallen und
der Landschaft Rheinthal wegen Ausübung des ewigen Verspruch-
rechts entstanden sind, nichts „Gedeibliches" bewirkt, da ihm der
Auftrag, diese Zwistigkeiten wo möglich gütlich zu beseitigen, zu
spät zugekommen ist.

Dieses Geschäft befindet sich daher noch in der vorjährigen Lage
und die Gesandten der Stände Luzern, Uri, Schwiz, Unterwalden und Zug sind wiederholt instruirt, die Landschaft bei
ihren neulich bestätigten Versprechrechten zu schützen; Zürich,
Bern und Glarus wünschen dagegen, „dass hierüber (—unter)
etwas Gedeibliches erzielt werden könnte". Es wurden daher wegen
der Wichtigkeit des Geschäfts und um wo möglich eine gütliche
Verständigung zu erzielen abermals die „Nachgesandten" der Stände
Zürich, Bern, Luzern, Uri und Glarus „commissionaliter" verordnet,
welche dann sowohl den abgeordneten Junker Spitalherr Zollikofer
(—ffer) im Namen des Spitals, als auch den Stadtammann Gschwend
von Altstätten und den Stadtammann Lutz von Rheinegg
Namens der Landschaft Rheinthal weitläufig einvernommen und
sich mit allem Nachdruck dafür verwendet haben, wo immer möglich gütliche Auswege zu entdecken. Da aber Gschwend und Lutz
keine Vollmacht hatten, sich in gütliche Handlungen einzulassen,
sondern nur ersuchten, sie bei den ertheilten Ortstimmen und dadurch erlangten Rechten gnädigst zu schützen, waren alle Bemühungen vergebens, und bringen die Committirten ein Gutachten.
aus welchem sich die sämmtlichen Gesandten überzeugen, dass
die Stände in dem ewigen Verspruchinstrument sich Veränderungen,
die durch künftige Verhältnisse (Zeitumstände) nöthig werden, vorbehalten haben; dass ferner dasselbe hauptsächlich zum Besten
der Armen bestimmt sei, wovon ein Theil durch Ausübung des
Zugrechts sehr gekränkt werden könnte; dass auch der Spital von
St. Gallen seit Jahrhunderten in dem ungestörten Besitz seiner
von anno 1551—1694 erworbenen Güter belassen worden, ohne
dass es jemals den Rheinthalern eingefallen ist, ihr Zugrecht gegen
denselben diesfalls geltend zu machen, und dass endlich aus der
Unmöglichkeit, die Erwerbstitel eines grossen Theils der von dem
St. Gallischen Spital erworbenen Güter zu entdecken, vielerlei
Processe erwachsen könnten. In Folge dessen wurde nach sorg-
fältiger Berathung „mit Ausschluss" der schwizerischen Gesandten,
die es nur ad referendum nahmen, einmüthig befunden: es nach
den vergeblichen Bemühungen des Landvogts nicht länger den

1789 Parteien zu überlassen, ob sie in „gütliche Handlungen" eintreten wollen, sondern den „allseitigen Hoheiten" folgendes Project einer landesherrlichen Verordnung „zu Ausweichung schädlicher Umtriebe ad ratificandum in gegenwärtigem Abschied zu hinterbringen":

1. das den Städten und Höfen im Rheinthal anno 1551 von den Ständen ertheilte ewige Verspruchrecht und dessen Bestätigung von 1580 sollen gänzlich und für immer in Kraft verbleiben;

2. die vom Spital zu St. Gallen von 1551—1694 erworbenen Güter sollen von diesem Verspruch- oder Zugrecht ausgenommen sein, jedoch in der Meinung, dass

3. von dem Spital für diese Ausnahme 3000 Gulden an die Städte und Höfe im Rheinthal als Auskaufssumme bezahlt werden und dass alle von dem Spital seit 1694 erworbenen Güter allerdings dem Verspruch unterworfen bleiben;

4. überdies soll der Spital bei seinem Versprechen, die Lehenleute wie bis anhin milde zu behandeln, behaftet und verpflichtet sein, alle Lehenzinse auf bisherigem Fuss zu lassen und dieselben unter keinem Vorwand zu steigern, auch die Lehenleute niemals anzuhalten, den ihnen zugehörigen halben Theil des Weins, wenn es nicht deren eigene Convenienz ist, dem Spital nach seiner jährlichen Schatzung zu überlassen; wie dann auch der Spital seine alten Weine, mit Ausnahme der Besoldung des Amtmanns, in die Stadt nehmen und nicht im Rheinthal verkaufen wird;

5. solle durch dieses Reglement dem Gesetz über Käufe in todte Hand überhaupt keinerlei Abbruch geschehen und bleibt der Spital allen diesfallsigen Landesgesetzen, wie auch den Verordnungen betreffend die Abführung des Weins, Bearbeitung und Verpachtung der Lehen gänzlich unterworfen.

Darüber sollen die Stände ihre Gesinnungen bis Ende des Jahrs dem Stand Zürich mittheilen.   251

A. Au. — Vrgl. Eidg. Absch. VIII. S. 402 f.

1790 Februar 12. Bei Ausmessung des eigenen und fremden Guts auf dem Territorium (Theridori) der Höfe Widnau, Au und Schmitter im Beisein der Beamteten als Verordneten der 3 Höfe und Gemeinden, haben sich ergeben: 61,896,531 Quadratschuh, davon 1,720,883 Quadratschuh „gräfisches, appenzellerisches und Fürstengut (d. h. des Fürstabts)". Von der ganzen Summe gehen ab:

1790 Johannes Torglers Haus und Hofstatt bei der Burg 30,973 $\square'$

„Gräfische Torgel" (Torguel) . . . . 2,604 $\square'$

„Ottisch" Haus und Garten . . . . 4,779 $\square'$

Gemeindstheil am Blattacker . . . . . . 42,874 $\square'$

Zehntstadelplatz . . . . 8,195 $\square'$

89,425 $\square'$

Die verbleibenden 61,807,106 Quadratschuh ergeben 1401 Juch. 23,006 $\square'$.*)

Davon kommt auf Widnau ⅛ . 467 Juch. 7,668²/₃ $\square'$

auf Au und „Haslen" nach dem Verhältniss von 146 Mann . . . 582 „ 42,739¹¹/₁₁₇ $\square'$

auf Schmitter nach dem Verhältniss von 88 Mann . . . . . 351 „ 16,698¹⁰⁶/₁₁₇ $\square'$

1401 Juch. 23,006 $\square'$

In den 61,807,106 Quadratschuh sind die Gemeindegüter und die Lehen nicht inbegriffen.

Hof und Gemeinde Schmitter werden für 15,495,798 $\square'$ auf folgende Feldlagen angewiesen: Egetholz (Äg—)**), Fischerholz sammt Gärten allda, Heidengütli, untere Rauhwies (Ruchwes). Mangusen Hofstatt, Hochgut, Falbenau, in Güter, Lugwies (Luckwes), inner und ausser Oxunder (Ochsunter), Wildenau, die Haushofstatten im ganzen Dorf Schmitter, im Widen, in der Hostert, Zwinghof, Neuwies, Fidelis Hofstatt, Äueli (Äuwelli), die Gärten im Sand, Wildenausand (sammt Garten), Tömmelis (Dommilis) Gut, Mittlerfeld und in der Weid, die zusammen 16,995,033 $\square'$ halten, so dass Schmitter einen „Vorschutz" von 1,499,235 $\square'$ hat.***) — Der Hof Au und Haslach wird angewiesen auf: Das ganze Haslach sammt Hard (—rdt) und Meldegg; den untern und obern Theil in der Au; Gut, Gütli und Neugut unter Böschen und Spiegleren; Emsern, Schlatt (—dt) und unter Blattacker; Tegerenwies (D—). Roschecheren, ober Blattacker, unter Dornach (—cht); Hüttau, Josephlis Gut und Neuwies, ober Böschen und Griesblatten; ober Dornach und Kau (Kauw); Herbrugg; das Nefenfeld (!); — zusammen 23,242,638 $\square'$. Dieser Vorschlag wurde aber von den Herrn Beamteten nicht angenommen, laut einer „Bescheinigung" des Hofammann Hans Jakob Gallusser im Archiv Au.

A. Schmitter; A. Au. 252

<hr>

*) Offenbar ist das Juchart zu 44,000 Quadratschuh gerechnet; doch stimmen die Zahlen nicht genau.

**) Hat 3,431,222 Quadratschuh.

***) Eine zweite, dabei liegende „Mass-Auskunft" für die Gemeinde Schmitter stellt deren Antheil auf 15,507,457 Quadratschuh, wonach sie nur noch für 1,487,573 Quadratschuh im „Vorschutz" wäre.

1790 Mai 6. Lustnau, in dem (!) gräflichen Tafern. — Oberamtmann v. Höring (Hörrig), Rentmeister Franz Xaver Seewald mit Peter Paul Holenstein Stabhalter und Johann Scheffknecht des Gerichts als Beisitzern verlängern der Gemeinde Schmitter und Widnau auf ihr Gesuch die ihr unterm 8. Juli 1784 ertheilte Bewilligung des sogenannten Gnadenfahrs zur Erhaltung guter Nachbarschaft auf 3 vergangene (erlofene) und 3 folgende Jahre, mithin auf 6 Jahre — 1788—1793 — wogegen sich Schmitter-Widnau verpflichtet, für alle „unrechtmässigen Vorgänge" gutzustehen, laut Urkunde des löbl. Landvogteiamts Rheinegg vom 1. Februar, und über die Beeidigung eines neuernannten Fährmanns (Fehren) Jakob Frei, „den sie aus besondern Sachumständen statt des vorigen Fidel Frei einstellen müssen", auch obrigkeitliche Ausweise beizubringen. · 253

A. W. — Copie.

Unter dem 11. Mai 1793 wurde dieser Vertrag noch einmal um drei Jahre, bis 6. Mai 1796, verlängert auf Ansuchen der Hofammänner Leonhart Spirig von Widnau und Samuel Schönwalder von Schmitter im Namen beider Gemeinden.

1790 Mai 17. Rheinegg. — In Folge der Ausmarkungen zwischen Widnau, Haslach und Schmitter glaubt der Hof Haslach, in welchem auch Au begriffen, dass ein jeder der 3 ausgemarkten Höfe die Steuer von fremden, in seinem ausgemarkten Theil befindlichen Gütern für sich allein beziehen und behalten möge, ohne solche fernerhin unter alle 3 Theile zu vertheilen und einem jeden derselben der Mannschaft nach das „Massgebliche" zukommen zu lassen. Dagegen berufen sich Widnau und Schmitter auf den 3. Artikel des 1776 zu Frauenfeld ratificirten „Hoftheilungsinstruments" und seitherigo Recesse und wollen bei der gemeinen Vertheilung sothaner Steuern der Mannschaft nach verbleiben.

Nachdem die Ausgeschossenen beider Parteien ihre Gründe und Gegengründe des Umständlichen angebracht, wird zu Recht erkannt: Da Die von Haslach sammt Au seit 15 Jahren gegen die andern zwei Höfe ihren Antheil an Nutzen und Beschwerden nach Verhältniss der Mannschaft übernommen, auch den 2 Höfen nach diesem Massstab den Antheil an den Steuern von fremden Gütern immer verabfolgt haben, und Dies sowohl in Art. 3 des Theilungsbriefs, als auch in dem Recess des Hern Landvogt Blattmann vom 10. Juni 1786 gegründet zu sein scheint, wird die Weigerung von Haslach und Au unbegründet erklärt und festgesetzt, dass wie bisher die fremde Steuer in allen 3 Höfen zusammen berechnet und nach der als beständige Richtschnur angenommenen

1790 Mannschaftszahl: nämlich 146 Mann für Haslach und Au, 117
Mann für Widnau und 88 für Schmitter unter alle drei vertheilt
werde. — Die heutigen „Rechtstagkösten" im Betrage von 2 Gulden
sollen Die von Au und Haslach bezahlen.

Besigelt durch den Landvogt von Müller von Riedburg.
Kanzlei Rheinthal.

A. Sch.   254

Vrgl. n. 255.

1790 Juli 1. — Pro Memoria von Ammann, Richter und Gemeinde des
Hofs Au und Haslach am Monstein im obern Rheinthal an das
Syndicat in Frauenfeld zur Begründung des Gesuchs, dass ihnen
die Steuer von fremden Gütern in ihrem Hofe, die sie bisher mit
Widnau und Schmitter theilen mussten, allein überlassen werde,
da sie von ihren ehemaligen Mithöfen W. und Sch. sowohl im
Nutzen und Schaden gesöndert worden seien.

Schon mehrmals haben Gemeinde und Hof Au und Haslach
beim Syndicat wie bei den Landvögten das Ansuchen gestellt,
von Widnau und Schmitter vollkommen getrennt zu werden zur
Verhütung der immerwährenden Streitigkeiten und Kösten; aber
ohne Erfolg. Endlich wurde „vermög" landvögtlichem Recess vom
24. März 1789 die Ausmarkung aller 3 Höfe beschlossen und
vollzogen, so dass ein jeder Hof seine bestimmten Grenzen hat.
Dieses schien also der Zeitpunkt zu sein, von den Höfen Widnau
und Schmitter vollkommen loszukommen und allen Streitigkeiten,
„Geld- und Zeitversplitterung" für immer vorbeugen zu können.
Au und Haslach verlangten daher, dass die Steuer von fremden Gütern, welche innerhalb ihrer Marken, also in ihrem Hofbezirk
liegen, ihnen nach dem Beispiel aller andern rheinthalischen Höfe
zukomme und sie nicht gehalten sein sollen, selbige mit den andern beiden Höfen nach Verhältniss der „Mannschaft" zu theilen;
W. und Sch. widersprachen; darauf kam der Streit den 17. Mai
1790 (n. 254) vor Recht, wo Au und H. verloren und angehalten
wurden, die Steuer fernerhin mit W. und Sch. zu theilen. Gegen
diesen Spruch wird nun an das Syndicat appellirt, mit folgender
Begründung:

1. erscheint es hart und unbegreiflich, den Nutzen, der in ihren
   Marken fällt, theilen zu sollen, während sie den Schaden, der
   sie in ihren Marken belastet, allein tragen müssen. Der ganze
   ehemalige Hof sei zu Nutzen und Schaden getheilt, Haslach
   und Au haben nun ihr eigenes Gericht und ihre eigenen Grenzen; sie haben keine Vortheile mehr bei W. und Sch. und

müssen die eigenen, sowie die fremden Güter, welche in ihren
Marken liegen, allein, ohne der andern Beihülfe schützen und
sie vor Schaden, Gefahr und Wassernoth „vergaumen"; alle
Höfe oder Gemeinden im Rheinthal, auch W. und Sch., beziehen
die Steuer von fremden Gütern, die in ihren Marken liegen,
allein für sich. Durch die Theilung und Ausmarkung seien Au
und Haslach ein besonderer Hof und „eigen Gericht", wie andere rheinthalische Höfe, und wie sie die Beschwerden gleich
andern Höfen ertragen müssen, sollen sie auch die Vortheile
gleich andern Rheinthalern geniessen. Die Steuer von den fremden Gütern sei zu Erleichterung der Beschwerden derjenigen
Gemeinden bestimmt, in deren Bezirk die Güter gelegen seien,
und es können noch viele Güter in ihrer Gemeinde kaufs- und
erbsweise an fremde Rheinthaler oder Nicht-Rheinthaler fallen;
2. falle in Betracht, dass der Stand Appenzell für 18,000 Gulden,
der „Gerichtsherr" für 20,000 Gulden, der Abt zu St. Gallen
für 1000 Gulden Güter in ihren Marken besitzen, von denen
sie gar keine Steuer geben, der Spital für 18,000 Gulden, von
denen er eine Bagatelle oder fast Nichts für die Steuer bezahlen muss, so dass Au und Haslach in ihren kleinen Bezirken
schon für ca. 60,000 Gulden freie Güter haben, die zu ihren
Gemeindsbeschwerden Nichts beitragen; W. und Sch. aber haben
keine fremden, steuerfreien Güter in ihren Markungen und alle
„Facultät", die fremden Güter in ihrem Bezirk ungehindert zu
besteuern.

W. und H. fussen sich darauf, dass es seit 15 Jahren so gehalten
und die Steuer nach Verhältniss der „Mannschaft" unter alle drei
Höfe getheilt worden sei und dass sowohl das Theilungsinstrument
vom 14. Juli 1775, Art. 3, als auch der Recess von Landvogt
Blattmann vom 10. Juni 1786 die Steuer in alle 3 Höfe „be-
günstige". Allein der erwähnte Art. 3 sage kein Wort von der
Steuer der fremden Güter, sondern nur, dass die Einkünfte ohne
Ausnahme gleich wie die Ausgaben vertheilt werden sollen; und
der Recess von Landvogt Blattmann setzt fest, wie die Einprotokol-
lirung der Pfandbriefe gehalten werde, um die es damals hauptsächlich zu thun war; die Ausmarkung der 3 Höfe aber wurde
dabei verschoben, und ehe diese Ausmarkung stattgefunden hatte,
konnte überhaupt der Nutzen jedes Hofs nicht genau ausgeschieden
werden.

Es war ihnen damals (anno 1775) nur darum zu thun, sich überhaupt von W. und Sch. zu scheiden, weil der ganze Hof voller

1790 Schulden war und W. und Sch. wenig Lust „zum Abzahlen und Hausen" zeigten, sie aber von dieser Schuldenlast sich befreien und bezahlen wollten; was nur durch eine Generaltheilung geschehen konnte, bei welcher dazumal noch nicht alle Einzelheiten gehoben und bestimmt werden konnten.   255

A. Au. — Im Stiftsarchiv St. Gallen liegt eine vom 6. Juli datirte Copie dieses Memorials.

Unterm 15. Juli wiesen die 9 regierenden Orte in Frauenfeld die von Ammann Hans Ulrich Geiger von Haslach und Seckelmeister Anton Joseph Rhoner von Au an sie gebrachte Appellation unter Compensirung der Kosten ab.

1792 April 12. Rheinegg. — Landvogt Zwicki bestätigt eine Verordnung des Landvogts v. Müller vom 6. Februar 1789, laut welcher in den Staudenauen des Hofs Widnau die „Elben und Fälben",[*]) so daselbst stehen, insgesammt und ohne Ausnahme für die Rheinwuhren aufgespart und keine davon weder „gestümmlet" noch abgehauen werden soll; dazu wird ferner anbefohlen, dass zwei eigene Aufseher hiezu bestellt und obrigkeitlich in hier beeidigt werden, um auf die „Widerhandelnden" zu achten und solche ohne Schonung „einzuleiden". Jeder Hofmann hat alljährlich und bis die leeren Plätze ausgefüllt sein werden, 12 Stück Elben oder Fälben auf das Gemeinland zum Nutzen der Rheinwuhren zu setzen.

Da aber berichtet wird, dass eine gewisse Anzahl dieser Elben und Fälben seit mehreren Jahren so erstarket und angewachsen, dass man sie gegenwärtig „stucken und stümmlen" sollte, wird dies in dem Sinne bewilligt, dass die Vorgesetzten diese Elben anzeichnen und der halbe Theil des Holzes dem Privatmann, der andere Theil aber dem Hof für die Rheinwuhren zukomme.

A. W.   256

1792 November 15. Balgach. — Verhandlung und Erkenntniss über die Fluss- und Schaugräben, welche theils gegen die Widnauer, theils gegen die Balgacher Ach ihren Auslauf nehmen, in præsentia des Landvogts Bischofberger und Landschreibers Lombach, nach einem Augenschein an Ort und Stelle.

Balgach ist durch Amtsbefehl (Befehlschein) vom 31. October von Widnau aufgefordert worden, dass es das Wasser, welches von seinen untern Mädern abfliesse, vermittelst eines zu eröffnenden Grabens in seine Ach oder sog. „Güllen" ableite. Balgach lehnte das ab, und seine „Ausgeschossenen" bringen nun an, dass man sich auf dem Ort selbst habe überzeugen müssen, wie das Wasser

---

[*]) Schwarzpappeln und Weidenbäume.

1792 von den Balgachern zugehörigen, aber in Widnauer Gerichten gelegenen untern Mädern unmöglich von dem Brüggli weg zurück
dem Tachet nach in die innere Ach von Balgach geführt werden
könne, sondern nur in die Widnauer Ach oder Güllen, und zwar
vermittelst eines von dem Brüggli weg gerade über das Riedli
hinab zu eröffnenden Grabens, wodurch dann dieses Wasser auf
den Damm bei dem „Kröpflein" seinen Ausfluss nehmen müsste,
weil Die von Widnau schon früher „dem Wasser seinen Abzug
da hindurch als dem natürlichen Lauf durch einen Graben und
Oeffnung unter dem Damm angewiesen". Zur Eröffnung der Fluss-
und Schaugräben auf dem Widnauer Bezirk seien sie bereit, wie
sie auch in ihrem eigenen Bezirk „ohne anders" die alten Schaugräben öffnen wollen.

Die von W. erklären: wenn die Balgacher mit Brief und Sigel
ein Recht nachweisen können, dass man ihnen das Wasser von
ihren untern Mädern vermittelst eines zu eröffnenden Grabens
durch das „Riedlin" bei dem „Kropf" unter dem Damm durch
in die Ach oder Güllen abführen müsse, so seien sie dazu willig
und bereit; aber gegen die Abnahme von „mehrerem" Wasser,
als sie bisher schuldig waren, „müssen sie sich allerdings und
nach Kräften beschweren", weil sie ohnedem einen gar zu starken
Zufluss von Wasser haben und in ihrer niedrigen Lage sich öfters
ganz überschwemmt befinden. Wenn auf Bitte der Balgacher dem
Wasser freiwillig ein Auslauf auf dem Damm bei dem Kröpflein
verschafft worden, so sei solches kein Recht. — Was das Kröpflein
unter dem Damm betreffe, so sei da nur ein Friedensgraben eröffnet
worden. Hätten die Balgacher die abgesteckten Fluss- und Schaugräben ordentlich eröffnet, so würde wahrscheinlich allem über-
flüssigen Wasser der Ablauf verschafft worden sein. Durch hoheitlichen Befehl sei Widnau angehalten worden, auf beiden Seiten
der Güllen einen Damm zu errichten; nun wäre es ihnen nicht
erlaubt, Veränderungen daran zu machen und ihn irgendwie zu
schwächen.

Die von B. erklären, dass es unmöglich sei, Denen von W. Brief
und Sigel wegen Abführung des Wassers vorzulegen, zumal vor
30 Jahren noch diese Gegenden mehrtheils Rieder waren und erst
seitdem solche eingelegt, zu fruchtbarem Land angebaut und durch
aufgeworfene Gräben das Wasser davon abgezogen worden, sich
die Nothwendigkeit zeige, diesem Wasser seinen natürlichen Ablauf zu verschaffen; was in den „vorigen" Jahren durch die Eröffnung eines Abflusses bei dem Kröpflein unter dem Damm erfolgt

1792 sei; es soll daher dieser Uebung nach ferner „dem Wasser da
hindurch sein der Lage nach gemessener Lauf verzeigt werden".

Die von W. erwiedern, dass der Kropf nur zu Ableitung des
Wassers von dem nahen Feldlein, nicht aber für das viele Wasser
von den Balgacher Unter-Mädern gemacht worden sei. Die hochobrigkeitlichen Reglemente schreiben deutlich vor, dass von den
Mädern und dem Isenriet keine „abführenden Gräben" gegen die
Kirche von Widnau gemacht werden sollen. Hätten Die von B.
die alten schuldigen Fluss- und Schaugräben geöffnet, so wäre
jedenfalls wenig Wasser übrig geblieben, und wenn noch etwas
übrig geblieben wäre, so würden sie auf Wunsch der h. Obrigkeit
bereit sein, dieses durch einen „eröffnenden Kropf" abzuleiten.

„Nach behöriger Ueberlegung der Umstände und besonders der
wässerichten Lage dieser Gegenden" gesprochen:

dass sowohl B. als W. die Fluss- und Schaugräben unverzüglich in einer Breite von 4 und einer Tiefe von 5 Schuh aus-
stecken und abgraben sollen. Bleibt dann noch Wasser übrig,
so haben sie sich mit einander darüber abzufinden, wie solches
„zu beider Zufriedenheit" bei dem Kropf auf dem Damm abgeführt werden könne, und können sie es nicht freundlich mit
einander ausmachen, so soll noch einmal ein Augenschein abgehalten und hierauf entschieden werden, auf welche Art und
Weise man das übrig bleibende Wasser ableiten wolle.

Und da beide Parteien in Eröffnung ihrer Fluss- und Ahzugg-
gräben saumselig gewesen, so sollen sie auch zu gleichen Theilen
die Kösten des Augenscheins bezahlen.

A. W. 257

1793 August 3. Lustnau. — Vertrag zwischen den Gemeinden zu
Dickenau, Haslach und Monstein in der Schweiz und der
Gemeinde des Reichshofs Lustnau (Lusten—) wegen des so-
genannten „Achnollen" in dem untern Schweizerriet.

Dieser Achnollen, der zum untern Schweizerriet „geschlagen
und eingegraben", stosst zu 3 Seiten an das genannte Riet, das
der Au, Haslach und Monstein gehörig, und nur gegen Mitternacht an die Fussach oder Dornbirer Ach; genaue Marken
derselben konnten aber von keiner Seite beigebracht werden. Die
Benutzung dieses Bodens hatte Lustnau seit unvordenklichen Jahren
her; die Art und Weise dieser Benutzung war aber bald mehr
eingeschränkt, oft aber wieder mehr ausgedehnt worden, und die
Gemeinde Dickenau, Haslach und Monstein hatte sich dadurch
beschwert gefunden.

1793   Nun verzichtet der Reichshof L. auf jede Ansprache an den Boden, der uneingeschränkt den genannten schweizerischen Gemeinden zur Nutzung wie das andere eigene Riet daselbst überlassen und abgetreten wird; dafür tritt die „Vorstehung" dieser Gemeinden dem Reichshof L. ebenfalls „auf alle Weltzeiten" ein Stück Rietboden daselbst, jedoch mehr gegen Dornbirn gelegen, ab, misst 15 „Vitel" (= Viertel) Boden, jedes „Vitel" zu 3600 Quadratschuh gerechnet, und mit 5 steinernen Marken versehen: stosst 1. gegen Sonnenaufgang an den Lustnauischen „Trankweg" oder „Gässele"; 2. an das dem Hof Au, Haslach und Monstein „eigen gehörige" Riet; 3. wieder an die Gemeinde Lustnau, welche der Ach nach noch einen eigenen Strich Gemeindsboden liegen hat.

Unterschrieben für L. von F r a n z I g n a z H o l e n s t e i n, Amtshofammann allda, J o h a n n G e o r g H e m m e r l e, Stabhalter und Seckelmeister, J o h a n n G e o r g V o g e l, des Gerichts, Johannes S c h e f f k n e c h t, des Gerichts, J o h a n n F i t z, Hofschreiber; für Au, Haslach, Monstein von J o h a n n e s Z o l l e r, Hofammann zu Dickenau, M. und H., Statthalter (Stadhallder) G e i g e r, J o h a n n e s Z e l l w e g e r, Seckelmeister, J o h a n n e s K ö p p e l beim Kreuz, allda, F r a n z U l r i c h Z o l l e r, Hofweibel, allda.

Bestätigt auf Ansuchen der Parteien Namens der Lustenauer Landesregierung durch Herrn J o h a n n M i c h a e l von H ä r i n g, hochgräfl. von H a r r a c h i s c h e n Rath und Oberamtmann in H o h e n e m s (—bs), im gräfl. Amthaus zu Hohenems, am 5. August 1793.

    A. Au.   258

1793 November 22. — Zutheilung der bisher unvertheilten Strasse auf dem I s e n r i e t (Eisen Rith) von der „Brugg" bei der Ziegelhütte bis zu der Strasse, welche (wo) der Hof Bernang übernommen hat, 1210 Schuh, an die 3 Höfe A u - M o n s t e i n - H a s l a c h, W i d n a u (Weitnau) und S c h m i t t e r (Schmit—) durch deren Beamte: Herr Ammann J o h a n n J a k o b S c h a w a l d e r von Widnau und Stabhalter K ö p p e l (Köpell), Herr Ammann J o h a n n e s Z o l l e r am M o n s t e i n und Herr Ammann G e i g e r aus dem H a s l a c h, Herr Ammann J o h a n n M i c h e l Frei von Schmitter und S a m u e l Schawalder. Der erste Theil zu hinterst an der Bernanger Strasse ist dem Hof Au, M. und H. zugefallen, 505 Schuh nach der Mannschaft; der zweite Theil dem Hof Schmitter, von der Auer Strasse an der Ziegelhütte 302 Schuh; der dritte Theil dem Hof Widnau, von der Schmitter Strasse bis zu der Brugg, 403 Schuh.

1793 Mit den andern Strassen, die vom Isenriet „abhangen", bleibt es wie bisher.

Unterschrieben durch Franz Ulrich (Ullerich) Zoller aus der Au.   259

A. W. u. Au.

1794 (Juli 7—August 1). Frauenfeld. — Ausschüsse von Widnau und Haslach machen aufmerksam, dass die Höfe ungeachtet des ihnen bewilligten doppelten Weggeldes kaum die Hälfte ihrer seit 1775 erlaufenen Strassenkosten daraus bestreiten können, und suchen aufs neue um Verlängerung des doppelten Weggeldes an, um so mehr, als in den benachbarten österreichischen Landen alle Zölle und Weggelder um die Hälfte erhöht worden seien und andere Höfe im Rheinthal, die nicht so grosse Strassenauslagen haben, die gleiche Gnade erhalten hätten. — Dieses Begehren wurde in den Abschied aufgenommen und an der nächsten Frauenfelder Tagsatzung demselben entsprochen (n. 262).   260

Eidg. Absch. VIII. S. 409. f. Art. 168 und 169.

1794 November 11. Lustnau. — Johann Michael Wolf, Pfarrer und Besitzer der Pfarrpfrund (—pfrond) im Reichshof Lustnau, verkauft an Franz Ulrich Zoller und Konrad Messmer des Gerichts in der Au, im Namen der ganzen Gemeinde in der Au und Haslach jenseits des Rheins, die bisher mit 1 Gulden jährlich entrichteten „Apfelzehnt-Gerechtsame daselbst in Haslach auf der Allgemeind" um 50 Gulden dieser Landeswährung, welche schon zum Nutzen der Pfarrpfrund anderwärtig angelegt worden sind.

Unterschrieben von J. M. Wolf, F. U. Zoller, Hofschreiber aus der Au und H. K. Messmer in der Au.

Unterm 15. November durch das Harrach-hohenemsische Oberamt des Reichshofs Lustnau bestätigt.   261

A. Au.

1795 April 13. Lustnau. — Vergleich der Gemeinde des Reichshofes Lustnau einerseits und des Hofes Au, Monstein und Haslach anderseits über die Abgrenzung (Kreis und Marken) in der „Breitenau Monerau" im Reichshof Lustnau neben dem sogenannten untern Badloch, wo die „Schweizerischen" seit der Theilung einen Bezirk Landes oder Stauden ohne Trieb und Tratt ruhig genutzt haben, jetzt aber von keiner Seite mehr „ein sicheres Ziel und Marken" vorgewiesen werden können. Darüber wurde nun durch die „Herrn" Amtshofammann Franz Ignaz Holen-

1795 stein (Holl—), Johann Georg Hämmerle, Stabhalter, Johann
Fitz, Hofschreiber, und Johannes Bösch, Hofweibel, von Lust-
nauischer Seite, und Johannes Zoller, Hofammann, Ulrich
Geiger, Stabhalter, Johannes Zellweger des Gerichts und
Franz Ulrich Zoller, Hofweibel, von Seite der Schweizerischen
die gütliche Uebereinkommniss getroffen, dass die Schweizer den
betreffenden Boden als ihr Eigenthum wie bisher — mit Vorbehalt
von Trieb und Tratt — zu nutzen haben, innerhalb der 5 neu auf-
gestellten Marken. — Die unterste Mark gegen Morgen steht zu
unterst am Badloch, von da hinauf dem Badloch nach bis zur Mittelmark sind 246 Schuh, von der obersten Spitzmark, die auch nahe
auf dem Badloch steht, 260 Schuh, von dieser bis zur Mittelmark
zwischen Abend und Mitternacht 226 Schuh, von dieser bis zur
dritten (?), die dermalen auf dem Rheinufer steht, sind 229 Schuh
und von da bis zur ersten in der Breite 389 Schuh. Der Bezirk
dieser schweizerischen, heute ausgemarkten Au erstreckt sich allezeit, es mag der Rhein geben oder nehmen, bis auf oder an den
Rheinstrom.

Unterschrieben von F. J. Holenstein und J. Zoller.   262
A. Au.

1795 (Juli 6—28). Frauenfeld. — Die 9 regierenden Orte bewilligen den
Höfen Widnau und Haslach die Verlängerung des ihnen vor
20 Jahren (n. 216) bewilligten Weggelds auf weitere 15 Jahre,
in der Meinung, dass nach der frühern Verordnung von dem
Betrag desselben dem Herrn Landvogt unentgeltliche Rechnung
abgelegt und dasselbe weder von Bürgern noch von freien Landleuten oder Angehörigen der regierenden Stände und ebenso wenig
von solchen Benachbarten bezogen werden solle, mit denen etwa
„diesfällige" Exemptions-Verkommnisse obwalten.

Eidg. Kanzlei der Landgrafschaft Thurgau.   263
A. Au.

1796 März 17. Amthaus Rheinegg. — Die „einlegende Partie" des Hofes
Widnau verlangt nach Verlesung des Recesses vom 10. October
1795, dass man jedem Hofmann innert dem Damm noch drei
Viertel Land austheilen möchte; was dann innert dem Damm
übrig bleibe, solle den Rossbauern zum Abmähen gestattet werden
und das Uebrige ausser den Dämmen in den Staudenauen
mögen die Pferde zur Azung haben. Wäre dieser Antrag den
„Auslegern" nicht gefällig, so wollen sie den Rossbauern für ihre
Fuhren nach Billigkeit in baarem Geld Vergütung leisten; in

1796 diesem Falle wäre aber Dasjenige, was über die drei Viertel innert dem Damm noch übrig bleibt, auch ins Allgemeine auszutheilen und einzulegen. Sie hoffen um so eher auf Annahme ihres Vorschlags, als dann die kostbare Hagung wegfallen würde, die schwer auf den gemeinen Mann falle.

Hofammann S c h a w a l d e r antwortet Namens der „auslegenden Partie": Man habe dem Urtheil vom 10. October 1795 mehr als Genüge geleistet, indem jedem Hofmann statt 1 Viertel 4 Viertel ausgetheilt wurden; das Uebrige haben sie den Rossen zum Tratten gewidmet und dabei bleiben sie; doch wollen sie den Armen zu Gunsten noch zugeben, dass man bis Johanni den s. v. Bau noch wöchentlich drei halbe Tage lesen dürfe, damit die Theile, so sie anpflanzen, gedüngt werden können.

Gesprochen:

dass es bei der Erkenntniss vom 10. October 1795 und bei der nachher neugemachten Vertheilung von 4 Vierteln Landes auf jeden Hofmann, damit selbige bepflanzt werden können, sein gänzliches Bewenden haben und das Uebrige den Pferden, so an das Wuhr fahren müssen, zur Tratt zudienen solle. Die Hagung betreffend ist ein Dämmlein aufzuwerfen und lebendige (lebige) Hagung darauf zu setzen. Das Baulesen bis Johanni ist wöchentlich 3 halbe Tage, nämlich am Montag, Mittwoch und Samstag jeweilen von 11 Uhr bis Abends gestattet.

Die heutigen Rechtstagkosten mit 7 Gulden 45 Kreuzer sind aus dem Hofseckel zu bezahlen und an die übrigen Kosten der Einleger an „Ständ und Gängen" sind ihnen 22 Gulden entweder aus dem Hofseckel oder von allen Theilen überhaupt zu vergüten.

In Gegenwart des Junker Landvogt S c h w i z e r (Schwytz—), Obervogt G s c h w e n d im Namen des Gerichtsherrn v. Salis und des Landschreibers T o b l e r.   264

A. W.

Der Spruch vom 10. October 1795, dessen Inhalt aus dem Vorstehenden übrigens ziemlich deutlich ersichtlich ist, liegt uns nicht mehr vor.

1796 April 27. Schloss Monstein (Mond—). — Herr Rudolf von Salis, Burgermeister von C h u r und gewesener Bundesstatthalter, dermal residirender Civil- und Gerichtsherr der Herrschaft W i d n a u, Haslach und S c h m i t t e r, vergleicht sich mit seinen „Untergebenen und Angehörigen" über die Auslösung des sog. Todtenfalls.

Sobald der Gerichtsherr seine Geneigtheit dazu aussprach, wurden in den drei Höfen Gemeinden abgehalten, die sich entschlossen,

1796 mit „Ihro Weisheit" darüber zu tractiren und zu dem Ende auf obenstehendes Datum ihre Abordnungen nach dem Schloss „Mondstein" schickten, nämlich von Widnau Herrn Hofammann Hans Jakob Schawalder, Seckelmeister Joseph Schawalder, Hofschreiber Franz Joseph Hensel (Hän—); von Haslach und Au Herrn Hofammann Ulrich Geiger, Stabhalter Johannes Zoller, Seckelmeister Johannes Zellweger, Hofschreiber Franz Ulrich Zoller; von Schmitter Herrn Hofammann Samuel Schawalder und Stabhalter Hans Michael Frei.

Die Auslösungssumme für alle drei Höfe wurde auf 2800 Gulden festgesetzt, zu bezahlen in jährlichen Terminen von 300 Gulden sammt gebührendem Zins zu 5%; erster Termin Martini 1797, letzter Martini 1805 mit 400 Gulden nebst Zins.

Sigel und Unterschrift von Hans Ulrich Moser, Director der „von Salischen" Herrschaften Widnau, Haslach und Schmitter.

A. W. 265

Von der Gesammtsumme übernahm hierauf Widnau ¹/₃ mit 933 Gulden 20 Kreuzer, Haslach-Au ¹/₃ mit 1166 Gulden 40 Kreuzer, Schmitter ¹/₄ mit 700 Gulden, Alles · mit Einrechnung der Zinse bis zur gänzlichen Abzahlung.

1796 Juni 10. Amthaus Rheinegg. — Joseph Thüring Schwizer, Pannerherr und des innern Raths von Luzern, d. Z. regierender Landvogt im Rheinthal, ratificirt auf Ansuchen von Hofammann Johann Ulrich Geiger (Gy—) und Stabhalter Zoller Namens des Hofs Au, Monstein und Haslach den Verkauf von 11 der Gemeinde gehörenden Hausplätzen, auf denen Häuser stehen und die zusammen 33,624 Schuh oder ca. 9 Vitel (!) Land haben, an die Besitzer dieser Häuser, um den Erlös aus diesem Verkaufe an die mit „unserm gnädigen" Herrn von Salis um 1166· Gulden 40 Kreuzer vereinbarte Auslösung des Hofes von „Todtenfall" zu verwenden.

Kanzlei der Grafschaft Rheinthal. 266

A. Au.

1798 März 3. Frauenfeld. — Die 9 regierenden Orte entlassen die Landschaft Rheinthal ihrer bisherigen Unterthanenpflicht und anerkennen sie als ein selbständiges Glied der schweizerischen Eidgenossenschaft. 267

Eidg. Absch. VIII. S. 419.

Es ist zwar der dreigetheilte Hof Widnau-Haslach-Schmitter nicht unter den rheinthalischen Abgeordneten vertreten, welche nach vorausgegangenen Verhandlungen an der Frauenfelder Tagsatzung er-

1798 schienen, um die förmliche Entlassung aus dem bisherigen Unterthanen-
verhältnisse von den 9 regierenden Orten entgegen zu nehmen. Ueberhaupt entschwindet der Hof während der Uebergangszeit von 1798 vollständig unsern Blicken. Dennoch ist wohl mit grösster Wahrscheinlichkeit anzunehmen, dass auch er dem neuen kleinen Freistaat Rheinthal
beigetreten ist, welcher nach einer Existenz von wenigen Wochen in
dem Kanton Säntis aufgieng. Dass Widnau-Haslach-Schmitter diesem
angehörte, ist sicher.

Ueber die Lösung des niedergerichtsherrlichen Verhältnisses zu den
Herrn von Salis besitzen wir auch kein Document, entsprechend der
Verzichtleistung des Capitels St. Gallen vom 23. März auf seine „niedergerichtsherrlichen Rechtsame" im Rheinthal. Es scheint durch die neue
helvetische Verfassung stillschweigend beseitigt worden zu sein.

Anhang.

1519 Januar 11. — Hans Spiring, zu Haslach im Hof Lustnau gesessen, verkauft dem Ulrich Sailer, d. Z. Spitalmeister des Spitals zu St. Gallen, zu Handen des Spitals, alles das Gesträud, Bäume (bom), wild und zahm, so ob des Spitals Weingarten genannt der Held, den jetzt Hennentod baut, in seinem Gut, — das da stosst an des Spitals Weingarten, an Märcken von Ems (—pts) und der Klosterfrauen von St. Kathrinen Güter —, gewachsen ist oder künftig wachsen wird, um 2 Gulden Landswährung und mit dem Beding, dass Hans Spiring und seine Erben da kein Gesträud und keine Bäume mehr wachsen lassen, sondern Alles auf ihre Kosten abreuten und dämmen; thun sie es nicht, so haben die jeweiligen Spitalmeister oder ihre Boten Vollmacht (vollen gewalt) dazu.

Sigel des Maugus (!) Grabher, d. Z. Ammann der Herren von Ems (—pts) zu Lustnau.   **1**

Sp.-A. St. G. — B. 13. n. 27.

1551 Juli 16. — Peter Sonderegger, Hofmann zu Balgach, vertauscht an Ambrosi Aigen, Burger zu St. Gallen, seine eignen Güter zu Haslach im freien Reichshof Lustnau: ein Stück Reben — stosst an den Menweg, an Ulrich Schwitzer, genannt Hurster, zum dritten und vierten an Hans Frei (Fry) —; weiter ein Stück Reben, ist ein Neusatz, mit sammt dem Holz — stosst zu beiden Seiten an Ulrich Schwitzer, unten an Hans Frei —; weiter ein Stück Reben — stosst an den Menweg, an Ulrich Schwitzer und an Otmar Zollikofers Reben, oben an Kaspar Torgler (—gg—) —; weiter seinen Acker mit dem Neusatz — stosst an Hans Frei, an Kaspar Torgler, an Ullin Zellweger und an Otmar Zollikofer —, gegen einen Weingarten zu Balgach auf den Halden gelegen, den Ambrosi Aigen von Rüdin Brocker erkauft hat, — stosst an David von Watts Gut, an Jakob Moser, an Urich (!) Widers (Wy—) Erben Gut und an Jerg Schriber —, nebst Aufzahlung von 102 Gulden.

Sigel des Konrad Hemerli, Ammann der Herrschaft Ems (Emps) in Lustnau.   **2**

Sp.-A. St. G. — B. 13. n. 30.

1559 December 16. Baden. — Die Räthe und Sendboten der 8 regierenden Orte schreiben an Merk (—ckb) Sittich von Ems (Emps) zu der Hohenems (hochen Emps):

Die von Widnau, Diepoldsau und Haslach, so in den freien Reichshof Lustnau gehören und mit Denen von Lustnau Trieb, Tratt, Wunn, Weid und Holzhau zusammen haben, beklagen sich, dass Die von

1559 Lustnau fortfahren, „ihnen hinterrucks und unverkündt" Gemeinden abzuhalten, die Gemeinmerk zu verkaufen und ihnen andere Eingriffe mehr
zu thun; desgleichen dass Merk Sittich als Gerichtsherr über die Forsten
(Forst) Bot und Verbot anlege. Was durch ihn und den Landvogt zu
Rheinegg zwischen den Parteien vermittelt und festgestellt worden,
sei nicht lange in Kraft verblieben und seither von ihm einseitig durch
andere Verfügungen ersetzt worden, da doch die regierenden Orte zu
solchen Sachen auch zu reden haben und Solches nur mit ihrem Wissen
und Willen geschehen sollte. Sie bringen daher in Vorschlag, dass Merk
Sittich und der Landvogt zu Rheinegg jeder zwei unparteiische „Mann"
erwählen, die sich durch einen Augenschein an Ort und Stelle über die
Verhältnisse unterrichten und hernach die „spennigen" Gemeinden gütlich
vergleichen, damit jeder Theil wissen möge, woran er sei.

Würde der Vorschlag nicht angenommen, so müssten sich „unsere
Herrn und Obern" umsehen, wie sie den Ihren zu Hülfe kämen, damit
ihnen die Billigkeit werde.   3

St.-A. St. G. — Rubrik CXL. Fasc. 2. — Copie.

Diepoldsau, das von jeher zum Hof Kriessern gehörte, ist hier ohne
Zweifel mit dem ihm unmittelbar benachbarten Schmitter verwechselt.
— Das im Text erwähnte frühere Verabkommniss war leider bisher nir-
gends ausfindig zu machen. Der Brief scheint übrigens keine weitern
Folgen gehabt zu haben.

Mit diesem Briefe sind zu vergleichen die Art. 147—150, S. 1069,
in Band IV, 2, der Eidg. Abschiede vom Jahre 1558—1563, aus denen
sich ergibt, dass „Die im Hof Lustnau" schon 1558 wegen der mancherlei
Beschwerden, welche sie von ihren Gerichtsherrn erleiden müssen, sich von
diesen loszukaufen beabsichtigen oder dann die regierenden Orte darum
angehen wollen, sie zu ihren Handen zu lösen. In Folge dieser Meldung
des Landvogts im Rheinthal wurden die Grafen von Ems wiederholt —
aber vergeblich — um Auskunft ersucht: was für Gerechtigkeiten sie
an dem freien Reichshof zu haben glauben? Im Jahre 1563 wurde
die Angelegenheit noch einmal „ad instruendum" genommen, verschwand
aber damit bis auf Weiteres von der Tagesordnung.

1572 November 11. — Martin Gigor (Gygger), Hofmann im freien Reichshof
Lustnau und sesshaft im Haslach, verkauft dem Michel Schmidt (!),
Hans Schmids (!) sel. Sohne, zu Bernang seine „eigne Wies und Gut
Heuwachs" im Hof Lustnau, im Böschach genannt, mit dem untern
Hagstall, dem Zaun (der Züni) und Felben, den selben Zaun zu machen,
— stosst an „ander min Gut die neue Rüte", an Urich (!) Schwizers und
Otmar Zollers Gut, an Jos Siber und Klaus Steinach (Stai—), an
Hans Gugger (Guger) —, mit der Zufahrt durch dessen Gut aus und
ein, zehntfrei, wenn man es nicht mit dem Pflug baut, um 50½ Gulden
Landswährung.

Sigel des Thoma (—en) Geser, Ammann im freien Reichshof L.   4

Sp.-A. St. G. — B. 14. n. 20.

1599 März 25. — Urschel Nöllin, Baschion Ritzen sel. Wittib, und Jakob
Ritz, ihr Sohn, und Urich (!) Torgler (D—), Vogt der Frau und der
Kinder, Hofleute und im Haslach gesessen, verkaufen an Junker Hein-

1599 rich Zili (Zylli) den jungen, Burger zu St. Gallen, ihre eignen Stück
und Güter, Weingarten, Heuwachs und Acker, am Hurst zu Haslach:
des ersten den Weingarten, Heuwachs und Acker im Menweg (Mem—)
und ein Jon Reben unten zu daran gelegen — dieser Jon Reben stosst auf
Urich Schribers Baumgarten, zu beiden Seiten an seine Weingärten und
oben an den Fussweg; Weingarten, Heuwachs und Acker stossen an diesen
Fussweg und „hinaus an Gassen", der Gasse „nach um" an Jakob Messmer.
Ronnius Köppels und des Spitals Gassen und Güter bis hinauf, an und bei
nieder an Konrad Turnheren (Durnheern) Weingarten und Acker, an
den Fussweg und den „vorgeschribnen Jon Reben" —; weiter zwei Stücklein Weingarten in Gruben genannt, — das erste stosst an Hans Köppels
und Konrad Turnheren Erben, oben an die Gasse und zum vierten an Ammann Bartli Köppel; das andere an Anna Indermur, oben an die Gass
und an Konrad Turnheren Erben. — Von diesen Gütern gehen an Zins
jährlich zwei Viertel Hofzins Korn, gross Mass, eines Fesen, das andere
Hafer, auf St. Niklaus Tag an den Käufer Junker Heinrich Zili (Zilli),
und 3 Pfund Pfennig jährlich von 60 Pfund Pfennig Hauptgut an Jere-
mias Bruder; daneben sind sie Freilehen gen Zwingenstein unsern
Herrn gen Appenzell.

Der Kauf geschieht durch freundliche Unterhandlung von Ammann
Ballußer Zellweger (Zelw—), Ammann Ballußer Torgler, Ammann
Bartlome Köppel, um 975 Gulden der Stadt St. Gallen Münz, unserer
Landswährung; unter dem Vorbehalt, dass die Verkäufer oder ihre
Erben die Güter innerhalb Jahresfrist um den Kaufschilling wieder an
sich ziehen mögen.

Sigel des Balthasar (--ßer) Zellweger, Ammann des freien Reichshofs
Widnau und Haslach.   5

Sp.-A. St. G. — B. 14. n. 22.

1600 December 20. — Ulrich Schwitzer und Heinrich Siber (Sy—)
der Schmied, als Vögte und Vormünder der Wittwe und Kinder des
Baschion Ritz sel., und Jakob Ritz, dessen Sohn, Hofleute des freien
Reichshofs Widnau und Haslach, verkaufen an Junker Heinrich
Zili (Zilli) den jungen, Burger zu St. Gallen, ihre eignen Stück und
Güter: Weingarten, Baumgärtlein und Torggel mit allem Zubehör, an
einander gelegen — stosst an Konrad Turnheren Erben, an der Verkäufer Hofreite, auch Schwein- und Baghof, zum dritten an die Landstrasse
und oben „an Garten", zum vierten an Urich (!) Schriber —, um 266 Gulden; weiter ein Stück Reben genannt Anna-Jon (—nn) — stosst an
3 Orten an Urich Schriber, zum vierten oben „an Weg an des Käufers ander
Gut" —; weiter ein Stück Heuwachs genannt Moos (Moß) — stosst an
Ronni Köppel, an Jakob Köppels Erben, zum dritten an der Zellweger (Zelw—) Weingarten Hagstall — soll an die Möser „halben Seit"
zäunen; weiter den Unteracker — stosst auf (!) Konrad Turnheren Erben,
an (!) Jakob Köppels Erben und Ulrich Torgler, oben an Anna Indermur, zum vierten an der Weingärten an Halden Hagstall —, ist zaunfrei;
weiter 1¼ Mannsmad Wiesen im Schlatt (Schlat) genannt, ob Bernanger
Brugg gelegen (lit), wechselt mit Konrad Turnheren Erben auch 1½
Mannsmad zu heuen jährlich — dieser Wechsel stosst an Anna Indermur, an die Hochwies (Hoch—), an des Ammann Ulrich Zellwegers

1600 Erben. an die **Ach** —, von demselben gehen jährlich 30 Schilling Pfennig u. L. Frauen an die Pfarrkirche zu **Bernang**; es sollen aber Konrad Turnheren Erben ab ihrer Wiese zinsen und dem Zili seiner Wiese um Zins und Hauptgut ewiglich vor Schaden sein; und auf dem Weingarten am Torggel stehen 60 Pfund Pfennig, dem **Hallwiler** gen **Salenstein** (Sall—) zu verzinsen, aber es ist mit dem Hauptgut zu lösen. Ferner steht auf den 4 Stücken am **Hurst** in diesem Kauf ein Viertel Hafer und 2 Vierling Fesen, gross Hofzinsmass, gen **Ems**; mehr 5½ Viertel Weinzins und 5 Schilling Pfennig „alwegen am andern Jahr nach 3 Haller jährlichs Zins"; diese Güter am Hurst sind Lehen gen **Zwingenstein** unsern gn. Herrn im Dorf **Appenzell**. Der Kauf um die 5 Stück und Güter ist mit freundlicher Unterhandlung von **Ulrich Grabher**, Hofschreiber, **Hans Dierauer**, **Otmar Schmidt**, **Jörg Seitz** (Sitz) von **Bernang** ergangen wie folgt: Weingarten und Torggel wie obstehend, Anna-Jon 160 Gulden, das Moos 120 Gulden, der Acker 70 und die Wiese 75 Gulden, Summa 691 Gulden Landswährung; unter dem Vorbehalt, dass Baschion(!) Ritz, so lange er des Käufers Bau- und Lehenmann ist nach Rebbriefs Recht, die Güter um die Kaufsumme und mit Bezahlung aller „Verbesserung", welche der Zili und seine Nachkommen inzwischen „daran gelegt", vor Jedermann wieder an sich lösen möge; baut aber der Käufer im Haslach „ein Hausrauch" (hubroch) und wird ihm das zugelassen, so fällt die Lösung dahin.

Sigel des Hofammann **Jakob Frei** (Fri).   6

Sp.-A. St. G. — B. 14. n. 23.

1611 März 19. — Bürgermeister und Rath der Stadt **St. Gallen** entlassen ein Stück Reben, die **Haueten** (Howeten) genannt, welches **Joß Schelling**, Hofmann zu **Bernang**, durch einen Schuldbrief vom 2. December 1585 der Kirche **St. Lorenzen** versetzt und nun dem **Georg Spindler** von St. Gallen verkauft hat, der Pfandbarkeit gegen Abzahlung von 992 Gulden und etlichen Kreuzern.   7

Stadt-A. St. G. — Schaffneramt Rheinthal. L. 26.

1621 Mai 13. a. St. oder Mai 23. n. St. — Ammann, Gericht und ganze Gemeinde des Hofs **Widnau** und **Haslach** erledigen das Stück Rebwachs im **Hauet** (Hauwet) genannt, welches Junker **Georg Spindler**, Burger zu **St. Gallen**, dem **Clauß Schelling** auf dessen und seiner Freunde Bitten abgekauft hat, weil Schelling es nicht mehr länger zu bauen vermochte, niemand es ihm abkaufen wollte und es in grossen Abgang gekommen, von dem ewigen Verspruch; auch in Betracht, dass dieses Stück Reben a. 1457 im Besitz der **Ransperger**, seiner Frauen Blutsfreundschaft, und 1538 in demjenigen anderer St. Galler Bürger gewesen ist und dass der Vater des Käufers, Junker **Heinrich Spindler**, dem Hof und Privaten immer freundlich mit Darleihen an die Hand gieng, wenn sie es bedurften, wie auch der Käufer selbst.

Als Vertreter der Gemeinde verfügten sich deswegen Ammann **Hans Köppel** und Ammann **Balthas Torgler** (Th—) mit Junker **Georg Spindler** zu dem Landvogt, Hauptmann **Hans Zimmermann**, des Raths der Stadt **Luzern**, nach **Rheinegg** und verglichen sich hier in „Bei

1621 wesen" des Stadtammanns Lorenz Bösch und Landschreibers Dürler dahin:

1. sollen Georg Spindler, seine Erben und Nachkommen das Stück Reben nach Laut des Rebbriefs bauen, nutzen und niessen;
2. soll kein Hofmann von Widnau und Haslach den Verspruch auf diese Reben haben, so lange sie in Erbfallsweise von einem auf den andern übergehen; kommen sie aber durch Kauf in andere Hände, dann hat jeder Gemeindsgenoss und Hofmann den gewöhnlichen und ewigen Verspruch dazu;
3. dafür verzichtet Georg Spindler auf ein Darlehen von 35 Gulden, welches sein Vater 1597 dem Hofe unverzinslich, doch gegen Erlass der Steuer, sowie auf ein Darlehen von 50 Gulden, welches er selbst im Jahre 1612 der Gemeinde gemacht hat, und bezahlt dazu weitere 30 Gulden, zusammen also 115 Gulden, St. Galler Münz und Währung. — Sollten über kurz oder lang die Herren und Obern dieses Verabkommniss aufheben, so muss diese Summe sammt dem jährlichen Zins von 3 Kreuzern vom Gulden für so lange, als der Hof sie in Handen hatte, zurückbezahlt werden.

Sigel des Landvogts und des Hofammanns Hans Köppel.   8

Stadt-A. St. G. — Schaffneramt Rheinthal. L. 28. 29.

Am 5. Februar 1620 hatte sich Frau Spindlerin durch die Bezahlung von 6 Gulden 49 Kreuzer an die Gemeinde W. und H. für ewig von der Reichssteuer gelöst — ib. L. 27 — und am 30. April (Maiabend) 1628 traf Junker Jörg Spindler mit Zuthun des Ammann Hans Zellweger ein Verabkommniss mit Baschion Schwitzer, Hofmann im freien Reichshof W. und H., wonach sich dieser verpflichtete, einen Lengler- oder Langschwenzler-Birnbaum auf seiner Hofstatt gegen der Gasse, dem Spindlerschen Rebwachs genannt der Zendler gerade vorüber, zu beseitigen und bis auf eine Entfernung von 18 Schuh von der Gasse nichts anderes dahin zu pflanzen, was dem Rebwachs Schaden bringen könnte; ib. L. 30.

1632 September 21. — Ulrich Geiger, Hofmann und sesshaft im freien Reichshof Widnau und Haslach, verkauft an Junker Jerg Spindler, Burger und des Raths der Stadt St. Gallen, sein eigen Stück Holz und Gut — stosst oben an das Land Appenzell, zum andern „bei aben" und unten an des Käufers Gut, zum vierten „bei auffe" an Josen Geigers Gut —, Lehen gen Appenzell, um 95 Gulden Landswährung.

Sigel des gräfl. hohenemsischen Gerichtsammanns Hans Zellweger.

Stadt-A. St. G. — Schaffneramt Rheinthal. L. 31.   9

1638 März 15. — Joß Geiger, Hofmann und sesshaft im freien Reichshof Widnau und Haslach, verkauft dem Junker Georg Spindler, Burger und des Raths und Seckelmeister der Stadt St. Gallen, sein eigen Stück Reben und Baumgarten oder Heuwachs und Holz — stosst erstlich unten an des Käufers Baumgarten, zum andern „bei uffe" widerum an des Käufers Erben (!), zum dritten oben an die Meldegg (Melleg) und zum vierten „bei abe" wiederum an des Käufers Holz und Heuwachs —, zehnt-

1638 pflichtig und Lehen „in" Zwingenstein (—stou), um 390 Gulden Landswährung.

Sigel des Hofammanns Ulrich Siber (Seb—).   10

Stadt-A. St. G. — Schaffneramt Rheinthal. L. 32.

1647 Februar 2. — Thomas (—en) Siber (Sei—), hohenemsischer alter Amtmann (Ampt—) und gewesener Hofammann des freien Reichshofs Widnau und Haslach, verkauft dem Herrn Abraham (Aberh—) Sauter,
Burger der Stadt St. Gallen, seine 4 Stück „Reben Weingarten" im
Haslach: das erste im Geizig gelegen, genannt Clasen-Jon — stosst
erstlich an Urich (!) Fridauers Reben, oben an die Gasse, zum dritten an
Ammann Michel Köppels Reben und unten an St. Kathrinen Güter —,
darauf steht 40 Gulden Hauptgut „auf Rosenberg"; das zweite im
hintern Geizig gelegen — stosst an 3 Orten an Baschion Schellings
(—igs) Weingarten und an Hansen Schribers Reben —, darauf steht
40 Gulden Hauptgut gen Salenstein (Sallenston); diese beiden Stücke
sind freilehig ins Gotthaus St. Gallen; das dritte auf dem Hurst
gelegen — stosst an Niclas (Noi—) Dierauers (Dirowers) Reben, zum
andern und dritten an Jakob Köppels Güter und zum vierten an die
Landstrasse —; das vierte auch auf dem Hurst „bei der Ackerstapfen" gelegen — stosst an Ammann Jakob Schniders Erben, an die Gasse und zum
dritten und vierten an Jakob Köppels Güter; — diese beiden Stücke sind
freilehig in Zwingenstein (—stou); alle 4 Stücke geben den gewöhnlichen Zehnten und die jährliche Steuer. Der Kaufpreis ist 1600 Gulden
St. Galler Währung. Der Verkäufer behält sich vor, die vier Stücke
auf Lebenszeit um den halben Wein nach den Bestimmungen des Reb-
briefes bauen zu dürfen.

Sigel Ulrich Sibers, d. Z. Ammann des Grafen Carli Friderich
zu der Hohenems (houchon Embs) im freien Reichshof W. und H.   11

Stadt-A. St. G. — Schaffneramt Rheinthal. L. 226 a.

Im Jahre 1652 wurden der Wittwe von Abr. Sauter, Anna Köniz,
von Ammann und Amtleuten zu Haslach am Monstein am Ganttag
Thomen Sibers für einen Schuldbrief von 110 Gulden zwei Jon Reben
am Menweg zugefertigt, worauf es sich herausstellte, dass diese zwei
Jon schon dem Hrn. N. Weller zu Lindau um 113 Gulden 20 Kreuzer
versetzt gewesen; Fr. Sauter löste sodann diesen ältern Brief an sich.

1655 Nov. 20. — Cirill Fensterling, Alt-Bauherr und des Raths, Hans
Albrecht und Tobias Schobinger, Johann Balthaßer Widen-
huber (—hueber), alle Bürger zu St. Gallen, verkaufen als Vögte von
Hrn. Heinrich Sebastian Spindlers sel. Erben und Mitverwandten
um die Summe von 6100 Gulden St. Galler Währung an Sabina, Junker
Leonhart Schlumpfen sel. Wittib, Haus und Hof sammt einem Baumgarten im Haslach gelegen — stosst erstlich an die Obergasse, zum
andern unten hinauf an Joseph Kellers Baumgarten, drittens hinauf
an Hans Geigers Baumgarten, viertens wiederum hinaufwärts an des
Spitals Güter, fünftens hinauf an Joseph Kellers Holz, sechstens obenher
an die Meldegg, siebentens „bei aben" bis auf die Reben an Ulrich
Fridauers (—owers) Holz, achtens „bei her" an Hans Geigers Reben und
neuntens an Konrad Fridauers Baumgarten bis an „ermelte" Gasse —;

1655 weiter ein Stücklein Holz — stosst untenher an des Spitals Acker und Gut, zum andern hinaufwärts an Hans Geigers Holz, drittens oben an die Meldegg und viertens „herwärts bei ab" an den Holzriss —; weiter ein Stück Reben, der Zendler genannt, sammt dem Torggel — stosst unten und oben an die Landstrasse, an der einen Seite an Hans Zollwegers Reben und zum dritten an Konrad Fridauers Reben —; weiter ein Erdwurf im Mösli gelegen — stosst erstlich an den Triebweg, zum andern an das Stück Reben die Hauet (Howat) genannt —; alle diese Stücke sind Freilehen der Herrschaft Zwingenstein, jetzt den Herrn von Appenzell zuständig; weiter ein Stück Reben die Hauet genannt — stosst erstlich „bei her auf" an Meister Daniel Knechtli's Reben, zum andern „obenher" an sein Haus und Baumgarten, drittens „nebendzu" an den Triebweg und viertens untenher an Hans Torglers und Jos Sibers Gut —, aller Lehenschaft frei. Davon gehen jährlich dem Landvogt eine Fasnachthenne oder 8 Kreuzer baar Geld, der Herrschaft daselbst 2 Viertel Fesen und 2 Viertel Hafer, die gewöhnliche Hofsteuer und der „offene" Zehnten. — 4100 Gulden sind von der Wittwe Schlumpf baar bezahlt, 2000 Gulden sind ihr für eine Schuldforderung an die Spindler'sche Masse in Abrechnung gebracht worden.

Sigel des Ammanns Michel Köppel; auch der Landvogt Sebastian Muheim bekräftigt den Kauf durch seine Unterschrift. 12

Stadt-A. St. G. — Schaffneramt Rheinthal. L. 33.

1660 Februar 4. — Vor Ammann, Rath und ganzer Gemeinde des freien Reichshofs Widnau (Weidnauw) und Haslach bringt Linhart Galluber, Hofmann und sesshaft zu Bernang, im Namen und auf Befehl der Hrn. Inner- und Aussermeister „des heiligen Geists des Spitals" der Stadt St. Gallen vor, wie die Inner- und Aussermeister ein Stück Gut oder Acker in dem Hofe, auf der Roschecheren, besitzen — stosst an die Landstrasse, an Hans Jäckll's Gut, an Hans Dierauers Gut und an Michel Schegg (Schegen) Gut —, als Trattgut, das „nach Sichel und Seges" alljährlich „aufgehn" und an das Tratt geschlagen werden musste, und ersucht, dass nach Hofrecht „verschafft" werden möge, dass der dritte Theil dieses Stück Guts „der Gemeind" zugemessen und die andern zwei Drittheile dem Spital zu „eigenem, einliegendem, ehhaftem" Gut gemacht werden mögen; worauf die Amtleute Hans Gugger (Guger), d. Z. Hofammann, Meister Jakob Fehr, Statthalter, Meister Jakob Siber (Seber), Schmid, beauftragt werden, den dritten Theil des Guts „davon zu messen und zu der Gemeind zu schlagen"; von dem übrigen Theil geht künftig nur noch der offene Zehnten und die jährliche Steuer.

Sigel des Hans Gugger, Hofammann. 13

Sp.-A. St. G. — B. 14. n. 11.

1667 April 14. 24. Gütliche Vereinbarung der Inhaber der neu eingeschlagenen Güter auf dem Blattacker im Hof Widnau und Haslach, auf Gutheissen von Burgermeister und Rath der Stadt St. Gallen:

1. sollen die Inhaber der neu eingeschlagenen Güter dem Spital die halbe Zäunung, „das ist 25 Stecken von 50", bei den alten eingeschlagenen Gütern abnehmen;

15*

1667 2. soll ein Gatter, der in den neu eingelegten Gütern erfordert wird und der Strasse und dem alten Reitweg nach auf des Spitals neu eingelegtes Gut zu stehen kommt, von den Inhabern der neu eingelegten Güter — etwa 15 Mannsmad, darunter 4 dem Spital zuständig — gemeinsam erhalten werden, doch hat der Inhaber der obern alten Bünt die vordere „Gattersaul" zu geben. So gienge der obere Gatter, wie auch die halbe Zäunung, dem Spital ab;

3. wird später in dem Schlatt am Blattacker noch mehr eingeschlagen und geht dadurch etwas an der Zäunung ab, so soll dies Allen im ganzen Einfang „in dem alten und neuen Feld" abgehen nach Verhältniss ihres Guts;

4. wird diese Vereinbarung vom Bürgermeister und Rath in St. Gallen genehmigt, so verpflichten sich nachfolgende Unterzeichnete für sich und alle Andern, die da eingeschlagen, sowie Einige von der alten Bünt, die Strasse „enhalb" der Brugg,*) so der Spital schuldig zu machen, „von der Tiefe von der Ach auf die Höhe" gemeinsam zu machen, bis sie recht und gut gemacht ist, worauf ihr Unterhalt wieder denjenigen Bauleuten zufällt, die vorher dazu pflichtig gewesen sind.

1. Ullerich Seitz, Müller, 2. Mr. Balluß Müller, 3. Mr. Jakob Grüeniger (!), 4. Hans Beck, 5. Thoma Algi (All—), 6. Mr. Hans Dierauer,

wie auch: Hans Indermur, Joß Bischofberger, Jakob Gallusser, Franzist Müller, Jörg Schreiber, Alle Bauleute des Spitals. 14

Sp.-A. St. G. — B. 14. n. 36.

Unter dem 8. December 1670 wurde dieser ersten gütlichen Vereinbarung noch eine zweite über das Mass der Zäunung „von wegen dem halben Hag" beigefügt.

1671 März 25. — Ulrich Torgler (Dorgler), Ammann Hansens sel. Sohn, Hofmann des freien Reichshofs Widnau und Haslach, wohn- und sesshaft auf dem Hurst (Horst), verkauft den Inner- und Aussermeistern des Spitals der Stadt St. Gallen sein eigen Stück Reben in dem Haslach in der Bünt gelegen, genannt der Büchel (Beu—), — stosst an Ulrich Roner, an Junker Lorenz Tschudi's Gut, an Hrn. Daniel Knechtli's Reben, oben an die Strasse oder „Leichweg" —, Freilehen in Zwingenstein, um 270 Gulden Landswährung. Davon geht der gewöhnliche Zehnten und die billige Hofsteuer, ferner ist das Stück pflichtig, oberhalb „an dem Fürhopt" **) den Friedzaun zu machen.

Sigel des Ammanns Haus Siber (Seiber). 15

Sp.-A. St. G. — B. 14. n. 13.

1671 April 24. — Daniel von Hermann Zollikofer, als Bevollmächtigter des Peter Schlumpf, und Jakob Lorenz Zollikofer, Anwalt der Creditoren des Peter Schlumpf, Bürger der Stadt St. Gallen, verkaufen dem Herrn Rittmeister (Reit—) Hartmann Planta von Wildenberg und seinen Geschwistern, des Hrn. Oberstlieutenant und gewesenen Landrichters, Ambrosi (Au—) Planta von Wildenberg sel. Erben, Haus,

*) Ist die sogenannte „Emserabrücke". **) „Fürhopt" ist der unten dem Rebstück vorliegende Rasenstreifen.

1671 Stadel, Siedhaus (Süd—) und Torggel sammt allem Hausrath und dem Jahresnutzen von 1669 und 1670 zu Haslach, sammt dem Stück Reben ob dem Baumgarten, genannt Böschhalden; wie auch das Gut ob den Reben, die Rüti (Renttey) genannt, sammt zwei Stück Holz ob den genannten Gütern, auch inbegriffen das Stück Reben in dem Zendler (Zendeller) — der Baumgarten stosst an des Spitals von St. Gallen Gut und an das Gut von Joseph Kellers sel. Erben, drittens der Zendler stosst an die Strasse oder an Daniel Fridauers (Freidow—) Gut, viertens an Hans Zollwegers Rebgarten, fünftens an Konrad Fridauers Gut und aufwärts an seine Hofreite (—reittey), sechstens an Hans Gigers Reben, siebentens stosst das Holz an Ulrich Fridauers, Ulrichs. Holzboden und oben an das Land oder Meldegg, oben an Joseph Keller; das andere Stück Holz mit sammt der Eich (Aeich) stosst erstens an Ammann Hans Gigers Holzboden, zum andern an des Spitals von St. Gallen Gut, drittens an Abraham Gigers Holzboden, viertens an das Land Appenzell; weiter ein Stück Reben genannt die Haueten (Howeten) auf dem Hard gelegen — stosst an Hr. Daniel Knechtli's Rebgarten, an des Seelamts von St. Gallen Rebgarten, an den Triebweg, oben wieder an Hr. Daniel Knechtli's Gut oder an den Triebweg; weiter zwei Stück Reben an dem Monstein, — das erste stosst an den Rebgarten der Frau Sabina Schlumpf, an das Salensteinische Gut, an Gaberiel (!) Schneiders Rebgarten und oben an Hrn. Wegeli's und Christian (Creisteianus) Grafs (Grauf)[*]) Rebgarten; das andere stosst an den gräflich Emsischen (Emps—) Rebgarten, an Ammann Wilhelm Frei's Rebgarten, an Hrn. Kaspar Girtanners (Geir—) von St. Gallen Rebgarten und oben an die Erdwürfe. — Zu dem Kauf gehören auch zwei Schuldbriefe: der eine auf Jakob Messmer, Capital 265 Gulden, verzinslich zu 5 %, der andere auf Hans Bösch (P—), Konrads Sohn, zu Lustnau, 100 Gulden; davon ist auf Sant Jergentag ½ Ledi Bau (Beuw) an den Rhein (Rin) Zins[**]) zu liefern (leiff—). Ferner gehören zu den zwei Stück Reben zwei Erdwürfe, ob denselben auf dem Heldsberg (Hels—) gelegen. — Diese zwei Stücke sind freilehig in das Gotthaus Sant Gallen, das Uebrige in das Schloss Zwingenstein, und geht darab der Herrschaft Ems ein Hofzins von 6 Vierling, ½ Fesen, ¼ Hafer, der gewöhnliche Zehnten und die billige Hofsteuer. Der Kaufpreis ist 8000 Gulden Landswährung, die zur Bezahlung von Schlumpfischen Schulden verwendet worden sind: nämlich dem Landammann Karli von Salis 3729 Gulden 36 Kreuzer zur Ablösung eines Schuldbriefs auf dem Gut Haslach; 1770 Gulden hatten die Planta'schen Erben selbst an Peter Schlumpf zu gut; einen Schuldbrief von 2400 Gulden auf die zwei Stück Reben hatte Hr. Johannes Payer von Schwabach, davon wurden ihm nach Abzug des Verlusts 1500 Gulden bezahlt; Junker Sebastian Zollikofer und mit ihm Hans Ludwig (—weig) Payer von Schaffhausen hatten laut einem Schuldbrief auf den ganzen Schlumpfschen Besitz in Haslach und am Monstein 2500 Gulden zu fordern, liessen sich aber neben die „läufigen" Schulden stellen; dem Spital von St. Gallen wurde ein Zins von 80 Gulden 30 Kreuzern ausgelöst, so dass schliesslich noch 919 Gulden 54 Kreuzer zu bezahlen blieben. — Die Verkäufer haben nach rheinthalischem Hofrecht über Peter Schlumpf den Kirchenruf und

1671 völlige Vergantung ergeben lassen; doch hat sich Niemand neben ihnen gemeldet.

Sigel des Ammanns Hans Geiger. — Vrgl. n. 22.   16

Stadt-A. St. G. — Schaffneramt Rheinthal. L. 34.

1674 Juli (Heumonat) 1. — Hans Torgler (D—), Ammann Hans Torglers sel. Sohn, Hofmann des freien Reichshofs Widnau und Haslach, gesessen in der Au (Auw) in dem Rheinthal, verkauft Hans Ulrich Messmers sel. Erben und Geschwistern, Hofleuten desselben Reichshofs, sesshaft in dem Haslach, sein eigen Haus und Stadel sammt der Hofstatt und ein Stück Baumgarten ob und neben dem Haus, in dem Haslach — stosst an des Junkers Podestà (Patistat) Ambrosi Planta (Blanten) Hofreite und Baumgarten, an die Landstrasse, an Hans Fridauers Gut und oben an Hans Geiger und Hans Torgler; weiter seinen eigenen Jon Reben in dem Haslach, in dem Wenelin gelegen — stosst an Katharina Seitzin Rebgarten, an Ulrich Fridauers sel. Erben Gut, an Hans Fridauers sel. Erben Rebgarten, oben an die Strasse —, ledig den Herrn zu Appenzell und nur dem gewöhnlichen Zehnten und der billigen Hofsteuer unterworfen, — um 282 Gulden guter Landswährung.

Sigel des Ammanns Hans Geiger.   17

Stadt-A. St. G. — Schaffneramt Rheinthal. L. 35.

1674 Juli (Heumonat) 31. In der Au, in Meister Ulrich Ritzen (Reitz—) Haus, Hans Geiger, d. Z. Ammann des freien Reichshofs Widnau und Haslach, spricht rechtlich in offenem Gericht über eine Streitigkeit zwischen dem Spital in St. Gallen und Ammann Bascha (!) Federer.

Hr. Joachim — *), Bürger und Spitalschreiber der Stadt St. Gallen, klagt durch seinen Fürsprech Thoma (Doma) Hemerli (—ey), dass der Spital auf dem Blattacker eine eigne Bünt besitze — stosst an Ammann Bascha (!) Federer, oben an andre Spitalgüter, beiseite an die Reichsgemeinde und unten an ihr fürstlich Gnaden von St. Gallen Gut —, vor Zeiten von dem Hof Widnau und Haslach als freies, unbeschwertes Eigen erkauft. Nun besitze Ammann Bascha Federer dort ein Stück Gut, das früher Maientratt und Wiese gewesen, jetzt aber inliegend gemacht worden sei und mit dem Pflug gebaut werde. Dabei beschwere Federer die genannte Bünt wider Recht und Brief und Sigel (Sei—) mit einer bösen Strasse und verursache dem Spital mit Fahren, Reiten und Anderem grossen Schaden. Er soll daher von dieser Strasse abgewiesen und der Spital bei seinen Rechten geschützt werden.

Ammann Federer antwortet durch Hans Lechler: er sei schon bei 30 Jahren über des Spitals Gut gefahren und habe ihm keinen sonderlichen Schaden gethan; der Spital und seine Bauleute fahren auch nicht immer, wo sie Recht haben; da kein Gut strasslos sei, möge auch ihm ein Weg gezeigt werden, entweder unten oder oben, dass er sein Gut nutzen und brauchen könne laut Brief und Sigel, die er von dem Hofe habe.

Nach weitern Verhandlungen und Augenschein an Ort und Stelle wird gesprochen:

1. sollen Brief und Sigel, die beide Parteien in Handen haben, in Kraft bleiben;

---

*) Der Name ist durch Versehen des Schreibers ausgefallen.

1674 2. wird Ammann Federer von dem „untern Weg oder Strasse", so er bis dahin gefahren ist, ganz abgewiesen, darf aber

3. den obern Weg über des Spitals Gut ob dem alten Hagstall, ob der erkauften alten Bünt, auf sein Gut fahren mit Nutz und Bau;

4. soll Ammann Federer den Gatter sammt Zubehör auf seine alleinigen Kosten machen und erhalten;

5. die Gerichtskosten sind von beiden Parteien zur Hälfte zu tragen. Sigel des Ammanns Hans Geiger.   18

Sp.-A. St. G. — B. 14. n. 37.

1676 Januar 18. Hofammann Jakob Siber (Sie—), Landvogtsammann Ulrich Frei, Hans Hug, Hans Torgler, Ulrich Bösch, Ulrich Häll, Alle gegenwärtig, und Hans Fer (Ferr), bei 95 Jahre alt, auch Michel Zoller, ebenfalls 95 Jahre alt, welche ihren Bericht durch die Vorgenannten überschicken, erklären Alle bei ihrem Eide, dass beim Antritt eines neuen Grafen Widnau und Haslach demselben niemals schwören mussten und dass dieses Begehren eine Neuerung sei; einzig dem Landvogt sei alle zwei Jahre als hoher Obrigkeit gehuldigt worden.

Nur als Landvogt Bosshart dem Grafen Karl Friedrich diese Gerichtsherrlichkeit wieder zugehalten (n. 143), habe er sie zusammenberufen und ihnen in Gegenwart des Grafen mündlich angezeigt, dass sie schwören sollen, ihm gehorsam zu sein, soweit es die niedern Gerichte anbetreffe; vorher und nachher nie.   19

St.-A. St. G. — Rubrik CXL. Fasc. 2.

Vrgl. ob. n. 151.

1676 Februar 11. — Jakob Häll, Hofmann des freien Reichshofs Widnau und Haslach, sesshaft in der Au, verkauft an Aberham (!) Fridauer, auch Hofmann und sesshaft auf dem Hard, sein eigen Jöuli Reben in dem Heckbüchel gelegen — stosst an des Verkäufers Reben, an Hrn. Jakob Schirmers Reben von St. Gallen, an Ammann Jakob Fehrs Reben und an des Käufers eigenes Gut —, um 35 Gulden Landswährung.

Aufgedrücktes Sigel des Ammanns Jakob Siber (Sci—).   20

Sp.-A. St. G. — B. 14. n. 38.

1676 März 10. — Meister Baschion Ritz, Barbier (Pallpirer) und Hofmann in dem Hof und Marktflecken Bernang, verkauft dem Herrn Ulrich Wetter (Weter), des innern Raths und Schaffner des Amts St. Katharina (Catar—) zu St. Gallen, zu Handen dieses Amts sein eigen Stück Rebhalden in dem freien Reichshof Widnau und Haslach an dem Moustein, in der hinteren Halden genannt — stosst an Baltus Zellwegers Reben und an drei Orten, beiseits, unten und oben, an der Herren Reben von Appenzell —, um 1600 Gulden Landswährung. Diese Rebhalde ist lehig gen Appenzell und gibt dem Gotteshaus St. Gallen den gewöhnlichen Zehnten und auch die jährliche Hofsteuer.

Sigel des Ammanns Jakob Siber (Sciber).   21

Stadt-A. St. G. — Schaffneramt Rheinthal. L. 36.

1677 Januar 3. — Ambrosius (—sy) Planta (Blandt) von Wildenberg, Podestà (Pottestat) zu Morbegno (Morben) im Veltlin (Veldtlein), gewesener Richter zu Malans (Mallantz), verkauft dem Amtsbürgermeister

1677 und Rath der Stadt St. Gallen zu Handen der Stadt und des Schaffneramts — dessen Verwalter ist Hr. Johannes Zublin des kleinen Raths
— sein eigen Haus, Stadel, Siedhaus und Torggel nebst allem Hausrath
und dem Nutzen der Jahre 1675 und 1676, mit dem Stück Reben ob
dem Baumgarten genannt Böschhalden; ferner das Gut ob den Reben
genannt die Rüti (—ei) mit zwei Stücken Buchwald, mit dem Torggel-
baum, wie er darin steht; auch das Stück Reben genannt der Zendler,
wie der Torggel darauf steht; auch „einverleibt" Konrad Fridauers
sel. Haus, Stadel und Hofstatt mit einem Jon Reben im Wenelin gelegen —, dieses Jon ausgenommen alles aneinander; auch ein Stücklein
Buchwald, Alles in dem freien Reichshof Widnau und Haslach; weiter
ein Stück Buchwald, darin der Eichbaum steht; — diese Güter sind lebig
in Zwingenstein oder den Herrn gen Appenzell; weiter ein Jon
Reben im Wenelin gelegen; weiter ein Stück Reben genannt die Haueten
(Howeten), auf dem Hard gelegen — ebenfalls ein Freilehen in Zwingenstein —, mit einer „Baulegi" und einem Erdwurf im Mösli gelegen;
weiter zwei Stück Reben an dem Monstein, zu dem zweiten Stück
gehört auch ein Erdwurf in dem Hof St. Margrethen gelegen; von
einem anderen Stücklein Erdwurf, das dazu gehörte, darf nach rechtlicher Erkenntniss von 1674 keine Erde mehr abgetragen, sondern nur
der Grasnutzen genommen werden; ferner ist zu diesen Stücken bei
„Manns Erdenken" eine „Baulegung" im Salenstei nischen Boden beim
Steg im Gut gewesen, aber kein Brief darüber vorhanden; diese beiden
Stücke Reben sind ein Freilehen in das Gotteshaus St. Gallen; weiter
gehören zu dem Kauf zwei Schuldbriefe. — Von dem Haus und Baum-
garten geht jährlich einer Herrschaft gen Ems 6 Vierling (firdig), halb
Hafer, halb Fesen, beiden Obrigkeiten die Fasnachthennen und von allen
Gütern der gewöhnliche Zehnten und die jährliche Hofsteuer. — Der
Kauf ist ergangen um 5700 Gulden Landswährung.

Sigel des Ammanns Jakob Siber (Seber). — Vrgl. n. 16.   22

Stadt-A. St. G. — Schaffneramt Rheinthal. L. 37.

1677 April 23. — Ulrich Torgler, Hofmann des freien Reichshofs Widnau
und Haslach, wohn- und sesshaft auf dem Hurst, verkauft den Hrn.
Verwaltern und Pflegern des heil. Geist-Spitals zu St. Gallen seine
eignen zwei Stück Reben in „Spirig-Rain" (Ron) gelegen — stosst das
erste an Hans Ullerich Zellwegers Baumgarten, an die Landstrasse, zum
dritten und beiseits hinauf an Michel Zellwegers Rebgarten, zum vierten
oben an seinen eigenen Baumgarten und zum fünften an Ullerich Zellwegers Rebgarten; das andere an Michel Zellwegers Rebgarten, unten an
die Landstrasse, „bei auf" an Baltus Zellwegers Rebgarten und oben
wiederum an seinen eignen Rebgarten —, um 500 Gulden Landswährung.
Beide Stücke sind Freilehen in das Gotteshaus St. Gallen, bezahlen den
gewöhnlichen Zehnten und die jährliche Hofsteuer in den Hof Widnau
und Haslach, und der Verkäufer und seine Nachkommen mögen sie
lehenweis bauen und pflanzen nach Laut des Rebbriefs und wie andere
des Spitals Baulente; von dem „Fürhaupt" oder ein wenig Heuwachs, das
unter diesen Reben begriffen ist, hat er keinen Zins zu bezahlen, wie

1677 bisher auch nicht, da er auch „vorhin" die Reben in Lehnsweise gebaut hat.

Sigel des Jakob Siber (Se—), d. Z. Hofammann des gn. Herrn
Franz Carli, Graf zur Hohenems, Gallara (Gala—) und Vaduz,
Herrn zu Schellenberg (Schelen—), Dornbüren und Lustnau, Ge-
richtsherrn des freien Reichshofs W. und H.   23

Sp.-A. St. G. — B. 14. n. 14.

1678 März 22. — Hans Brunner (Bruner), Hansen Sohn, Hofmann im freien
Reichshof Widnau und Haslach, sesshaft zu Widnau, vertauscht daselbst
an Hr. Jakob Schirmer, Burger der Stadt St. Gallen, einen Acker
zu Widnau in der Haberrüti genannt — stosst an Hans Frei, an des
Spitals Gut von St. Gallen, an sein eigen Gut und an die Reichsgemeind
— gegen einen andern Acker, auch in der Haberrüti gelegen — stosst
allenthalben an Jakob Schirmers eigen Gut. — Brunner oder seine Nachkommen haben das Recht, den eingetauschten Acker auf ihre eigenen
Kosten einzuzäunen und von dem übrigen Schirmer'schen Gut abzu-
scheiden, jedoch ohne deswegen der verhältnissmässigen Betheiligung
an dem Unterhalt der Einzäunung des Schirmer'schen Guts enthoben
zu sein.

Aufgedrücktes Sigel des Ammanns Jakob Siber (Sci—).   24

Sp.-A. St. G. — B. 14. n. 39.

1680 December 24. — Peter Zollikofer und Hieronymus (Hirronimuß)
Hochreutiner (—thner), als Vögte und Vormünder der Frau Magda-
lena Sauterin, Christoph Zollikofers sel. Wittib, und Kinder, verkaufen an Burgermeister und geheime Räthe der Stadt St. Gallen zu
Handen des Prestenamts — derzeitiger Verwalter Hr. Ulrich Weyermann des kleinen Raths — zwei Stück Reben in dem vordern und hintern Gitzig und zwei Stück in dem Hurst (Horst), im freien Reichshof
Widnau und Haslach; weiter ein Stück Reben in dem obern Menweg
gelegen — stosst oben an Baschion Schwitzer, zum andern an Michel
Zellweger, drittens an Jakob Häll, unten an die Gasse; weiter ein
Stück Reben in dem untern Menweg gelegen — stosst an Linhart
Giger, an Ulrich Bösch, an Bartli Köppel und unten an die Gasse —,
beide Stücke auch lehig in Zwingenstein, um 650 Gulden Landswährung. Das erste, dritte und vierte Stück sind schuldig, oben, so weit
sie anstossen, das Fürhaupt zu zäunen, die zwei letzten Stücke, die
eine Leise (Läiße) zu machen und zu unterhalten, so weit sie unten
an die Gasse stossen; von dem obern dieser Stücke geht jährlich ein
„Fierdig" Hafer Hofstattzins an die Herrschaft Hohenems; dieses Stück
hat auch das Recht, den Bau abzulegen oben an Bartli's Halden an der
Gasse und unten an dem Gatter.

Sigel des Ammanns Hans Giger (Gigger). — Vrgl. n. 11.   25

Stadt-A. St. G. — Schaffneramt Rheinthal. L. 226 d.

Auf diese Rebstücke hatte Fr. Magd. Sauterin im Jahr 1675 zu Gunsten des Junker Landshauptmann Antoni v. Salis einen Schuldbrief
für 100 Dukaten anfertigen lassen.

1684 Februar 24. — Hans Torgler (Thorggler), Ammann's (Amas), Hofmann des freien Reichshofs Widnau und Haslach, sesshaft in der Au, verkauft dem Hrn. Lorenz Kunkler, Burger und des Raths, auch Schaffner und Verwalter über St. Katharina Klostergüter der Stadt St. Gallen, zu Handen des Schaffneramts nachfolgende, von seiner Schwiger Katharina Seitz (Sitz) sel. ererbte Güter: 1. ein Stück Reben, Heu- und Obstwachs in dem Haslach bei der Hard, im Wenneli (!) genannt und gelegen, — stosst an Hans Gigers (Gigger) sel. Erben, sonst allenthalben an Schaffneramtsgüter und an die Gasse —; 2. ein Stück Heu- und Obstwachs, auch in dem Haslach in dem äussern „Bongert" genannt und gelegen, — stosst unten an die Gasse, zum andern an des Hrn. Stadtschreibers Güter zu St. Gallen, drittens an Meister Hans Fohr und an Jakob Rohner, viertens an Ulrich Giger und Hans Torgler (Dorgler) —, um 160 Gulden Landswährung. Beide Stücke sind lehig in den Zwingenstein und geben den gebührenden Zehnten und die jährliche Hofsteuer. Ueber den Heuwachs in dem Weneli (!) haben auch andere Güter das Recht mit „Nutz und Bau" nach Nothdurft ein- und auszufahren und über den Heuwachs im äussern Bongert dürfen die Inhaber der Hölzer zu gewisser Zeit Holz abführen (abholzen).   26

Sigel des d. Z. regierenden Ammanns Hans Jakob Siber (Seiber).

Stadt-A. St. G. — Schaffneramt Rheinthal L. 41.

1685 November 11. — Ulrich Messmer und seine zwei Schwäger Georg Fehr und Isaak (Issach) Fehr, alle Hofleute in dem freien Reichshof Widnau und Haslach, verkaufen dem Hrn. Lorenz Kunkler...., zu Handen des Schaffneramts in St. Gallen ihr eigen Stück Gut, Acker und Heuwachs auf dem Blattacker in dem Schlatt (Schlat) genannt und gelegen — stosst an Baschion Ritzen, zum andern an der Gemeind Gut, drittens an Hans Heinglers sel. Erben Gut und viertens unten an die Ach —, um 300 Gulden Landswährung. Davon geht die jährliche Hofsteuer und der gewöhnliche Zehnten, so es mit dem Pflug „gebauen" und geackert wird; wann es aber nicht mehr geackert wird, sondern wieder Heu gibt, ist es zehntfrei.

Sigel des d. Z. regierenden Ammanns Hans Siber.   27

Stadt-A. St.-G. — Schaffneramt Rheinthal. L. 42.

1686 Juni 1. Mersburg (Mörspurg). — Bischof Franz Johann von Constanz erlässt auf Vorstellungen des Landvogts im Rheinthal und eines Ausschusses der Hofleute von Widnau und Haslach eine Aufforderung an den Grafen von Ems, die Lustnauer von ihren Thätlichkeiten gegen Die von Widnau und Haslach abzuhalten, damit sie nicht mehr die Nutzung von den Widnau und Haslach zugehörigen Rietern durch die eigenen „Ross und Vieh abfretzen oder verfaulen lassen", sondern sie ruhig den Eigenthümern verabfolgen und allfällige Beschwerden gegen diese gehörigen Orts anbringen.   28

St.-A. St. G. — Rubrik CXL. Fasc. 2.

Vrgl. ob. n. 157.

1686 Juni 30. Baden. — Der abtretende Landvogt eröffnet, dass Die von Widnau und Haslach seit undenklichen Zeiten zu Lustnau jenseits des Rheins und in der hohenemsischen Jurisdiction Gemeingüter oder Rieter

1686 gehabt, bis zu Maien darin ihr Vieh geweidet und nachher etwas Heu gesammelt haben. Diesen Frühling sei ihnen Solches von den Lustnauern gewehrt worden, sofern sie sich nicht zur Uebernahme der Reichssteuern verpflichten, von denen sie sich doch laut Urkunde von 1649 mit 1200 Gulden baaren Geldes ausgekauft haben. Da der Graf von Hohenems den Vorstellungen um Entschädigung der Widnauer und Haslacher kein Gehör geschenkt, habe der Landvogt dessen Gefälle an beiden Orten mit Arrest belegt. Nun sei beim neuen Landvogt Aufhebung dieses Arrestes verlangt, das Gesuch aber abgeschlagen worden, bis den Geschädigten Genugthuung geleistet sei. — Landvogt und Landschreiber werden beauftragt, Denen von Widnau und Haslach gebührende Satisfaction zu verschaffen und den Arrest nicht früher aufzuheben. 29

Eidg. Absch. VI. 2. 2. S. 1849 f. n. 125.
Vrgl. n. 157.

Im September sah sich der Graf von Hohenems veranlasst, den Kaiser anzurufen, dass er durch ein „mandatum inhibitoriale" die Lustnauer anweise, Widnau und Haslach in Ruhe zu lassen und „durante processu nichts zu innoviren"; ihm folgen sie nicht mehr, und er komme durch ihr unverantwortliches Verhalten in grosse Ungelegenheiten. Seit geraumen Jahren statten sie ihrer Herrschaft die „schuldigen Dienste und Schuldigkeiten" nicht mehr ab und folgen deren Geboten und Verboten nicht mehr, fallen auch der Nachbarschaft schwer und spielen mit einem Worte den Meister. Von der durch seinen Vater gegen die Vorschriften des Fideicommiss eingegangenen Schuld habe er keinen Pfennig gesehen oder beim Tode seines Vaters gefunden und anerkenne diese Schuld daher nicht. — Die Lustnauer klagen, dass die schweren und grossen Kriegsanlagen, „unerschwingliche Exactiones, erhöhte Reichsmatricul, grosse Schuldenlast in Pünten", Alles allein auf ihrem Hals liege, so dass sie ausgesogen, von allen Mitteln entblösst und dermassen in Schaden gestürzt werden, dass sie gleichsam Leib und Seele verschreiben müssen.

Im October/November 1687 erliessen die österreichischen Behörden in Feldkirch auf Ansuchen der gräflichen Regierung in Hohenems Arrestbefehle nach Höchst, Fussach, Dornbirn (—püren) und Götzis für den Fall, dass die Lustnauer die „Widnau und Haslach vorenthaltene Abnutzung etwa dort verkaufen wollten". (St.-A. St. G.)

1688 Juli 9. Ammann, Gericht und ganze Gemeinde Widnau und Haslach erlassen eine Eingabe an den Landammann des löbl. Orts Uri:

1. Klage über den Schaden, der ihnen durch die Vorenthaltung der Rietnutzung von Seiten Lustnau's entstehe. Der Graf von Hohenems sei hinweggezogen und schütze sie nicht bei ihrem Eigenthum. Mit Weiden und Heuen habe jeder Hofgenoss bis 7 Gulden von den Rietern nutzen können. Nun müsse mancher Mann sein s. v. Kühlein, das er noch für Weib und Kind gehalten, hinweggeben und seine „Leibsnahrung" bei fremden Leuten suchen;

2. die Entschädigung, die ihnen laut Beschluss der letzten badischen Jahrrechnung aus den arrestirten gräflichen Gefällen zugekommen, betrage für zwei Jahre nur 5 Gulden für den „Hofsgenossen"; es sei daher noch auf weitere Entschädigung zu denken;

16

1688 3. ferner haben sie die „Wuhr und Strassen" vor der hochgräflichen Gnaden Reben (am Monstein) „aufzunehmen und zu erhalten", wofür sie einen grossen Unkosten erlitten, weil sie Holz und Stein dazu theils kaufen, theils von ihren eigenen Holzauen abhauen mussten; obschon sie dessen für ihre Gemeindewuhren höchst bedürftig gewesen wären.

Es möge daher der Zehntflachs, der seit etlichen Jahren den Herrn Högger von St. Gallen wegen ihrer Schuldforderung an den Grafen eingehändigt worden, bis zum Austrag des Handels ihnen übergeben werden; nachher, wenn sie ihre Rieter wieder nutzen können, möge er den Herrn Högger wieder ungehindert zuständig sein.

Sigel des Ammann Sebastian Köppel aufgedrückt.　　　　30

St.-A. St. G. — Rubrik CXL. Fasc. 2.

Warum sich die Gemeinde W. und H. gerade an den auch auf der Adresse nur mit „N. N." bezeichneten Landammann von Uri wandte, ist nicht ersichtlich.

1688 August 22. - David Bücheler, Hofmann und sesshaft zu Bernang, verkauft dem Hrn. Ulrich Weyermann, des innern Raths und d. Z. Schaffner über die St. Katharina Klostergüter der Stadt St. Gallen, zu Handen dieses Amts sein eigen Stück Heuwachs im freien Reichshof Widnau und Haslach, auf Peters Wies gelegen — stosst erstens an Thoma (Doma) Rohner und Jakob Ritz, zum andern an Ammann Sebastian Federer, drittens an Ulrich Seitz (Sitz) und viertens an Ammann Sebastian Federer , um 140 Gulden und 10 Gulden 48 Kreuzer für seine Kinder, zusammen also um 150 Gulden 48 Kreuzer Landswährung. Davon geht der gewöhnliche Zehnten und die jährliche Hofsteuer; weiter ist der Besitzer pflichtig, ein Stücklein Zaun an der Seite zu machen und zu erhalten, und hat er das Recht der Zu- und Abfahrt durch Bartli Seitzen Gatter mit „Nutz und Bau".

Sigel des Ammanns Sebastian Köppel.　　　　31

Stadt-A. St. G. — Schaffneramt Rheinthal. L. 43.

1688 September 24. Eins. - Hannibal, Graf zu Hohenems und Vaduz, meldet dem Landvogt im Rheinthal, dass der Kaiser seinen Vetter Franz Karl, dermalen zu Herbrugg (Herrbrug) sich aufhaltend, von der Regierung entsetzt und an dessen Stelle Hannibals Bruder Franz Wilhelm, kais. wirklichen Kämmerer, „Oberstleutenant" und Commandanten des kais. Pfalz-Neuburg'schen Cürrassierregiments, zum Administrator der „Grafschaft und angehöriger Herrschaften" erklärt habe. Da dieser aber im Türkenkrieg beschäftigt, ist Hannibal bevollmächtigt worden, die Huldigung für ihn „einzunehmen" und wird sie nächster Tage auch in Widnau und Haslach nach altem Herkommen „vornehmen".　　　　32

St.-A. St. G. — Rubrik CXL. Fasc. 2.

Die betreffende Verfügung des Kaisers datirt vom 1. Juli 1688. Die Unterthanen werden ihres Eides gegen Franz Karl, der vor ungefähr 8 Monaten flüchtig geworden, entlassen. — Die Vollmacht Franz Wilhelms für Hannibal datirt vom 16. August 1688, aus dem Feldlager von Griechisch-Weissenburg (-Belgrad).

1689 Februar 18. 19. Zug. — Die von Widnau und Haslach bitten abermals um Wiedereinsetzung in die ihnen von den Unterthanen des Grafen von Hohenems mit Gewalt entrissenen Rieter. Die in Baden beim Freiherrn von Landsee versuchte Verwendung wird in Folge dessen nochmals erneuert. 33

Eidg. Absch. VI. 2. 2. S. 1850 n. 127.

Der Freiherr von Landsee war in den Jahren 1680—83 kaiserlicher Gesandter in der Schweiz und schon im Juni 1688 von den regierenden Orten ersucht worden, vor der nächsten Jahrrechnungs-Tagsatzung beim Kaiser „eine willfährige Antwort" für die Angehörigen von W. und H. auszuwirken.

1689 März 11. Widnau, in Hans Hensel des Seckelmeisters Haus. — Sebastian Köppel, d. Z. regierender Ammann des freien Reichshofs Widnau und Haslach, vergleicht eine Streitigkeit zwischen Meister Matheus Ritz, Glaser zu Bernang, einerseits, und dem Schaffneramt der Stadt St. Gallen, bezw. dessen Bauleuten (Bauer!—) Baltus Schellig (!) und Hans und Barthli Kurer, Gebrüder, anderseits, betreffend die Ein- und Ausfahrt zu des Schaffneramts Gut zu Widnau in der Neuwies (neuen) gelegen, mit seinen „Mitamtleuten" Meister Hans Fehr, Statthalter, Hans Spirig, Hans Turnher (D—) altem und Hans Hensel neuem Seckelmeister, Jakob Robner, Hofschreiber, und Konrad Brunner (?), Hofweibel.

Matheus Ritz klagt: dass ihm die Bauleute bei jedem Anlass mit Nutz und Bau durch den Gatter auf und über sein Gut fahren, wozu sie kein Recht haben, obschon man sie „aus Güte und nicht aus Schuldigkeit vor diesem und bis dahin" eine geraume Zeit habe fahren lassen und sie jetzt „eine Gerechtigkeit dabei suchen"; wodurch sein Gut geschwächt und beschwert würde. Bittet daher, dass man sie abweise; es wäre denn, dass sie Solches durch Leute oder Brief und Sigel „bescheinen" könnten.

Meister Tobias (Thobeius) Galluser, Zimmermann, als Anwalt des Schaffneramts, und die Bauleute erklären: sie wissen nicht, dass man je anders als durch diesen Gatter gefahren, und wissen, dass kein Gut „weg- und strasslos" sei. Haben sie das Recht der Durchfahrt durch den Gatter nicht, so bitten sie, ihnen „anderweitig" eine Ein- und Ausfahrt zu diesem Gut zu zeigen.

Brief und Sigel besitzt das Schaffneramt darüber nicht.

Gesprochen: Da das Schaffneramtsgut nirgends keine Ein- und Ausfahrt wisse und an die freie Reichsgemeind stosse, soll man ihm die Ein- und Ausfahrt nach Hofbrauch und -recht zeigen und geben über die freie Reichsgemeind zwischen den Gemeindsgärten hindurch. Da weiter Matheus Ritz da, wo jetzt des Schaffners Gatter steht, den Zaun und Frieden zu geben schuldig gewesen, wird bestimmt, dass er hiezu auf seine alleinigen Kosten wieder verpflichtet sein soll, Falls das Schaffneramt über kurz oder lang eine andere Ein- und Ausfahrt kaufen oder sonst an sich bringen möchte.

Aufgedrucktes Sigel des Ammanns Sebastian Köppel. 34

Stadt-A. St.-G. — Schaffneramt Rheinthal. L. 44.

1689 Juni 10. — Hans Fehr, Statthalter und Hofmann des freien Reichs-hofs Widnau und Haslach, sesshaft in der Au (—w), verkauft dem Lorenz Kunkler, Burger und d. Z. Schaffner und Verwalter des heil. Geist-Spitals der Stadt St. Gallen, zu Handen des Spitals sein eigen Stück Heuwachs sammt dem Trattgut dabei (dar bein) in dem freien Reichshof W. und H., in der Hittau (Heutauw) gelegen — stosst an An-deres Schawalder, an die Ach, an Meister Hans Dierauer (—auw—) und an Jerg Rohner; — wenn es geackert wird, gibt es den Zehnten, daneben die jährliche Hofsteuer. Die Güter haben das Recht der Zu- und Abfahrt ab der freien Reichsgemeind durch ihren eignen Gatter mit Nutz und Bau, sind schuldig, das Fürhaupt und ihren gebührenden Theil an der inneren Seite gegen der Emsern (Emb—) zu zäunen, wie auch die Strasse, so breit das Trattgut ist, zu machen und zu unterhalten. Dieses (!) Heu-wachs soll auch künftig zu Meister Jakob Fehren, des Glasers, Lehen zudienen und Jakob Fehr dem Spital davon jährlich 7 Gulden 30 Kreuzer verzinsen mit rothem Wein aus dem Lehen oder an baarem Geld. Kauf-preis 150 Gulden Landswährung.

Sigel des Ammanns Sebastian Köppel.   35

Sp.-A. St. G. — Tr. B. 14. n. 44.

1689 Juli (4.—19.) — Laut Bericht des Landvogts haben Die von Widnau und Haslach dieses Jahr ihre Güter und Rieter „ausser Rheins" ohne Widerspruch zu nutzen angefangen und seien sonach die alten Anstände als beseitigt zu betrachten. Dagegen begehre der Graf einerseits auf die früher deshalb arrestirten Zehnten Geld zu entlehnen, indem er den Arrest als aufgehoben ansehe; anderseits verlange er von diesen Leuten die Huldigung. Hierüber wird erkannt: es sei weder der Arrest aufzuheben, noch die prätendirte Huldigung zu gestatten, bis der alte Tractat wieder von beiden Obrigkeiten und beiden Parteien erneuert und die Stellung der Angehörigen dieser Landvogtei gesichert sei. 36

Eidg. Absch. VI. 2. 2. S. 1850 n. 128.

Unter dem „alten Tractat" ist wohl am ehesten die Hoftheilung von 1593 (n. 97) gemeint. — Schon unterm 31. Mai hatten die Oberamtleute in Hohenems dem Landvogt Mettler (Mend—) angezeigt: dass die Gemeinde W. und H. ihr Riet wieder ruhig geniessen könne, aber „zur Verhütung von allerhand Missverständnissen" die inzwischen verfallenen Gräben, womit das Riet eingeschlossen, unverzüglich wieder öffnen lassen möge, „um dieses Weidfeld vor fremder Hab sicher zu stellen". Dagegen wird er-wartet, dass der Landvogt nach öfterem Begehren der allhiesigen kaiser-lichen Administration „dero leibeigene Unterthanen im gedachten W. und H. zu gebührendem Gehorsam, Huldigung und unverzüglicher Entrich-tung der Schuldigkeiten und Gutmachung Dessen, so selbige bereits einige Jahre her eingezogen, mit allem obrigkeitlichem Ernst anhalte". (St.-A. St. G.)

1689 September 5. Schloss Herbrugg (Herr—). — Franz Karl, Graf zu Hohenems, bittet (die regierenden Orte?), ihn bei seinem Fideicommiss, das von ihnen bestätigt, zu schützen und die im hiesigen Land befind-lichen gräflich Emsischen Einkünfte nicht nach dem kaiserlichen Ver-langen der Vaduzischen Administration zu Ems zukommen zu lassen.

1689 Sie werden Mitleid haben mit einem armen Cavalier, der von den Seinigen verstossen worden, nachdem er vorerst zu Haus langwieriges Un-
gemach ausgestanden und nun schon zwei Jahre in ihrer Botmässigkeit
sitze. —

Zwei Tage später verwahrte der Graf alle seine „Jura und Gerech-
same" bei Anlass der Ammann- und Gerichtsbesatzung in den Höfen
Widnau und Haslach „durch die dermaligen Vaduzischen Administra-
tionsbedienten zu Ems am Monstein". 37

St.-A. St. G. — Rubrik CXL. Fasc. 2.

1689 September 11. Baden. — Der Landvogt bestätigt unterm 12. September
auf das am 24. Juli an ihn erlassene Schreiben, dass Die von Widnau
und Haslach dieses Jahr die Nutzung ihrer jenseits des Rheins gelegenen Rieter ohne Anstand haben beziehen können. Dagegen zeige
sich eine neue Schwierigkeit. Der Graf von Hohenems, der seit zwei
Jahren auf dem Schlösslein Herbrugg lebe, protestire gegen die Verfügung des Kaisers, gemäss welcher die Administration von Hohenems
dem Grafen von Vaduz übertragen worden sei, und habe die Sache
rechtlich an den Reichshofrath geschlagen. Inzwischen stelle er mit
Schreiben vom 9. September an die regierenden Orte das Gesuch, dass
diese ihn in dem Besitze und der Nutzung seiner niedergerichtlichen
Herrschaft Widnau und Haslach schützen und den Grafen von Vaduz
mit seiner Administration abweisen wollen. — Diese beiden Schreiben werden in den Abschied genommen und die Orte ersucht, dem Landvogte
beförderlich ihre Entschliessungen darüber mitzutheilen. 38

Eidg. Absch. VI. 2. 2. S. 1850 u. 129.

Weiteres über diese Angelegenheit wird nicht mehr gemeldet.

1689 September 19. — Ammann, Gericht und ganze Gemeinde des freien Reichshofs Widnau und Haslach verkaufen dem Meister Jakob Indermur
und Thobeyus Galluser, Hofweibel, beide vom Hof Bernang, als
Bevollmächtigten des Hrn. Lorenz Kunkler, d. Z. Spitalmeister und
Verwalter des heil. Geist-Spitals der Stadt St. Gallen, „die Beschwärnus
der Güter, Zäun und Hägen halber", so sie bisher da, wo sie an das Gemeindegut W. und H., dem Blattacker nach hinauf bis in den Khau (Kuw),
grenzen und anstossen, Zäun und Frieden zu geben schuldig waren und
durch ihre nachgenannten Bauleute: Baltus Schegg, Baltusen Sohn,
Uli Bischofberger, Hans Schellig (!), Joachim Galluser, Hans und
Baltus Indermur, Gebrüder, Marti Keller, Jakob Indermur, Peter
Gallußer (!), Hans Antoni Schmid, Thobeyus Galluser, Hofweibel,
und Baltus Schegg, Hansen Sohn, bis dahin eingefriedigt und gezäunt
worden ist, so dass die ganze Gemeinde Widnau und Haslach diese
Beschwerde und Zäunung an und auf sich nimmt und den Spital „zu
allen Zeiten befreit und schadlos hält", unter folgenden Bedingungen:
1. soll des Spitals Gut unten bei der steinernen Brugg bei dem Gemeind-
gatter diesen Gatter sammt der Zäunig „darhinten und darvor", so die
Gemeind Widnau und Haslach bisher zu machen schuldig war, auf
sich nehmen und künftig auf seine alleinige Kosten unterhalten; dafür
wird dieses Spitalgut bei der Brugg nicht „gemessen" werden und

1689 nicht „weiter und ferner" an Geld oder Geldeswert zu geben schuldig sein; der Unterhalt wird von Baltus Indermur übernommen auf sein Lehengut, das er dort von dem Spital hat;

2. sollen die Strasse, Steg und Weg auf dem Blattacker sowohl von der Gemeind, als allen andern bisher dazu berechtigten Blattackergütern durch den gedachten Gatter mit Nutz und Bau darauf und darab befahren werden dürfen;

3. ist das genannte Spitalgut bei der Brugg schuldig, die Strasse, Steg und Weg sammt dem obern Brüggli von dem Gatter bis hinauf an Konrad Freien sel. Gut zu machen und in Ehren zu erhalten; von dem Brüggli bis hinauf in den „Rank" an der Gemeind Gut, wie ordentlich mit steinernen Marken ausgemarkt, sind Konrad Freien Erben Strasse, Steg und Weg zu machen schuldig, wie bisher;

4. soll „ihr hochfürstl. Gnaden Gut bei (—n) auf gegen der Gemeind Gut die halben und dann die Gemeinde Widnau und Haslach die halben Strasse, Steg und Weg zu geben schuldig sein";

5. die Strasse, Steg und Weg von Konrad Freien sel. Strasse über den Blattacker hinauf ist „von den Anstössern der gelegnen und eignen Güter, wenn sie solche gut haben wollen, gut zu machen", ohne Kosten etc. der Gemeinde Widnau und Haslach und der Besitzer der Gemeindstheile.

Dafür bezahlt der Spital für jede Stange — von 12 „Wehrschuo" — Zaun oder Hag 48 Kreuzer, oder für 148 Stangen und 8 Schuh 118 Gulden 24 Kreuzer. *)

Sigel des Ammanns Sebastian Köppel.   39

Sp.-A. St. G. — B. 14. n. 45 a.

Unter dem Datum des 16. December 1689 liegt ein Brief bei, nach welchem die aufgelaufenen „Unkosten und Gattergeld" auf des Spitals „Bauleute" vertheilt und dem Baltus (!) Indermur 45 Gulden für den übernommenen Unterhalt des Gatters gegeben werden.

1692 Mai 2. — Isack Fehr gibt dem Hrn. Lorenz Kunkler, Spitalmeister der Stadt St. Gallen, zu kaufen:

1. ein Stück Reben im Benst, **) — stosst an Jakob Köppel, unten an die Gasse, an Jakob Köppel und an Jakob Zellweger;

2. ein Stück Reben in dem Wingert, — stosst an Spitalgut, an Hans Zellweger, an zwei Orten an Ammann Jakob Köppel;

3. einen Acker auf der Spiegleren, — stosst an Joh. Bücheler, an die Gemeind, an Ulrich Ritzen sel. Erben und an Ulrich Noll, Weibel:

4. ein Stück Heuwachs in der Neuwies, — stosst an die Gemeind, an Ulrich Noll, Weibel, an Ulrich Zoller, Küfer.

Von Allem geht der gewöhnliche Zehnten und die jährliche Hofsteuer, von den Reben im Wingert Zins gen St. Gallen; die Reben sind lebig in Zwingenstein, der Acker gen St. Gallen. Der Spital soll auf der Spiegleren (Stig.—!) und in der Neuwies das Fürhaupt und an der Seite, in dem Wingert das Fürhaupt zäunen, den Käufer zu einem Baumann nehmen und ihm die Güter um einen billigen Zins verleihen. Wegen obigem Zins sind 16 Gulden von der Kaufsumme abzuziehen. Weiter

---

*) Die 118 Gulden 24 Kreuzer entsprechen genau 148 Stangen.   **) „an 12 Jon", fügt der Brief vom 30. Januar 1747 bei.

1692 soll der Käufer des Verkäufers Frau 2 Ducaten zur Discretion geben. „Sammt völligem Weinkauf ist der Kauf ergangen um 480 Gulden."

Der Spital oder ein anderer ausländischer Besitzer dieser Reben soll laut Erkenntniss des Hrn. Hofammann Hans Turnher (—rr) und anderer Beamter den Isack Fehr zum Baumann haben; wollte aber Einer in dem Hof, der Hofmann ist, dieselben „besseren Rechten halber beziehen", so steht es diesem frei, den I. Fehr zu einem Baumann laut Brief anzunehmen oder nicht.

Copie des „Schickzeduls". 40

Sp.-.A St. G. — Tr. B. 28. n. 26.

Auf diese Liegenschaften scheint im Jahre 1787 der Landvogtsammann Hans Jakob Zellweger in der Au das Zugrecht geltend gemacht zu haben, worauf sie ihm am 30. Januar 1787 um 490 Gulden überlassen wurden (der Acker auf der Spiegleren, n. 3, ist zwar dabei nicht aufgeführt, dagegen wohl die Hagpflicht daselbst). Am gleichen Tage wurde dem Landvogtsammann eine Zusicherung ausgestellt, dass das Spitalamt ihm und „seinen Mithaften Rebleuten" alle Stück Reben und Güter im Haslach und Widnauer Hof käuflich überlassen werde, von denen es sich erfinde, dass sie „noch in dem Verspruch liegen".

Als solche meldet der Aufseher zu Bernang, Hans Jakob Gallusser (!), nach den Angaben des Hrn. Ammann Geiger und der Bauern selbst aufgeführt:

Anna Schawalderin in Haslach hat Reben und Gut im Vorland, in der Breite und in der Held.

Johannes Weder desgleichen auch allda.

Hans Ullrich Fridauer hat Reben in der Grub und im Oberacker.

Hans Baltus Messmer, Schuster, hat auch zwei Stück Reben im Benst und Heugut in der Neuwies.

Hans Jakob Zellweger, Landvogtsammann, hat ein Stück im Wingert der Strasse nach, ferner drei Stück Reben in der Böschhalden.

Urschula Zellwegerin hat auch ein Stück Reben in der Bünt (Pündt) und ein Stück im Rain (Rein).

Hans Ulrich Geiger im Haslach zwei Stück Reben, Acker und Heugut in der Böschhalden.

Johannes Zellweger ein Stück Reben in der Halden.

Unter dem Datum des 30. November 1787 findet sich indess weiter ein von der Kanzlei Rheinthal ausgefertigter „Vorschlag der Zellwegerischen aus der Au", nach welchem sich diese bereit erklären, von dem mit dem Spital getroffenen Kauf abzustehen, wenn das Spitalamt dem Landvogtsammann von dessen Reblehen einen Jon Reben in Ulli Wingerts Reben eigenthümlich überlasse, seinen zwei Söhnen, Johannes und Hans Ulrich, und deren Kindern das Leben ebenfalls zusichere und „nach seiner anwohnenden Grossmuth" dem Landvogtsammann einen Beitrag (Beischluss) von 60 Gulden an die ihm aus der ganzen Geschichte erwachsenen Kosten bezahle.

1692 Juli 6. Baden. — Die Angehörigen von Widnau und Haslach beschweren sich, dass Die aus dem Hofe Lustnau von ihren jenseits des Rheins gelegenen Rietern Kriegsteuer fordern und die Unterpfande bereits

1692 angefallen haben, obschon sie eine solche dort niemals zu tragen gehabt haben und sich überdies 1649 durch förmlichen Vertrag mittelst einer Summe von 1200 Gulden von allen derartigen Prätensionen geledigt haben.

Da bei ähnlichen Anständen frühere Vermittlungsversuche erfolglos blieben, so wird gleichwie in den Jahren 1686—1689 erkannt: dass so lange und viel Die von Widnau und Haslach an ihren Rietern und deren Ertrag angefochten werden, ihnen alle Einkünfte und Gefälle der Grafschaft Hohenems in diesseitiger Botmässigkeit als Schadenersatz dienen sollen, jedoch den rechtmässig vorgehenden Hypotheken unnachtheilig. Damit aber die Angehörigen „wegen auf diesen widnauischen Gefällen errichteten Schulden" nicht zu Schaden kommen, wird ferner erkannt, dass das gräfliche Haus Hohenems künftig auf die Herrschaften W. und H. und deren Gefälle ohne Bewilligung der regierenden Orte nichts mehr verschreiben und verpfänden dürfe. Um endlich Die von Lustnau eher zur Billigkeit zu bringen, wird dem Landvogt die Vollmacht ertheilt, gegen sie mit Abschlag des Handels und Wandels und andern dienlichen Mitteln zu verfahren. 41

Eidg. Absch. VI. 2. 2. S. 1850 n. 130.

Vrgl. n. 159.

Die kaiserlichen Administrationsräthe und Oberbeamten der Reichsgrafschaft Hohenems, welche durch ein Schreiben Ledigung und Restitution der zu Widnau und Haslach „verarrestirten" Gefälle verlangten, wurden von der Tagsatzung an die „Amtleute" (Landvogt und Landschreiber) verwiesen, denen schon anbefohlen, sich in Sachen gründlich zu informiren und dann „nach befindenden Dingen" zu verfügen, und die nicht ermangeln werden, gegen gebührende „Reciprocation" Alles zu thun, was zur Erhaltung guter Nachbarschaft gedeihlich sei.

Eidg. Absch. VI. 2. 2. S. 1851 n. 131.

1692 Juli 12. Monstein. — Da die Gemeinde Lustnau ihre überrheinischen Rieter wieder unbefugter Weise angefallen und sie von der Herrschaft Hohenems nicht geschützt und geschirmt werden können, ersuchen Widnau und Haslach um die Bewilligung, die herrschaftlich hohenemsischen Gefälle in ihrem Hof, als da sind: Frevel und Bussen, Renten, Zins und Zehnten, auch Fälle und alles Eigenthum, so sie bei uns zu fordern haben, „vorbehalten was die Stadt St. Gallen jährlich an Wein und Herr Landshauptmann an Zehntflachs (Zechet—) laut Sigel und Brief zu fordern haben", anzugreifen und unter sich zu vertheilen, bis sie von jener Herrschaft als ihrer niedern Gerichtsobrigkeit bei ihren Rietern geschützt und geschirmt werden. 42

Der Brief ist unterschrieben von Jakob Rohner und ohne Zweifel an die regierenden Orte gerichtet. — Nach n. 159 ist dem Gesuche entsprochen worden.

St.-A. St. G. — Rubrik CXL. Fasc. 2.

1693 Mai 3. — Frau Wibert Girtanner (Girdaner), Wittwe des Hrn. Jakob Schirmer, Bürgerin der Stadt St. Gallen, übergibt dem Hrn. Hans Müller, d. Z. Spitalmeister und Verwalter des heil. Geist-Spitals der

1693 Stadt St. Gallen zu Handen des Spitals folgende eigene Reben nnd Güter
in dem freien Reichshof W i d n a u und H a s l a c h:

1. ein Stück Reben auf dem H a r d in dem O b e r a c k e r, — stosst an
   Hrn. J a k o b Z ö r n l i, Stadtschreibers Reben, von St. Gallen, an des Spitals
   eigene Reben, an U l r i c h R i t z, Schuhmacher, an B a l t u s T o r g l e r (D—);
2. ein Stück Reben in dem H e c k b ü c h e l, — stosst an Junker J a k o b
   K e l l e r s Reben von St. Gallen, an A b e r h a m F r i d a u e r, drittens wieder
   an Junker J. Keller und an A. Fridauer, und an Hrn. Zörnli, Stadtschreiber;
3. ein Acker auf der E m s e r e n (Emb—), — stosst an Meister B a l t u s
   Z e l l w e g e r, Schmied, an H a n s S c h e l l i g, an H a n s F o r s t e r s sel.
   Erben, an die A c h —, hat das Recht der Ein- und Ausfahrt durch
   den gemeinen Gatter vorne auf der Emseren gegen der S p i e g l e r e n
   (Spig—) mit Nutz und Bau und ist schuldig, ein Stücklein oben an
   der Seite gegen dem O b e r f a h r zu zäunen;
4. ein Acker sammt dem Trattgut zu Widnau in der H a b e r r ü t i, —
   stosst an Ulrich Ritz, Schuhmacher, an des Spitals Gut, an H a n s
   B r u n n e r s (Bruner) sel. Erben und an die Reichsgemeind —, hat das
   Recht der Ein- und Ausfahrt „neben unser eignen Hord" (!) zu Herbst-
   und Frühlingszeit über Hans Brunners Gut, jedoch diesem ohne
   Schaden, mit Nutz und Bau, und ist schuldig, die Strasse oder Gasse,
   so breit das Trattgut ist, in Ehren zu halten, wie auch den gebührenden
   Theil an der Seite und beide Fürhäupter (—höübten) zu zäunen.

   Alles frei, ledig und los, ausser den gewöhnlichen Zehnten und die
   jährliche Hofsteuer; die Reben sind freilehig in das Schloss Z w i n g e n s t e i n.

   Dafür wird die Frau W. Girtanner, Hrn. Jakob Schirmers Wittwe, zu
   einer Pfründerin des Spitals auf- und angenommen und erhält die Pfrund.

   Sigel des Ammanns H a n s T u r n h e r (D—).   43

   Sp.-A. St. G. — Tr. B. 14. n. 46. b.

   Bevor der Handel abgeschlossen wurde, liess der Spital die ihm angetragenen Güter schätzen; sie wurden auf 300, 100, 100 und 80 Gulden
   angeschlagen, mit der Nachschrift, dass sie vor kurzer Zeit ein nam-
   haftes mehr als 600 Gulden gegolten hätten; ob sie aber heutigen Tags
   600 Gulden gelten, stehe dahin, „willen kein Kauff und Gelt bey dem
   Paure nit ist".

1693 Juli 12. — Bischof M a r q u a r d R u d o l f von C o n s t a n z weist als kaiserlicher Commissär die hohenemsischen Unterthanen zu L u s t n a u
   an, das Riet der Gemeinde W i d n a u nicht mehr — wie seit etwelchen
   Jahren her — mit ihrer „Hab" zu beschlagen und gänzlich abzufretzen,
   aus welchem an sich unrechtmässigen und strafbaren Verfahren nachträglich der Herrschaft der grösste Schaden und Abbruch erwachsen ist.

   St.-A. St. G. — Rubrik CXL. Fasc. 2.   44

1693 December 17. Hohenems. — Gütlicher Vergleich über die Streitigkeiten
   zwischen dem freien Reichshof L u s t n a u „als dem hochgräflichen Haus
   H o h e n e m s mit aller Botmässigkeit zugewandt" einerseits und W i d n a u
   und H a s l a c h „als desselben niedergerichtlichen Unterthanen" andererseits
   „wegen der extraordinari Kriegsbesteurung und Collectation des sogenannten Schweizerriets":

   16*

1693 1. verbleibt das Schweizerriet Denen von W. und H. laut dem Vergleichsbrief von 1649 frei und unangefochten um irgend welche Kriegsoder Reichssteuer;

2. verpflichten sich die Administrationsbeamten der Grafschaft Ems (—bs), jeder Haushaltung des Hofs W. und H. über die bereits empfangenen 40 Gulden „für ihre angewendeten Kosten, Wuhrgeld und andere dergleichen gemachte Sprüch (!) und Forderungen ein Viertel Fesen, Lindauer Mass, aus dem alldaigen Zehntstadel und überdies die in dem herrschaftlichen Keller am Monstein befindlichen 10 Saum Wein, ferndrigen Gewächses, ausfolgen zu lassen";

3. verpflichten sich Die von W. und H., alle sie betreffenden gräflich hohenemsischen Gefälle, „Bezogenes und Unbezogenes", von dato an und so fort zu allen Zeiten ohne jegliche Einrede und Hinderniss zu entrichten und auszufolgen.

4. „dem hochgräflichen Haus Ems, dermalen aber der kaiserlichen hochverordneten Administration und deren verordneten Amtleuten allen schuldigen Respect, Ehr und Gehorsam, wie von Alters herkommen, zu leisten. Dagegen sind sie aller gebührenden Manutenenz und Habung bei ihren habenden Hofbräuchen versichert."

Von diesem Recess ist „auf Genehmhaltung einer kaiserlichen höchstverordneten Commission" dem Landvogteiamt und den Hrn. Administrationsbeamten der Reichsgrafschaft Hohenems ein gleichlautendes Exemplar zugestellt worden.

Sigel und Unterschrift von Niklaus Iten (Itt—), Landvogt im untern und obern Rheinthal, Emanuel Beßler von Wattingen, Landschreiber, Fidel Zacharias (Zoche—) Klekhler (?) von Feldegg (V—), Hofmeister, und Joseph Antoni von Koler, Landschreiber.

Die vorbehaltene Genehmigung der kaiserlichen AdministrationsCommission erfolgte unterm 21. December, datirt vom „Palast Embs", besigelt und unterschrieben von J. Wilger (?) und Johann Jakob Mok als kaiserlichen Subdelegaten. 45

St.-A. St. G. — Rubrik CXL. Fasc. 2.

1695 Mai 29. — Lukas Ritz, d. Z. Statt- und Stabhalter des Gerichts zu Bernang, und 13 Männer, die von der Gemeind Bernang gesetzt und geordnet sind, um über Steg und Weg, Bauschüttenen, „Zaunpfaten" *) und dergleichen Sachen zu erkennen, sind von den Wegmeistern berichtet worden, dass unten im Dorf bei Hrn. Schaffners Torggel eine böse Strasse sei, die Niemand machen wolle; und als man dem Marti Seitz, AltMüller, Uli (Ulli) Bischofberger, Bernhart Schöbis sel. Wittib und Kindern, sowie auch dem Schaffneramt der Stadt St. Gallen als den Anstössern zu Recht verkündet, hat Hr. Ulrich Seitz, Hofammann, im Namen seines Vaters, Marti Seitz, durch seinen Fürsprech, Baltuß

---

*) Bei dem Ausdruck „Zaunpfate" denkt man zunächst an „Haglatten" („Pfätten", jetzt noch = „Dachrinne") und dazu scheint auch die Zusammenstellung eines Kaufbriefs vom 18. December 1662 zu stimmen: „stikel, stehen, zünfatinen, hagstall". Allein da der genaue Beschrieb der gemeinsamen Verpflichtung zum Unterhalt einer Strasse, eines Grabens u. drgl. in rheinthalischen amtlichen Servitutenbüchern heute noch mit dem Ausdruck „Pfatte" (pactus?) bezeichnet wird (z. B. „Grabenpflicht nach Pfatte" oder „der Weg ist verpfattet"), so ist der Ausdruck „Zaunpfate" vielleicht auch — „Zaunpflicht" zu nehmen.

1695 Schegg (Schäg) ab Hausen, anbringen lassen, dass Uli Bischofberger einen alten Brief habe, der deutlich besage, dass er die streitige Gasse zu machen schuldig sei.   46

1698 Juni 4. Monstein. — Die Pfarrgenossen des Hofs Widnau einerseits und die Hofleute zu Bernang und Balgach, welche Güter in dem pfärrlichen District zu Widnau haben, anderseits, vergleichen sich gütlich dahin, dass ein Jeder, der in dem „Kirchspil" Widnau liegendes Gut besitze, von 100 Gulden Capital 9 Batzen bezahlen solle „an den Kirchenbau zu Widnau, so vergangenes Jahr verfertigt worden". Wenn sich Jemand dessen weigern wollte, solle es seinethalben bei dem Gulden vom Hundert verbleiben, wie es Anfangs von den Obrigkeiten gesprochen worden, oder er die Appellation auf nächste St. Johannis-Jahresrechnung nach Baden prosequiren.   Kanzlei der Grafschaft Rheinthal.

Sp.-A. St. G. — Tr. B. 14. n. 47. b.   47

Offenbar bei Anlass dieses Kirchenbau's wurden die im „Kheirchsbergg (!) Weidnouw leigenden Speittalsgeuter" im Jahre 1697 zusammengestellt und geschätzt, wie folgt:

1. ein Stück Heuwachs, im Näbli (!) genannt, ein dito in der Hell (Hel), — stosst an die Gräue (Gräwi) und an Andereias Rohners sel. Erben —, angeschlagen zu . . . .   300 Gulden

2. ein Stück Acker und Heuwachs im Bünteli, — stosst an Michael Köppel (Köpel) und Hans Siber (Se—), Kirchenpfleger —. angeschlagen zu   130   „

3. ein Stück Acker und Heuwachs im Näfenfeld, — stosst oben an die „Zwärisäcker" und unten an den Flussgraben (Flaus—) —, angeschlagen zu   150   „

4. Acker und Heuwachs in der Rüti (Rüdt) genannt und gelegen, — stosst an die äussere Rüti (—dt—) und an die Ach —   1000   „

5. Acker und Heuwachs in dem „Festen" (V—) oder auf dem Blattacker genannt und gelegen, — stosst an das Herrenbrüggli (Herenbrügelli) und an die Gemeinde Widnau —   3000   „

6. Acker und Heuwachs auch daselbst auf dem Blattacker, — stosst an die Reichsgemeind und an Galli Seitz —   1000   „

7. Acker und Heuwachs im Feld (V—) gelegen, — stosst an die Strasse und an Ulrich Foderer, Seckelmeister —   300   „

8. auf der Gant gezogene Güter: 6 ansprächige (ansprachen) Aecker und Heuwachs laut Brief und Sigel   400   „

9. Acker und Heuwachs bei dem Zehntstadel gelegen, — stosst an Ulrich Siber (Se—), Statthalter, und an Jakob Schawalder —   150   „

10. ein Stück Acker unten auf dem Blattacker bei der Brugg, — stosst an die Gemeind und an die Landstrasse —; auch 2 Aecker auf der Roschecheren, — stosst an die Gemeind und an den Fussweg —   300   „

               Uebertrag   6730 Gulden

Uebertrag 6730 Gulden

1698 11. 2 Aecker in der Haberrüti genannt und gelegen, —
stosst an die Büntgass und an die Gemeind Widnau — 100 „

12. ein Acker bei Herbrugg (—brug) in Alten Rüti
genannt und gelegen, — stosst an den Güllen (Geill—)*)
und an die Strasse — . . . . 60 „

6890 Gulden.

1698 Juni 9. 10. Luzern. — Da der Graf von Hohenems dem Verlauten
nach seine niedern Gerichte, Gefälle und eigenen Güter im Rheinthal
verkaufen will und diese leicht in unkatholische Hände fallen könnten,
so wird angeregt, ob nicht die acht regierenden Orte diesen Kauf zu
bewerkstelligen suchen sollten. Ein von Zürich auf der Tagsatzung in
Solothurn eingegebenes Memorial gibt über die Verhältnisse dieses
Kaufs einigen Aufschluss; gleichwohl wird der Landschreiber beauftragt,
über die Natur, den Umfang und Ertrag der hohenemsischen Rechte,
sowie über den etwaigen Kaufanschlag Bericht zu erstatten, damit man
diesfalls noch auf die Jahrrechnungs-Tagsatzung instruiren kann. 48

Eidg. Absch. VI. 2. 2. S. 1851. n. 132.

1717 December 12. — Bartholomo Ritz im Haslach und Ulrich (Ullerich)
Torgler in der Au (—w), Hofmänner des freien Reichshofs Widnau
(Weidnauw) und Haslach verkaufen dem Schaffneramt der Stadt St. Gallen,
— d. Z. regierender Junker Schaffner Johann Jakob Scherer —,
ihr eigenes Stück Heuwachs in der Rigleten (Regg—) genannt, im
Haslach, — stosst an Junker Jakob Keller, an Hans Ulrich Giger,
wiederum an Junker Keller und an Junker Pestalutzen sel. Erben —,
freilehig gen Appenzell und zahlt den gewöhnlichen Zehnten, wie auch
die Zufahrt sammt dero Rechten und Beschwerden, um 90 Gulden.

Sigel des Ammanns Johannes Siber. 49

Stadt-A. St. G. — Schaffneramt Rheinthal. L. 45.

1723 Mai 29. Ems. — Der Hofammann wolle der reformirten Gemeinde vor-
halten und Mann für Mann befragen: ob sie der Meinung, dass das
Bussengericht nicht vor sich gehen solle, man halte ihnen denn zuvor
Schutz und Schirm? Und weil man ihnen den Schutz und Schirm gegen
Lustnau nicht abgesagt, sondern solchen zu befördern versprochen,
erachtet man, dass diese „vermessentliche" Widerspenstigkeit wider Eid
und Pflicht laufe, den man auf das Nachdrucksamste berechtigen
werde; daher ein Jeder wohlmeinend erinnert wird, „sich vor Schaden
zu sein". — Darüber erwarte er in Bälde eine Erklärung.

Hochgräfliche Kanzlei. 50

St.-A. St. G. — Rubrik CXL. Fasc. 1.

Der ungenannte Hofammann, an welchen diese Aufforderung der Kanzlei
gerichtet wurde, ist ohne Zweifel derjenige von Widnau. Die Notiz
lässt mit Sicherheit auf confessionelle Verbitterung in dem Hofe schliessen,
vermuthlich — gleich der folgenden Verhandlung über die Auslösung
des Begräbnissrechts in Widnau — eine Nachwirkung der Streitigkeiten

---

*) Hier nicht die grosse Ach, sondern das Ächeli.

1723 des Abts von St. Gallen mit seinen Unterthanen, die zu der Krise des sogenannten Toggenburger- oder Zwölfer-Kriegs geführt und die Leidenschaften überall so gründlich aufgeregt hatten, dass sie noch lange nachher nicht zur Ruhe kamen.

1724 Juni 16. Hohenems. — In der hochgräflich hohenemsischen Kanzlei erscheinen Hr. Pfarrherr Joseph Höwli, Johann Siber (Seber), Alt-Hofammann, Michel Köppel (Köpel), Bruderschaftspfleger, Jakob Giger, Landvogtsammann, Johann Schawalder (Schaa—), Schmied, und Joseph Schawalder, Schulpfleger. Diesen wird vorgehalten, wie man vernommen, dass die zu Widnau wohnenden 16 Haushaltungen reformirter Religion gedenken, ihr Begräbnissrecht nächst bei der Kirche von den Katholischen auskaufen zu lassen und die Begräbniss bei der Kirche zu Bernang auf ihre Kosten zu bewirken. Nachdem beide Parteien dieses Vorhaben bejaht, wird den Katholischen gestattet, mit den Reformirten über diese Auslösung zu unterhandeln, jedoch auf Ratification des Bischofs zu Constanz, als „Ordinaris", und des Grafen von Hohenems, als Niedergerichtsherrn und Collators, und in dem Sinne, dass, wenn einige dieser 16 Häuser an Katholische kommen, diese wieder nach Widnau pfärrig sein, und wenn die Reformirten ausser diesen 16 Häusern noch weitere im Widnauischen bauen, auch deren Einwohner gleich den andern zu allen Zeiten von dem Begräbniss in Widnau ausgelöst sein sollen und ihr Begräbniss anderweitig zu suchen haben.

Ferner werden die Reformirten die Zustimmung ihrer hohen und auch geistlichen Obrigkeit für die Verhandlung einholen.

Um das Geschäft zu fördern, haben sich dann beide Parteien „in dem Tafern" *) unter Ratificationsvorbehalt dahin verglichen, dass die Katholischen den Reformirten „wegen Abtretung und Uebergebung deren Friedhofs (Freihof) und was davon dependiren könnte", 150 Gulden bezahlen wollen, unter der Bedingung, dass die Katholischen den Reformirten keine Beihülfe zu leisten (Concurrenz thun) haben, wenn diese über kurz oder lang eine eigene Kirche erbauen würden, und dass anderseits die Reformirten von jedem Beitrag an den Bau der Widnauischen Kirche, „besonders bei gegenwärtig erlittenem Schaden", auf ewig befreit seien.

Hochgräflich-hohenemsische (hochemsbe—) Kanzlei.   51

St. A. St. G. — Rubrik CXL. Fasc. 1.

Die Bestätigung dieser Uebereinkunft durch Bürgermeister und Rath der Stadt Zürich erfolgte unterm 24. October 1724 und sichert den Evangelischen von W. noch die ausdrückliche Befugniss, mit der Zeit auf eigene Kosten eine eigene Kirche erbauen zu dürfen. Im Jahre 1730 beklagen sich aber die damals 14 evangelischen Haushaltungen, „dass sie alle Hoffnung verloren, jemals von ihren katholischen Mithofleuten eine Auslösungssumme zu erhalten, ohne unter der harten Bedingung, dass sie auf alle bisherigen Rechte verzichten und sich überdies verpflichten, bei zukünftigen Bauten an Kirche, Kirchhof, Thurm, Glocken etc. eben so viel zu bezahlen, wie die Bernegger, Balgacher und Andere, die im Hof Widnau Güter haben". Es scheint demnach der obige Vertrag nie zur Ausführung gekommen zu sein.

*) Das jetzige Gasthaus zur Krone in Lustnau, immer noch „Tafern" genannt.

1725 August 24. — Johannes Weder, Hofmann und sesshaft zu Widnau, vertauscht an den Spital der Stadt St. Gallen sein eigen Stück Acker zu Widnau in dem Zehntstadelfeld, — stosst an Hans Höwlin, Statthalter, Irenmeyas (!) Sonderegger (—eger), an Johann Jakob Zellweger, an Ammann Hans Jakob Giger (Gei—) —, darab geht nur der gewöhnliche Zehnten und die jährliche Hofsteuer, gegen ein Stück-Acker ob Widnau in dem Bünteli (Beuntt—) genannt und gelegen, — stosst an Michel Köppel, an Ammann Hans Siber (Sei—) und Johannes Köppel, an Johannes Schmitter (Schmiter) und an Sebastian Köppel —, darab geht der gewöhnliche Zehnten und 12 Kreuzer (?) jährlich an die Pfarrei gen Lustnau.

Aufgedrücktes Sigel des Ammanns Ulrich Siber (Sei—).   53

Sp.-A. St. G. — Tr. B. 28. n. 2.

1734 Juni 5. — Kaspar von Muralt, des Raths' und Constafelherr löbl. Stands Zürich, d. Z. Landvogt zu Rheinegg im untern und obern Rheinthal, vermittelt zwischen den Amtsangehörigen „der sämmtlichen Gemeind Widnau und Haslach als Anforderern" und dem Spitalamt der Stadt St. Gallen als Angeforderten wegen „praetentirter" Steuererhöhung.

Die bevollmächtigten Ausschüsse des Hofs: Johannes Siber (Sie—), Hofammann, Jakob Schawalder, Alt-Hofammann, Hans Georg Giger, Statthalter, und Ulrich Rohner, Hofschreiber, stellen vor, wie sie mit schweren Wuhrungen und bekannten Prozesskosten mit Lustnau, folglich mit vielfältigen, ihrem Hof fast unerschwinglichen Ausgaben beladen. Sie haben daher gesucht, einen Theil dieser Last auf die in ihrem Hof liegenden, von Fremden besessenen Güter, abzuladen und deswegen nicht allein eine Bereinigung, sondern auch eine neue Schatzung dieser Güter gemacht, wobei sich erfunden haben soll, dass der Spital von St. Gallen „in ihrem Hof und Kreismarken" für ca. 18,000 Gulden Güter besitze und davon bis dato nur 15 Gulden 4 Heller gesteuert habe, da doch ihre „Steuer-Freiheit" gleich „anderer Höfen" erfordere, dass solche fremde Güter mit 15 Kreuzern von 100 Gulden Werth versteuert werden, nach welchem Verhältniss 45 Gulden jährlich Steuer zu erlegen wären. — Sie stützen sich dabei hauptsächlich auf einen Vergleich vom 10. Mai 1642 mit der Stadt St. Gallen, kraft dessen sie von den „nachwärts" zu erwerbenden Gütern des Spitals diese 15 Kreuzer von 100 Gulden zu beziehen befugt sein sollen. Bitten daher, den Spital gütlich oder rechtlich zur Bezahlung einer künftigen jährlichen Steuer von 45 Gulden, statt der bisher erlegten 15 Gulden 4 Heller, zu vermögen.

Die Stadt St. Gallen lässt durch ihre Abgeordneten, Hrn. Rathsherr und Schaffner Ulrich Meyer und Hrn. Sebastian Högger, J. U. Lic. und Spitalschreiber, Namens des Spitals anbringen, dass man sich ihrerseits über „eigengewältige und vielleicht sehr parteische Schatzung" durch den Hof W. und H. und die darauf erfolgte Erhöhung der Steuer um so mehr zu beschweren Ursache habe, als das Spitalamt sich dem Vergleich von 1642, auf den es sich ebenfalls berufe, mit Bezahlung der Steuer immer conformirt und von dem Datum dieses Vergleichs bis zum Jahr 1700 nach dem Werth der ihm erwachsenden Güter im Verhältniss der 15 Kreuzer von 100 Gulden mit der Steuer von

1734 8 Gulden 30 auf 15 Gulden 4 Heller gestiegen sei: wobei es sein Verbleiben gehabt, weil von dieser Zeit her in dem Hof W. und H. keine Güter mehr an den Spital erwachsen. Der Hof W. und H. sei daher mit seiner Steuererhöhung als einer unbegründeten Forderung gütlich oder rechtlich abzuweisen.

Da dieses Anbringen zur Genüge erwiesen worden und die von W. und H. von Rechts wegen mit ihrem Begehren hätten abgewiesen werden müssen, sind sie gutwillig von demselben für ein und alle Mal abgestanden; wogegen sich die städtischen Abgeordneten auf des Landvogts Recommandation und der „Ausschätzen" von W. und H. dienstwilliges Ansuchen „gutmüthig" gegen diese sonst arme Gemeinde dahin verstanden haben, dass sie ihr nicht von Rechts wegen, sondern aus blosser nachbarlicher guter Zuneigung und Liebe und zu Beibehaltung guten Willens als einmalige freiwillige Gabe 200 Gulden schenken wollen, gegen das Versprechen der Ausschüsse von W. und H., dass es „fürohin der Steuern halben" bei dem Vergleiche von 1642 sein gänzliches Bewenden haben und der Spital keineswegs mehr und weiter „angesucht" werden solle.

(Secret-Insigel des Landvogts und Unterschrift der Kanzlei Rheinthal.)

Sp.-A. St. G. — Tr. B. 28. n. 3. a. 53

Bei den Acten über diesen Streithandel liegt ein Verzeichniss der Spitalgüter im Hof Widnau und Haslach, das ohne die Beifügung der jeweiligen Austösser hier folgen mag:

		Urschätzt
1.	Ein Stück Reben in dem Rohn genannt	220 Gulden
2.	Ein Stück Reben allda	300 „
3.	Ein Stück Reben in der Bünt	360 „
4.	Ein Stück Reben Ruchen oder Vorland genannt	500 „
5.	Ein gross Stück Reben und Heuwachs in der Halden	1400 „
6.	Ein Stück Reben im Geizig	160 „
7.	Zwei Jon Reben aneinander in dem Schlipf . . .	150 „
8.	Ein Stück Reben im Hockbüchel (!)	160 „
9.	Vier Jon Reben in dem Oberacker	400 „
10.	Ein Stück Acker allda	40 „
11.	Ein Acker und Heuwachs sammt zwei Stückli Reben, so Johannes Giger (Gy—) und Ulrich Zellweger lehensweis besitzen	2600 „
12.	Ein Stück Reben, so in etlichen Jönen und Einfängen besteht, im Menweg (Menn—) und Ebne genannt .	1500 „
13.	Ein Jon Reben in dem Weingarten	400 „
14.	Ein Stück Reben an der Menweggass	200 „
15.	Drei Jon Reben in der Halden	1200 „
16.	Ein Stück Heuwachs im Aebli	200 „
17.	Ein Stück Acker und Heuwachs aneinander in der Räti (Rüti)	1200 „
18.	Ein Stück Acker und Heuwachs aneinander auf dem obern Blattacker	3000 „
19.	Ein Acker Götisbaumgarten genannt	60 „
		Uebertrag 14050 Gulden

Uebertrag 14050 Gulden

20. Ein Stück Acker in dem Zehntstadelfeld . . .	240	„
21. Ein Acker allda	100	„
22. Ein Stück Acker im Gigerbogen (!)	400	„
23. Ein Stück Acker und Heuwachs in dem Dornach	500	„
24. Ein Stück Acker auf dem untern Blattacker . . .	1000	„
25. Ein Acker auf dem Blattacker	130	„
26. Ein Stück Acker und Heuwachs auf der Roschecheren	800	„
27. Ein Acker auf der Roschecheren	120	„
28. Ein Acker auf dem untern Blattacker	200	„
29. Ein Stück Acker und Heuwachs in Hermannswies	150	„
30. Ein Acker auf der Emseren	160	„
31. Ein Stück Acker und Heuwachs in der Heuwi . .	150	„
32. Ein Stück Heuboden in Böschach	100	„
33. Ein Stück Acker und Heuwachs aneinander auf Alten Rüti	300	„
34. Ein Acker in der Reichen Bünt	60	„

18460 Gulden

wovon alljährlich 46 Gulden 9 Kreuzer Steuern zu bezahlen wären.

Ein anderes, vom Hofschreiber Hans Ulrich Schawalder in der Au angefertigtes, vom Spitalamt aber nicht anerkanntes, vielmehr rund abgewiesenes Verzeichniss, aus dem Jahre 1759 überschrieben, führt 29 Nummern, auf 17,890 Gulden geschätzte Reben und Güter auf, die jährlich 44 Gulden 42 Kreuzer Steuern zu bezahlen hätten.

Die Prestenamtsgüter im Hof Widnau und Haslach sind folgende:

Geschätzt

1. Ein Stück Reben im Rossweg	130	Gulden
2. Ein weiteres Stück Reben	120	„
3. Ein Stück Reben im Geizig	160	„
4. Ein Stück Reben allda	200	„
5. Ein Stück Reben im Menweg	70	„
6. Ein weiteres Stück Reben	100	„
7. Ein Stück Reben auf dem Trett	450	„
8. Ein Stück Heuwachs im Gütschli	80	„
9. Ein Stück Heuwachs in Hermannswies	250	„
10. Ein Stück Heuwachs im Böschach	100	„

1660 Gulden

Gibt davon jährliche Steuer 4 Gulden 9 Kreuzer.

Weiter liegt eine beglaubigte Abschrift des Vergleichs von 1619 bei. der damals, von beiden Parteien angenommen, zur Ausfertigung bereit lag, was durch „die leidige eingefallene Krankheit der Pest" verhindert wurde. Erst am 10. Mai 1642 erfolgte dann diese rechtliche Ausfertigung und allseitige Besigelung unter Landvogt Martin von Rickenbach (Rigg—), genannt Belmont (Bell—). — Vrgl. n. 135.

1738 (Ohne Monatsdatum.) — Hans Ulrich Siber (Sey—), Ammanns Sohn, Hofmann des freien Reichshofs Widnau und Haslach, wohn- und seshaft im Haslach, verkauft dem Hrn. David Weniger, Bürger und d. Z. Spitalmeister des Spitals der Stadt St. Gallen, zu Handen des Spitalamts sein eigen Stücklein Heuwachs im Haslach, im Moos genannt,

1738 neben des Spitals Torggel gelegen, — stosst „beiseit" an Jakob Zellweger, „unten durch und beiauf" an den Verkäufer, oben durch an die Strasse oder Hans Baltus Zellweger —, freilehig gen Appenzell, um 70 Gulden. Sigel des Ammanns Johannes Schawalder. 54

Sp.-A. St. G. — Tr. B. 28. n. 6. a.

Bei diesem Verkaufe (vom 20. August) wurde laut einer Beilage auch „beredt", dass der Spital nach alter Gewohnheit die zwei aus dem Torggel in des Ulrich Sibers Gut gehenden Dollgräben „nach Nothdurft" wohl öffnen möge, jedoch dass es dem Inhaber des Guts angezeigt und die Gräben ohne seinen Schaden wieder zugemacht werden sollen.

Im folgenden Jahre schenkte der Spital der Gemeinde Widnau und Haslach aus Gütigkeit wegen „Extraordinari Wuhrungskösten" 50 Gulden, wofür ihm unter dem Datum des 10. Christmonats 1739 ein unterthänigstes Dankschreiben mit aufgedrücktem Sigel des Hofammanns Johannes Schawalder zugestellt wurde.

1739 October. — Vertheilung des Blattackers, so Hr. Ammann Johannes Indermur dem Spital abgetreten und folgenden vier Lehenbauern zu 7 Gulden 30 Kreuzern jährlichem Zins verliehen worden:

Ulrich Giger, Ulrich Torgler und Ballus Fehr erhalten jeder ein Stück Acker und ein Stück Heuboden auf dem Blattacker. — Dann heisst es weiter: Hans Jakob Keller hat 1739, September, vom Spital zu Lehen empfangen:

1 Jon Reben auf dem Ilard (—dt), im Krommer gelegen; 1 Jon Reben im Hell, in 6 „Aufangen" (!) bestehend; 2 Stück Reben in der Breite (Bräiti); 1 Stück Reben im Neusatz; 1 Stück Heuwachs im Hell; 1 Stück Ackerfeld auf dem Blattacker; 1 Rietmad, so mit Baschou Keller gemeinschaftlich genutzt wird. 55

Sp.-A St. G. — Tr. B. 28. n. 9.

1743 Februar 14. Ems. — Benignus Jakob Bauer von Heppenstein, hochfürstlich Constanzischer Hofrath, und Philipp Friedrich Jäger, Dr., hochfürstlich Wirtembergischer Regierungsrath, zu dieser allerhöchst kaiserlichen Commission gnädigst subdelegirte Räthe, machen allen Vorstehern, Gemeindsleuten und Unterthanen der Grafschaft Hohenems (Hochen-Embs) Anzeige, dass sie vom Kaiser beauftragt seien, den Reichsgrafen Franz Wilhelm Maximilian von und zu der Hohenems, königl. ungar. Obristen und Commandant der Festung Gran, in besagte Grafschaft einzusetzen und dabei so lange zu handhaben, bis eine andere kaiserliche Verfügung hierüber ergehen und einlangen werde, und zwar so, dass dem Grafen Franz Wilhelm Maximilian aller Nutzen und Ertrag der herrschaftlichen Güter, Einkünfte und Gefälle jeder Art zufallen und eingeliefert werden sollen; wogegen dem Reichsgrafen Franz Rudolf von und zu der Hohenems, königl. ungarischem General der Cavallerie, Obristen über ein Regiment Cuirassiers und Gouverneur zu Pavia, alle reichs- und kreisstandmässigen Vorrechte, Hoheiten, Obrigkeiten und Herrlichkeiten, hoche und niedere Gerichte vorbehalten und die Verwaltung „beiderlei dieser Gerecht- und Befugsame noch weiter den bisherigen Oberbeamten anvertraut" sein sollen.

1743 Alle Unterthanen und Zugewandte wissen daher, wie sie sich zu verhalten haben, und Landammann und Richter zu Ems werden angewiesen,
allen ihren Untergebenen und insbesondere den Gült- und Lehenleuten
anzudeuten, dass sie alle Ausstände, Strafen, Zölle, Schnitz-, Schirm-
Stand- und Umgeld-, Lehen-, Kelnhof- und andere bisher der Herrschaft
gelieferte Steuern, Abzüge, Einzüge, ledige Anfälle, Fasnachthennen,
Hauptfälle und übrige Leibeigenschaftsgebühren, Zehnten, ewige und
ablösige Fahrt-, Grund- und gemeine Zinse, Weidgelder, Ertrag der herrschaftlichen eigenen und thei(l)baren Güter,*) Waldungen und Wasser,
Bestand- und Admodiationsgeld, Haus-, Laden-, Schmitten-, Mühlen-,
Tafern-, Bad-, Zuber- (Zue-), gross und kleinen Hof-, Grund- und Pfeffer-
zins, Pfenninggülten, Ehrschätze, Lehenschilling, ebenso ihre „Ehrtag-
mann" und andern Frohnen und Dienste an niemand Andern zu liefern
und zu leisten haben, als an die Einnehmer des Grafen Franz Wilhelm
Maximilian, die dermaligen Rechnungsbeamten. Im Uebrigen haben sie
auch fernerhin dem Oberamt des Grafen Franz Rudolf gehorsam und ge-
wärtig zu sein, den einzigen Fall ausgenommen, wenn ihnen Etwas wider
die kaiserliche Erkanntniss zugemuthet würde, wodurch dem Grafen
Wilhelm Maximilian der Bezug und Genuss sämmtlicher Gefälle entzogen,
geschmälert, gehindert oder erschwert werden wollte.   56

    A. W. — Copie.

1749 Juni 2. — Ueber die Kosten der neuen „Bruck" im Hof W i d n a u und
Haslach (vrgl. n. 178) wird von den Beamten, nämlich Hofammann
Joseph Heusel, Stabhalter Jakob Fehr, Seckelmeister Hans Georg
Geiger, Alt-Hofammann Joseph Turnher (Thurnheer), Alt-Hofam-
mann Johannes Schawalder, folgendermassen Rechnung gestellt:

1. den beiden Maurermeistern Hans Jakob Messmer und Hans
   Georg Rohner in der Au (—w) laut Accord für Arbeit, Steine
   und Kalk . . . . Gld. 150. —
2. den gleichen Meistern in Ansehung ihres Schadens
   nachbezahlt, laut Accord, so mit ihnen gemacht worden
   ist, über die erste Verdingnus, sammt den Mauren, so
   sie über die Bruck auf beiden Seiten gemacht haben   „ 85. —
3. dem Pflasterrührer für 28 Tage seinen Lohn zu 30 Kr.   „ 14. —
4. den Gemeind-Fuhrwerkern für 217 Fuder zu 20 Kr. .   „ 72. 20
5. der Gemeind für 137 Tagwerk zu 20 Kr. . . . . .   „ 45. 40
   ferner für 8 Fuhren Stein von St. Margrethen geholt   „   2. 40
6. bei dem Seckelmeister Geiger durch die Maurer verzehrt   „   1. 45
7. dem Hofweibel für seine Mühwalt die Leut zu laden   „ —. 30
8. ist verzehrt worden bei Veraccordirung der Bruck, und
   den Maurern für den Beschluss und bei Abrechnung   „   8. 16
9. dem Hrn. Stabhalter Jakob Fehr für seine Mühwaltung,
   so er gehabt in allem, so nicht alles gerechnet worden, nur „   6. —
                                             Gld. 386. 11

Nach einem beiliegenden Brief lag die Brücke in der R o s e n b e r g s a u
und das betreffende Document ist überschrieben: „S p i e g e l b r u c k im

*) Ist etwa „und theilbar" verschrieben für „untheilbar" oder handelt es sich um
Fideicommiss- (eigene) und freie (theilbare) Güter?

1749 Hof Widnau und Haslach." Jetzt wird diese Brücke von den Auern „Neubrugg" genannt.   57

Sp.-A. St. G. — Tr. B. 28. n. 13.

1763 Mai 3. Bernang. — Als vor einiger Zeit zu Schmitter in dem Widnauer Hof der überlaufende Rhein auf des Spitals Grund und Boden, so das Näble (!) genannt wird, ein grosses Loch gefressen, dass es einem Weier ähnlich gewesen, wo zuvor die Ein- und Ausfahrt war, wollten Einige von Schmitter das Spitalamt anhalten, die Strasse wieder zu machen. Darauf wurde geantwortet, dass das Spitalamt nichts gebe, bis Alle, welche die Strasse brauchen wollen, unentgeltlich mithelfen, die Strasse wieder in Stand zu stellen. Nachdem Die von Schmitter dies nun gethan haben, bezahlt ihnen das Amt freiwillig wegen guter Nachbarschaft 5 Gulden.   58

Sp.-A. St. G. — Tr. B. 28. n. 15.

1763 Juli 29. — Ulrich Siber im Haslach erlaubt dem Spitalamt zu St. Gallen gegen Bezahlung von 12', Gulden das Dachwasser von des Spitals Torggel im Haslach in einem Graben über seinen Grund und Boden auf den eigenen abzuleiten, wobei auch alle Erde, die es bei Oeffnung dieses Grabens ergibt, immer dem Spitalamt zudienen soll. Bisher ist dieses Abwasser von der „Pfättenen" gegen der Strasse auf des Sibers Grund und Boden gefallen und von da in den Torggel hinein geflossen; so dass es dem Spitalamt ziemlich viel Schaden verursacht.

Grösseres „Secrett-Insigel" des Hofammanns Joseph Hensel.

Sp.-A. St. G. — Tr. B. 28 n. 16.   59

1768 Specification der vom Stand Appenzell der Innern Rhoden zu Lehen herrührenden, dem Schaffneramt zugehörigen Zwingensteinischen Stück Reben, Güter und Holzwachs:

1. der Hof im Haslach; 2. ein Stück Holz in Meldegg (Mehltegh), 3. ein Stück Holz allda die Gross Eich; 4. ein Stück Reben im Zendeler (!); 5. ein Stücklein Reben, Wemeli (!) genannt; 6. ein Stück Reben, Heu- und Obstwachs bei dem Hard (—dt) im Wemeli genannt, „dato der Hard"; 7. ein Stück Reben in der Haueten auf dem Hard; 8. ein Stück Heu- und Obstwachs bei unserem Baumgarten oder Hof, genannt Korts Bomert; 9. ein Stück Heuwachs, in der Rigleten genannt.   60

Stadt-A. St. G. — Schaffneramt Rheinthal. L. 50. a.

Das Lehen in der Halden (von Hans Georg Torgler) wurde 1834 verkauft; die Lehen von Böschenhalden 1833 vergantet.

1768 Mai 14. — Erneuerung der Markenbeschreibung von 1657 (Mai 24.) und 1702 zwischen den von der Burg Zwingenstein abhangenden, dem löbl. Stand Appenzell I. R. zugehörigen Lehen einerseits und den st. gallischen Kloster-Lehen anderseits. Am 14. April 1760 haben die Hrn. Johann Jakob Geiger, Alt-Landammann, Johann Konrad Fässler, Landstatthalter, Johann Baptist Streule, Landseckelmeister, Antoni Joseph Büchler, Spitalmeister, und Franz Karl Bischofberger, Landschreiber, als Vertreter von Appenzell, und Placidus Lieber, Statthalter, und Johann Baptist Ignati Egger, Lehnvogtei-

1768 verwalter, als Vertreter des hochfürstl. Stifts St. Gallen, sich an Ort und Stelle begeben, die Markenbeschreibung nach Anweisung der Markung von 1657 und 1702 erneuert und zu besserer Erläuterung einige neue Marken zu setzen sich entschlossen; und am 14. Mai 1768 ist die Angelegenheit durch eine neue Deputatschaft, nämlich den Hrn. Johann Konrad Fässler, Landstatthalter, Johann Jakob Mittelholzer, Spitalmeister, Antoni Joseph Brüellmann, Alt-Spitalmeister, Franz Karl Bischofberger, Landschreiber, von Seite Appenzells, und Johann Baptist Germann, Leutpriester zu Bernang, und Bruder Peter Benziger, Convers des hochfürstl. Stifts St. Gallen, von dessen Seite endgültig in Ordnung gebracht worden:

Die erste Mark befindet sich am Monstein an der Strasse, im Gut Mon genannt, bei des Johann Nollen Haus, und zeigt gegen Mitternacht „der Gräde nach" hinauf in die zweite Mark, ungefähr 230 Schritt entfernt, — steht in dem Gut der Erben des Michael Boesch sel., im Mösli genannt; von da ferner gegen Mitternacht gerade durch die Reben und Felsen hinauf in die dritte Mark, auf dem Heldsberg (Helüb—) ausser der Rebmauer in dem Hof St. Margrethen, in des Junker Planten Gut unweit dem Torggel; von da morgenwärts durch obiges Gut geradewegs in einen 63 Schritt entlegenen Felsen, darin ein Kreuz eingehauen, und von da gegen Abend 925 Schritt in den (!) Fluh (Fluech) Meldegg genannt zu einer dreieckigen Landmark, wo Appenzell A. R. und die rheinthalischen Höfe St. Margrethen und Haslach anstossen; von da weiter gegen Abend ob dem Rüden der Gräde und Landscheide nach bis an das sogenannte Blättlertobel, gleich unter der Büriswiler Mühle, und sodann ungefähr 400 Schritt dem genannten Tobel und den Ober-Rüder Gütern nach hinab bis zu den Blättler Reben, und dann gegen Morgen 190 Schritt ob den Blättler Reben dem „theils Grat, theils Felsen nach" hindurch bis in einen mit einem Kreuz bezeichneten Stein im Felsen; von dannen aber schräg 150 Schritt in die vierte, etwas dreieckige Lehenmark auf dem Gemeindsboden bei der Stapferen des Katzenmoosischen Kirchwegs, welche geradewegs in die fünfte, 480 Schritt entfernte Lehenmark führt, — steht bei einem Wasserfall eines vom Berg herunter fliessenden Bächleins zwischen Rüden und Kobel; auch dem Fusssweglein nach zwischen dem Vogelsang und den jungen Reben bis zu einem vom Langenmoos herabfliessenden Bächlein, der Gräde nach; sodann ein wenig aufwärts bis zu den Reben, Täschle Löhrer genannt; von dannen gegen Morgen dem Fussweg nach in die sechste, ungefähr 500 Schritt entlegene Mark, welche im Täschle Löhrer unter dem Weglein „auf der Appenzeller Herrengut" in einem kleinen Triangel steht. Diese sechste Mark weiset der Gräde nach durch die Haucten an das Felslein unter dem Horst genannt gleich neben und jenseits den Häusern im Hard, und von da abwärts, in die siebente, unweit entfernte dreieckige Mark, welche ungefähr 150 Schritt weit gegen Mittag von den Reben im Bannholz genannt, in welchem diese siebente Mark steht, der Gräde nach hinab zeiget in die achte Mark, in „der Ebne" einer Hofstatt stehend;[*) von dieser geht

1768 es 160 Schritt weit der Gräde nach in die „Gemeind und Haslacher Brugg", die über die Ach führt; von dannen diesem Wasser und dem Rhein nach hinab in die erste Mark.

Was innert diesen Marken begriffen ist, soll dem löbl. Stand Appenzell I. R., was aussert denselben liegt, dem hochfürstl. Stift St. Gallen „lehig" sein, mit der Erläuterung, dass „was durch die Gräde dieser Marken entzweiet würde, das mindere dem mehreren folgen solle".

Also doppelt ausgefertigt, das eine Instrument mit dem appenzellischen Sigel zu Handen der hochfürstl. Lehenkammer, das andere mit dem st. gallischen grösseren Lehenkanzlei-Signet zu Handen des löbl. Kantons Appenzell. **61**

St.-A. St. G. — Rubrik CXL. Fasc. 1.

1772 März 20. — Die Gebrüder Hans Georg und Hans Ulrich Geiger, Hofleute in dem freien Reichshof Widnau und Haslach, überlassen dem Spitalamt St. Gallen, vertreten durch Hrn. Rathsherrn und Spitalherrn Tobler, ein Stück Wieswachs sammt Holzwaldung, an dem Berg Meldegg oder Grub genannt liegend, — stosst oben an den Stand Appenzell A.-Rh., unten auf die Spitalreben der Stadt St. Gallen —, gegen Bezahlung von 100 Kronenthalern oder 275 Gulden und 2 bayrischen Thalern Trinkgeld, unter Vorbehalt der Ratification dieses Vergleichs durch den Landvogt Simeon Franz Wurstemberger.

Das betreffende Stück Boden war „im Laufe des Jahres 1769, wie leider an vielen Orten geschehen, von seiner Stelle gesunken und auf die Spital-Reben oder -Boden sammt der dastehenden Mauer geschlipft, auch starke Risse gemacht", so dass man noch grösseren Schaden befürchtete. Das Spitalamt verlangte daher, dass die Geiger rechtlich angehalten werden, ihren Boden, wie früher auch gewesen, mit festen Mauern zu versichern; die Gebrüder Geiger erklärten, dass sie das nicht vermögen und das Stück Boden lieber dem Spitalamt um einen billigen Preis überlassen; worauf zur Vermeidung eines Processes das obige Abkommen getroffen wurde.

Amtssigel des Amtshofammanns Schawalder (Schan—) aufgedrückt. Im Schild der hohenemsische Steinbock, darüber eine Krone; Umschrift: Sig. Hof Witnau und Haslen.

Die Ratification des Landvogts wurde unter dem 20. März beigefügt.

Sp.-A. St. G. — Tr. B. 28 n. 22. **62**

1780 Juli 15. — Hofammann Johannes Messmer, Stabhalter Hans Ulrich (Uller—) Weder und die Richter Hr. Seckelmeister Rohner, Seckelmeister Hans Ulrich Giger, Meister Antoni Zoller, Schreiner, Hans Jerg Hensel (—ll), Johannes Messmer und Hofweibel Fohr vergleichen nach einem Augenschein wegen eines Flussgrabens das Spitalamt zu St. Gallen und Johannes Zellweger im Haslach dahin, dass Johannes Zellweger dem Spitalamt die s. v. „Baubeschütte" mit dem Flussgraben als Eigenthum überlässt mit den Rechten, wie er sie besessen hat; wogegen der dermalige Lehenbauer versprochen, die Strasse von des Hans Baltus Zellweger sel. Baumgarten an bis dahin (an bey) in Ehren zu halten. Von dannen hinauf hat ein Jeder halb, wie bis dato, „die Schuldigkeit zu machen".

1780 Die heutigen Unkosten hat das Spitalamt mit 7 Gulden durch den Aufseher, Hr. Seckelmeister Galluser, bezahlt.

Unterschrieben vom Hofschreiber Franz Ulrich Zoller aus der Au (—w). 63

Sp.-A. St. G. — Tr. B. 28. n. 25.

1805 Februar 27. Bernegg. — Joseph Schawalder von Widnau (Wit—), Joseph und Johannes Oller von Balgach und Jakob Tanner ab Herbrugg, als Besitzer des ehemals Salisch (Sall—) herrschaftlichen Zehnten in dem Zehntbezirke in den Gemeinden Bernegg, Balgach, Widnau und Au (—w), treffen mit den Bevollmächtigten der Zehntpflichtigen in den Gemeinden Bernegg und Au, den Herrn Gemeindammann Rudolf Gallußer, Statthalter Sebastian Federer und Meister Othmar Frei von Bernegg und Alt-Präsident Antoni Frei und Zacharias Fridauer aus der Au einen Vergleich über die Auslösung der Zehntpflicht auf allen Gütern innert der Widnauer Ach oder dem sog. Güllen, d. h. was unter dem Titel des trockenen Zehnten benannt werden kann, so auch den Apfelzehnten und ihren Antheil in den Wechselfeldern sammt zwei Stücken jenseits des Güllen, im Hof genannt, gegen die Bezahlung von 8000 Gulden.

Jeder Zehntpflichtige kann sein Betreffniss nach vorheriger 14tägiger Abkündung auf nächsten Georgentag 1805 ohne Zins bezahlen, sonst ist dasselbe zur Hälfte auf Martini 1805 mit einem ganzen Jahrzins und zur andern Hälfte auf Georgentag 1806 mit 1½ Jahrzins zu entrichten.

Das Spitalamt genehmigte diesen Loskauf unterm 18. Mai und übernahm als seinen Antheil 1123 Gulden 25 Kreuzer (lt. einer beiliegenden Berechnung hätte für dasselbe die gesetzliche Auslösungssumme im 19fachen Werth eigentlich 1463 Gulden betragen). In dieser Auslösung waren aber nicht inbegriffen die Ansprüche, welche etwa „die Pfarrei Widnau auf einige Spitalwiesen in Betreff des Heuzehnten und die Gemeinde Lustnau wegen dem Hanfzehnten zu machen glaubte". (Im Jahr 1804 wurden von den Lehenleuten des Spitals 76 Gulden 54 Kreuzer für Fruchtzehnten bezahlt, davon 19 Gulden 55 Kreuzer von denjenigen im Haslach.)

Jener Heuzehnten wurde von den Zehntpflichtigen der Gemeinde Bernegg (—ek) und Au im December 1806 ausgelöst, wenigstens unter dem 12. d. M. von diesen beiden Gemeinden mit dem Spitalamt ein Abkommen getroffen, wonach dieses seinen Antheil an der Auslösung für 4 zehntpflichtige Lehenleute mit 44 Gulden 40 Kreuzer übernahm und bezahlte.

Aus einem Brief des Verwalters Felix Schelling an den Spitalverwalter Walder vom 14. Mai 1805 geht hervor, dass der Zehnten von diesen Grundstücken, sobald sie „aufgebrochen" wurden, an die Salis'sche Herrschaft fiel. Der Beschwerde des Hanfzehnten, welchen die Pfarrei Lustnau zu beziehen hatte, werde von selbst dadurch abgeholfen, dass die Leute ihren Hanf auf den zehntfreien Boden pflanzen. Ueberhaupt sei der Belang nicht gross.

Sp.-A. St. G. — Tr. B. 28 n. 43 n. 44.

B.

Das Hofbuch von Widnau und Haslach.

Vom 31. März 1601.

Gegeben von Herr Johann Christof, Graf zu der Hochen Embs, in Folge
der Hoftheilung von 1593.

Eine Copie dieses Hofbuchs liegt in dem Ortsarchive Widnau und stand
uns zuerst allein zur Verfügung. Sie ist nach dem Zusatze über Abschaffung des
„Haubtrechts" zu Artikel 39 jedenfalls nach dem Jahre 1677 niedergeschrieben
worden, und zwar in ganz gleichmässiger hübscher Schrift, aber ohne viel Verständniss und mit einzelnen, durch Ueberspringen oder sonstige Unachtsamkeit
entstandenen Lücken im Texte, welche die betreffenden Stellen des Textes
geradezu sinnlos machten. Die Mehrzahl dieser Stellen konnte nachträglich mit
Hülfe einer zweiten Handschrift in Ordnung gebracht werden, die uns durch die
gütige Vermittlung des Herrn Hugo Grafen von Walderdorff aus dem gräflich
hohenemsischen Archive zur Verfügung gestellt wurde. Dieser Copie fehlen
die Nachträge der ersten; sie ist also wohl auf die Zeit vor 1615 zurückzuführen;
ihr Text ist zwar besser, als derjenige der Widnauer Handschrift, enthält indess
auch noch ein paar, wenigstens uns unverständliche Stellen. Wir benutzten
diese zweite, ältere Copie zu möglichster Berichtigung und Ergänzung des
ersten Textes, dessen der Berücksichtigung werthe Abweichungen und Zusätze
in Klammern beigefügt blieben. Zur durchgehenden Ersetzung der ganz will-
kürlichen und unregelmässigen Orthographie der spätern Abschrift durch die
nicht viel bessere Orthographie der frühern erachteten wir uns dagegen nicht
verpflichtet, da es sich ja überhaupt nur um Copien handelt und die ortho-
graphische Anpassung des schon nach der Widnauer Handschrift gesetzten
Textes an die Hohenemser Handschrift beinahe einen Neusatz des ganzen Hofbuchs erfordert hätte. Wir haben die ärgsten orthographischen Ungeheuerlich-
keiten des Widnauer Textes gleich Anfangs beseitigt und nachher uns darauf
beschränkt, aus dem später zu unserer Kenntniss gelangten Hohenemser Text
solche Formen herüber zu nehmen, die uns besonders charakteristisch oder dem
leichtern Verständniss förderlich erschienen.

Original-Satzungen und Hofrecht,

so der wohlgeborne Herr Herr Johann Christof, Graf zue der Hochen
Embs, Ihren Gnaden Underthanen Nideren Grichts zue Widnauw (Wyd—)
und Haslach (Haß—), die als ein freier Reichshof in das Gericht Lustnauw
gehört und daselbsten zue Lustnauw ein gemeines Recht besässen, geben und
genommen haben, aber im verscheinen 1593 Jahr durch Fürbitt, Intercession
der acht Orten loblicher Eidgnoschaft als regierenden Herren des Rheinthals,
so der Enden zue Widnauw und Haslach die hohen Obrigkeiten haben, ehehaften Ursachen halben (allein! Ms.) die Haltung solches sonderbaren Grichts
separiert, eingewilliget, mitgetheilt, auch mit diser Reformation auf ihr Bitt
und underthäniges Anhalten zu End dises Hofbuchs bemerktem Dato und
Zeiten Ihr Gnaden angebornen aufgedrucktem Insigel und Handzeichnuss con-
firmirt und auf ihr Wohlhalten solches für ihro Gnaden und dero Erben, auch
rechtmässigen Inhabern, also bevestnet haben.

1. Des ersten, und dieweil dise Freiheiten und Sazungen meisttheils us des freien Reichshof Lustnauw, ennethalb Rheins, Hofrechten gezogen, so solle dises neûwe Gricht, inmassen dieselbige zue Lustnauw, ihre Gricht- und Hofmarken gegen den anderen ihren Anstössern haben, wie von Alters hero und nach laut ihrer allgemeinen habenden Brief und Sigel; aber gegen denen zu Lustnauw solle es sein und bleiben Inhalt der neûwen Vertrags- und Urtheil- oder Theilbriefen des verschinen 92. (!) Jahrs, durch die Underhendler und Obman aufgericht; was aber solche Vertrag nit von einander absönderen, solches mit Lustnauw unabgetheilt sein; nit weniger, als wann es noch ein unzertheilt ganz Gricht und ein Hof wäre.

2. Zum anderen, so ist auch Hofrecht, dass unser gnädiger Herr von Embs durch sich selbs oder ihren Gnaden Ambtleût alle zwei Jahr an dem ersten des Maimonats oder, im Fall Ungelegenheit ihrer Gnaden fûrfiele, bald darauf, sollen einen Amman und das Gericht besetzen, und sol ein jeder Hofmann, der im Hofe sitzet und hauset, unserem gnädigen Herren vier Man fûrschlagen, deren ein Jeder bei seinem Aid zue einem Amman gut bedunkt, und aus denselbigen vier Männeren, so also fûrgeschlagen und von einer Gmeind erwehlt werden, mag unser gnädiger Herr einen Amman nemmen, sezen und erwehlen, welchen ihro Gnaden wöllend. Und die anderen drei sollen zue Richteren gesezt werden; es wäre dann Sach, das deren dreien einer oder mehr jemands under den alten Richteren oder dem neuwen Amman so nahe verwandt sige, dass er das Gricht nit mit besizen möchte. Alsdann solle der zue Richter geordnet werden, welcher hierzue zum tauglichsten erkandt wurd. — Es soll alwegen auch die Grichts-Besazung beschehen in des Hofs und der Gmeind Kösten, ohne unsers gnädigen Herrn Schaden.

Und dann das Weibelambt sol und mag mit Amman und Gricht besezt werden.

3. Auch ist Hofrecht, dass ein Amman zue Widnau und Haslach alle Jahr solle vier Hofgricht halten, und wann ein Hofgricht gehalten wird, sollen die, so da rechtind, es saigend vil oder wenig, frömbd oder heimbsch Parteien, dem Amman, Schreiber, Weibel und einem jeden Richter schuldig sein für jede Klag allen in gemein zween Schilling-Pfening zue geben; die mögen sie verzehren. Was aber ein Gericht über solches weiter verzehren wird, soll über die Gmeind gehen und durch sie bezahlt werden.

Wann aber frömbd oder heimbsch Personen weiter, dann die vier Hofgricht, rechten wollend und um ein Recht anrûfend, soll ihnen ein Amman schuldig sein Recht zu halten auf ihren Kosten und Schaden, doch nit in Grichts beschlossenen Tagen; und jeden Tag solle man für Speis und Lohn geben obgemeltem Amman, Richteren, Schreiber und Weibel jedem vier Bazen.

4. Item welchem fûrgeboten wird oder selbs einem anderen fûrbieten thuet, und aber nit erscheint, so mag der Erscheinend, nachdem drei Parteien ihre Klag in solchem Gricht geführt, Begehren und Klag wider den Ungehorsammen führen, und darüber gehört, und erkendt werden, was Recht ist; es sige dann Sach, dass der Abwesend ehehafte Entschuldigung seines Ausbleibens nachvolgendem Gricht beibringen und darthun möge. Das solle auch gehört werden.

5. Wann aber unser gnädiger Herr von Embs umb Frefel ald Bueßen rechten wollten, soll ihnen ein Amman allwegen Recht haben auf ihren

Kosten, und sollen solches nit auf einem Hofgricht berechten. Und seind dises unsres gnädigen Herren Frefel und Bueßen:

(1.) **Blutrüns** und **erdfällig** ist die Bueß fünf Pfund Pfening, Jedes so viel.

(2.) **Beinschrött** und **Fridbruch** mit Worten oder Werken ist die Bueß zehen Pfund Pfening.

(3.) **Lam** [1]) nach Erkautnus des Gerichts.

(4.) **Nachtschaden** sol gestraft werden, nach deme er ist.

(5.) **Wurf** oder **Schutz**, der fehlt, ist die Bueß dreissig Pfund Pfening; und so er trift, soll er nach dem Schaden gestraft werden.

(6.) **Übermarken, überzäunen, überehren, übermeyen**, ohne Gefärd, ist die Bueß fünf Pfund Pfening; wann aber einer solches wüssentlich thete, der soll mit Urtheil und dem Rechten der Oberkeit gestraft und darumb erkendt werden.

(7.) **Welcher einem das sein anspricht** oder auf ein Leben stelt unbillich, ist die Bueß fünf Pfund Pfening.

(8.) Item welchem von **einem Gut geboten** über einen besigleten Gantbrief, und es nuzet, ohnangesehen dass er dem Zinsherren einen Willen gemacht, ist die Bueß dreissig Pfund Pfening.

(9.) Item welcher **alle vier niedere Herrenbot** umb ein gesprochen und verthedingt Geld **übersicht**, ist die Bueß dreissig Pfund Pfening.

(10.) Item welcher umb ein Schuld kantlich und in Pfand gehet oder in Bott, und dann **darüber Recht fürschlägt**, ist die Bueß fünf Pfund Pfening.

(11.) Item welcher sich gegen dem anderen auf sein selbst **Gwalt** bezahlen thuet und darauf verharret, ist die Bueß fünf Pfund Pfening.

(12.) Item welcher den anderen mit bösen Worten beschelkt und nit daruf verharret, der soll nach Erkantnus des Gerichts gestraft werden und dem Herren zue Bueß verfallen sein fünf Pfund Pfening. [2])

(13.) **Fridbruch**, so er zum ersten geboten und nit gehalten wird, soll ohne Gnad zehen Pfund Pfening verfallen sein. Welcher aber den Frieden zum andern mal versagt und nit halt, derselbig soll ohne alles Mittel der Herrschaft zu überantworten erkent werden.

(14.) Item wie dann von altem herkommen und braucht worden: welcher auf dem **Tratt mit dem Pflug bauwt**, wie ihme vergunt wird, der soll ihm Zaun und Friden nit mehr einlegen und -schlagen, dann die Radwendi und so weit das Zeitter (!) sich erstreckt, wie es dann der alt Trattbrief und Ausgang vermögen und gewiesen; an unseren gnädigen Herrn Straf fünf Pfund Pfening.

Diser Articul soll anderst nit gehalten werden, dann wan man kompt und beklagt sich, so soll die Straf dem regierenden Herren heimgefahlen sein.

6. **Hofbueßen einem Amman gehörig.**

(1.) Item die geringste Bueß ist an Schilling [3]) Pfening fünf Schilling Pfening, ein Pfund Pfening, drei Pfund Pfening, wie jede geboten wird.

(2.) **Zäunen, Graben, Schweinringen (!) und Weiden.** [4])

---

[1]) Lahm. [2]) Die Busse an den Herrn fehlt in der Widnauer Handschrift. [3]) ist drei Schilling, fünf Schilling Pfening" etc., Ms. Widnau. [4]) Nach den Lustnauer Satzungen von 1792 zu schliessen, ist darunter wohl zu verstehen, dass die Hofbussen für unterlassene Zäunung, Grabenöffnung und ungebührliches Weiden dem Hofammann gehören.

(3.) Item ein Maulstreich, fünf Schilling Pfening (Bueß).

(4.) Item wann einer zukt und nit Schaden thut, ist die Bueß fünf Schilling Pfening.

(5.) Item es soll auch auf dem Trattguet nach dem Schneiden und Läuchen, auch dem ersten Meyen, darab Nuzung keiner mehr mit der Sägiss noch sonsten etzen oder abfretzen; dem Amman an Bueß drei Pfund Pfening.

(6.) Item die Trattgueter sollen ufgahn uf acht Tag Augstmonat und dan acht Tag an Trat ligen und bleiben zu nutzen, ehemalen man die widerumb erth (!) und bauwt, an Straf dem Aman drei Pfund Pfening.')

(7.) Item so ist auch von alters her recht Herkomen gsein und soll auch fürohin gebraucht werden: wo die Einwohner und Hofleut des ganzen Hofs Widnauw und Haslach ihr Trib und Tratt mit Wun und Weid haben auf Eheheften und Magdüeter, dass ein Amman im Hof Widnau und Haslach Recht hat, die mit Frid, Zäunen, und Gräben zue bannen, und dessgleichen Weg und Strassen zu besehen. Und der ungehorsamb ist, soll von einem Amman zue Weidenow und Haßlach umb drei Pfund Pfening straffellig sein: und seind Hofbot.

7. Der Zeugen und Kundschaften Belohnung, so gerichtlich verhört werden.

Item wann einer zeugt oder Kundschaft sagt im Gricht, ist sein verdienter Lohn 3 Schilling.

8. Des Weibels Belohnung.

	ß.	d.
Item: an das Oberriedt	2	—
Gen Altstetten	2	—
Rheinegg	2	—
Gözis	2	—
Kriesseren	1	—
Diepolzauw	1	—
Marpach	1	—
Beruang	1	—
St. Margrethen	1	—
Höchst	1	—
Balgach	1	—
Embß	1	—

Volget, was im Hof Widnau und Haslach verrichtet wird:

	ß.	d.
Item: Zum Gantbrief verkünden	1	—
Pfandschätzen	1	—
Pfand an die Hand stellen	1	—
Die drei Hofbot thuen	1	—
Einem vom Guet bieten	1	—
Heften oder Arrestieren	—	4
Pfenden und das Gut auf Gant thun	—	4
Item ein Schadengricht von jeder Person	—	4
Item an die gmeinen Hofgricht von jedem Hofman fürzebieten, gehört dem Weibel Lohn	1 Kreuzer.	

¹) Dieser Artikel (6) fehlt in der Widnauer Handschrift.

9. Es soll auch ein jeder Hindersäss im Hof Widnau und Haslach sich mit Gricht und Recht, auch allen Hofordnungen halten und treiben lassen, wie ein ingesässner Hofman, und einem gnädigen Herren Fähl und Gläss geben und verfallen sein, wie ein anderer Hofmann.

10. Item so ist auch Hofrecht und Gebrauch und angenommen und sol fürohin gebraucht werden: wie sich andere Hof und Fleken im Zirk umb den Hof Widnauw und Haslach halten, es seige mit Steur, Haft und dergleichen anderen Sachen, also sollen sie von dem Hof Widnauw und Haslach auch gehalten und bescheiden werden.

11. Gerichtsbot. Item wan ein Amman zu Widnauw und Haslach das Gericht bietet, auf denselbigen Tag sollen die Richter ungefehrlich umb die siebende Stund Vormittag versamlet sein und da zu Gericht sizen, zu Winterszeit bis umb die drei und zu Sommerszeit bis um vier Uhren Nachmittag, und lenger nit zu sizen schuldig sein. — Dessgleichen sollen auch die, so fürbieten lassend, auch denen, so fürgeboten wirt, zue solcher Zeit vor Gricht erscheinen, ihre Klag thun und ihr Antwort geben.

12. Item wan ein Amman und Gericht sizen und der, so fürgeboten hat, oder der, dem fürgeboten ist, nit dargegen[1]) sind, ihre Klag thuen und ihr andwort geind, ehemalen drei Urthlen ergangen sind, so hat der Kleger sein Klag und Zuspruch behalten; und soll jeder, so ungehorsamb ist, dem Amman und Gericht verfallen sein, drei Schilling Pfening und seinem Widerstand auch so vil; er habe dann ein ehehafte Ursach, dass ein Gericht gnugsamb erkennen; und soll hierinnen kein Gefahr gebraucht werden.

13. Urtheil appellieren. Weiter so soll hinfüro die beschwerdte Partei appelliren allein für ein gnädige Oberkeit und das Hofgericht gen Embs, und in das Gricht legen Silber und Gold, und sonsten nirgends hin, weder für Reichsstätt, noch an das Kammergricht; doch soll einer nach dem gethanen Appelliren in zehen Tagen den nechsten daselbsten zue Hof umb Recht anrüefen und dem Appelliren nachkommen. Lasst einer aber die zechen Tag verscheinen, ehemals er zu Embs bei der Herrschaft umb Recht anrüeft, alsdann hat er keinen Zugang mehr, sondern soll bei der ersten Urtheil verbleiben.

14. Item wan ein Gricht von wegen einer Parteien Raths pflegen, sollen beide der Parteien Fürsprechen mit sampt dem Amman und Schreiber zue der fürgesetzten Obrigkeit kommen, und für Zehrung, auch Unkosten solle jede Partei geben einen Guldin.

Notta.

(Der Zugang zu den 8. regierenden Orten oder ihrem Landvogt, sampt den Appellationen, sollend mänigklichen zugelassen sein.)

15. Usständig Zinsschulden, und Schäden einzuziehen. Item ist Hofrecht, dass umb verfallen usstendige Zins seine Underpfand soll in die Gemeind[2]) lassen tragen die freien Gant, und in der Gant lassen ligen eilf offen Tag und Nächt, und sie darnach lassen verrüefen nach Hofs Recht; und alsdann im nechst haltenden Gericht seine Brief und Sigel einlegen; und darauf auf sein Begehren der Gantbrief zuerkent und gegeben werden soll. Und was dann einer ausgibt dem Weibel oder Grichtskosten, Fuerlohn über das Wasser und ein zimliche Zehrung, so vil einer bei seinem Gelübd möchte behalten, soll ihme auch gegeben werden.

[1]) = zugegen? [2]) „Gant", Ms. Widnau.

16. Weiter ist auch Hofrecht und alt Harkommen: wan einer im Hof Weidnauw und Haslach usstendige Zins mit der Gant ziehen muess, so weit, dass ihm Gantbrief und Sigel erkent seind, wan aber der Zinsschuldner kompt mit den verfallenen Zinsen, zimlichen Unkosten und Schäden, ihme darauf ergangen, und dasselbig erlegt, ehemals der Gantbrief besiglet und Sigel aufgericht wirt, so soll der Zinsherr das Gelt nemmen, von seinem Gant stehen und den Inhaber des Underpfands wie bishero zinsen lassen. — Ist mit einhelliger Urtheil und Recht erkendt.

17. Weiter so ist auch Hofrecht: wan es sich begäbe uud zuetragen wurde, dass einem ald mehr ein Gantbrief erkendt und derselbig aufgericht wurde, und dem Zinser und Inhaber des Underpfands von dem Underpfand oder Guet geboten würd, nach Laut des Gantbriefs, wann dann der, so den Zins schuldig ist, oder aber die Verwandten, so des Guets fähig sein möchten, so sie das Haubtguet sampt allen verfallenen Zinsen, so noch ausständig, Kösten und Schäden, so darauf ergangen, in einem Jahr, sechs Wuchen und dreien Tagen erlegen und geben, dass dann ein jeder Zinsherr, frömbd oder heimbsch, dasselbig sol nemmen und von dem Guet stande; und sol dem, so das Gelt erlegt und geben hat, das Guet zugestellt werden.

18. (Weiter so ist auch Hofrecht: wann es sich begäbe und zutragen wurde, dass einem ald mehr ein Gantbrief erkendt uud derselbig aufgerichtet wirt, und dem Zinser und Inhaber des Underpfands ald Guet geboten wirt nach Laut des Gantsbriefs, wann dann der, so den Zins schuldig ist, oder aber die Verwandten und die, so des Guets fähig sein möchten, so sie das Haubtguet sambt allen ausständigen verfallen Zinsen, Kösten und Schaden, so darauf ergangen in einem Jahr, 6 Wuchen und 3 Tagen erlegen und geben, dass dann ein jeder Zinsherr, frömbd oder heimbsch, dasselbig sol nemmen und von dem Guet stande; und sol dem, so das Gelt erlegt und geben hat, das Guet zugestellt werden.[1])

19. Wie einer Zehrung, Lidlohn und unverzinset Geld einziehen solle. Item es ist Hofrecht, dass um essige Speis und Trank, Lidlohn, und unverzinset (gelihen) Gelt einer mag seinen Schuldner pfenden, und nach verscheinen dreien offen Tag und Nächten zue Pfand sezen; volgends verkündt der Gläubiger seinem Schuldner zum Pfand schäzen, und dann am zwölften Tag solche Pfand, als verstanden, eignen und zuhanden nemmen.

20. Item so ist auch Hof- und Landrecht: welcher ein Schuld im Hof Widnauw und Haslach ziehen sol mit pfanden und ehe er Pfand schäzen muess, soll der Weibel erstlich Hausrat, Gschiff und Gschirr und dann Bettgwand, so es nit langen mag Küch, Kälber, Schwein, darnach Ross und dann im Stadel, und so es aber nit langen mag Zimmer schäzen und zue Pfand nemmen.

21. (Wann der Hof Widnau und Haslach zue heften hat.) Item alle die, so under einen Landamman zue Rankweil gehörend, die von Lindauw, die von Rheinegg, die von St. Johann Höchst, die von Bernang, und wie sie sie halten in dem Hof, also sollen wir sie auch halten.

22. Weiter und als dann ettlich Jahr hero ein jeder in dem Hof Widnauw und Haslach, die Reichsgemeind eingefangen und darauf gehauset nach seinem Willen und Gefallen, nit angesehen, ob es dem Hof und Hofleüten schädlich und nachtheilig were, also ist durch unseren gnädigen Herren Herren Marck Sittichen von Embs zu der hohen Embs, Ritter und Vogt zue Breganz, und ein vollkommene Gemeind auf dem Meyengericht angenommen

<hr/>

[1]) Offenbar aus Irrthum wiederholt.

und furohin zu halten bestet zue Hofrecht angenommen in dem fünfzechen-
hundert und sechzechenden Jahre, dass keiner weiter in dem Hof Widnau und
Haslach die freie Reichsgmeind soll einfachen, auf die weder Häuser noch
Städel, noch keinerlei Zimmer bauwen oder sezen, ohne Erlaubnus des Amman
und Gerichts. Dieselbigen sollen ihme ein Hofstatt und anders zeigen, nach
Gelegenheit und anderen Hofleuten ohne Schaden.

23. Weiter soll auch keiner hinfüro in den Hof ziehen und zue einem
Hofmann angenommen werden, er gefalle dann einem Amman, Gricht und ganzer
Gemeind und mit Bewilligung der Obrigkeit.

24. Welcher von eines Hofs wegen geschikt wird. Dieweilen
dan lange Zeit grosse Klag ist gewesen, wie ein grosse Kostung auf den Hof
und arme Leüt gange, also demselbigen vorzukommen, so ist durch unseres
gnädigen Herren von Embs Ambtleut und ganzer vollkommer Gmeinde auf
dem Meyengericht des fünfzehenhundert und siben und zwanzigsten Jahres auf-
und angenommen, dass einem jeden, er seige Amman, Richter oder von der
Gmeind, der von des Hofs wegen würd geschikt oder gebraucht, solle des
Tags ein halber Guldin Zehrung für Speis und Lohn gegeben werden.

25. Leisten. Item auf verfallen Zechend und gesprochen Gelt soll
einer einen Knecht in ein offen Wirthshaus legen, doch dem oder denen,
auf die er leisten wil, vormals mit dem geschwornen Weibel die Leistung drei
Tag vor verkünden; und so er inzücht, so soll er eines Tags zwei zimliche
bescheidne Mäler essen, einen zimlichen Abend- und Schlaftrunk thun, doch
keinem anderen zue trinken beuten, ihm selbsten noch anderen kein Arbeit
thun, und ob sein eigen Haus oder andere brünnen, nit löschen. Darzue soll ihme
ungefarlich in vierzehen Tagen ein Beidtgelt geben werden; und zue dem allem
sol ihme des Tags ein Schilling Pfening und nit mehr geben werden.

26. Haab dings kaufen. Weiter ist Hofrecht: wann ein Hofman
usserhalb vom Hof etwas Haab dings kaufet und auf Zeil und Tag, und obdie-
selbigen, die dem Hofman dings geben, die Summa, wie ihnen versprochen, nit
ziehen, und sich einer eindingen liesse, auf ihn alle Tag ein genants Gelt zu
treiben, das sol keinem Theil im Hof Widnauw und Haslach fürohin nit gestattet
und geben werden, sondern ihn zue seinem Schuldner weisen, ihme Pfening und
Pfand zue geben umb sein erste Summa und gebührend Weibellohn; und soll
ein jeder seinen gebnen Bürgen lösen. Welcher sich aber über solches eindingen
liess, soll der Frömbd und Heimbsch von dem Amman uf drei Pfund Pfenig gestraft werden.

27. Nit auf Trattgüeter einandern sezen. Weiter so ist Hofrecht,
dass keiner solle dem anderen [1]) auf seine eigne Trattgüeter einiche Bäum,
Felben, Eichen, sonder weder wild noch zahm setzen noch zeugen solle. Und
die solliches theu, so mag der, des das Trattguet ist, dieselbigen nutzen,
brauchen und abhauen, wie sein eigen Gut, und soll dem, der sie gezeuget
hat, nichts dabei zu tuen, noch antwurt zu geben schuldig sein.

28. Nit für die eignen Gueter setzen. Weiter so sol keiner dem
anderen im Hof Widnauw und Haslach auf seine eigne noch der Gmeind
Gueter einiche Böm für seine Nachbauren Rebesch [2]) sezen, näher zeügen,
dann achtzehen Schuch weit darvon. Darumbe welchem zuewider näher ge-

zeugt wurden, der mags selbst darvon thuen und darbei niemand nichts schuldig sein. Was aber für wüste Bäum gesezt oder hinfüro solten gepflanzet werden, als Nussbäum, Eichen, Kriessbäum und dergleichen, die sollen nach Erkantnus Ammann und Grichts zu oder aberkendt werden. So vil auch andre zame Bäum betrifft, die mag jeder in seinen Ehehaftigen ausserhalb der Rebeschen Nachtheil erzeugen, wie von Alters her.

29. Verjahrung der Gantbrief. Item es ist auch Hofrecht und angenommen, welcher im Hof Widnauw und Haslach ein Gantbrief umb seine Zins erlangt und überkompt, er seie frömbd oder heimbsch, den Gantbrief hinderhalt und seinen Zins nit mitzeucht, wann derselbig Gantbrief verjahret über ein Jahr, sechs Wuchen und drei Tag, so solle er (cassiert und) kraftlos sein, und kein Zins mehr eingezogen werden.

30. Verjahrung der Zinsbriefen und Schulden oder gelegenen Gütteren. Welcher seine Zins und Schulden oder gelegen Guet gegen Leuten so im Land wohnen, unansprächig verligen lasst lenger dann neun Jahr lang, der solle der Anspruch nach solchen neun Lobrisinen beraubt sein und ihme darüber kein Recht mehr ergehen, sondern die Brief kraftlos erkennet werden.

31. Äcker umb den dritten Theil verleihen. Item welcher und welche Hofleut im Hof Widnau und Haslach oder ander, so im Hof Widnov und Haslach Äcker habend und einen Acker oder mehr wil verleihen, soll er den oder die einem im Hof Gesessen lassen, und soll ihn drei Jahr (lang) verlohn zu nuzen: ein Jahr Sommergewächs und zwei Jahr Fesen; doch unserem gnädigen Herren von Embs hierinnen unvergriffen, dann dieselbigen mögen ihre Güeter verleihen, wann und wo sie wollen.

32. Versatz auf Nutzung. Item so ist auch Hofrecht und angenommen vor einer vollkommnen, ganzen Gmeind im fünfzechenhundert und sibenzigisten Jahr: welcher sein Guet umb seiner trungenlichen Noth willen umb den Bluemen versezt zue nuzen und versezen muess, der soll solches, wie ers versezt, in der Kirchen zu Widnauw rüfen lassen. Und wann dann in Monatfrist sein die nechsten Fründ und Verwandten solche Versazung gegen dem, so auf das Guet gelichen, nit lösen, so soll zue demselben ersten Nuz der Versazung niemand mehr kein Recht haben, sondern dem, der darauf gelichen hat, bleiben. Aber gegen den Frömbden soll jeder den Vorspruch und Losung haben, wie dann von Alters her gebrucht ist worden.

33. Verspruch der gelegnen Gütteren. Weiter so ist Hofrecht und angenommen: wann einer ein gelegen Guet verkauft, er seie frömbd oder heimbsch, so soll der Käufer das Guet inhaben und besizen ein Jahr, sechs Wuchen und drei Tag, und das Guet nit schwechen, kein wild noch zame Bäum nicht darab hauwen, sondern den Nuzen darab nemmen und empfahen, bis er das nach Hofrecht besessen; welcher aber das Guet mit besseren Rechten anfallen und versprechen wil, der soll in des Käufers Fuesstapfen stehen und bezahlen, und ob der erste Käufer Bauw, Samen und Arbeit in das Guet gelegt, das solle ihme bezahlt werden nach Biderleuten Erkantnuss.

34. Weiter so ist auch Hofrecht: welcher ein gelegen Guet verkauft und von dem Käufer Haab daran in angeschlagnem Gelt nimbt, der mag sie wohl nemmen. Wann aber einer das Guet mit besseren Rechten versprechen wil, so mag er dieselbige Haab schäzen lassen, und so vil an derselbigen Haab minder, dann sie im Kauf angeschlagen, abgeschäzt wird, sol an dem Kauf der Summa abgezogen werden.

.

35. Item welcher sein gelegen Gut verkauft und es umb Zins beschwert ist, der soll die Beschwerd darauf mit dem Guet hinweg geben, und dann nach Anzahl der Kaufsumma abzogen werden.

36. Ferner so ist Hofrecht: wann einer ein Guet verkauft und gibt das auf Zihl und Tag, und wann ihme der Käufer ein oder mehr Zihl nit halt, so soll und mag er ihme widerumb von dem Guet bieten lassen; und wann dann der Käufer oder seine Verwandten innerthalb eilf offnen Nächten das Gelt nit erlegen, sol das Guet widerumb des Verkäufers eigen sein und der Käufer kein Recht mehr dazue haben. — Ist von altem Herkommen gebraucht worden.

37. **Den Frömbden kein Bäum auf der Gemeind geben.** Item es ist auch Hofrecht und angenommen, dass man keinem Frömbden noch Ausgewandten keine Bäum noch Felben auf der freien Reichsgmeind weder zu pfänden, noch zue kaufen geben, auch weder versezen, noch verschreiben soll; und der·solches thet, solle es weder Kraft noch Macht haben.

38. **Wann einer vergült.** Item es ist auch Hofrecht und ein alt Herkommen: wann einer, der im Hof Widnauw und Haslach gesessen, er seie gleich Hofmann oder ein anderer Hindersäss, so vergült und dahin kombt, dass ein Oberkeit, Amman und Gericht das sein heisst austheilen und die Gülten bezahlen, so sollen doch alwegen die Hofleut umb ihren Zuspruch den Frömbden vorgehen und bezahlt werden. Wann aber nach Bezahlung der Hofleuten an Haab und Guet noch etwas übrigs, das soll den Frömbden — jedem nach seiner Summa — so fehr es gelangt, geben werden; doch was verschriben und verbriefet, dem Frömbden und Heimbschen jedem gleich sein Recht bezahlen.

39. **Haubtrecht einem Amman.** Item es ist auch ein alt Recht und Herkommen: wann ein Mansperson im Hof Widnau und Haslach ohne eheliche Söhn, so von ihme geboren, oder ein lediger Gsell, der schon ererbt und gefallen Guet hat, mit Tod abgehet, derselb und dieselbigen sollen einem Amman im Hof Widnauw und Haslach die besten Anlegung seiner Kleider und Seitenwehr, wie er am heiligen Tag zur Kirchen gehet, zum Haubtrecht verfallen sein.

(Diser Articul von dem Haubtrecht ist im Jahr sechszehenhundert und siben und sibenzig gezehlt an der Ambtsbsazung von einer gnädigen Obrigkeit auf Begehren einer ganzen Gmeind abgethan worden.)

40. **Von dem Theilen oder Wehlen.** Und dann so ist auch Hofrecht und angenommen: wann ihrer zween, sie seien (wer sie wollen) Brüder oder Fründ, Weib oder Manspersonen, Frömbd oder Heimbsch, ligend oder vahrend Guet bei und mit einanderen gemeinsam habend und nit mehr für einanderen kommen mögend, so mag der ein dem anderen seinen Theil anschlagen; doch so ihm diser umb den Anschlag nit wolt, dass er ihm umb selnen Theil so viel geben soll im Vertheilen oder der ander wehlen (wöllen).

41. **Besitzung der Herbergen.** Item es ist auch Hofrecht und alt Herkommen: wann sich im Fall zuetragt, dass Vatter und Muetter vor ihren Kinderen mit Tod abgehen, und wann die Kinder mit einanderen theilen, so soll die Herberg und Hofreite, ob Söhn vorhanden, dem jüngsten angeschlagen und zuegetheilt werden.

42. **Wann ein lediger Gsell ein Kind bei einer zeuget (und nicht Hochzeit mit ihro haltet).** Item ein Herschaft von Embs und ein Hof Widnauw und Haslach habend mit einanderen den Articul auf- und ange-

nommen: wann ein lediger Gsell ein Kind bei einer zeugt, und sie nit ehelich mit einanderen sein wollen, so soll die Mutter das Kind ein halb Jahr haben, und sol ihr des Kinds Vatter fünf Pfund Haller (fl. 2. 51. 1) zue Lohn geben, und drei Pfund Pfening (fl. 8. 25. 2) für die Kindbet; und Ehren-Dingen halb, so auch darzue gehören, mit einanderen handlen, wie von altem her beschehen.

43. **Mess und Theilung der Jucharten.** Item es soll auch manigklichen wüssen: wann man Äcker, Auwen, Wisen, Matten aussmessen und theilen wil, dass man nemmen sol ein Stang, die soll eilf gut Schuch lang sein. Und wann man ein Juchart messen wil, sol man in der Lenge messen neun und fünfzig Stangen und in der Breite eilf Stangen, und ein halb Juchart Breite sechsthalbe Stangen. Also ist die Mess von den Altforderen geordnet und braucht worden.

44. Item so ist auch Hofs- und Landsrecht, dass Jeder in seinem eignen ehehaften Guet im Hof Widnauw und Haslach solle **Strassen** und **Gassen** auf seinen eignen Kosten und Schaden, **Steg** und **Weg** in Ehren haben und zue machen schuldig sein. Doch wann er die Gassen mit Bäum, Eichen und Felben raumbt, solle er nit weiter zue machen schuldig sein.

45. **Bäum auf der Gemeind.** Item so ist auch zu Widnauw und Haslach von einer ganzen Gmeind des freien Reichshof Widnauw und Haslach im drei und sibenzigisten Jahr einhelligklich auf- und angenommen zue Hofs- und Landtrecht: wann und so ein Mann- oder Weibsperson im Hof ohne eheliche Leibserben von ihme geboren, und ohne eheliche Geschwüsterten mit Todt abgeht (!) und Bäum oder Felben, wild oder zam, darvon nüt hindan gesezt, auf der Reichsgmeind hat, die sollen alsdann dem Hof und Gmeind gefallen sein und sich deren sonsten niemands eignen, noch Anspruch darzue haben.

46. **Erbfall und Erbrecht im Hof Widnau und Haslach.** Item es ist Hofrecht und Erbrecht, dass zweier Geschwüstergit Kinder oder Encklin und Geschwüsterige bei- und mit einanderen erben sollen, doch jeder seinen Zuetrag, waunen er kommen ist, bis an das ander Glied, und darnach der Erbfall gefahlen solle nach Gesippschaft und nach (der) Linien des Bluets, und nit nach dem Stammen, es seie dann Sach, dass ein Frömbder wollte einen im Hof erben oder miterben, so solle er seinen Lands- und Erbbrauch, von dannen er kombt, mit ihme bringen und den auflegen, und nach demselbigen allein solle er zue erben zugelassen (sein und) werden, und nit nach disem Hofbrauch. Gesezt, dass diser Hofbrauch die Hofleut für die nähere Erben jemandts von (der) Fründtschaft zueliesse, als der frömbd eingelegt Brauch, so solle diser zuegelassen werden, und der Frömbd, ob er schon in gleicher Linie, ausgeschlossen.

47. Item wann zwei eheliche Menschen zuesammen kommen und eheliche Kinder bei einanderen überkommen, ob dann Sach wurde, dass der Vatter oder die Muetter von den Kinderen absturben, alsdann so soll das, so in Leben bleibt, mit seinen Kinderen theilen, und mag und sol füraus sein zugebracht Guet nemmen. Und hetten dann die zwei Ehemenschen die Zeit, so sie bei einanderen gewesen, gewunnen, dasselbige soll ihme auch halb zugetheilt werden. Ist aber das Guet, so sie zuesammen gebracht haben, geschwunen, das soll an dem Erbtheil beiden Theilen gleich geschwunen sein; darzue sol das, so im Leben ist, stehen an eins Kinds theil, doch nit anderst, dan in leibdingsweis, und dass ein Amman und Gericht das Gut und die Kinder bevogten sollind.

Ob aber eines das sein gar verthun wolte, dass ihme dann nit weiter erfolgen solle, dan nach Leibdingsrechten.

Wann aber sich begibt, dass das, so im Leben bleibt, der Mann ein ander ehelich Weib, die Frauw einen anderen ehelichen Man nach Absterben ihres Ehegemahls zu der Ehe nimbt, vor- und ehemalen ein Monatsfrist nach Absterben seines Ehegemahls vergangen ist, dann so hat dasselbig sein Leibding verwürkt.

48. Item es soll auch keines sein Leibding nit schwechen noch minderen, sondern es in gutem Bauw und Ehren halten, auch keinerlei gebärende Bäum darab hauwen, bei Verwürkung des Leibdings, alles getreuwlich und ungefahrlich.

49. Item es sol auch Niemand sein Leibding nit in, noch auf die Gant kommen lassen, bei Verwürkung des Leibdings.

50. **Erbrecht von gelegnem Guet leibdingsweis.** Item es ist auch Hofs- und Erbrecht: wann Sach were, das zwei eheliche Menschen zusammen kommen und bi einanderen weren, ohne Leiberben von ihnen gebohren, und das ein von dem anderen mit Tod abgieng, alsdann so soll das, so im Leben bleibt, seines verlassnen Ehegemahls ligend Guet, nichts darvon aussgenommen noch vorbehalten, sein Leben lang in Leibdingsrecht inhaben, nuzen und brauchen. Wann aber das Tod oder Lebendig Kinder hett, (und) der Man vor ein Weib, die Frauw vor einen Mann gehabt, und dess ein Leiberben hette, so soll das Lebendig mit des Abgestorbnen Erben anstehen und theilen und in dem verlassnen Hab und Guet ein Kinds Theil, und nit mehr, zu Leibding nemen. Und nach seinem Absterben soll solch Guet widerum fallen an die Stammen, dannen es kommen und geflossen.

51. **Von der fahrenden Haab.** Item es ist auch Hofrecht: wann zwei eheliche Menschen zusammen kommen und ohne eheliche Leiberben von einanderen absterben, ob der Mann vor ein ehelich Weib oder die Frauw vor einen ehelichen Mann gehabt und eheliche Kinder hette, so soll das, so im Leben verbleibt, die fahrende Hab den halben Theil des Abgestorbnen erben und haben, und sollen des Lebendigen und des Abgestorbnen Erben schuldig sein einanderen helfen allo Gült und Widergült einnemmen und bezahlen. Es sollen auch die Häuser, Städel und andere Zimmer, und was gemein Schuldbrief seind, fahrende Haab heissen und sein und für fahrend getheilt werden.

Wann aber ein gelegen Guet von welcher sie umb (!?) an fahrende Hab verwent und angelegt ist worden, was man mag mit der Wahrheit kundbar machen, wan es widerumb zu fallen kompt, solle es widerumb zu gelegnem Guet geschriben und gemacht (werden). — Doch so soll dem, so in Leben bleibt, seine anlegenden Kleider, ein wohlbereitte Bettstatt, auch der Tisch im Haus voraus und anbleiben und nit getheilt werden.

52. **Vatter und Mutter Kinder in leibdingsweis erben.** Item es ist auch Hofrecht: wann Vatter und Mutter eheliche Kinder habend und ein Kind ohne leibliche Geschwüstrigte oder ohne Leiberben mit Tod abgieng, sollend Vatter und Muter des Kinds fahrende Hab für eigen erben und in leibdingsweis das gelegen Guet inhaben; und nach Vatter und Mutter Absterben soll solch gelegen Guet widerum hinder sich an die Stammen fallen, dannen es geflossen nach Linien des Bluets. — Wann auch einer oder eine was des Seinigen verschaffen und vermachen wurde oder wollte, das mag es thun bis auf

18

zechen Pfund Pfening werth. Anders und weiters soll Niemand vergundt sein, dann mit Vorwüssen und Bewilligung seiner Freund und dessen Oberkheit zu Embs.

53. Vom Abzug. Betreffende den Abzug solle es darmit gehalten werden, wie man einen in der Frömbd helt: also wan man an einem Ort, dahin man die Güeter ziehen thuet, Abzug nimt, so soll man den und so vil auch nemmen; nimbt man dan keinen, sol man auch keinen nemmen.

54. Die Morgengab. Item es ist auch der Brauch und Hofsrecht: wan sich zwei Menschen mit einanderen verehelichend und die Ehe mit dem Kirchgang nach Ordnung und christlichem Brauch bestellten, demnach einanderen beschlafen, so dann über kurz oder lang das ein von dem anderen mit Tod abgeht, so mag und soll dann das Lebendig das Verlassne vollkommen erben in Ligendem und Fahrendem, nach Inhalt und vermög vorgeschribner Articuln der Erbrechte; und sollen des Abgestorbnen Erben, dem so noch bei Leben Ehegemächt, fünf Pfund Pfening zur Morgengab zue geben schuldig sein.

Dessen wie obgemelt zue Urkund haben wir Johan Christoph, Grave zu der Hohen Embs, diss vorstehend Hofrecht mit unserem Secret, auch eigner underzogner Handschrift bekreftiget.

Beschehen den lezten Monatstag Marty, als man zehlt von Christi Unsers lieben Herren Geburt sechs zechenhundert und ein Jahr.

Johan Christoph, Graf zu der Hochen Embs.

Erster Nachtrag zum Hofbuch.
1615 Juni 6.

Wir Caspar Graf zu der Hochen Embs, Gallara und Vaduz, Herr zu Schellenberg, Dorrenbyren und Lustnauw, Frstl. Dhlt. Erzherzog Maximiliani zue Oesterreich etc. Rath, Cammerer und Vogt der Herrschaft Veldkirch und Neuburg am Rhein, bekennen, dass vor uns, auch unserem Rath, Canzler und Oberambtleüten, erscheinen seind Geörg Hemmerlin, Amman, und Alexander Scheffknecht, wie auch Geörg Fiz, alter Amman, alle drei verordnete Ausschütz des Gerichts Lustnauw (am) einen, sodann von des Gerichts Widnauw und Haslach wegen Jacob Köppel, Amman, Baltaß Torgler, alter Amman, und Ulrich Grabher, Grichtschreiber, alle Underthanen, am anderen Theil etc., underthenig für uns einbringende: was massen sie von unseren Vorelteren den Herren von Embs einen besigleten Hofbrauch (erhalten), so sie ihnen umb etwas zu mehren und besser zu erleüteren begehrtend; dann darinnen under anderen bei dem Titul „Vatter und Mutter Kinder in leibdingsweis erben" etc. mit folgenden Worten verstehen:

„Item es ist auch Hofrecht: wan Vatter und Mutter eheliche Kinder habend und ein Kind ohne leibliche Geschwüstrigt oder Leibserben mit Tod abgieng, so sollen Vatter und Mutter das Kind erben in leibdingsweis, und nach Vatter und Mutter Absterben sol somlich Guet widerumb hinder sich an die Stämmen fallen, dannen es geflossen, nach Linien des Bluts."

Wann aber bei dem jezt angeregten Puncten gesezten Worten „ohne leibliche Geschwüstergit" Zweifel fürgefallen, ob darunder auch Stiefgeschwüstrigt, so von einem Band harkommen und einthalb Geschwüstergit genent werden, oder aber allein diejenigen, so von beiden Banden, das ist Vatter und Mutter, Geschwüstergit seindt, verstanden werden sollen, als haben sie gehorsames

Fleiss gebeten, ihnen zur Verhüetung künftiger Spenn und Irrungen ein Er-
leüterung, „was leibliche Geschwüstergit seien", hierüber schriftlichen zu ertheilen und in glaubwürdiger Form besiglet zuzestellen.

Derowegen so ist auf zeitlich gehabten Rath erleüteret, gesezt und geordnet, dass sich angezogne Wort „leiblich Geschwüstergit" ferners nicht verstehen oder erstreken sollen, als auf rechte natürliche leibliche Geschwüstergit
von beiden Banden, das ist von Vatter und Mutter hero; das auch die Steuf-
oder einhalbe Geschwüstergit darunter gar nicht begriffen oder verstanden
werden sollen.

Item habend sie weiter underthenig gebeten, wir wolten ihnen hernach
folgenden Puncten auch in ihr Hofbuch sezen, nämlichen: wann aber es sich
zutruge, dass Vatter und Mutter zweierlei Kind hetten und mit Tod abgiengen,
alsdann sollen die hinderlassnen Kinder anstehen und sollen den Vatter oder
die Mutter allein erben, von denen es geboren ist. (!) Wann aber die Kinder
ohne leibliche Erben oder leibliche Geschwüstergit mit Tod abgiengen, alsdann solches Guet widerum hinder sich fallen an die Stämmen, dannen es
herkommen und geflossen ist nach Lini (!) des Bluets.

Solchen Puncten wir ihnen auch gnädig bewilliget und bestetiget.

Geben und beschehen in unserem Palast Embs, auch mit unserem Secret-
Insigel besiglet, den sechsten Juni, nach Christi Geburt gezelt sechszehenhundert und fünfzehen Jahr.

Caspar, Graf zu Hochen Embs.

Zweiter Nachtrag zum Hofbuch.
1621 October 13.

Unter dem 13. October 1621 wurden von Graf Kaspar auf Bitte der Hofleute durch die gleichen Abgeordneten folgende 5 Punkte zur Eintragung in
ihre Hofbücher ratificirt:

Als ersllichen betreffende die Erbrecht ist angenommen worden: wann
zwei Ehemenschen Hofleüt seien, im Hof mit einandern hausen und eines von
dem anderen stirbt, so solle der auf ihren ligenden Güeteren erwachsne Bluemen
nicht getheilt, sondern denen, so die Güter erben, darauf bleiben.

Zum anderen: wan uf beschehen Anrüefen der Parteien Hof- oder Schad-
oder Zeit-Gericht im Hof Lustnauw, Widnauw und Haslach gehalten wurdet (!),
so solle alsdann der auf solchen Gerichten aufgegangne billiche Grichtskosten
von den verlurstigeten Parteien, so das Gericht brauchen, nach richtlicher Aus-
weisung und Erkandtnus den Würten, alda Gericht gehalten wurdet, also bar
oder auf das längst in 14 Tagen auszerichten schuldig sein.

Drittens ist fürobin Hofrecht und gesezt: welcher Hofmann, jung oder
alt, sich ausserhalb Lands oder Hofs verheurathen und eine, so kein Hofmänin
were, zue der Ehe nemmen und sie in ihrem eigenthümblichen Vermögen
nicht vollkommenlich einhundert Guldin an barem Gelt oder so vil dessen
Werth haben wurde, dieselbigen sollen alsdann für keine Hofmäninen angenommen werden, und er mit Verwürkung des Hofrechts gestraft werden.

Viertens: welcher oder welche den anderen beßeren Rechten gut- oder
freundtschafthalber ein verkauft Guet anfeilt (!) oder verspricht, der oder dieselbigen sollen dem ersten Käufer von solchem Kaufschilling nach Anzal der
Zeit den billichen Zins, sampt allen deshalb erlittnen Unkösten und Schaden
zu entrichten und abzustatten schuldig sein.

Sodann zum fünften: wann die Elteren von ihren Kinderen absterben, sollen die Kinder alsbald durch Ammann und Gricht bevogtet und von ihrem ererbten Guet erwachsonden Bluemen, nach Ammanns, Grichts und der Kinder nechsten Befründen guter Erkantnus, zu nothwendiger Underhaltung verstelt und gebührlich erzogen werden.

Und haben wir zu Urkund und obangedeutter unserer gethanen Ratification wegen diß mit unscrem angebornen gräflichen Secret bekreftigen lassen. So beschehen in unserem Palast zue Embs, den 13. Monatstag Octobris des sechszechenhundert ein und zwenzigsten Jahrs.

Dritter Nachtrag zum Hofbuch.
1635 April 23.

Unter dem 23. April 1635 veränderte Graf Kaspar auf Bitte „des verordneten Ausschusses seines freien Reichshofs Widnau und Haslach ennet Rheins" zwei Artikel (52 und 51) ihres Hofbuchs folgendermassen:

Für den ersten Articul betreffende: wann Vatter oder Mutter eheliche Kinder by einanderen hetten und ein Kind ohne leibliche Geschwüstrigten oder ohne Leibserben mit Tod abgienge, so sollen dann Vatter und Mutter das Kind erben in ligendem und fahrendem Haab und Guet für lautter eigen, und nicht widerum hinder sich fallen, sondern dem Vatter und der Mutter für lautter eigen zugehörig sein.

Für den andern Articul betreffend: wann zween Ehemenschen zusammen kommen und der Mann zuevor ein Weib gehabt oder das Weib zuvor einen Man gehabt, und sie Kinder zusammen brächten von einem Band her geboren, und dann dieselbigen zwei Ehemenschen Kinder bei einanderen hetten, so gebe es dan rechte Geschwüsterigt und einhalbe Geschwüsterige; und so es sich begebe und zuctrüge, dass sie rechte Geschwüsterigte mit Tod abgiengen, so solle dann das rechte Geschwüsterigte mit einer Hand erben in ligendem und vahrendem Hab und Guet für eigen und sol solch Guet nicht widerum hinder sich fallen, woher es geflossen ist, sondern die halben Geschwüstergit sollen die rechten Geschwüstergit erben für eigen.

Wann dan wir gedachter unser Underthanen Pitten und Begehren zu wilfahren geneigt, als haben wir solches gutgeben und bowilliget und verwilligen es hiemit gnädigklich, sondern Gefehrde. — Dessen zu Urkund haben wir solches bekreftigen lassen. So beschehen in unserem Pallast zue Embs auf St. Geörgen des h. Ritters Tag, als man zelt sechszehenhundert dreisig und fünf Jahr.

C.

Die rechtlichen und ökonomischen Verhältnisse des Hofs Widnau-Haslach im Jahre 1768.

In n. 190 unserer Auszüge (s. ob. S. 142) ist von einem „Memorial über die Rechtsame, den Ertrag und den Preis" der Höfe Widnau und Haslach die Rede, das 1769 in den Abschied genommen wurde, als es sich nach dem Aussterben der männlichen Linien Hohenems um den Ankauf dieser Höfe durch die im Rheinthal regierenden Orte handelte. Die dem zürcherischen Staatsarchive entnommene und nachträglich zu unserer Kenntniss gelangte Beilage 1 zu dem Abschiede der Jahrrechnungs-Tagsatzung von 1769 ist ohne Zweifel eben dieses Memorial. Obschon mit verschiedenen sinnlosen Verschreibungen und einer höchst eigenthümlichen, bei dem nachstehenden Abdruck in der Hauptsache beibehaltenen Orthographie behaftet, verdient es hier doch wohl seinen Platz und lautet:

Beschreibung der hochgräflichen Harrachischen, in der (!) eidgnossischen Territorio im Rheinthal gelegenen Herrlichkeiten, Gerechtsamen und Ehrfällen.

Alle diese Besitzungen zusammen genommen, wie selbe weiland Herr Merck Sittich von Ems, Ritter, im Jahre 1520 von denen Christoph und Felix, Grafen zu Werdenberg, den Reichshof Lustenau eigenthümlich erkauft hat, werden genannt:

Der Reichshof Widenau-Haslach (Wyd—Haß—), und ligen darinnen nachfolgende Dörfer und Weiler:

Als Widenau, Schmitteren, Dornach (Zur Ach), Dickenau, Haslach und Monstein.

Obrigkeit.

In diesem Reichshof hat das hochgräfliche Haus alle und jede Civil-Jurisdiction, Strafen, Frevel und Bussen, samt allem deme, so der nieder Grichtsherrlichkeit anhängig ist. Die Justiz wird in der ersten Instanz durch das

Hofgricht

verwaltet, welches aus einem Hofamtmann als Haupt, dann aus 12 Richteren, einem Hofschreiber und einem Hofweibel bestehet und alleinig von dem hochgräflichen Haus als Grichtsheeren (!) abhanget, auch durch dasselbe oder dero nachgesetzte Oberamte (!) alle 2 Jahr nachstehender massen besetzet wird:

Es muss nemlichen das Hofamtmanns-Amt wegen der im Hof Widenau-Haslach eingeführten Religions-Parität mit einem catholischen und reformirten Subjecto alle 2 Jahre alternative besetzet werden. Alles Mannsvolk, so bereits gehuldiget hat, schlaget darzu 4 Mann vor, und aus jenen vieren (fahnen!! Pieren!!), welche die meisten Stimmen haben, erwehlet das hochgräfliche Haus einen nach eigenem Belieben, stellet solchen dem versamleten Volk öffentlich vor und nimmet ihme auch vor dem ganzen Volk die Eidespflichten öffentlich ab.

Die 12 Richtern seind zur Hälfte catholisch und zur Hälfte reformiert, der Hofschreiber allemal einer anderen Religion, als der Hofamtmann. Alle diese aber ernamset das hochgräfliche Hauß privative nach eigenem Belieben und ohne mindesten Vorschlag der Unterthanen; wie dann um die bei jeder Besatzung als erledigt ausrufende Hofschreiber- und Weibel-Dienste bei der hochgräflichen Besatzungs-Commission angehalten werden muss. Sothaner ganze Besatzung-Actus geschiehet ohne allen Entgelt des hochgräflichen Haußes; sonderen die dabei aufgehende Unkosten muss alleinig die Gemeind bezahlen. Dieses Gericht richtet, wie schon gesagt, die burgerliche Rechtsstreitigkeiten der Einwohner des Hofs Widenau-Haslach, als die ordentliche erste Instanz. Von dessen Urtel aber gehet die

Appellation

alleinig an das hochgräfliche Haus oder dero nachgesetztes Oberamt und zwar also, dass dieses die loste (!) und suprema Instanzia ist, beide seen Erkanntnussen es unabänderliches Verbleiben haben muss, mithin der Process nicht weiters, auch an kein Eidtgnossisches Syndicat oder Landvogtei-Amt, gezogen werden kann.

Ausser dieser Grichtsherrlichkeit und des daraus fliessenden, unten annoch anzumerkenden Einkommens besitzet das hochgräfliche Hauß das

Jus Patronatus

über die St. Jacobs Pfahrkirchen (!) zu Widenau, kraft wessen hochdasselbe
nicht allein die ledig werdende Pfahrpfrund (!) mittelst der gewöhnlichen Präsen-
tation mit einem beliebigen Subjecto wieder besetzet, sondern auch die Haereditaet
des verstorbenen Pfahrers neben dem geistlichen Officio mit obsigniert und trac-
tiert; nicht minder alle Jahr die Kirchen-Rechnung ohne Beisein einichen bischof-
lichen Commissarii ganz allein und privative abböret und adjustiert. Zudeme
gehört dem hochgräflichen Haus als Inhaber vom Hof Widenau-Haslach das

Jus Patronatus

über die Pfahrrei (!) zu Montlingen im Hof Oberriet, kraft wessen hoch-
dieselbe den Herren Pfahrer allda ernamset und einsetzet, auch über die zu
der Pfahrpfrund gehörige 4 Höfe Lehenheer (!) ist, so dass (so) oft ein Lehn-
mann stirbet, der Nachkömmling solches (!) Hof von dem Patrono neuer Dingen
empfangen und der (!) Ehrschatz darvon bezahlen muss. In gleichem, wann ein
Lehenherr stirbet, müssen alle 4 Lehenhöfe bei des Patroni Erben empfangen
und vererbschatzet werden, welches auf 150 bis 200 fl., auch weiters hinauf, ge-
steigeret werden kann.

Dieses Jus Patronatus exerciert zwar dermalen der Hof Oberriet pfandweis
für den auf den Pfahrhof zu Montlingen verwendeten Bauschilling; es kommt
aber nur auf dessen Außlosung an, so kann der Patronus wiederum dasselbe
ohngehinderet üben, inmassen solches von einem hochloblichen Syndicat auß-
drucklich, wie recht ist, vorbehalten worden. *)

Das Einkommen und Gefälle

nun in diesem ganzen Reichshof bestehen in nachfolgendem, und zwar erstlichen in

Haupt- und Todfällen (—fählen),

so ein jeder, der in diesem Hof haubhäblichen wohnet oder schon einmal ge-
erbet hat, auf sein Absterben als den Hof-Fall geben und in dem besten Haupt,
das er verlasst, Ross oder Vieh, bestehen muss.

Sothane Fäll betragen nach einem aus 10 Jahr-Rech-
nungen richtig gezogenen Calculum jährlich bei . . . . . 110 fl. 18 kr.

In gleichem gibt eine jede Haushaltung alljährlich eine

Fassnacht - Henne,

so nach ebenmässig richtigem 10jährigen Calculum am Geld
betraget . . . . 17 „ 04 „

Die Bussen und Strafen

pflegen bei denen nach Gestaltsame der viel oder wenig vorhandenen Frevlen alle 2, 3 oder 4 Jahr, auch später, durch
den Grichtsheeren nach dessen Belieben abhaltenden Bussen-
gerichten bezogen (zu werden), bei welchen zu 50, 60, auch
mehreren Gulden abfallet.

Solches ist in letsteren (!) 10 Jahren nur eines gehalten
und darbei 62 fl. 21 kr. bezogen worden, kommet dahero all-
hier auf ein Jahr ein Ansatz . . . . 6 „ 44 „

Uebertrag . . 134 fl. 06 kr.

*) Vrgl. Hof Kriessern n. 217.

Uebertrag . . 134 fl. 06 kr.

Abzug.

In diesem Reichshof Widenau ist zwar das hochgräfliche Hauß als Jurisdictionsheer berechtiget, von jenen Mittlen, die daraus gezogen werden, so viel vom hundert als Abzug zu beziehen, als an jenem Orte, wohin die Mittel kommen, genommen zu werden pfleget. Weilen aber sothaner Fall sich bei langen Jahren nicht eräugnet hat, als kommet auch ausser der blossen Gerechtsame in würklichem Ertrag (nichts) anhero anzusetzen.

An **ohnbeständigen Gefällen** ertraget
Der halbtheilige Wein
von denen herrschaftlichen eigenthümlichen und denen Weinbauleuten um die Hälfte überlassenen Reben nach einem richtigen 10jährigen Calculum alle Jahre . . . . 675 „ 13 „
Der gross und kleine Zehenden
wirft calculmässig auf ein Jahr richtig ab . . . . . 1435 „ 23 „
Die beständige (!) Gefälle
bestehen in nachfolgendem:
als der grosse sogenannte Hofzins, traget alljährlich
an Vesen 34 Viertel 1¼ Vierling }
„ Haber 40 Viertel 2½ Vierling } . . . . 27 „ 30 „
die Schirmsteuer zu Widenauw . . . . 22 „ 42½ „
do. „ Altstätten . . . . 29 „ 41 „
do. „ Marbach . . . . 13 „ 49 „
do. „ Bernang . . . . 3 „ 3 „
dato von dem Rheinfahr am Monstein . . . . — „ 28 „
die außländische (!) Lehengüter im Rheinthal geben . . . 7 „ 16½ „
dass also der jährliche Ertrag in allem betraget . . . . 2349 fl. 12 kr.

Um jedoch diesen Ertrag netto und bereiniget zu haben, so muss auch dasjenige von obiger Summa herabgesetzet werden, was das hochgräfliche Haus als die in diesem Fundo anklebende

Real Onera
alljährlichen zu bestreiten hat. Solche fixierte Onera sind:
Dem Heeren Pfahrer zu Widenau:
Vesen 106 Viertel 2½ Vierling à 23 kr. thut . . . . . 41 fl. 32 kr. 1 d.
Gersten 6 Viertel 2½ Vierling à 37½ kr. „ . . . . . 4 „ 5 „ 1 „
Haber 6 Viertel 2½ Vierling à 22 kr. „ . . . . . 2 „ 25 „ 6 „
Denen Hallwilischen Bauren zu Bernang:
Vesen 135 Viertel . . . . 51 „ 45 „ —
Haber 135 do. . . . . 49 „ 30 „ —

Dann muss das hochgräfliche Haus als Anstösser an dem Rhein mit dero Reben am Monstein, so weit dieselben gehen, die Rheinwuhrung allda erhalten.
Diese Erhaltung hat von Anno 1735 bis inclusive 1764 durch 10 ganze Jahr in allem 141 fl. 59 kr. gekostet; kommet dahero auf 1 Jahr hier in Ausgab anzusetzen . . . 14 „ 12 „ —
Summa der Beschwerden . . . . 163 fl. 30 kr. —

Diese von dem Einkommen abgezogen, verbleibet defalcatis defalcandis und ohne den Montlingischen Pfahrlehen Ehrschätzen an reinem Ertrag 2185 fl. 42 kr.

Diese hieroben beschriebene Heerlichkeiten, Gülten, Renten und Gerechtsamen würden um einen Werth von einmal hundert tausend bis einmal hundert zehen tausend Gulden käußlich überlassen werden.

Frauenfeld den 18. Juni 1769

Friederich Funckner von Funckern (!), hochgräflicher harrachischer Raht (!) und Oberamtmann.

Dieser „Beschreibung des Reichshofs Widnau-Haslach" folgt als Beilage U des Abschieds der Jahrrechnungs-Tagsatzung von 1769 ein kurzes „Gutachten" der Hrn. Committirten Junker Rathsherr Pfyfer (!) von Heidegg und Statthalter Heer, „wie der angetragene Kauf der Höfe Widnau, Haslach und Zugehörde zu Stande gebracht werden könnte", des Hauptinhalts: dass der Kauf zwar im Namen aller regierenden Orte abgeschlossen, jedoch nachher nur von denjenigen übernommen werden sollte, welche vorräthige Gelder hätten oder sonst dazu eintreten wollten; so jedoch, dass die „Jurisdictionalia und das Abzugsrecht" bei sämmtlichen regierenden Ständen verblieben. Und da diese Jurisdictionalia und das Abzugsrecht den jährlichen Zins von 135 Gulden abwerfen, so hätten diejenigen Stände, die nicht in den Kauf treten wollen, denjenigen, welche den Kauf übernehmen, für die Jurisdiction und das Abzugsrecht ein Capital „pr. 6750 Gulden à 2°₀ gerechnet" gut zu machen.

D.
Weitere Oeconomica.
1.

Als Beilage zu dem Abschiede der Jahrrechnungs-Tagsatzung von 1748 liegt in dem zürcherischen Staatsarchive nachstehende „Uebersicht über die Einnahmen und Ausgaben zu Widnau und Haslach" in den Jahren 1726 und 1727. Es sind dies offenbar die hohenemsischen Gefälle, welche der Landvogt in diesen zwei Jahren auf Anweisung der regierenden Orte zu Gunsten der bündnerischen Gläubiger des Hauses Hohenems einerseits und von Widnau und Haslach anderseits — zur Vergeltung des auf ihre überrheinischen Rieter gelegten Arrests — an sich gezogen hatte. — Vrgl. ob. n. 165 u. 168.

Einnahmen.

An Frucht:	1726		1727	
	Viertel	Vierling	Viertel	Vierling
An Fäsen	1699	—	1838	—
„ Weizen	22	—	24	—
„ Erbsen	11	1	11	—
„ Bohnen	80	1	96	—
„ Gersten	61	–	52	—
„ Rauchkorn ¹)	39	1	—	—
„ Türkenkorn	150	—	160	—
Jährlicher Hofzins an Geld und Haber ²) . .	35	—	50	—
	2097	3	2231 ³)	

¹) Korn, das von jedem „Rauch" (Herde) dem Grundherrn entrichtet werden muss. Vrgl. Lexer, Handwörterbuch, zu „rouch-haber" und „rouch-korn". ²) So lautet die Eintragung für 1727; für 1726 heisst es: „dazu per Bodenzins: Jährlicher Hofzins." ³) Ms. „2204".

An Geld:

	1726				1727		
	Gulden	Kreuzer	Heller		Gulden	Kreuzer	Heller
An 3 „Fällen"	34	30	—	An 7 Fällen	74	—	—
An gewohnten Steuren:							
Altstätten	29	42	—		29	42	—
Marbach	13	41	—		13	41	--
Bernang	3	3	—		3	3	—
Widnau und Haslach .	22	43	2		22	43	2
Vom kathol. Pfarrhof							
zu Bernang jährlich	—	17	2		—	17	2
Zehntrüben	16	—	—		17	36	-
Flachszehnten zu:							
Bernang	97	28	—		85	30	—
Balgach	55	40	—		71	9	—
Widnau	139	48	—		249	49	—
Au und Haslach . .	84	30	—	224. 18			
Heuzehnten	5	42	—	zu Bernang	6	20	—
Zu Schmitter: Acker-							
schilling, Heu u. Emd	6	49	—		6	46	—
Zu Balgach: Ackerzins .	1	45	—		1	45	3
Fasnachthennen im gan-							
zen Hof Widnau und							
Haslach	17	—	—		16	15	—
Obst- u. Fenchel(Fenk—)-							
Zehnten	6	7	—		5	—	—
	534	45	4		603	36	7

An Wein:

	Saum	Elmer	Viertel			Saum
Weissen	32	2	—	Weiss und roth	. .	85
Rothen	2	1	1			
	34	3	1			

Ausgaben.

An Frucht:

Dem Hrn. Pfarrherrn zu Widnau sein Contingent:

	1726		1727	
	Viertel	Vierlg.	Viertel	Vierlg.
Fäsen 80 Viertel g(ross) M(äss), macht ordinari Mäss (!)	107	—	107	—
Haber 5 „ „ „ „ „ „	6	3	6	3
Gersten 5 „ „ „ „ „ „	6	3	6	3
Dem Hallwilischen Haus lt. Stiftung:				
An Fäsen	135	—	135	—
An Haber aus dem Stadel	135	—	135	—
	390	2	390	2

An Geld:

	1726			1727		
	Guld.	Krz.	Hll.	Guld.	Krz.	Hll.
Fuhrlohn, für alle Frucht in den Torggel am Monstein zu führen	18	40	—	18	40	—
Item für allerhand Unkosten mit Schreiben, Wuhren, Zehrung, Weibellöhne, der Ambtleute Besoldung	84	5	—	90	32	2
Herr Karl Hubert v. Salis hat bezogen lt. obrigkeitlichem Urtheil die heurige Steuer zu Altstätten und Marbach . .	43	23	1	43	23	1
Der Herrschaft Ems für Bau, Stickel, Herbst-Lidlöhn u. drgl.	180	54	3	210	—	—
	326	42	4	362	35	3

An Wein:

Hat die Herrschaft an weissem Wein gegen baare Bezahlung des obigen empfangen 66 Eimer, 1 Viertel, 1 Mass, macht an Geld 159 Gld. 4 Krz. 2 Hll.

Ferner an rothem Wein 9 Eimer, an Geld . . . . 25 „ 12 „ — „

Rechnung über die hierseitigen hohenemsischen Gefälle im Jahre 1735.

(Stiftsarchiv St. Gallen, Rubr. CXI., Fasc. 2.)

Einnahmen.

	Guld.	Krz.	Pfg
Zu Balgach: An Flachs-, Korn- und Türken- (Türggen-) Zehntgeld	249	37	2
Zu Bernang: An Flachs-, Korn- und Türken-Zehntgeld .	280	7	—
Der Ammann Indermauer soll für seinen Zehnten	10	40	—
Der Hofweibel allda soll	—	40	—
Zu Widnau (Weyd—) und Schmitter: Zehntgeld von Korn, Flachs und Türken	344	48	—
Hofammann Sieber (Se—) soll für seinen Zehnten	12	34	—
Ammann Mauritz Sieber soll für seinen Zehnten .	9	24	2
Hofweibel soll für seinen Zehnten	3	7	—
Jacob Frei, Schiffmann, soll für seinen Zehnten .	1	16	—
Resten allda, so hernach bezahlt worden	4	19	2
In der Au (—w): Korn-, Flachs- und Türken-Zehntgeld .	201	42	2
Hofammann Torgler soll für seinen Zehnten . .	11	9	—
Hofammann Torgler soll für einen Saum weissen Wein	10	40	—
Landvogtsammann Zellweger soll für seinen Zehnten, einen Eimer weissen und 23 Mass rothen Wein	12	29	1
Joseph Noll, Küfer, für Zehnten und einen Eimer weissen Wein	5	6	—
Jakob Schawalder für 8 Mass weissen Wein .	—	42	—
Jakob Rohner für 18 Mass rothen Wein . . .	1	52	2
Stehet in Au und Haslach Zehntgeld noch aus .	3	49	—
Hofzins an Geld, gefallen in der Au und Widnau . . .	17	26	2
Grundsteuer in Altstätten	29	41	—
„ „ Marbach (—p—)	13	49	—
Uebertrag . .	1225	—	1

	Guld.	Krz.	Pfg.
Uebertrag . .	1225	--	1
Grundsteuer in Bernang	3	3	—
„ „ Widnau und Haslach	22	43	2
Rübenzehnten	15	—	—
Todfall von Ammann Felix Ritz	7	30	—
„ „ Ulrich Häll	7	30	—
Ackerschilling zu Schmitter	6	10	—
Torggelschilling von Jakob Keller in Haslach	-	22	2
Rest von 10 Viertel Fesenkorn, so versilbert worden . .	11	—	—
	1298	19	1

Die gräfliche Fasnachthennen zu Widnau und Haslach, so sonst jährlich
ca. 18 Gulden ertragt, ist mit hochobrigkeitlichem Gutachten eingestellt geblieben.

Wein:

Im herrschaftlichen Keller am Monstein liegen noch nach eingegebener
Rechnung:

An weissem Wein in 4 Fässern 105 Gulden 22 Kreuzer
„ rothem   „   „ 2   „   23   „   9   „

128 Gulden 31 Kreuzer.

a Conto ist Ueberrest des Weins gegeben worden, wie vorderhalb zu sehen:

Dem Ammann Torgler	weiss 4 Eimer	— Mass
„ Küfer	„ 1 „	— „
„ Torgelmeister	„ — „	8 „
„ Ammann Zellweger	„ 1 „	— „
„ „ „	roth — „	23 „
„ Jakob Rohner	„ — „	18 „
	7 Eimer	17 Mass.

4 Eimer Torggelwein ist der Herrschaft abgefolgt.

Ausgaben.

	Guld.	Krz.	Pfg.
Zu Balgach: Bei Verkauf und zweimaligem Einzug der Ge-			
fälle aufgegangen	8	3	--
Dem Hofweibel für seine Mühwalt	—	49	2
Zu Bernang: Bei dreimaligem Einzug Kosten oder Zehrung	10	20	—
Dem Weibel wegen Verkaufen, Rufen und Einzug des			
Rests	2	52	-
Zehrung in zwei Posten bei Verkauf des Zehnten .	1	50	--
Zu Widnau: Bei viermaligem Einzug an Zehrung . . .	11	11	—
Dem Hofweibel für sein Verdienst	3	6	--
Schifflohn	1	16	
Hofammann Sieber: Mühwalt bei Verkauf und Einzug			
der Gefälle	17	15	—
Ammann Mauritz Sieber, wegen herrschaftlicher Zeh-			
rung in seinem Haus und Mühwalt	68	36	—
Hofammann Torgler bei Verkauf und viermaligem Ein-			
zug an Zehrung und Mühwalt	48	49	2
Uebertrag	174	8	—

	Guld.	Krz.	Pfz
Uebertrag	174	8	—
Dessen herrschaftlicher Wuhrconto	29	51	—
Joseph Noll, Küfer, lt. Conto	6	34	
Des Landvogtsammann Zellwegers Verdienst lt. Conto bis 28. März 1736	30	16	—
Den herrschaftlichen Lehenbauern (—pauren) auf ihren Herbstconto bezahlt	30	52	2
Den Riedhirten auf hochobrigkeitliche Erlaubniss an ihren Gliedlohn (!) bezahlt	16	—	·
Den Rheinfehren (!) auf hochobrigkeitliche Erlaubniss ihren Jahrconto	13	45	--
	301	26	2
Für Reparirung des herrschaftlichen Brüggleins am Monstein	42	14	—
Conto für Dreschen (Tröschen) des 1734er Jahrnutzens .	2	30	—

Frucht:

Auf der Schütte im herrschaftlichen Torggel am Monstein befinden sich:
Bohnen, Lindauer Mass . . . . 66 Viertel
Erbsen . . . . 6 „
Türkenkorn (in der Natur gefallen) auf Ammann Torglers Schütte 150 „

222 Viertel

Mit 26 Viertel Hofzins in Natura und 40 Viertel Fesen ab der Schütte am Monstein sind den Hallwil'schen Lehenbauern die ihnen noch schuldigen 77 Viertel Haber entrichtet und also der Pfarrer zu Widnau, wie die Lehenbauern für ihr Contingent, das sie obigen Jahrgangs halber zu fordern haben, völlig vergütet, der Ueberrest Fesenkorn versilbert und, wie oben zu sehn, in Rechnung gestellt.

E.

Die st. gallischen Klosterlehen in dem Hof Widnau und Haslach.

Nach den ältesten, aus dem Anfang des 15. Jahrhunderts stammenden Lehenbüchern des st. gallischen Stiftsarchivs scheint das Kloster damals auf dem diesrheinischen Gebiet des Hofes Lustnau nicht sehr begütert gewesen zu sein. Es finden sich nur sehr vereinzelte Eintragungen von Belehnungen mit Grundstücken in Widnau und Haslach. Die älteste datirt vom 5. Januar 1413 und ist zu Constanz ausgestellt, wohin Hr. Ulrich von Ems dem Abt Heinrich von St. Gallen durch Haus Reinhart von Constanz die Hälfte eines von seinem Vater ererbten Weingartens zu Haslach, genannt Haslach, aufsendet, ferner „ein Holz" und einen Acker, genannt die Rotenbalden (Rat—), mit ihrem Zubehör, ein Gut, genannt Eichelstein (Aichelstain), mit der Hofstatt und den Aeckern, so dazu gehören, und eine Hofstatt, wo (alz) vor Zeiten der Torggel stand, gelegen in seines Bruders, Hrn. Marquart's, Baumgarten zum Eichelstein, — mit der Bitte, dass Alles dem Konrat Reich (Cunrat Rich) von Constanz zu leihen, welchem er es zu kaufen gegeben.

Ferner werden im 15. Jahrhundert als Klosterlehen in Widnau-Haslacher Gebiet genannt und verliehen:

1413 das Hasengut, liegt in der Isel, Buchensteinsmad, Burkbartsgut und Burkharts Krummensee;

ein Hof zu Widnau genannt Hub; ein Gut heisst der Ger; ein Hofstatt mit Hofruite zu Widnau;

ein Gut genannt Wakbernelshof zu Widnau und eine Wies, genannt Egerholz (!)[1]), liegt bei dem Gotschen und eine Wies, heisst zum Gotschen;

ein Hölli genannt zur Ach, liegt bei Hersbrugg, und ein Gütli genannt der Geracker, gelegen bei dem Gotschen;

1419 der Weingarten zu Haslach (Hasla);

ein Wiesli zum Gotschen; ein Acker zu Kalkofen an der von Emps Weingarten;

1420 das Fridankersgut (!)[2]) — stosst an den Helbogen und an gemeine Rietgassen — ein Mad an dem Krumensee, „da der Kilchweg durchgut von Marbach gen Diepoltzauw";

1426 ein Gut an der Isel;

1427 ein Weingarten und Gut zu Haslach, genannt der Vogelsang; ein Weingarten genannt Rotenweg hinter der Vesti Zwingenstein; das ½ Holz genannt Farnach;

1429 zwei Weingärten zu Haslach (Hasla), zwei Neusätze, Hofstatt, Baumgarten und Torggel daselbst; ein Eimer „Weingelt" von einem Wiesli daselbst, genannt die Schib;

1431 eine Wiese zu Widnau;

1432 das Gut genannt Hupfig zu Widnau gelegen, die Au eunet dem Giessen, das Mädli auf dem Krummensee;

ein Acker zu Widnau, genannt der Fehrenacker;

1443 ein Gut in der Au, zwei Mannsmad in der Au, der Blumen, der Schollach;

ein Gut zum Mon: Reben, Holz und Feld; ·

der Acker genannt Büel und die Kernwies;

1452 ein Gütli zum Mon gelegen, genannt Martisacker;

1453 ein Weingarten am Monstein;

1454 ein Wies genannt des Ulgerswies zu Widnau;

1456 ein Gütli zu dem Mon gelegen, genannt der Büel, mit Aeckern und Wiesen;

1459 ein Weingarten am Mon und eine Wies, genannt die Spieglorin;

1460 zwei Mannmad Wiesen zu Widnau, heisst in der Hösterin;

1465 Haus und Hofstatt im Dornach, einen Acker zu Widnau, ein Egertli im Tachart:

ein Heuäckerli und zwei Aecker zu Widnau im Fehrenbünt; ein Acker ebendaselbst;

ein Juchart Acker und ein Mannmad Heuwachs;

zwei Juchart Acker zu Widnau im Dornach; ein Theil des Hofs Wolfertshof genannt, im Dornach; die Bünt genannt das Unterdornach; ein Mannmad in der Valieren;

1468 ein Juchart Acker zu Widnau;

1469 ein Acker genannt der Fahracker, zu Widnau;

ein Gut zu Dornkilch (!) im Wolfertshof;

[1]) Für „Egetholz" verschrieben. [2]) Für „Fridauersgut" verschrieben?

1469 ein Gut im Dornach bei Widnau;

zwei Mannmad Heuwachs in der Höll; zwei Mannmad im Riet gelegen;

1470 ein Wies genannt Höchsteren zu Widnau.

Ein Theil dieser Lehen wird ausdrücklich als angekauft bezeichnet; aber auch das kömmt noch vor, dass ein Grundbesitzer sein bisheriges Eigengut in Art und Weise der alten Traditionen freiwillig zu Klosterlehen macht.

Unter dem Jahre 1491 findet sich aus der ersten Generalbelehnung durch Abt Gotthart folgende Zusammenstellung der Widnauerlehen, die indess sehr unvollständig zu sein scheint:

1. Ulis Hans, Cunlis Ulis Sohn aus (usser) Vorburg, empfängt Ammanshalden zu St. Margrethen in der Au gelegen;
2. Peter Roner empfängt einen Acker in der Au.
3. Jakob Brassel von St. Margrethen zu seines Bruders Hans Brassel Handen zwei Äcker in der Au.
4. Hans Roner einen Acker in der Au, ein Baumgärtlein, genannt das Häldeli; die Langewies.
5. Jakob Brassel zu seinen und seines Bruders Hans Handen einen Acker, genannt Spitzacker, gelegen in der Au am Monstein.
6. Hans Ruman ab dem Monstein einen Acker in der Au mit der Egerten.
7. Bastian Brunner von Diepoldsau ein Wieslein in der Au.
8. Hans Näf von Widnau einen Acker zu Widnau.
9. Hans Gämel von Bernang zu seinen, seiner Mutter und seines Bruders Ulrich Handen ein Mad zu Widnau.
10. Haini Näf einen Acker zu Widnau.
11. Joseph Sutter von Widnau eine Bünt zu Widnau gelegen.
12. Hans Gasser der alt von Diepoldsau im Hof Kriessern einen Acker in der Au, genannt die Haberrüti.
13. Hans Zehnder von Feldkirch einen Weingarten, genannt Farna, am Monstein.
14. Hans Lucher (!) die Breite zu Widnau; eine Wies genannt die Rüti.
15. Thoman Häuwli von Widnau eine Wies, genannt Wachtnerbünt; des Böschen (Bössen) Wies.

Wie sich der Klosterbesitz im Hof Widnau und Haslach bis zum Ausgang des 18. Jahrhunderts gemehrt hat, ersieht man aus der nachstehenden Generalbelehnung Abt Beda's von 1775, der letzten, welche uns in den von P. Augustin Schill, dem Vice-Oekonomen des Klosters, im Jahre 1787 zusammengestellten Lehenbüchern erhalten ist. Sehr unvollkommen war indess, nach verschiedenen handgreiflichen Verschreibungen zu schliessen, die Ortskenntniss des Schreibers.

Generalbelehnung sub abbate Beda.

Anno 1775, 22. September.

Widnau, Haslach und Monstein.

1. Joseph Frei (Frey) aus dem Haslen empfängt ein Stück Reben im Mon; dto. im Futzen genannt; dto. in der Bünt; einen Acker auf der Spiegleren; einen Acker allda.

2. Johannes Mesmer aus der Au (Auw): einen Acker auf der Spiegleren.
3. Johann Antoni Zoller von Monstein: ein Jou Reben im Mon.
4. Johannes Mesmer, Danielen Sohn, aus der Au: einen Acker auf der Spiegleren.
5. Antoni Joseph Zellweger in der Au: dto.
6. Johannes Thurnherr am Monstein: ein Stuck Reben im Schönau.
7. Antoni Noll in der Au: einen Acker in der Spiegleren.
8. Johannes Zellweger in Haslach: dto.
9. Johannes Zoller, Antonis, aus Haslen: ein Stuck Reben auf Schönau.
10. Joseph Köppel (Köpel) in der Au: ein Stuck Reben im Bannholz (Banh—); dto. in der Haueten; dto. im Dietzig (!).
11. Antoni Zoller, Fehr, aus der Au: ein Jon Reben im Mon; einen Acker auf der Spiegleren; ein Aeckerle allda.
12. Johannes Schawalder aus der Au: einen Acker auf der Spiegleren; item einen Acker allda.
13. Johannes Thurnherr, Schreiner, aus der Au: einen Acker auf der Spiegleren.
14. Johannes Zellweger, Zoller, aus der Au: ein Aeckerle allda.
15. Johannes Köppel, Jakobs Sohn, aus der Au: ein Stuck Reben im Mon; item ein Jon Reben allda; item ein Stuck Acker auf der Spiegleren.
16. Joseph Thurnherr, Ammanns, in der Au: ein Stückle Heuwachs im Mon.
17. Hans Baltes Zellweger aus dem Haslach: ein Aeckerle auf der Spiegleren.
18. Johannes Zoller, Ulrichs, Wittib, um Monstein: ein Jon Reben der Fuchsen (!) (am Rande „Futzen").
19. Hans Jakob Schawalder, Krämer, in der Au: einen Acker auf der Spiegleren.
20. Jakob Roner, Erlis, aus der Au: ein Stuck Reben im Steinli.
21. Hans Jakob Thurnherr, Johannes, in der Au: ein Jon Reben im Dietzig (!) (am Rande „Gietzig").
22. Sebastian Zellweger, Schuster, von der Au: ein Jon Reben im Schönau.
23. Hans Ulrich Zellweger, Schulmeister, in Haslach: ein Jon Reben in der Halden, item ein Jon Reben im Dietzig.
24. Hans Ulrich Zellweger, jung, von Haslach: ein Jon Reben im Rain (Rhan).
25. Hans Jakob Wider, Knecht, von Haslach: Haus und Heimat, sammt Heu- und Obswachs.
26. Hans Georg Schegg (—kh), von Bernang, Namens Hrn. Kuster, Stadtammanns sel. 4 Erben auf der Prestegg (Brestig): einen halben Hof im Haslach (5 Stuck bei einander gelegen); ein Hof allda im Wurst (!) (am Rande „forte Hurst").
27. Hans Baltes Schawalder sel. Wittib in der Au: einen Acker auf der Spiegleren.
28. Joseph Frei von Haslach: ein Stuck Acker allda.
29. Johannes Torgler (—gg—) von Haslach: einen Acker allda.
30. Hans Jakob Bösch aus der Au: ein Jon Reben im Dietzel (!) (am Rande „Gietzig").
31. Johannes Zoller, Michels, alt, vom Monstein: Haus, Heu- und Obswachs; ein Jon Reben in der Halden; item ein Jon Reben allda.
32. Hans Baltes Giger, Namens des Linsebühlamts zu St. Gallen: Haus, Heimat und Gut im Haslach; ein Stückle Reben allda.

33. Hans Jakob Zellweger, Beck, in der Au: ein Stück Heu- und Obswachs im Haslach.

34. Antoni Zoller, Ammauns, von Haslach: ein Stück Reben im Gietzid (!); item ein Stück Reben im Steinli.

35. Konrad Frei, jung, im Haslen: ein Jon Reben in der Halden; item ein Jon Reben in der Bünt; item einen Acker auf der Spiegleren.

36. Johannes Bösch am Monstein: Haus und Heimat, Heu- und Obswachs am Monstein genannt; item ein Aeckerle auf der Spiegleren.

37. Margaretha und Katherina Böschin: Haus und Heimat am Monstein; ein Stück Heuwachs im Mösle.

38. Franz Karle Zoller, Landvogtsammann: ein Jon Reben in der Bünt; ein Stückle Boden auf dem Hurst; einen Acker auf der Spiegleren; ein Jon Reben im Haslach;

39. Hans Ulrich Ritz, Schuster: einen Acker auf der Spiegleren.

40. Kaspar Friedauwer, Küfer, im Haslen: ein Jon Reben im Fehren.

41. Hans Baltes Zellweger, Fehr, am Monstein: ein Stuck Reben im Embser: item ein Stuck Reben im Gietzid (!); item einen Acker auf der Spiegleren.

42. Antoni Frei, Fehr: Reben im Schönau; item ein Jon Reben in der Bünt.

43. Jakob Noll, Fehr: einen Acker auf der Spiegleren.

44. Hans Baltes Mesmer, Hofschreiber: dto.

45. Joseph Thurnherr, Capellmessmer: ein Stuck Reben im Mon.

46. Joseph Köppel, Ulrich, Erben: ein Jon Reben in der Bünt; item ein Stuck Reben im Rain; item einen Acker auf der Spiegleren; item einen Acker allda.

47. Franz Ulrich Köppel: einen Acker allda; item einen Acker allda.

48. Johannes Zellweger, Schreiber, am Monstein: ein Jon Reben im Embser; item einen Acker auf der Spiegleren.

49. Hans Ulrich Würth, Stabhalter: ein Stuck Reben im Schönau; item Haus, Heimat, Heu- und Obswachs von Hr. v. Salenstein.

50. Jakob Zollers sel. Wittib: einen Acker auf der Spiegleren; item einen Acker allda.

51. Hr. Hofschreiber Schawalder und Hans Ulrich Würth: ein Haus, Heimat, Heu- und Obswachs, alles beisammen (stosst an den Felsen und an die Zwingensteinische Landstrass); item ein Jon Reben in der Halden.

52. Jakob Zoller, Ulrich sel. Sohn: einen Acker auf der Spiegleren.

53. Johannes Noll, Fehr, am Monstein: Haus, Heimat, Stadel, Garten, Reben und Gut, aneinander am Monstein; item ein Stück Reben im Mon: item ein Stück Acker auf der Spiegleren; item einen Acker allda.

54. Hans Ulrich Mesmer, Schuhmacher, in der Au: ein Jon Reben im Gietzid; item ein Acker auf der Spiegleren.

55. Antoni Joseph Frei: Haus und Heimat am Monstein.

56. Franz Ulrich Zoller, Schulmeister, und Johannes Wider, Hans Jörgens: ein Jon Reben im Schönau.

57. Michel Wider, Johannessen: ein Jon Reben im Schönau; item ein Jon Reben allda; item einen Acker auf der Spiegleren.

58. Antoni Zoller, Schreiner, am Monstein, als Vogt von Hans Ulrich Zollers (4) Kindern: ein Jon Reben im Gietzid (!).

59. Sebastian Keller im Haslach: Haus, Heimat, Gut, eineinander im Haslach.

60. Johannes Thurnherr in der Au: ein Jon Reben im Gietzid (!).
61. Johannes Frei im Häusle: Haus, Heimat und Gut, aneinander; ein Jon Reben im Schönau; item ein Jon im Mos.
62. Antoni Joseph Roner, des Gerichts, in der Au: ein Jon Reben in der Hauet; item einen Acker auf der Spiegleren.
63. Johannes Friedauwer: ein Jon Reben im Gietzid (!).
64. Antoni Joseph Köppel: einen Acker auf der Spiegleren.
65. Antoni Wider, Michels: ein Stückle Reben in der Haueten.
66. Antoni Joseph Roner, des Gerichts, als Vogt des Hans Ulrich sel.: einen Acker auf der Spiegleren.
67. Hans Jakob Zollers sel. Wittib aus Haslach: ein Stuck Reben, der alt Wingart genannt.
68. Konrad Zoller, Landvogtsammann, aus der Au: einen Acker im Spiegleren.

F.

Kirchliches.

1. Besitz und Einkünfte der St. Jakobskirche zu Widnau im Jahre 1605.

Im genannten Jahre wurden „die Rechte, Gerechtigkeit und Einkommen" der St. Jakobskirche zu Widnau in einem besondern Hefte zusammengestellt, welches heute noch im dortigen Kirchenarchive liegt.

Mit Berufung auf die Trennung von Lustnau im Jahre 1504 (s. ob. S. 77 f.) und die Abweisung des Verlangens der Neugläubigen nach einem Prädicanten durch die regierenden Orte im Jahre 1589 (s. ob. S. 62 f.) wird zuerst constatirt, dass das Jus Patronatus und die Collatur der Kirche der Herrschaft Ems zugehöre. Als Eigenthum der Kirche wird sodann aufgeführt die „Widumb-Hofstatt und -Baumgarten, darauf das Pfrundhaus erbauen, bei der Kirche in einem Einfang gelegen". Es folgen nacheinander die verbrieften Einkünfte der Kirche — in den Jahren 1500—1604 erworben oder aufgerichtet — und die unverbrieften Zinse aus dem Jahrzeitbuch, zusammen 36 Gulden, 5 Batzen, 12½ d. und 4 Viertel Kernen. Den Schluss bildet eine „neue Stiftung" vom 11. November 1605, durch welche eine grössere Anzahl von Hofleuten zu Gunsten der Kirche sich zu jährlichen, auf ihre Liegenschaften verschriebenen Leistungen an die Kirche verpflichten, für so lange, als die „alte chatolische römische Religion dort gebraucht und ein chatolischer Priester und Mess dort erhalten wird", auch mit Vorbehalt, die verschriebenen Zinse durch Bezahlung des entsprechenden Hauptguts wieder alljährlich auf Martini abzulösen, worauf aber das abbezahlte Capital sofort wieder durch die Kirchenpfleger anzulegen ist, damit dem Pfarrer an jährlichem Zins nichts abgehe. Diese neuen Leistungen belaufen sich zusammen auf 45 Gulden, 13 Batzen, 11 d. Ihnen fügt Graf Kaspar zu Hohenems und Gallera als Collator, „sammt den andern jetzigen Inhabern des grossen und kleinen Zehnten", noch den jährlichen Heuzehnten (Hey—) im ganzen Kirchspiel bei, geschätzt auf 24 Gulden. Das ganze Jahreseinkommen belief sich daher auf 106 Gulden, 4 Batzen, 9½ d. und 4 Viertel Kernen.

Die einzelnen Posten können wir hier nicht aufführen; wollen indess nicht unterlassen, darauf hinzuweisen, dass sich in denselben sowohl Namen von Persönlichkeiten, wie von Oertlichkeiten vorfinden, welche sonst in unserm Materiale nirgends erscheinen.

19

2. Aus einem Berichte des Äbtischen Obervogts zu Blatten an den Herrn P. Official in St. Gallen, vom 8. Juli 1786.

(Stiftsarchiv St. Gallen, Rubr. CXXIX, Fasc. 1.)

„Mit Herrn Pfarrer von W i d n a u gibt es, fürchte ich, einen verdriesslichen Handel. Seine Geistlichkeit soll sich vermehrt haben. Die Köchin habe in einem Ort über Rhein abgelegt; das Kind seye dort getauft und nach A r b o n getragen worden. Dies ward dem Landvogteyamt angezeigt, und der abgehende Herr Landvogt fragte mich neulich an, was doch in der Sach zu machen sey? In der Klag sey der Hergang so geschildert, dass da ohnmöglich mehr anderst als obrigkeitlich werde können verfahren werden; um so mehr, als die Köchin nach dem Wochenbett wieder so wohl geborgen bey Herrn Pfarrer angelangt, dass sie bey nächstem Monat-Sontag ihr voriges Kränzel ganz frisch und unverwelkt zur Schau herumgetragen. Allein die übrigen Jungfrauschaften liessen sich so hitzig auf, dass sich Herr Pfarrer selbst darein legen muste. Dieser nun stand darfür, wie eine Mauer, dass seine Jungfer Beschliesserin so gut ein Kränzel tragen dörfe, als alle Kränzeltragerinnen von Widnau.

Ich bat also Herrn Landvogten, aus Egard für die Geistlichkeit den Herrn Pfarrer eilends zu sich zu rufen und ihn mit Vorstellung all dieser zur üblen Muthmassung genugsamen Umständen gutmeinend zu warnen, um nit noch tiefer in die Grube zu fallen, seine Häußerin re adhuc integrâ vel quasi fortzuschaffen, ihre Sach nit mehr unter seine Protection zu nehmen und hiermit die Steine des Anstosses nit aufs neue zu erwecken; er werde dann froh seyn, wenn pendente lite das Mensch sich nicht bei der Hand befinde. Herr Landvogt beschickte ihn, sprach ihm zu, und, ich weiss es, gewiss aufrichtig und wohlmeinend.

Was nun aber die ganze Geschichte noch übler macht, ist die Ereignuss, die sich Anfangs letzterer Woche zugetragen. Ammann H ä u ß l e (!) von Widnau war der Anzeiger bey dem Landvogteyamt. Dies ward sogleich allgemein, folglich auch dem Herrn Pfarrer bekannt. Und diesem Ammann Henßle (!) wurden in einer Nacht all seinen Pferden die Schwänz abgeschnitten; welcher nun den ganzen Verdacht auf die Anstellung des Herrn Pfarrers wirft. Da machen also Kränz und Schwänz und Dependenz das ganze Objectum Litis aus.

Gestern ersuchte mich zwar der Herr Pfarrer von M o n t l i n g e n, weil er wuste, dass mich Herr Landvogt B l a t t m a n n in der Sach Raths gefragt, dem Herrn Pfarrer von Widnau ein Empfehlungsschreiben an Herrn Landvogt mitzugeben; dass, weil er bis zum Abreisen die Geschäften noch besorgt, auch dieses noch unter ihm ausgetragen werden möchte. Ich trette aber da nit gern ein und zweifle nit, Herr Landschreiber warte nur auf die Abreise des Herrn Blattmann, um dann mit Freuden darhinter zu gehn; und diese geschiht noch diese Woche. Bald werden mich die Herrn zum allgemeinen Verfechter der Rheinthalischen Clerisey machen. Ich muss doch gottlos geistlich aussehen."

v. S a y l e r n.

Namen- und Sach-Register.

Erklärung der Abkürzungen.

A.	Alt.	Ob.	Ober.
Am.	Ammann.	pfl.	—pfleger.
Bauh.	Bauherr.	Rchs.	Reichs-
Brgm.	Bürgermeister.	schr.	—schreiber.
Ger.	Gerichts-	Sptl.	Spital.
H.	Hofammann.	Statth.	Statthalter.
Hptm.	Hauptmann.	U.	Unter.
Ld.	Land.	V. v.	Vogt, —vogt.
m.	—meister.	Verw.	Verwalter.
N.	Neu.	w.	—weibel.

NB. Die Hofammänner des Hofes W i d n a u (-Haslach) sind nicht namentlich als solche bezeichnet, sondern nur als H(ofammann) oder Am(mann) schlechthin.

Namen-Register.

L.